프리드리히 빌헬름 3세(1770~1840, 재위 1797~1840) 프로이센 국왕
아우에르슈테트 전투에서 프랑스군에 패한 클라우제비츠는 아우구스트 친왕과 함께 포로가 되었다가 틸지트 조약
으로 풀려난다.

▲〈틸지트에서 나폴레옹과 러시아 황제 알렉산드로의 회견〉 고트로

1806년 프로이센은 예나 전투에서 패하고, 구원하러 온 러시아 또한 나폴레옹에게 패해 같은 운명에 처해졌다.
1807년 7월 7일 프랑스와 러시아, 9일에는 프로이센이 틸지트 조약을 체결한다. 이 조약으로 프로이센은 영토의 반을 잃고 막대한 배상금을 물게 된다.

◀틸지트 평화협정체결 기념 메달(1807년 7월)
메달에는 세 명의 주권자들 프랑스 황제 나폴레옹 1세, 러시아 황제 알렉산드로 1세, 프로이센 왕 프리드리히 빌헬름 3세의 모습이 부조되어 있다.

▲클라우제비츠와 부인 마리의 무덤　부르크

1831년(51세) 3월 그나이제나우를 따라 포젠에 부임했을 때 그해에 퍼진 콜레라로 그나이제나우가 희생되었다.

그의 죽음으로 크게 충격을 받은 클라우제비츠 또한 11월 브레슬라우에서 콜레라로 죽었다. 유해는 브레슬라우 육군묘지에 묻혔다가 140년 뒤인 1971년 부인과 함께 그의 고향 부르크로 옮겨졌다.

▶부르크의 클라우제비츠 기념관에 있는 기념탑

▲마르모르궁　브란덴부르크
주 포츠담 노엔 가르텐

1831년 클라우제비츠가 콜레라
로 갑자기 죽자, 이듬해 아내 마
리 폰 클라우제비츠는 빌헬름
친왕비의 여관장 겸 빌헬름의
맏아들 양육담당으로 궁에 들
어가게 된다. 마리는 이곳에서
남편의 유작집을 정리하여 간행
했다.

◀마리 폰 클라우제비츠(1810)

세계사상전집029
Karl von Clausewitz
VOM KRIEGE

전쟁론 II

클라우제비츠/허문순 옮김

동서문화사

전쟁론 I II

차례

전쟁론 II

제7편 공격(초안)

제8편 전쟁 계획

전쟁론 I

제5편 전투력

제6편
방어

제1장
공격과 방어

1 방어의 개념

방어의 개념은 무엇인가. 그것은 적의 공격을 저지하는 일이다. 그렇다면 방어의 특징은 무엇인가. 그것은 공격을 '기다리는' 일이다. 따라서 이와 같은 특징이 항상 군사적 행동을 방어적 행동답게 만든다. 그리고 방어는 이러한 특색에 의해서만 공격과 구별된다. 그러나 절대적인 방어라고 하는 것은 전쟁의 개념과 전적으로 맞지 않는다. 만약에 이러한 방어가 있다고 한다면, 피아 양쪽의 어느 한쪽만이 전쟁을 하는 것이 되기 때문이다. 요컨대 전쟁에서는 방어 또한 상대적인 의미를 갖는 데 지나지 않는다. 그런데 지금 든 특징은 방어라고 하는 일반적인 개념에만 타당한 것으로, 이 개념의 모든 부분으로 확대될 수는 없는 것이다. 국부전(부분적 전투)은 아군이 적의 공격이나 돌격을 기다리고 있을 경우에는 방어적 전투가 된다. 또 아군이 적의 공격을, 다시 말하면 적이 아군의 진지 앞에 나타나길 사격 준비를 갖추고 기다린다는 것은 회전에서의 방어이다 (방어적 회전). 또 아군이 선택한 전쟁터에 적이 나타나는 것을 기다리는 것은 전역에서의 방어이다(방어적 전역). 이와 같은 경우에 '기다린다', '저지한다'고 하는 특징은 방어라고 하는 총괄적 개념에 속하지만, 그러나 거기에서 전쟁 개념과의 모순이 생기지는 않는다. 이러한 경우에 우리는 적이 우리에게 가하는 총검 공격(전투에서의), 혹은 아군의 진지에 가하는 공격(회전에서의), 혹은 또 아군이 고른 전쟁터에 가하는 공격(전역에서의)을 각기 기다리는 것을 유리하다고 보기 때문이다.

그러나 방어측도 실제로 싸우는 이상 적의 공격에 대응하지 않을 수 없으므로, 방어라고 하는 명분을 내걸면서도 방어전에서의 이와 같은 공격 동작은 바로 아군의 공격이 된다. 따라서 이와 같은 공격 동작은, 진지 혹은 전쟁터라고 하는 개념에 포함된 셈이다. 또 방어적 전역에서도 공격적으로 싸워도 좋고, 또 방어적 회전에서도 개개의 사단을 공격적으로 사용해도 좋다. 또 전투에서의 간단한 병력 배치에서도 적의 공격에 공격적 총탄 사격을 퍼부어도 상관이 없다. 요컨대 방위라고 하는 전쟁 형식은 방어만을 위한 방패가 아니라, 공격적 요소를 교묘하게 배합한 방패이다.

2 방어의 이점

방어의 목적은 무엇인가. 유지하는 것이다. 유지는 획득보다도 쉽다. 그래서 피아가 사용하는 수단이 같다고 한다면, 방어는 공격보다도 수월하다. 그렇다면 유지 또는 보존이 획득보다 수월하다는 것은 어떠한 이유 때문인가. 공격자가 이용하지 않고 보내는 시간은 모두 방어자에게 유리하기 때문이다. 방어자는, 말하자면 씨를 뿌리지 않고 수확을 하는 격이다. 공격자 측의 잘못된 견해, 공포의 마음, 태만 등으로 인한 공격 중지는 모두 방어자를 이롭게 하는 것이다. 이 이점은 7년 전쟁에서, 프로이센이라는 나라를 여러 번 몰락에서 구했다. 방어의 개념과 목적에서 생기는 이러한 이점은 방어의 본성에서 유래하고, 또 전쟁의 본성에서 유래하는 또 하나의 이점은 지형에 의한 지원으로 이것은 특히 방어에 유리하다.

이상에서 방어의 일반적인 개념을 정의했으므로, 다음에는 방어의 본성(本性)에 대해서 논해보고자 한다.

전술에서는 아군이 적에게 선제 공격을 허용하여 아군 전선 앞에 나타나는 적을 기다린다고 한다면, 그 어떤 전투도 대소를 불문하고 모두가 방어적 전투이다. 그리고 적이 나타난 순간부터 아군은 위에 언급한 두 건의 이점, 즉 기다린다는 이점과 지형의 지원이라고 하는 이점을 보유하면서, 적에게 모든 공격적 수단을 사용할 수가 있다. 그런데 전략에서는 우선 전투보다도 전역이, 진지보다도 전쟁터가, 더 나아가 전역보다도 전체의 전쟁이, 전쟁터보다도 전체 국토가 주안점이 된다. 그리고 두 가지의 어느 경우에서나 방어의 본성은 여전히 변함이 없고 전술과 전적으로 동일하다.

방어가 공격보다 쉽다는 것은 일반적인 개념으로서는 이미 말한 바가 있다.

방어와 공격 방어는 유지하는 소극적 목적인 데 반해 공격은 공략이라는 적극적 목적을 갖는다. 오스만제국의 술레이만은 지중해를 장악하기 위해 로도스섬을 공격한다(1521).

그러나 방어는 유지라고 하는 소극적인 목적을 가지지만, 이에 반해서 공격은 공략이라고 하는 적극적 목적을 갖는다. 그리고 이 목적을 이루기 위해 공격은 자진해서 여러 가지 전쟁 수단을 사용해야 하므로, 방어보다 훨씬 큰 전력을 소비하게 되는 셈이다. 그렇다면 방어와 공격의 관계를 올바르게 표현하려고 한다면, 방어라는 전쟁 형식은 그 자체로서는 공격이라는 전쟁 형식보다도 강력하다고 말하지 않을 수 없다. 그리고 이 결론이야말로 우리가 하고자 하는 말이다. 이러한 결론은 방어의 본성으로 보아 당연하며, 또 경험에 의해서 몇 번이고 증명이 되고 있음에도 당시의 유행한 견해에 위배되기 때문이다. 이것은 올바른 개념이 천박한 논자에 의해서 얼마나 혼란스러워질 수 있는지를 보여주는 하나의 증거이다.

　방어는 공격보다도 강력한 전쟁 형식이기는 하지만 아군의 목적이 소극적이고, 또 아군이 열세하기 때문에 할 수 없이 이 형식을 사용하게 된다. 따라서 아군이 강력해서 충분히 적극적인 목적을 세울 수 있다면, 두말할 필요없이 이러한 형식은 바로 버려야 한다. 그런데 이런 방어 형식을 적용해서 승리를 차지하면 피아의 힘의 관계는 방어자에게 유리하다. 따라서 전쟁의 자연적 경과는, 방어로 시작했다가 공세로 끝나는 것이 통례이다. 앞서 방어의 수동성을 방어라고 하는 일반적 개념에 적용하는 것은 상관없으나, 이 개념을 모든 부분으로 확대하는 것은 전쟁의 개념에 모순된다고 말했다. 그와 마찬가지로 이 경우에도 방어를 궁극의 목적으로 삼는 것은 역시 전쟁의 개념과 모순된다. 요컨대 아군의 승리를 단지 적의 공격을 저지하는 것에만 이용하고 적에게 반격을 가할 생각을 전혀 하지 않는 전쟁이 불리하다는 것은, 절대적 방어(수동성)가 모든 방책을 결정하는 회전이 불리한 것과 마찬가지일 것이다.

방어에 관한 이와 같은 일반적 개념을 부정하고 처음부터 방어를 궁극적 목적으로 하여 방어에만 치중하고 공세적 반격을 전혀 생각하지 않는 전쟁을 예로 드는 사람이 있을지도 모른다. 그러나 여기에서는 일반적 개념을 논하고 있다는 것, 또 이 개념에 반대되는 사례가 있다는 것도 그것은 공세적 반격을 가능하게 하는 형편에 이르지 못한 경우로 보아야 함을 잊어서는 안 된다.

예를 들어, 7년 전쟁에서 프리드리히 대왕은 적어도 마지막 3년간은 오스트리아에 대해서 공세를 취하려고 하지 않았다. 오히려 그동안의 전쟁에서는 공세를 방어의 한층 효과적인 수단으로 생각했었다고 말할 수 있다. 당시에 그가 놓인 상태가 이것을 할 수 없이 그렇게 만든 것이다. 그리고 장수라고 하는 사람이 그가 처한 상태에 비추어보고 일을 결정하는 것은 당연한 일일 것이다. 그럼에도 우리는 방어를 목적으로 한 이러한 전쟁 사례에 대해서, 결국 대왕이 취한 방책의 근저에는 오스트리아에 반격을 가할 의도가 없었다고는 단언할 수 없다. 오히려 반격을 실시하기에는 아직 시기가 무르익지 않았다고 생각하고 싶은 것이다. 이러한 생각이 이 실례에 실제로 존재하고 있었다는 증거는 강화[1]라는 사실에 나타난다. 오스트리아가 강화에 마음을 움직인 것은, 다음과 같은 사실을 고려했기 때문이다. 즉, 오스트리아는 혼자 힘으로 대왕의 재능에 대항할 수가 없다는 것, 또 앞으로 대왕을 상대하게 된다면 그 고생은 이제까지보다

---

1) 7년 전쟁은, 작센의 후베르투스부르크(Hubertusburg) 성에서 1763년 2월 15일에, 프로이센과 오스트리아 및 작센 사이에 체결된 강화 조약에 의해서 종결되었다.

도 더 클 것이라는 것, 그리고 이 노고를 조금이라도 게을리했다가는 또다시 영토를 잃을 염려가 있다는 것을 생각했기 때문이다. 또 실제로도 프리드리히 대왕이 러시아, 스웨덴 및 오스트리아군과 일을 저질러서 그 병력을 소모하지 않았더라면, 오스트리아군을 다시 뵈멘과 메렌에서 격파했을 것이라는 생각을 아무도 의심하지 않을 것이다.

이상으로 방어 개념의 참뜻을 분명히 하고 또 방어의 한계를 제시했다. 여기서 다시 한번 방어는 공격보다도 강력한 전쟁 형식이라고 하는 주장으로 되돌아가기로 하자.

공격과 방어를 더 상세히 고찰하고 비교하면 이것은 매우 명백해진다. 그러나 여기에서는 우리와 반대되는 주장이 얼마나 자기모순적이고, 또 경험과 모순되고 있는가를 지적하는 것만으로 그치고자 한다. 가령 공격적 형식이 방어적 형식보다도 강력하다고 한다면, 방어적 형식을 사용한 이유는 이미 존재하지 않는 셈이다. 그렇게 되면 누구든지 공격을 바랄 것임에 틀림없다. 그리고 방어는 아주 불합리한 것으로 여겨질 것이다. 그러나 또 강력이라고 하는 점에서는 방어에 뒤떨어지고 있는 공격이, 방어의 목적보다도 한층 높은 목적의 달성을 지향한다면 한층 큰 희생을 지불하는 것은 당연하다. 따라서 방어라는 전쟁 형식보다는 약한 형식을 사용해서 성공을 거둘 정도의 자신을 갖는 공격자라면, 방어에서보다도 더 큰 목적을 원해도 좋을 것이다. 그러나 공격자보다도 한층 작은 목적을 갖는 방어자라면, 방어라고 하는 한층 강력한 형식의 이점을 누리기 위해 목적을 낮은 곳에 두어도 좋다. 피아의 전쟁터에서 약세인 군이 공격을 실시하고, 우세한 군이 방어에 만족했다는 예는 아직 들어보지 못했다. 그러나 사정이 예로부터 어디에서나 이와는 반대였다면, 이러한 사실은 공격에 과감한 장수라 할지라도 방어를 공격보다도 강력한 형식으로 보고 있었다는 사실을 잘 증명한다. 그래서 다음 몇 장에 걸쳐 우선 두서너 가지 점을 설명해 두려 한다.

제2장
전술에서의 공격과 방어의 관계

먼저 어떠한 사정(事情)이 전투에 승리를 가져다 주는지를 연구해야 한다.

군의 정량(精良 : 매우 정묘하고 훌륭함)함과 용감성, 훈련, 그 밖의 특성은 여기에서는 논외로 한다. 이것들은 여기에서 문제로 삼고 있는 전쟁술의 영역 외의 사항들이고, 또 어느 것이나 공격에서나 방어에서나 마찬가지 효과를 나타내기 때문이다. 또 병사의 수가 갖는 일반적인 우세조차도 여기에서는 고찰의 대상이 되지 않는다. 부대의 수 또한 주어진 것이어서 장수가 마음대로 변경할 수 있는 것이 아니기 때문이다. 요컨대 이와 같은 사항들은 공격이나 방어에 특히 관계되는 것들이 아니다. 그렇다면 전투를 결정적으로 유리하게 하는 것은 다음 세 가지뿐이라는 이야기가 될 것이다. 즉 첫째는 기습이고, 두 번째는 토지 및 지형의 이점이며, 세 번째는 여러 방면으로부터의 공격이다. 기습은 어떤 지점에, 적이 미리 기대했던 것보다도 훨씬 많은 부대를 투입함으로써 그 효력을 잘 발휘할 수가 있다. 이 경우 병사의 수적 우세는 일반적인 우세와는 현저하게 다르다. 여기에서 말하는 병사의 수적 우세는 전쟁술에서의 가장 중요한 행동의 원리이기도 하다.

다음으로 토지 및 지형의 이점이 승리에 많은 기여를 하는 것은 물론이다. 그러나 여기에서 주의해야 할 사항은 공격자의 전진을 방해하는 장애물이란 험한 계곡, 높은 산, 수렁 같은 강, 생울타리와 같은 것뿐만 아니라, 군대를 은폐해서 배치할 수 있는 토지의 이점도 그 안에 넣을 수 있다는 것이다. 따라서 별다른 특색이 없는 토지라도, 그 토지에 정통한 자는 그 이점을 이용할 수 있다. 마지막으로 여러 방면으로부터의 공격은 모든 전술적 우회를 포함한다. 이 경우에 우회의 크고 작음은 문제가 되지 않는다. 이러한 공격의 효과는 화기의 효력이 배가됨으로써, 또 적이 퇴로의 차단을 두려워하는 마음에 의해서 증대된다.

그런데 이들 세 가지 요건에 관해서 공격과 방어는 어떤 관계를 가지고 있는가?

위에 제시된 세 가지 승리의 원리를 고찰하면, 이 물음에 대해서 다음과 같은 대답을 할 수 있다. 즉, 공격자는 첫 번째와 세 번째 원리의 작은 부분을 이용할 수 있는데 불과하지만, 이에 비해서 방어자는 세 가지 원리의 대부분과 두 번째 원리의 전체를 마음껏 사용할 수 있다는 것이다.

공격자는 군 전체를 가지고 적군의 전체에 대항하는 본디 기습의 이점을 사용할 수 있을 뿐이지만, 이에 반해 방어자는 전투를 통해서 공격의 위력과 형식을 적절히 사용하여 끊임없이 적을 기습할 수 있다.

적의 전군을 포위하거나 혹은 적의 퇴로를 차단하는 것은 공격자 쪽이 방어자보다도 훨씬 쉽다. 방어자는 정지하고 있지만, 공격자는 방어자의 이러한 정지 상태를 엿보면서 멀리 돌아갈 수 있기 때문이다. 하지만 공격자는 이러한 우회를, 방어자의 전군(全軍)에 대해서만 실시할 수 있다. 그렇다면 전투 중에 약간의 부대가 여러 방면으로부터 적을 공격하는 것은 공격자보다도 오히려 방어자에게 더 쉽다. 방어자는 위에서 말한 대로 공격의 위력과 형식을 적절히 사용해서 쉽게 기습할 수 있기 때문이다.

방어자 쪽이 지형을 유리하게 원용할 수 있다는 것은 매우 명백하다. 실제로 공격의 위력과 형식을 적절히 사용해서 기습을 할 경우에, 방어자 쪽이 우위에 선다는 것은 다음 사실로도 분명하다. 즉 공격자는 방어자가 쉽게 감시할 수 있는 크고 작은 도로를 행진해야 하지만, 방어자는 유리한 지형에 숨어서 군대를 배치하고 공격자에 대해 그 모습을 거의 보이지 않아도 된다는 것이다. 정황에 맞는 적절한 방어 방법을 채택한 뒤부터 정찰은 완전히 없어지고 말았다. 이것은 결국 정찰이 불가능해졌다는 것과 마찬가지의 뜻이다.

하기야 때로는 정찰을 하는 일이 있어도 실제로는 별로 얻는 바가 없는 것이다. 방어자가 군대 배치에 알맞은 토지를 미리 선정하여 전투 개시 전에 이 토지에 통달해 있었다면 그 이점은 매우 크고, 또 이 토지를 이용하여 매복하는 자(즉 방어자)가 적을 기습하는 것은 공격자보다도 매우 쉬운데도 불구하고, 적에게 선수(先手)를 허락하여 마지못해 도전에 응한다는 것은 이미 패전한 것과 같다는 진부한 생각을 아직도 버리지 못한 사람이 있다. 이러한 사정은 20년이나 이전의, 그리고 어쩌면 7년 전쟁에서도 쓰인 방어 방법에 유래한다. 당시의 전투에서는 접근하기 어려운 정면(험준한 산허리 기타) 외에는 지형을 이용하는 법을 몰랐고, 또 군의 배치가 희박하거나 군의 양 측면의 운동이 매우 활발치 못했다는 것이 현저한 약점이 되어, 방어자는 마치 적을 놀리기라도 하듯이 이쪽 산에서 저쪽 산으로 이동하여 사태를 더욱더 악화시키는 것이다. 그러다가 어떤 유리한 의탁점이라도 발견하면, 이곳을 근거지로 해서 마치 자수틀에 천을 치듯이 군을 전면에 배치하여 구멍 하나 뚫리는 것도 허락하지 않았다. 따라서 지형을 점거하기라도 하면 그 토지는 어느 지점(地点)에서나 방어자에게 직접적인 가치를 가지게 되어 스스로 보호되었다. 따라서 방어자가 전쟁에서 움직이거나 혹은 기습을 한다는 것은 전적으로 논외의 일이었다. 요컨대 지난날의 이러한 방어 방법은 근대가 되어 처음으로 실현된 뛰어난 방어와는 전혀 정반대의 것이었다.

방어를 가볍게 보는 풍조는, 방어 방식이 시대에 뒤떨어진 것이 되었을 때 항상 발생하기 마련이다. 따라서 지금 말한 예전의 방어 방식에 대해서도 말할 수 있지만, 이 방어 방식도 한때는 공격보다도 강력했던 시대가 있었다.

근대의 전쟁술이 지금까지 발달한 경과를 통관해 보면, 처음에는―다시 말하면 30년 전쟁[1]이나 에스파냐 계승 전쟁[2]에서는 군의 전개 및 배치가 전쟁에서 중요 사항 중 하나였고, 또 그것은 전쟁 계획의 가장 중요한 부분을 차지하고 있었다. 그래서 그것은 방어자에게 매우 유리했다. 방어자는 전쟁에 앞서 이미 배치와 전개를 완료하기 때문이다. 그러나 군대의 기동력이 커지자, 방어자의 이러한 이점은 곧 소멸되고 공격자가 한때 우세해졌다. 그래서 방어자는 강이나 깊은 협곡을 앞에 둔 지역이나 산을 방호 수단으로 삼았다. 이에 의해서 방어자는 다시 결정적인 우위를 차지하게 되었다. 그리고 이 우위는 공격자가 매우 경쾌하고 민첩하게 운동하게 하고, 단절지에서조차 감히 앞으로 나아가며 군을 종대로 분할하여 공격하게 하고 따라서 이는 또 적을 포위할 수 있게 될 때까지 이어졌다. 그러자 방어자는 더욱더 정면을 확대했기 때문에 공격자

---

1) 30년 전쟁(1618~48).
2) 에스파냐 계승 전쟁(1701~13).

는 몇몇 지점에 병력을 배치하고 취약한 적 진지를 돌파할 방책을 마련해야 했다. 이렇게 해서 공격자는 세 차례나 우세해지자 방어자는 또 방어 방식을 바꾸어야 했다. 그리하여 방어자는 이것을 최근 전쟁에서 마침내 실제로 성취한 것이다. 즉, 방어자는 병력을 몇몇 대부대로 분할하여 이것을 여러 지점에 집결시켰다. 그리고 이들 부대를 대개는 전개시키지 않은 채 유지하고 또 전개할 필요가 있는 경우에는 이것을 숨겨 배치했으며, 공격자의 술책이 더욱 명료한 형태를 취하고 나타났을 때 이것에 대처할 수 있는 준비를 해두는 것뿐이었다.

이것은 지형을 원용하는 수동적 방어를 반드시 쓸모없게 하는 것은 아니다. 실제로 지형이 제공하는 이점은 매우 크고, 한 전쟁에서 몇 번이고 반복해서 이용된다. 하지만 오늘날에는 이러한 수동적 방어는 이미 주요 사항이 아니다. 따라서 여기서는 주요한 방어 방식만을 문제로 삼은 것이다.

만약에 공격자가 새롭고 뛰어난 방책을 마련한다면, 방어 또한 그 방식을 바꾸지 않을 수 없다. 하지만 오늘날처럼 모든 것이 단순함을 목적으로 하고, 내적 필연성을 중요시하는 시대가 되면 그러한 방책을 내놓는다는 것은 아마도 기대할 수가 없을 것이다. 요컨대 토지 및 지형의 지원이 방어자에게 유리하다는 것은 확실하다고 보아야 할 것이다. 게다가 또 오늘날에는 토지와 지형의 여러 특성이 예전보다 더 깊게 군사적 행동과 결부되어 있으므로, 일반적으로 이 양쪽의 도움은 방어에 본래의 이점을 보증하는 데 충분하다.

제3장
전술에서의 공격과 방어의 관계

먼저 전략에서 소기의 성과를 거두기 위해서 어떠한 요인이 필요한가 하는 것을 다시 문제로 삼고자 한다.

앞에서 말한 대로 전략에는 승리라는 것이 없다. 전략적 성과는, 군이 전쟁에서 전술적 승리를 얻기 쉽도록 준비하는 것이다. 그리고 이 전략적 성과가 크면 전투에서 승리의 공산이 더욱더 커진다. 또 다른 한편으로 전략적 성과는 전투에서 얻은 승리를 이용하는 데 있다. 전략이 승전 뒤 온갖 사건을 여러 가지로 조합해서 전승의 성과 속에 도입하고, 또 패전으로 근간이 흔들린 적군이 버린 막대한 전리품을 빼앗고, 또 전쟁에서는 하나하나 애를 써서 얻는 성과를 이번에는 한 번에 얻을 수 있다면 전략의 성과는 더욱더 대규모적인 것이 된다. 그런데 전략적 성과를 가져오는, 또는 이 성과의 획득을 용이하게 하는 주된 요건, 따라서 이러한 효과를 얻기 위한 주요 원리는 다음과 같다.

1. 토지 및 지형의 이점.
2. 기습—이것은 본래의 기습, 즉 군 전체로 적군 전체에 가해지는 기습일 때도 있고, 또 어떤 지점에 적이 예기치 못한 강대한 병력을 배치하는 기습인 경우도 있다.
3. 여러 방면으로부터의 공격—이상의 세 항목은 전술에서도 마찬가지이다.
4. 요새 및 이에 속하는 모든 것을 원용해서 전쟁터를 방어한다.
5. 국민의 지원.
6. 뛰어난 여러 정신력의 이용.

그러면 이들 사항과 관련하여 공격과 방어는 어떠한 관계를 가지고 있는가?

알렉산더 대왕의 인도 원정(BC 326) 인도의 왕 포루스는 코끼리 40마리를 이끌고 원정군에 피해를 입혔으나, 인도 보병대 사상자는 2만 명이 넘었다. 코끼리 위에서 진두지휘하던 포루스는 화살을 맞고 항복하였다.

　　방어자가 토지 및 지형의 이점을 누리고 공격자가 기습의 이점을 누리는 것은, 전략에서도 전술의 경우와 마찬가지이다. 그러나 전략에서의 기습은 전술에서보다도 현저하게 효과적이고 또한 중요한 수단이라고 하지 않을 수 없다. 전술에서는 기습이 커다란 승리를 가져오는 일은 좀처럼 없지만, 이에 반해 전략에서는 기습이 전쟁을 단번에 종결시킨 예는 종종 있다. 그렇다고 해도 기습이라는 수단은, 방어자 측에서 드물게 보는 결정적인 큰 과실을 범한 경우가 아니라면 사용될 수 없다. 따라서 이 수단이 공격자를 이롭게 하는 기회는 거의 나타나지 않는다고 할 수 있다.

어느 지점에 우세한 병력을 배치해서 적에게 기습을 가하는 방법도 전술에서의 경우와 매우 비슷하다. 그런데 만약 방어자가 그 병력을, 그가 선택한 전쟁터에서 적이 접근할 거라고 예상되는 몇몇 지점에 배분한다면, 공격자는 전력을 다해 방어자의 군 일부에 공격을 가하는 이점을 가지게 된다는 것은 명백하다. 그러나 이와 같은 경우에도 새로운 방어술은 다른 방법을 사용하는 방어 원리를 짜내고 있는 것이다. 공격자가, 방어자가 점거하지 않은 도로를 이용하여 중요한 창고나 보급품 저장소, 아직 준비가 갖추어지지 않은 요새 등을 공격하지 않는다면, 방어자는 그 병력을 분할할 필요가 없는 것이다. 또 방어자는 적이 고른 도로상에서 갑작스럽게 적을 공격해서는 안 된다. 그렇게 되면 방어자의 퇴로가 차단될 염려가 있다.

비록 공격자가, 방어자가 점거한 도로와 다른 도로를 고른다 해도, 방어자는 그 며칠 뒤에 모든 병력을 가지고 적이 선정한 도로상에서 적을 찾아낼 수가 있는 것이다. 아니 대개의 경우, 공격자 쪽이 방어자로 하여금 스스로 찾아내도록 하는 것이다. 또 공격자가 보급 관계로 어쩔 수 없이 병력을 분할하여 전진해야 할 경우에는, 방어자 쪽이 모든 병력으로 적의 일부를 공격할 수 있는 이점을 누리는 것은 물론이다.

측면 공격과 배면 공격은 전략에 있어 그 성질을 크게 달리한다. 전략에서는 이런 종류의 공격은 전쟁터의 배면이나 측면에 관계하기 때문이다. 이를테면 다음과 같다.

1. 이러한 공격은 전술에서라면 사격 효과가 배가되지만, 전략에서는 이러한 효과는 생기지 않는다. 전략에서는 전쟁터의 한쪽 끝에서 다른 쪽 끝까지 사격을 할 수가 없기 때문이다.

2. 전략에서는 포위된 군의 퇴로가 차단될 위험은 매우 적다. 왜냐하면 전략에서의 공간은 크기 때문에 전술과는 달리 쉽게 차단될 수 있는 것이 아니기 때문이다.

3. 전략에서는 공간이 광대하기 때문에 내선(內線), 즉 외선보다도 짧은 선[1]

---

[1] 공격자는 포위적, 우회적, 혹은 협격적(挾擊的)으로 적에 대해서 외선(外線)을 형성하지만, 이에 대항하는 방어자의 내선(內線) 쪽이 짧은 것은 물론이다.

의 효과가 현저하게 발휘되어 여러 방면으로부터의 적의 공격에 잘 대항할 수 있다.

4. 새로운 방어 원리의 이점은 공격자의 연락선이 취약하다는 것, 바꿔 말하면 적의 연락선을 중단하는 것만으로도 현저한 효과가 생긴다는 데 있다.

그러나 전략에서는 공간이 광대하기 때문에 포위나 여러 방면으로부터의 공격은 일반적으로 선제자(先制者), 즉 공격자에게만 가능하다는 것, 이에 비해 방어자는 전술의 경우와 달리 행동 중에 포위자를 역으로 포위할 수 없다는 것은 사리로 미루어 보아 당연하다. 방어자는 그 전투력을 포위자보다도 세로로 길게 배치할 수 없고, 또 마지막까지 병력을 숨겨서 배치할 수도 없기 때문이다. 하지만 포위가 포위자에게 특별한 이점을 가져오지 않는다면, 그것이 아무리 쉽다 한들 공격자에게 무슨 도움이 될 것인가. 따라서 전략에서는, 적의 연락선에 주는 포위의 영향을 고려하지 않으면 포위 공격이라는 것을 바로 승리의 원리로 간주할 수는 없다. 연락선이라는 요인은 공격자와 방어자가 각자의 진지에서 대치하는 처음 순간에는 그다지 중요하지 않다. 그것은 전투가 경과함에 따라 적지에 진출한 공격자가 차차 방어자로 바뀔 때 중대한 의미를 갖는 것이다. 이러한 경우에는 이 새로운 방어자, 즉 본디 공격자의 연락선은 박약해지고, 이와는 반대로 최초의 방어자는 차차 새로운 공격자로서 적의 이러한 약점을 이용하는 것이다. 말할 것도 없이 새로운 공격자의 이러한 우위는 일반적인 공격자에게 돌아갈 수 있는 성질의 것은 아니다. 이 우위는 방위라는 한층 고도(高度)의 사정에서 생긴 것이기 때문이다.

네 번째 원리는 전쟁터가 주는 지원이다. 이것은 말할 것도 없이 방어자 측에 속한다. 공격자가 적지에 군을 진격시키면 최초의 전쟁터로부터 차차 멀리 떨어지지 않을 수 없기 때문에 군은 약화된다. 바꿔 말하면 요새나 여러 종류의 저장소를 후방에 남기게 된다. 그리고 공격군이 통과하는 작전 지역이 넓으면 그에 따라서 군은 점점 약해지지 않을 수 없다 (행군에 의해서도 약해지고, 또 점령지에 수비대를 남길 필요 때문에도 약해진다). 이에 반해 방어자는 모든 방어 수단을 유지한 채 진지에 있을 수가 있다. 바꿔 말하면 요새의 지원을 받아 항상 자원지(資源地) 근처에 주둔하고, 그 어떤 것에 의해서도 약화되는 일이 없다.

다섯 번째 원리는 국민의 지원이다. 그러나 이 방어 원리는 반드시 모든 방어에 수반되는 것은 아니다. 적지에 있어서의 방어적 전투도 있을 수 있기 때문이다. 하지만 이것은 방어의 개념에서만 생긴 원리이고, 거의 모든 경우에 사용될 수 있는 것이다. 어쨌든 이 원리는 국민군이나 국민의 총무장에 의해 그 효과가 뚜렷이 나타난다. 여러 가지 마찰이 적다는 것이나, 근처에 있는 모든 종류의 자원이 풍부하게 공출된다는 것도 이 원리가 존재하는 근거가 된다.

세 번째 및 네 번째 항목에 든 몇 가지 수단에 대한 효과를 마치 확대경을 통해 바라보는 것처럼 뚜렷하게 볼 수 있는 것은, 1812년 나폴레옹의 러시아 원정이다. 니에멘 강을 건넌 50만의 프랑스군은 보로디노 전투에서 12만으로 줄고, 모스크바로 향했을 때에는 이것보다도 훨씬 소수였다.

러시아 원정이라는 엄청난 기도가 프랑스군에게 준 타격은 매우 컸기 때문에, 비록 러시아군이 퇴각하는 프랑스군을 추격하지 않았다 하더라도 그 뒤 상당한 기간에 걸쳐 적의 침략을 받을 염려는 없었을 것이다. 스웨덴은 별도로 하고 유럽의 모든 나라 중에서 러시아와 닮은 나라는 하나도 없다. 그러나 이 원리의 작용은 어느 나라에서나 러시아에서와 마찬가지이고, 다른 것은 단지 강도(强度)의 차이뿐이다.

방어군은 본래의 방어, 즉 자국 안에서의 방어를 목적으로 한다. 그러나 위에서 말했듯이 적지에 나간 공격자가 입장이 바뀌어서 방어자가 되고 적, 즉 본디 방어자의 공세적 계획과 서로 얽히면 최초의 공격자 군은 약해진다. 그래서 이러한 고찰을 네 번째 및 다섯 번째 원리와 함께 생각하면, 거기에서 거의 세번째 원리와 마찬가지로 공격자 측에 새로운 불리한 점이 생길 것이다. 방어라해도 적의 공격을 저지하는 요소만으로 이루어지는 것은 아니다. 마찬가지로 공격 또한 적극적 요소만으로 이루어지는 것이 아니다. 오히려 강화(講和)와 직접 결부될 수 없는 공격은 결국 적지에서 방어로 끝나지 않을 수 없을 것이다.

그런데 공격에서 나타나는 방어적 요소가 이러한 공격의 본디 성질에 의해, 바꿔 말하면 공격에도 방어적 요소가 내재한다는 것으로 공격군이 약화된다면 이것은 공격에 공통되는 불리함으로 간주해야 할 것이다.

이것은 결코 쓸데없이 파고드는 것이 아니다. 오히려 바로 여기에 공격의 주된 불리함이 존재하는 것이다. 따라서 전략적 공격을 계획할 경우에는 계획을 세울 때 이미 이 점에, 다시 말하면 적국 내에 진출한 공격자가 공격의 정점에 달했을 때 이에 따라 발생하는 방어에 충분한 주의를 기울일 필요가 있다. 이 것에 대해서는 나중에 전후 계획[2]을 논하는 대목에서 상세하게 살펴볼 생각이다.

뛰어난 정신력은 마치 효소처럼 전쟁에서 모든 행동에 두루 침투하므로, 최고 지휘관은 수시로 이 정신력으로 군을 강화할 수 있다. 그런데 이러한 정신력은 공격자 측이나 방어자 측에도 마찬가지로 존재한다고 생각해도 된다. 공격자 쪽에 두드러지게 나타나는 정신력은 적측에 혼란과 공포의 두려움을 갖게 하지만, 그것은 결전 뒤에 비로소 발휘되는 것이 통례이다. 따라서 이 정신력은 결전 그 자체를, 피아 어느 쪽인가를 유리하게 하는 데 도움이 되는 일은 좀처럼 없다.

이상으로 우리가 주장하는 명제, 즉 방어는 공격보다도 한층 강력한 전쟁 형식이라는 명제를 충분히 증명할 수 있었다고 믿는다. 그러나 사소한 일이기는 하지만, 이때까지 등한시했던 또 하나의 요인이 있으므로 이에 언급해 둘 필요가 있다. 그것은 공격군에 속해 있다고 하는, 전투자의 의식에서 생겨서 군을 두루 지배하고 있는 우월한 감정이다. 확실히 이러한 감정이 존재하는 것은 사실이다. 그러나 이와 같은 감정은 승전 혹은 패배, 장수의 유능함 혹은 무능함이 군의 사기를 환기시키는, 한층 일반적이고 강력한 감정 앞에서는 바로 소멸된다.

---

2) 제8편 '전쟁 계획'을 가리킨다.

제4장
공격의 구심성과 방어의 이심성

구심성(求心性)과 이심성(離心性)이라는 두 개념, 즉 공격과 방어에서 각각 병력을 사용하는 경우의 이 두 가지 형식은, 이론에서도 실제로 자주 나타나므로, 상상력은 이것을 공격과 방어에 각각 내재하는 필연적 형식처럼 생각하고 있다. 하지만 잠시 생각해보면 바로 알 수 있듯 본디 그러한 것은 아닌 것이다. 그래서 이 두 형식을 가능한 일찍 고찰해서 이들 형식의 명백한 개념을 결정적으로 확립하고 싶은 것이다. 그러면 앞으로 공격과 방어의 관계를 고찰할 경우에도, 이러한 잘못된 생각을 무시할 수 있고, 매사에서 이 두 형식 중 어느 것이 유리하고 어느 것이 불리한가 하는 겉핥기식 판정에 현혹되지 않아도 될 것이다. 그래서 우리는, 이들 형식을 우선 순수한 추상적인 것으로 보고, 그 개념과 본질을 분명히 하고자 한다. 그러나 이 개념이 여러 사항에 어떠한 관계를 갖는가 하는 것은 나중에 생각하고자 한다.

방어자는 전술에서나 전략에서나 기다리는 쪽이고, 따라서 정지 상태에 있다. 이와는 반대로 공격자는 움직이는 쪽이고, 방어자의 정지에 주목하면서 움직이는 자이다. 따라서 공격자가 움직이고 방어자가 정지하고 있는 한, 포위는 공격자의 마음대로라는 결론이 필연적으로 생긴다. 그러면 사태의 유리와 불리를 알아차리고 구심적으로 행동할 것인가의 여부를 선택하는 자유는 공격자만의 장점이라고 생각해야 할 것이다. 하지만 이러한 선택의 자유가 공격자에게 주어져 있는 것은 전술의 경우만이고, 전략에서는 반드시 그렇지가 않다. 전술에서는 군의 양 날개 부대의 의탁점이 반드시 절대적으로 안전하다고는 말할 수 없지만, 전략에서는 방어선이 한쪽 바다와 다른 쪽 바다를 잇고, 혹은 한쪽 중립지대로부터 다른 쪽 중립지대에 걸치는 경우에는 대체로 안전하다. 이와 같은 경우에는 공격자가 구심적으로 공격할 수 없으므로, 선택의 자유는 제한된다. 또 공격자가 어쩔 수 없이 구심적으로 전진해야만 하는 경우에는 선택이 더욱 까다롭게 되어 선택의 자유는 점점 제한된다. 예를 들어 러시아와 프랑스가 독일을 공격하고자 하면, 두 나라 군은 양쪽으로부터 각각 전진하여 독일을 포위하는 방법밖에 없다. 따라서 두 군은 하나로 합쳐서 공격할 수가 없게 된다. 만약에 공격자가 사용하는 구심적 형식이 대개의 경우 그 효과에서 방어자가 사용하는 이심적(離心的) 형식보다도 박약하다고 생각해도 좋다면, 공격자가 한쪽으로는 포위에 관해 선택의 자유라는 이점을 갖는다 해도, 다른 한편으로는 이 박약한 형식을 사용하지 않을 수 없는 불리함으로 모처럼의 이점이 없어져 결국은 아무것도 남지 않게 될 것이다.

여기서 전술 및 전략에서 이 두 가지 형식이 각기 초래하는 효과를 더 자세하게 생각해 보자.

적을 포위한 공격군이 원둘레에서 중심으로 향하는 구심적 방향을 취할 때, 지금까지 제1의 장점으로 간주되었던 것은 병력이 전진하면서 차차 집중된다는 것이었다. 사실 그대로이다. 하지만 이것을 공격자만의 장점으로 생각하는 것은 아직 이르다. 병력의 집중은 양쪽에서 이루어지고, 따라서 이 점에서는 양쪽 사이에 우열이 없기 때문이다. 또 이심적 행동에서의 병력 분산에 대해서도 사정은 이것과 마찬가지이다.

그러나 그것과는 달리 진정한 장점이라고 할 만한 것이 있다. 즉, 구심적(求心的)으로 움직이는 군은 그 효과를 공통된 한 점으로 집중한다는 것이다. 그리고 이것은 이심적으로 움직이는 군에게는 있을 수 없는 일이다. 그렇다면 그 효과는 어떠한 것인가. 여기서 우리는 전술과 전략을 분리해서 따로따로 생각해야 한다.

우리는 특별히 분석에 깊이 들어갈 생각은 없다. 따라서 아래의 여러 가지 사항들을, 전술에서 이러한 효과를 초래할 수 있는 유리한 점으로서 들고자 한다.

1. 구심적으로 움직이는 모든 병력이 어느 정도까지 적에 접근하면 사격 효과는 배로 늘어나거나 적어도 사격 효과를 강화할 수 있다.
2. 적의 동일 부대를 여러 방향으로부터 공격할 수 있다.

3. 적의 퇴로를 차단할 수 있다.

퇴로 차단은 전략적으로도 생각할 수 있지만, 전략에서의 공간은 크기 때문에 좀처럼 이것을 차단할 수 없다. 따라서 전략에서의 퇴로 차단이 전술에서보다도 훨씬 곤란하다는 것은 분명하다. 또한 여러 방면에서 적 부대 하나를 공격할 경우 이 부대가 작다면, 아니 심지어 최소한의 수준에 달해 결국 전투원 한 사람 규모가 된다면, 이런 종류의 공격은 더욱 유효해지고 결정적이 된다. 따라서 방어자 측이 한 작전군 규모라면 여러 방면에서 동시에 공격당해도 쉽게 이 공격을 막아 내겠지만, 일개 사단 규모라면 이 공격에 버티기 어려워지며, 또 일개 대대라면 그 부대가 집단을 이루고 있는 경우에만 간신히 버텨 내고, 전투원 한 명에 불과하다면 결국 버티지 못한다. 전략에서는 대군이 차지하는 지역, 광대한 공간, 장대한 시간을 필요로 하지만 전술에서는 모두가 그 반대이다. 그래서 여러 방면으로부터의 공격이, 전략에서는 전술에서와 마찬가지의 효과가 생기는 것이 아니라는 것은 이미 이로써도 명백하다.

사격의 효과는 전혀 전략 문제는 되지 않는다. 그러나 이것과는 또 다른 효과를 생각할 수 있다. 그것은 공격자가 방어자의 후방 기지에 가하는 타격이다. 방어자는 본대로부터의 거리에 상관없이 적이 아군 후방에서 승리를 얻으면 그에 따라 많든 적든 타격을 느끼는 것이다.

그래서 병력의 구심적 사용의 효과는 다음 세 가지 점에 귀착된다는 것을 알 수가 있다. 즉, 공격자가 방어자의 a부대에 가하는 공격 효과는 그대로 b부대에 대한 효과가 되기도 하고, 더욱이 그 때문에 a부대에 가해지는 본래의 효과는 줄지 않는다는 장점이 있다는 것, 또 b부대에 가하는 공격 효과는 그대로 a부대에 대한 효과가 되기도 한다. 그래서 이 두 가지를 합쳐 생각하면 전체의 효과는 (a+b)가 아니라 그 이상이라는 것, 게다가 이 장점은 전술과 전략에서는 다소의 차이가 있다 해도 양자에 마찬가지로 생긴다고 하는 것이다.

그런데 병력의 이심적 사용에서 생기는 효과로서, 구심력 사용의 장점에 필적하는 이점은 어떠한 것일까. 말할 것도 없이 그것은 방어자의 병력이 중심으로 집합해 있다는 것, 행동이 내선에서 이루어지고 있다는 두 가지이다. 이것이 어떠한 방법으로 병력의 증대와 마찬가지 효과를 가져오는가, 또 공격자가 여간한 우세가 아닌 한 방어자의 이러한 이점에 맞서서는 안 된다는 것은 새삼 설명할 것까지도 없을 것이다.

방어자가 전투의 경과 중에 단호하게 움직임의 원리를 채택한다면 (방어자 측의 움직임은 확실히 공격자 측보다도 느리게 시작하지만, 수동성이라는 굳어진 형식에 얽매여 운동 개시의 시기를 놓쳐서는 안 된다), 병력의 집합과 내전(內戰) 작전의 이점은, 승리를 얻기 위한 수단으로써 결정적이고, 또 대개의 경우 공격자가 취하는 구심적 형식보다도 유효하다. 하지만 승리는 전쟁이 주는 성과에 선행해야 한다. 따라서 적의 퇴로 차단을 생각하기 전에 우선 전쟁에서 승리를 차지해야 하는 것이다. 말하자면 공격자의 구심적 형식과 방어자의 이심적 형식과의 관계는, 일반적으로 공격과 방어와의 관계와 비슷하다. 구심적 형식은 빛나는 성과를 거둘 수 있고, 이심적 형식의 성과는 확실하다. 전자는 적극적 목적을 갖지만 취약한 형식이고, 후자는 소극적 목적을 갖지만 강력한 형식이다. 그러면 이 두 형식 사이에는 항상 우열의 차이가 없는 것처럼 여겨진다. 하지만 방어는, 항상 절대적 방어는 있을 수 없으므로 방어에서도 병력의 구심적 사용은 불가능하지 않다는 것을 아울러 생각해 보면, 공격자는 구심적 형식을 사용한다면 어떤 경우에도 방어자보다 일반적으로 우세하다고 생각하는 권리가 없다는 것을 알 수 있다. 이렇게 생각하면, 구심적 형식에 대한 과대한 평가가 자칫하면 판단에 미치는 나쁜 영향을 면할 수 있다.

지금까지 말한 것은 전술과 전략 등 쌍방에 걸치는 사항이다. 그래서 다음에는 전략에만 관계되는 매우 중요한 사항을 말해야 한다. 내선(內線)의 이점은, 내선이 관계하는 공간이 커짐에 따라 증대한다. 방어자의 내선과 공격자의 외선 사이의 거리가 수천 보 내지 반 마일[1]인 경우, 방어자가 얻는 시간적 여유는 수일 간의 행정(行程) 혹은 20 내지 30 마일의 거리인 경우만큼 크지 않은 것은 물론이다. 첫 번째 경우는 내선이 관계하는 공간이 적기 때문에 전술에 속하고, 두 번째 경우는 이 공간이 크기 때문에 전략에 속한다. 전략에서 목적을 달성하는데 요하는 시간은 전술에서보다도 크다. 따라서 1개 작전군은 1개 대대만큼 신속하게는 격파되지 않는다.

---

1) 반 마일은 5,000보이다.

하지만 이 시간은 전략에서도 자연히 한도가 있고 전쟁 지속 시간 이상으로 나아갈 수는 없다. 어쨌든 방어군이 큰 희생을 치르지 않고 전쟁을 피할 수 있는 시간은 수일에 지나지 않다. 다음으로 전술과 전략에서는, 방어자가 적보다 먼저 이점을 차지한다는 점에서 매우 큰 간극이 있다. 전술에서는 내선과 외선 사이의 거리가 작기 때문에, 회전에서 방어자 측 움직임은 공격자의 눈앞에서 이루어진다고 할 수 있다. 따라서 외선에 있는 공격자는 대개의 경우 적을 바로 인지할 수 있다. 이와는 반대로 전략에서는 내선과 외선의 거리가 크기 때문에 방어군은 그 움직임을 공격군에 대해 적어도 하루는 숨겨둘 수 있다. 또 방어군 일부만이 움직이는 경우나 혹은 움직임이 꽤 멀리에서 이루어지는 경우에는, 2~3주 동안도 숨겨둘 수 있다. 하물며 방어군이 지형을 이용하는 데 매우 편리한 토지에 포진하고 있는 경우, 이러한 은폐의 이점이 얼마나 큰가는 매우 분명하다.

이로써 병력을 구심적 혹은 이심적으로 사용하는 경우의 효과에 관한 고찰과, 이러한 효과의 공격 및 방어의 관계에 대한 고찰을 끝내기로 한다. 공격 및 방어에서의 두 가지 형식에 관해서는 나중에 다시 설명하기로 한다.

제5장
전략적 방어의 성격

일반적으로 방어란 무엇인가 하는 문제에 대해서는 이미 대답한 바 있다. 요컨대 방어는 전쟁 형식으로서 공격보다도 강력하며, 방어자가 이 형식을 사용하여 승리를 거두려고 하는 것은 승리에서 얻은 우세를 이용해서 공격으로, 다시 말하면 전쟁의 적극적 목적으로 이행하기 위한 것이다.

예를 들어 방어자 측의 전쟁 의도가 단순한 현상 유지에만 있다 해도, 적의 공격을 피하는 것에만 의의를 둔다는 것은 전쟁의 개념과 맞지 않는다. 전쟁이 단지 수동적인 것이 아니라는 것은 명백하기 때문이다. 방어자가 전쟁에서 이미 현저한 이점을 차지했다면 방어는 이미 그 본분을 다한 것이다. 따라서 방어자로서의 몰락을 면하고자 한다면, 이 이점을 활용하여 적에게 반격을 가해야만 한다. '쇠는 뜨거울 때 연단시켜라'라는 속담대로, 획득한 우세를 이용해서 적의 재차 공격을 미리 방지하는 것이 현명한 대책이다. 이 반격이 언제, 어디에서, 어떠한 방식으로 이루어지는가 하는 것은 물론 다른 조건에 의해 결정된다. 이에 대해서는 나중에 논하고자 한다. 우선 여기서는 이러한 반격에 대한 이행은 다름 아닌 방어의 본디 경향이고, 따라서 방어의 본질적인 구성 요소라는 것. 또 방어라는 전쟁 형식에 의해 얻어진 승리를 그 어떠한 방법으로, 말하자면 전쟁 경제를 위해 이용하지 않고 그대로 사그라지게 하는 것은 중대한 과실이라는 것을 지적하는 것으로 그치기로 한다.

방어자가 신속하고 강력하게 공격으로 이행하는 것, 즉 적의 공격을 저지하자 바로 칼을 돌려 적에게 복수하는 것이야말로 진정한 방어이다. 이러한 이행을 바로 생각해 낼 수 없는 논자, 이 이행을 바로 방어의 개념에 도입할 수 없는 논자는 방어의 우위를 끝내 이해할 수 없을 것이다. 이러한 논자는 적의 전투 수단을 파괴하고 약취하는 것은 오직 공격에서만 이루어지는 것으로 생각한다. 그런데 이들 수단은 공격자에게 귀찮기 짝이 없는 일이지만, 방어자에게는 공격자가 가지고 들어오는 귀찮은 일을 해소시키기 위한 도구이다. 따라서 공격이라면 바로 기습을 생각하고, 방어는 궁핍과 혼란에 지나지 않는다고 보는 생각은 사고방식의 차이에서 오는 심한 착각이라 할 수 있다.

온화한 방어자보다도 침략자 쪽이 먼저 전쟁을 결의하는 것은 말할 것도 없다. 만약 침략자가 그의 방책을 완전히 비밀로 숨겨 둘 수 있다면 확실히 방어자에게 기습을 가할 수 있을 것이다. 하지만 그와 같은 일은 실제 전쟁에서는 있을 수가 없다. 전쟁의 실태는 그러한 것이 아니기 때문이다. 전쟁에 대한 마음가짐은 침략자 쪽보다도 오히려 방어자 쪽에 있다. 침략자의 침입이 있기 때문에 비로소 방어가 발동하고, 이 방어와 함께 전쟁이 일어나기 때문이다. 침략자는 항상 평화를 애호한다(나폴레옹조차도 이렇게 자칭하고 있었다). 방어자인 국가에 은밀히 침입하는 것은 침략자가 가장 바라는 바다. 하지만 침략자에게 이러한 행위를 허락할 수 없기 때문에, 방어자는 전쟁을 하지 않을 수 없고, 따라서 전쟁 준비를 갖추고 있어야 하는 것이다. 다시 말하면 침략자의 기습을 예기해서 항상 무장하고 있는 것은 약자, 즉 방어를 하는 쪽이다. 전쟁술이란 바로 이러한 것이다.

피아의 군 어느 쪽이 먼저 전쟁터에 나타나느냐 하는 것은 공격을 의도하느냐 혹은 방어를 의도하느냐에 따라 결정되는 것이 아니라, 이와는 완전히 다른 사정에 의존하는 것이 통례이다. 공격을 의도하느냐 아니면 방어를 의도하느냐는, 군이 전쟁터에 나타나는 속도가 빠르냐 늦느냐가 그 원인이 아니라 대개는 그 결과이다. 전쟁 준비를 빨리 끝낸 군은 기습의 이점이 충분히 있다면 바로 이 이유로 해서 공격적 행동을 취하고, 이와는 반대로 전쟁 준비가 늦게 끝난 군은 아군을 위협하고 있는 불리함을 방어의 이점에 의해서 약간이라도 보상할 수 있는 것이다.

그렇다고는 해도 전쟁 준비를 상대보다 빨리 해서 빈틈없이 이를 사용하는 것은 뭐니 뭐니 해도 공격자의 이점이라고 간주해야 한다. 이것은 앞서 제3편에서 우리가 이미 인정했다. 하지만 공격에 공통적인 이 이점은 어떤 경우에도 꼭 생기는 것은 아니다.

따라서 방어의 본래 양식을 생각해 본다면 그 요건은 다음과 같다. 즉 첫째로 방어에 관한 모든 수단을 흠잡을 데 없이 준비하는 것, 두 번째로 전쟁에 숙달한 군, 세 번째로 어찌할 바를 모르고 적을 기다리는 평범한 장수가 아니라, 침착하게 생각하고 방어 수단을 자유롭게 선택하여 적을 맞이하는 장수, 네 번째로 적의 공격에 끄떡없는 강력한 요새, 또 마지막으로 정신이 강건해서 적을 두려워하기보다는 오히려 적이 이것을 두려워하는 국민이다.

이 요건들을 완비한 방어는 문자 그대로 공격에 필적할 것이다. 공격이라고 하면 용기, 강력한 의지력, 신속한 움직임만을 생각하고, 이에 반해 방어에는 무기력이나 의기소침밖에 떠오르지 않는 논자는 막연하게 공격을 손쉬운 것 확실한 것으로 생각하지만, 완벽한 방어 체제를 대하게 되면 공격 쪽에서도 이제는 그러한 말은 할 수가 없다.

제6장
방어 수단의 규모

앞서 본편의 제2장과 3장에서 방어는 병력의 절대량, 전투력으로서의 군대의 가치 외에 전술적, 전략적 성과를 결정할 만한 수단을 사용함으로써 저절로 우위를 차지하는 사정을 말했다. 즉, 그 수단이란—토지 및 지형의 이점, 기습, 사방으로부터의 공격, 전쟁터에 주는 지원, 국민의 지원 그리고 뛰어난 정신력의 이용이다. 따라서 특히 방어자의 사용에 제공되는, 말하자면 건축물의 여러 기둥 양식이라고도 할 만한 모든 주요 수단의 규모를 한번 살펴보는 것도 유익하리라 생각된다.

1. 예비군. 근대의 예비군은 국외에서 적의 국토 공격에도 사용되었다. 몇몇 국가, 예를 들면 프로이센의 예비군 제도[1]는 거의 상비군의 일부로 간주되지 않을 수 없을 정도여서 방위에만 필요한 제도라고는 말할 수 없다. 하지만 예비군이 1813년, 14년 및 15년에 매우 유효하게 사용된 경우에도 역시 방어적 전쟁에서 출발했다는 것, 또 프로이센만큼 강고(强固)한 예비군 제도를 가진 나라는 매우 적기 때문에, 이 제도가 아직 불완전한 나라에서는 예비군이 공격보다도 오히려 방어에 적합하다고 간주된다는 것을 잊어서는 안 된다.

어쨌든 예비군의 개념에는 국가 유사시 온 국민이 각자 체력과 부(富), 또 국난을 위해 목숨을 바치려는 마음을 기울여 많든 적든 자유 의지에 바탕을 둔 최대한의 협력을 한다는 사상이 항상 포함되어 있다. 예비군 제도가 이러한 특성을 잃어감에 따라 명칭이야 예비군이지만, 실제적으로는 상비군과 같은 것이 되어 본래 예비군의 특유한 이점을 점점 잃어가게 된다.

---

1) 프로이센의 예비군은 1813년에 제정되어, 처음에는 국토방위에만 사용되었으나 1815년에 예비군 조례가 발포된 뒤 차차 정비되었다.

실제로 예비군의 본래 이점은 온 국민의 구국 정신이 상비군에서보다도 훨씬 광범위하게 미치고, 또 특정인에게 한정되는 일 없이 훨씬 쉽게 고양되는 점에 있다. 예비군의 본질은 바로 여기에 있다. 온 국민의 이러한 협력은 본래의 예비군 제도에 의해 실현되어야 한다. 그렇지 않고 예비군으로부터 이와는 다른 것을 기대한다면 예비군에는 없는 것을 쓸데없이 조르는 결과가 될 것이다.

예비군의 이러한 본질과 방어의 개념 사이에 긴밀한 관계가 있다는 것은 의심할 여지가 없다. 따라서 이와 같은 예비군이 공격보다도 오히려 방어에 적합하다는 것, 그리고 이러한 예비군이 공격군을 능가할 만한 효과를 발휘하는 것은 주로 방위에서라는 것 또한 명백하다.

2. 요새. 공격자 측에 대한 요새의 협력은 국경 부근에 한정되기 때문에 협력의 정도가 미약하다. 이에 반해 방어자 측에 대한 요새의 협력은 국내에 깊이 미치고, 따라서 몇몇 요새를 효과적으로 사용할 수 있으므로 그 효과는 공격자 측의 그것보다 현저하게 강력하다. 또 실제로 적에게 포위당하면서도 적의 공격을 견딜 만한 요새가 전쟁에 대해서 갖는 의의는, 축성(築城)이 매우 견고하고 난공불락의 인상을 주기 때문에 적이 처음부터 공략을 단념하고 그 지점을 그냥 지나갈만한 요새보다도 훨씬 크다. 이러한 요새는 적과 실제로 교전해서 그 전투력을 파멸시킬 기회를 가질 수 없기 때문이다.

3. 국민. 싸움터가 된 큰 지역에서 주민 각자가 전쟁에 미치는 영향은 일반적으로 미미하여 마치 강물의 물 한 방울이나 마찬가지이다. 하지만 민족 봉기는 논외로 하더라도, 그 고장의 온 주민이 전쟁에 미치는 총체적인 영향은 결코 적지 않다. 국민의 의향이 정부가 행하는 전쟁에 반발하지 않는 한 자국 내에서는 모든 것이 탈 없이 진행된다. 이에 반해 이쪽의 국내에 침입한 적에게 주어지는 급부(給付)는 그 대소를 막론하고, 모두 노골적인 위력의 강제에 의한 것이 아니면 불가능하다. 더욱이 이 강제는 전투력에 의해서만 보증되어야 하기 때문에, 공격자는 대부분의 병력과 노고를 소비하지 않을 수가 없다. 그런데 방어자는 이것을 모두 수중에 가지고 있는 것이다. 비록 주민이 헌신적인 열정을 가지고 협력하는 것이 아니라, 즉 자유 의지에 의한 협력이 아닌 경우에도 오랫동안 배양되어 제2의 천성이 된 복종심으로, 혹은 군 그 자체에서 직접 생기는 것이 아니라 완곡하게 두려워하는 마음을 품게 하는 무언가 다른 수단이나 강

제적 수단에 의해 쉽게 그 목적을 달성할 수가 있다. 하지만 뭐니 뭐니 해도 참다운 충성심에서 자발적으로 생긴 협력이야말로 그 어떠한 경우이든 매우 중요하다. 실제로 이러한 협력은, 주민이 아무런 희생을 치를 필요 없는 사항에 관해서는 생기지 않을 수가 없다. 지금 이 사항들 중 전쟁 지도에서 중요한 의의를 갖는 것을 하나만 들어보고자 한다. 그것은 주민이 가져다주는 정보이다. 이것은 첩자가 모은 중대한 정보라기보다는 오히려 군이 매일 매일의 근무에서 주민과 접촉할 때 얻는, 불확실하기는 하지만 무수히 많은 자상한 정보이다. 이와 같은 점에 관해서도 주민과의 밀접한 관계는 방어자 쪽에 일반적인 우위를 준다.

방어자와 국민 사이에 반드시 생기는 매우 일반적인 관계에서 시작해 주민이 자진해서 전쟁에 참가하기 시작하는 특수한 경우에 이르러, 마침내 에스파냐에서처럼[2] 거국민적으로 투쟁을 수행한다고 하는 처참한 단계가 되면, 이것은 이미 국민의 강력한 지원이 아니라 전적으로 새로운 세력의 발생이라고 하지 않을 수가 없다.

4. 그래서 다음으로 원래 방어 수단으로써의 국민 총무장, 혹은 국민군을 들수가 있다.

5. 마지막으로 방어자의 궁극적인 지지자로서 동맹자를 들 수 있다. 일반적으로 공격자도 우방을 가지고 있지만, 여기서 말하는 동맹자는 방어자의 국가를 보전하는 것을 자신의 중대한 관심사로 삼는 나라이다. 현대 유럽 여러 나라의 현상을 생각하면, 국가 및 국민에 관한 크고 작은 여러 이해관계가 매우 다양한 방식으로 뒤얽히고, 게다가 시시각각으로 변화하고 있다는 것을 알 수가 있다(여러 국가 사이에 권력이나 이해관계가 질서 정연하게 균형을 이루고 있다고 말하는 것은 아니다. 그러한 균형은 실재하는 것도 아니고, 또 실제로도 지금까지 자주 부정된 것은 지극히 당연한 일이다). 그리고 이해관계의 이러한 교차점 하나하나가 전체를 견제하는 매듭을 이루고 있다. 한 나라가 취하는 방향과 다른 나라가 취하는 방향은 이 매듭에 의해 균형을 유지하고 있기 때문이다. 따라서 이 모든 매듭에 의해 전체가 많든 적든 하나의 커다란 연관을 형성하고 있는 것은

---

2) 나폴레옹의 에스파냐 침략(1808~13)에 대한 에스파냐 국민의 집요한 반항을 가리킨다.

분명하다. 이 연관은 매듭 하나에 변화가 생길 때마다 그 자리에서 회복되어야만 한다. 그래서 여러 국가 간의 전체적 관계는 이 전체에 대한 변화보다는, 오히려 전체를 현상 그대로 유지하고자 노력하는 것이다. 다시 말하면 일반적으로 현상 유지를 하려는 경향이 지배적이라는 것이다.

여러 국가 간의 정치적 균형이라는 사상은 이렇게 해석되어야 한다고 생각한다. 또 그런 의미에서 이 정치적 균형은, 몇몇 문명 국가가 서로 다면적 관계를 유지하는 데에는 저절로 발생하지 않을 수 없는 것이다.

이와 같이 모든 국가의 이해관계는 현상을 유지하고자 하는 경향을 띠지만, 이러한 경향이 어느 정도 효력을 갖게 되는지는 별개의 문제이다. 그렇다고는 해도 몇몇 국가 간의 관계에서 생기는 변화를 생각하면, 이러한 전체적 경향에서 생기는 효과를 쉽게 하는 것과 힘들게 하는 것이 있다. 첫 번째 경우에는, 정치적 균형을 어디까지나 유지하고자 하는 노력이 있다. 그리고 이 노력은 총체적 이해관계와 경향을 같게 하는 점에서 이러한 이해관계를 가진 많은 국가를 자기편으로 삼을 수 있다. 이와는 반대로 두 번째 경우는 현상 유지를 하려는 경향과 서로 맞지 않는다. 그래서 몇몇 국가는 각자 유력한 활동을 전개하지만, 이것은 바로 병적인 현상이라고 말하지 않을 수 없다. 그렇지만 크고 작은 국가가 잡다하게 모여 그 사이의 결합이 극히 박약한 전체에서 이러한 병적 현상이 발생하는 것도 그리 놀라운 일은 아니다. 이런 질병이라고 하는 것은 놀랄 만큼 훌륭한 조직을 갖는 유기체에서조차도 나타나기 때문이다.

그래서 어떤 논자는 몇몇 국가가 각기 자국의 이익만을 생각하여, 전체 속에 중대한 변동을 야기시켰는데도 불구하고 다른 국가가 이것을 저지하려고 시도조차 하지 않았던 사례를 역사에 비추어 지적할지도 모른다. 또 어떤 국가가 여러 국가 위에 올라서서 전체에 군림하는 전제군주처럼 행동한 사례를 들지도 모른다. 이에 대해 우리는 다음과 같이 답할 것이다. 이 사례들은 총체적 이해관계 때문에 현상을 유지하고자 하는 경향이 존재하지 않았던 것을 실증하는 것이 아니다, 다만 이러한 경향의 효력이 공교롭게도 충분히 발휘되지 않은 데 지나지 않았다고. 목표에 도달하고자 하는 노력은 단순히 목표를 향하는 운동과 같은 것이 아니다. 그렇지만 이러한 노력을 아주 무의미하다고 말할 수 없을 것이다. 이것은 천체의 역학에 비추어 보아도 매우 명백하다.

따라서 균형을 구하려는 경향이란 현상 유지 바로 그것을 말하는 것이라고 볼 수 있다. 그러면 이 경우, 이 상태가 정지해 있다는 것, 다시 말하면 균형을 유지하고 있는 것이 전제되는 셈이다. 만약에 이러한 정지가 이미 어지럽혀져서 여러 국가 간에 긴장 상태가 생긴다면, 균형을 구하려는 경향은 이미 변화를 일으키고 있기 때문이다. 하지만 이러한 변화는 소수 국가에만 관계되고, 결코 다수의 국가에 미치는 것이 아님은 일의 이치로 볼 때 미루어보아 당연한 일이다. 그러면 여러 국가 간의 현상을 유지하고자 하는 경향을 대표하고 확립하는 것이, 이들 국가의 총체적 이해관계라는 것은 의심할 여지가 없다. 따라서 전체와 대립하고 이것과 긴장 상태에 있는 국가가 아닌 평온한 국가라면 방어 체제를 취하는 것이 자국에게 불리는커녕 오히려 이점으로 간주하는 것 또한 의심할 여지가 없는 일이다.

위와 같은 고찰을 일장의 유토피아적 공상으로서 비웃는 논자는, 끝내 철학적 진리를 이해하지 못하고 있는 것이다. 철학적 진리가 사물의 근본적 요소의 상호 관계를 분명하게 밝힌다고 해서, 이 사물들 속에 포함되어 있는 우연적인 것을 모두 무시하고, 이러한 근본적 관계만으로 개개의 경우를 규정할 수 있는 법칙을 도출하려고 하는 것은 확실히 사려가 부족한 방식이다. 그러나 또 어떤 유명한 사가(史家)가 말한 것처럼 '일화(逸話)의 영역에 머무르면서', 모든 역사를 이러한 일화를 모아 만들어내고서 개별적인 것, 말초적인 것에 구애하여 여기에서 사건의 원인을 찾아내는 것으로 끝난 것으로 보고, 그 이상 깊이 파내려가는 노력을 아까워하고, 또 주요한 일반적 관계의 가장 깊은 곳까지 이르지 못하는 논자의 견해는 결국 단 하나의 사례에만 타당하다. 이러한 논자에게는 모든 사례에 타당한 보편성을 찾는 철학이, 마치 일장의 꿈처럼 여겨지는 것은 당연할 것이다.

이와 같이 여러 국가 간의 현재 정지 상태와 유지를 구하려고 하는 일반적 노력이 존재하지 않았더라면, 다수의 문명국가가 오랜 시간에 걸쳐 평온하게 공존하는 것은 불가능했을 것이다. 그리고 이들 국가가 오직 하나의 국가에 흡수되는 것은 당연한 일이었을 것이다. 따라서 현재의 유럽이 1000년 이상이나 존재하고 있다면, 이 훌륭한 결과는 총체적 이해관계로 뒷받침된 현상 유지적인 경향 때문이라고 할 수 있다. 또 전체가 주는 보호가 반드시 개개의 국가 현상 유지에 충분하지 않았다 해도, 그것은 이들 국가를 포함하는 전체의 정치적 생활에서 생긴 변칙적인 현상에 지나지 않는다. 그리고 이 변태는 이제까지 전체의 생활을 궁극적으로 파괴한 예가 없고, 오히려 전체의 생활이 이러한 변칙적 상태를 극복해온 것이다.

여러 국가 간의 균형을 심하게 어지럽히는 변동이, 다른 여러 국가의 크고 작은 명백한 반대에 의해 저지되거나 후퇴당한 사례를 하나하나 검토하는 것은 쓸모없는 일일 것이다. 실제로 역사를 한 번 흘낏 보는 것만으로도 수많은 사례를 발견할 수 있다. 따라서 여기서는 하나의 특별한 예를 드는 것으로 그치고자 한다. 이것은 정치적 균형이라는 사상을 비웃는 사람들이 항상 말하는 것이고, 또 다른 나라의 지원을 얻을 수 없었던 온후한 방어자가 몰락한 예로서, 특히 여기서 논하는 데에 딱 맞는 제목이라 여겨지기 때문이다.

그것은 폴란드의 분할이다.[3] 800만 인구를 안고 있는 국가가 흔적도 없이 사라지고, 국경을 접한 세 나라에 의해 분할되면서도 다른 여러 나라 중 그 어떤 나라도 무력을 써서 폴란드를 구제하려고 하는 나라가 없었다. 그것은 언뜻 생각하기에 정치적 균형이 총체적으로 무력했었다는 것을 증명하거나, 그렇지 않으면 적어도 이러한 균형의 효력이 개개의 경우에 도달할 수 있는 한계를 나타내는 것처럼 여겨진다. 이 정도의 대국이 사라져서, 이미 열강과 어깨를 나란히 하는 국가(러시아와 오스트리아)의 먹이가 되었다고 하는 것은 매우 극단적인 사례로 볼 수 있다. 그리고 이러한 사례가 유럽 다른 여러 나라들의 총체적 이해관계에 아무런 충격을 주지 않았다고 한다면, 각 국가의 이해관계를 유지하기 위해 주려고 했던 효과는 결국 굶주림을 충족시키지 못하는 그림의 떡에 지나지 않았던 것 아닌가 말하지도 모른다. 그러나 우리는 개개의 사례는 아무리 그것이 선명하다 해도, 보편성의 반증은 되지 않는다는 생각을 바꾸지는 않을 것이다. 또 폴란드의 몰락은, 얼핏 봐서 이상하다고 여겨질 정도로 이해하기 어려운 것은 아니다.

도대체 왜 폴란드는 하나의 유럽적 국가, 다시 말하면 유럽의 여러 국가와 동질적인 국가로 간주되어야 했을까? 그렇지 않다. 폴란드는 타타르인의 국가였

---

3) 폴란드의 분할은 3회에 걸쳐(1772, 93, 95년) 있었다. 제1회는 프로이센, 오스트리아 및 러시아, 제2회는 프로이센 및 러시아, 제3회는 이들 3개국에 의해 실시되었다.

다. 폴란드인은, 크림반도의 타타르인처럼 유럽 국가권의 변경에 있는 흑해 연안에 정주하는 대신, 유럽의 내부를 관통하는 바이크셀강 연안에 토착한 데 지나지 않았다. 우리는 폴란드 민족을 멸시할 생각도 없고, 또 폴란드의 분할을 시인할 생각도 없다. 다만 있는 그대로의 사태를 고찰하고 있는 것이다. 100년 이래 폴란드는 이미 본래의 정치적 역할을 다하지 않게 되고, 쓸데없이 여러 국가 간에 불화를 만드는 씨가 되는 데 지나지 않았다. 폴란드가 이러한 상태에 있고, 또 이러한 정치적 사정에 몰입되어 있다고 한다면 유럽의 여러 국가 사이에 끼어 오래도록 그 위치를 유지하기란 불가능했을 것이다. 그러나 또한 이 타타르적 상태에서 본질적인 변혁을 성취하기 위해서는, 비록 폴란드 민족의 지도자들이 자진해서 이 일에 관여했다 해도 반 세기는커녕 넉넉히 한 세기를 필요로 했을 것이다. 그러나 이 지도자들은 그들 자신이 너무나도 타타르인적이었기 때문에, 이러한 변혁을 바라지 않았던 것이다. 그리고 폴란드인의 절제가 없는 국가 생활에는 헤아릴 수 없는 경솔함 때문에 마침내 그들은 나락의 바닥으로 굴러 떨어진 것이다. 폴란드가 분할되기 이전부터, 러시아인은 오랫동안 이 나라에서, 마치 자국에서와 마찬가지로 행동하고, 폴란드인은 외부에 대해서 자신을 주장하는 독립 국가의 개념을 이미 잃고 있었던 것이다. 따라서 이 나라가 분할되지 않았더라면, 결국 러시아의 한 주에 속하게 되었을 것이다. 위에서 말한 것과 같은 사정이 없고 폴란드가 방위력을 가진 하나의 국가였다면, 세 열강도 그토록 빨리 폴란드의 분할에 손을 댈 수 없었을 것이다. 그렇게 되면 프랑스, 스웨덴 및 터키처럼, 폴란드의 안전을 최대 관심사로 보는 열강도 손을 놓고 방관하지 않고, 이 나라의 보존에 협력할 수 있었을 것이다. 하지만 한 나라의 보전(保全)이 외부에서만 배려되기를 바란다고 하면 이는 염치없는 지나친 요구이다.

폴란드의 분할은 이미 100년 이상이나 이전부터 자주 거론되고 있었다. 그 뒤 이 나라는, 담을 둘러싼 저택이 아니라 끊임없이 외국 군대가 달리는 길로 여기게 되었다. 만약 다른 국가가 이것을 저지하고자 한다면 폴란드 국경의 불가침을 표방하는 정치적 신성을 획득하기 위해서는, 칼을 빼든 채 있어야만 했을 것이다. 하지만 그러한 긴장을 요구한다는 것은 정신적으로 불가능하다. 당시 폴란드는 정치적으로는 황량한 초원이었다. 여러 국가 사이에 낀 무방비 초원을 모든 국가가 개입하여 보호하는 것이 불가능했듯이, 이른바 폴란드 국가라는 불가침성 자체를 보증하는 것 또한 불가능했다. 이러한 여러 이유로 세상 사람들이 크림반도의 타타르 민족이 남몰래 쇠멸되는 것을 의심하지 않는 것과 마찬가지로, 폴란드가 소리도 없이 소멸하는 것을 각별히 이상하게 생각하지 않을 것이다. 터키가 크림반도에서 타타르 민족에 많은 관심을 가진 것은, 유럽에서 폴란드의 안전에 관심을 가진 어떤 국가보다도 더 했다. 그러나 터키는 무방비 초원을 보호하는 것이 헛된 일임을 잘 알고 있었다.

이제 본제로 돌아가지만, 이로써 일반적으로 방어자가 공격자보다도 외국의 지원을 기대할 수 있는 까닭을 설명할 수 있었다고 생각한다. 방어자는 그 존재가 여러 국가에 중요하면 할수록, 다시 말하면 정치적 및 군사적 상태가 건전하고 강력할수록 외국의 원조를 더욱더 기대할 수 있다.

본장에서 본래의 방어 수단으로써 거론한 것은, 물론 그 모두가 방어에 사용되는 것이 아니다. 어떤 때는 그중 어떤 것이 빠지고, 또 어떤 때는 다른 것이 빠진다는 식일 것이다. 그렇다고는 하지만 이들 방어 수단은 모두 방어라는 집합 개념에 속한다.

제7장
공격과 방어의 서로 작용

　본장에서는 공격과 방어를 가능한 한 분리해서 따로따로 고찰해 보고자 한다. 이 경우, 우선 방위를 거론하는 것은 다음과 같은 이유에 의해서이다. 방어 규칙의 바탕에 공격 규칙을 놓고, 또 공격 규칙의 바탕에 방어 규칙을 놓는다는 것은 양자가 상호 개념을 이루고 있음을 생각하면 자연스럽기도 하고 또한 필연적이기도 하다. 그러나 공격과 방어에 관한 광범위한 고찰을 진행시키기 위해서는, 우선 이 고찰의 단서가 될 만한 어떤 제3의 점을 둘 중 어느 한쪽이 가져야 한다. 그렇다면 이 제3의 점이란 무엇인가 하는 것이 문제가 된다.

　전쟁의 발생을 철학적으로 고찰하면, 본디 전쟁이라고 하는 것은 공격과 함께 발생하는 것이 아니라는 것을 알 수 있다. 공격은 투쟁이기보다는 오히려 적국 영토의 약취를 절대적인 목적으로 하기 때문이다. 따라서 전쟁의 개념은 방어와 함께 발생한다. 방어는 투쟁을 직접 목적으로 하기 때문이다. 이 경우에 방어, 즉 적의 공격을 저지하는 일과 투쟁은 분명히 같다. 방어에서 저지(沮止)는 공격으로만 향한다. 따라서 공격을 전제로 하고 있는 것이다. 이에 반해서 공격은 방어자에 의해 이루어지고 있는 저지를 향한 것이 아니라 이것과는 다른 것, 즉 적국 영토의 약취를 주목적으로 한다. 따라서 저지를 반드시 전제로 하는 것이 아니다. 그렇다면 전쟁의 본령인 투쟁을 우선 개시하는 것, 또 적과는 상관없이 자신의 입장에서 우선 피아를 판단하는 자가 곧 전쟁의 형식을 최초로 규정하는 자이고, 그것이 다름 아닌 방어자라고 하는 것은 사리적으로 분명하다. 본장에서는 개별적인 경우를 문제로 하고 있는 것이 아니라 일반적인 경우, 즉 이론이 그 방향을 결정하기 위하여 고찰의 대상으로 하는 추상적인 경우에 대해서 살펴보고 있는 것이다.

　이제까지의 분석에서, 공격과 방어의 상호 관계 밖에 있는 제3의 점을 어디

니코폴리스 전투(1396) 프랑스 기병대가 돌진해 나갔으나, 투르크 전위대의 유인책 작전에 말려들어 엄청난 피해를 입었다.

에서 구하면 좋은가 하는 문제가 해결되었다. 즉 그것은 방어자 쪽에 있는 것이다.

이와 같은 추론이 옳다고 한다면 공격자가 어떻게 나오는가에 대해서 비록 방어자가 아는 바가 전혀 없다고 해도, 방어자에게는 그가 취해야 할 태도를 규정하는 근거가 있다. 더욱이 이 규정의 근거는, 투쟁 수단의 선택과 용도를 결정하는 것이다. 이와는 반대로 공격자가 적정(敵情)에 대해서 무엇인가를 알지 못하면, 그가 강구해야 할 처치나 투쟁 수단의 사용을 규정하는 근거를 갖지 못하는 것이다. 공격자는 투쟁 수단을 전쟁터로 가지고 들어오는 외에는, 다시 말하면 병력을 사용해서 토지를 약취하는 일 말고는 아무것도 할 수 없을 것이다. 또 실제로도 그대로이다. 투쟁 수단을 전쟁터로 가지고 간다는 것은 이것을 사용하는 일은 되지 않기 때문이다. 공격자가 투쟁 수단을 어느 때엔가는 사용할 것이라고 하는 막연한 전제 아래 이것을 전쟁터로 가지고 가거나, 또 총

독이나 포고에 의해서 적국의 영토를 점유하는 대신에 병력을 가지고 이를 약취해 보았자 아직은 적극적인 군사적 행동이라고는 할 수가 없다. 그런데 방어자는 앉아서 투쟁 수단을 모을 뿐 아니라, 전투를 내세워서 이들 수단을 수시로 사용한다. 이러한 방어자가 되어야 비로소 투쟁의 개념에 실제로 적합한 행동을 실시할 수가 있다.

제2의 문제는 이러하다. 방어자는 공격자가 나오는 방식에 대해서 생각하기 전에, 우선 방어 그 자체를 규정하는 근거를 확립해야 하는데, 도대체 그 규정의 근거는 이론적으로 어떠한 성격을 가지고 있는가 하는 점이다. 그런데 공격자가 우선 착수하는 것은, 말할 필요도 없이 적국의 영토를 약취하기 위해 하는 전진(前進)이다. 이 전진 그 자체는, 본래의 투쟁 밖에 있는 것으로 여겨지고 있지만, 그것은 이윽고 발생하는 군사 행동의 제1단계를 뒷받침하게 되는 것이다. 이에 대해 방어의 주된 목적은 이 전진을 저지하는 데 있다. 그러면 공격자는 전진을 적 국토의 상태와 견주어서 행해야 한다. 여기에서 방어자 쪽에는, 방어에 대한 최초의 가장 일반적인 규정이 성립된다. 방어자 쪽에 이러한 규정이 확립되면, 공격자는 이들 규정을 향해 공격을 실시한다. 그러면 이번에는 방어자가, 공격자가 사용하는 투쟁 수단에 비추어 방어의 새로운 원칙을 안출한다. 이렇게 해서 공격과 방어 사이에는 상호 작용이 생긴다. 그리고 이론은 이러한 상호 작용에서 생기는 새로운 결과가 고려할 만한 것이면 그 연구를 계속할 수가 있는 것이다.

이상의 조촐한 분석은, 우리가 앞으로 행하는 고찰을 보다 명료하고 확실한 것으로 만들기 위해 필요하다. 그러나 이와 같은 분석을 한 주된 목적은 실제의 회전에 효과적으로 사용하기 위함도 아니고, 장래의 장수를 육성하기 위함도 아니다. 이 분석에 의해 우리가 바라는 것은, 공격과 방어라고 하는 중대한 사항을 이제까지 경솔하게 다루어온 일부 이론가들의 어리석음을 깨쳐주기 위한 것이다.

제8장
여러 저항 방식

　방어의 주된 목적은 적의 공격을 저지하는 데 있다. 또 이러한 저지에는, 적을 대기하고 있다는 동작이 포함된다. 그리고 이 대기가 방어의 주요한 특징인 동시에 주된 이점이기도 하다.

　그러나 전쟁에서 방어는 순전한 수동이 아니므로, 대기한다고 해도 그것은 절대적인 대기가 아니고 상대적인 것에 지나지 않는다. 그런데 이 대기에 관계되는 대상은, 공간적으로는 국토, 전쟁터, 또는 진지(陣地) 중 어느 하나이고 또 시간적으로는 전쟁, 전역 또는 회전 중 어느 하나이다. 그러나 이것들은 어느 것이나 자족(自足)이 완료된 일정 불변한 통일체가 아니고, 서로 섞기면서 엉켜 있는 영역의 각 중심점이다. 그러나 실생활에서는 사물을 서로 엄밀하게 구분하지 않고 이것을 부류로 정리하는 것만으로 만족해야 할 경우가 있다. 그런데 이들 개념은 어느 것이나 실제 전쟁 그 자체에 의해서 이미 명확한 것이 되어 있으므로, 이러한 개념을 각각 중심점으로 해서 그 밖의 개념을 정리해도 지장은 없을 것이다.

　그렇다면 국토의 방어는 국토에 대한 공격만을 대기하게 되고, 전쟁터의 방어는 전쟁터에 대한 공격만을, 또 진지의 방어는 진지에 대한 공격만을 대기하는 것이 된다. 그러나 방어자가 이러한 대기 뒤에 취하는 적극적이고 공격적인 행동은 방어의 개념과 모순되는 것이 아니다. 방어의 주요 특징이자 그 주요한 이점인 대기가 이미 이용되고 있기 때문이다.

　그런데 전쟁, 전역, 혹은 회전과 같은 시간적 개념은 국토, 전쟁터 혹은 진지와 같은 공간적 개념과 병존(竝存)하는 것이고, 따라서 이들 두 개념은 대기에 대해서 어느 것이나 동일한 관계를 가지는 것이다.

　위에서 말한 방어는, 대기와 적극적 행동이라고 하는 두 가지 이질적인 부분으로 이루어진다. 우리는 그중 제1의 부분, 즉 대기를 우선 일정한 대상과 연결시키고 따라서 또 제2의 부분, 즉 적극적 행동에 선행시킴으로써 양자를 방어라고 하는 하나의 전체로 구성할 수가 있다. 그러나 방어 행동, 특히 규모가 큰 것에서는 전역이나 전쟁과 마찬가지로 시간적으로 두 개의 큰 부분, 즉 전반은 순수한 대기로 후반은 순수한 적극적 행동으로 하는 식으로 분명하게 나뉘는 것이 아니라, 이 두 가지 상태가 서로 교대하여 대기가 마치 한 가닥의 실처럼 방어의 전체를 관통한다.

우리가 방어에서 대기를 이토록 중요시하는 데에는 충분한 이유가 있다. 종래의 이론에서는, 대기가 독립된 개념으로서 다루어진 적이 한 번도 없었다. 그러나 실제 전쟁에서는 이 대기라는 개념이—비록 의식되지 않는 경우가 있다고 하더라도—끊임없이 방어를 지도해 왔다. 이 개념은 모든 군사 행동의 근본 구성 요소이며, 이러한 개념이 결여되면 군사적 행동은 거의 불가능하다고까지 말할 수 있다. 따라서 앞으로도 자주 이 개념에 입각해서, 대기가 피아 병력 사이의 역학적 관계에서 가져오는 효과에 주의를 집중할 생각이다.

다음에는 대기의 원리가 어떤 식으로 모든 방위 행동을 일관하고 있는가 하는 것과, 방어 그 자체에서의 몇몇 단계는 어떻게 해서 대기의 원리에서 생기는 가를 살펴보고자 한다.

우리의 고찰을 단순한 대상으로 압축하기 위해, 우선 국토의 방위는 전쟁 계획을 논하는 편(제8편)에 양보하기로 한다. 이런 종류의 방어에서는 정치적 사정이 다종다양한 데다가 또 강력한 영향을 미치기 때문이다. 그런데 진지 및 회전에서의 방어 행동은 본디 전술이 다루는 대상이다. 이러한 대상이 전략 문제가 될 수 있다고 하면, 그것은 이런 종류의 방어 행동이 전체로서 전략적 행동의 출발점이 되는 경우에만 한정된다. 그렇다면 결국 전쟁터의 방어만이 방어의 실태를 가장 잘 나타내는 것이 된다.

앞서 우리는 이렇게 말했다. 대기와 적극적 행동은 다 같이 방어의 가장 본질적인 요소이다. 그리고 후자는 적의 공격에 응수하는 일, 즉 반격을 말한다. 여하간 전자가 결여되면 방어는 성립되지 않고, 또 후자가 결여되면 전쟁은 성립되지 않는다고. 우리는 이와 같은 견해에서 출발하여 방어는 공격보다도 강력한 전쟁 형식이며, 그 목적은 적을 보다 확실하게 정복하는 데 있다는 생각에 도달했다.

우리는 어디까지나 이 생각을 견지해야 한다. 그 이유는, 결국 이와 같은 생각만이 불합리한 잘못된 생각을 예방할 수 있고, 또 우리가 이러한 사상을 가까이에서 생생하게 느끼고 있으면 전체적인 방어 능력은 더욱더 강력하게 수행되기 때문이다.

따라서 방어를 구성하는 제2의 필연적 요소인 반격을 더 구분해서 본래의 저지, 즉 국토나 전쟁터 혹은 진지에 가해진 공격의 저지만을 방어의 필연적 부분이라 이해한다. 또 이 부분은 국토나 전쟁터 혹은 진지의 보전에 일관하는 것으로 그 이상으로 나가는 반격, 즉 실제의 전략적 공격의 영역으로 이행하는 반격은 이미 방어와는 전혀 관계가 없는 사항이라고 본다면, 이러한 견해는 이제까지의 사고방식에 어긋난다. 우리는 이와 같이 방어를 구별하는 것을 도저히 본질적인 구분이라고 인정할 수가 없다. 오히려 방어의 바탕에는 적의 공격에 대한 보복이라고 하는 관념이 존재한다고 주장하고 싶은 것이다. 비록 적에게 가한 최초의 반격에 의해서 그에게 많은 손해를 가할 수가 있었다고 해도, 그것만으로는 공격과 방어 사이의 역학적 관계에 정상적인 균형을 이루게 했다고는 말할 수 없기 때문이다.

그래서 우리는 방어가 공격보다도 한층 강력한 전쟁 형식이며, 그 목적은 적을 더 손쉽게 정복하는 데 있다고 말하는 것이다. 그러나 이렇게 해서 얻은 승리가 이 경우 방어에 관계되는 것, 즉 전쟁터를 넘어서 그 이상으로 미치는가의 여부는 그때의 정황에 따른다. 그러나 방어는 본디 대기라고 하는 개념을 본뜻으로 삼기 때문에, 적을 정복하는 목적은 조건부로만, 즉 적이 공격을 해올 경우에만 성립된다. 따라서 적이 공격을 가하지 않으면, 방어는 현재 보유하고 있는 토지를 유지하는 것으로 만족해야 한다. 이것이 대기 상태에서의 방어 목적이다. 그리고 방어는 이러한 소극적인 목표로 만족하기 때문에, 공격보다도 한층 강력한 이 전쟁 형식이 제공하는 여러 이점을 누릴 수가 있다.

전쟁터의 방어를 임무로 하는 군은, 다음 네 가지 방식으로 방어를 실시할 수가 있다.

1. 적이 전쟁터에 침입하자마자 즉시 공격한다(몰비츠, 호헨프리데베르크).
2. 방어자는 국경 근처에 진지를 구축하고, 공격자가 이 진지의 전면에 진출

하기를 기다렸다가 공격한다(차슬라우, 조르, 로스바흐).[1] 말할 필요도 없이 이 경우의 대기 상태는, 제1의 경우보다도 수동적이고 또 대기하는 시간도 길다. 그러나 이 경우에 적을 대기하는 시간이 매우 짧거나 혹은 전무라고 해도, 또 적이 아군 쪽에 실제로 공격을 걸어와도 제1의 경우에는 불가피했던 회전이 제2의 경우에는 반드시 확실하게 기대된다고는 말할 수 없다. 공격자는 방어자의 강력한 저항을 알고 결국 공격에 나서지 못하는 경우도 있을 수 있기 때문이다. 따라서 또 대기의 이점은 그것만으로도 제1의 경우보다는 크다.

3. 제2와 동일한 진지를 차지하고 있는 방어자가, 공격자의 회전 결의를 기다리고 있을 뿐만 아니라, 다시 말해 공격자가 아군의 진지에 진출하는 것을 기다리고 있을 뿐만 아니라 적이 실제로 공격을 해오는 것을 기다리는 방식이다(제2의 경우와 마찬가지로 프리드리히 대왕의 전쟁 사례를 들자면, 분첼비츠). 따라서 이 경우에야말로 본격적인 방어적 회전이 이루어지게 된다. 또 이 방어적 회전은, 앞서 말한 대로 일부의 부대를 가지고 하는 공세 운동을 포함하는 일이 있다. 이 경우에도, 제2의 경우와 마찬가지로 대기에 의해 얻는 시간은 거론할 만한 것이 되지 못할 것이다. 하지만 공격자 쪽 회전 결의의 강약을 새로 탐색하게 되는 셈이다. 그러나 적이 결국 회전을 결의해서 전진했다고 해도 마지막 순간에 허리가 꺾여 중지하든가, 혹은 최초 공격으로 방어자의 진지가 의외로 강하다는 것을 알고 한 번 시도해 보고 공격을 포기한 예도 가끔 있다.

4. 이것은 방어자가 공격자에 가하는 저항을 자기 나라 안으로 옮기는 방법이다. 이 퇴각의 목적은 공격자의 전투력을 차차 약화시켜서 그가 전진을 스스로 중지하지 않을 수 없는 시점을 기다리거나, 그렇지 않으면 그가 전진의 정점에 이르렀을 때 적어도 방어자의 저항을 이제는 배제할 수 없는 시점을 기다리든가, 이 둘 중 어느 하나이다.

제4의 방법이 일목요연하게 나타나는 것은 방어자가 하나 내지는 몇 개의 요새를 후방에 남기고 퇴각하고, 공격자가 이것을 포위하도록 만드는 경우이다. 이에 의해서 공격자의 전투력은 현저하게 약화되고, 또 방어자에게는 우세한 병력을 가지고 공격자를 어느 지점에서 공격하는 기회가 주어지는 것은 틀림없

---

1) 차슬라우(Czaslau). 뵈멘의 도시. 이곳 회전(1742. 5. 17)에서 프리드리히 대왕은 오스트리아군을 무찔렀다.

는 사실이다.

그러나 방어자 쪽에 요새가 존재하지 않아도, 그는 내지(內地) 쪽으로 퇴각하는 것에 의해서 피아 사이의 균형이나 적에 대한 우세를 차차 회복할 수가 있다. 그리고 이것은 국경 부근에서는 얻을 수 없었던 이점이다. 일반적으로 전략적 공격이 요구하는 전진은 공격자의 전투력을 절대적으로 약화시킬 뿐만 아니라, 또 적국의 국토를 약취한 병력의 분할을 하지 않을 수가 없게 되어 약화가 불가피하기 때문이다. 이에 대해서는 공격을 논하는 대목에서 자세히 살펴볼 생각이다. 여기에서는 위와 같은 진리를, 예나 지금의 모든 전쟁으로 충분히 증명된 사실로서 미리 들어보는 것으로 그치기로 한다.

그런데 제4의 경우에는, 무엇보다도 먼저 시간적 여유를 얻는 것이 방어자에게 현저한 이점으로 간주되어야 한다. 공격자가 방어자 쪽에 있는 몇몇 요새를 포위한다면, 방어자는 이들 요새가 각기 함락하는 시점을 예상하여 그때까지의 시간적 여유를 얻는 것이다(이 시간은 수주일인 경우도 있고, 수개월에 이르는 경우까지도 있다). 또 적 전투력의 약화, 즉 공격력의 소모가, 전진과 주요 지점의 점령에 의해서만, 즉, 공격자의 전진 행정(行程)의 길이에 의해서만 생기는 경우에도, 방어자가 얻는 시간적 여유는 제1 내지 제3의 경우보다 훨씬 크다. 따라서 방어자가 취하는 적극적 행동은 반드시 일정한 시간에 구애될 필요는 없을 것이다.

공격자의 전진이 끝난 지점에서 방어자와 공격자 사이의 힘 관계에 변화가 생긴다는 것 외에도, 우리는 대기에 의한 현저한 이점이 여기에서도 방어자에게 주어진다는 것을 인정하지 않을 수 없다. 공격자의 전투력이 전진에 의해 현저하게 약화되어 있다면, 공격자는 방어자가 퇴각을 정지한 지점에서 그의 주력을 공격할 수 있지만, 실제로는 이러한 공격자라도 공격 결의를 굳히기를 주저할 것이다. 이 경우에 공격의 결의는, 국경에서 필요로 하는 이상으로 강력해야만 하기 때문이다.

그 이유의 일부는 뭐라 해도 공격자의 병력이 약해져서 이미 기세를 잃고, 게다가 위험이 커지기 때문이고, 또 다른 이유는 우유부단한 장수일 경우, 그가 도달한 지점까지의 토지를 점령하는 것에 만족하여 회전의 의도를 일찍 포기하기 때문이다. 이러한 장수는 회전이 이미 필요하지 않다는 것을 실제로 믿고 있거나, 그렇지 않으면 이것을 구실로 삼는 것이다. 공격자가 국경 부근에서라면 몰라도 이제 와서 공격을 단념한다고 해도 방어자로서는 소극적으로나마 만족할 만한 성과를 거두는 것은 아니지만, 이것으로 얻는 시간적 여유는 매우 크다.

위에서 말한 네 경우의 어느 것에서도 방어자가 토지와 지형을 이용할 수 있다는 것, 따라서 또 요새의 지원과 국민의 협력을 예상하고 행동할 수 있다는 것은 말할 것도 없다. 더욱이 이 네 개의 원리는 방어가 한 단계씩 진행됨에 따라 그 효력은 더욱더 증대한다. 특히 제4단계에서는 적의 병력을 약화시키는 효과가 생긴다. 그런데 대기에 의한 이점은 이들 방어 방식이 진행되는 단계마다 증대하므로, 제1 내지 제4단계는 다름 아닌 방어의 강도 증가를 나타낸다고 하는 것, 그리고 방어라는 전쟁 형식은 방어자 쪽에서 공격으로 이행하기 위한 시간적 여유가 크면 이에 따라 더욱더 강력해진다는 것을 알 수가 있다. 따라서 방어 방식 중에서 가장 수동적인 것이 가장 강력하다 해도 과언은 아니다. 실제로 위의 방어 방식을 한 단계씩 진행했다고 해서, 다시 말하면 이들 방어 방식의 수동성을 차차 증대했다고 해서, 방어자의 저항 능력이 약화될 염려는 없다. 다만 저항을 개시하는 시기를 연장하여 지연시키는데 지나지 않는 것이다. 하지만 다른 한편으로는 방어의 목적에 잘 맞게 만들어진 보루 진지를 가지고 하면, 한층 강력한 저항이 가능하고, 게다가 적의 병력이 이러한 저항을 만나서 반쯤 소모되면 방어자는 한층 효력이 있는 반격을 가할 수가 있다는 주장 또한 인정할 만하다. 만약에 진지의 이점이 없다면, 다운은 콜린[2]에서 승리를 거두지 못했을 것이다. 그리고 프리드리히 대왕이 1만 8000명도 안 되는 군을 전쟁터에서 철퇴시켰을 때, 만약에 다운이 이를 맹렬하게 추격했더라면, 그가 얻은 성과는 전사에서 가장 빛나는 성공의 하나로 간주되었을 것이다.

이렇게 보면 방어의 단계가 한 단계씩 앞으로 나아감에 따라, 방어자의 우세가—더 정확히 말하자면 방어자의 대항력이—증대한다. 따라서 반격도 더욱더 강력해진다고 해도 좋다.

그런데 이와 같이 방어의 강도가 증대함에 따라서 이에 따른 이점 또한 커

---

2) 프리드리히 대왕은 콜린의 회전(1757. 6. 18)에서 참패했다.

지게 되는데, 이러한 이점은 무상으로 얻어지는 것일까? 그렇지가 않다. 이러한 이점을 얻기 위해 지불하는 희생은, 방어의 강화에 비례해서 증대하는 것이다.

우선 방어자가 스스로 고른 전쟁터에서 적을 기다릴 경우, 비록 전쟁터의 경계선에 훨씬 가까운 곳에서 결전이 이루어진다고 해도 역시 적군은 이 전쟁터에 들어오게 되므로, 방어자의 희생 없이는 끝나지 않는다. 이와는 반대로 방어자 쪽에서 바로 적에게 공격을 가하면 이러한 불리(不利)가 적에게 해당될 것이다. 그러나 방어자가 적과 맞서자마자 바로 공격을 가하지 않는다면, 이미 그것만으로도 방어자의 희생은 커진다. 하물며 적이 점거하는 공간과 적이 아군 진지에 도달하는 데 걸리는 시간이 길어지면, 방어자의 희생도 더욱 커지게 된다. 또 방어자가 방어적 회전을 각오한다면, 다시 말하면 회전 결의와 시기 선택을 적에 맡긴다면, 적은 그 점거 지역을 장기에 걸쳐 영유하는 일이 있을 수 있다. 또 적이 좀처럼 회전 결의에 이르지 않기 때문에, 방어자가 얻는 시간적 여유도 결국은 방어자 쪽의 부담이 된다. 하물며 내지로 퇴각하게 되면 방어자는 더 뼈아픈 희생을 치러야 할 것이다.

방어자 측의 이와 같은 희생은 방어자의 여러 힘을 쇠퇴하게 만들지만, 이 쇠퇴가 전투력에 미치는 영향은 직접적이 아니라 간접적이다. 따라서 나중에서야 비로소 뼈저리게 느끼게 된다. 때로는 이 영향이 거의 감지되지 않을 정도로 간접적인 경우도 있다. 즉, 방어자는 앞으로의 부담을 각오해서 현재 상태를 강화하려고 한다. 다시 말하면 자본력이 없는 사람이 차입금으로 당좌를 모면하려고 하는 것과 같다.

그런데 위에 든 네 가지 저항 형식에서 생기는 성과를 고찰해 볼 때, 공격자가 방어자에게 가하는 공격의 목적을 문제로 삼지 않을 수가 없다. 이 목적은 방어자가 고른 전쟁터 전체를 점령하든가, 혹은 적어도 이 전쟁터의 상당 부분을 점령하는 것을 말한다. 전체라고 하는 개념은 적어도 그 과반수를 포함하는 것으로 이해해야 하기 때문이다. 실제로, 수마일의 지대(地帶)를 점령한들 전략에서는 아무런 중요성을 가지지 않는 것이 통례이다. 따라서 공격자가 아직 전쟁터를 점령하고 있지 않는 한, 다시 말하면 공격자가 방어자의 위력을 두려워하여 아직 공격에 나서지 못하고 있거나, 방어자의 진지에서 아직 방어자를 포착하지 않았거나, 그렇지 않으면 방어자가 도전하는 회전을 피하고 있거나 그 어느 경우가 되든 간에 방위의 목적은 달성된 것이고, 또 방어를 위해 강구한 방책은 효과를 거둔 것이 된다. 그러나 이와 같은 성과는 매우 소극적인 것으로, 방어자가 목적으로 하는 본격적인 반격에 직접 힘을 더하는 것이 아닌 것은 두말할 나위가 없다. 그러나 이러한 소극적인 성과라 해도 간접적으로는 반격을 위한 힘이 될 수 있으므로, 반격으로 향한 도상에 있다고 할 수 있다. 회전에 대한 결단을 내리지 못하는 공격자는 그만큼 시간을 허비하고 있기 때문이다. 시간의 손실은 공격자에게 불리하고, 이러한 손실을 초래한 공격자는 그 어떤 방식으로든 약화되지 않을 수 없다.

따라서 방어의 네 단계 중 처음 3단계에서는, 다시 말하면 방어가 국경에서 이루어질 경우에는 공격자에게 결전을 단념하게 하는 것이 곧 방어의 성과라고 할 수 있다.

그러나 방어의 제4단계는 그렇지가 않다.

적이 방어자 쪽의 요새를 포위한다면, 방어자는 시기를 놓치지 말고 그 포위를 풀어야 한다. 따라서 적극적인 행동으로 결전을 요구하는 것이 바로 방어자가 할 일이다.

그런데 적이 방어자 측의 요새는 거들떠보지도 않고, 방어자를 내지로 추격했을 경우에도 사정은 이와 전적으로 동일하다. 확실히 이 경우에는, 방어자 측의 시간적 여유는 매우 커서 적 전투력이 가장 약화되는 시기를 기다릴 수가 있다. 그러나 방어자 측의 전제, 즉 언젠가는 적극적 행동으로 이행해야 한다는 전제는 여전히 변함이 없다. 이 경우, 공격자는 공격의 대상이었던 전 지역을 점령한다. 그러나 이 지역은 공격자에게 말하자면 일시적인 점거에 지나지 않는다. 피아의 긴장은 계속되고, 결전은 눈앞에 다가와 있다. 방어자는 나날이 강화되고, 이와는 반대로 공격자는 나날이 약화되고 있는 한, 결전이 지연된다는 것은 방어자의 이익이 된다. 그러나 마침내 도래하지 않을 수 없는 극한점이 나타나자마자—비록 이것이 방어자의 자력에 의한 것이 아니라 공격자가 받은 일반적인 손실에 의한 결과에 지나지 않는다고 해도—행동과 회전의 결의는 바로 방어자 쪽에 있다. 대기의 이점은 여기에서 흠 잡을 데 없이 이용되었다고 해도 좋다.

이 시점을 결정하는 일반적 표준이 있는 것은 아니다. 실제로 이것을 규정하는 것은 많은 정황이나 사정이다. 하지만 일반적으로 겨울을 가장 자연적인 전환점으로 인정하지 않을 수 없다. 만약에 공격자가 그 점령 지역에서 겨울을 보내는 것을 방어자가 저지할 수 없다고 한다면, 이 지역은 포기된 것으로 간주되어야 할 것이다. 그래도 이 규칙이 보편적인 것이 아님을 알기 위해서는 토리즈 베드라시[3]의 실례를 상기하는 것이 좋다.

그런데 일반적으로 결전이란 어떠한 것인가?

이제까지의 고찰에서는 결전을 항상 회전이라고 하는 형식으로 생각해 왔다. 그러나 항상 그래야 된다는 것은 아니다. 그 밖에도 분할된 병력으로 수행하는 전투의 여러 가지 조합을 생각할 수 있기 때문이다. 그리고 이와 같은 조합이 어떤 때에는 실제로 적과 혈전을 하는 경우도 있고, 또 어떤 때는 적이 전투의 결과를 예측해서 싸우지 않고 퇴각하는 일도 있다. 여하간 이렇게 해서 전국(戰局)이 결정된다.

전쟁터에서의 결전이라고 하면 이것 이외에는 있을 수 없다. 그리고 이것은 앞서 전쟁에 대해서 말한 견해로부터 필연적으로 생기는 결론이다. 비록 적군이 양식의 결핍이라는 이유만으로 퇴각하더라도, 이 퇴각은 아군의 무력이 적군을 궁지에 몰아넣은 결과이다. 만약에 아군이 병력을 전혀 보유하고 있지 않으면, 적군은 틀림없이 양식을 조달하는 방책을 강구했을 것이다.

따라서 공격자가 방어자의 국내로 침입해서 전진을 계속한 결과, 부대의 파견이나 기근 및 역병(疫病) 때문에 약화되거나 소모되었을 경우에, 이 공격자로 하여금 퇴각을, 또는 일단 획득한 모든 것을 포기하게 만드는 것은 실로 방어자의 무력에 대한 두려움 때문이다. 하지만 국내에서의 결전과 국경에서 이루어지는 결전 사이에는 자연히 현저한 차이가 생기는 것은 두말할 필요도 없다.

국경에서는 공격자의 무력에 대항하는 것은 방어자 측의 무력뿐이며, 이것이 적의 무력을 막고, 혹은 이에 파괴적인 영향을 준다. 그러나 국내에서는 공격자가 전진을 계속한 나머지 그 전투력은 스스로 파고든 고난에 의해서 이미 반은

---

3) 토리즈 베드라시(Torres Vedras). 포르투갈의 도시로 요새. 1810년부터 11년에 걸쳐서 영국 및 에스파냐 연합군은 86km에 이르는 이 요새선의 배후로 물러나, 프랑스의 침입군과 대치한 채 겨울을 났다.

파멸에 직면했다고 하면, 방어자의 전투력에는 이에 의해서 무력과는 전혀 다른 종류의 힘이 가해진다. 그러면 방어자의 전투력은 확실히 결전의 궁극적인 요인이 되기는 하지만, 그러나 유일한 요인은 아니다. 따라서 전진하는 적 전투력의 이러한 쇠퇴는 이미 결전에서의 승패를 예시하는 셈이다. 그리고 적 전투력의 쇠퇴가 한층 심해지면 방어자의 반격이 가능하다는 것만으로도 적의 퇴각을 유도하여, 이로써 전국이 결정되는 경우가 있다. 요컨대 이와 같은 경우에 결전에서의 승패를 결정하는 것은, 적이 전진으로 스스로 자초한 고난 바로 그것이다. 물론 우리는, 방어자의 무력이 승패의 결정에 이바지하지 않았다고 말할 생각은 없다. 그러나 실제적인 견지에서 보자면, 어떤 경우에 이 두 원리의 한쪽이 더 유력했던가를 식별할 필요가 있다.

이와 같은 의미에서 방어에는, 공격자가 방어자의 무력에 의해서 파멸하는가 그렇지 않으면 공격자가 스스로 초래한 고난에 의해서 파멸하는가에 따라서 두 가지 결전이 있고, 또 두 가지 반격 방법이 있다고 할 수 있다.

제1종의 결전은 방어의 최초 3단계에서 유력하고, 또 제2종의 결전이 제4단계에서 유력하다는 것은 명백하다. 더욱이 제4단계는, 방어자가 자국의 내지로 퇴각했을 경우에만 생기는 것이다. 따라서 이 방어 방식은 내지에의 퇴각에 의해서 많은 희생을 지불해야 함에도, 이러한 퇴각을 감행하는 이유가 될 수 있다.

이렇게 해서 우리는 저항에 관한 두 개의 서로 다른 원리가 어떠한지를 알았다. 우리는 이 두 원리가 개별적으로 또 각기 순수한 형태로 나타난 사례를 전사(戰史)에서 볼 수 있다. 이러한 전쟁 사례가 있다. ―프리드리히 대왕은 1745년 호헨프리데베르크에서, 때마침 슐레지엔 산지에서 내려온 오스트리아군을 공격했다. 그 때 오스트리아군의 전투력은 부대 파견이나 전진에 의한 고생으로도 약화되지 않았다.[4] 그런데 다른 한편으로는 이러한 예가 있다.―웰링턴은 토리즈 베드라시[5]의 보루 진지에서 마세나[6]의 군이 굶주림과 추위로 자발적으로 퇴각을 하기 시작하는 것을 기다렸는데, 방어자의 무력(武力)은 공격자의 전

---

4) 그럼에도 불구하고 이 회전에서 프리드리히 대왕은 오스트리아군을 무찔렀다.
5) 앞서 나온 토리즈 베드라시에 관한 설을 참조.
6) 마세나(Massena, Andre, 1758~1817). 프랑스의 원수.

투력 약화에는 조금도 신경 쓰지 않았던 것이다. 이 두 원리가 복잡하게 연결된 경우에도, 그중 어느 한쪽이 분명히 유력했다. 그 좋은 예로서는 1812년 나폴레옹의 러시아 원정이 있다. 이 유명한 전쟁에서는 많은 전투가 있었고, 만약 다른 상황에서였다면 이들 전투의 승패에 대한 완벽한 결정은 무력에 의해 주어졌을 것이다. 그럼에도 공격자가 스스로 자초한 고생으로 파멸한 예는 이 전쟁에서 가장 뚜렷하게 나타난 것이다. 프랑스의 중앙군 30만 중 모스크바에 도달한 것은 겨우 9만이었다. 행진 중에 갈라진 병사는 1만 3000에 지나지 않기 때문에 결국 19만 7000의 병력이 행진 중에 상실된 것이다. 또 수차의 전투에 의한 손실로 셀 수 있는 것은 그중 3분의 1 이상이 넘지 않는 것은 확실하다.

이른바 '시간을 버는' 방어 방식으로 유명한 전투, 예를 들면 유명한 파비우스 쿵크타토르[7]가 한 전쟁은 적이 스스로 자초한 고생으로 자멸할 것을 예상하여 계획된 것이다. 이 원리는 화제는 되지 않았지만, 예부터 수많은 전쟁에서 지도적 역할을 해왔다. 전쟁 역사가들이 멋대로 만들어낸 그럴싸한 이유에는 잠시 눈을 감고 사건 그 자체의 핵심을 구명해 보면, 이상과 같은 원리야말로 여러 결전에서 승패를 결정한 참다운 원인임을 알 수 있다.

이것으로 우리는 방어의 밑바탕에 있는 개념을 남김없이 전개하고, 두 가지 주요한 저항 방식을 드러내어 밝히며, 대기의 원리가 방어에 관한 모든 사상 체계를 일관하고, 또 방어자의 적극적 행동과 결부되는 사정을 설명했다고 생각한다. 또 방어자가 적극적 행동으로 옮기는 시기에 지속(遲速)의 차가 생기는 것은 물론이지만, 여하간 그때는 대기의 이점이 이미 모두 이용되는 것이다.

이것으로 방위의 모든 영역을 샅샅이 답사한 셈이다. 그런데 이 영역에는 따로 장을 설정해서 논해야 할, 다시 말하면 방어에 관한 독자적인 사상 체계의 중심을 이루는 약간의 중요 사항이 포함된 것은 물론이다. 그렇기 때문에 예를 들어 요새의 본질과 그 영향력, 보루 야영, 산지 및 하천의 방어, 측면에 미치는 효과 등에 대해서도 고찰해야 한다. 이에 대해서는 다음 여러 장에서 논하게 되는데, 이들 문제는 어느 것이나 위에서 말한 사상 계열 밖에 있는 것이 아니라, 방어 사상을 전투 지역과 그 지역의 여러 사정에 세밀하게 적용한 것일 따

---

7) 파비우스의 쿵크타토르(Cunctator : 주저하는 자)는 별명. 이 말은 원래는 비난의 뜻을 포함하고 있었는데, 파비우스에게 붙여지고 나서는 이러한 뜻이 퇴색되었다.

름이다. 방어에 관한 사상은 방어의 개념 그 자체와 방어의 공격에 대한 관계에서 생긴 것이다. 우리는 이상의 고찰에서 이들의 단순한 사상을 현실의 사태와 관련시켜, 다음에 어떻게 하면 현실에서 다시 이 사상으로 돌아와서 여기에 확고한 근거를 구할 수 있는가 하는 사정을 명백히 했다. 그렇게 되면 헛된 이론을 내걸어, 마치 허공에 못을 박고 이를 논지의 근거로 삼는 것 같은 어리석음을 피할 수가 있을 것이기 때문이다.

그런데 방어자가 무력을 써서 하는 저항은, 전투의 다양한 조합에 따라 각기 매우 다른 모양을 나타내고 매우 특수한 성격을 띠는 일이 있다. 특히 방어자의 반격이 실제로 이루어지는 것이 아니라, 반격이 가능하다는 것만으로도 공격자를 두렵게 만드는 효력을 발휘하는 경우에는 더욱 그렇다. 그래서 여러 사람들은, 이러한 사태가 일어나는 데에는 따로 다른 무언가 효과적인 원리가 있을 거라는 견해에 마음이 끌리는 것이다. 그래서 오직 회전에서의 유혈적인 전투로 적을 격퇴시키는 방식과, 전투의 교묘한 전략적 조합으로 정황을 거기까지 끌고 가지 않고 적을 굴복시키는 방법 사이에는 현저한 차이가 있기 때문에, 거기에는 무언가 다른 힘이 있는 것으로 생각해야 한다고 말한다. 이것은 천문학자가, 화성과 목성의 거리가 너무 멀다는 이유로 둘 사이에는 무언가 다른 행성이 존재한다고 추론하는 것과 비슷한 생각이다.

공격자가, 방어자의 견고한 진지를 바라보고 그곳을 공략하는 것은 불가능하다고 생각하거나, 큰 강을 앞에 둔 방어자를 바라보고 도하(渡河)의 불가능을 한탄하는 경우는 물론, 행진 중인 군이 이대로 전진을 계속하면 충분한 급양을 확보할 수 없는 것은 아닐까 하는 걱정을 하는 경우에도, 이러한 효과를 낳게 한 것은 오직 방어자의 무력 바로 그것이다. 즉 방어자의 무력으로, 주요 전투에서 또는 특히 중요한 지점에서 패배를 할지도 모른다는 공포심이 전진하는 공격자에게 정지를 하지 않을 수 없게 한다. 다만 공격자로서는 이것을 말하지 않거나 혹은 솔직히 나타내지 않을 뿐이다.

그런데 어떤 논자는 유혈을 동반하지 않는 결전에서도 승패를 결정한 요인은 결국 전투이고, 비록 실제의 전투는 아닐지라도 투쟁의 기세만을 나타낸 전쟁이라는 것을 인정하면서도, 이 경우에 가장 효과적인 원리는 실로 전투의 전략적 조합이지, 전투에 의한 전술적 결정은 아니다라고 한다. 그리고 만약에 무력 이외의 방어 방식을 생각할 수 있다고 한다면, 바로 이 전략적 조합이야말로 우위를 차지해야만 한다고 말한다. 우리로서도 일단 이것을 인정하지 않을 수 없다. 하지만 이 논자의 취지는 결국 우리가 말하고자 하는 요점에 귀착되는 것 같다. 우리가 하고 싶은 말은 이렇다. 전투에 있어서의 전술적 성과야말로 모든 전략적 조합의 기초이어야 한다면, 공격자는 이 기초의 철저한 이용을 목적으로 하고 무엇보다도 먼저 이러한 전술적 성과를 낼 것으로 해서, 방어자 측의 전략적 조합의 파멸을 기하는 것은 가능하며, 따라서 방어자로서는 이것을 두려워해야 한다. 요컨대 전투의 전략적 조합은 결코 독립적으로 존재할 수 있는 것이 아니며, 전술적 성과에 조금도 불안을 품을 이유가 없는 경우에만 유효하다는 것이다. 우리의 취지를 간단히 설명하기 위해서는 다음과 같은 한 가지 일을 지적하면 충분할 것이다. 즉, 나폴레옹 같은 탁월한 장수는 적의 복잡하고 교묘한 전략적 조합 같은 것에는 눈도 돌리지 않고 오로지 전투 그 자체를 추구했다. 그리고 투쟁의 경과에 아무런 의심도 품지 않았다. 따라서 적의 전략이 우세한 병력을 가지고 나폴레옹 타도에 전력을 다한 투쟁을 염두에 두지 않았거나, 여러 가지 정교한 (따라서 또 취약한) 관계를 기초로 한 경우에 그 전략은 마치 거미줄처럼 갈기갈기 찢기고 말았다. 하지만 다운 같은 범장(凡將)은, 이러한 취약한 전략적 관계에서조차 심하게 그 행동이 억압되었던 것이다. 따라서 7년 전쟁에서 프로이센군이 다운이나 그의 군에 대해서 했던 일을 다시 나폴레옹과 같은 뛰어난 장수에게 적용한다는 것은 더없이 어리석은 일이라 하지 않을 수 없다.

왜 그런가? 나폴레옹은 전투에서 모든 것은 오직 전술적 성과에 있음을 간파하고, 또 이 전술적 성과를 수중에 넣을 수 있다는 것을 확신하고 있었다. 그러나 다운은 그 어떤 것에 대해서도 도저히 나폴레옹과 비할 바가 아니었다. 바로 이러한 이유로 해서 우리는 다음 두 가지 일을 지적하는 것을 우리의 공적으로 여겨도 좋다고 생각하는 것이다. 즉 첫째, 전투의 전략적 조합은 모두 전술적 성과를 기초로 한다는 것이다. 두 번째는, 전술적 성과로서 그 어떠한 경우에도, 즉 회전에 의한 해결에서나 회전에 의하지 않는 해결에서도 승패를 결정하는 본래의 근본적 원인을 이룬다는 것이다. 요컨대 적의 성격, 적의 모든 사정, 피아 두 군의 정신적·물리적 균형, 혹은 또 아군의 우세와 같은 여러 이유로 해서 전술적 성과에 관해 아무런 불안이 없는 경우에만, 전투를 동반하지 않는 전략적 조합으로부터 무언가를 기대할 수 있는 것이다.

그런데 전쟁사를 죽 훑어보면 공격자가 유혈적 전투를 피해 공격을 포기하고, 따라서 전투의 전략적 조합이 현저한 효력을 발휘한 전역이 많다는 것을 알 수 있는 것이다. 그러면 이와 같은 기술(記述)에 입각해서 다음과 같이 생각할 수 있다. 즉 이러한 전략적 조합은 적어도 그 자체 속에 강력한 원리를 가지고 있다. 그리고 공격자가 전술적 성과에서 결정적인 우위를 차지할 가능성이 없는 경우에는, 대개 전략적 조합만으로 승패를 결정할 수가 있다는 견해이다. 이에 대해 우리는 이렇게 대답한다. ―전술적 성과처럼 그 기원이 전쟁터에 있는 사항, 전쟁의 본성에 속하는 사항에 관해서 이러한 견해는 전적으로 잘못이다. 또 공격이 대체적으로 무효로 끝난 원인은 전쟁에서 한층 고도의 사정, 즉 정치적 사정에 있다고.

전쟁을 일으키고, 따라서 또 당연히 그 전쟁의 기초를 이루는 전반적인 사정은 전쟁의 성격을 규정한다. 이것에 대해서는 기회를 보아 전쟁 계획을 논하는 편(제8편)에서 상세하게 설명하고자 한다. 하지만 군사뿐만이 아니라 정치에도 걸쳐 있는 이 전반적인 사정은 수많은 전쟁을 어정쩡한 것으로 만들었다. 이런 상태의 전쟁에서는 본래 품었던 적의(敵意)가 여러 관련 사이에서 발생하는 마찰 속을 이리저리 빠져나가는 사이에, 매우 미약한 요소로 전락하게 된다. 이러한 사태가 공격자 측, 즉 적극적 행동을 목적으로 하는 쪽에 가장 자주, 또 가장 현저하게 나타나는 것은 말할 것도 없다. 이렇게 보면 이른바 소모성 질환에 걸린, 숨이 끊어질 것 같은 공격이 불과 한 손가락의 압력만으로도 이내 멈추게 되는 것은 이상한 일이 아닐 것이다. 실제로 어느 모로 보나 무기력해서 있는 듯 없는 듯 알 수 없는 결의는, 방어자가 저항의 기미를 보이는 것만으로도 사라져 버릴 것이다.

도처에서 볼 수 있는 난공불락의 견고한 진지, 전쟁터 안에 이어진 낮에도 어두운 산, 전쟁터를 뚫고 도도히 흐르는 강 등의 으스스한 모습, 교묘하게 전투를 엮어서 공격자의 전의를 쉽사리 꺾어 버리는 방어자의 기습 등은, 방어자가 유혈적인 전투를 사용하지 않고 가끔 얻은 성과의 참다운 원인이 아니다. 진정한 원인은 우유부단한 공격자의 박약한 의지에 있다.

공격자의 행동을 억제하고 저지하는 이들 대항물(對抗物)은 이론적으로 고려되어야 할 것이다. 그러나 우리는 이것들을 있는 그대로 인식하면 되는 것으로, 이러한 사물의 효과를 무엇인가 다른 것, 즉 지금 여기서 논술의 대상으로 하고 있는 방어 방식의 효과와 혼동해서는 안 된다. 만약 비판이 잘못된 통설을 시정하는 입장을 잃으면, 전쟁사는 이러한 중요한 점에 관해서 자칫하면 거짓과 기만의 상습범이 될 수도 있을 것이다. 우리가 북을 울려 이것을 공격하는 이유가 바로 여기에 있다.

그래서 이번에는, 유혈적인 전투에 의한 해결 방법을 취하지 않아서 실패한 다수의 공격적 전투에 공통된 일반적인 형태를 생각해 보고자 한다.

공격자가 적지에 침입해 전진하고 방어자를 어느 정도 몰아붙인다. 하지만 결정적인 전투에 도전하기에는 다소의 불안감을 느낀다. 그렇게 되면 공격자는 적 앞에서 멈추고, 마치 적지의 공략은 끝나고 앞으로는 점령 지역을 엄호하는 것 외에는 할 일이 없다는 시늉을 한다. 곁에서 보면 회전을 요구하는 것, 나날이 회전에 도전하는 것은 공격자가 아니라 오히려 방어자인 것처럼 보인다. 하지만 이것은 장수가 그의 군, 그의 궁정(宮廷), 세상—아니, 그 자신을 기만하는 속임수이다. 공격자가 공격을 멈춘 진짜 원인은, 그가 방어자의 정황을 매우 강력하다고 판단한 것에 있다. 또 여기서는 공격자가 이미 얻은 승리를 이용할 수 없기 때문에, 혹은 또 오직 전진만 해오다가 힘이 다하여 이제 공격을 재개할 수 있는 기력이 남아 있지 않기 때문에 공격을 중지하는 경우를 문제 삼고 있는 것은 아니다. 이 경우의 공격은 이미 일단의 성공을 거두고 또 공략이 실제로 이루어진 것이다. 지금 여기서 고찰하고 있는 것은 그러한 경우가 아니라, 공격자가 공략을 의도하고 어느 단계까지 적지에 침입했으면서도 보람 없이 공격을 중지하는 것과 같은 경우이다.

이와 같은 무위(無爲)는, 유리한 정황이 나타나기를 기다렸다가 그것을 이용하기 위해서이다—와 같이 말하는 것은 구실에 지나지 않는다. 실제로도 이러한 유리한 정황이 가까운 장래에 나타날 가능성이 없는 것이 통례이다. 공격을 의도했다는 것 자체가, 현재 외에는 좋은 기회가 없고 장래에 희망을 걸어도 무의미함을 증명하기 때문이다. 따라서 이러한 변명도 기만이다. 그런데 대부분 1개 작전군의 행동은 다른 군과의 동시적 행동과 관련된다. 그래서 장수는 자신이 하고 싶지 않은 일을 다른 군에 떠넘기고, 그 자신의 무위 이유를 우군 지원이나 협력 부족으로 돌리는 것이다. 극복하기 어려운 고난 등과 같은 말이 입에 오르고, 군의 무위가 이른바 복잡 미묘한 관계 때문으로 귀착된다. 이렇게 해서 공격자의 병력은 무위에 의해서라기보다는 오히려 철저하지 못한, 따라서 아무런 성과도 가져오지 못하는 활동에 의해 소모된다. 그러면 그 사이에 방어자는 시간을 번다. 이것이 그에게 가장 중요한 일인 것이다. 이윽고 회전에 적합하지 않은 겨울이 다가온다. 공격은 이것으로 끝나고, 공격자는 자신이 선택한 본디 전쟁터로 돌아가 동영(冬營)에 들어가는 것이다.

그런데 이렇게 복잡한 갖가지 잘못된 생각이 전쟁사에 도입되어, 실패한 공격의 매우 단순한 원인, 즉, 방어자의 무력에 대한 공포심이라는 진정한 원인이 소외되는 것이다. 이러한 전쟁을 비판하자면, 납득이 가는 결론을 줄 것도 아닌 수많은 이유나 반대 이유를 검토하는 것만으로도 싫증이 날 것이다. 주장하는 이유이든 반대하는 이유이든, 어느 것이나 확고한 근거를 가진 것이 아니다. 그렇기 때문에 이것으로 전쟁에서 진리의 근본적 구조를 분명하게 밝히는 것은 전적으로 불가능하다. 전쟁의 본령인 격렬한 힘을 억제하고 특히 공격을 약화시키는 원인은, 대체로 국가의 정치적 사정과 정치적 의도에 있다. 게다가 이들의 사정이나 의도는 세상에 대해, 자국민에 대해, 또 때로는 장수에 대해서조차 은폐되고 있다. 그 누구든 소정의 목표에 도달하려면 그의 힘이 부족하다든가, 새로운 적을 더 만들고 싶지 않다든가, 또 그의 동맹자가 강대해지는 것은 바람직하지 않다든가 하는 일들을 있는 그대로 고백하며, 그가 주저하는 이유를 설명하는 사람은 없을 것이다. 이러한 것은 잠자코 말하지 않는 것이 통례이다. 그러나 세상에 대해서는 사건을 조리 있게 설명해야만 한다. 그래서 장수는 자기 자신의 책임에 대해, 혹은 정부의 책임에 대해 해명하려고 복잡하고 진짜가 아닌 이유를 주장하지 않을 수 없게 된다. 이와 같이 전쟁에 관한 궤변으로서 끊임없이 되풀이되는 기만은 이론적으로 체계화되었다. 그러나 이 체계도 결국 진실이 아니라는 것은 물론이다. 우리가 이제까지 시도해 왔듯이, 이론은 그 내적 연관의 단순한 순서를 따르는 것에 의해서만 그 본질에 깊이 도달할 수가 있다.

이와 같이 불신의 눈으로 전쟁사를 점검하면 논의되고 있는 대대적인 공격

크라크 데 슈발리에 성채 요새 '기사의 성'을 뜻하는 유럽의 십자군에 의해 시리아의 알호슨과 하페에 세워진 중세 군사 건축물 가운데 가장 주목할 만한 요새이다.

및 방어의 수단이 되는 것은 사라지고, 본장에서 우리가 구명한 단순한 생각만이 스스로 빛을 내는 것이다. 따라서 이 사고방식이 방어의 모든 영역에 적용되어야 한다는 것, 또 이 사고방식을 충실하게 지킬 때에만, 수많은 전쟁 사례를 투철한 식견을 가지고 판단할 수 있다는 것을 우리는 굳게 믿어 의심치 않는 것이다.

다음에는 앞서 든 네 가지 방어 방식의 사용에 관한 문제를 논급해야 한다.

이들 네 가지 방어 방식의 제1단계에서 제4단계로 나아감에 따라서 희생 또한 차차 증대한다. 그렇기 때문에 다른 사정이 전혀 가미되지 않는다면, 장수가 어느 방식을 택할 것인지는 처음부터 정해져 있다고 말해도 좋을 것이다. 즉 장수는 꼭 필요한 만큼의 저항 능력을 그의 군대에 줄 수 있는 방어 방식을 고를 것이다. 그리고 필요 이상의 저항 능력을 찾아서 쓸데없이 무익한 희생을 지불하는 일은 하지 않을 것이다. 하지만 다른 한편으로는, 이들 방식 중 어느 것을 고르는가 하는 것은 현저하게 제한되어 있다는 것도 잊어서는 안 된다. 개개의 경우에 당연히 고려해야 할 여러 가지 다른 사정에 의해서도, 어떠한 방어 방식을 채용해야 하는가가 결정되기 때문이다. 예를 들어 자국 안으로 퇴각하기 위해서는 광대한 면적을 갖는 국토가 필요하고, 그렇지 않으면 1810년의 포르투갈에서와 같은 특수한 사정을 필요로 한다. 포르투갈의 경우는 어떤 동맹자(영국)는 배후에서 포르투갈을 지원했고, 또 다른 동맹자(에스파냐)는 광대한 면적으로 적[8]의 공격력을 현저하게 약화시켰던 것이다. 또 요새가 국경 부근에 많은가, 그렇지 않으면 내지에 많은가 하는 사정도 방어 계획의 유리함과 불리함을 결정한다.

　그러나 그보다도 결정에 한층 강한 영향을 주는 것은 국토의 지세와 지형, 주민의 성격 및 기풍이다. 다음에 공격적 회전을 고를 것인가, 방어적 회전을 고를 것인가 하는 것은 적의 전쟁 계획에 의해, 또 피아 두 군의 각 장수 특성에 의해 결정된다. 마지막으로 우수한 요새 혹은 방어선을 가지고 있는가의 여부도, 이들 방어 방식 중에서 어느 것을 채용할 것인가의 결정 요소가 된다. 이와 같은 여러 사정들을 보기만 해도, 방어 형식의 선정이 대부분의 경우, 피아 두 군의 병력 관계로 결정되는 것이 아니라 오히려 지금 말한 것과 같은 여러 사정에 의해 규정된다는 것을 알 수가 있다. 또 여기에서 언급한 가장 중요한 사항이 어떠한 것인지는 뒤에 더 자세히 살펴볼 생각이므로, 이들 사항이 방어 방식의 선정에 미치는 방법도, 그때 한층 명백해질 것이다. 그리고 마지막으로 이들 모든 문제를 전쟁 계획과 전역 계획을 다루는 대목에서 총괄적으로 논할 생각이다.

　그러나 위에서 말한 여러 가지 사항이 방어 형식의 선정에 미치는 영향은, 대개 피아 두 군의 병력 관계가 심히 불균형 상태가 아닌 경우에 결정적인 것이 되므로, 병력에 현저한 차이가 있는 경우(대개는 이와 같은 경우이다)에는 역시 병력 관계가 선택을 결정하는 것이다. 이와 같이 병력 관계의 균형과 불균형이 방어 방식의 선정을 결정했다는 것이다. 그러나 이와 같은 경우에는 위에서 말한 바와 같은 일련의 생각이 순서를 따라 일일이 장수의 머리에 나타난 것이

---

8) 포르투갈과 에스파냐에 침입한 프랑스군을 가리킨다.

아니라 전쟁에서는 통례인 것처럼, 오직 장수의 뛰어난 판단력에 의해서 아무 렇지도 않게 손쉽게 결정되었다는 것은 전사(戰史)가 분명히 증명하고 있는 점 이다. 따라서 같은 장군이 같은 군대를 지휘하여 같은 전쟁터에서 싸우면서 어 떤 때는 호헨프리데베르크[9]의 회전이 되고, 어느 때는 분첼비츠[10]의 보루 야영 에 거점을 두게 되는 것은 이 때문이다. 회전에서는 다른 그 어떤 장수보다도 공세적이었던 프리드리히 대왕이라 해도, 결국 피아의 병력 관계가 현저히 불 균형을 이루고 있다는 것을 알고 본격적인 방어 진지에 진을 치지 않을 수 없 었던 것이다. 또 초기에는 적에게 저돌적으로 진격한 나폴레옹도 병력 관계가 불리하게 된 1813년 8월 내지 9월에는 마치 새장에 갇힌 새처럼 우왕좌왕할 뿐, 동맹군 어느 하나도 철저하게 격파할 수가 없었다. 그리고 10월에 피아의 병력 이 불균형의 극에 이르자, 파르테, 엘스테르와 플라이쎄[11] 등 여러 강에 낀 라 이프치히 부근의 옹색한 지형에 포진하여, 마치 방구석에서 등을 벽에 기대고 있는 자세처럼 적을 기다리고 있었던 것이다.

이 장에서 우리가 말하고자 하는 것은 전쟁의 새로운 원칙이나 방법을 제시 하는 데 있는 것이 아니라, 이미 오래전부터 있었던 방어 방식을 가장 깊은 관 련에서 연구하여, 이것을 가장 단순한 요소로 환원하는 데 있었다. 그리고 이 취지는 이 편(篇)의 어느 장(章)보다도 본장에서 가장 명확하게 제시되고 있음 을 지적하고자 한다.

---

9) 프리드리히 대왕은 호헨프리데베르크의 공격적 회전(1745~6. 4)에서 오스트리아군을 무찔렀다.
10) 프리드리히 대왕은 분첼비츠의 보루 야영에 자리를 잡고(1761. 8. 29~9. 25), 슐레지엔에 있는 러시아군과 오스트리아군의 합류를 저지했다. 호헨프리데베르크와 분첼비츠는 다 같이 슐 레지엔의 마을에 있다.
11) 세 강 모두 라이프치히 혹은 그 부근의 강을 말한다. 파르테(Parthe)는 플라이쎄강으로 흐르 고, 플라이쎄강(Pleisse)은 엘스테르강(Elster)으로 흘러든다.

제9장
방어적 회전

앞 장에서 말했듯이 방어에는 여러 단계가 있다. 우선 방어자는, 적이 아군 쪽 전쟁터에 침입한 순간에 때를 놓치지 않고 바로 공격을 가할 수 있다. 이 경우에 방어자가 방어를 위해 실시하는 전쟁은 전술적으로는 완전한 공격적 전쟁이라고 할 수 있다. 다음에 방어자는, 공격자가 우리 쪽 진지 전방에 나타나는 것을 기다렸다가 공격을 이행할 수 있다. 이 경우의 회전은 전술적으로는 역시 공격적 전쟁이라고 말할 수 있지만, 그것은 완전한 공격적 회전이 아니라 몇 가지 조건이 붙어 있다. 세 번째로 방어자는, 적이 우리 쪽 진지를 실제로 공격하기를 기다렸다가 국지적 방어[1]나, 병력의 일부를 가지고 하는 반격으로 적에 대항할 수 있다. 또 이러한 방어에는 적극적 반격의 원리에서 국지적 방어에 이르기까지 여러 종류의 정도와 단계를 생각할 수 있다. 그러나 결정적인 승리를 얻기 위해서는, 지금 말한 방어를 어느 정도까지 행하면 좋은가, 또 방어에서 적극적 반격과 국지적 방어라는 두 요소의 가장 유리한 비교는 어떠한 것인가 하는 문제를 여기에서 파고들 필요는 없다. 그렇다고는 해도 적어도 우리가 결정적인 승리를 얻고자 하는 한 공격적 부분을 포함한 회전을 전혀 하지 않고 끝낼 수는 없다는 생각을 견지하고, 결정적 승리의 모든 효과는 이러한 공세적 부분에서만 생길 수 있고 또 생겨야 하는 것은, 순수한 전술적인 회전에서 볼 수 있는 그것과 다른 점이 없다는 확신을 가진다.

전쟁터는 전략적으로 보면 하나의 점에 지나지 않지만, 그와 마찬가지로 회전의 시작부터 끝나기까지의 시간도 전략적으로는 하나의 순간에 지나지 않는다. 따라서 전략적 양(量)이라고 하는 것은 회전의 경과가 아니라 회전이 끝나고

---

1) 특수한 지형, 예를 들어 산지·하천·삼림 등에 거점을 둔 방어를 가리킨다.

거기서 생기는 결과를 말한다.

대체로 어떠한 방어적 전쟁에도 포함되어 있는 공격적 요소는 완벽한 승리로 이어질 수 있다는 견해가 옳다고 하면, 전략적 조합에서 볼 때 공격적 회전과 방어적 회전 사이에는 전혀 차별이 없다고 말하지 않을 수가 없다. 우리가 갖는 확신에서 말하자면 바로 그대로이지만, 일반적으로는 이 둘은 전혀 다른 것처럼 여겨지는 것이다. 그래서 이 문제를 좀 더 명확하게 파악해서 우리의 견해를 밝히고, 또 이 두 회전을 전적으로 다른 것으로 보는 잘못된 생각을 타파하기 위해 우리 자신들이 생각하는 방어적 회전의 모습을 대충 그려보고자 한다.

방어자는 자신의 진지(陣地)에서 적을 기다린다. 진지라고 하는 것은, 적당한 지역을 선정해서 여기에 여러 설비를 한 장소이다. 다시 말하면 방어자는 이 지역 상태에 정통하고 가장 중요한 지점에 약간의 견고한 보루를 만들며, 평탄한 교통로를 만들고 포대에는 포문을 설치하며 근처 부락에는 방어 공사를 실시하고 대부대를 은폐해서 배치하는 데 편리한 지점을 구하는 등 신경을 쓰는 것이다. 또 강력한 방어 진지의 정면은 하나 내지 몇 가닥의 평행호(平行壕)나 그 밖의 장애물로, 혹은 요새 지점이 적에게 주는 영향력으로 적의 접근을 곤란하게 할 연구를 한다. 이러한 진지에 거점을 둔 방어자는 진지 중심으로 통하는 모든 지점에 배치된 부대를 이용해서 여러 단계의 저항을 시도하고, 피아의 병력이 모든 접촉점에서 전개되는 전투에서 서로 소모전을 벌이고 있는 동안에, 소수 부대를 가지고 다수의 적 부대를 분쇄하는 것이다. 방어자가 군의 양 날개 부대에 자리 잡고 있는 의탁점은 사방으로부터의 적의 공격에 대항해서 그를 보호한다. 또 방어자가 군을 배치하기 위해 선정한 은폐지는 공격자를 신중하게 만들거나 더 나아가서 불안한 마음을 품게 하므로, 방어자는 점차 축소하는 전투권으로부터 이탈하기 위한 총퇴각 운동을 되풀이해서 실시하는 교묘한 공격으로 현저하게 완화할 수 있다. 이렇게 방어자인 장수는 그의 눈앞에서, 현재로서는 소극적으로 진행하는 방어적 회전을 만족스러운 듯이 바라본다. 그러나 그는 진지 정면의 아군의 저항력을 무진장이라고 생각하고 있는 것은 아니다. 또 양 날개의 의탁점은 요해지(要害地)이므로 군의 양쪽은 절대로 안전하다고 여기고 있는 것도 아니다. 또 아군의 몇몇 대대 혹은 기병 수개 중대가 공격에 성공했다 해서 모든 회전의 국면이 바로 호전된다고 생각하는 것도 아니다. 방어자의 진지는 세로로 깊다. 사단에서 대대에 이르는 전쟁 서열의 각 단계에서 예기치 않은 경우의 돌발과, 신예 부대를 더한 전투의 재흥(再興)에 대비해서, 어느 부대에나 원병이 배치되기 때문이다. 또 장수는 전군의 4분의 1 내지 2분의 1에 이르는 대부대를, 전쟁 지역 멀리 후방에 두고 있다. 따라서 이 부대는 적의 포화에 의해서 손상을 입을 염려는 없다. 뿐만 아니라 전쟁터에서 멀리 떨어진 지점에 위치하고 있기 때문에, 공격자가 아군 진지의 날개를 포위하는 데 필요한 우회선 밖에 있다. 방어자는, 적이 대규모의 우회를 시도하는 경우에는 이 부대를 가지고 엄호하고, 또 예기치 못한 일이 돌발한 경우에도 군을 보호할 수가 있는 것이다. 그리고 회전 마지막 3분의 1단계에서 공격자가 그들의 계획을 모두 폭로하고, 병력의 대부분을 다 쓴 시점에 방어자는 전부터 배치하고 있었던 대부대를 적군의 어느 쪽으로든 돌린다. 그리하여 이 부분을 향해 소규모의 공격적 회전을 실시하고, 또 이 회전에서는 습격, 급습, 우회 등 모든 공격적 요소를 활용하여, 이 공격력을 이제는 한창인 회전의 가장 중요한 시점에 군을 총동원하여 반격 운동을 전개하는 것이다.

이것이 현대의 전술을 기초로 하는 방어적 회전의 정상적 모습이다. 이러한 회전에서, 만약 공격자가 공격 성과의 확률을 높임과 동시에 성과의 확대를 바라고 방어자의 주군을 바깥쪽에서 포위하려고 한다면, 방어자로서는 이 우회 운동에 사용된 적의 병력을 안쪽으로부터 다시 포위하는 운동으로 이에 대항하는 것이다. 방어자 측의 이러한 포위 운동은 적의 대규모적인 포위 운동의 효과를 무효로 돌리지만, 방어자의 군을 바깥쪽에서부터 포위하려고 하는 공격자의 운동은, 우회 운동에 사용된 적의 병력을 안쪽에서 포위하려고 하는 방어자의 운동과는 그 뜻이 다르다. 따라서 승리의 요령으로 말하자면, 공격적 회전과 방어적 회전 사이에는 역시 차이가 있다. 즉 승리는, 전자의 경우에는 공격자가 방어자의 군을 포위하여 바깥쪽에서 적군의 중심을 향해 구심적으로 공격함으로써 얻어지고, 후자의 경우에는 방어자가 중심에서 주변을 향해 이심적(離心的)으로 공격함으로써 얻어진다.

전쟁터에서나 추격의 첫 단계에서, 포위라는 형식은 공격자에게 다른 수단보다도 효과적이라고 여겨져야 한다. 그러나 그것이 효과적인 것은 일반적으로 포위라는 형식 때문이 아니라, 이 형식이 포위를 극도의 지점까지 수행하는 데에—다시 말하면 회전에서 방어자의 퇴각을 현저하게 제한하는 일에 성공한 경우뿐이다. 그런데 방어자는 다름 아닌 이 지점에 적극적 반격을 가하는 것이다. 그리고 대개의 경우 이 반격은 승리를 얻기에는 충분하지 않다고 하더라도, 이러한 극도의 지점까지 추진된 포위에 대항해서 방어자를 보호하기에는 충분할 것이다. 여하간 방어적 회전에서는,

블뤼허(1742~1819)
프로이센군 사령관으로서, 나폴레옹 전쟁 동안 워털루 전투 및 카츠바흐 강변 전투에서 승리하였다.

특히 방어자의 퇴각이 현저하게 제한될 위험이 있다는 것, 또 방어자가 이 위험을 피할 수 없는 경우에는 회전 그 자체에 서도, 또 추격의 최초 단계에서도 공격자의 성과가 현저하게 증대한다는 것을 인정하지 않을 수 없다.

그러나 이러한 경과는 보통 추격의 첫 단계에서만, 다시 말하면 일몰까지 생기는 것이다. 그다음 날이 되면 포위 운동은 끝나고 피아 두 군은 이 지점에 대해서만은 다시 균형을 회복한다.

어쨌든 방어자는 가장 좋은 퇴각로를 잃고, 그 때문에 계속해서 전략적으로 불리한 상태에 빠지는 일이 있다. 그러나 포위 운동 그 자체는, 극히 소수의 예외는 별도로 하고 다음 날에는 끝이 난다. 포위는 전쟁터에서만 적용되는 것이고, 멀리 전장 밖에까지 미치는 것은 아니기 때문이다. 그런데 만약 방어자 쪽이 승리를 얻는다면 도대체 어떤 일이 일어날 것인가. 패배한 공격군이 분산된다. 분산은 처음에는 공격군의 퇴각을 용이하게 하지만, 이튿날이 되면 분산된

여러 부대를 다시 집합시키는 것이 가장 긴급한 요건이 된다. 또 이 승리가 매우 결정적이어서 방어자 측이 패한 공격자 군을 추격하게 되면 패군의 집합은 불가능해지고 이러한 분산으로부터 최악의 결과가 생긴다. 그리하여 패자의 군은 점차 갈피를 잡지 못하게 될지도 모른다. 만약에 나폴레옹이 라이프치히 회전에서 승리를 얻었다면 동맹군은 완전히 해체되어, 피아의 전략적 관계에서 그 위치는 현저하게 저하되었을 것이다. 드레스덴 회전에서 나폴레옹은 확실히 본래의 방어적 회전을 하지는 않았지만, 그의 공격은 이 장에서 말한 것과 같은 기하학적 형식에 따르고 있었다. 즉 원의 중심에서 원주로 향했던 것이다. 드레스덴 회전에서 동맹군이 분산되었기 때문에 어떠한 궁지에 빠졌는지는 널리 알려진 사실 그대로이다. 이 궁지에서 구한 것은 오직 카츠바흐 강변 회전에서 동맹군의 승리였다. 패보에 접한 나폴레옹은 근위군(近衛軍)을 거느리고 드레스덴으로 되돌아갔기 때문이다.

그런데 이 카츠바흐 강변의 회전 그 자체 역시 같은 전쟁 사례이다. 이 회전에서는 방어자의 입장에 있는 동맹군 측의 한 군[2]이 마지막 순간에 공격으로 바꾸어 이심적(離心的)으로, 즉 중심에서 주변으로 공격을 행했기 때문에 프랑스의 수개 군단[3]은 분산되고 회전 수일 뒤에 퓌토[4] 사단은 통째로 동맹군의 수중에 들어가고 말았다.

위에서 말한 것으로부터 다음과 같이 추론할 수 있다. 즉 공격자는, 그에게 가장 적절한 구심적 형식에 승리를 확대할 수단을 구하지만 그와 동시에 방어자도 그에게 가장 적절한 이심적 형식을, 단순한 측면 진지나 병력의 직각적 사용[5]에 의한 것보다도 한층 큰 승리를 획득하는 수단으로 간주하는 것이다─라고. 또 우리는 이 경우에 공격자가 사용하는 수단과 방어자가 사용하는 수단 사이에는, 적어도 승리를 획득하기 위한 수단으로써는 아무런 우열도 없다는 것을 확신한다.

---

2) 블뤼허군을 가리킨다.
3) 맥도널드의 지휘하에 있었던 4개 군단을 가리킨다.
4) 퓌토(Puthod)는 프랑스의 사단장일 것이다. 자세한 내용은 미상.
5) 측면 진지에 대해서는 제14장 참조. 또 병력의 직각적 사용이란, 이 경우에는 방어자가 공격자의 전진로에 대해서 병력을 옆에서 직각으로 사용해서 적에게 위협을 가하는 것을 말한다.

그런데 전쟁사를 죽 훑어보면, 방어적 전쟁으로 큰 승리를 얻을 수 있었던 사례는 공격적 회전에 의한 것보다는 드물다. 그러나 이것은, 승리를 얻는 수단으로서는 이들 두 가지 회전 사이에는 전혀 우열이 없다는 우리의 주장을 뒤엎는 증거는 되지 않는다. 이와 같은 현상이 생기는 원인은 방어적 회전이라고 하는 형식 자체에 있는 것이 아니라, 방어자 쪽의 특수한 사정에 있다. 방어자는 전투력에서뿐만 아니라 모든 사정으로 말해서 대개 공격자보다도 약하다. 그래서 대개 방어자가 큰 승리를 거둔다는 것은 본디 불가능하다고 간주되며, 무엇보다도 방어자 자체가 그렇게 생각하고 있다. 그렇기 때문에 방어자는 공격자의 공격을 격퇴해서 군의 명예를 유지할 수 있으면 그걸로 만족하는 편이다.

이와 같이 방어자가 큰 승리를 얻을 수 없는 것은 방어자 측의 약세와 특수한 사정에 따른다는 사실이 전혀 불문에 부쳐졌을 뿐만 아니라, 방어자라고 하는 역할에서 필연적으로 생긴 결과라고 해서 방어적 회전의 본디 뜻은 적의 공격을 저지할 뿐이지, 적의 격멸에 있는 것이 아니라는 견해가 성립되는 것은 참으로 우스운 일이다. 우리는 이와 같은 견해를, 가장 해로운 오류의 하나이자 형식과 내용의 혼동으로 간주한다. 우리가 방어라고 부르고 있는 전쟁 형식을 사용하면, 승리의 공산은 공격이라는 전쟁 형식에 의한 것보다도 클 뿐 아니라 얻어진 승리의 양과 효과는 공격에서의 그것과 동등하다는 것이다. 또 이것은 1회의 전쟁에서 이루어진 모든 전투의 총체적 효과에 대해서도 말할 수 있을 뿐만 아니라, 장수로서 충분한 힘과 의지를 가지고 있다면 개개의 회전에 대해서도 타당하다고 주장하는 데 주저하지 않는다.

제10장
요새

이전의 대(大) 상비군 건설 시대까지는 요새라 하면 성곽이나 축성된 도시이고, 그 목적은 그곳 주민을 보호하는 데 있었다. 왕후는 사방으로부터 적의 공격을 받으면 자신의 거성에 들어앉아 시간을 벌고, 유리한 시기가 오기를 기다렸다. 또 도시는 방어 공격을 해서 전쟁이라는 뇌운(雷雲)을 막는 데 급급했다. 그러나 요새에 관한 매우 단순하고 자연적인 개념 규정은 언제까지나 옛 모습에 머물러 있지는 않았다. 축성된 이러한 지점이 국토 전체와 또 국내 곳곳에서 싸우고 있는 군대에 대해 갖는 관계는 이들 지점의 중요성의 범위가 확대되어, 그 의의는 요새의 성벽 밖에서도 중대하다고 간주되어 국토의 약탈 혹은 고수(固守)에, 혹은 전쟁 결과의 이점과 불리함에 대해서 분명하게 영향을 주었고, 이렇게 해서 전쟁을 다종다양한 요소가 서로 연관된 하나의 전체를 이루는 수단으로까지 여기게 된 것이다. 그래서 요새는 전략적 의의를 가지게 되었고, 이 의의는 한때 매우 중요시되어 전쟁 계획의 근본 방침을 지시할 정도였다. 당시의 전쟁 계획은 적의 전투력 격멸보다는, 오히려 하나 내지 몇몇 요새의 약탈을 주안점으로 삼았기 때문이다. 그리하여 이러한 의의를 낳게 한 동기, 즉 축성된 지점이 그 토지와 군에 대해서 갖는 관계가 다시 고려되어 축성되어야 할 지점의 성질을 규정할 때, 제아무리 세심하고 면밀해도 또 아무리 추상적이어도 충분하지 않다고 생각했다.

요새의 이와 같은 추상적 규정이 확립되자 본래의 규정은 거의 잊히고, 결국 도시나 주민을 포함하지 않은 요새라는 관념에 도달한 것이다.

한편으로는, 장벽(障壁)을 설계했을 뿐 그 외에 특별한 군사적 시설을 하지 않는 축성이라도, 온 국토를 뒤덮는 전쟁의 범람을 막아 어떤 장소를 보호할 수 있다는 시대는 이미 지나갔다. 이와 같은 요새에 의한 방어가 가능했던 이유 중의 하나는, 이전은 여러 민족이 각각 소국가를 이루어 분립(分立)했었기 때문이고, 또 다른 이유는 당시 공격이 마치 4계절이 바뀌듯이 일정하고 극히 한정된 시기에만 이루어지는 주기적 성질을 띠고 있었기 때문이다.

또 이 주기적인 성질은 어떤 시기가 되면 왕후의 병사가 귀향을 서두르거나, 혹은 용병 대장에게 지불하는 봉급의 비용이 바닥이 나거나 하는 사정에 입각한 것이었다. 대 상비군이 그 강력한 포병대를 가지고 담장이나 성벽의 저항을 기계적으로 분쇄하고부터는 그 어떠한 도시도, 또 이에 준하는 어떠한 지방 자치제도 요새에 들어 있는 병력을 쓸데없이 위험에 노출시키는 어리석은 일을 하지 않았다. 요새가 수주일 뒤나 수개월 뒤에 함락되는 것은 틀림없고, 그때는 적으로부터 그만큼 호된 꼴을 당할 것이 분명했기 때문이다.

또 요새에서 적의 전진을 일단 저지하기는 했지만, 결국 항복해야 한다면 많은 요새를 수비하기 위해 병력을 세분하는 것은 군에게 이롭지 못하다. 동맹군이 오기를 기다렸다가 적에게 포위당한 요새를 풀고, 요새 내의 군을 해방한다 하더라도 방어자는 전쟁터에서 적과 자웅을 결정하기 위해서는, 될 수 있는 대로 많은 병력을 남겨두어야 한다. 이러한 이유에서 요새의 수는 필연적으로 격감하지 않을 수가 없었다. 그리고 이 풍조는 요새에 의해서 도시 주민의 생명과 자산을 직접 보호한다는 당초의 생각에서, 요새는 국토의 간접적 보호를 하는 데 그 목적이 있다는 생각으로 점점 바뀌지 않을 수가 없었다. 즉 요새는 그 전략적 의의, 즉 많은 전략 요점을 잇는 매듭이라는 의의에 의해 국토를 간접적으로 보호하는 것이다.

요새에 관한 사상의 변천은, 책 속에 보이는 이치로서 뿐만 아니라 실제 생활에서도 마찬가지였다. 그러나 책에서는 예에 의해서 여기에 더 꼬리를 붙였다.

요새의 발달이 실제로 이 방향을 취한 것은 필연적이었음에도 사상은 독주하여 여러 기교를 부리고, 전쟁에서는 요새가 자연적인 필수품으로서 큰 의의를 필요로 한다는 건전한 중심적 사상을 밀어내고 말았다. 따라서 다음에 요새의 목적과 조건을 열거할 때는, 이와 같이 단순하면서도 없어서는 안 될 필요성만을 기준으로 하여 단순한 것에서 복잡한 것으로 나아가고, 다시 다음 장에서는 요새의 위치와 수가 어떻게 규정되는가를 고찰해 보려고 한다.

요새의 효력은 분명하게 두 개의 서로 다른 요소로 이루어지고 있다. 즉 수동적 요소와 능동적 요소이다. 요새는 제1요소에 의해서, 요새의 소재지와 그 안에 들어 있는 모든 것을 방어한다. 또 제2요소에 의해, 요새에 장비한 카농포[1]의 사정거리 밖에 있는 다시 말하면 착탄 지점 바로 앞에 있는 요새 주변의 지역에 대해 어떤 종류의 영향을 미치는 것이다.

이 능동적 요소의 본질은, 요새 수비대가 어느 지점까지 접근한 적에게 가하는 공격에 있다. 이 경우에 수비대가 크면 위와 같은 목적을 위해 수비대가 내보낼 수 있는 부대도 점점 커지고, 이들 출동 부대들이 크면 그 활동도 점점 먼 곳까지 이르는 것이 통례이다. 그러면 이것으로부터 큰 요새의 능동적 활동은 작은 요새의 그것에 비해 강력할 뿐만 아니라, 그 범위도 또한 크다는 것을 알 수 있다. 그런데 이 능동적 요새도 또한 두 부분으로 이루어져 있다. 즉 요새 수비대 그 자체의 행동과, 요새에는 속하지 않지만 요새와 항상 연락을 유지하면서 크고 작은 부대가 실시하는 행동이다. 독립적으로 적에게 대항하려면 약한 부대는 긴급을 요할 경우에 요새의 비호 아래 들어가고, 이렇게 해서 요새 소재지에 눌러앉아 여기를 이른바 근거지로 한다.

요새 수비대의 행동은 상당히 제한되어 있는 것이 통례이다. 강력한 수비대를 가진 큰 요새에서도 파견할 수 있는 부대는, 야전 부대에 비하면 일반적으로 열세이고 그 활동 반경도 하루 이틀의 행정(行程) 이상에 이르는 일은 드물다. 하물며 작은 요새의 경우에는 파견할 수 있는 부대는 미약하고, 그 활동권도 근처 부락에 이르는 것이 고작이다. 하지만 요새 수비대에 속하지 않은 부대 다시 말하면 요새에 귀환하는 것을 꼭 필요로 하지 않는 부대는 요새에 구속되는 일이 훨씬 적기 때문에, 여러 사정이 유리하면 요새의 활동 권역은 이러한 부대에 의해 현저하게 확대되는 것이다. 따라서 일반적으로 요새의 능동적 효과를 말할 경우에는 이러한 효과에 기여하는 이들 부대를 특히 고려할 필요가 있다.

하지만 매우 열세한 요새 수비대가 주는 최소한의 능동적 효과라 해도, 요새가 달성해야 할 모든 목적에서는 역시 중요한 것이다. 엄밀히 말하면 요새의

---

1) 카농(canon)포는 포신이 길고 강장약(强裝藥)에 의한 빠른 초속(初速)과 저신탄도(低伸彈道)에 의한 긴 사정거리를 가지며 명중률 또한 높다.

모든 활동 중 가장 수동적인 것(적의 공격을 막는 일)도 이러한 능동적 효과를 무시해서는 생각할 수 없기 때문이다. 하지만 하나의 요새가 일반적으로 또는 어떤 시기에 갖게 될 여러 의의 중에서, 어떤 것은 비교적 수동적인 효과를 또 어떤 것은 비교적 능동적인 효과를 요구하는 것은 물론이다. 또 이들 의의는 어떤 때는 단순하고 따라서 요새의 효력도 직접적이다. 또 어떤 때는 복잡해서 요새의 효력이 많든 적든 간에 간접적이다. 우리는 우선 제1의의에 대해 말하고, 그리고 나서 제2의의로 옮겨갈까 한다. 그러나 그에 앞서서 하나의 요새는 이들 의의들 중 몇몇, 혹은 모든 의의를 동시에 또는 서로 다른 시기에 가질 수 있다는 것을 설명해 두고자 한다.

따라서 요새는 방어를 지탱하는 강력하고 우세한 의탁점이라 말할 수 있다. 즉,

1. 안전한 저장소로서. 공격자는 공격 행동을 취하면서 매일 양식을 조달해야만 한다. 또 방어자는 양식을 미리부터 준비해 두어야 한다. 그는 주둔해 있는 지방에서만 양식을 징발할 수가 없다. 방어자는 그 지방을 돌보아야 하는 것이다. 따라서 방어자에게는 저장소가 꼭 필요하다. 또 공격자가 소유하는 여러 물질은 전진할 때 후방에 남겨지기 때문에, 전쟁터에서 적에게 빼앗길 위험을 면할 수 있다. 이에 반해 방어자 측의 물자는 그대로 두면 위험에 노출되게 된다. 그래서 이러한 물자가 축성된 장소에 비축되어 있지 않으면, 야전군의 행동에 불리한 영향을 주게 된다. 게다가 또 요새가 없으면, 이 물자들을 엄호하기 위해 매우 광대한 진지를 구축하지 않을 수 없다.

요새가 없는 방어자가 상처 입기 쉬운 많은 약점을 갖는 것은 마치 갑옷과 투구를 착용하지 않은 병사와 같다.

2. 부유한 대도시를 보전하는 것으로서. 이 규정은 제1의 규정과 매우 밀접한 관계를 갖는다. 부유한 대도시, 특히 상업 도시는 군의 이른바 자연적 저장소이기 때문이다. 이러한 저장소로서의 도시의 유무는 군의 유지에 직접 관계한다. 뿐만 아니라 이러한 도시를 국유 재산의 일부로서 보전한다는 것은, 군에게는 애를 쓴 보람이 있는 일이다. 그 이유는, 거기에서 간접적이든 여러 힘이 나올 수 있기 때문이고 또 이러한 요지를 소유하고 있다는 것은 평화 교섭

때 방어자에게 매우 유리하기 때문이다.

이 두 번째 규정은 최근에는 거의 그 가치를 인정받지 못하고 있지만, 이것은 요새에 타고난 가장 자연적인 규정의 하나로서 실제로도 매우 강력하게 작용하며, 또 거의 잘못되는 일이 없다. 한 나라의 부유한 대도시뿐만 아니라 인구가 조밀한 지역에 모두 방어 공사를 실시하고, 이 축성 지역들이 그 지방 주민과 그 부근 농민에 의해 방비되고 있다면, 적의 군사적 행동의 속도는 그 때문에 현저하게 약화될 것이고, 또 국민은 각자 가능한 한 모든 힘을 들여 협력하고 전쟁의 경과에 많은 영향을 주기 때문에, 적장의 재능과 의지력은 그 작용이 매우 낮아지지 않을 수 없을 것이다.

우리가 국토 총 축성의 이상(理想)을 여기에 든 것은, 지금 말한 제2의 규정을 다시 한번 올바르게 평가하고 요새의 본래 임무인 직접적 방어의 중요성을 잠시도 잊어서는 안 된다는 취지를 강조하기 위해서였다. 그러나 또 이러한 생각이 지금 우리가 추진하고 있는 현실적인 고찰을 어지럽히는 일이 있어서는 안 된다. 한 나라의 도시 중에는 견고하게 축성된 도시도 있는가 하면, 축성 공사가 약한 많은 도시들도 있기 때문이다. 그래서 이러한 견고한 축성 도시가, 바로 군의 본래 지점이라고 간주되는 것이다.

제1 및 제2에 든 두 개의 목적은 각각 요새에 수동적 효과를 요구하는 것이라 말할 수 있다.

3. 본래의 성채로서. 이러한 의미로서의 요새는, 대부분 도로를 차단할 뿐만 아니라 요새 근방을 흐르는 강의 주항(舟航)도 차단한다.

요새를 우회하고, 게다가 군대를 사용할 수 있는 측로(側路)를 찾아내는 것은 일반적으로 생각할 수 있을 정도로 쉽지 않다. 이러한 우회는 요새 카농포의 사정거리 밖에 있는 도로, 다시 말하면 요새 근방을 통하는 도로를 사용해야 하지만, 또 한편으로는 요새 수비대의 출격에 대비하여 많든 적든 요새로부터 먼 주변에서 이루어져야 하기 때문이다.

조금이라도 지형이 까다로운 토지라면, 도로에서 약간 전진하는 데도 만 하루 정도의 시간이 늦어지기도 한다. 그러면 이러한 도로를 여러 번 사용할 경우에는 중대한 결과를 초래하게 된다.

요새가 근방을 흐르는 강의 주항을 차단함으로써, 적의 행동을 현저하게 방해한다는 것은 명백한 현상이다.

4. 전술적 거점으로서. 요새로부터의 포격이 유효하게 소사(掃射)할 수 있는 지역의 직경은 여간 빈약한 요새가 아닌 한 수시간 행정[2]에 이르는 것이 보통이며, 또 요새 수비대의 공세적인 행동 범위는 그보다도 약간 멀리에 이른다. 따라서 요새는 진지의 날개를 지탱하는 가장 뛰어난 거점이라 말할 수 있다. 수마일 길이를 가진 호소(湖沼)는 확실히 우수한 지점이 될 수 있지만, 중간 정도의 요새라도 거점으로서 그 이상으로 쓸모가 있다. 그런데 진지의 날개 부대를 요새의 가장 가까운 곳에 배치할 필요는 없다. 공격자의 입장에서 보면 퇴로가 끊기는 것을 두려워하기 때문에, 요새와 날개 사이에 들어가는 일을 할 리가 없기 때문이다.

5. 주둔지로서. 요새는 주로 방어자 측의 병참선상에 있다. 그래서 이러한 요새는 이 병참선을 왕래하는 모든 부대의 편리한 주둔지가 되는 것이다. 병참선을 위협하는 위험은 대개 적 유격대의 짓인데, 이러한 유격대의 행동은 단속적이다. 따라서 만약 중요한 수송대가 마치 혜성처럼 출몰하는 적의 유격대의 근접을 알자마자, 혹은 행군 속도를 촉진해서 요새에 도달하거나, 혹은 도중에 서둘러 되돌아가 요새에 피난할 수가 있다면, 이 수송대는 이미 화를 면한 것으로 나머지는 위험이 지나가기를 기다리면 된다. 또 왕래하는 모든 부대는, 여기에서 하루 내지 수일 동안 쉬어서 충분히 피로가 회복되면, 그 뒤의 행진을 그만큼 촉진할 수가 있다. 요새가 없으면 군대는 피로한 채 그대로 행진을 계속해야 한다. 따라서 요새가 없기 때문에 행군 도중에 휴식을 해야 하는 부대는 휴식을 취할 때 적의 유격대의 기습으로 위험을 받기가 가장 쉽다. 이러한 이유로 30마일에 달하는 병참선도 그 중간에 한 개의 요새가 있다면, 반으로 거리가 단축되는 것과 같다.

6. 약한 부대 혹은 패전 부대의 피난처로서. 요새가 너무 작지 않는 한, 요새로부터 포격의 엄호를 받으면 특히 보루 야영 설비가 없어도 퇴각 부대는 적의 공격에 보호받을 수 있다. 이러한 부대가 요새에 머물 작정이라면, 이후의 퇴각은 단념해야만 한다는 것은 말할 것도 없다. 그러나 퇴각을 단념한다는 커다란

---

2) 일시적 행정은 약 4km.

희생을 치러도 할 수 없는 경우가 있다. 즉 그 이상 퇴각을 계속하면, 그 부대는 완전한 파멸에 빠지지 않을 수 없는 경우이다.

그러나 보통은 요새가 이러한 부대에 며칠 머무는 편의를 주었다고 해서 그 때문에 퇴각이 불가능해지는 일은 없다. 특히 요새는 패군이 도착하기 이전에 온 경상자나 소속 부대를 잃은 병사 등을 수용하는 피난처이며, 그들은 여기에서 뒤에 오는 군을 기다리는 것이다.

1806년에 마그데부르크[3]는 그때 마침 프로이센군의 퇴각 선상에 있었다. 만약에 이 퇴각선이 아우에르슈테트 부근에서 이미 차단되어 있지 않았다면,[4] 프로이센군은 마그데부르크의 대요새에 3, 4일 머물면서 남은 군을 모아 새롭게 부대를 편성할 수 있었을 것이다. 하지만 당시 상황에서조차도 호헨로에군[5]의 패잔병은 이 요새에 모여 태세를 가다듬을 수 있었던 것이다.

우리는 실제 전쟁에서 군이 불리한 상황에 빠진 경우, 근처의 요새가 주는 구원이 얼마나 고마운 것인가를 뼈저리게 이해할 수 있다.

요새에는 화약이 있고, 총이 있고, 귀리가 있고 빵이 있다. 요새는 아픈 병사에게는 식사와 잠자리를 주고 건강한 병사에게는 안도감을 주어, 공포에 질린 병사들을 제정신으로 되돌린다. 요새는 말하자면 황야에서 군에게 주는 숙소이자 피난처인 셈이다.

제3 내지 제6항에 든 의의가 이미 요새의 능동적 효과 쪽을 비교적 많이 요구하고 있는 것은 명백하다.

7. 적의 공격을 막는 본래의 방패로서. 방어자가 몸을 지키는 방패로 간주하는 요새는, 밀물처럼 공격해 오는 적을 마치 얼음 덩어리처럼 분쇄한다. 그래서 적은 요새를 둘러싸야 하지만 요새 수비대가 전쟁에 익숙해져 행동이 민첩하면, 적은 그 때문에 두 배의 병력을 필요로 할 것이다. 수비대의 일부는 요새 안에서의 사용에 견디지만 야전에는 쓸 수 없는 부대—예를 들면 교육이 불충분한 후비병, 반폐병(半廢兵), 무장한 시민, 국민군, 그 외로 구성된 부대라도 지장

---

3) 마그데부르크(Magdeburg). 작센의 도시로 요새.

4) 아우에르슈테트 회전(1806. 10. 14)에서 프로이센의 패전에 의한다.

5) 프로이센군의 지휘관 호헨로에는 아우에르슈테트 회전에서 패하여 반 달 뒤에(10. 28) 프렌츨라우에서 항복했다.

이 없고, 또 실제로도 그대로이다. 따라서 이러한 경우에는 요새 수비대의 병력은, 적 병력의 4배에 이르는 경우가 있다.

이와 같이 적의 병력을 요새 수비대의 병력에 비해서 불균형으로 약화시키는 효과는, 포위된 요새가 그 저항으로 방어자에게 주는 이점이다. 그러나 이것이 유일한 이점은 아니다. 공격자가 아군의 요새 사이를 잇는 선을 절단한 순간부터, 적의 모든 운동은 이전에 비해 심하게 구속을 받게 된다. 적은 자군의 퇴각로에 제한을 받게 되고, 또 현재 실시되고 있는 공격을 직접 엄호하는 수단을 강구해야만 하기 때문이다.

따라서 이 경우야말로 요새는 대규모로, 또 매우 결정적으로 방어 활동에 기여하게 된다. 우리는 이것을 요새의 모든 규정 중에서 가장 중요한 것으로 간주하지 않을 수가 없다.

그럼에도 불구하고 요새의 이러한 이용이 전쟁사에서 반복되어 나타나기는 커녕 비교적 드물게만 찾아볼 수 있는 이유는 대다수의 전쟁이 지니는 성격에 있다. 즉 요새라는 전쟁 수단은, 대부분 전쟁에게는 너무나 결정적이고, 철저하다. 이것은 나중에 더 명확하게 더 설명하고자 한다.

요새의 이런 규정은 주로 요새의 공격력을 요구한다. 적어도 요새 효력의 근원은 그 공격력에 있다고 말할 수 있다. 요새가 단순히 난공불락의 요지라는 것뿐이라면 요새는 공격자에게 방해가 될지도 모르지만 그렇다고 해서 포위의 필요를 통감하게 할 정도는 아닐 것이다. 그러나 공격자가 요새를 포위하지 않으면 6천, 8천 내지 1만의 적군을 배후에서 제멋대로 날뛰게 하는 것이 되기 때문에 결국 알맞은 병력으로 포위하고, 또 포위를 오래 끌지 않으려면 이를 공략해야 한다. 그래서 포위해서 공격하게 되는 것이다. 이렇게 해서 포위 공격의 순간부터 활동하기 시작하는 것은 요새의 수동적 효력이다.

제1항에서 제7항에 이르는 7건의 규정은 요새에 대해서 상당히 직접적인 것이고, 또 이들 규정들이 요구하는 것은 모두가 간단하게 실현될 수 있다. 그러나 다음에 말하는 두 건의 목적에 관해서는 요새의 기능이 더 복잡하다.

8. 광대한 사영지(舍營地)를 엄호하는 것으로서. 중간 정도의 요새가 그 배후에 설치된 3마일 내지 4마일 폭의 사영지에 대한 통로를 폐쇄하는 것뿐이라면, 이것은 요새라는 것의 본성에서 생기는 매우 단순한 효과이기 때문에 특별히

말할 정도의 것은 아니다. 그러나 다른 한편으로는 이러한 요새에 15마일 내지 20마일 폭에 이르는 사영지를 엄호한다는 중요한 임무를 주고 있는 사례가, 전쟁사에서 자주 논의되고 있다. 그래서 이것이 사실이라면 설명할 필요가 있고 또 거짓이라면 반박할 필요가 있다.

그러기 위해서는 다음 네 가지 항목이 검토되어야 한다.

1. 요새 자체가 주요 도로의 하나를 폐쇄하고, 배후 지방을 3마일 내지 4마일 폭에 걸쳐서 실제로 엄호한다.

2. 요새가 매우 강력한 전초로 간주될 수 있거나, 혹은 이 해당 지방을 완전히 감시할 수 있다는 것. 또 이 감시는 요새지와 그 근접 지역 간의 주민을 바탕으로 하는 양호한 관계가 존재하고 있다면 비밀 정보를 입수하는 수단이 있기 때문에 점점 더 완전해진다. 인구가 6천, 8천 내지 1만 정도의 고을이라면 부락이나 보통 전초 사영보다 부근의 상황을 주민으로부터 상세하게 들을 수 있는 것은 말할 것도 없다.

3. 소부대가 요새를 거점으로 하여 여기에 보호와 안전을 구하고, 어떤 때는 여기에서 출동하여 대적 행동을 취할 수 있다는 것. 또 이 대적(對敵) 행동이 정보를 수집하기 위한 것일 수도 있고, 또 적이 요새 근방을 통과할 경우에 그 배후에서 행동을 일으키기 위한 것일 수도 있다. 따라서 요새 자체는 한 발자국도 움직일 수 없지만, 마치 전진 부대와 마찬가지의 효과를 가져올 수 있는 것이다(제5편 제8장).

4. 방어자가 부대를 집결하여 이것을 요새 배후에 배치할 수 있다는 것. 따라서 공격자가 이 배치 지점까지 진출하려고 한다면, 요새와 방어자의 부대 중간에 들어가게 되기 때문에 요새를 뒤로 두는 위험을 감수해야 한다.

사영지와 사영지를 잇는 선에 가해지는 공격은, 그 성질로 해서 기습이라고 말할 수 있다. 아니, 이러한 경우에는 이런 종류의 공격 방법밖에 생각할 수가 없다. 그런데 기습은 전쟁터에 대한 본격적인 공격보다도 훨씬 짧은 시간 안에 행동을 끝내야 한다. 따라서 공격자가 전쟁터를 공격하는 경우에는 요새 근방을 통과해야 하는 일이 있기 때문에, 이 요새를 포위해서 그 활동을 봉쇄해야 하지만, 사영지 사이를 잇는 선에 기습을 가하는 것뿐이라면, 이러한 대대적인 행동은 그다지 필요가 없을 것이다. 따라서 이러한 경우에는 요새가 있다고 해도 이러한 기습의 힘을 그다지 약화시키는 일은 없을 것이다. 이것은 명백한 사실이다.

실제로, 요새에서 6마일 내지 8마일 떨어진 사영지는, 요새에 의해 직접 보호받을 수 있는 것은 아니다. 하지만 이 경우 기습의 목적은 몇몇 사영 그

요새를 공격하는 몽골군(13세기)

자체에 공격을 가하는 데 있는 것이 아니다. 이러한 기습이 본래 무엇을 의도하고 있는가, 또 이런 종류의 기습으로부터 무엇을 기대할 수 있는지에 대해서는, 공격을 논하는 편(제7편)에서 상세히 살펴보려고 한다. 하지만 기습의 주요한 결과는 몇 개의 사영지를 실제로 기습하는 것에 의해 얻을 수 있는 것은 아니고, 아직 충분히 대형이 정리되지 않은 적의 부대를 추격하여 교전을 어쩔 수 없이 하게 한 전투에 의한 것이라는 것은 미리 여기에서 말해두어도 좋을 것이다. 이러한 부대는 어떤 지점을 향해 오직 길을 서두르고 있는 것이지 아직 전투 준비를 끝낸 것이 아니기 때문이다. 어쨌든 공격자의 진격이나 추격은, 적의 사영 중앙부를 향하고 있음에 틀림없을 것이다. 그러면 이 경우, 사영 중앙부의 전면에 있는 유력한 요새는 확실히 공격자에게 매우 까다로운 것이 될 것이다.

위에 적은 네 가지 점에서 그 공통된 효과에 대해 생각하면, 유력한 요새는 직접적 혹은 간접적인 방식으로 처음 생각한 것보다도 훨씬 장대한 폭을 가진 사영지에 어느 정도의 안전성을 부여할 수 있다는 것을 알 수 있다. 지금 '어느 정도의 안전성'이라고 말한 것은, 이 경우에 요새가 주는 직접적인 효과는 적의 전진을 불가능하게 하는 데 있는 것이 아니라, 단지 적의 전진을 곤란하게 만들거나 위험하게 만들어서, 이에 의해서 방어자에 대한 위험의 발생을 막거나 혹은 감소시키는 것에 지나지 않기 때문이다. 그러나 이것이 요새에 요구할 수 있는 모든 것이고, 또 이 경우에 사용되는 엄호라는 말의 참뜻인 것이다. 따라서 방어자의 직접적 안전은 전초(前哨)와 사영의 설비에 의해 확보되어야 한다.

그런데 유력한 요새는, 그 배후에 존재하는 장대한 폭의 사영지를 엄호할 수 있을 정도의 능력을 갖추고 있다고 해도 과언이 아니다.

그러나 또 실제의 전쟁 계획—이라고 하느니보다는 오히려 전쟁사의 기술에는, 이 점에 관해 실제 상황에 바탕을 두지 않은 공론(空論)이나 허망하고 불확실한 견해가 존재하는 것 또한 부정할 수 없다. 만약에 이러한 엄호가 무엇인가 특수한 사정의 협력이 있어야 가능하다고 한다면, 또 이러한 엄호가 방어자의 위험을 감소하는 것만으로 그친다면, 구체적인 경우에는 무엇인가 특수한 정황에 의해서, 특히 적의 과감한 행동에 의해서 이 엄호라고 하는 생각 전체가 무너지는 경우가 있을 수 있다. 따라서 전쟁에서는 이러한 요새가 주는 효과를 대충 생각하는 데 그치지 않고 개별적인 경우에 대하여 하나하나 명확하게 검토해야 한다.

9. 수비되어 있지 않은 도(道)나 군(郡)을 엄호하는 것으로서. 전쟁이 일어났을 때 어떤 도나 군이 전혀 수비되어 있지 않거나 혹은 빈약한 병력으로 수비되어 있는 경우에는, 적군의 침공에 많건 적건 노출되어 있는 셈이다. 거기에 상당수의 유력한 요새가 있다면 이러한 요새는 이곳을 잘 엄호하고 그 지방을 안전하게 지킬 수 있다고 여겨진다. 그 지역을 더 안전하게 한다는 것은 적이 이 요새를 빼앗지 않는 한 그 지방을 장악할 수 없기 때문에, 방어자는 그 사이에 시간을 벌어서 지역 보호를 서두를 수 있는 것을 말한다. 그러나 이 경우의 엄호는 매우 간접적이어서 본래 뜻으로서의 엄호라고 생각할 수 있는 정도의 것은 아니다. 어쨌든 요새는 그 능동적 효과에 의해서만 적의 침략을 어느 정도

저지할 수 있는 것이다. 만약 이 효과가 단순한 수비에 시종된다면 요새에 의해 얻을 수 있는 성과는 크지 않다. 능동적 효과를 올리기에는 요새 수비대가 대체로 너무 약하고 또 보병만으로 이루어지며, 게다가 이 보병도 우수하다고 말하기 어려운 것이 보통이기 때문이다. 작은 부대가 요새를 방어 지점 혹은 공격 지점으로 삼으려고 하는 경우에는 위에서 말한 생각은 더욱 현실성을 가질 것이다.

10. 국민 총무장의 중심점으로서. 국민 전쟁의 경우 양식, 무기, 탄약 등은 정규적으로 제공될 수 있는 것은 아니다. 이러한 전쟁의 성격으로서 각자 할 수 있는 한 필요 물자를 스스로 조달해야만 한다. 국민 총무장에 있어서 모든 저항 수단을 공급하는 무수한 작은 원천들은 이렇게 개척되는 것이다. 그렇지 않으면 이 원천들은 결국 이용되지 않고 끝날 것이다. 그러나 이 경우에 유력한 요새가 있다면 이러한 많은 물자들을 비축할 수 있기 때문에, 국민 총동원의 저항에 한층 힘과 건실성, 또 횡적인 연관과 종적인 연결을 줄 수가 있는 것이다.

게다가 요새는 부상병의 피난소이고 주요 관청의 소재지이며, 군 금고의 보관소이고 또 비교적 대규모의 군사적 행동과 그 밖에 대비하는 전력(戰力)의 집합점이며, 마지막으로 저항의 핵심이다. 그리고 이 저항의 목적은, 포위하여 공격하는 적의 병력을 불리한 상황에 빠지게 해서 국민군의 출격을 쉽고 유리하게 하는 데 있다.

11. 강과 산지를 방위하는 것으로서. 요소가 다양한 목적을 달성하고 다양한 역할을 다하는 것은 강 근처에 위치하는 요새 이상 가는 것은 없다. 이러한 요새는 수시로 아군이 안전하게 강을 건너게 하고 요새의 주위 수마일에 걸쳐 적이 강을 건너는 것을 막으며, 강을 이용하는 상행위(商行爲)를 마음대로 조종하고 다리 및 도로를 차단하며, 또 간접적인 방식으로, 다시 말하면 건너편 기슭에 만든 대적 진지로 의해 강을 방어하는 경우도 있다. 요새가 다방면에 미치는 이러한 영향에 의해 강의 방어를 매우 쉽게 하고 방어의 본질적 요소를 충족시키게 된다.

이와 마찬가지로 산지의 요새 또한 중요하다. 이러한 요새는 이곳 산지에 모이는 모든 도로의 교차점을 이루어, 이 도로 계통의 전체를 열기도 하고 닫기도 하므로 이들 도로가 통하는 지방 전체를 널리 지배하게 된다. 따라서 산지의 요새는 방어 계통을 지탱하는 진정한 버팀목으로 여겨도 좋다.

제11장
요새(이어서)

앞 장에서는 요새가 가질 수 있는 11가지의 규정에 대해 논했으므로, 다음에는 요새의 위치에 대해 말해 보고자 한다. 그러나 수많은 이러한 규정 모두가 요새가 배치되어 있는 장소에 의해 많건 적건 변경된다고 한다면, 이 문제는 매우 복잡하게 될 것이다. 그러나 사항의 본질을 분명히 파악해서, 쓸데없는 탐색을 조심하면 그와 같은 걱정은 하지 않아도 될 것이다.

훗날 전쟁터가 되리라고 여겨지는 지역에, 피아 두 나라를 잇는 큰 거리를 따라 매우 부유한 대도시가 몇 개 있고, 게다가 이 도시가 항구나 항만에 접한다든가, 혹은 강 주변에 위치하거나 산지에 있고 성이 마련되어 있다고 하면, 앞 장에서 말한 모든 요구가 동시에 충족되는 것은 확실하다. 대도시와 대도로는 항상 서로 동반하고, 또 이 둘은 강이나 해안과도 자연적 관계에 의해 긴밀하게 맺어져 있는 것이 통례이다. 따라서 이 네 가지는 서로 병존하여 그 사이에 모순이 생길 염려는 없다. 그런데 산지는 이들 요건들과 일치하지 않는다. 대도시가 산지에 존재하는 것은 매우 드물기 때문이다. 따라서 산지의 위치나 방향이 방어선으로서 적합하면, 이 산지의 도로나 고개를, 작은 보루를 설치하여 폐쇄할 필요가 있다. 이러한 작은 보루는 이 목적을 위해서만 만들어진 것이기 때문에, 그 비용은 가능한 한 소액에 그치도록 한다. 그러나 중요한 무기 저장소로서의 큰 요새는 평야에 세워져야 한다.

지금까지는 아직 국경에 대해 언급하지 않았고, 또 요새 사이를 잇는 선의 기하학적 형태에 대해서도 이러한 요새선의 위치에 대한 지리학적 관계에 대해서도 아직 아무것도 말하지 않았다. 그 이유는 앞에서 말한 11가지 규정이, 요새의 가장 본질적인 요건이라 간주될 뿐만 아니라 많은 경우—특히 소국(小國)에서는 이 규정만으로 충분하다고 생각되기 때문이다. 하지만 또 광대한 면적을 가진 국토라도 많은 주요 도시와 도로를 가진 곳이 있는가 하면, 이러한 도시나 도로가 없는 곳도 있다. 또 매우 부유하고 이미 수많은 요새를 가졌음에도 새로운 요새를 세우고자 하는 나라가 있는가 하면, 매우 가난하고 소수의 요새로 어떻게든 꾸려나가야 할 나라도 있다. 요컨대 요새의 수가 자연적으로 생긴 대도시나 도로의 수와 알맞게 들어맞지 않는 경우도 있어서, 그 수가 많거나 또 매우 적거나 하다. 이와 같은 경우에는 앞서 제시한 것과는 다른 규정을 고려할 여지가 있고, 또 그렇게 할 필요가 있다. 그래서 이 새로운 규정에 대해 좀 더 생각해 보고자 한다.

새로 고려해야 하는 주요 문제는 다음과 같은 일과 서로 관련이 있다.

1. 피아 양국을 맺는 주요 도로의 수가, 앞으로 구축되어야 할 요새의 수보다 많은 경우에는 어떤 도로를 선택하면 좋은가.

2. 요새는 국경에만 설치하는 것이 좋은가, 아니면 전국에 분포하는 것이 좋은가.

3. 요새는 균등하게 배분하는 것이 좋은가, 아니면 요새군(要塞群)으로 구분하는 것이 좋은가.

4. 축성 때 고려해야 할 토지의 지리적 상황은 어떻게 되어 있는가.

그 밖에도 요새선의 기하학적 형태에서 생기는 문제가 몇 가지 있다. 즉 요새를 일렬로 잇는 것이 좋을지, 아니면 여러 열로 하는 것이 좋을지. 다시 말하면 요새를 전후에 세우는 것과 전후 좌우로, 말하자면 바둑판처럼 하는 것과는 어느 쪽이 더 효과적인가. 또 직선으로 배치하는 것이 좋은가, 그렇지 않으면 돌출된 것과 들어간 것을 서로 엇갈리게 배치하는 것이 좋은가 하는 등의 문제이다. 그러나 이러한 문제는 헛된 논의에 지나지 않는다. 이것들은 쓸모가 없다는 생각으로 이에 구애되면 더 중요한 문제를 놓치는 일이 생길지도 모른다. 그럼에도 지금 이 문제들을 언급한 것은, 많은 책에서 거론하고 있을 뿐만 아니라 이런 사소한 일에 중요성을 두려는 잘못을 지적하고자 하기 때문이다.

제1의 문제에 대해 말하자면, 먼저 이 문제를 실감 있게 떠올리기 위해서는 남독일과 프랑스, 즉 상부 라인 지방과의 관계를 생각해 보고자 한다. 이 지역을 하나의 전체로 보고, 여기에 있는 몇 개의 작은 나라를 일단 제외하고 요새를 세워야 하는 지점을 고르게 된다면, 매우 당혹하지 않을 수 없을 것이다. 이 지역에는 잘 포장된 수많은 도로가 라인강으로부터 프랑스·바이에른·오스트리아로 통하고 있기 때문이다. 이 도로들을 따라서 있는 도시에는 규모 면에서 다른 도시를 능가하는 도시, 예를 들어 뉘른베르크·뷔르츠부르크·울름·아우크스부르크·뮌헨 같은 도시들이 있다. 그러나 이 도시들마다 모두 세울 생각이 없다면 그중에서 어느 곳을 선택해야만 한다. 그런데 우리의 견해에 따르면 가장 부유하고 가장 큰 도시를 고르게 되는데, 뉘른베르크와 뮌헨과의 거리가 멀기 때문에, 전자가 후자와 매우 다른 전략적 관계를 가지는 것은 부정할 수 없다. 그러면 뉘른베르크 대신에 비록 그것만큼 중요하지는 않다 해도 역시 뮌헨 지구에서 두 번째 도시에 세워야 하는 것이 아닌가 하는 문제가 여전히 남는다.

이러한 경우의 결정, 다시 말하면 제1의 문제에 대한 해답은, 앞에서 일반적 방어 계획과 공격점의 선택을 논한 각 장을 참조하기 바란다. 즉 적의 입장에서 말하면 가장 자연적인 공격점이야말로 방어자가 특히 방어 설비를 설치해야 할 곳이다.

따라서 우리로서는 적국으로부터 우리나라로 통하는 몇몇 도로 중에서 직접 우리나라의 심장부에 이르는 도로나, 아니면 비옥한 군(郡)을 관통하거나 혹은 주항(舟航)의 편의가 있는 강을 따라가고 있기 때문에 적의 행동을 매우 쉽게 만드는 도로에 쌓을 것이다. 그러면 우리도 안전하다. 적은 이 요새를 공격하거나 아니면 그 근방을 통과하려고 결의한다면, 우리 편에서는 측면 공격으로 자연적이고 유리한 효과를 거둘 기회가 주어지기 때문이다.

빈은 남독일의 심장이다. 가령 스위스와 이탈리아를 중립국으로 보고 빈과 프랑스와의 관계만을 생각한다면, 빈에게 뮌헨 혹은 아우크스부르크는 뉘른베르크나 뷔르츠부르크보다도 주요 요새로서의 효과가 크다는 사실은 분명하다. 또 그와 동시에 스위스에서 티롤을 통과하는 도로나, 이탈리아로 가는 도로를 고려한다면 이것은 더욱더 명확해진다. 이 도로들에 대해서도 뮌헨이나 아우크스부르크는 여전히 어느 정도의 효과가 있지만, 이와는 반대로 뷔르츠부르크와 뉘른베르크는 전혀 존재하지 않는 것과 다름없기 때문이다.

다음은 제2의 문제, 즉 요새를 국경에만 만드는 것이 좋은가, 아니면 전국에 고루 만드는 것이 좋은가 하는 문제는, 작은 나라인 경우에는 소용이 없다고 대답하고 싶다. 전략적으로 국경이라 부르는 것은, 작은 나라에서는 국토 전체와 거의 일치하기 때문이다. 이에 반해 국토가 광대하면 이 문제에 대한 해답이 더욱더 필요하게 된다.

이 문제에 대해서는—요새는 본래 국경에 설치되어야 한다는 것이 가장 자연적인 해답이다. 요새의 사명은 국가를 방어하는 데 있고, 만약 국경이 방위된다면 국가 또한 안전하기 때문이다. 요새의 이러한 정의는 아마도 일반적으로 통용될 것이다. 하지만 이러한 정의가 심히 제한받고 있다는 것은 다음과 같은 고찰로 분명해질 것으로 생각한다.

방어자가 외국의 지원을 기대하고 있는 경우에는, 시간을 버는 것이 방어의 주안점이 된다. 이 경우에 방어의 목적은 강력한 반격에 있는 것이 아니라 완만하게 행동하는 데 있다. 즉 완만한 행동에 의해 얻어지는 주된 이익은 적의 약화가 아니라 시간인 것이다. 그런데 다른 모든 상황이 모두 같다고 하면, 요새가 전국에 분포되어 이들 요새 사이에 광대한 면적을 안고 있는 경우 쪽이, 많은 요새를 국경에 모아 이것을 한 선상에 배치하는 경우보다도 공략에 많은 시간을 필요로 하는 것은 사리로 미루어보아 당연하다. 게다가 또 적이 장대한 후방 병참선과의 보급이 힘들어 패퇴하지 않을 수 없는 경우에는, 또 이러한 반항 방법을 실시하는 것이 편한 나라에서는 방어 시설을 국경에만 설치하는 것은 불합리하다고 말하지 않을 수 없다.

마지막으로 고려되어야 하는 것들이 있다. 첫째, 만약 사정이 허락된다면 한 나라의 수도에 만드는 것이 중요하다. 둘째, 우리가 제시한 원칙에 따르면 지방의 주요 도시, 특히 주요 상업도시에는 역시 축성(築城)이 필요하다. 셋째, 국내를 관통하는 강, 산지 및 단절지(斷絶地) 등은 새로운 방어선을 형성하는 데 유리하다. 넷째, 많은 도시 중에는 본래 요충지로 요새를 만들기 편한 도시가 있다. 마지막으로 어떤 종류의 군사 시설, 예를 들면 병기창과 같은 것은 국경 근처보다도 안쪽에 설치하는 편이 좋고, 또 그 중요성을 생각해서 공사를 실시하는 것은 당연한 조치라는 등등. 이들 여러 요건을 고려하면 요새를 내지(內地)에 만드는 것에는 많든 적든 이유가 있다는 것을 알 수 있다.

따라서 많은 요새를 가진 나라에서는 그 대부분이 국경에 구축되어 있는 것은 당연하지만, 내지에 요새가 하나도 없다는 것도 역시 중대한 결함이 있다고 생각된다. 이런 종류의 결함은, 예를 들면 프랑스에서는 특히 심한 것처럼 여겨진다. 그러나 또 이 점에 관해서는 당연한 일이지만 중대한 의문이 생기지 않을 수 없다. 그것은 주요 도시가 국경 지방이 아니라 내지에서 많이 발견되는 경우이며, 특히 남부 독일은 그 좋은 예이다. 대도시는, 예를 들면 슈바벤에는 거의 없는데도 바이에른에는 아주 많다는 식이다. 하지만 이러한 의문을 일반적 원칙에 따라 한 번에 해결할 필요는 없다. 이러한 경우에는 요새의 위치를 규정하는 근거로서 달리 특수한 사정을 고려해야만 한다고 생각하지만, 이 장의 결론에는 충분히 주의를 기울이기 바란다.

제3의 문제, 즉—요새를 요새군(要塞群)으로 형성하는 것이 좋은가, 그렇지 않으면 균등하게 배분하는 것이 좋은가 하는 문제는, 여러 사정을 아울러 생각하면 좀처럼 생기는 것이 아니라는 것을 알 수가 있다. 그래도 이 문제를 쓸데없는 고찰로서 처리하고 싶지는 않다.

두서너 개 또는 네 개의 요새가 공통된 중심점을 이루는 이 요새로부터 불과 수일 행정인 곳에 있으면, 이러한 요새군은 그 중심점 및 이 땅에 있는 군을 현저하게 강화하게 되므로, 누구든지 이런 종류의 전략적 능보(稜堡)[1]를 만들고 싶어 할 것이다.

제4의 문제는, 요새가 만들어져야 할 지점의 지리적 관계에 관한 사항이다. 해안이나 하천의 연안, 혹은 산지 등에 만들어진 요새가 평지 요새보다도 두 배의 효력을 가지는 것은 앞에 말한 대로이다. 실제로 이 같은 지리적 상황은 요새에 대해 중요한 사항이다. 이 외에도 고려할 필요가 있는 몇 가지 지리적 관계가 있다.

만약에 요새를 강가에 가깝게 만들 수 없는 경우에는 하천 근처보다는 오히려 강으로부터 10마일 내지 12마일 떨어진 지점에 만드는 것이 좋다. 요새의 활동권 안을 관통하는 강은 위에서 말한 모든 관계에서 요새의 활동을 방해하기 때문이다(필립스부르크는 위치가 좋지 않은 요새의 견본으로, 마치 코끝을 벽에 누르고 서

---

1) 요새의 일종. 대개 원형의 기체(基體)에 둔각(鈍角)을 이루는 여러 개의 돌출각(突出角)을 부설한 것. 프랑스 군인 보방(Vauban, Sébastian Le Prestre de, 1633~1707)은 능보 축성의 권위자로 알려졌다.

있는 바보 같았다.).[2]

그러나 이러한 일은 산지에서는 있을 수 없다. 확실히 산지도 몇몇 지점에서는 크고 작은 부대의 움직임을 제한하지만, 그것은 강에서만큼 심하지 않기 때문이다. 공격자가 산을 뒤로 하고 있는 경우에는 그 산 근처에 있는 방어자의 요새는 좋은 위치라 할 수 없다. 적에게 포위되었을 때, 이것을 푸는 것이 곤란하기 때문이다. 이와는 반대로 산지를 끼고 적과 마주보고 있는 요새는 적의 포위를 매우 힘들게 한다. 산지가 적의 병참선을 절단하기 때문이다. 이것에 대해서는 1758년 올뮈츠[3]의 포위 공격을 지적해 두고자 한자.

접근이 힘든 큰 삼림이나 큰 늪이 강과 마찬가지의 지리적 관계를 갖는 것은 말할 것도 없다.

접근이 매우 힘든 지점에 있는 도시가 요새에 적합한지 어떤지 하는 것도 자주 문제가 되었다. 이러한 도시는 비교적 적은 비용으로 축성되어 방위할 수가 있다. 따라서 평지의 공사와 마찬가지 노력으로 훨씬 견고한, 때로는 난공불락의 요새가 되는 것이다. 게다가 또 요새의 본령은 능동적 효과보다도 오히려 수동적 효과에 있다는 것을 생각하면, 이러한 도시는 교통이 차단되기 쉽다는 비난에는 그다지 신경 쓸 필요가 없다.

마지막으로 위에서 말한 매우 단순한 국토방위 계통을 다시 한번 돌아보면 우리는 다음과 같이 주장해도 좋을 것이다. 이와 같은 국토방위 계통은 국가의 기초와 직접 결부되어 있는 중대한 사항과, 영구적인 의의를 가진 중요 사항에 입각한 것이다. 따라서 이와 같은 근본적 방위 계통에는 전쟁에 관한 그 당장뿐인 유행적 견해와, 쓸데없이 정교하고 치밀함을 필요로 하는 전략 논의, 혹은 그때마다 특수한 필요와 같은 것이 개입되어서는 안 된다. 그러한 것은 500년, 아니 천년 세월을 견딜 정도의 요새를 세우려고 하는 오랜 계획을 그르쳐서 중대한 결과를 초래할 것이다. 슐레지엔의 질베르베르크 요새[4]는 프리드리히 대

---

2) 필립스부르크(Philipsburg)는 바덴-뷔르템부르크의 고을. 당시는 잘바흐강(Saalbach)이 라인강으로 흘러드는 하구에 있었다. 요새는 30년 전쟁 무렵 축조되어(1618~23), 1800년까지 존속했다.
3) 프리드리히 대왕은 이 요새를 포위 공격했으나(1758. 5. 5~7. 2), 병참선상에서 오스트리아군이 수송을 약탈하여 포위 공격을 중지했다.
4) 질베르베르크(Silberberg). 하부 슐레지엔의 고을. 해발 400~700m. 요새는 프리드리히 대왕이 만들었다.

왕이 주데텐산맥[5] 중 한 산의 능선에 구축한 것인데, 때와 함께 사정이 심하게 변했기 때문에, 오늘날에는 거의 그 의의와 사명을 아주 상실해 버리고 말았다. 이에 반해 브레슬라우는 본래 견고한 요새로서 또 지금에 이르기까지 견고함을 잃지 않았다면, 러시아군, 폴란드군, 오스트리아군을 물리친 것처럼 프랑스군을 막고 오래 난공불락의 이름을 얻었을 것이다.[6]

위에서의 고찰은 어느 국가가 앞으로 새롭게 요새를 만든다는 특수한 가정 아래 시도된 것은 아니다. 만약 그랬다면 이러한 고찰은 아무런 도움도 되지 않았을 것이다. 그와 같은 경우는 좀처럼 없고, 또 전혀 있을 수 없기 때문이다. 요컨대 이제까지 말한 것은 일반적으로 요새지를 물색할 경우에 예외 없이 생기는 고찰이라는 것을 잊어서는 안 된다.

---

5) 주데텐(Sudeten), 슐레지엔과 뵈멘 사이에 가로놓인 산맥.
6) 브레슬라우(Breslau)는 슐레지엔의 도시로 요새. 오스트리아군은 이 요새를 포위 공격했으나 (1760. 7. 29) 공략에 실패했다. 또 나폴레옹이 이끄는 프랑스군은 브레슬라우를 포위 공격한 뒤 이 요새를 공략했다(1806. 12. 6~07. 1. 5). 또 나폴레옹은 같은 해 브레슬라우 요새를 철거했다.

제12장
방어 진지

토지 및 지형을 엄호 수단으로써 원용하면서 적의 도전에 응하는 경우의 진지는 예외 없이 방어 진지이다. 그 경우 우리가 수세적 행동을 취하느냐, 아니면 공세적 행동을 취하느냐는 문제가 아니다. 그러한 것은 방어에 관한 우리의 일반적 견해에 따르면 이미 분명하고 다시 설명할 것까지도 없다.

그런데 군이 적을 향해 행진하는 동안, 어쩔 수 없이 적의 도전에 응하지 않을 수 없는 경우의 진지 또한 방어 진지로 여겨질지 모른다. 대부분의 전쟁은 대체적으로 이러한 방법으로 이루어지고, 또 중세에서는 전쟁이라고 하면 모두 이런 종류의 것이었다. 그러나 이것은 우리가 말하는 방어 진지는 아니다. 대부분의 진지는 이러하지만, 그러나 이것은 행군 숙영에 대립하는 진지라는 개념으로 충분하다고 생각한다. 따라서 적어도 방어 진지라고 할 때는 이것과는 달라야만 한다.

통상적인 진지에서 이루어지는 결전에서는 시간의 개념이 중요하다. 피아 두 군이 마주보고 행진하는 것은 서로 만나기 위해서이고, 이 경우에 장소는 부수적이며 너무 부적당한 것이 아니면 그것으로 통용된다. 이와는 반대로 본래의 방어 진지에서는 장소의 개념이 주가 된다. 승패는 이 장소에서 혹은 이 장소에 의해 결정된다. 본 장에서 문제로 하는 것은 이러한 진지이다.

그런데 이 경우에 장소의 관계는 두 가지 의미를 가진다. 즉—첫 번째는 이 장소에 배치된 방어자의 전투력이 전쟁 전체에 어떤 종류의 효력을 미친다는 것이고, 두 번째는 이 장소가 방어자의 전투력(군)의 방어 및 강화에 도움이 된다는 것이다. 요약해서 말하면 전략적 관계와 전술적 관계이다.

정확하게 말하면 방어 진지라는 표현은 전술적 관계에서만 생기는 것이다. 이 곳에 배치된 전투력은 그것이 여기에 존재함으로써 국토방위의 임무를 다한다는 전략적 관계와 공격적 행동을 취하는 전투력에도 적합하기 때문이다.

방어 진지의 전략적 효력은 나중에 전장의 방어를 논할 때(제28 내지 제30장) 상세하게 설명할 생각이므로, 여기서는 우선 당면한 문제에 관한 범위 내에서 고찰하고자 한다. 그러면 우선 당장의 고찰에서는 두 가지 개념을 정확하게 알아 둘 필요가 있다. 이 두 개념에는 서로 비슷한 점이 있어서 자주 혼동되기 때문이다. 그것은 진지의 우회와 진지의 측방 통과라는 개념이다.

공격자에 의한 방어 진지의 우회는 진지의 정면에 관련하여, 진지의 측면이나 후면을 위해, 또는 방어자의 퇴각선 혹은 병참선을 차단하기 위해 이루어지는 것이다.

우선 우회에 대해 말하면, 방어 진지의 측면 공격 및 후면 공격은 본디 전술적 성질을 가진다. 군대의 움직임이 커지고 전투 계획이 많건 적건 우회와 포위 공격을 원칙으로 하는 근대 전쟁에서는, 어떠한 방어 진지든 이것을 규준(規準)으로 해서 설치해야 한다. 또 강력한 진지라 부를 수 있을 정도의 진지는, 강력한 정면을 가짐과 동시에 만약 측면과 후면이 위협 받을 경우, 이러한 측면 및 배면에 대해서 적어도 전투의 유리한 조합을 가능하게 하는 것이어야만 한다. 그러면 적이 방어 진지를 측면 혹은 후면으로부터 공격할 목적을 가지고 우회를 시도해도, 이러한 진지는 결코 효력을 잃지 않고 이 진지에서 이루어지는 회전은 방어 진지의 의의를 다하고, 방어자는 일반적으로 방어 진지로부터 기대할 수 있는 이점을 누릴 수가 있다.

공격자가 방어자의 퇴각선 혹은 병참선을 차단하는 의도를 가지고 방어 진지를 우회한다면, 이 우회는 전략적 관계에 속한다. 그리고 여기서 문제가 되는 것은 방어자가 이 진지를 언제까지나 견딜 수 있을지, 또 이 진지는 전략적 관계로 볼 때 적을 앞지를 수 있을지의 여부인데, 이 두 가지는 방어 진지가 분포된 지점 상황에 따라, 다시 말하면 주로 서로의 병참선 관계에 따라 결정된다. 이 경우에 유리한 방어 진지는 이 지점에서 방어자에게 우위를 보증할 것이다. 이러한 방어 진지는 공격자가 시도하는 우회에 의해 효력을 잃는 것은 아니고, 오히려 방어 진지의 우회를 의도하는 공격자 쪽이 이에 의해서 약화되는 것이다.

그러나 공격자가 방어 진지에서 그를 기다리는 방어군의 존재에 개의치 않고, 주력을 동원하여 다른 길로 전진하여 그의 목적을 달성하고자 한다면, 그는 방어 진지의 옆을 통과할 것이다. 그리고 공격자가 이 의도를 지장 없이 실현할 수 있다면, 방어자는 바로 진지를 포기하게 되고 따라서 이 방어 진지는 그 효력을 잃을 것이다.

세계에 있는 진지로서, 문자 그대로 그 옆을 통과할 수 없는 진지가 있을 리가 없다. 페레코프 지협(地峽)[1] 같은 사례는 매우 드물기 때문에, 거의 고려할 가치가 없다. 따라서 방어 진지의 측근방 통과가 불가능하다는 것은, 틀림없이 공격자가 그 통과로 인해 입을지도 모르는 불리함과 관련 있다. 이와 같은 불리한 성질이 어떠한 것이냐에 대해서는 나중에 본편 제27장에서 말하겠다. 여하간 이 불리함은 때로는 크거나 때로는 작을 것이다. 공격자 측의 이러한 불리함은 방어 진지가 본래의 전술적 효력을 발휘하지 않았던 경우에, 방어자 측의 불리함과 상쇄된다. 요컨대 공격자가 방어 진지의 측방 통과에 의해 입는 불리함이 방어 진지의 전술적 효력과 더불어 방어 진지의 목적을 이루는 것이다.

앞에서 말한 것으로 방어 진지에 대해 두 건의 전략적 특성이 분명해졌다.

1. 방어 진지의 측방 통과는 공격자에게 불가능하다.
2. 방어 진지는 피아 사이에 이루어지는 병참선 쟁탈전에서 방어자에게 유리하다.

또 여기서 방어 진지에 대해 다른 두 건의 전략적 특성도 덧붙여 두기로 한다.

3. 피아 사이의 병참선 관계는 전투 방식에서도 방어자에게 유리하게 작용한다.
4. 토지 및 지형이 주는 일반적 영향은 방어자에게 유리하다.

피아 사이의 병참선 관계는 공격자가 방어 진지의 측면을 통과할 수 있는가 어떤가, 또 방어자가 공격자의 식량 보급로를 끊을 수 있는지 어떤지에 영향을 줄 뿐만 아니라, 회전의 진행에도 영향을 미친다. 방어자 측의 비스듬한 퇴각선

---

1) 페레코프(Perekop) 지협은 크림반도와 대륙을 잇는 지협으로, 폭은 6~8km이다.

은 공격자의 전술적 우회를 쉽게 하고, 또 전쟁 중에는 방어자의 전술적 움직임을 매우 부자연스럽게 한다. 그러나 방어자가 병참선에 대해 비스듬히 병력을 배치하지 않을 수 없는 것은, 꼭 전술의 책임이 아니라 전략 요점의 선정 과정에서 잘못되는 일도 있다. 예를 들면, 도로가 방어 진지 내에서 방향을 바꾸고 있는 경우(1812년 보로디노 회전에서 러시아군)에는 이러한 배치를 아무래도 피할 수 없다. 그러면 공격자는 방어자를 우회하는 방향을 취하면서, 방어자의 병참선에 대한 직각적인 병력 배치를 변경할 필요가 없는 셈이다.

또 공격자가 몇 가닥의 퇴각로를 보유하고 방어자에게는 한 가닥의 퇴각로 밖에 없는 경우에도, 공격자의 전술적 자유는 방어에 비해 훨씬 크다. 이러한 경우에는 방어자의 전술이 아무리 교묘해도, 전술적 관계가 주는 불리한 영향은 끝내 극복할 수 없을 것이다.

마지막으로 네 번째 점을 말하자면, 위에서 말한 관계만이 아니라 다른 관계에서도 매우 불리한 일반적인 사정이 유력해서, 전술적 수단을 아무리 꼼꼼히 선택하고 또 이것을 아무리 적절하게 사용해도, 이 불리함을 어찌할 수 없는 경우가 있다. 이러한 정황에서 가장 주의해야 하는 관계는 다음 두 가지일 것이다.

1. 방어자는 먼저 공격군을 널리 바라볼 수 있다는 이점과, 두 번째로 방어 진지 내에서 적을 신속하게 공격할 수 있는 이점을 손에 넣어야만 한다. 그래서 공격자의 접근을 곤란하게 하는 천연 장애물이 이상의 두 조건과 결부되는 경우에만 토지와 지형은 방어자에게 실제로 유리한 것이 된다.

이와 달리 방어 진지를 내려다보는 지점이 부근에 있다는 것은 방어자에게는 불리하다. 산지 대부분의 진지는 이에 속한다(이것에 대해서는 특히 산지 전투에 관련한 여러 장에서 논하고자 한다). 또 측면을 산지에 위탁하는 진지도 마찬가지이다. 이 경우에 산지는 확실히 공격자가 방어 진지의 측면을 통과하는 행동을 곤란하게 하지만, 측면 우회를 쉽게 하기 때문이다. 진지 바로 앞에 산지가 있는 경우나, 또 위에서 말한 지형에서 초래된 모든 관계에 대해서도 똑같은 말을 할 수 있다.

그러나 위에서 말한 불리한 사정을 뒤집어서 본 관계 중에서 방어 진지가 산지를 등지고 있는 경우를 특히 권하고 싶다. 이러한 진지에는 이점이 많고, 방어 진지로서는 가장 좋은 위치의 하나라고 간주되기 때문이다.

2. 그런데 방어 진지로서 선정한 지역이, 군의 성격과 편성에 잘 어울리는 경우와 그렇지 않은 경우가 있다. 기병이 우세하다면 방어자가 진지를 개활지로 구하는 것은 당연하다. 하지만 기병도 화포도 부족하고, 대신에 전쟁에 익숙하고 토지 상황에 정통한 무장한 보병을 가진 경우에는 매우 험하고 복잡한 토지와 지형을 이용하는 것이 상책이다.

여기에서는 방어 진지로서 선정된 지역의 성질이 전투력에 대해 갖는 전술적 관계에 대해 상술할 필요는 없다. 우리는 이 모든 관계에서 생긴 총괄적 결과를 말하면 된다. 이러한 결과만이 전략적인 양을 이루는 것이기 때문이다.

방어군이 적의 공격을 정면으로 맞서려고 하는 진지는 말할 것도 없이 방어군에게 현저한 지형의 이점을 주는 것이어야 한다. 그리고 이와 같은 경우, 지형의 이점은 방어자의 전투력을 배가하는 것으로 간주해도 좋다. 그런데 자연이 방어자에게 지형의 많은 이점을 주기는 하지만, 이러한 이점이 방어자가 바라는 정도에 이르지 않을 경우에는 축성술이 이 부족을 보충하게 된다. 이와 같이 축성술을 원용함으로써 진지의 어떤 부분이 적의 공격을 종종 불가능하게 만든다. 그런데 이 제2의 경우, 방어자가 취한 방책의 성질은 전적으로 변동을 입게 된다. 이제 방어자가 구하는 것은 유리한 조건에서 회전에 응하는 것도 아니고, 또 이러한 회전에서 전역 전체의 성과를 거두는 일도 아니다. 회전에 의하지 않고 승리를 거둔다는 것이다. 이렇게 해서 방어자는 그의 전투력을, 적의 공격을 불가능하게 하는 진지에 온전하게 보전할 뿐만 아니라, 적의 도전에도 응하지 않고 이 사태를 다른 방법으로 해결하는 것을 적에게 강요하게 된다.

따라서 우리는 이 두 가지 경우를 명확하게 구별하고, 제2의 경우를 다음 장에서 견고한 진지라는 제목으로 논하고자 한다.

그런데 우리가 여기서 논하고 있는 방어 진지는, 방어자에게 매우 유리한 전쟁터를 의미한다. 그러나 방어 진지가 그대로 전쟁터가 되기 위해서는 지형의 이점이 과대할 필요는 없다. 그렇다면 이러한 방어 진지는 어느 정도까지 견고하면 좋을까. 공격자의 공격 결의가 강하면, 방어 진지 또한 견고해야만 하는 것은 물론이다. 그러나 이것은 개개의 경우와 판단에 따라 결정된다. 예를 들면, 나폴레옹과 같은 장수에 대해서는 다운이나 슈바르첸베르크 같은 장수를 대하는 방식보다는 한층 견고한 엄폐부(掩蔽部) 뒤로 물러나도 상관없고, 또 그렇게 하지 않을 수 없게 된다.

방어 진지의 어떤 부분, 예를 들면 정면이 적의 공격을 불가능하게 할 정도로 견고하다면, 이것은 진지 전체의 견고성에 관련되는 한 인자(因子)로 간주해도 좋다. 이 부분에서 불필요하게 된 병력은 다른 부분으로 전용될 수 있기 때문이다. 그러나 그렇게 되면 공격자는 방어 진지의 이러한 견고한 부분에서 손을 떼지 않을 수 없기 때문에, 공격자의 공격 형식은 이제까지와는 전혀 다른 성격을 띠게 된다. 그러면 방어자로서는, 공격자의 공격 형식의 이러한 새로운 성격이 아군의 사정에 유리한가, 불리한가를 우선 끝까지 지켜봐야만 한다.

예를 들면 방어자가 강을 앞에 두고 포진한다면, 이 강은 진지 정면에서 병력을 증강한 것과 마찬가지로 보아도 좋고, 또 실제로도 그것과 같은 효과를 발휘한다. 또 이러한 진형(陣形)은 이 강을 우측면 혹은 좌측면의 근거지 역할을 하게 한다. 공격자는 저 멀리 오른쪽 혹은 왼쪽에서 강을 건너고 정면으로 돌아와서 공격을 실시하지 않을 수 없기 때문이다. 그러면 이 경우, 이러한 방어 진지는 방어자에게 어떠한 이점 혹은 불리함을 초래하는가 하는 것이 주된 문제가 된다.

생각하건대 방어 진지가 완전히 보호되고 또 방어자가 전투의 교묘한 조합에 의해 공격자에게 기습을 할 기회를 자주 발견할 수 있다면, 방어 진지는 점점 이상 상태에 가까워지게 되는 셈이다. 방어자는 아군의 전투력과 그것이 사용되는 방향을 공격자에게 은폐하고 싶어 하지만, 그와 전적으로 같은 의미에서 지형의 이점도 적에게 은폐하려고 한다. 그러나 이러한 종류의 은폐는 결국 어느 정도까지밖에 그 목적을 이루지 못한다는 것, 또 이러한 은폐에는 아마도 독자적인, 지금까지 아직 시도되지 않았던 방법을 필요로 한다는 것은 말할 필요도 없다.

유력한 요새가 방어 진지 근처에 있으면, 그 요새가 어느 방향에 있든 이러한 진지는 전투력의 운동과 사용에 관해서, 공격군을 훨씬 능가하는 우위를 차지할 수 있다. 또 방어자는 여러 곳에 설치된 야전 보루[2]를 적절히 사용함으로

---

2) 야전 보루는 보루 진지 안에 야전 축성의 방법으로 구축된 견고한 지점으로, 따라서 또 방어자의 지점이 될 수 있다.

써 불충분한 천연 장애물을 보충할 수 있고, 또 이것으로 전투의 대강을 미리 마음대로 규정할 수가 있다. 이와 같은 일들은 모두 축성술의 원용에 의한 방어 강화이다. 따라서 방어자는 공격자의 전투력 효과를 무효로 하지는 않더라도 이것을 곤란하게 만드는 천연 장해물을 적절히 선택해서, 축성술의 이와 같은 효과에 결부시킬 수가 있다. 또 방어자 측은 전쟁터의 지리에 정통하고 있지만, 이와는 반대로 적은 방어자의 전쟁터에는 아주 낯설다. 여기에 더하여 방어자는 아군의 방책을 적에게 감출 수가 있지만 적은 이러한 이점이 없고, 또 전투 중에 기습을 감행할 수단에 대해서도 일반적으로 공격자보다 좋은 입장에 있는 것이다. 방어자 측에 유리한 이들 사정을 아울러 생각하면, 이러한 모든 사정의 총괄로부터 방어 진지로서 선정된 지역의 성질에 입각한 결정적인 영향력이 생기는 것이다. 그리고 공격자는 이러한 탁월한 영향력에 굴복하는 것이지만, 패전의 참다운 원인이 무엇인지를 알지 못하는 일까지도 있다. 이와 같은 것이 바로 우리가 이해하는 방어 진지이며, 우리는 이러한 진지를 방어적 전쟁의 가장 큰 장점으로 보고 있다.

특수한 정황을 도외시하면 경작의 위치가 너무 높지도 않고 그렇다고 해서 너무 낮지도 않은 파상지(波狀地)에서는 이런 종류의 유리한 방어 진지를 제공할 수 있다고 생각해도 좋다.

제13장
견진지(堅陣地)와 보루 진지

우리는 앞 장에서 이렇게 말했다. 즉 자연과 기술(축성술)에 의해 강화되어 적의 공격을 불가능하게 만드는 방어 진지는 단순히 유리한 전쟁터일 뿐만 아니라 전적으로 독자적인 의의를 갖는다고.

그래서 이 장에서는 이러한 진지의 여러 가지 특성을 고찰하고, 또 이 진지가 요새에 속하는 성질을 갖추고 있다는 점에서 이것을 견진지라는 이름을 붙이고자 한다.

견진지는 구조로 말하자면 단지 요새의 엄호 아래에 있는 보루 진지와는 달리 축성 공사만으로 쉽게 지어지지는 않는다. 그렇다고 또 천연 장애물에 의해서만 완성되는 것도 아니다. 견진지는 자연과 기술, 천연과 인공이 서로 제휴한다. 그래서 견진지도 때때로 보루 진지라고 불리는 경우도 있다. 그러나 본디 보루 진지라고 하는 명칭은 보루를 갖추고 있기만 하면 어떤 진지에도 통용되는 것이다. 따라서 이러한 보루 진지는 지금 여기에서 논하는 견진지와는 공통된 성질을 가지고 있지 않아도 된다.

견진지가 노리는 것은, 이 진지에 배치된 전투력에 대한 공격을 불가능하게 하고 이렇게 해서 실제로 어떤 지역을 직접 보호하든가, 그렇지 않으면 우선 이 진지에 배치된 전투력만을 보호하고, 더 나아가 이 전투력에 의해 간접적으로 국토를 엄호하든가, 둘 중 하나이다. 과거의 시대에 대해서 말하자면, 제1의 것이 옛날 전쟁에서 특히 당시 프랑스 국경에 설치된 보루선의 의의였다. 또 제2의 것은 모든 방면에서의 공격을 저지하는 보루 진지의 뜻이었으며, 아울러 요새의 엄호 아래 있는 보루 진지의 뜻이기도 했다.

방어 진지의 정면이 보루나 적의 접근을 막기 위한 장애물에 의해 현저하게 강화되어 적의 공격을 불가능하게 한다면, 적이 측면 또는 배면으로부터 공격을 하기 위해서는 이 진지를 우회해야 한다. 그런데 적의 우회를 곤란하게 만들기 위해서는 이러한 보루선을 측면에서 지지하는 근거지를 구해야 한다. 예를 들어 알자스 지방의 보루선의 경우라면, 라인강이나 보주산맥[1]이 이것에 해당한다. 이러한 보루선의 정면이 연장됨에 따라 보루선의 정면은 적의 우회에 대해 더욱더 손쉽게 방어된다. 우회는 우회하는 자에게 반드시 어느 정도의 위험을 동반하고, 또 이 위험은 공격자의 군이 처음에 취한 방향에서 멀어짐에 따라 점점 증대하기 때문이다. 따라서 적의 공격을 불가능하게 하는 보루선의 정면이 현저하게 길고 또 양측 근거지가 견고하면 광대한 지역을 적의 침공에 대해 직접 방어할 수가 있는 셈이다. 어쨌든 이와 같은 설비는 적어도 이러한 견해에서 생긴 것이다. 이것이 알자스 지방에서 우익을 라인강에, 좌익을 보주산맥에 의탁한 보루선이고, 또 플랑드르에서는 우익을 스헬데강[2]과 투르네[3] 요새에, 또 좌익을 북해에 의탁한 15마일에 이르는 보루선의 의미였다.

그러나 장대하고 강력한 정면과 견고한 근거지라는 이점이 결여된 경우에 보루 진지에 배치된 전투력만으로 그 지방을 엄호해야 한다면, 결국 이러한 전투력과 그 진지를 어느 방면으로부터도 공격을 저지할 수 있을 정도의 강력한 것으로 구축함으로써, 적의 우회에 대해 전투력을 보호해야만 한다. 그러나 그렇게 되면 전투력에 의해서 직접적으로 보호받고 있는 지역이라는 개념은 사라진다. 이와 같은 진지는, 전략적으로는 하나의 점에 지나지 않기 때문이다. 이 점(點)은 우선 진지에 배치된 전투력을 엄호하고, 더 나아가 이 전투력에 의해 국토를 간접적으로 엄호할 수 있는 것이다. 점으로 간주된 진지가 국토를 엄호한다는 것은, 곧 국토에서 스스로를 엄호하는 것을 말하는 것이다. 공격자는 이러한 진지를 이제는 우회할 수 없다. 다시 말하면 진지의 측면과 뒷면이 다른 부분보다도 취약하다는 이유로 이 부분들을 공격할 수가 없다. 이 진지는 어느 방면으로부터의 공격도 저지하고, 또 어느 부분에서도 똑같이 견고하기 때문이다. 그러나 이러한 진지에서도 그 측면을 통과하는 것은 가능하다. 더욱이 이

---

1) 보주산맥은 라인강 왼쪽 약 120km에 걸쳐 있다.
2) 스헬데강(Schelde). 프랑스 이름은 에스코강(Escaut). 프랑스에서 발원하여 벨기에를 지나 북해로 들어간다.
3) 투르네(Tournai). 프랑스 국경에 가까운 벨기에의 도시.

측면 통과는 보루선보다도 훨씬 용의하다. 전략적으로 점으로 보이는 진지는 확장을 하지 않는 것과 같기 때문이다.

요새의 엄호 아래에 있는 보루 진지는 바로 제2 종류에 속한다. 이러한 보루 진지는, 그 안에 집결된 전투력을 보호한다는 사명을 갖는 것이기 때문이다. 하지만 이 진지에는 그 이상의 전략적 의의, 즉 엄호된 전투력의 사용이라는 의의가 있고, 이 점에서 다른 보루 진지와는 그 뜻이 약간 다르다.

이상으로 이런 종류의 방어 수단이 발생되는 방법을 순서적으로 설명했다. 그래서 다음에는 이들 세 가지 방어 수단의 가치를 각각 고찰해 보고자 한다. 우선 이들 수단 가운데 첫 번째 것에는 보루 설치선, 두 번째 것에는 본래의 견진지, 또 세 번째 것에는 요새의 엄호 아래에 있는 보루 진지라는 명칭을 붙여 각각 구별하고자 한다.

1. 보루선. 이것은 초병선식(哨兵線式) 전쟁[4]에서 사용되는 가장 위험한 방어 수단이다. 보루선이 공격자를 저지하기 위한 장애물로서 국경에 설치된 보루선은, 그것이 화포에 의해 보호되는 경우에만 약간의 가치가 있지만, 그 자체로서는 가치가 없는 것과 같다. 본디 군이 포화의 효력을 빌려서 엄호할 수 있는 지역은, 군이 엄호해야 하는 광대한 지역에 비하면 매우 좁은 범위에 머물지 않을 수가 없다. 그러면 보루선은, 사격이 미치는 범위 내에 제한되기 때문에 짧아지지 않을 수가 없고, 따라서 또 군이 실제로 엄호할 수 있는 지역도 매우 협소하다. 즉 엄호하는 지역이 좁지 않으면 모든 지점을 효과적으로 보호할 수가 없는 것이다. 그런데 보루선에 관해 다음과 같은 견해를 가진 사람들이 있다. 즉—보루선의 취지는 이 선상의 모든 지점을 수비하는 데 있는 것이 아니라, 이 지점들을 감시하고 배치된 예비대를 가지고 이것을 방어하는 것만으로 좋다. 요컨대 강폭이 넓지 않은 중(中) 정도의 강을 방어하는 경우와 마찬가지이다—라고. 그러나 이와 같은 사고방식은, 보루선의 본디 성질에 위배된다. 만약 도처에 천

---

4) 초병선식이란, 국경을 방어하기 위해 국경선의 요소에, 또 도처에 초병을 배치하는 것처럼 보루를 이어 놓는 방식이다. 하지만 그렇게 되면 병력이 세분되어, 중요한 지점에서의 강력한 저항을 불가능하게 하기 때문에 매우 불리한 방어 방식으로 여겨졌다. 이 방식에 따르는 방어적 전쟁을 초병선식 전쟁이라고 한다. 이에 대해서는 본편 제22장 참조.

연 장애물이 있어서 이것을 방어 수단으로 사용할 수 있다면, 보루는 쓸모없고 또 위험하기도 하다. 보루선은 본디 국지적인 방어 방법이 아닌데도, 보루는 국지적 방어에만 적합하기 때문이다. 하기야 보루 그 자체는 적의 접근을 저지하는 주요한 장애물로 볼 수 있지만, 포격에 의해 엄호되지 않는 보루가 이러한 장애물로서 무력하다는 것은 말할 것도 없다. 불과 12피트나 기껏해야 15피트 깊이의 호와, 10피트 내지 12피트 높이의 누벽(壘壁)이 밀물처럼 밀어닥치는 수천 명의 적에 대해서 무슨 도움이 있단 말인가. 만약에 아군의 화력이 적군을 교란하는 것이 아니라면, 이러한 보루는 순식간에 없어질 것이다. 그러면 결론은 이렇게 된다. 즉―보루선이 짧고 비교적 강력하게 수비되고 있다면, 이러한 보루선은 우회될 것이고, 또 보루선이 길고 수비가 강력하지 않다면 허망하게 정면을 공격당하고 이윽고 공략당할 것이다―라고.

그런데 이와 같은 보루선은 국지적 방어에 시종하기 때문에, 결국 전투력을 구속하고 그 기동력을 마비시킨다. 따라서 과감한 공격자에 대해서는 매우 졸렬한 방어 수단이다. 그럼에도 불구하고 보루선이 근대 전쟁에 있어서 오래도록 온존(溫存)한 것은, 전쟁의 본령인 격렬한 힘이 위축되어 방어에 관한 외관상의 곤란을 실제의 곤란으로 생각한 데 있다. 어쨌든 보루선은 대부분 전쟁에서 적의 유격대 활동을 막는다는 이차적인 방어를 위해 사용된 것에 지나지 않는다. 이 경우에는 보루선의 효과가 전혀 없었던 것은 아니지만, 보루선의 방호에 필요한 부대를 다른 지점에 전용했더라면 훨씬 유익했을 것이라는 데 생각이 미치지 않을 수 없다. 최근 전쟁에서 보루선은 전혀 문제되지 않고, 실제로도 이미 그 흔적을 남기지 않을 정도이다. 또 장차 다시 나타날지 어떨지도 의문이다.

2. 견진지(堅陣地). 어떤 지역의 방어는 (이에 대해서는 나중에 제27장에서 상세하게 말하겠지만) 방어에 임하는 전투력이 이 지역을 엄호하는 한 지속되고, 이 전투력이 그 지역을 철퇴할 때 비로소 종결된다.

그런데 한 나라의 전투력이 매우 우세한 적에게 공격받고 있는 국토에서 스스로를 엄호해야만 하는 경우, 그 어떠한 공격도 불가능하게 하는 진지에 의해서 이 전투력을 적의 무력에 대해 방어하는 수단이 필요하게 된다.

이와 같은 진지는 이미 말했듯이 모든 방면에서 적의 공격을 저지해야 한다.

그런데 전투력을 전술적으로 배치한다면 진지는 통상적인 넓이의 지역밖에 점유할 수 없고, 게다가 이 전투력이 그다지 크지 않다면 (이것은 여기서 상정하고 있는 경우의 성질에 위배되지만) 결국 이 진지는 매우 협소한 것이 될 것이다. 그리고 이 좁은 지역은 전투 중에 여러 가지 불리함을 입지 않을 수 없기 때문에, 이러한 진지를 보루에 의해서 가능한 한 증강한다 해도 적을 저지할 정도의 저항은 도저히 생각할 수 없을 것이다. 그렇기 때문에 모든 방면에서 적의 공격을 저지할 수 있는 진지는, 모든 방면에서 상당히 광대한 지역을 차지하게 될 것이다. 그럼에도 이 진지는 어느 부분이나 적의 공격을 불가능하게 할 정도로 견고해야만 한다. 이와 같이 진지가 차지하는 지역은 광대함에도 불구하고, 그 진지의 모든 방면을 강화할 단계가 되면 이미 축성술만으로는 충분하지가 않다. 그래서 이 진지를 천연 장애물로 강화하는 것이 근본 조건이 되는 것이다. 그렇게 하면 진지의 어떤 부분은 적의 접근을 불가능하게 만들고, 또 다른 부분도 접근을 곤란하게 할 것이다. 그러나 지형이라는 방어 수단을 사용할 수 있게 하기 위해서는, 우선 견진지에 적합한 지형이 존재해야만 한다. 이러한 지형이 없는데도 보루에만 의지해서는 목적을 이룰 수 없다. 위에서의 고찰은 우선 전술적 결과에 관계하지만, 그럼에도 불구하고 지금 여기에 언급한 것은 견진지라는 전술적 방어 수단을 우선 확인하기 위해서이다. 또 이 문제의 소개를 확실히 하기 위한 실례로서 피르나,[5] 분첼비츠,[6] 콜베르크,[7] 토리즈 베드라시와 드리사[8]를 들어 둔다.

다음으로는 견진지라고 하는 이 방어 수단의 전략적인 특성과 효과에 대해 고찰해보고자 한다. 이 경우에 제1 조건은 이 진지에 배치된 전투력의 보급이

---

5) 피르나(Pirna). 작센의 도시. 7년 전쟁(1756~63)으로, 작센군은 이곳의 보루 진지에서 프리드리히 대왕에게 포위되어(1756~9. 10) 일단은 탈출했으나(10. 11) 이윽고 퇴로를 차단당해 항복했다.

6) 7년 전쟁에서 프리드리히 대왕은 이 땅에 보루 야영(간단한 보루 진지)을 설치하여(1761. 8. 26~9. 28), 작센에 주둔하고 있던 오스트리아군과 러시아군의 합류를 저지했다.

7) 콜베르크(Kolberg). 현재 폴란드의 포메라니아 지방의 도시로, 이전에는 요새였다. 7년 전쟁에서 프로이센군은 이 땅의 보루 진지에 거점을 잡았으나(1761. 6. 4~12. 16) 식량이 떨어져 러시아군에 항복했다.

8) 드리사(Drissa). 현재 벨로루시의 소도시. 러시아군은 이곳에 보루 진지를 구축하고(1812. 7. 9~14) 나폴레옹군에 저항했다.

어느 정도의 기간, 다시 말하면 이러한 진지가 그 효력을 발휘하는 데 필요하다고 여겨지는 기간만큼은 확보되어야만 한다는 것이다. 이것은 콜베르크나 토리즈 베드라시처럼, 진지가 그 배후에 해항(海港)을 두고 있는 경우, 또는 분첼비츠나 피르나처럼 요새와 긴밀하게 결부되고 있는 경우, 혹은 드리사처럼 진지의 내부나 가까운 곳에 물자가 집적되어 있는 경우에만 가능하다.

이 세 가지 보급 방법 중, 제1의 경우만이 장기적으로 보급을 보증할 수 있을 것이다. 이에 반해서 제2 및 제3 경우의 보급은 한정된 기간밖에 계속되지 않는다. 따라서 위험은 이 방면에서 이미 진지를 위협하고 있는 것이다. 이러한 사정에 비추어 보더라도, 비록 다른 점에서는 보루 진지에 적합한 요지가 수많이 있음에도 불구하고 보급이 곤란하다 해서 견진지로서의 자격을 잃는 경우가 있고, 따라서 또 가장 적당한 견진지는 매우 드물다는 것을 알 수 있다.

견진지의 효력, 이점 및 위험이 어떠한 것인지를 알기 위해서는 공격자가 이러한 진지에 대해 무엇을 할 수 있는지 밝혀야 한다.

a. 공격자는 견진지의 측면을 통과해서 행동을 계속하고, 또한 크고 작은 부대를 가지고 이 진지를 감시할 수 있다.

그런데 우리는 이 견진지가 방어자의 주력에 의해 수비되는 경우와 주력에 미치지 않는 병력에 의해 수비되는 경우를 구별할 필요가 있다.

제1의 경우, 즉 견진지가 방어자의 주력에 의해 수비되고 있는 경우에 공격자가 이 진지 측면을 통과한다는 것은, 방어자의 주력 외에도 공격자가 바라는 결정적인 공격 대상, 예를 들면 요새나 수도의 공략과 같은 표적이 있을 때에만 공격자에게 다소 의의가 있다. 그러나 비록 이러한 공격 대상이 있다고 해도 공격자가 이 대상을 추구하는 것이 허락되는 것은, 공격자 측의 유력한 책원(策源 : 지난날, 전선의 작전 부대에 대해 후방의 보급·정비 등 병참 지원 기지)과 알맞은 위치에 있는 병참선에 의해서, 그의 전략적 측면이 위협을 당할 염려가 없는 경우에만 한한다.

위에서 언급한 것처럼 방어자의 주력이 이러한 진지를 보유한다면, 이 진지의 효력은 다음 두 가지 경우에 발휘된다는 것을 알 수 있다. 즉 공격자가 전략적 측면에 주는 이 진지의 영향력이 결정적인 것으로, 공격자를 방어자에게 조금도 해가 없는 지점에 꼼짝 못하게 해 두는 일을 미리 알 수 있는 경우이거나,

혹은 방어자가 적에게 약탈당할지도 모르는 염려를 품는 대상이 전혀 없는 경우이다. 이와는 반대로 이러한 대상이 존재하고, 또 그 경우에 공격자의 전략적인 측면이 거의 위협당하지 않고 있으면, 이 방어 진지는 유지될 수 없거나, 혹은 겉보기로만 유지되거나, 혹은 또 공격자가 이 진지에 중대한 의의를 인정하려고 하는가의 여부를 시험하기 위해서 유지되고 있는데 지나지 않는다. 그러나 그렇게 되면 비록 진지가 유지되고 있다고 해도 방어자는 위협을 받은 지점에는 이미 도달할 수가 없는 것이다.

그런데 방어자가 주력에도 미치지 않는 병력을 가지고 견진지를 수비하는 경우, 공격자는 진지 내 병력 외에도 공격 대상을 찾아낼 수 있다. 이 대상은 적의 주력 그 자체여도 좋기 때문이다. 따라서 이러한 경우 견진지의 의의는 이 진지가 공격자의 전략적 측면에 주는 영향력만을 지니게 되고, 따라서 또 이 조건의 제약을 받게 되는 것이다.

b. 공격자가 방어 진지의 측면 통과를 강행하지 않는 경우에는, 정공법[9]에 따라서 이 진지를 둘러싸고 방어자를 굶게 하여 항복을 강요하는 일이 있다. 그러나 이것은 두 가지 조건을 전제로 한다. 첫째 조건은 진지가 공격자에 의해 위협을 당하는 것이고, 두 번째 조건은 공격자가 이러한 포위를 성취하는 데 충분한 병력을 가지고 있어야 한다는 것이다. 이 두 가지 조건이 동시에 충족된다면 공격군은 견진지에 의해 한때는 저지당하겠지만, 방어군은 병력을 잃고 최초의 유리한 대상(代償)을 지불하지 않으면 안 될 것이다.

따라서 방어자가 그 주력을 가지고 하든 이러한 견진지라고 하는 방어 수단을 사용할 수 있는 것은, 다음 세 가지 경우에 한정된다는 것이 분명해진다. 즉,

aa. 진지의 배면(背面)에 전혀 불안감이 없는 경우(토리즈 베드라시).

bb. 공격자가 우세하다고는 하지만 정공법에 따라 진지를 포위할 수 있을 정도로는 강하지 않다는 실상을 방어자가 미리 간파하고 있는 경우. 또 공격자가 진지를 포위할 수 있을 정도로 우세하지 않음에도 불구하고 감히 포위, 공격한다면 방어자는 진지에서 출격하여 공격부대를 하나하나 격파할 것이다.

cc. 포위를 풀 가망이 있는 경우. 1756년에 작센군이 피르나 부근에서 보루

---

9) 요새나 보루 진지를 공격하기 위해, 포위 공격군이 하는 공격 방법을 말한다.

야영에 든 것은 그 한 예이다. 또 1757년에 프라하 회전 뒤 프라하에서 이루어진 포위 공격도 결국은 이것에 속한다. 프라하 그 자체는 단순한 보루 야영에 지나지 않는다. 그래도 회전 뒤에 이 진지에서 포위당한 카를 공[10]은 메렌[11]군의 지원을 예상했기 때문에 포위당한 것을 두려워하지 않았다.

방어자는 주력을 기울이면 견진지에 들어도 지장이 없다는 것을 인정받기 위해서는, 위의 세 가지 조건 중 어느 한 가지를 충족시키는 일이 꼭 필요하게 된다. 그렇지만 두 번째 및 세 번째 조건의 경우, 방어자에게 중대한 위험을 초래할 우려가 있다고 말하지 않을 수 없다.

하지만 주력에 미치지 않는 약한 부대가 견진지에 든다고 하면 이 부대는 조만간 전체를 위해 희생하게 되지만, 이와 같은 경우에는 위의 세 가지 조건은 모두 소용이 없다. 이 경우에 문제가 되는 것은, 이러한 희생을 함으로써 그 이상의 화를 막을 수 있을지의 여부뿐이다. 이와 같은 사례는 매우 드물지만 전혀 없는 것은 아니다. 피르나의 보루 야영은, 프리드리히 대왕이 1756년에 뵈멘을 공격하는 것을 이미 저지할 수 있었던 것이다. 당시 오스트리아군은 아직 전쟁 준비를 하지 않았기 때문에, 오스트리아의 몰락조차도 틀림없는 사실로 여겨지고 있었다. 만약에 피르나의 진지에서 1만 7000 동맹군[12]이 항복하지 않았다면 그 이상의 병력을 잃었을 것이다.

c. 위의 ⓐ와 ⓑ 항에서 말한 행동이 공격자에 의해 실시되지 않는다고 하면, 또 방어자에게 유리한 위의 세 가지 조건이 충족되었다고 한다면, 공격자는 마치 한 떼의 닭을 가둔 우리 앞의 개처럼 견진지 앞에 정지하고, 기껏해야 부대를 되도록 적지의 여러 방향으로 파견해야 한다. 그리고 마침내 결정적 승리를 가져올 가망이 없는 작은 이익에 만족하고, 이 진지의 결정적 공략은 다른 날을 기약하는 수밖에 도리가 없다. 따라서 이러한 경우에 견진지는 그 목적을 잘 달성했다고 말해도 좋다.

3. 요새의 엄호 아래 있는 보루 진지. 이런 진지는 앞에서 말한 대로 그 일반

---

10) 카를 공(Karl Alexander, Prinz von Lothringen, 1712~80). 오스트리아의 원수. 프라하의 진지에서는 프리드리히 대왕에게 포위, 공격되었다.

11) 메렌(Mähren). 현재 체코의 한 지방.

12) 오스트리아–작센의 동맹군을 가리킨다.

적인 목적이 어느 지역의 엄호에 있는 것이 아니라, 방어자의 전투력을 적의 공격에 대해 보호하는 한에서 일반적으로 보루 진지라는 부류에 속한다. 다만 다른 보루 진지와 다른 특성은, 이 보루 진지가 요새와 결합하여 불가분한 전체를 이루어 다른 보루 진지보다도 훨씬 강력해진다는 점에 있다.

하지만 이것에서 또 다음과 같은 약간의 특성이 생긴다.

a. 이러한 보루 진지는 위에서 든 일반적 목적 외에도 공격자에 의한 요새의 포위 공격을 완전히 불가능하게 하든지, 아니면 이것을 매우 곤란하게 하는 특수한 목적을 갖는 일이 있다. 요새가

아드리아노플 전투(1205) 이 전투에서 불가리아 왕 칼로얀(재위 1197~1207)의 군대가 라틴제국 황제 보드앵 1세(재위 1171~1205)의 군대를 물리쳤다.

동시에 해항(海港)인 경우에 이러한 보루 덕택으로 진지의 봉쇄를 면할 수 있다고 한다면, 이 목적은 많은 병력을 희생할 만한 가치가 있다고 말해도 좋다. 그렇지 않으면 이 요새는 굶주림 때문에 바로 함락될지도 모르기 때문이다.

b. 요새의 엄호 아래에 있는 보루 진지는, 평야지에서 보루 진지에 든 부대보다도 작은 부대를 수용하는 데 적합하다. 4천 내지 5천 정도의 소부대라도, 요새의 보호 아래에 있다면 좀처럼 격파당하지 않는다. 이에 반해 평야지에서는 이러한 소부대가 아무리 견고한 진지에 있어도 격멸을 면치 못할 것이다.

c. 이러한 종류의 보루 진지는, 아직 든든한 정신적인 뒷받침을 가지지 않은 병사를 모아서 그들에게 전투에 대한 준비를 하는 장소로서 사용되는 일이 있다. 요새의 누벽(壘壁)으로 보호받지 않으면 적과 접촉할 수 없는 병력, 예를 들면 신병, 후비군, 국민군 등이다.

그러나 이들 보루 진지에도 각각 상당한 수비대를 두어야 하므로, 이 때문에 많건 적건 요새 그 자체를 약화시키는 현저한 불리함이 발생할지도 모른다. 따라서 만약 이 불리함이 생길 염려가 없으면, 이런 종류의 진지는 다목적으로 이용할 수 있는 방어 수단으로써 권할 만하다. 하지만 요새가 이들 보루 진지에 나름대로의 수비대를 둘 정도로 강대한 병력을 상비한다는 것은, 방어자에게는 쉽지 않은 조건이 될 것이다.

그래서 우리는, 이러한 보루 진지는 해안 요새에만 적합한 것으로 보고 다른 경우에는 유익하기보다는 오히려 유해한 것으로 여기고 싶다.

견진지와 보루 진지에 관한 이상의 견해를 요약하면 다음 세 가지 항목으로 귀착된다. 즉, 이 두 가지 진지는

1. 국토가 좁고, 따라서 또 공격자를 물리칠 토지가 좁아짐에 따라 더욱더 필요해지고 없어서는 안 되는 것이 된다.

2. 다른 나라의 군대에 의해, 또는 날씨가 불순한 계절에, 국민적 반항에 의해, 공격자 측의 급양 부족 등에 의해서 구원과 포위의 해제가 확실하다면 이런 종류의 진지를 위협하는 위험은 점점 감소한다.

3. 적의 공격력이 위축되면 이런 종류의 진지는 더욱더 효과적이다.

제14장
측면 진지

　사전의 체재를 본 떠서 측면 진지[1]에 특히 한 장(章)을 할당한 까닭은, 측면 진지라는 것이 일반적인 군사 사상계(思想界)에서 매우 뛰어난 개념으로 여겨지고, 자칫 논의 대상이 되기 때문이다. 사실 우리는 측면 진지라 해도 특별히 특이한 진지를 의미하는 것으로는 생각하지 않는다.

　공격자가 방어 진지의 측면을 통과하는 경우에도, 동요하는 일 없이 견고하게 유지되는 진지는 모두 측면 진지이다. 적이 방어 진지의 측면 통과를 개시한 순간부터, 이 진지는 적의 전략적 측면에 효력을 발휘하기 때문이다. 그렇다면 견진지(堅陣地)는 동시에 또 측면 진지여야 한다. 견진지는 적의 공격을 불가능하게 하고 또 공격자는 이 진지의 측면을 통과해야 하지만, 그 경우에 이런 종류의 진지는 적의 전략적 측면에 영향을 줌으로써 진가를 발휘하기 때문이다. 그런데 견진지의 본래 정면은 어떻게 되어 있는가.

　콜베르크에서처럼 그 정면이 적의 전략적 측면과 평행한 상태를 이루고 있는가, 아니면 분첼비츠나 드리사 같이 적의 전략적 측면에 대해 직각을 이루고 있는가 하는 것은 전혀 문제가 되지 않는다. 견고한 진지라는 것은 어떠한 방면에 대해서도 모두 정면이고, 이들 모든 방면에서 적의 공격을 저지할 수 있는 것이어야 하기 때문이다.

　그러나 공격자의 공격을 불가능하게 할 만큼 견고하지 않은 진지라도, 적이 그 측면을 통과하는 것을 알면서도 이 진지를 감히 고수하려고 하는 경우가 있다. 그것은 이 진지의 위치가 공격자의 퇴각선이나 병참선에 대해서 매우 중요한 관계를 가지고 있어서 적의 전략적 측면에 대해서 효과적인 공격을 할 수 있

---

1) 측면 진지란 공격자의 전진로에 평행으로, 혹은 비스듬히 그 측면에 위치하는 진지를 말한다.

을 뿐만 아니라, 적은 그 퇴로에 의심을 품은 나머지 방어자의 퇴로를 차단할 수가 없는 경우이다. 그러나 적이 실제로 방어자의 퇴로를 차단한다면, 이 방어 진지는 견진지가 아니기 때문에, 다시 말하면 적의 공격을 불가능하게 하는 진지가 아니기 때문에, 이러한 경우의 방어자는 퇴각을 돌보지 않고 싸우는 위험을 저지르게 될 것이다.

1806년[2]은 이것을 실례로써 명시하고 있다. 잘레강[3] 오른쪽 강가에 배치된 프로이센군은 그 정면을 잘레강으로 돌려 이 진지에 의해서 적의 전진을 기다리고 있었으나, 이러한 배치는 호프[4]를 거쳐 전진하는 나폴레옹군에 대해서 완전히 측면 진지가 될 수 있었을 것이다.

이 경우에 프로이센군과 나폴레옹군 사이의 물리적[5] 및 정신적인 힘의 불균형이 그토록 심하지 않았더라면, 또 다운 같은 범장(凡將)이 프랑스군을 지휘하고 있었더라면 프로이센군의 진지는 뛰어난 효력을 발휘했을 것이다. 실제로 프로이센군 진지의 측면을 통과하는 것은 전적으로 불가능하고, 이것은 나폴레옹도 인정했다. 그래서 그는 이 진지의 공격을 결의했던 것이다. 프로이센군의 퇴로를 차단한다는 것은 나폴레옹이라 하더라도 완전히는 성공하지 못했고, 또 두 군의 물리적 및 정신적인 힘의 불균형이 가장 근소했다면 측방 통과와 마찬가지로 퇴로 차단 또한 완전히 불가능했을 것이다. 프로이센군 좌익의 굴복에 의해 생기는 위험은, 프랑스군 좌익의 굴복에 의한 위험보다도 훨씬 적기 때문이다. 그렇다고 해서 비록 두 군의 물리적 및 정신적인 힘이 불균형이었다고 해도, 만약에 프로이센군이 과단과 신중을 기한 지휘를 받았다면, 아직은 승리에 희망을 걸 수 있었을 것이다.

나폴레옹이 예나나 도른부르크[6]에서 잘레강을 건너게 한 병력은 6만이었다. 이만한 병력에 대해 브라운슈바이크 공[7]은 14일의 일출과 함께 8만 병력을 동원한 것이다. 더욱이 그는 이 방책을 13일에 강구할 수 있었을 것이다. 프로이센

---

2) 다음에 말하는 예나의 회전(1806. 10. 14)을 가리킨다.

3) 잘레강(Saale). 엘베강의 지류로 작센 지역을 흐른다.

4) 호프(Hof). 바이에른의 도시.

5) 이 회전에 참가한 프로이센군은 14만 5000, 프랑스군은 18만이었다.

6) 도른부르크(Dornburg). 잘레 강가의 소도시.

7) 브라운슈바이크 공(Karl Wilhelm Ferdinand, Herzog von Braunschweig, 1735~1806). 프로이센의 원수.

군의 이러한 우세와 프랑스군의 배후에 있는 잘레강의 험한 계곡이 프로이센군에게 결정적인 승리를 가져오는 데 충분하지 않았다 해도, 이러한 정황 자체가 프로이센군에게 매우 유리한 결과였다는 것은 부정할 수 없다. 그럼에도 불구하고 프로이센군은 이런 유리한 결과를 가지고도 승리를 거둘 수 없었다고 하면, 이미 이 지역에서 승패의 결정은 논외였을 것이기 때문에 퇴각해서 군을 강화시키고, 또 적의 약화를 꾀해야 한다고 말하지 않을 수 없는 것이다.

따라서 잘레 강변에 설치된 프로이센군의 진지는 적의 공격을 불가능하게 할 정도는 아니었다 하더라도, 호프를 거쳐 이 방면을 통하는 도로에 대해서는 측면 진지가 될 수가 있었던 것이다. 그러나 공격이 가능한 다른 진지와 마찬가지로, 이 경우에도 측면 진지로서의 특성은 절대적이지 않았다. 요컨대 프로이센군 진지는, 적이 이 진지에 대해 공격을 가하지 않은 경우에만 측면 진지가 될 수 있었던 것이다.

그런데 방어자가, 공격자의 측방 통과를 묵시할 수가 없어서 방어 진지에서 공격자의 측면에 공격을 가하는 일이 있다. 이러한 경우에 방어자가 측면에서 적에게 공격을 가한다는 이유로, 이 방어 진지를 측면 진지라고 말한다는 것은 결코 옳은 사고방식이라고는 할 수 없다. 측면 공격은 진지 그 자체와는 거의 관계가 없고, 또 방어 진지가 적의 전략적 측면에 영향을 미치는 경우와는 달리 본질적으로는 이 진지의 특성에서 생기는 것은 아니기 때문이다.

측면 진지의 특성에 대하여 새롭게 확인해야만 하는 사항은 하나도 존재하지 않는다는 것이 이것으로 분명해졌다. 따라서 여기서는 측면 진지라는 방어 수단의 성격에 대하여 약간 말하는 것만으로 족할 것이다. 그러나 본래의 견진지에 대해서는 더 이상 언급하지 않기로 하겠다. 이에 대해서는 이미 충분히 논의가 되었기 때문이다.

공격자의 공격을 불가능하게 하지 못하는 측면 진지도 매우 효과적인 방어 수단이지만 그것만으로는 또 위험한 수단이기도 하다. 만약 방어자가 이러한 진지로 공격자의 전진을 저지한다면, 근소한 힘을 가지고 커다란 효과를 거두었다고 말해도 좋다. 그것은 마치 지렛대의 긴 쪽 자루를 새끼손가락으로 눌러서 강한 힘을 얻는 것과 같은 것이다. 그러나 이 효과가 미미해서 결국 공격자를 저지할 수가 없으면 방어자는 퇴로를 잃게 되고, 그 결과 서둘러 불리한 상황 아래에서 탈출을 시도하지 않을 수 없거나 아니면 퇴각의 가망 없이 싸우는 위험을 감수해야만 한다. 그렇기 때문에 용감하고 정신력이 강한 공격자가 기세를 몰아 결전을 요구하는 경우에는, 방어자의 이러한 방책은 위에서 인용한 1806년의 실례가 나타내는 것처럼 결코 타당한 것은 아니다.

이와는 반대로 공격자가 겁을 먹고 단순한 감시전(監視戰)으로 일관하는 경우에는, 측면 진지야말로 방어자의 뛰어난 재능이 강구할 수 있는 최선의 한 수단이라고 간주할 수가 있다. 페르디난트 공이 베저강[8]을 방어하기 위해 이 강의 왼쪽 강가에 설치한 진지나, 또 슈모트자이펜[9] 및 란데스훗[10]의 유명한 진지는 모두 그 좋은 예이다. 그러나 란데스훗의 진지가 잘못된 사용으로 위험을 초래한 것은, 1760년 푸케[11] 군단의 파멸이 이것을 보여주고 있다.

---

8) 베저강(Weser). 하부 작센의 뮌덴(Münden) 부근에서 발원하여 북으로 흐른 뒤 서북방으로 방향을 돌려 북해로 들어간다. 7년 전쟁에서 페르디난트 공 지휘하의 프로이센군은 프랑스군을 베저 강가의 뮌덴 부근에서 무찔렀다(1759. 8. 1).

9) 슈모트자이펜(Schmottseifen). 하부 슐레지엔의 소도시. 프로이센군은 이 부근에서 보루 야영에 들어, 슐레지엔에서 작센에 이르는 병참선을 엄호했다.

10) 란데스훗(Landeshut). 하부 바이에른의 도시.

11) 푸케(Fouqué, Heinrich August, 1698~1774). 프로이센의 장수. 푸케 군단은 란데스훗의 진지를 수비했으나 오스트리아군에 대패했다(1760. 6. 23).

제15장

산지 방어

산지가 전쟁 지도(指導)에 미치는 영향은 매우 크다. 따라서 산지 방어의 문제는 전쟁 이론에서도 매우 중요하다. 그런데 이 영향은, 공격자의 행동을 억제하는 원리로서는 우선 방어에 속한다. 그래도 본장에서는 단지 산지 방어라는 좁은 의미의 개념에 그치지 않고, 산지가 전쟁에 미치는 영향에 대해 논하고자 한다. 그런데 이 문제를 고찰하면 많은 점에서 통설에 반대되는 결과에 도달하므로, 우선 약간의 분석을 시도해 볼 필요가 있다.

그래서 우선 산지 방어의 전술적 성질을 고찰해서 이것을 전략과 결부되는 점을 구해보고자 한다.

한편으로는 공격자의 군이 몇몇 대종대(大縱隊)를 이루어 산길을 행진할 때 겪는 곤란이 있고, 또 다른 한편으로는 방어자가 산중의 요지에 배치한 보초 부대는 지형에서 큰 힘을 얻고 있다. 이 초병 부대의 정면은 능선에 이어지는 험준한 사면으로 엄호되고, 또 그 좌우는 깊은 산지의 틈에 의탁하고 있기 때문이다. 그래서 산지에서의 공격자의 이러한 곤란과 방어자의 위력이, 예전부터 산지 방어에 매우 큰 효력과 장점을 주어온 두 건의 일반적 사정이라는 것은 의심할 여지가 없다. 다만 어떤 시대에는 당시의 무장과 전술의 특성이 산지에서 대 부대의 운용을 방해한 일도 있었다.

긴 줄을 이룬 보병 종대는 구불구불한 험한 산골짜기를 무거운 발걸음으로 오르고, 달팽이와 같은 걸음걸이로 고개를 넘는다. 포병과 수송병은 욕하고 소리 지르면서 채찍을 휘둘러 말이 산길을 올라가기를 재촉한다. 파손된 차량은 말로 이루 말할 수 없는 고생을 하며 길에서 치워야 한다. 또 그 사이에 뒤따라오는 부대나 차량은 모두 정체되지 않을 수 없기 때문에 여기에서도 욕지거리가 끊이지 않는다.

이와 같은 상황에서는 누구라도 이렇게 생각할 것이다. ─이만한 부대를 함락시키려면 적이 약 2, 3백 명 병사를 데려오는 것으로 충분하다─고. 그래서 전쟁 역사가들은 산중의 험난한 길의 가치를 늘어놓고, 한 줌의 병사를 가지고서도 전군을 저지할 수 있다고 말한다. 그러나 산지에서의 이러한 행군과 이 행군 부대가 실시하는 공격은 거의 또는 전혀 관계가 없다고 하는 것, 따라서 행군이 이 정도로 곤란하다면 공격은 더욱더 곤란할 것이라는 추론이 잘못이라는 것은 누구라도 알고 있고, 또 그래야 한다.

실전에 참가한 일이 없는 사람이 이렇게 추론한 것은 매우 지당한 이야기이다. 또 어떤 시대의 전쟁술조차도 이러한 잘못을 저질렀다고 하는 것도 지당한 이야기이다. 산지 방어라는 현상이 당시의 군인에게 새로웠다고 하는 것은 아마추어와 거의 다를 바가 없었다. 30년 전쟁[1] 이전은 전투 서열, 즉 전투를 하기 전과 전 전투 중의 군대 배치는 세로로 길었고, 기병은 병사 수가 많았으며 화기는 아직 발달하지 않았었다. 또 당시의 여러 특성에 의해 지형이 갖는 천연장애물을 이용하는 일은 드물었고, 하물며 본격적인 산지 방어─적어도 정규군에 의한 산지 방어는 거의 불가능했다. 그러다가 전투 서열이 전후좌우로 뻗어, 보병과 그 화기가 주요 전투 수단이 될 수 있었던 시기에 비로소 산지 및 계곡의 군사적 의의가 고려되기 시작했다. 그러나 산지 방어의 사상이 고도의 발달을 이룬 것은 그 후 1세기가 지난 18세기 중엽[2]이었다.

두 번째 사정은, 초병 부대가 적의 접근을 곤란하게 하는 진지에 의해서 얻는 강대한 저항 능력이다. 이와 같은 사정이 산지 방어에 큰 방어력을 기대하는 경향을 더욱 조장했다. 그래서 이와 같은 초병 부대의 병력을 약간 늘려서 1개 대대를 1군으로 만들어, 산악 부대로 만드는 일조차도 불가능하지 않다는 생각에 이른 것이다.

초병 부대가 산지에서 진지를 적절하게 선택한다면, 보통을 넘는 힘을 얻게 된다는 것은 틀림없는 사실이다. 평지에서라면 몇몇 기병 중대에 쫓겨 퇴각하면서도 괴멸과 포로의 위험을 면하면 뜻밖의 행운이라 여겼던 소부대라도, 산중에서는 이른바 일종의 전술적인 대담성을 띠고 적의 전군을 내려다보고, 적

---

1) 30년 전쟁(1618~48).
2) 제1차 및 제2차 슐레지엔 전쟁(1740~42, 44~45)과 그 뒤의 7년 전쟁(1756~63) 시대에 해당한다.

에게 우회나 그 밖의 다른 정규적인 공격을 강요하는 명예로운 요구를 할 수 있는 것이다. 이 소부대가 적의 접근을 막는 천연 장애물에 의해, 혹은 양 날개를 거점으로 하는 견고한 지점으로, 또는 퇴로에 설치된 적절한 새로운 진지에 의해, 이러한 저항 능력을 어떻게 획득하는가 하는 것은 전술이 설명해야 할 사항이다. 우리는 다만 이러한 소부대의 저항 능력을 경험에 의해 증명된 사실로서 받아들이기만 하면 된다.

강력한 초병 부대를 여러 요소요소에 병치(竝置)하면, 적의 공격을 불가능하게 하는 매우 견고한 정면을 형성할 것임에 틀림없다고 하는 것은 매우 지당한 생각이다. 그렇게 되면 이 정면을 좌우로 연장하여 양측에 각각 견고한 지점을 구하여 전군의 안전을 기하든가, 아니면 적의 우회를 불가능하게 할 때까지 이 연장을 계속할 수밖에 없었다. 게다가 또 산지는 특히 이러한 방식을 조장하기가 쉽다. 산중에는 초병 부대를 배치하는 데 적절한 지점이 얼마든지 있고, 더욱이 그중의 어느 하나를 보아도 다른 지점보다는 낫다고 여겨지므로, 어디에서 일단락을 지어야 할지 알 수 없게 되기 때문이다. 그래서 어떤 길이의 폭에 걸쳐 모든 험로(險路)를 크고 작은 초병 부대로 굳히고 나서 이렇게 생각한다. ─이렇게 10개 내지 15개의 초병 진지로 약 10마일 혹은 그 이상의 폭을 지키면 적의 가증스러운 우회를 막고 안심하고 잠을 잘 수가 있다─고. 이러한 초병 진지는 적이 접근하기 어려운 지형을 이용하여(종대(縱隊)로는 산길 이외의 길을 행진할 수 없기 때문이다) 서로 긴밀하게 결합되어 있기 때문에, 이렇게 하면 진출하는 적에 대해서 철벽을 구축한 것과 마찬가지이다─라고 생각한 것이다. 게다가 몇몇 보병 대대와 포병 중대, 10여 개의 기병 중대를 예비로 한 것은, 적이 어느 지점에서 행할지도 모르는 불시의 돌파에 대비하기 위한 것이었다.

이와 같은 생각이 전적으로 역사적인 것, 즉 과거에 속한다는 것은 아무도 부정할 수 없을 것이다. 그러나 또 우리는 이러한 불합리한 사고방식을 완전하게 벗어났다고는 말할 수 없다.

중세 이후 군은 점점 많은 병사를 거느리게 되었다. 이에 따라 전술의 발달이 걸어온 경과도 또한 산지를 군사적 행동에 편입하는 데 많은 기여를 했다.

산지 방어의 주된 성격은 결정적인 수동성에 있다. 따라서 군대가 아직 오늘날 같은 기동력을 갖지 않은 시대에, 산지 방어가 중요시된 것은 이 방면에서 볼 때 꽤 자연스러운 경향이었다. 한편으로 군의 병사 수는 점점 늘고, 화기의 발달에 따라 군의 배치선(配置線)은 더욱 길어지고 또 이들 배치선의 연관은 매우 정교해졌지만, 그 때문에 배치선의 운동은 매우 곤란해지고 때때로 불가능해지기까지 했다. 이와 같이 정밀한 기계와 같은 군을 배치하기 위해서는 때로는 하루의 반이 필요했다. 그리고 회전의 반(半)과, 또 오늘날이라면 회전 계획을 세울 때 고려해야 할 모든 일들이 배치 그 자체 안에 편입된 것이다. 이렇게 해서 일단 병력 배치가 완료되면, 새로운 정황이 나타나도 최초의 배치를 변경하는 일은 어려웠다. 방어자보다도 늦게 진격을 개시하는 공격자는, 진지를 노리고 운동을 일으키면 방어자는 이에 대처해서 새롭게 배치하는 일은 불가능했다. 이렇게 해서 이번에는 공격자가 우위를 차지했기 때문에, 방어자는 지형이 제공하는 천연장애물 뒤로 물러나 스스로를 방어하는 수밖에 없었다. 그러면 이 경우 방어에 적합한 일반적이고 또한 유효한 지역으로서는 산지 이상 가는 것은 없었다. 그래서 군과 단절지 사이에 이른바 결합이 시도되어, 이 둘은 공동의 일에 관여하게 되었다. 즉 보병 부대는 산지를 방어하고, 산지는 보병 부대를 방어한 것이다. 이렇게 해서 수세 방어는 산지에 의해 고도로 강화되었지만, 또 산지 방어도 운동의 자유를 더 잃는다는 것 외에는 특별한 해악을 초래하지 않았다. 그러나 운동의 자유가 있었다 해도 당시는 이것을 이용할 줄 몰랐던 것이다.

서로 받아들일 수 없는 두 가지 방식, 즉 공격과 방어가 대치하는 경우에는 한쪽이 소홀한 점, 즉 취약한 점이 항상 상대의 공격을 초래하게 된다. 방어자가 견고하고 적의 공격을 저지할 수 있는 초병 진지를 고수해서 움직일 수 없는 상태라면, 공격자로서는 오히려 우회를 감행하기가 쉽다. 그는 군의 측방에 대해서 아무런 걱정을 할 필요가 없기 때문이다. 그리고 실제로도 이러한 사태가 생겼다. 이윽고 이른바 〈Tournieren〉[3]라는 것이 일상적인 행사가 된 것이다. 그러면 이러한 우회를 예방하기 위해 초병 진지의 폭은 더욱더 연장되고, 그에 따라 정면은 더욱더 약화되지 않을 수가 없었다. 그래서 공격은 갑자기 이 정면으로 향한 것이다. 공격자는 이 연장된 적진지를 포위하는 대신 대부대를 한 지점에

---

3) 이 말은 프랑스의 tourner(돈다)에서 나온 말인데, 당시에 즐겨 사용된 군사 용어로 '우회'와 같은 뜻이다.

집결시켜 방어선을 격파했다. 최근 전쟁사에서 산지 방어는 대체로 이러한 형태를 취한다.

그래서 공격은 또다시 우위를 차지하게 되었다. 그것은 점점 늘어나는 기동력 덕분이었다. 그러자 방어자도 이 기동력을 원용할 수밖에 없었다. 그런데 산지는 그 성질로 보아 기동력과는 맞지 않는다. 산지 방어가 모두—'모두'라는 표현을 사용해도 좋다면—패배로 끝난 것은 이 때문이다. 프랑스혁명 전쟁에서, 당시에 아직도 산지 방어라는 개념에 사로잡혀 있던 여러 나라의 군이 자주 겪은 것은 바로 이러한 종류의 패배였다.

하지만 소의 뿔을 바로잡으려다 소를 죽이는 어리석은 일을 반복해서는 안 되고, 그렇다고 해서 또 속론(俗論)에 현혹되어 실제 전쟁에서 그때그때의 구체적인 사정에 방해되는, 도저히 실현 가능성이 없는 주장을 해서는 안 될 것이다. 그래서 우리는 산지 방어의 효과를 각각의 경우에 입각해서 취사선택을 해야 한다.

우선 해결해야만 하는 주요 문제는 이렇다. 즉 산지 방어를 목적으로 하는 저항은 상대적 저항인가, 절대적 저항인가. 다시 말하면 이 저항은 어느 시간만 지속되면 좋은지, 아니면 결정적 승리를 가지고 끝내야만 하는지의 문제이다. 그리고 이 문제가 해결되면 산지 방어의 전모가 밝혀진다. 산지는 상대적 저항의 경우에는 가장 적당하고, 방어를 현저하게 강화하는 원리를 포함하고 있다. 그러나 두 번째 저항에 대해서는, 일반적으로 말해서 전혀 부적당하거나, 또는 두서너 가지의 특수한 경우밖에 적합하지 않다.

일반적으로 산지에서의 운동은 평야지에서보다도 느리고 또 힘이 더 든다. 따라서 또 많은 시간을 필요로 하고, 게다가 운동이 위험한 상황에서 이루어지면 많은 인명을 잃게 된다. 그리고 이와 같은 시간과 인명 손실은 바로 방어자의 저항의 강약을 재는 척도가 된다. 그런데 운동이 공격자만의 일이라면, 방어자는 그 점에서 결정적 우세를 차지할 수 있다. 그러나 방어자도 이 움직임의 원리에 따르게 되면, 이 이점은 곧 소멸하게 된다. 어쨌든 상대적 저항은 승패의 결정을 원칙으로 하는 절대적 저항보다도 훨씬 큰 수동성을 허용하는 것이라는 것, 또 이러한 상대적 저항은 이 수동성을 극도로까지, 즉 전투가 종결할 때까지 지속해도 상관없다는 것은 사리로 미루어보아 다시 말하면, 전술적 이유에 의해서 당연하다. 또 수동성을 전투가 종결할 때까지 유지한다는 것은, 결전을 구하는 절대적 저항에서는 있을 수가 없다. 따라서 공격자의 운동을 곤란하게 하는 요인으로서의, 또 공격자에게 있어서의 적극적 행동을 약화시키는 확실한 수단으로써의 산지는 수동적 저항의 경우가 매우 적당하다.

산지에서는, 소규모의 초병 부대라도 지형으로부터 능력 이상의 힘을 얻는다는 것은 앞서 말한 대로이다. 전술에서 이와 같은 결론에 이른다는 것은 자명한 일로 이 이상 증명이 필요 없지만, 그래도 여기서 설명을 덧붙여 보겠다. 이 경우에 우리는 이러한 소규모의 초병 부대에 대해서, 그 상대적 소(小)와 절대적 소를 구별할 필요가 있다. 얼마만큼의 병력을 가지는 방위군이 그중의 일부 병력을 초병 부대로서 고립된 지점에 배치한다면, 이 부대는 적의 전군(全軍), 즉 우세한 병력의 공격을 받을 염려가 있다. 이러한 군에 비하면 이 부대는 절대적으로 소이기 때문이다. 이와 같은 경우, 방어자가 목적으로 하는 것은 일반적으로 상대적 저항이지 절대적 저항은 아니다. 그리고 이러한 소규모의 초병 부대가 전군에 비해 소가 됨에 따라, 저항은 점점 상대적이 되는 것이다.

그런데 절대적으로 작은 초병 부대라도 아군과 병력이 같은 적의 부대와 대전하면 절대적 저항을 시험해도 좋고, 또 이러한 저항에 의해 얻을 수 있는 결정적 승리를 바라도 좋다. 이러한 초병 부대라도 산지에서는 대군보다도 매우 유리하고, 또 지형에서 얻는 이익도 한층 크다. 이것에 대해서는 나중에 다시 설명하고자 한다.

요컨대 우리가 도달한 결론은, 소규모의 보병 부대라도 산지에서는 큰 힘을 얻는다는 것이다. 이것이 상대적 저항에서는 어떠한 경우에도 결정적인 이익이라는 것은 설명을 필요로 하지 않는다. 그러나 이 경우 절대적 저항을 시도하는 경우에도 역시 결정적 이익을 가져올 수 있을까? 그래서 다음에는 이 문제를 구명해야 한다.

우선 문제가 되는 것은 몇몇 요소에 배치된 초병 부대로 이루어진 정면선(正面線)이 개개의 부대와 마찬가지로 강력한가 하는 것이다. 또한 개별적인 초병 부대가 산지에서 능력 이상의 힘을 얻는다는 것은 이제까지 자주 말해 왔다. 그러나 개별적인 초병 부대가 강력하다고 해서 이러한 일련의 부대로 이루어진 정면선이 결코 강력한 것은 아니다. 이와 같은 추론은 다음에 말하는 두 가지 오류의 어느 하나에서 기인한다.

첫 번째는, 통행이 곤란한 지형과 접근이 불가능한 지형을 자주 혼동한다는 것이다. 종대(縱隊)나 포병 및 기병으로는 행진을 할 수 없는 산지에서도 보병만이라면 대개의 장소는 어떻게든 전진할 수 있고, 또 경우에 따라서는 포병을 동반할 수도 있다. 전투에서 절대적인 힘을 집중하는 단시간 운동은, 보통의 행군 척도로는 측정할 수 없기 때문이다. 요컨대 초병 부대 상호 간의 확실한 결부라는 것은 환상에 지나지 않은 것으로, 일련의 초병 부대로 이루어진 진지의 양 측면은 항상 위험에 노출되어 있다.

그런데 이에 대해서 다음과 같이 반박하는 논자가 있다. 즉─정면이 매우 견고한 일련의 초병 부대로 구성된 진지에 대하여, 각 부대가 모두 양쪽 측면을 험준한 틈이나 거대한 바위에 의탁한다면, 이 부대로 이루어진 진지의 양 날개는 정면과 마찬가지로 틀림없이 견고할 것이다─라고 말하는 것이다. 그런데 이러한 진지의 양 날개를 왜 견고하다고 할 수 있는가. 그것은 이와 같은 양 측면이 적의 우회를 불가능하게 해서가 아니라, 공격자가 우회에 의해 시간과 병력을 잃기 때문이다. 또 이 손실은 초병 부대의 저항의 강약에 정비례한다. 이와 같은 정면은 공격을 불가능하게 하기 때문에, 공격자는 지형의 곤란도 돌보지 않고 이 진지를 우회하고자 하고, 또 우회하지 않을 수 없다고 하면, 아마도 이를 실시하는 데 반나절은 필요하고 또 많은 인명을 희생해야만 한다.

그래서 만약에 이러한 초병 부대가 본군으로부터 지원을 얻는다던가, 혹은 잠시 동안만이라도 저항을 시도하든가, 적과 대등하게 싸울 수 있다든가, 이 세 개의 조건을 모두 충족시킬 수 있는 가망성이 있다고 하면, 양 날개의 거점은 그 본무(本務)를 성공적으로 다한 셈이고, 또 이 진지는 견고한 정면만이 아니라 견고한 양 날개를 갖추고 있다고 말해도 좋다. 그런데 매우 장대한 정면을 가진 진지에 대해서는 그렇게 말할 수 없다. 이 경우, 위의 세 조건은 어느 것이나 성립할 수 없기 때문이다. 그래서 공격자는 매우 우수한 병력을 가지고 정면의 어떤 한 지점을 공격한다. 이들 초병 부대의 후방에서 오는 지원 부대는 아마도 약할 것이다. 그럼에도 불구하고 이 경우 방어자는 적의 공격을 절대적으로 저지해야만 한다. 이와 같은 정황 아래에서는 방어 진지의 양 날개가 그 어떤 지형에 근거지를 둔다 해도 그것은 없는 것과 같다.

공격자는 보통 방어 정면의 이러한 약점에 그 예봉(銳鋒)을 돌린다. 매우 우수한 병력을 이 한 지점에 집중하는 공격자의 공격은, 확실히 여기에서 격렬한 저항을 만날 것이다. 그러나 격렬한 저항은 이 지점에서만의 일이고, 정면 전체의 저항은 거론할 만한 것이 되지 못한다. 그리고 공격자가 이 지점의 저항을 돌파한다면, 모든 방어선은 여러 갈래로 흩어져 약해지고 공격 목적이 달성된다.

앞에 적은 것으로 볼 때 상대적 저항력은 산지에서는 일반적으로 평야지에서보다도 크다는 것, 또 이 저항력은 비교적 병력이 약한 초병 부대에서는 크지만, 그렇다고 해서 병력이 커짐에 따라 증가하는 것이 아니라는 것은 확실하다.

그래서 이번에는 일반적으로 대전투의 본래 목적인 적극적 승리를 고찰해보려고 한다. 이 적극적 승리 또한 산지 방어의 목표가 될 수 있기 때문이다. 만약 방어자가 이러한 목적을 위해 전군 혹은 주력을 사용한다면, 산지 방어는 그대로 산지에서의 방어적 회전으로 바뀐다. 그러면 회전, 즉 적의 전투력을 격멸하기 위해 아군의 모든 전투력을 사용하는 행동이 전투의 형식이 되고, 승리가 전투의 목적이 된다. 그래서 이 경우에는 산지 방어 그 자체는 부차적인 목적으로 간주된다. 산지 방어는 이제 주목적이 아니라 그 수단에 지나지 않기 때문이다. 그러면 이 경우에 산지는 이 목적과 어떠한 관계를 가지게 되는가?

수세(守勢) 회전의 성격은, 방어군 정면에서의 수동적 반격과 군의 배후에서의 강력한 능동적 반격에 있다. 그러나 산지는 이 경우에 그 반격력을 약하게 하는 원리가 된다. 그리고 거기에는 다음과 같은 두 가지 사정이 있다.

그 첫 번째는, 산지에서는 부대가 후방에서 전방으로 향해 모든 방향으로 신속하게 행진할 수 있는 도로가 없고, 전술적인 급습조차 지형의 요철(凹凸) 때문에 방해받는다는 것이다.

두 번째는 전쟁터가 될 지역과 적군의 동정에 대한 전망이 좋지 않다는 것이다. 그렇게 되면 산지는 방어 전면에서 방어자측에 준 것과 같은 이점을 공격자에게도 주게 되어, 방어자의 저항의 태반을 상쇄한다.

여기에 또 세 번째 사정이 더해진다. 그것은 방어자의 퇴로가 차단된다는 위험이다. 하기야 공격자가 방어군의 정면에 커다란 압력을 가해도 방어자의 퇴각은 산지로 엄호되고, 또 적이 방어자를 우회하려고 하면 산지 때문에 막대한 시간적 손실을 입게 된다. 그러나 이와 같은 것은 역시 상대적 저항의 경우에만 유리하고, 결정적 회전—다시 말하면 회전이 끝날 때까지 지속하는 절대적 저항과는 아무런 관계가 없다.

확실히 방어자는, 이러한 절대적 저항을 조금이라도 연장시킬 수가 있다. 즉 저항은 적이 그 종대를 가지고 방어자의 퇴로를 위협하는 지점, 혹은 이것을 차단하는 지점에 도달하기까지는 계속될 것이다. 그러나 적이 일단 이러한 지점을 약취하면 비록 방어자가 지원을 받는다 해도 어찌할 수 없을 것이다. 또 방어자가 군의 배후에서 공세로 나와도[4] 퇴로를 위협하는 지점에서 적을 몰아내는 것은 불가능하고, 또 전군을 가지고 필사적으로 돌격을 시도해도 퇴로를 차단하는 지점에서 적을 배제하기란 불가능하다.

이러한 견해에 모순을 느끼고 공격자가 산지에서 누리는 이점은, 혈로(血路)를 열어 퇴각하는 방어자에게도 그대로 도움이 된다고 생각하는 사람은 서로의 상황 차이를 잊고 있다. 공격자가 어느 지점에서 방어자의 퇴로를 차단하면 이 지점을 서로 차지하려는 쟁탈전이 일어난다. 그러나 이 경우에 공격자의 전투 부대는 절대적 저항을 필요로 하지 않기 때문에, 아마도 몇 시간의 저항으로 충분할 것이다. 요컨대 공격자 측 정황은 방어자측 병력이 약한 초병 부대가 사용하는 상대적 저항의 그것과 마찬가지이다.

게다가 방어자는 이제는 충분한 전투 수단을 소유하고 있지 않고 대형은 흩어지고 탄약과 기타 물자도 부족하다. 이러한 상황에서는 방어자측에 성공 가능성은 없다고 말할 수 있다. 그리고 이와 같은 위험이야말로 방어자가 무엇보다도 두려운 것이다. 더욱이 이러한 공포는 이미 회전 중에도 방어자의 마음을 위협하여 전투 능력을 위축시킨다. 그래서 방어자 진지의 양 측면에 배치된 장병은 병적으로 신경과민이 되고, 삼림으로 덮인 산중턱에 위치한 공격자가 방어자의 배후에 보낸 허약한 부대라도 공격자에게 승리를 가져올 새로운 지렛대가 된다.

그러나 광대한 고원에 집결하여 배치된 방어군이 산지 방어에 임하는 경우에는, 위에서 말한 대부분의 불리함은 소멸하고, 이점은 모두 방어자의 손에 남

---

4) 수세 회전에서 방어자는 배후의 요새를 이용하거나 방어 진지에 거점을 잡아 공격자를 위협하기 위해 배후에서 공세로 전환하는 것이 통례이다.

겨질 것이다. 이 경우, 방어자의 정면은 매우 견고하고 양 측면은 매우 접근하기 어려우며, 더욱이 진지 내부 및 배후에서는 모든 운동이 완전한 자유를 보유하게 되는 셈이다. 확실히 이와 같은 진지는 존재할 수 있는 가장 견고한 진지라고 할 수 있지만, 결국은 공상의 산물에 지나지 않는다. 그런데 대개의 산지는 산중턱보다도 오히려 산등 쪽이 어느 정도 접근하기 쉽지만, 어쨌든 산지 대부분의 고원은 대군(大軍)을 배치하는 목적을 위해서는 너무 좁거나 고원이라는 명칭을 가지기는 하지만, 실제로는 그 이름값을 할 만한 것은 아니고 형태 규정을 목적으로 하는 기하학적 의미에서보다는 오히려 관용에 따르는 지리학적 의미에서 고원이라 불리는 데 지나지 않는다.

산지 방어에 임하는 군대 병력이 작으면 방어 진지의 불리는 더욱더 감소한다. 이것은 앞에서 지적한 대로이다. 그 이유는 이러한 군의 배치 지역은 협소해도 좋고, 또 퇴로의 수도 많이 필요치 않기 때문이다. 단독 산지는 이어진 산지가 아니기 때문에, 방어자는 후자가 갖는 것 같은 불리함에 신경을 쓰는 일은 없다. 또 군대의 병력이 적으면 그 배치에는 단독 산등이나 산지만으로 충분하고, 이어진 산에서라면 도처에서 발견되는 험준한 곳에 빠져들 필요가 없다.

제16장
산지 방어(이어서 1)

본장(本章)에서는 산지(山地) 방어에 대해 앞 장에서 구명한 전술적 결과의 전략적 사용에 대해 살펴보고자 한다.

이 경우 다음 네 가지 관계를 구별해 두기로 한다.

1. 회전장(會戰場)으로서의 산지
2. 산지의 점거가 다른 지역에 미치는 영향
3. 전략적 방어 요새로서 산지의 효과
4. 산지와 군 보급과의 관계

그중 제1의, 가장 중요한 관계에 대해서는 이것을 다시 두 가지로 구별한다.

a. 본격 전투
b. 국부 전투

1 회전장으로서의 산지

승패를 결정하는 회전에서 산지의 지형이 방어자에게 유리한 점이 매우 적고, 이것에 반해 공격자에게 매우 유리한 것은 앞 장에서 말한 대로이다. 그런데 이러한 주장은 일반적으로 통용되는 견해와 전혀 양립할 수 없다. 이러한 통설은 모든 것을 무차별적으로 혼동하여 종류를 달리하는 관계도 거의 구별하지 않는 것이다. 이와 같은 통설의 신봉자는, 병력이 약한 부대가 산지에서 보통이 아닌 뛰어난 저항 능력을 발휘하게 되면, 이번에는 병력의 대소를 불문하고 산지 방어이기만 하면 모두가 강력하다는 속단을 한다. 그리고 누군가가 이러한 속설을 배제하고 적극적인 산지 방어, 따라서 방어적 회전은 결코 그렇게 강력하지 않다는 설을 내세우면 깜짝 놀라는 것이다. 다른 한편으로 이러한 논자는 방어자가 산지에서 회전에 패하면, 그 원인을 초병전식(哨兵戰式) 전쟁의 오용(誤用)으로 돌리고, 게다가 어떻게 해서 이러한 오용이 생겼는지 알 수 없다고 말하면서 사태의 성질과 그 불가피한 영향을 조금도 고려하지 않는 것이다. 우리는 이러한 견해에 정면으로 반대하는 데 주저하지 않는다. 오히려 우리의 주장이 어느 탁월한 저자의 생각과 그 궤도를 같이 한다는 것을 알고 기쁘게 생각하고 있는 바이다. 이분이, 지금 우리가 논하고 있는 문제 해결에 기여를 한 것은 한두 가지가 아니다. 그는 오스트리아의 카를 대공[1]으로, 1796년 및 97년 독일에서의 전쟁에 관해 뛰어난 저작을 남겼다. 대공은 뛰어난 전쟁 역사가와 뛰어난 비평가, 또 장수(將帥)의 능력을 한 몸에 지닌 인물이다.

열세한 방어군을 지휘하는 사령관이 최대한 노력을 기울여 고심참담 전 병력을 집결하고, 이 병력을 가지고 그의 열렬한 조국애, 고상한 감격 및 현명한 지혜를 공격자로 하여금 알게 하려고 한다. 또 그는 이 방어적 회전의 책임 있는 사령관으로서 온 국민의 긴장된 기대를 한 몸에 받고 있다. 이와 같은 사령관이 낮에도 어두운 산지로 가서, 뜻대로 되지 않는 지형 때문에 매사마다 운동의 방해를 받고, 또 우세한 공격자로부터 언제 어느 때 공격을 받을지도 모른다는 위험에 처해야 한다면, 이것은 방어자에게 있어 정말 슬픈 상황이라 하지 않을 수 없다. 이 경우 그의 지성이 작용할 방향은 단 하나밖에 없다. 즉 천연 장애물을 이용하는 것이다. 그러나 이 방법은 위험한 초병전식 전쟁으로 빠질 위험이 있다. 이러한 전쟁 방식은 꼭 피해야만 한다. 따라서 산지에서 결전을 하는 경우에 방어자는 이 산지를 피난처로 보아서는 안 되는 것이다. 오히려 우리는 방어군의 장수에게 이러한 방책을 극력 피하도록 권하고 싶은 것이다.

그러나 산지에서의 방어적 회전을 피할 수 없는 경우도 있다. 그렇게 되면 이

---

1) 카를 대공은 1796년에 오스트리아의 라인군 사령관이 되어 프랑스군을 라인강 좌안으로 격퇴하고, 또 이듬해 겨울에는 바덴시에서 요새를 겸한 켈(Kehl)을 프랑스군으로부터 탈환했다. 그는 군사평론가로서도 뛰어나 많은 저서를 남겼다. 클라우제비츠가 여기에서 언급하고 있는 저작은 《전략의 여러 원칙—독일에서의 1796년 전역에 관한 기술에 입각해서 해명함 (Grundsätze der Strategie, erläutert durch die Darstellung des Feldzugs 1796 in Deutschland)》(1814)이다.

회전은 평야지에서의 회전과 매우 다른 성격을 띠지 않을 수가 없다. 즉 방어자의 진지 정면은, 평야지에서보다도 훨씬 장대해져서 2배 내지 3배에 달한다. 이에 따라 저항은 훨씬 수동적이 되고, 반격은 매우 약해진다. 이것이 곧 산지의 지형이 주는 영향이고, 이것은 도저히 피할 수 없다. 그럼에도 방어자는 이러한 회전에서도 전적으로 수동적인 산지 방어로 시종하는 것은 아니다. 이런 방어의 주된 성격은 산지에서 전투력을 오직 집중적으로 배치하는 데 있다. 이와 같은 방어적 회전에서는 모든 것이 단 한 차례의 전투에서 사용되고, 또 대부분은 단 한 사람의 장수 아래에서 이루어진다. 또 충분한 예비 부대를 남겨서 방어라고는 하지만 방패를 들고 적의 공격을 단순히 막는 데 그치지 않고, 그 이상의 효과를 거두어야 하는 것이다. 이러한 조건은 산지 방어에 빼놓을 수 없지만, 이것을 실현하기는 매우 곤란하다. 게다가 또 방어자는 자칫 전적으로 수동적인 산지 방어로 도피하려는 경향이 강하므로, 결국 이런 종류의 방어 방법이 채용된다는 것을 이상하게 여길 일은 아니다. 그러나 그렇게 되면 방어자측의 위험은 더욱 늘어나, 전쟁 이론은 이 위험을 아무리 경계한다 해도 부족할 정도다.

이상으로 방어자가 주력을 가지고 하는 결정적인 방어적 회전에 관한 논술을 마치기로 한다.

이에 반해서 종속적인 의의와 중요성밖에 가지지 않는 전투, 즉 국부 전투에서 산지는 방어자에게 매우 유리하다. 이 경우 전투가 노리는 것은 절대적 저항이 아니고, 또 이와 같은 전투에서 요구하는 것은 결정적인 효과는 아니기 때문이다. 그런데 이와 같은 전투에 의한 상대적 저항이 목적으로 하는 바를 열거하면 이러한 사정을 보다 더 명확히 할 수 있는 것으로 본다.

ⓐ 시간을 버는 것을 목적으로 하는 경우. 이 목적을 위한 전투는 매우 자주 이루어진다. 예를 들어 방어자가 적이 나오는 방향을 탐지하기 위해 설정한 방어선 부근의 전투는 물론, 지원대의 도착을 기다리는 동안의 전투 또한 마찬가지이다.

ⓑ 공격자의 단순한 양동(陽動) 또는 소규모적인 행동의 방지를 목적으로 하는 경우. 어떤 주나 군이 산지에 의해 엄호되고, 또 이 산지가 여러 곳에 배치된 부대에 의해 방어되고 있다면, 이들 부대의 병력이 아무리 미약하더라도 적의

유격을 배제하고, 또 해당 지방을 약탈하려고 하는 소규모의 행동을 방지하는데 충분하다. 만약에 산지가 없다면, 이러한 일련의 약한 부대에 의해 형성되는 정면선(正面線)은 바로 돌파될 것이다.

(c) 방어자가 스스로 양동을 목적으로 하는 경우. 산지에 관한 올바른 견해가 확립할 때까지는 오랜 시간이 필요할 것이다. 그때까지는 산지에 근거지를 둔 방어자를 무서워하여 공격을 망설이는 공격자가 끊이지 않을 것이다. 이러한 경우라면 방어자는 주력을 산악 방어에 사용해도 무방하다. 뛰어난 기력과 기동력이 결여된 전쟁에서 이러한 상태는 앞으로도 자주 생길 것이다. 그러나 그와 같은 경우에도 방어자는 산의 진지에서 스스로 자진해서 본격적인 전투에 응하려 해서는 안 되고, 또 적에게 강요당한다고 해도 본격 전투에 응해서는 안 된다는 조건에는 변함이 없다.

(d) 일반적으로 산지는, 이 진지에서 본격 전투에 응할 마음이 없는 한 그 어떤 배치에도 적합하다. 각 요소에 배치된 부대는 모두 강력하고, 다만 정면이 장대하여 전체적으로 취약할 뿐이기 때문이다. 게다가 공격자가 산지에 있는 방어자를 급습하거나, 방어자에게 결정적인 전투를 강요한다는 것은 그리 쉬운 일이 아니다.

(e) 마지막으로, 산지는 국민 총무장에 최적의 장소이다. 그러나 산지에 거점을 두는 이들 국민군은, 반드시 본대에서 파견된 소인수의 병력에 의해서 지원되어야 한다. 그러나 강력한 본대가 근처에 있다는 것은 국민군에게 의타심을 갖게 하는 불리한 영향을 주는 것 같다. 그러나 이런 사소한 일은, 본대를 산악 지대에 배치하면 안 된다는 것은 아니다.

이상으로 산지에서의 전투 진지와 산지의 관계를 분명히 했다.

2 산지의 점거가 다른 지역에 미치는 영향

앞서 말한 바와 같이, 산지의 지형을 이용하면 취약한 초병 부대라도 꽤 넓은 지역을 손쉽게 확보할 수 있다. 적이 접근하기 쉬운 지역에서는, 이러한 초병 부대는 배치된 지점을 고수할 수 없을 뿐 아니라, 끊임없이 위험에 노출되지 않을 수가 없을 것이다. 적이 산지를 점령했을 경우, 산지에서 아군 부대의 전진은 평야에서보다 훨씬 느려 적의 운동을 따라잡지 못한다. 따라서 피아 어느 쪽이 산지를 점령하느냐 하는 문제는, 다른 동일 면적의 지역에서보다도 중대한 의미를 띤다. 개활지(開闊地)에서는 점령자가 날마다 바뀌기도 한다. 실제로 평야 지대에서는 강력한 부대가 단지 전진하는 것만으로도, 적의 부대로 하여금 이쪽이 필요로 하는 지역에서 철수하지 않을 수 없게 만들 수가 있다. 그러나 산지에서는 그렇게 되지 않는다.

이 경우에는 훨씬 약세의 병력으로도 현저한 저항을 시도할 수가 있다. 그렇기 때문에 만약에 우리가 산지를 포함한 지역을 필요로 한다면, 특히 그 일을 위해서 계획되고 또 많은 병력과 시간 등을 소요하지 않을 수 없는 행동을 해야만 한다. 확실히 산지는 군의 주된 행동 무대는 아니지만, 그러나 또 접근이 쉬운 지역과는 달리 우리의 행동에 의해서 자유로 되는 것이 아니고, 또 약취와 점유는 우리의 전진에 의해서 자연히 생기는 결과라고 볼 수 없다.

따라서 산지는 평야보다도 훨씬 큰 독립성을 갖추고 있다. 그리고 일단 그것을 점령하면 그 효과는 결정적이고 또 쉽사리 점령자를 바꿀 수가 없다. 게다가 산지는 말할 필요도 없이, 산기슭에서 광활한 평지에 이르기까지 훌륭한 전망을 할 수 있게 하지만, 산지 그 자체는 어두움에 잠겨 있다. 따라서 산지는, 이것을 점령하지 않은 채 접촉하는 자에게는 불리한 영향을 무한히 샘솟게 하는 원천이며 적측이 전력을 산출하는 공장처럼 느껴진다. 또 더 나아가서 이 산지가 적에게 점령되어 있을 뿐 아니라, 적지에 속하는 경우에는 더욱더 그러한 느낌이 깊어지는 것은 당연한 일이다. 대담무쌍한 빨치산[2] 소부대는 적에게 추격당하면 곧 산중으로 도망쳐 이곳을 은신처로 삼고, 얼마 뒤 다른 지점에 혼이 난 것도 아랑곳하지 않고 대담하게 다시 나타난다. 또 산지에서는 극히 강한 종대(縱隊)라도 남몰래 적에게 접근할 수가 있다. 따라서 공격자가, 산지의 불가피한 영향이 미치는 범위 안으로 들어가고 싶지 않으면, 또 불리한 전투를 도전받거나 미리 대책을 강구할 수 있는 기습의 목표가 되는 것을 원하지 않는다면, 군을 산지에서 얼마쯤 거리를 두고 배치해야 한다.

이와 같이 그 어떤 산지도 산록으로 이어지는 평야지에 대해서 어느 정도까지 현저한 영향을 미치게 된다. 이 영향이 즉시 회전 중에 나타나느냐(1796년 라

---

2) 전쟁터가 된 지방에서 침입군에 맞서 무기를 들고 도처에 출몰하며 저항하는 주민을 말한다. 프랑스어의 'partisan(당원)'에서 유래한 말이다.

인강변 말슈[3]의 전투에서처럼), 그렇지 않으면 상당한 시간이 지난 뒤에 적의 병참선에 대해서 효력을 발휘하느냐는 그 당시의 공간적 사정에 따라 결정된다. 또 골짜기는 평야지에서 이루어지는 결전에 의해서 배제되느냐의 여부는 피아의 전투력 사정에 의존한다.

나폴레옹은 1805년[4]과 1809년[5]에 빈을 향해 진격했으나, 도중의 티롤[6]에 대해서는 그다지 신경을 쓰지 않았다. 또 모로는 1796년 슈바벤[7]을 포기하지 않을 수 없었는데, 그 주된 이유는 그가 이 지방의 고지(高地)를 점령할 수 없었다는 것, 또 이 고지를 감시하기 위해서는 막대한 병력을 사용해야 했었던 데에 있었다. 피아의 병력이 서로 엇비슷하여 일진일퇴를 거듭하는 전쟁에서는, 공격자는 산지가 주는 불리한 영향을 부단히 받고 있는 셈이다. 따라서 통틀어 산지라고 해도, 특히 공격의 주선(主線)이 가는 방향에서 아군에 필요한 부분만을 확보하도록 노력해야 한다. 이와 같은 경우라면 산지는 대부분 피아 두 군이 서로 각축전을 벌이게 되는 작은 전투 무대가 된다. 그러나 이 작은 전투를 과대평가하여 산지를 어느 경우에나 전투 전체를 결정하는 요인으로 보고, 또 산지의 점령만을 주요 목표로 생각해서는 안 된다. 모든 것이 승패의 결정에 달려 있는 경우에는, 승리야말로 중요한 일이다. 그리고 승리를 획득만 하면 나머지 모든 관계는 그때의 주요한 필요에 따라 정돈될 수 있는 것이다.

3 전략적 방어 요새로서 산지의 효과
여기에서 우리는 두 가지의 경우를 구별해서 생각해야 한다.

첫째는, 여기에서도 또 결정적 회전에 대한 관계이다. 산지는 하천과 마찬가지로, 약간의 접근로를 갖는 바리케이드로 간주해도 좋다. 이 바리케이드는 전진 중인 적의 병력을 분할하여 몇몇 산도(山道)에 국한시키고, 또 방어자에게는

---

3) 말슈(Malsch). 독일의 남서쪽에 있는 산지 슈바르츠발트(Schwarzwald)의 산기슭에 있는 마을. 프랑스군은 이곳 전투(1796. 7. 9)에서 오스트리아군을 무찔렀다.
4) 1805년에 나폴레옹은 울름 회전(10. 17)에서 승리를 거둔 뒤 빈에 입성했다(11. 13).
5) 1809년 4월에 오스트리아는 프랑스에 선전 포고하고, 나폴레옹은 오스트리아군을 격파하면서 5월 10일 빈 교외에 이르렀다.
6) 티롤(Tirol). 오스트리아의 산지.
7) 슈바벤(Schwaben). 바이에른의 산지.

산지의 배후에 집결, 배치한 병력으로 적 부대를 개별적으로 습격할 수 있게 하여 전투를 방어자 쪽의 승리로 이끄는 것이다. 공격자가 산지를 통과할 경우, 기타 사정을 완전히 도외시한다 해도 이미 다음과 같은 이유로 해서 군을 하나의 종대로는 둘 수가 없는 것이다. 만약에 하나의 종대라면, 단지 한 가닥의 퇴로를 가지고 결전에 임해야 하는 위험을 저지르게 되기 때문이다.

그렇다면 산지 방어라는 방식이 지형이라는 매우 본질적인 사정에 의존한다는 것을 알 수 있다. 그러나 산지 및 산지의 출구라는 개념은 매우 부정(不定)한 것이고, 따라서 산지 방어에서 어떠한 구체적인 방책을 강구하는가는 모두 실제의 토지와 지형 그 자체를 본 후에 결정할 수밖에 없다. 따라서 산지나 산지의 출구를 말한다 해도 그와 같은 것이 있다고 자세하게 정의할 수는 없지만, 그래도 공격자는 이들 개념에 대해서 두 가지 불리한 점을 생각하지 않을 수 없다.

첫째, 방어자는 공격을 받으면 곧 산중으로 피하여 안전을 꾀한다는 것이다. 둘째, 방어자가 고지를 차지하고 있다는 점이다. 이 두 번째는 결정적으로 불리하지는 않다고 해도 추격자에게는 역시 불리하다.

이와 같은 정황에서 이루어진 회전의 예는 거의 없었다고 해도 좋다. 굳이 예를 든다면 1796년 알빈치[8]에게 불리했던 회전 정도뿐이다. 그러나 이런 경우가 발생할 수 있다는 사실은, 1800년 나폴레옹이 단행한 알프스 횡단[9]으로 분명하다. 이 경우 멜라스[10]는 나폴레옹이 여러 종대를 합치기 전에 모든 병력을 투입하여 그를 공격할 수 있었고 또 공격했어야 했다.

둘째는 공격자의 병참선이 산지에 의해서 끊어졌을 때 산지가 이러한 병참선에 대해서 갖는 관계이다. 공격자의 통과에 대비해서 미리 통로에 보루를 설치

---

8) 알빈치(Alvinczy, Joseph von, 1735~1810). 오스트리아의 사령관. 북부 이탈리아 만투아의 요새는 프랑스군에 의해 포위되고, 오스트리아군은 두 차례 포위 돌파를 시도했으나 실패하고, 알빈치는 제3회째로 포위를 풀려고 했으나 모두 실패했다.
9) 1800년에 나폴레옹은 스위스 방면으로부터 알프스 횡단을 계획하여, 5만의 병력을 4개 종대로 분할해서 대소(大小) 장크트 베른하르트(St. Bernhard) 고개(대(大)는 표고 2472m, 소(小)는 2188m)를 통과했고(5. 15~21), 따로 라인군은 짐플론(Simplon) 고개(2010m) 및 장크트 고트하르트 고개(2114m)를 넘어 이탈리아의 포 평야로 내려가 밀라노에 도착했다(6. 2).
10) 멜라스(Melas, Michael von, 1729~1806). 오스트리아의 사령관.

하거나 혹은 국민 총무장의 효과를 기대하는 것은 별개로 치더라도, 불순한 계절의 산지대의 험로(險路)는 이미 그것만으로도 공격군에게는 큰 위험이다. 이러한 험로가 공격자의 정신을 소진시켰기 때문에 하는 수없이 후퇴하지 않을 수 없었던 예도 드물지 않다. 또 유격대의 잦은 유격과 국민군에 의한 투쟁이 여기에 가세하면, 공격자는 사방에 부대를 보내거나 결국에는 산지에 견고한 초병 진지를 구축하지 않을 수 없게 되어 공격전에서 발생하는 가장 불리한 상태에 빠지게 된다.

4 산지와 군 보급과의 관계

이 문제는 매우 간단하고 명백하여 특별히 설명을 필요로 하지 않는다. 방어자가 여기에서 가장 큰 이익을 얻는 것은 공격자가 산중에 머물러야만 하거나, 적어도 산지를 배후로 삼아야만 하는 경우라는 것만을 지적해 두고자 한다.

그런데 산지 방어에 관한 이상과 같은 고찰은 결국은 산지전(山地戰) 전체를 포괄한다. 따라서 이들에 대한 고찰은 산지의 공격전의 성질도 아울러 밝히게 될 것이다. 그러나 우리는 산지 안에 평야지를 만들 수도 없고, 또 평야지를 산지로 만들 수도 없다. 게다가 전쟁터의 선정은 여러 가지 다른 사정에 의해서도 규정되므로, 거기에는 이미 고려할 여지가 거의 없다고 여겨질지도 모른다. 그러나 그렇다고 해서 이제까지의 고찰이 핵심을 잃고 있다거나, 실정에 맞지 않는다고 속단할 수는 없다. 실제로 결정적 회전과 같은 대규모적인 관계에서는, 산지를 고려할 여지는 결코 적지 않다. 결정적 회전의 순간에서 방어자측의 주력 배치와 효력에 대해서 말하자면, 이 주력이 몇 차례 전진하거나 배진(背進 : 뒤쪽으로 나아감)하면, 군을 산지에서 평야지로 옮길 수가 있고, 또 결전에 임해서 주력 부대를 평야지로 집결하면, 결전 때 가까운 산지가 방어자에게 가져오는 불리함은 모두 소멸한다.

이상으로 산지 방어 문제를 샅샅이 살펴서 이 문제를 빈틈없이 밝혀 보았다. 그래서 다음에는 이들 빛을 초점으로 결속하여 하나의 명확한 상(像)을 형성해 만들어보고자 한다.

우리는 산지가 전술적으로나 전략적으로 방어에서 불리하다는 것을 충분히 증명할 수 있었다고 생각한다. 그러나 여기에서 말하는 방어는 결정적 방어란 뜻이고 그 성패에 국토의 존망이 걸려 있는 방어를 말한다. 산지는 자유로운 전망을 방해하고 또 사통팔달의 도로가 없기 때문에 이동이 자유롭지 못하다. 방어자는 산지에서 할 수 없이 수동적인 행동이 강요되고 또 모든 접근로를 적에 대해서 폐쇄해야 한다. 이와 같은 사정에서 전쟁이 많건 적건 간에 초병선식 전쟁으로 기울어지는 것은 부정할 수가 없다. 따라서 방어자는 주력을 가지고 산지를 점유하는 일은 되도록 피하여, 군을 산지 측면에 놓거나 산지의 전방 또는 후방에 보유하는 것이 좋다.

이와는 반대로 방어의 이차적 임무나 부목적에 관해서 말하자면 산지는 방어를 강화하는 원리라고 단언해도 좋다. 따라서 약세인 방어자에게는 다시 말해 절대적 결전을 이제는 구할 수 없는 방어자에게는 산지야말로 가장 알맞은 피난처라 해도 이 주장은 위에서 말한 것과 조금도 모순되지 않는다. 그리고 방어자에게는 방어의 이러한 이차적 임무를 산지에서 얻을 수 있는 이러한 유리한 점이 있기 때문에, 바로 주력을 산지에서 멀리 두기도 하는 것이다.

그러나 우리가 시도한 이상과 같은 고찰과, 일반인들이 산지에서 받는 감각적 인상을 조화시킨다는 것은 상당히 곤란하다. 도대체 실전의 경험이 없는 사람들뿐만 아니라 잘못된 전쟁 이론에 빠진 사람들은 이러저러한 전쟁 사례에 상상력을 동원하여, 산지는 공격자의 모든 운동을 저지하는 집요한 요인이자 여러 곤란을 공격자에게 안겨 준다는 강한 인상을 받기 때문에, 우리의 견해가 결코 신기한 것을 좋아하는 역설적인 것이 아님을 쉽게 승인하려고 하지 않는다. 그러나 산지 방어를 일반적으로 고찰하면, 최근 1세기의 전사(戰史)와 이 세기에 독자적으로 행한 전쟁 지도는, 단순한 감각적인 인상의 잘못을 증명하기에 충분하다고 생각한다. 그렇다면 예를 들어, 오스트리아가 이탈리아의 공격에 대해서 여러 주를 방어한다는 것은, 라인강 방면으로부터의 침공에 대해서 방어하기보다도 더 곤란하다—고 생각하는 논자는 차차 그 자취를 감추게 될 것이다. 이와는 반대로 20년이란 긴 세월에 걸쳐 과감한 장수의 지도 아래 전쟁을 수행하여 훌륭한 성과를 거둔 프랑스군은, 산지 방어에 관해서도 그 밖의 다른 경우와 마찬가지로 충분히 훈련되고 숙달된 판단으로 타국의 군보다 뛰어난 존재이다.

그렇다면 어떤 국가가 산지보다도 오히려 개활지에 의해 더욱 안전하게 보호된다고 말할 수 있을까? 에스파냐는 만일 피레네산맥[11]이 없다면 한층 강한 나라가 된다고 말할 수 있을까? 또 롬바르디아[12]는 알프스산맥이 없었다면 접근이 곤란해진다고 말할 수 있을까? 혹은 예를 들어, 북독일과 같은 평탄한 지방은 산악 지대보다도 한층 약취하기가 어렵다고 말할 수 있을까? 우리는 본장을 끝내면서 이상과 같은 잘못된 추론에 대해 다음과 같은 견해를 말해 두고자 한다.

우리라고 해서 원칙적으로 에스파냐는 피레네산맥을 갖는 것보다는 갖지 않는 편이 더 강력하다고 주장하는 것은 아니다. 만약에 에스파냐군이 결정적 회전의 수행에 자신을 가질 정도로 강력하다면 피레네산맥의 15개 고개에 병력을 분산시키는 것보다는, 이것을 에브로강[13]의 후방에 집결시켜 포진하는 편이 좋다고 주장하고 싶은 것이다. 물론 그렇게 했다고 해서 전쟁에 미치는 피레네산맥의 영향력이 결코 소멸되는 것은 아니다.

이와 똑같은 말은 이탈리아군에 대해서도 말할 수 있다. 만약에 그들이 알프스 고지의 여러 곳에 병력을 분산한다면 과감한 적에 의해 정복되는 것은 틀림없는 일로서, 승패를 이리저리 따진다는 것은 이미 논외의 일이 되었을 것이다. 이와는 반대로 토리노[14] 평야지에서라면, 이탈리아군은 적군과 승패를 결정할 좋은 기회를 기대할 수 있었을 것이다. 누구든 알프스와 같은 대산맥을 넘어, 이것을 배후삼아 싸우는 것이 공격자에게 바람직하다고 생각하는 사람은 없을 것이다. 그러나 본전투가 평야지에 이루어진다고 해도, 그 경우에도 지대(支隊)가 산지를 일시적으로 방어한다는 것은 역시 필요한 것이다. 이런 종류의 산지 방어는, 알프스나 피레네와 같은 산지에서는 매우 시기 적절한 처치라 하지 않을 수 없다. 마지막으로 한마디 덧붙인다면 우리는 산지보다도 평탄한 지방을 탈취하는 편이 쉽다고 말할 뜻은 없다. 그러나 단 1회의 승리에 의해서 적을 완전히 무장 해제할 수 있는 경우는 별도이다. 이러한 승리를 거둔 뒤에는 침략자, 즉 공격자가 방어 상태에 들어가게 된다. 그런데 이와 같은 상황에서 침략자에

---

11) 피레네산맥(Pyrenäen). 에스파냐 북부의 산맥으로 프랑스와 경계를 이루고 있다.
12) 롬바르디아(Lombardia). 북부 이탈리아 중앙부의 지방.
13) 에브로강(Ebro). 피레네산맥의 서남쪽을 흘러 지중해로 들어가는 강.
14) 토리노(Torino). 이탈리아의 북서부 지방.

게 산지의 불리한 점은 한때 방어자에게 불리했던 것과 전적으로 동일하며, 어쩌면 그보다도 더 심한 것이다. 전쟁이 더 계속되면 방어자에게는 우방으로부터의 원군이 오고 또 국민은 무장봉기를 한다. 그렇게 되면 이러한 저항과 공격은, 산지의 지형을 이용해서 기세를 올릴 수 있는 것이다.

산지 방어는 광선굴절학의 현상과 비슷하다. 눈에 보이는 상은 대상을 렌즈로부터 일정한 방향으로 이동시키면 차차 선명해지지만, 영상이 초점에 이른 뒤에는 모두가 거꾸로 비치는 것이다.

그런데 산지 방어가 평지에서의 방어보다도 약체라고 한다면, 공격자는 공격의 방향선을 오로지 산지로 돌릴 것이 아닌가? 그러나 실제 이와 같은 일이 매우 드물게 일어나는 것은, 산지에서는 보급과 도로에 관해서 매우 많은 곤란이 있다는 것, 도대체 방어자는 산지에서 본격 전투를 할 생각이 있는가의 여부가 불확실하다는 것, 또 그는 그 주력을 산중에 배치할 의향인가의 여부도 분명하지 않는 등, 이런 불리한 사정이 산지의 공격으로 얻을 수 있을 것 같은 유리함을 상쇄하기 때문이다.

제17장
산지 방어(이어서 2)

제15장에서는 산악에서의 전투 성질을 논하고, 또 제16장에서는 이러한 전투의 전략적 사용에 대해서 설명했다. 그리고 그 사이에 산악 방어라고 하는 개념에 자주 언급하면서, 이런 종류의 방어 방책의 형식과 이러한 방책을 실시하기 위한 설비에 대해서는 아직 언급을 하지 않았다. 그래서 이 장에서는 이에 대해서 좀 더 자세히 고찰해 보고자 한다.

이어진 산지는 띠처럼 지구의 표면을 둘러싸고 하천을 나누어 여러 방향으로 흐르게 하여, 수계(水系) 전체의 분수계(分水界)를 이루고 있다. 연산지(連山地)의 이러한 형태는 산계의 개별적인 부분에서도 그대로 되풀이된다. 이들 부분은 지맥(支脈)이 되기도 하고 혹은 산이나 언덕이 되어 주된 산괴(山塊)에서 나뉘어 한층 소규모적인 분수계를 이룬다. 따라서 산지 방어라고 하면 우선 폭이 넓은 것보다는 오히려 세로로 긴, 따라서 하나의 큰 바리케이드와 같은 천연 장애물과 같은 형태를 생각하는 것은 지극히 당연한 일이다. 지리학자들 사이에서도, 산악의 성립이나 조산 운동의 법칙에 대해서는 현재에 이르기까지 아직 정설이 없다.

그러나 수류(水流)에 의한 침식이 이러한 산계의 형성에 힘을 다했든 또는 수류가 이러한 산계의 결과이든 결과적으로 산계의 상태를 가장 빨리, 그리고 가장 확실하게 나타내는 것은 수류 말고는 없다. 따라서 산지 방어 사상이 수류를 하나의 안내역으로 간주한 것은 지극히 당연한 일이었다. 수류는 자연의 수준기(水準器)이며, 이로써 산악이 어떻게 융기하는가, 또 어떠한 윤곽을 가지고 있는가를 알 수 있을 뿐만 아니라, 수류가 형성하는 계곡은 산꼭대기에 이르는 가장 등반하기 쉬운 길로 간주해도 좋다.

여하간 수류의 침식 작용이 산허리의 요철(凹凸)을 깎아서 부드러운 곡선을 만들어내는 것만은 확실하다. 따라서 산악 방어의 사상은 연산지가 방어 정면과 거의 평행으로 이어진 경우에는, 이 산지를 적의 접근에 대비하는 일대 장애물, 다시 말하면 여러 계곡을 입구로 하는 하나의 누벽(壘壁)으로 간주하게 된 것이다. 그렇게 되면 산지 방어는 이 누벽 꼭대기(즉 산 위 여러 곳에서 발견되는 고지의 가장자리)에서 이루어져야 할 것이고, 또 그러한 경우에는 주요 계곡을 횡단해야 한다. 다음에 주요한 연산지가 방어 정면과 직각을 이룰 경우에는 주된 지맥(支脈)의 하나, 즉 주요 계곡과 평행을 이루면서 산정에 이르러 그곳을 종점으로 하는 지맥이 방어되어야 할 것이다.

이것이 산악의 지질학적 구조를 참고로 해서 안출된 산지 방어의 도식(圖式)이다. 우리가 지금 이 도식을 지적한 것은, 한때 전쟁 이론은 이러한 도식을 모델로 했고, 또 이른바 지형학에서 수류의 침식 작용 법칙이 전쟁 지도에 도입된 시기가 있었기 때문이다.

그러나 이와 같은 사상은, 모두가 잘못된 전제와 개념의 부정확한 대치에 기인한다. 따라서 이러한 견해에는, 체계적 고찰의 거점이 될 만한 것은 전혀 발견할 수가 없다.

본래의 연산지에서는 주요 산등성이는 그 형태가 험하고 길다운 길도 없기 때문에 여기에 대부대를 배치한다는 것은 전혀 불가능하다. 또 이에 이어지는 산등성이에 대해서도 사정은 거의 같고, 때로는 날카로운 톱니 모양을 하고 있는 경우도 있다. 그리고 고원은 반드시 모든 산꼭대기에 있는 것이 아니고, 또 그곳에 있다고 해도 대개는 폭이 좁고 황량하다. 실제로 자세히 관찰해 보면 산등성이가 중단되지 않고 이어지고 그 양쪽이 완만한 경사나, 혹은 적어도 테라스 모양의 사면을 이루고 있는 연산지는 매우 드물다. 일반적으로 대부분의 산등성이는 파도 모양으로 굴곡이 많고 여러 갈래로 나뉘어 있다. 또 큰 지맥은 활 모양의 능선을 이루어 평지 속까지 뻗고 그것이 끝나는 지점에서 갑자기 다시 솟아올라 주된 산기슭보다도 오히려 높은 봉우리를 이루는 경우가 있다. 또 연산지 옆에 무리를 이루는 몇몇 산들은 본래의 산계(山系)에 속하지 않는 깊은 계곡을 형성한다. 게다가 몇몇 연산지가 교차하고 있는 곳이나, 또 약간의 산맥을 만들어 내고 있는 지점에서는 폭이 좁은 띠와 같은 개념은 없어지고, 여러 가닥의 수류와 산맥이 거기에서 여기저기로 뻗어난다.

군을 일정한 방식에 따라서 산지에 배치한다는 생각이 얼마나 실행하기 곤란한가, 또 어디까지나 이러한 생각에 따른 배치가 얼마나 비실용적인가 하는 것은, 이미 위에서 말한 것에 비추어보면 분명하고, 또 앞서 말한 뜻의 연산지를 실제로 관찰한 사람이라면 이것을 더 실감나게 느낄 것이다. 그러나 산지에서의 방어 방책 적용을 보다 자세히 관찰하면, 하나의 중요한 점에 봉착하게 되므로 다음에는 이 점을 들어 고찰해 보고자 한다.

산악전(山岳戰)에서의 여러 전술적 현상을 다시 한번 상세히 관찰하면, 거기에 두 가지 주요한 요소가 있다는 것이 분명해진다. 첫째는 험준한 산허리의 방어이고, 두 번째는 좁은 계곡의 방어이다. 그런데 이 두 번째의 방어는 대부분 저항에 관해서보다 큰 효력을 발휘하지만, 산등성이에 군을 배치하는 것과는 일치하기가 어렵다.

협곡의 방어는 때때로 이 골짜기 그 자체의 수비를 필요로 하기 때문이다. 더욱이 골짜기의 기점에서보다도 그 출구의 수비 쪽이 더 중요하다. 협곡의 단애(斷崖)는 출구가 한층 험준하기 때문이다. 게다가 협곡의 방어는 산등성이에 병력을 배치할 수 없는 경우에도 이 산지를 잘 방어하게 된다. 따라서 일반적으로 협곡 방어는 산등성이가 높고 통행이 곤란할수록 더욱더 중요한 역할을 하게 되는 셈이다.

이상의 고찰에서 다음과 같은 사실이 명백해진다. 즉, 실제의 방어선은 다소 규칙적인 선을 이루고 있어 지리학적 기본선과 일치한다는 생각을 버리고, 산지는 도처에 각양각색의 기복과 장애물로 가득 찬 토지로 보아야 한다는 것이다. 또 비록 지형의 지질학적 특성이 산괴(山塊)의 형태를 밝히는 데 없어서는 안 되는 것이라 해도, 이러한 특성은 방어 방책의 결정에 거의 영향력을 주지 않는다는 것도 이로써 분명해진다.

오스트리아 계승 전쟁에서도, 또 7년 전쟁에서도, 프랑스혁명 전쟁에서도, 군이 산계(山系)에 배치되어 방어가 산계의 주요한 선을 따라서 정비된 일은 없었다. 또 군이 산등성이에 집결된 일도 한 번도 없었다. 즉, 군은 항상 산지의 사면에서 높거나 낮게, 혹은 이쪽이나 저쪽에, 혹은 평행이나 직각으로, 또는 비스듬히, 혹은 수류(水流)에 따르거나 이를 거슬러서, 또 알프스와 같은 고지에서는 때때로 계곡을 따라서 길게 진을 쳤다. 주데텐산맥[1]과 같은 약간 낮은 연산지에서는 공격자가 (매우 이례적이기는 하지만) 방어자와 마주 보는 산지 중턱에 진지를 친 일도 있었다. 프리드리히 대왕이 1762년에 슈바이드니츠의 포위[2]를 엄호하여, 진지 정면에 호에 오일레산[3]을 바라보았던 진지는 이런 종류였다.

7년 전쟁에서 유명해진 슈모트자이펜과 란데스훗과 같은 진지는 모두 깊은 계곡 바닥에 있었다. 또 포어아를베르크 지방의 펠트키르히[4]의 진지도 마찬가지였다. 1799년과 1800년 전쟁[5]에서 프랑스군과 오스트리아군의 본초(本哨) 부대는 항상 계곡에 배치되었다. 이 경우 계곡을 차단하기 위해 이것을 가로질러 배치했을 뿐만 아니라 계곡을 따라 배치된 일도 있었다. 이에 반해서 산등성이에는 초병 부대가 전혀 배치되지 않았거나, 산 위의 중요 지점을 매우 적은 부대로 수비한 데 지나지 않았다.

알프스산맥의 높은 곳은 통행이 매우 곤란하므로 이곳을 강대한 군대로 점거하는 일은 불가능하다. 따라서 꼭 병력을 이 산중에 보유하려고 한다면, 여러 곳의 계곡에 분산해서 배치할 수밖에 없다. 이와 같은 방책은 얼핏 잘못된 것처럼 보인다. 일반 이론에 따르면 '높은 곳은 계곡을 제압'하기 때문이다. 그러나 실제로는 그렇지 않다. 산등성이에 이르는 산길이나 오솔길은 극히 적고, 또 특별한 예외를 제외하고는 보병밖에 다니지 못한다. 차량이 통하는 길은 늘 계곡에 따라 있기 때문이다. 그렇기 때문에 공격자는 얼마 안 되는 보병을 거느리고 산 위의 몇몇 지점에 모습을 나타나는 데 지나지 않을 것이다. 그러나 이들 보병이 효과적인 소총 사격을 하기 위해서는 이러한 거대한 산괴에서는 거리가 너무 멀기 때문에, 방어자가 아래쪽 골짜기에 위치해도 위험은 보기보다는 적다. 하지만 이러한 골짜기에는 방어자에게 다른 큰 위험이 도사리고 있다. 퇴로

---

1) 주데텐산맥의 최고봉은 표고 1603m이다.
2) 프리드리히 대왕은 오스트리아군이 자리 잡은 슈바이드니츠의 요새를 공략하여(1762. 8. 8) 수차에 걸친 공방전 끝에 오스트리아군이 항복했다.
3) 호에 오일레산(die Hohe Eule). 체코와 슐레지엔의 경계를 이루는 주데텐 산맥에 속하는 산괴 오일렌게비르게(Eulengebirge) 중의 가장 높은 산(표고 1014m).
4) 펠트키르히(Feldkirch). 오스트리아 서부에 있는 포어아를베르크(Vorarlberg) 지방의 소도시. 오스트리아군은 이곳의 보루 진지를 거점으로 우세한 프랑스군을 격퇴했다(1799. 3. 22).
5) 모두 프랑스혁명 전쟁 때에 벌어진 전쟁.

가 차단된다는 위험이다.

공격자는 보병만으로 천천히, 그리고 많은 수고를 아끼지 않고 편리한 지점에서 골짜기로 내려간다. 따라서 방어자는 기습할 수 없다고 하지만, 이들 오솔길이 계곡으로 내려가는 입구에는 방어자를 엄호하는 진지는 하나도 설치되어 있지 않다. 그래서 공격자는 차차 우세한 보병 부대로 계곡으로 내려와 사방으로 분산한다. 그리하여 이제는 취약해진 방어선을 단번에 돌파한다. 실제로도 이 방어선을 보호하는 것이라고는, 얕은 골짜기 물이 흘러가는 돌투성이의 강바닥 외에는 아무것도 없다. 그러나 방어자의 퇴각은, 산지에서 평지로 나가는 출구가 발견될 때까지 계곡 안에서 작은 부대 단위로 순차적으로 해야 하므로, 폭주하는 퇴각선은 도처에서 퇴각을 불가능하게 한다. 오스트리아군이 스위스에서 항상 그랬다고 해도 좋을 정도로 병력의 3분의 1 내지 2분의 1을 포로로서 적에게 넘긴 것은 이 때문이었다.

다음에는 산지 방어에서의 전투력 분할에 대해서 약간 말해두고자 한다.

대개 산지에서의 배치는 정면선의 거의 중앙부, 가장 주요한 접근로에 설치한 주력 진지를 기준으로 하여, 이 진지의 좌우에 수개 부대를 파견해서 가장 중요한 출입구를 지키게 한다. 그렇게 되면 전군에 대해서 3개 내지 6개 혹은 그 이상의 초병 부대를 거의 한 선 위에 배치하는 것이 된다. 그리고 이 선을 어느 정도까지 연장해도 지장이 없는가, 혹은 연장해야 하는가 하는 것은 그때의 필요에 따라 결정된다. 그 경우 2, 3일의 행군 행정, 즉 6~8마일이 가장 보통이지만 때로는 20~30마일에 이르는 일도 있었다.

한 시간 내지 두서너 시간 행정의 간격으로 초병 부대를 배치하면, 이들 부대 상호 간에 별로 중요하지 않은 접근로가 조금 발견되어 나중에 이를 알아차리는 일이 있다. 또 초병 진지로서 수개 대대를 수용하기에 족하고, 초병 본대와의 연락에도 형편이 좋은 장소를 산속 여러 곳에서 발견하는 일이 있다. 그러면 이들 진지에도 초병 부대를 배치하는 것이다. 병력이 더욱 세분화되어 수개 보병 부대 및 기병 중대만의 경우가 생기는 것은 당연하며, 또 실제로도 이러한 경우가 자주 생긴다. 따라서 병력의 분할에 일반적인 한계를 설정할 수는 없다. 각 초병 부대 병력의 대소는 전군 병력에 비추어 결정된다. 따라서 본초(本哨)에 어느 정도 병력을 할애할 수 있는가, 혹은 어느 정도 병력을 주는 것이 가장 자연스러운가에 대해서는 아무것도 말할 수가 없다. 그래서 우리는 경험과 사리가 가르쳐주는 몇 건의 명제를 여기에 들어 고찰의 근거로 제공하고자 한다.

1. 산지가 너무 높아 접근이 곤란하면 병력의 분할을 더욱 작게 나누어도 좋고 또 실제로도 그렇게 되지 않을 수가 없다. 예를 들어 어떤 지역이 운동을 바탕으로 해서 세워진 여러 방어 방책에 의존해서는 도저히 방어할 수 없다고 하면, 이 지역은 더욱더 직접 엄호해야 하기 때문이다. 따라서 알프스의 방어에는 다른 산지에서보다도 훨씬 소규모적인 분할이 필요하다.

2. 산지 방어라는 방어 방식이 시작되었을 무렵에는 어디에서나 병력이 심하게 분할되었기 때문에 본초 부대에서도 제1선 전열에 보병이, 또 제2전열에 두서너 기병 중대가 배치된 데 지나지 않았다. 또 중앙에 배치된 주력까지도 기껏해야 제2 전역에 약간의 보병 대대를 배치했을 뿐이다.

3. 공격에 노출된 지점에, 그때까지 보유했던 전략적 예비군을 출동시키지 않고 끝난 사례는 매우 드물다. 방어 정면을 확대하면 이미 그것만으로도 전체가 약화되기 때문이다. 따라서 또 공격을 받은 초병 부대에 주어지는 지원은, 대개 방위선상에 있으면서도 아직 적의 공격을 받지 않은 다른 초병 부대에서 빌려오는 것이 통례였다.

4. 병력 분할이 비교적 적어서 개개의 초병 부대 병력이 클 경우에도, 이러한 부대의 저항은 항상 국지적 방어의 범위 내에 한정되어 있었다. 또 일단 이러한 초병 진지를 완전히 점령하면, 방어자에게 지원 부대가 도착해도 구제 가망성은 없다.

그렇게 되면 방어자가 산지 방어에서 구하는 것은 무엇인가? 어떠한 경우에 이 방어 수단을 사용해도 지장이 없는가? 방어 정면의 확대와 병력 분할은 어느 정도까지 실시할 수 있는가? 또 실시해도 상관없는가? 이들 모든 문제 해결은 장수의 세련된 판단에 맡겨야 한다. 이론은, 이 방어 수단이 본래 어떠한 성질의 것인가, 또 이 수단은 피아의 여러 가지 군 관계에서 어떠한 역할을 다하면 좋은가 등을 장수에게 말해 주면 그것으로 충분하다.

산지에서의 방어 정면(正面)을 너무 확대해서 패배하는 장수는 응당 군법회의에 회부되어야 할 것이다.

제18장
하천 방어

대하(大河)는 방어 면에서 말하자면 산지와 마찬가지로 전략적 바리케이드의 부류에 속한다. 그러나 같은 바리케이드라 해도 이들은 두 가지 점에서 즉, 첫째는 상대적 방어에 관해서, 두 번째는 절대적 방어에 관해서 각기 다르다.

대하는 산악의 경우와 마찬가지로 상대적 저항을 강화하지만, 대하의 특성은 마치 단단하지만 무른 물질로 만들어진 도구와 비슷하다. 따라서 대하는 그 어떤 충격을 받아도 절대로 휘지 않거나, 그 저항력이 이내 산산이 부서져서 쓸모가 없거나—둘 중의 하나이다. 하천이 매우 크고, 그 밖의 조건이 유리하면 적의 도하를 완전히 불가능하게 만들 수 있다. 그러나 이 강의 방어가 어떤 지점에서 깨진다면 산지와는 달리 더 이상 저항을 할 수가 없게 되어, 성패는 적의 도하(渡河)라고 하는 한 가지 일로 결정되는 것이다. 그러나 대하가 산지를 흐르는 경우에는 사정이 다르다.

전투에서 나타나는 또 하나의 특성은, 대하는 대개의 경우 결정적 회전에 매우 유리한, 또 일반적으로 산지보다도 유리한 방어 수단을 제공한다는 것이다.

그러나 하천과 산지에는 공통점이 있다. 둘 다 위험하면서도 매혹적인 지형이므로 가끔 방어자를 현혹시켜 방책을 그르치게 만들어 결국은 궁지로 몰아넣는다는 것이다. 그래서 우리는 하천 방어에 대하여 더 자세하게 고찰하여, 이 방어 방식에서 생기는 이러한 결과에 관련해서 독자의 주의를 환기시키고자 한다.

전사(戰史)를 통독해 보아도 효과적인 하천 방어의 예는 그렇게 많지 않다. 따라서 하천은 이전에 여겨져 왔던 정도로 강력한 바리케이드가 아니라는 일부 의견도 매우 지당하다. 실제로, 당시의 절대적인 방어 방식이라고 하는 것은 하천에 한하지 않고 토지가 제공하는 천연 장애물이라면 무엇이든지 방어를 강화하는 수단으로써 무조건 받아들이고 있었던 것이다. 그러나 한편으로 이러한 의견이 있다고 해서 전투 및 국토방위에 주는 하천의 유리한 영향을 부정할 수는 없는 것이다.

하천 방어라고 하는 이 복잡한 문제에 포함되어 있는 여러 가지 요인의 연관을 통관(通觀)하기 위해서는, 이 문제를 여러 관점에서 고찰해 볼 필요가 있다. 그래서 우선 이들 관점을 한군데에 모아보는 것이 편리할 것으로 여겨진다.

이를 위해서는 우선 하천 방어에서 생기는 전략적 결과와, 이러한 방어와는 별도로 한천이 국토방위에 미치는 영향을 구별해야 한다.

다음에 하천 방어 그 자체에 대해서 세 가지 의의를 구별한다.

1. 주력을 가지고 하는 절대적 저항.
2. 단순히 보이기 위한 저항.
3. 전초, 엄호선, 지대(支隊)와 같은 하부 부대에 의한 상대적 저항.

마지막으로 방어의 형식에 대해서 하천 방어를 세 가지 중요한 단계 혹은 종류로 구별할 필요가 있다.

1. 적군의 가교(架橋) 도하를 저지하여 하천을 직접 방위한다.
2. 하천과 하곡(河谷)을, 회전의 유리한 조합을 위한 수단으로써 이용할 경우의 하천 방어. 이것은 간접 방어이다.
3. 적안(敵岸), 즉 하천의 대안(對岸)에 공격을 불가능하게 만드는 견진지(堅陣地)를 축조해서 이를 거점으로 삼는다는, 어디까지나 직접적인 하천 방어이다.

이들 세 단계에 따라 우리의 고찰도 세 가지로 구분된다. 여기에서 이들 세 단계가 각기 어떠한 것인가를 제1의 가장 중요한 의의와 관련시켜 알고 난 뒤에, 제2 및 제3 단계의 의의를 고찰해 보고자 한다. 따라서 우선 제1의 직접적 방어, 즉 적군의 가교 도하 그 자체의 저지를 목적으로 하는 방어에 대해 설명하기로 한다.

이런 종류의 방어는 대하(大河), 즉 수량이 많은 하천에 한정된다.

공간, 시간 및 병력의 세 요소는 하천 방어의 이론을 구성하는 요소이지만, 이들 요소의 조합은 문제를 매우 복잡하게 만든다. 따라서 이 문제에 대해서 명확한 입장을 정한다는 것은 그리 쉽지가 않다. 그러나 이것을 엄밀하게 더 고찰한다면 누구나 다음과 같은 결론에 이를 것이다.

적이 어느 지점에서 가교에 요하는 시간은, 이 하천의 방어를 임무로 하는 부대 상호 간의 거리를 규정한다. 이 거리를 가지고 방어선의 전체 길이를 나누면 이들 부대의 수가 산출된다. 다시 이 부대수를 가지고 전군의 병력수를 나누면 각 부대의 병력이 결정된다. 그래서 이들 부대의 병력과 적이 가교 중에 다른 수단으로 도하하게 한 부대의 병력을 비교하면, 방어자가 유리한 저항을 실시할 수 있는 가능성의 유무가 판정된다. 이와 같은 가능성이 선 뒤에 방어자가 현저하게 우세한 병력, 예를 들어 적의 배에 이르는 병력을 가지고 적이 가교를 완료하기 전에 다른 수단으로 도하한 적 부대를 공격한다면, 적의 가교 도하를 불가능하게 할 수 있다고 생각할 수 있다. 한 가지 예를 들어 그간의 사정을 명백히 해보기로 한다.

적이 어떤 지점에서의 가교에 24시간이 필요하다 하고, 이 24시간 동안에 다른 수단을 가지고 도하를 할 수 있는 병력수가 2만이 넘지 않는다고 하자. 또 방어자 쪽은 약 12시간 이내에 2만의 병력을 목적한 지점에 투입할 수 있다면 적의 가교 도하는 강행할 수 없게 된다. 적 부대가 2만의 병력수 거의 반을 다른 수단으로 도하시켰을 때 방어자가 그 지점에 도착하기 때문이다. 통보에 요하는 시간을 가산해도, 12시간에 4마일을 행군할 수 있으니까, 방어자는 8마일마다 2만의 병력을 배치할 필요가 있을 것이다. 따라서 24마일 구역에는 하천 방어를 위해 6만의 병력이 필요하게 된다. 그러나 이만한 병력이 있으면 비록 적이 동시에 두 지점에서 가교 도하를 기대했다 해도, 방어자는 2만의 병력을 가지고 각 지점에 도달할 수가 있다. 하물며 적이 한 지점에서 가교 도하를 기도한다면 실로 그 2배의 병력, 즉 4만의 병력으로 당해 지점에 도달할 수가 있을 것이다.

따라서 이러한 경우에는 세 가지 정황이 결정적인 요인이 된다. 그 첫째는 하천의 폭이고 둘째로는 도하의 수단이다. 이 둘은 적이 가교에 필요한 시간과 가교 중에 다른 수단에 의해 도강시킬 수 있는 부대의 병력수를 결정하기 때문이다. 또 세 번째는 방어자의 병력이다. 한편 적군 그 자체의 병력은 이 단계에서는 아직 고려에 포함되지 않는다. 그런데 위에서 말한 이론에 따르면, 그 어떠한 지점에서도 적의 가교 도하는 불가능하며, 또 적이 아무리 우세해도 도강을 강행할 수는 없다고 말해도 좋다.

우선 하천의 지리적 특성을 도외시하면, 지금 말한 이론에 따라서 하천 방어에 임하는 부대는 하천 바로 옆에 집결시켜 배치되어야 한다—고 말해도 좋다. 지금 '한천 바로 옆에'라고 말한 것은 방어자의 진지가 하천 훨씬 뒤에 설치되면, 적의 도하점까지의 거리가 필요 이상으로 연장될 뿐이기 때문이다. 또 실제로도 하천의 많은 수량(水量)은 적의 강력한 행동을 방해하여 방어 부대를 엄호하기 때문에, 국토방위선에서의 예비와는 달리 후방에 둘 필요는 없다. 게다가 하천에 따른 도로는, 하천 후방에서 옆으로 하안(河岸)이 임의 지점에 이르는 도로보다도 통행하기 쉬운 것이 통례이다. 마지막으로, 하천의 감시는 이러한 진지에 의하는 편이 단순한 초병선에 의한 것보다도 완전하게 수행할 수 있다. 그것은 주로 각 부대의 지휘관이 모두 하천 가까이에 위치하기 때문이다. 또 방어자측에서 이들 부대가 집결해 있지 않으면 안 될 이유는, 그렇게 하지 않으면 시간의 계산에 차질이 생길지도 모르기 때문이다.

본디 부대의 집결에는 많은 시간이 걸린다는 것을 알고 있는 사람이라면, 부대가 집결되어 배치되어 있는 정황이야말로 방어에 최대의 효력을 발휘할 수 있다는 것을 이해할 것이다. 군데군데에 초병 부대를 배치해서 상륙점에 의한 적의 도하를 불가능하게 하는 방책은 언뜻 보기에 그럴듯하게 여겨지지만, 이러한 조치는 특히 도하에 적합한 지점을 제외하고는 매우 위험하다. 그런데 이러한 지점은 좀처럼 존재하지 않는다. 여하간 적은 방어자의 초병 부대를 대안(對岸)에서 대개는 우세한 화력을 가지고 소탕할 수 있고, 또 방어자가 만나는 이러한 곤란은 일단 별도로 하고라도 이와 같은 방책에 따르면 대부분은 쓸데없이 병력을 낭비하곤 한다. 다시 말하면, 이러한 초병 부대가 성취할 수 있는 일이란 적으로 하여금 다른 도하점을 고르게 할 정도뿐이다. 따라서 방어자는 마치 하천을 요새의 외부 해자 정도로 다루어 이것을 손쉽게 방어할 수 있을 정도로 강력하지 않다면, 즉, 방어의 규칙 등이 새삼 필요하지 않을 정도로 강력하지 않다면, 하안(河岸)의 이러한 직접적 방어는 도저히 그 목적을 이룰 수 있는 것이 아니다. 그런데 방어 부대의 배치에 관한 이들 일반적 원칙 외에도, 또 고려되어야 할 사상이 있다. 그것은 첫째로 개개 하천의 특성이고, 두 번째는 적이 도하를 위해 이용할 염려가 있는 수단을 배제하는 일이다. 세 번째로는 하천에 따른 요새가 적에게 주는 영향이다.

어떤 하천은 방어선 그 자체라고 여겨도 좋다. 그러면 이러한 하천은 그 상류 및 하류에, 예를 들어 중립 지대나 해안과 같은 근거지를 가져야 한다. 만일 그러한 근거지가 없는 경우에는 이 방어선 끝을 넘은 곳에 적의 도하를 불가능하게 할 수 있는 다른 사정이 있어야 한다. 그런데 이와 같은 거점이든, 또 이와 같은 사정이든 장대한 하천이 아니고서는 찾아볼 수가 없다. 따라서 이미 이와 같은 사실로도 하천 방어선이 현저하게 길어지지 않을 수 없는 이유가 명백해진다. 따라서 다수의 부대를 비교적 짧은 하류선(河流線)에 따라 배치하는 사태는, 실제의 경우에는 (우리는 항상 실제의 경우를 생각해야 한다) 전혀 생길 수가 없는 것이다. 지금 비교적 짧은 하류선이라고 말했는데, 이것은 하천 방어에 관계가 없는 배치에 있어서 방어선의 일반적 표준을 그다지 초과하지 않는 길이를 말하는 것이다. 그러나 분명히 말하자면 하천 방어에서는 이와 같은 경우가 생기지 않는다. 따라서 하천의 직접 방어는 적어도 그 연장에 관해서는 하나의 초병선 방식이 된다. 따라서 이 방어 방식은 적의 우회를 저지하는 데에는 매우 부적당하다. 하기야 이 경우에도 방어 부대는 집결해서 배치되어 있기 때문에 보통이라면 적의 우회를 방해할 수 있을 것이지만 하천의 직접적 방어에서는 그렇게 되지 않는다. 따라서 적의 우회가 있을 수 있다고 여겨지는 경우에는 비록 다른 지점에서는 유리한 결과가 기대되더라도, 이러한 종류의 직접적 방어는 매우 위험한 계획이라 하지 않을 수 없다.

하천을 방어선으로 보았을 때 그 양쪽 끝 사이를 흐르는 하류에 대해서 말하자면, 반드시 그 모든 지점이 도하에 알맞다고 할 수는 없다. 이 문제는 확실히 일반적으로 좀 더 자세히 규정 지울 수 있지만, 그러나 원래 확정할 수 있는 것은 아니다. 실제로 매우 사소한 국지적 특성 쪽이, 책 등에서 매우 중요할 것처럼 다루어지고 있는 글보다도 훨씬 많은 것을 결정하는 일이 있다. 게다가 또 이런 확정은 전혀 소용이 없는 일이기도 하다. 하천을 실제로 보고 얻은 지식이나 주민으로부터 수집한 정보가 실상을 충분히 드러내 밝혀내기 때문에 책에 기술된 일들을 상기할 필요는 없는 것이다.

더 상세한 규정으로서는 하천에 이르는 도로, 하천으로 흘러드는 지류, 강기슭에 위치하는 대도시나 특히 하중도(河中島)는 도하에 편리하다고 말할 수가 있다. 이에 반해서 강가의 고지(高地)와 도하 지점에 있어서의 하류의 굴곡은 책에서는 중요한 역할을 하고 있지만, 실제로 영향을 주는 일은 좀처럼 없다. 그 이유는 이 두 가지 영향이라고 하는 것이 강가의 절대적 방어라고 하는 고루한 생각에 입각하는 것으로, 매우 긴 하천에서는 드물게밖에 일어나지 않거나 전혀 생기는 일이 없는 것이다.

그러나 하천의 어느 지점을 가장 알맞은 도하점으로 삼는가에 따라서 방어자의 병력 배치에 영향을 줄 것이고, 또 지형에 관한 일반적인 기하학적 법칙의 적용에도 어느 정도의 변화를 주게 될 것이다. 그러나 또 이 법칙을 너무 무시해서 이 지점을 적이 도하하기에 힘든 천연 요새로 보고 무조건 이에 의지하는 것은 결코 좋은 방책이라고는 할 수 없다. 적으로서는 이러한 지점이라면 틀림없이 방어자를 만날 염려는 없을 것이라고 판단해서, 지형으로 말하자면 가장 불편한 곳을 도하점으로 고를지도 모른다.

여하간 하중도를 될 수 있는 대로 강력한 부대로써 수비한다는 것은 권장할 만한 방책이다. 만약에 적이 하중도를 본격적으로 공격한다면 그들이 노리는 도하점을 확실하게 알 수가 있기 때문이다.

하천에 가깝게 배치된 부대는 정황에 의해 하천을 따라서 상류 혹은 하류로 행진하게 되기 때문에, 만약에 하천과 평행하게 달리는 도로가 없는 곳에서는 역시 하천과 평행하는 가장 가까운 작은 길을 정비하든가 혹은 단거리를 목표로 새로 내는 것은 방어에 꼭 필요한 준비 공작에 속한다.

두 번째로는, 적이 도하를 위해 이용하는 수단을 배제하는 것이다. 이것은 이미 하중(河中)에서조차도 쉬운 일이 아니다. 적어도 이러한 수단의 배제에는 다소의 시간이 필요하다. 그러나 이들 도하 수단이 적안(敵岸)의 지류에 있는 경우, 이러한 종류의 곤란은 배제하기 어렵다. 지류는 대개 이미 적의 수중에 들어가 있기 때문이다. 그래서 지류가 본류로 흘러드는 지점에 요새를 설치하여 하구를 봉쇄하는 방책이 중요한 의의를 가지게 된다.

대하의 도하에는 적이 휴대하고 다니는 도하 수단, 즉 가교용 철주(鐵舟)는 부족하기 쉬우므로, 이를 보충하기 위해 하천의 본류 그 자체나 지류의 연안, 또는 강가의 대도시에서 발견되는 도하 수단에까지 손을 뻗어, 마침내는 하천에 가까운 삼림에까지 이르게 된다. 이들 삼림은 배의 건조에 이용되기 때문이다. 이와 같은 사정은 공격자에게는 매우 불리한 것이 결국은 도하를 거의 불가능하게 만드는 경우까지도 있다.

하천의 양쪽 기슭 혹은 적안(敵岸)에 있는 요새는 그 상류 및 하류의 여러 지점에서 적의 도하를 저지하는 방패가 될 뿐만 아니라, 또 지류를 봉쇄해서 거기에 있는 도하 수단을 신속하게 수용하는 시설이기도 하다.

수량이 풍부한 하천의 직접적 방어에 관한 논술은 이것으로 끝내기로 한다. 그런데 하천의 양쪽 기슭이 절벽을 이루거나 혹은 소택지라면 도하의 곤란과 방어의 효과는 확실히 배가한다. 그러나 그렇다고 해서 하천의 수량을 증대시킬 수는 없다. 실제로 이러한 지형에서만은 이 수역의 절대적 차단은 보증할 수 없다. 그런데 이러한 차단이야말로 직접적 방어의 필연적 조건이다. 그런데 하천의 직접적 방어는 전역의 전략적 계획에서 어떠한 역할을 하는 것인가? 우리는 이에 대해서 이러한 방어 방식은 결코 결정적 승리를 가져오는 수단이 아니라고 대답하지 않을 수 없다. 그 이유의 하나는, 이런 종류의 방어가 의도하는 것은 그 어떤 지점에서나 적의 도하를 불가능하게 하거나, 그렇지 않으면 최초에 도하한 상당히 큰 적의 부대를 격파하는 것에 그치기 때문이다. 또 다른 이유는, 하천은 방어자가 강력한 반격으로 얻은 전과를 확장해서 결정적 승리로 만드는 것을 방해하기 때문이다.

하지만 하천의 직접적 방어는 방어자에게 시간적 여유를 얻게 한다. 그리고 시간적 여유를 얻는다고 하는 것은 방어자에게 매우 중요한 일이 되어야 한다. 공격자는 도하 수단의 조달에 많은 시간을 필요로 한다. 또 도하의 기도가 몇 차례 실패하면 방어자는 더욱더 시간을 벌 수 있다. 또 적이 도하의 곤란함에 비추어 그 병력을 전혀 다른 방면으로 돌린다면, 이로써 방어자는 시간적 여유와는 별개의 유리함을 얻을 것이다. 따라서 공격자가 끝까지 도하를 결의하고 있지 않을 경우, 대하천은 적의 운동을 정지시키고 국토를 항상 방어하는 훌륭한 수단이 된다.

이렇게 본다면 하천의 직접적 방어는, 피아의 대부대가 대하를 사이에 두고 대치하고, 또 여러 조건이 방어자에게 유리하다면 절호의 방어 수단으로 간주해도 좋으며 또 실제로도 유리한 경과가 생기는 것이다. 그런데 최근에는(불충분한 수단을 사용했기 때문에 실패한 하천 방어만을 상기해서) 이러한 유리한 결과를 버리고 돌보지 않는 것이다. 위에서 말한 여러 전제하에서는(이 전제는 라인강이나 도나우강과 같은 큰 강에는 매우 적절하다), 6만의 병력을 가지고 현저하게 우세한 적 병력에 대항하여 24마일의 구간을 효과적으로 방위할 수 있다고 한다면, 이것이야말로 주목할 만한 결과라 할 수 있다.

우리는 현저하게 우세한 적 병력이라고 했는데, 다시 한번 이 점을 명백히 할 필요가 있다. 우리가 주장하는 이론에 의하면 모든 것은 도하의 수단에 달려 있는 것으로, 도하를 노리는 공격자의 병력이 방어를 목적으로 하는 방어자의 병력보다도 적지 않다면 적 병력의 대소는 문제가 아니다. 이것은 매우 묘하게 들릴지 모르지만 그럼에도 진실이다. 하지만 대개의 하천 방어는—좀 더 정확하게 말하자면—모든 하천 방어는 절대적 지점을 갖는 것이 아니어서 적에게 우회를 당할 염려가 있고, 또 이 우회는 적 병력이 우세하면 매우 용이하다는 것을 잊어서는 안 된다.

비록 하천의 이러한 직접적 방어가 적의 강행 도하에 의해 실패한다고 해도, 그것은 회전에서의 패배와 같은 것으로 보아서는 안 되고 또 전군(全軍)의 패퇴를 가져올 만한 것은 아니다. 이와 같은 경우에 전투에 참가하는 부대는 방어군의 일부에 지나지 않기 때문이다. 또 공격자도 가교 도하 때문에 기동력이 감퇴하므로, 도하에 의해 얻은 승리를 바로 유리한 결과로 결부시킬 수가 없는 것이다. 이렇게 볼 때 우리는 하천의 직접적 방어를 더욱더 가볍게 볼 수 없게 된다.

실생활에서 가장 긴요한 일은 매사에 올바른 판단이 있어야 한다는 것이다. 하천 방어에서도 모든 사정을 올바르게 판단하고 있는가의 여부는, 결과에 매우 큰 차이를 낳게 한다. 언뜻 보기에 사소한 사정도 때로는 결과를 크게 좌우한다. 또 어떤 경우에는 현명하고 효과적이었던 방책도, 다른 경우에는 파멸을 가져오는 잘못된 계획이 될 수도 있다. 매사를 올바르게 판단하고, 또 어느 하천이나 결국은 하천에 지나지 않는다고 하는 조잡한 생각을 배제하는 것은 확실히 곤란한 일임에는 틀림없으나, 하천 방어에서처럼 심한 경우는 없을 것이다. 따라서 하천 방어에 관해서 이론을 잘못 적용하거나 해석하는 위험을 항상 명심해야 한다. 그러나 이것을 충분히 경계한 뒤라면 우리는 서슴지 않고 이렇게 언명할 수가 있다. —우리는 막연한 감정이나 모호한 생각에 지배되어 모든 성과를 공격과 운동에서 구하여, 머리 위로 사벨을 흔들며 공격하는 기병의 모습이야말로 전쟁의 이상적인 모습이라고 생각하는 사람들의 큰 소리에는 일고의 가치도 없다—고.

실제로 이러한 모호한 생각이나 감정으로는 곤란한 사태를 해결할 수 없다(여기에서는 1759년 쵤리히아우[1]의 회전을 지휘한 유명한 전권사령관 베델[2]을 지적해 두는 것으로 그치기로 한다). 그러나 가장 좋지 않은 것은 그러한 생각과 감정은 영속되지 않고 수많은 관계가 얽힌 복잡한 사태가 사령관에게 해결을 독촉하는 최후의 순간이 되면, 이내 위축되어 쓸모가 없게 된다는 것이다.

요컨대 유리한 조건에서 대부대에 의해 실시되는 하천의 직접적 방어는, 방어자가 감히 소극적인 태도에 만족한다면 유리한 결과가 생긴다고 볼 수 있다. 그러나 이것은 방어 부대의 병력이 비교적 적을 경우에는 해당하지 않는다. 어느 길이의 하류선을 6만의 병력으로 방어할 경우에는 10만 또는 그 이상의 적군의 도하를 저지할 수 있지만, 같은 구간을 병력수 1만의 부대를 가지고 방어한다면 같은 병력수 1만의 적 부대의 도하도 저지할 수 없을 것이다. 오히려 그 적 부대가 도하한 뒤에 우세한 방어자와 교전을 한다는 위험도 마다하지 않는다고 한다면, 이 방어 부대는 아마도 적 부대의 반수에 이르는 도하도 저지할 수 없을 것이다. 그 이유는 명백하다. —도하 수단 그 자체는 공격자의 병력수 대소에 의해 변화하지 않기 때문이다.

이제까지 양동 도하(陽動渡河)[3]에 대해서는 거의 언급하지 않았다. 공격자의 양동 도하는, 하천의 직접적 방어에서 그다지 중요한 문제가 아니기 때문이다.

---

1) 쵤리히아우(Züllichau). 프랑크푸르트 서북쪽 오데르강 강변의 소도시. 쵤리히아우의 회전은 이 도시 근처의 마을 카이(Kay)에서 있었다(1759. 7. 23). 여기에서 프로이센군은 러시아군에 의해 패배했다.
2) 베델(Wedel[Wedell], Karl Heinrich von, 1712~82). 프로이센의 장군. 쵤리히아우의 회전을 지휘해서 패배했다.
3) 진짜 도하의 기도를 감추기 위해서, 진짜 도하점과는 다른 지점에서 마치 도하하는 것처럼 보이게 하여 방어자를 기만하는 행동.

그 이유의 하나는, 하천의 직접적 방어가 목적으로 하는 것은 군을 한 지점에 집결시키는 것이 아니라, 각 부대에 각기 일정한 방어 구간을 할당하는 일이고, 또 다른 이유는 양동 도하는 앞서 말한 상황에선 매우 곤란하기 때문이다. 요컨대 도하 수단 자체가 이미 드물고 공격자가 이 계획의 성공을 보증할 정도로 많지 않기 때문에, 가지고 있는 수단에 상당한 양을 양동 도하에 돌린다는 것은 불가능하다. 또 이것은 공격자가 원하는 바가 아니다. 게다가 또 양동 도하를 실시하면 공격자가 진짜 도하점에서 집결할 수 있는 부대가 그만큼 감소할 뿐만 아니라, 적을 잘 속일 수 있는가도 불확실한 양동 도하 때문에 소비한 시간은, 그대로 방어자의 이득이 되는 셈이다.

하천의 이러한 직접적 방어는 일반적으로 대하(大河)의 중류에서 아래쪽 부분에서만 적당하다고 말할 수 있다.

다음에 제2의 방어 방식은 비교적 작은 하천이나 또 깊이 깎아지른 듯한 협곡을 흐르는 계류에 적당하고, 또 그보다 훨씬 작은 하천에도 적합한 수단이다. 이 방어 방식의 특징은 방어자 군을 하천으로부터 어떤 거리에, 다시 말하면 적이 몇 개의 지점에서 동시에 움직일 경우에는 적 부대를 개별적으로 물리칠 수 있고, 또 적이 한 지점에서 도하할 경우에는 하나의 교량 위에서나 한 가닥의 도로 위에서 물리칠 수 있을 정도의 거리에 배치하는 데 있다. 그렇게 되면 적은 배면을 하천이나 험한 골짜기에 끼게 되고, 퇴로는 단 한 가닥밖에 없기 때문에 회전에는 매우 불리한 상태가 된다. 그리고 방어자가 이와 같은 정황을 이용하는 데, 중위(中位)의 하천이나 깎아지른 골짜기에 의한 가장 효과적인 방어의 특성이 있다.

방어자가 군을 대부대로 분할해서 하천을 따라 배치하는 것은 직접적 방어로서는 가장 좋은 방법이지만, 이러한 배치는 공격자가 방어자의 의표를 찔러 단번에 도하하는 일은 불가능하다는 것을 전제로 하고 있다. 그렇지 않으면 이와 같은 배치 방식에서는, 방어 부대가 개별적으로 격파되는 염려가 매우 크기 때문이다. 따라서 정황이 방어자에게 유리하지 않다거나, 적이 배에 의한 도하에 필요한 많은 수단을 이미 소유하고 있거나, 또는 하중도(河中島)나 나루터가 있거나 또는 방어자가 현저하게 약세일 경우에는 이 방법의 사용은 이미 논외에 속하게 된다. 여하간 이런 종류의 하천 방어에서는, 방어자 부대는 서로 확실한 연락을 유지하기 위해 하천에서 약간 후방으로 물러나 배치되어야 한다. 그리고 이 경우에 방어자에게 남겨진 대책으로서는, 적이 도하를 끝내고 상륙하는 지점에 될 수 있는 대로 빨리 부대를 집결시켜, 적이 몇몇 도하점을 장악할 만한 지역을 점령하기 전에, 적을 공격할 수밖에 없다. 그렇기 때문에 이 경우에는 하천 및 계곡을 전초선으로 감시하고, 충분한 병력은 아니라고 해도 일단은 방비를 갖출 필요가 있다. 뿐만 아니라 군을 수개의 부대로 나누어 하천을 따라 일정 간격으로 (보통은 2, 3시간의 행정으로) 적절한 지점을 선정해서 배치해야 한다.

이 경우에 공격자가 겪는 주된 곤란은, 하천과 그 계곡을 형성하는 험한 길의 통과에 있다. 따라서 문제는 하천의 수량뿐 아니라 이 험한 길 전체의 형상이다. 깊이 깎아지른 골짜기는 상당한 폭을 갖는 하천보다도 주로 군의 행군을 저해한다. 대부대가 이러한 험한 길을 통과하는 곤란은 실로 상상을 뛰어넘는다. 통과에 걸리는 시간은 많고 또 통과 중에도 방어자가 고지를 점령할지도 모른다는 염려는 공격자에게 심한 위험 부담감을 불러일으킨다. 또 선두 부대가 너무 전진하면 때 이르게 적과 만나게 되고, 방어자의 우세한 병력 때문에 격파될 위험이 있다. 이미 도하한 부대가 도하점 근처에 머물러 있으면 공격자는 최악의 상태에서 전투를 해야 한다. 따라서 공격자가 도하를 끝내고 대안(對岸)에서 방어자와 일전을 하기 위해서는 이러한 계곡에서 도하한다는 것은 대담하기 짝이 없는 행동이거나, 병력의 현저한 우세와 지휘의 자신감을 전제로 하고 있거나 둘 중의 하나일 것이다.

말할 필요도 없이 이때의 방어선은, 대하(大河)의 직접적 방어의 경우와 마찬가지로 방어선을 길게 칠 수는 없다. 이 경우 방어자의 목적은 전군을 집결시켜 공격자를 격파하는 데 있다. 또 이때 공격자의 도하가 아무리 곤란하다 하더라도 대하를 도하하는 경우의 곤란에 비하면 훨씬 수월하다. 그래서 공격자는 우선 우회를 생각할 것이다. 그러나 이 우회는 공격자의 자연적인 전진 방향으로부터 벗어나게 된다. (말할 필요도 없이 우리는 이 협곡이 공격자가 취하는 방향에 대해 거의 직각을 이루는 것으로 가정하고 있다). 그러므로 협소한 퇴각선이 방어자에게 주는 불리한 효과는 일시적이 아니라 서서히 소멸하게 되는 셈이다. 따라서 전진하는 공격자가 비록 도하 중에 방어자에게 붙잡히는 일 없이 도하 뒤 우회에 의해서 몇몇 지역을 점령했다고 해도, 방어자는 공격자에 비해서 여전히 어느 정도의 유리함을 확보하게 되는 것이다.

여기에서는 하천의 수량(水量)보다도 오히려 깊이 깎아지른 협곡을 문제 삼고 있는 것이다. 그런데 이 협곡은 산지의 전형적인 계곡과 마찬가지로 이해해서는 안 된다는 것을 미리 말해 둔다. 산지의 계곡에 대해서는 앞서 산지 방어의 장에서 한 말이 모두 해당되므로, 여기에서 재론할 필요는 없다. 그런데 작은 하천이 험준한 협곡을 이루는 지역이 얼마든지 있을 수 있다는 것은 새삼 지적할 필요도 없을 듯하다. 뿐만 아니라 이러한 지역에는 하천의 양쪽 기슭이 소택지를 이루는 지형이나, 그 밖에 적의 접근을 저지하는 천연 장애물도 적지 않다.

따라서 이와 같은 조건에서는, 방어자가 중위(中位)의 하천이나 계곡이 형성하는 험한 단절지의 후방에 병력을 배치하면 매우 유리한 위치를 차지할 수 있는 셈이고, 따라서 또 이런 종류의 하천의 방어는 가장 좋은 전략적 방책의 하나라고 할 수 있다.

그러나 전투력을 배치하는 방어선을 너무 길게 잡는 것은, 이 방어 방식의 약점이다(이것은 방어자가 자 칫 실수하는 점이다). 하지만 어느 도하점에서 다시 그 앞으로의 도하점까지 방어선을 연장할 경우에, 어디에서 이 선을 끊어야 하는가—하는 판단을 잘못하는 일은 있을 수 있는 일이다. 그런데 방어자가 전군을 동원하여 공격자를 공격했지만 이에 패배하게 되면, 이 방어 방식의 효과는 전적으로 상실하게 된다. 전투에 지면 퇴각은 필수이며, 그렇게 되면 혼란과 손실이 생겨서 비록 최후까지 저항을 계속한다고 해도 전군은 궤멸하고 만다.

이러한 조건에서는 방어자가 방어선을 쓸데없이 연장해서는 안 된다는 것, 또 적이 도하한 당일 저녁에는 반드시 전병력의 집결이 완료해 있어야 한다는 것은 위에서 말한 것으로 충분히 밝혀졌다. 또 두 가지에, 일반적 원칙으로서 시간, 공간 및 병력이라고 하는 세 요소가 그 바탕에 놓이게 된다. 이러한 조합은 매우 많은 국지적 특성에 의존되는 것이기 때문이다.

이와 같은 사정에서 이루어지는 회전은 독특한 성격을 띠지 않을 수가 없다. 즉 방어자 쪽의 행동이 격렬함의 극을 달린다는 것이다. 공격자는 때로는 양동 도하에 의해 얼마 동안은 방어자를 속일 수가 있기 때문에, 막상 도하를 결행하는 단계가 되지 않으면 방어자에게 진짜 도하점이 판명되지 않는 것이 통례이다. 그럼에도 불구하고 방어자 쪽의 상황이 항상 유리하다고 하는 것은, 그가 물리치려고 하는 적 부대의 상황이 애당초 불리하다는 것을 말해주고 있는 것이다. 그런데 다른 적의 부대가 다른 지점에서 도하를 해서 방어자를 우회했을 경우, 방어자는 일반적인 수세 회전에서와는 달리 이 우회 부대에 강력한 공격을 가할 수는 없다. 그러한 일을 하면 방어자가 차지하고 있는 본래의 유리함을 잃기 때문이다. 따라서 방어자는 적의 우회 부대가 아직 나타나기 전에 정면으로 적과 부딪쳐야 한다. 다시 말하면 눈앞의 적 부대를 될 수 있는 대로 신속히, 또 격렬하게 공격하여 이를 격파함으로써 회전을 매듭지어야 하는 것이다.

그러나 이런 종류의 하천 방어 목적은, 대하의 직접적 방어와는 달리 매우 우세한 적 병력에 대해서 저항을 시도해 보는 데 있는 것이 아니다. 하지만 이 방어 방식에서도 방어자는 적 병력의 대부분과 싸우는 것이 통례이다. 따라서 비록 방어자가 유리한 정황에 있다고 해도 역시 피아 병력의 비율을 처음부터 충분히 고려해야 할 것이다.

이상으로 방어군의 대부대가 중간 정도의 하천과 깊이 깎아지른 협곡을 방어하는 경우를 살펴보았다. 이 정도의 대부대라면 협곡 그 자체의 언저리에서 강력한 저항은 가능하지만, 하천을 따라 진지를 분할하여 설치한다는 불리한 점이 있으므로 역시 결전으로 승리를 구하는 것이 정도이다. 그러나 당장의 방어선을 강화하여 잠시 저항을 시도하면서 우군의 지원을 기다리는 것이라면, 협곡 언저리의 직접적 방어는 물론이고 양쪽 강기슭에 대한 직접적 방어를 실시해도 무방하다. 이 경우에는 산지의 진지에서만큼은 유리하지 못하지만 저항은 보통의 지형에서보다 장시간 지탱할 수 있을 것이다. 그런데 이런 종류의 방어 방식을 사용하는 것을 매우 위험하게 만들고 때로는 전혀 불가능하게 하는 경우가 단 하나 있다. 그것은 하천의 사행(蛇行)이 심하여 가끔 험한 계곡을 이루는 경우이다. ―그 실례를 알고 싶으면 모젤강[4]의 수로를 돌아보면 알 수 있다. 이러한 하천 방어에서는 하천의 굴곡부가 튀어나와 활처럼 휘어진 곳에 있는 부대는 퇴각할 때 거의 전멸을 면하지 못할 것이다.

그런데 중간 정도 크기의 하천에 가장 적당한 이 방어 수단은 훨씬 유리한

---

4) 모젤강(Mosel). 프랑스 이름은 모젤강(Moselle). 프랑스의 보주산맥에서 발원하여 깊은 협곡 바닥을 사행하여 독일의 코블렌츠(라인강 오른쪽 도시) 부근에서 라인강으로 흘러들어간다.

조건으로 대하에도 적용될 수 있다는 것은 자명하므로 특별히 설명이 필요 없다. 실제로 이 방어 방식은 방어자가 결전에 의해서 승리를 거두려고 할 경우 즐겨 쓰는 수단이다(아스페른).[5]

　방어자가 군의 정면을 하천이나 계곡을 향해 배치해서 적의 접근을 저지하고 또 정면의 강화를 꾀하려고 하는 방책은, 위에서 말한 제2종 방어 방식과는 달리 그 상세한 고찰은 전술의 범위에 속한다. 따라서 우리로서는 이 방책에서 생기는 결과에 비추어보아, 이러한 배치 방식이 결국은 전적으로 자기기만에 지나지 않는다는 것을 지적해 두고자 한다. 하기야 이 경우 협곡의 낭떠러지가 매우 험하면 방어자 진지의 정면은 이것으로 공격을 저지할 수가 있을 것이다. 그러나 적이 이 진지의 옆을 통과하는 데 대해서는 다른 진지의 경우와 마찬가지로 아무런 불편이 발생하지 않는다. 따라서 이러한 방책은 공격자의 측방 통과 때문에, 말하자면 길을 열어주는 것과 같다. 그러나 물론 그와 같은 결과가 이러한 배치의 본디 의도는 아니다. 요컨대 이런 종류의 배치가 유익한 것은 이러한 배치가 공격자의 병참선을 심히 위협하여, 공격자가 조금이라도 소정의 전진로로부터 벗어나면 매우 불리한 결과를 초래하는 경우에 한하게 된다.

　그런데 이 제2의 방어 방식에서는 공격자의 양동 도하는 제1의 방어 형식에

---

5) 아스페른(Aspern). 빈의 동쪽, 도나우강 좌측 해안에 위치하는 마을(현재는 빈의 일부). 아스페른의 회전(1809. 5. 21~22)에 대해서는 다음 기술을 참조. 4월 9일 오스트리아군은 선전 포고서를 남독일의 프랑스군 제1선에 보내어 바이에른에 진입했다. 나폴레옹은 4월 17일 도나우뵈르트(Donauwörth)에 이르러 스스로 군의 지휘를 잡고, 그 뒤 23일에 걸치는 동안, 레겐스부르크(Regensburg) 서남쪽 지구에서 오스트리아군을 격파했지만, 그의 부서는 종래처럼 치밀하지 않고, 부하 역시 긴장이 풀려서 대부분의 오스트리아군을 뵈멘으로 놓치고 말았다. 나폴레옹은 오스트리아군을 추격하기가 어렵다고 판단하여 일부로 하여금 추격하게 하고, 주력 부대를 이끌고 5월 10일 빈 근교에 이르렀다. 오스트리아군이 도나우강의 여러 교량을 파괴하고 퇴각하자, 나폴레옹은 19일 저녁부터 가교 작업을 하여 20일 도하를 개시했으나, 물이 불어나고 교량이 불완전해서 도중에 도하를 중지하게 되었다. 나폴레옹은 다시 도하를 독려하여 일단은 건너편에 있는 오스트리아군을 압박했지만, 오스트리아군의 유하물(流下物)로 도나우강 본류의 교량이 파괴되어 도하의 속행과 탄약의 보충 가망이 없게 되자 부대를 아스페른 부근으로 후퇴시켰다. 그 뒤 오스트리아군의 공격으로 그곳에 오래 있을 수가 없고 신속한 도하의 재개가 불가능하다는 것을 알고 강가의 진지를 포기했다. 이 회전에 참가한 병력은 두 군이 모두 약 10만 명, 사상자는 오스트리아군이 2만 2000명, 프랑스군은 4만 5000명에 이르렀다. 한편 나폴레옹이 도나우강의 도하에 사용한 것은 배다리(舟橋)였다.

서보다도 훨씬 위험하다. 과연 양동 도하 그 자체는 공격자에게 한층 쉽다고는 하지만, 방어자는 전군을 진짜 도하점에 집결하도록 노력하기 때문이다. 이 경우에 방어자가 이용할 수 있는 시간은 그다지 각박하지는 않다. 이 점에 관한 방어자측의 유리함은, 도하한 공격자의 군이 전병력을 집합해서 약간의 도하점을 점령할 때까지 계속되기 때문이다. 또 이 경우에는 공격자가 양공(陽功)을 실시해도 그 효력은 방어자가 초병선식(哨兵線式) 방어 방식을 사용하는 경우만큼 크지 않다. 초병선식 방어가 목적으로 삼는 것은 방어선 전체의 보전(保全)에 있기 때문에, 예비의 사용에 대해서도 지금 논하고 있는 제2 방어 방식의 경우와는 달리 방어자에 중요한 일은, 적이 어디에 주력을 배치하고 있는가 하는 문제뿐만 아니라 적은 어느 지점을 우선 먼저 공격하는가 하는, 판정하기가 훨씬 곤란한 문제이다.

그런데 크고 작은 하천에 관한 이들 두 가지 방어 방식에 대해서, 양자에 공통되는 일반적인 사항을 말해둘 필요가 있다. 그것은 방어자가 퇴각을 서둘러 혼란에 빠져서, 이러한 사태에 대한 준비를 게을리하여 적에게 이용당할 염려가 있는 도하 수단을 철거하는 것도 아니고, 또 토지 및 지형에 관한 정확한 지식이 결여되는 상태로는 이들 방어 방식도 우리가 생각한 것과 같은 효과를 얻을 수 있는 것이 아니라는 점이다. 요컨대 대개의 경우는 방어 효과를 기대할 수 없는 것이다. 따라서 방어자가 쓸데없이 장대한 방어선을 따라 포진한다고 하는 것은 역시 중대한 잘못이라 하지 않을 수 없다.

전쟁에서는 명확한 의식과 전체를 통솔하는 강한 의지를 가지고 매사에 임하지 않는 한, 모든 것이 실패로 끝나고 만다. 따라서 평야지의 회전에서처럼 적과 결전을 겨룰 용기가 없이, 대하나 계곡이 적군을 저지해 줄 것이라고 하는 안이한 생각으로 하천 방어를 선택한다면, 이러한 방어 방식이 실패로 돌아간다는 것은 불을 보듯 뻔하다. 이와 같은 상태에서는 방어자가 당면한 방어 체제에 믿음이 가지 않고, 장수나 군이나 장래를 염려하여 극도의 불안에 빠진다. 이렇게 되면 이 예감이 사실로 나타나게 된다. 피아 두 군 사이의 야전은 개인끼리의 결투와 달리 서로가 완전히 동일한 정황에서 이루어지는 것이 아니다. 따라서 방어의 특성, 신속한 행동, 토지 및 지형에 관한 정확한 지식, 혹은 행동의 자유 등이 각각 주는 유리함을 모두 이용할 줄 모르는 방어자는 이미 구제할 길이 없는 것이다. 그렇게 되면 하천도 계곡도 아무 소용이 없게 될 것이다.

다음에는 제3의 방어 방식에 대해서 살펴보기로 한다. 이것은 방어자가 적안(敵岸)에 축조한 견진지(堅陣地)에 근거지를 두는 방식으로, 그 목적은 도하를 의도하는 공격자를 위험에 빠뜨리는 데 있다. 그 위험이라고 하는 것은 만약에 적이 도하를 감행한다면 하천은 적의 병참선을 절단하고 또 적의 도하점을 약간의 교량으로 제한한다는 것이다. 그런데 이러한 방어 방식의 적용은 수량이 풍부한 큰 강에 한정된다는 것은 두말할 필요가 없다. 요컨대 대하라고 하는 것이 이 방어 방식의 조건을 이루는 것이다. 이에 반해서 단순히 깊이 파인 협곡을 흐르는 하천이라면 많은 도하점이 있는 것이 보통이므로 공격자가 지금 말한 위험에 빠질 염려는 없다.

그렇지만 방어자의 이러한 진지는 매우 견고하여 적의 공격을 불가능하게 하는 것이어야 한다. 그렇지 않으면 방어자는 침입해 오는 적을 요격하지 않을 수 없기 때문에 아군의 유리함을 포기하게 될 것이다. 그러나 이 진지가 매우 견고하여 적이 감히 공격할 엄두를 내지 못할 정도라면 상황에 따라서는 요새가 있는 강기슭에 못 박히게 될 것이다. 그래서 만일 공격자가 감히 도하한다면 그 병참선을 적의 손에 넘겨주게 되는데, 그와 동시에 방어자의 병참선 또한 위협을 받게 된다. 그렇게 되면 피아 두 군이 우회의 목적을 가지고 스치고 지나가는 경우와 마찬가지로, 피아의 병참선 어느 쪽이 그 수, 또는 위치 및 기타의 정황에 관해서 한층 안전한가, 그 경우 피아 어느 쪽이 그 밖의 관계에서 잃는 것이 큰가, 따라서 또 피아 어느 쪽이 적에게 선수를 당하는가, 더 나아가서 피아의 군 어느 쪽이 마지막까지 전투력을 보유해서 궁극적인 승리를 획득하는가 하는 것이 중요한 문제가 된다. 그러면 이 경우에, 하천은 서로의 운동이 상대에게 주는 위험에 박차를 가할 수밖에 달리 도리가 없다. 도하는 약간의 교량에 한정되어 있기 때문이다. 그런데 일반적인 사태로 미루어 보아 방어자측의 교량 도하나 여러 창고는 요새에 의해 엄호되어 있기 때문에 공격자 측보다도 안전하다고 여겨도 좋다면, 이런 종류의 방어는 실제로도 생각할 수 있고, 또 그 밖의 정황이 하천의 직접적 방어에 그다지 유리하지 않을 경우에는 이러한 직접적 방어를 보완할 수가 있을 것이다. 따라서 하천은 방어자에 의해서 직접 방어되는 것도 아니고 또 군도 하천에 의해서 직접 방어되는 것도 아니지만,

이러한 두 가지 방식이 결부됨으로써 국토가 방어된다. 그리고 이것이 다름 아닌 이러한 방어의 주안점이다.

그런데 제3의 방어 방식에는 다음과 같은 약점이 있음을 인정하지 않을 수가 없다. 즉, 이런 종류의 방어 방식은 공격자에게 결정적 타격을 주는 것이 아니라 두 군 사이의 긴장은 마치 대기 속에서 플러스와 마이너스의 약한 전류가 서로 부딪치는 정도이고, 따라서 또 그다지 강력하지 않은 공격을 저지할 수 있는 데 지나지 않는다는 것이다. 그러므로 이러한 방어 방식은 쓸데없이 신중을 일삼는 우유부단한 장수, 말하자면 자기 부대의 병력이 매우 우세한데도 과감한 행동을 취할 수 없는 장수를 상대하는 경우나, 그렇지 않으면 피아의 병력이 이미 균형 상태를 이루어 이제는 사소한 이익을 다투는 일 외에는 아무것도 할 수 없는 경우라면 적용해도 무방하다. 그러나 우세한 병력을 가진 과감한 공격자를 상대로 할 경우에는 매우 위험하다. 그것은 마치 밑이 보이지 않는 심연(深淵)의 가장자리의 좁은 길을 걷는 것과 같을 것이다.

여하간 이런 종류의 방어 방식은 꽤 용감하기도 하고, 또 어딘지 모르게 과학적으로 보이기 때문에 이것을 우아한 방어 방식이라고도 일컬을 수 있을지 모른다. 그러나 때로는 우아함은, 정신박약과 종이 한 장의 차이일 경우가 있다. 그런데 전쟁에서는 일반적인 사회에서와 달리 정신박약은 도저히 허용되지 않는다. 하지만 이 제3의 방어 방식은 제1 및 제2의 방식을 보완하는 일종의 독특한 수단이 될 수가 있다. 즉 교량 및 교두(橋頭 : 다리가 있는 근처)를 확보해서 적의 교량 도하에 위협을 주는 것이다.

한편 이 세 가지 하천 방어 방식은 주력을 가지고 절대적 저항을 시도하는 목적 외에도 겉치레의 저항을 목적으로 할 수도 있다.

방어자가 실제로 할 마음이 없는 저항 즉, 이러한 겉치레의 저항은 확실히 다른 방책과 병행할 수 있고, 또 단순한 행군 야영(行軍野營)을 제외하고는 어떠한 진지에서도 실시할 수가 있다. 그러나 특히 대하에서의 위장 방어가 정말로 적을 속일 수 있는 것은, 이와 같은 방어에는 많건 적건 간에 복잡한 방어 방식을 사용할 수 있을 뿐 아니라, 그 효과가 다른 방법에 의한 것보다도 크면서도 동시에 오래 계속되기 때문이다. 실제로 공격자로서는 적군의 면전에서 교량 도하를 감행하는 것은 말할 것도 없이 중대한 행동이기 때문에, 이러한 행동을 시작하기 전에 자주 오래 생각도 하고 때로는 실행을 좀 더 적당한 시기까지 연장하기도 하는 것이다.

그렇다고는 하지만 이러한 위장 방어를 할 때는, 역시 주군을(진짜 방어에서와 거의 같은 방법으로) 분할해서 강을 따라 배치할 필요가 있다. 그러나 위장 방어를 꾀한다는 것은, 이미 여러 가지 정황이 실제의 방어에 대해서 그다지 유리하지 않다는 것을 나타내고 있다. 그런데 이러한 배치선이 길어지고 부대가 이 선상에 분산되지 않을 수 없다고 할 때 이들 부대가 비록 소극적으로나마 실제로 저항을 시도하려고 한다면, 이러한 배치 방식으로부터는 중대한 손실을 초래할 위험이 발생하리라는 것은 틀림없는 사실이다. 따라서 위장 방어를 할 경우에는 강가에서 떨어진, 그것도 상당히 (때로는 며칠 행정(行程) 정도) 떨어진 지점에서 전군을 틀림없이 집결시킬 수 있어야 한다는 것이 가장 중요한 조건이다. 따라서 또 이와 같은 사정이 허용하는 범위 안에서는 실제의 저항을 시도해 보아도 상관없다.

우리의 견해를 명확하게 함과 동시에 이러한 위장 방어가 어느 정도 중요성을 가질 수 있는가 하는 것을 명시하는 전쟁 사례로서, 1813년 전쟁의 결말 부분을 지적해 보고 싶다. 나폴레옹은 약 4만 내지 5만의 병력을 이끌고 다시 라인강을 건넜다.[6] 불과 이만한 병력을 가지고는 만하임[7]에서 님베겐[8]에 이르는 구간의 라인강 방어는 전혀 불가능했을 것이다. 이 구간에서 동맹군은 가는 곳마다 어디에서나 편하게 도하를 할 수 있었기 때문이다. 그래서 나폴레옹이 일단 프랑스령의 마스 강가[9]까지 후퇴하여 여기에서 어느 정도 병력을 증강하고 나서, 최초의 본격적인 저항을 시도하는 것을 유리하다고 생각한 것은 지극히 당연한 일이었다. 그러나 그가 바로 마스 강까지 퇴각을 했다면 동맹군은 그를 추격했을 것이다. 또 그가 그 병력을 라인강의 후방에서 휴양 사영에 들게 했다고 해도 그것은 잠시 동안이고 역시 이것과 마찬가지 사태가 생겼음에 틀림없

---

6) 나폴레옹은 라이프치히의 회전(1813. 10. 16~18)에 패하여, 11월 초순에 라인강을 건너 귀국했다.

7) 만하임(Mannheim). 라인강변의 독일 도시.

8) 님베겐(Nimwegen, Nymwegen). 라인강변의 네덜란드 도시.

9) 마스강(Maas). 프랑스명은 뫼즈(Meuse). 프랑스의 랑그르(Langres) 고원에서 발원하여 독일로 들어와 라인강에 흘러든다.

었을 것이다. 비록 동맹군이 매우 신중했다고 해도, 코작 기병 및 경보병 부대 등을 교량 도하시켜 그것이 성공했다면 다른 부대도 이에 따랐을 것이다. 그래서 프랑스군은 본격적인 라인강 방어의 대책을 강구하지 않을 수가 없었던 것이다.

그러나 동맹군이 라인강의 도하를 실행했다면, 나폴레옹도 어찌할 수 없었다는 것은 처음부터 알고 있었으므로 이러한 방어는 양동(陽動)으로 보아야 하고, 또 프랑스군은 이 양동에서 아무런 위험을 저지를 필요는 없었다. 프랑스군의 집결지는 모젤강 상류에 있었기 때문이다. 단지 2만 명의 병력으로 님베겐을 수비하고 있던 맥도널드가 실제로 격퇴되기까지 여기에서 머물렀다는 잘못을 저질렀을 뿐이었다. 맥도널드의 패퇴는 빈칭게로데[10] 군단의 도착이 늦어졌기 때문에, 다음해 1월 상순의 일이었지만 이로 말미암아 맥도널드는 브리엔 회전 이전에 나폴레옹과 합류하는 것에 방해를 받았던 것이다. 따라서 프랑스군에 의한 위장된 라인강 방어는, 동맹군의 전진 운동을 일시 정지시켜 증원 부대가 도착할 때까지, 즉 6주일간이나 도하의 연기를 결의하게 만드는 데 충분했다. 이 6주일 동안이 나폴레옹에게는 실로 무한한 가치를 가졌음에 틀림없을 것이다. 위장된 라인강 방어가 없었다면 라이프치히의 회전에 승리를 얻은 동맹군은 그대로 파리를 향해 진군하고, 프랑스군이 파리에 앞서서 주전(主戰)을 감행하는 것은 전혀 불가능한 일이었을 것이다.

제2의 하천 방어, 즉 중위(中位) 하천의 방위에서도 방어자는 양동으로 적을 속일 수가 있다. 그러나 이 경우에 있어서의 효과는 대체로 기대할 수는 없다. 왜냐하면 중 정도의 하천에서 공격자의 도하는, 대하천에서의 그것보다도 쉬우므로 겉으로 보이기 위한 방어의 마력은 바로 탄로가 나기 때문이다.

제3의 하천 방어 방식에서는 양동의 효과가 한층 적고, 역시 양동의 의도를 가지고 일시적으로 설치한 방어 진지에 의한 효과 이상으로는 거두지 못할 것이다.

마지막으로 한마디 하면, 무엇인가 어떤 부차적 목적을 위하여 배치된 전초선 또는 그 밖의 방어선(초병선식), 혹은 단순한 감시의 임무를 맡은 지대(支隊)

---

10) 빈칭게로데(Wintzingerode, Ferdinand von, 1770~1818). 독일 출신 러시아 장군.

가 제1 및 제2의 방어 방식을 병용했기 때문에 확실히 강화된다는 것은 하천이 없는 경우보다도 훨씬 크다. 또 이 경우의 저항은 모두 상대적이지 절대적 저항이 아니다. 또 이러한 상대적 저항이 단애곡(斷崖谷)과 같은 지형으로 현저하게 강화된다는 것은 두말할 필요가 없다. 그런데 하천 방어에서는 확실히 방어자는, 전투에 의한 저항 그 자체에 의해서 비교적 큰 시간적 여유를 얻지만, 유리한 점은 그것만이 아니다. 공격자는 도하를 실행하기 전에 여러 가지 불안으로 고민을 하는 것이 통례이고, 이와 같은 불안도 또한 방어자에게 유리한 효과를 가져오는 것이다. 공격자가 이러한 불안 때문에 여간 긴박한 동기가 없는 한 99%까지는 도하를 단념하기 때문이다.

제19장
하천 방어(이어서)

　다음에 하천 그 자체는 직접적으로나 간접적으로 방어되는 것은 아니지만, 이들 하천이 국토방위에 가져오는 효과를 조금 살펴보고자 한다.

　대체로 본곡(本谷)과 약간의 지곡(支谷)을 갖는 하천은 매우 강력한 천연 장애물을 이루고 있어, 일반적으로 방어에 유리하다. 그러나 개개 하천의 특수한 영향력은, 그 하천이 국토에 대해서 갖는 주요한 관계를 명백히 함으로써만이 한층 자상하게 규정된다.

　그래서 우선 먼저 그 하천은 국경, 즉 일반적인 전략 정면과 평행하게 흐르고 있는가, 그렇지 않으면 국경선에 대해서 비스듬히 흐르고 있는가, 또는 직각으로 흐르고 있는가를 구별해야 한다. 또 평행으로 흐르고 있는 경우라면 이 하천을 배경으로 삼는 것은 방어군인가 공격군인가, 또 이 두 가지 경우에 대해서 각기 군은 어느 정도의 거리에 위치하는가―와 같은 일을 구별해야 한다. 방어군의 배후에 대하가 있고 더욱이 군 근처를 (하지만 보통 1일 행정 이하의 거리로는 좋지 않다) 흐르고, 또 그 연안에 안전한 도하점이 많다면 이 방어군의 위치가 하천이 없는 경우에 비해 훨씬 견고하다는 것은 의심할 여지가 없다. 하기야 이 도하점을 엄호하기 위하여 군은 행동의 자유를 어느 정도 잃는다 해도 그 손실은 전략적 배면의 안정, 다시 말하면 주로 병참선의 안전에 의해 충분히 보상된다. 지금까지는 자국(自國)에서의 방어이다.

　그러나 적지에서라면 그렇게 되지 않는다. 전진해서 적국의 하천을 도하한 공격군은, 비록 적군을 눈앞에 두고 있는 경우에도 하천과 군 사이에 적 부대가 개입하는 것을 얼마간 두려워하지 않으면 안 되기 때문이다. 그렇게 되면 주로 하천에 이르는 도로는 좁으므로, 이러한 정황은 공격자에 대해서 유리하기는 커녕 불리한 영향을 줄 것이다. 그런데 공격자가, 배후에 있는 하천으로부터 멀어짐으로써 하천은 그에게는 있어도 없어도 좋은 것이 되고, 또 어떤 거리에 이르면 하천의 영향은 전적으로 소멸한다.

공격자가 전진 중에 하천을 배후에 두지 않으면 안 될 경우에는, 그 하천은 군의 운동에 불리한 영향을 줄 것이다. 하천은 군의 병참선을 약간의 도하점에만 제한하기 때문이다. 하인리히 친왕(親王)[1]은 1760년에 오데르강[2] 오른편에 있는 브레슬라우 부근에서 러시아군을 물리쳤다. 이때의 방어 지점은 그의 배후에 하루 행정의 거리를 두고 흐르는 오데르강이었다. 그런데 그 뒤 체르니셰프[3]의 지휘 아래 오데르강을 건넌 러시아군은, 그 퇴로를 단 하나의 교량에 의탁하는 위험을 저질러 이 때문에 심한 곤경에 빠졌다.

그러나 하천이 피아의 전선에 대해서 직각으로 뚫고 흐르는 경우에도 거기에서 생기는 유리함은 역시 방어자 쪽에 속한다. 그 이유의 첫째는 방어군은 날개를 이 하천에 의탁하고, 또 본계곡으로 뻗어들어가는 약간의 지곡을 정면의 강화로 이용함으로써 많은 적절한 배치를 할 수 있기 때문이다(엘베강은 7년 전쟁에서 프로이센군에 대해서 이와 같은 역할을 다했다).[4] 두 번째 이유는, 공격군은 양측면의 한쪽을 무방비인 채로 내버려둘 수밖에 없거나, 군을 둘로 나누지 않으면 안 되기 때문이다. 그리고 공격군의 이러한 분할은, 역시 방어자에게 유리한 점을 가져올 것임에 틀림없다. 방어자는 공격자보다도 많은 안전한 도하점을 점유하고 있기 때문이다. 오데르강과 엘베강이 프리드리히 대왕에 의해서 전쟁터(즉 슐레지엔, 작센 및 마르크 지방)의 방어에 매우 유리했다는 것, 따라서 또 이들 여러 주(州)의 공략을 노리는 오스트리아군과 러시아군의 행동을 현저하게 방해했다는 것을 알기 위해서는 7년 전쟁의 역사를 개관해 보는 것만으로도 충분하다. 그런데 이들 하천에서의 하천 방어는 7년 전쟁을 통해서 한 번도 이루어진 일이 없었다. 또 이들 하천이 지나가는 방향과 적군과의 관계를 보면, 하류

---

1) 하인리히(Heinrich, Prinz von Preussen, 1726~1802). 프로이센의 장수. 프리드리히 대왕의 동생. 하인리히는 글로가우(Glogau) 부근에서 오데르강을 건너(1760. 8. 1), 러시아군에 앞서서 브레슬라우에 도착하여(8. 6), 교묘한 방어 작전에 의해서 오스트리아군과 러시아군의 합류를 저지했다.

2) 오데르강(Oder). 독일의 큰 강. 슐레지엔을 지나 발트해로 들어간다.

3) 체르니셰프(Tschernyshow, Sachar Grigorjewitsch, 1722~84). 러시아의 원수.

4) 엘베강(Elbe). 독일의 큰 강. 독일의 서북부를 흘러 북해로 들어간다.

(河流)는 적군의 정면에 평행으로 흐르고 있는 것보다는 오히려 정면에 대해서 비스듬히 또는 직각으로 흐르는 경우가 태반이었다.

하천이 피아의 전선에 대해서 다소라도 직각으로 흐르고 있는 경우에 공격자는 이 하천을 수송로로서 이용할 수 있으므로 적어도 이 관계만은 공격자에게 유리하다. 그 이유는 일반적으로 공격자는 방어자보다도 장대한 병참선을 가지고 있고, 따라서 또 필수품의 수송은 보다 곤란하지만 그러나 하천을 이용한 운반은 이러한 곤란을 현저하게 경감해서 공격자를 매우 크게 유리하게 만들기 때문이다. 확실히 이 경우에도 방어자는 국경 부근의 견고한 요새에 의해서 이 하천을 봉쇄할 수 있을 것이다. 그러나 여하간 하천은 그 지점까지는 자유롭게 흐르는 것이므로, 그 사이에 공격자가 얻는 유리함은 이러한 봉쇄에 의해서도 상실되는 것은 아니다. 그렇다고는 해도 하천에 대해서는 고려할 점이 몇 가지 더 있다. 즉―군사적 관점에서 말하자면 상당히 큰 강폭을 갖추고 있는 하천이라도, 주항(舟航)이 불가능한 것이 있다. ―모든 하천이 일 년 내내 모든 계절을 통해서 주항을 할 수 있다는 것은 아니다. ―하천을 거슬러 올라가게 되면 주항은 매우 완만해지고 때로는 곤란한 일도 있다. ―하류가 여러 곳에서 굴절되고 있기 때문에 항로가 직류(直流)의 배 이상이 되는 것도 있다. ―현재로는 여러 나라를 연결하는 주요 병참선은 대개 포장되어 있다. ―마지막으로, 오늘날에는 대량의 필수품이라도 가까운 주에서 조달할 수 있으므로 배편으로 일부러 먼 곳으로부터 운반할 필요는 없다. 이와 같은 여러 조건을 아울러 생각하면, 일반으로 하천은 군의 유지에 있어 책에 기록되어 있는 정도로는 중대한 역할을 하지 않는다는 것, 또 전시에서의 여러 사건의 경과에 미치는 영향은 매우 멀어서 그다지 확실하지 않다는 것을 알 수 있다.

제20장

소택지 방어와 범람

A. 소택지 방어

북독일에 있는 부르탕게르 모어[1]와 같은 광대한 소택지는 매우 드물기 때문에, 이런 종류의 소택지에 대해서는 특히 논할 필요는 없을 것이다. 그러나 지방에 따라서는 저습 지대가 있고 또 작은 하천 양쪽 기슭에서도 자주 소택지를 볼 수 있다. 그럴 경우 이들 소택지는 매우 심한 단절지(斷絶地)를 이루기 때문에 방어에 사용할 수 있고 또 실제로도 그렇다.

소택지 방어책은 확실히 어떤 지점에서는 하천 방어와 마찬가지이지만, 소택지 방어에는 특히 주의해야 할 특징이 조금 있다. 그리고 가장 주요한 특성으로서는 둑 바깥쪽에 있고 보병조차도 전혀 통행할 수 없는 소택지는 그 어떤 하천에 못지않게 통과가 곤란하다는 것이다. 이 첫째 이유는, 둑은 교량만큼 빨리 축조할 수가 없기 때문이며, 두 번째로는 둑을 축조할 수 있다고 해도 이 공사를 엄호하는 부대를 대안으로 보내는 통과 수단을 우선 당장 발견할 수 없기 때문이다. 하천의 경우라면, 주정(舟艇)의 일부를 사용해서 우선 전위 부대를 통과시킨 뒤 가교를 개시할 수가 있다. 그러나 소택지에는 이 주정에 상당하는 수단이 없는 것이다. 하기야 보병만이라면 소택을 통과하는 가장 손쉬운 방법으로는 판자를 놓으면 된다. 그러나 소택의 폭이 상당히 넓으면 이 일은 하천에서 처음 주정을 대안에 건네는 방법과는 비교가 되지 않을 정도로 시간이 걸린다. 또 소택의 중간 지점에, 다리가 없으면 통과할 수 없는 강이라도 흐르고 있으면 처음 부대를 소택지의 건너편까지 운반하는 일은 한층 어렵게 된다. 개개

---

1) 부르탕게르 모어(Bourtanger Moor). 모어는 소택지의 뜻. 독일과 네덜란드 국경 부근을 흐르는 엠스강(Ems)의 양안에 퍼져 있는 대소택지.

의 병사라면 판자 위를 건너는 것으로 되지만 가교에 필요한 무거운 자재를 운반할 수는 없다. 그리고 이와 같은 곤란은 대개의 경우 도저히 제거할 수 있는 것들이 아니다.

소택지의 제2의 특성은 도하의 경우와 달리, 방어자는 소택지의 통과로(通過路)를 완전히 걷어치울 수 없다는 것이다. 다리라면 철거할 수도 있고 또 완전히 사용하지 못하게 파괴할 수도 있다. 그러나 제방은 한 부분을 끊어 버리는 것이 고작이며 그것으로 방어자에게 큰 효과를 안겨 주는 것도 아니다. 늪 가운데 조그만 하천이 흐르고 있으면 교량만은 철거할 수 있겠지만, 이것으로 대하천의 교량을 파괴했을 때와 같은 효과를 기대하지는 못한다. 이처럼 소택지에 근거지를 두고 방어의 이익을 얻으려고 한다면, 방어자는 거기에 있는 둑길을 강력한 부대로 수비하고 철저히 이것을 방어해야 한다.

그러므로 소택지 방어는 한편으로는 국지적 방어를 해야 하는 동시에, 또 다른 한편으로는 공격자의 통행을 곤란하게 함으로써 방어자의 부담을 덜게 하는 것이다. 따라서 소택지가 지니는 이상의 두 가지 특성은, 당연히 소택지 방어를 하천 방어보다는 더 국지적인 것, 또 수동적인 것으로 만들지 않을 수가 없는 것이다.

그래서 소택지 방어에는 하천의 직접적 방어에 비해서 국지적으로 한층 강력한 병력이 필요하다. 따라서 하천 방어만큼 장대한 방어선을 구축할 수는 없다. 더욱이 농업을 주로 하는 지방에서는 장대한 방어선을 필요로 하지 않는다. 이러한 지방에서는 방어자에게 매우 유리한 사정이 있는 경우에조차도, 공격자는 소택지를 통과하는 많은 도로를 발견할 수가 있다.

따라서 이런 점에서는 소택지는 대하천보다도 불리하다. 그러나 또 이 점이 매우 중요하다. 특히 소택지의 이러한 국지적 방어는, 방어자의 발을 걸어 넘기는 위험을 안고 있기 때문이다. 그러나 그것은 그렇다 치고 소택지가 방어자에게 유리한 점을 생각해 보기로 하자. ―이러한 소택지나 저지대는, 대부분 유럽의 대하천까지도 미치지 못할 정도로 넓은 폭을 가지고 있다. 따라서 소택지의 통과로를 방어하기 위해 배치된 초병 부대는, 대안으로부터의 사격에 의해 격퇴당할 염려는 없다. 더욱이 방어자측의 사격 효과는 매우 협소하고 장대한 제방에 의해 현저하게 증대된다. 또 일반적으로 4분의 1마일 내지 2분의 1마일에 이르는 좁은 길의 통과는, 대하의 도하보다도 비교가 되지 않을 정도로 시간이 걸린다. 그래서 이러한 여러 사정을 아울러 생각하면 이러한 저지대나 소택지는 그 통과로가 그다지 많지 않으면 생각할 수 있는 한, 가장 강력한 방어선에 속한다는 것을 인정하지 않을 수가 없다.

앞서 하천 방어에서 논한 것처럼 간접적 방어가 목적으로 하는 것은 본격 전투를 유리하게 실시하기 위해 단절지를 이용하는 데에 있다. 이런 종류의 방어 방식은 또 소택지에서도 적용할 수가 있는 것이다.

그러나 적안(敵岸), 즉 하천의 대안에 견진지를 설치한다고 하는 제3의 하천 방어 방식을 소택지에 적용한다는 것은 무모하다고 하지 않을 수가 없다. 소택지의 통과는 도하에 비해서 훨씬 어렵기 때문이다.

둑 밖에 있기 때문에 통행이 절대적으로 불가능하지 않은 소택지, 목장, 단층지(斷層地) 그 밖의 방어에 손을 대는 것은 매우 위험하다. 만약에 적이 단 한 군데의 통과 지점이라도 발견하면 이 지점은 방어선을 분쇄하는 데에 충분하며, 또 이 방어자가 실제로 정면으로 저항을 시도하려고 한다면 중대한 손해를 초래하지 않을 수가 없을 것이다.

B. 범람

다음으로는 범람에 대해서 살펴보고자 한다. 범람은 방어 수단으로써나 또 자연 현상으로서도 큰 소택지의 경우와 매우 흡사하다.

물론 범람은 좀처럼 일어나지 않는다. 또 유럽에서도 범람 현상을 군사적 관점에서 고찰할 만한 가치가 있는 나라라고 한다면, 네덜란드뿐일 것이다. 그럼에도 1672년[2]과 1787년[3]에 주목할 만한 전쟁이 있었다는 것, 또 이 나라가 독일 및 프랑스에 대해서 갖는 중요한 관계를 생각한다면 우리는 네덜란드의 범람을 조금은 고찰해보지 않을 수가 없다.

네덜란드에서의 이들 범람의 성격은, 공격자의 접근을 가로막는 보통의 소택

---

2) 루이 14세의 네덜란드 침략전쟁(1672~78)에 관계된다. 1672년에 네덜란드는 갑문(閘門)을 열고 광대한 지역을 물에 잠기게 하여 프랑스군의 전진을 저지했다.
3) 프로이센의 네덜란드와의 전쟁에 관계된다. 프로이센은 네덜란드의 내정에 간섭하여 1787년에 네덜란드에 침입했다.

지와 다음과 같은 몇 가지 점에서 다르다.

1. 네덜란드의 국토 그 자체는 건조해서, 메마른 목초지거나 그렇지 않으면 비옥한 경작지로 되어 있다.

2. 깊이와 폭이 일정하지 않은 작은 용수로나 작은 배수로가 국내를 종횡으로 관통하여 바둑판 모양을 이루고 있다.

3. 관개(灌漑)와 배수(排水) 및 주항용(舟航用)의 다소 큰 운하가 제방으로 둘러싸여 국내의 모든 방향으로 흐르고 있다. 이런 운하는 다리가 없으면 건너갈 수 없다.

4. 범람 지역 전체의 지면은 해면보다 낮고 따라서 운하의 수면보다도 낮다.

5. 그러므로 제방을 끊고 수문을 열어 놓으면 국토를 모두 물에 잠기게 할 수 있다. 그렇게 되면 비교적 높은 제방 위에 있는 도로만이 수면 위에 남고 다른 길은 모두 물에 잠기든지, 아니면 물 때문에 진흙탕길이 되어 사용이 불가능하다. 그런데 범람이 3피트 내지 4피트 깊이에 지나지 않으면, 단거리라면 어떻게든 통행할 수 있지만 앞의 제2항에 적은 수로가 이것을 불가능하게 만든다. 이들 수로는 물속에 가라앉아 보행자에게는 보이지 않기 때문이다. 다만 이러한 수로의 방향이 전진하는 도로의 방향과 일치하고, 또 도로의 좌우에 있는 수로를 넘을 필요가 없다면 수로와 수로 사이를 보행할 수가 있다. 그리고 이와 같은 경우에만 범람은 절대적인 장애물이 되지 않고 적에게 약간의 접근을 허용하게 된다. 하지만 이와 같은 일은 항상 극히 짧은 길에만 가능하여, 매우 특수한 전술적 필요가 생길 경우에만 이용될 수 있을 뿐이다.

범람에 관한 이들 5항목의 특성에서 다음과 같은 결론이 생긴다.

1. 공격자의 전진은 비교적 소수의 접근로에 국한된다. 즉 상당히 좁은 폭의 둑 위에 구축되었고, 보통 그 좌우에 수로가 있으며, 따라서 매우 길고 좁은 험한 도로가 바로 이것이다.

2. 이와 같은 제방 위에 설치한 방어 시설을 강화해서, 결코 패배하지 않는 방어를 구축하는 것은 매우 쉽다.

3. 그러나 방어 방책이 이와 같이 한정되어 있기 때문에, 방어자는 개개의 지

점에 대해서 말하자면 전적으로 수동적인 방어에 머물지 않을 수 없고, 또 방어의 효과도 오직 수동적 저항에서 구하지 않으면 안 된다.

4. 한 가닥의 방어선만으로 국토를 폐쇄(閉鎖)하는 방어 방식은, 국토를 한 개의 요새로 보는 것과 같다. 그러나 범람의 방어 양식은 이와는 전혀 달라서 도처에 같은 종류의 장애물이 있어서 군의 양측면을 엄호하고, 또 적의 접근을 저지한다. 또 시급을 요하는 지점에는 항상 새로운 초병 진지를 배치할 수가 있으므로, 비록 제1 방어선이 어느 정도 뚫리더라도 새로운 부대로서 배치할 수가 있다. 따라서 방어 방식의 조합 수는, 마치 바둑판에서 전개되는 국면과 마찬가지로 무한하다고 할 수 있다.

5. 그러나 이와 같은 일은 농업이 발달하고 인구가 조밀한 국토에서만 생각할 수 있는 상태이다. 그러므로 통행로의 수나 이들 통로를 봉쇄하는 초병 진지의 수도, 다른 방어 방식의 전략적 배치에 비해서 매우 크다는 것은 말할 것도 없다. 이러한 방어선이 길어야 할 필요가 없다는 이유도 이로써 명백하다.

네덜란드의 가장 중요한 방어선은 자위더르해[4] 연안의 나르덴강[5]에서 시작하여 페히테강[6]의 후방을 통과하여 발강[7]의 호르켐[8]까지, 혹은 좀 더 정확히 말하면 비스보스만[9]까지 약 8마일의 길이에 이른다. 네덜란드는 이 선을 방어하기 위해 1672년과 1787년에 2만 5000 내지 3만 명의 병력을 투입했다. 만일 이만한 병력으로 불패의 저항을 시도할 수 있다고 한다면 그 효과는 대단히 크며적어도 이 방어선 후방에 있는 홀란트주[10]에는 효과가 지극히 컸을 것이다.

1672년 네덜란드군은 이 선상(線上)에서 프랑스측의 두 명장, 즉 처음에는 콩데 공에게, 후에는 뤽상부르에게 인솔된 대단히 우세한 병력에 대하여 저항을

---

4) 자위더르해(Zuiderzee). 1300년 무렵, 폭풍에 의한 지진해일 때문에 북해가 네덜란드의 육지에 파고들어 생긴 만.
5) 나르덴강(Naarden). 북홀란트주의 강.
6) 페히테강(Vechte). 자위더르해로 흘러드는 강.
7) 발강(Waal). 네덜란드의 강. 라인강의 주된 지류의 하나.
8) 호르켐(Gorkum, Gorinchem). 남홀란트의 도시.
9) 비스보스만(Biesbosch). 1421년 가을의 폭풍우에 의해 마스강 하구 부근의 둑이 무너져 생긴 만.
10) 홀란트주(Holland). 자위더르해와 마스강 중간에 있는 지방.

시도했다. 그런데 이 두 장군은 4만 내지 5만의 병력을 이 방어선에 배치할 수 있었는데도 불구하고, 단호한 행동을 취하지 못하고 겨울이 다가오기를 기다리려고 했다. 그러나 그해 겨울의 추위는 심하지가 않았다. 이와는 반대로 1787년에는 이 제1선의 네덜란드군의 저항은 전혀 효력을 가져오지 못했다. 자위더르해와 하를렘호(湖)[11] 사이의 훨씬 짧은 방어선에서의 저항은 다소 본격적이었으나, 이 저항까지도 국지성을 정확히 계산한 브라운슈바이크의 대단히 교묘한 전술적 배치의 효과만으로 맥없이 무너지고 말았던 것이다. 더욱이 이 방어선으로 향했던 프로이센군의 병력은, 방어군의 병력을 겨우 능가했거나 아니면 동등할 정도였다.

네덜란드에서의 두 번에 걸친 이 방어가 각기 다른 결과를 낳은 이유는 지위의 차이였다. 1672년에 네덜란드군은 평상시의 편성으로 루이 14세의 습격을 받았다. 육군에 대해서 말하자면, 당시의 네덜란드군에는 널리 알려진 바와 같이 왕성한 군인 정신이 전혀 결여되어 있었다. 따라서 전국에 있는 요새의 대부분은 장비가 충분하지 않고, 또 약세의 용병 부대에 의해 수비되어 있는 데에 지나지 않았다. 게다가 요새 사령관은 믿을 수 없는 외국인이나 그렇지 않으면 무능한 네덜란드 군인이었다. 따라서 라인강변에서 네덜란드 군이 수비하고 있었던 브란덴부르크 변경백령(邊境伯領)의 여러 요새나, 앞서 말한 방어선의 동쪽에 위치하는 네덜란드의 여러 요새는 흐로닝언[12]을 제외하고는 방어다운 방어도 하지 못하고 이내 프랑스의 수중으로 들어간 것이다. 그런데 15만을 헤아리는 프랑스군이 시도한 중요한 활동으로는 기껏해야 많은 요새를 공략했다는 것뿐이었다.

그러나 1672년 8월 비트 형제[13]가 암살되고 나서 오라녜 공 윌리엄[14]이 새로 네덜란드 총통으로 주권을 장악하자, 바로 방어 방식을 통일했기 때문에 때를 놓치지 않고 앞서 말한 장대한 방어선을 빈틈없이 설치했다. 또 그렇게 되자 여

---

11) 하를렘호(Haarlemer Meer, Haarlemmermeer). 19세기 중엽까지는 거대한 내륙호였다.

12) 흐로닝언(Groningen). 네덜란드 북부의 도시로 이전에는 요새. 1672년의 포위 공격에는 끝내 함락하지 않았다.

13) 비트 형제(Johan de Witt, 1625~72 ; Cornelis de Witt, 1623~72). 네덜란드의 정치가.

14) 오라녜 공(Prince of Oranien, 1650~1702). 후에 영국 국왕 윌리엄 3세(1689~1702).

제20장 소택지 방어와 범람 647

러 대책도 서로 도와 순조롭게 진행되었다. 따라서 튀렌[15] 및 루이 14세에 각각 인솔된 프랑스의 양군이 퇴각한 뒤, 네덜란드에 남아 있던 군의 지휘를 맡은 콩데도, 뤽상부르도, 도처에 배치되어 있던 네덜란드의 초병 부대에 대해서 감히 행동을 개시할 수가 없었던 것이다.

그런데 1787년이 되자 사정은 이것과는 전혀 달랐다. 공격자에게 저항하는 자는 7개주로 이루어진 네덜란드 공화국이 아니라 홀란트주뿐이었다. 그래서 1672년에는 공격자에게 주된 임무였던 요새의 공략은 문제가 아니었다. 그리고 방어는 오직 앞서 말한 방어선에 한정되어 있었다. 그러나 이전과는 달리 공격자가 이끄는 군은 15만이 아니라 불과 2만 5000의 병력이었다. 뿐만 아니라 이때의 공격자는 네덜란드에 인접한 대국의 힘이 있는 국왕이 아니라, 매우 먼 곳에 있고 또 많은 점에서 자유로운 행동이 제한되어 있는 군주로부터 파견된 장수[16]였다. 당시에는 어느 나라나 국민이 두 당파로 분열되어 있었으니 네덜란드도 예외는 아니었다. 그러나 네덜란드에서 결정적으로 유력했던 공화당은, 위급존망의 때를 맞아 애국의 충정에 불타고 있었다. 이와 같은 정황에서라면 1787년의 네덜란드의 저항은, 1672년의 저항과 적어도 같은 정도의 성과를 거둘 수 있었을 것이었다. 그런데 이 두 저항 사이에는 중대한 차이가 있었다. —1787년에는 방어자측에 명령의 통일이 결여되어 있었다. 1672년 오라녜 공 윌리엄의 현명하고 사려 깊은, 더욱이 강력한 지휘에 위임되었던 것이, 1787년에는 이른바 방위위원회라는 것에 맡겨져 있었다. 이 위원회는 네 명의 유력한 위원으로 조직되어 있었음에도 전체적인 방위 계획에서의 방책을 통일할 수가 없었고, 따라서 또 여러 사람의 신뢰를 얻을 수도 없었기 때문에 모처럼의 위원회도 결국 기구만 남아 불완전과 무능을 증명한 데에 지나지 않았다.

이상 논술이 약간 상세하게 된 것은, 범람이라는 방어 방식의 개념을 한층 명확하게 함과 동시에 방어 전체의 지휘에서는, 명령의 통일과 이 통일을 어디까지나 고수하는 일이 중요하며, 이 두 가지 요인을 지배하는 정도에 따라 각기 다른 효과가 생긴다는 사정을 분명히 하기 위함이었다.

---

15) 튀렌(Turenne, Henri de La Tour d'Auvergne, 1611~75). 프랑스의 원수. 루이 14세를 섬긴 뛰어난 장수이자 전술가.
16) 이 전쟁에서 프로이센을 지휘한 것은 브라운슈바이크 대공 카를이었다.

네덜란드에서의 방어선의 설비와 저항 방식은 원래 전술에 속하는 사항이지만, 후자는 전략에도 관계되기 때문에, 1787년의 전쟁을 논한 김에 한마디 덧붙일 것이 있다. 개개의 초병 진지의 방어는 사리(事理)로 미루어 보아 수동적이 되지 않을 수 없지만, 1787년의 경우처럼 공격자가 방어자에 비해서 현저하게 우세하지 않으면, 전체 방어선의 어느 지점에서 공세적 반격을 시도한다는 것은 결코 불가능한 일은 아니며, 또 뛰어난 결과가 없는 것도 아닐 것이다. 이러한 출격은 좁은 둑 위에서 이루어지게 되므로 운동의 자유도 크지 않고 뛰어난 공격력을 갖는 것은 아니지만, 공격자가 전진에 필요한 일체의 둑과 도로를 점유하는 것은 불가능하다. 그러므로 그 지방에 정통하고 견고한 지점을 점유한 방어자로서는 전진하는 공격 종대에 효과적인 측면 공격을 가한다거나, 혹은 물자 및 자재의 저장소와의 연락로를 차단할 수 있다. 이에 반해서 전진하는 공격자는 심한 부자유스러운 정황에 놓여 있다는 것과, 이 경우 공격자는 무엇보다도 우선 병참선에 의존하지 않을 수 없다는 사정을 아울러 생각한다면, 방어자의 출격은 조금이라도 성과를 올릴 수 있는 가망성이 있기만 하다면 비록 양동이라도 큰 효력을 얻을 것이다. 만일 1787년에, 네덜란드군이 이런 종류의 양동을 단 한 번이라도 예를 들어, 위트레흐트[17]에서 실시했다면 신중하고 조심성이 많은 브라운슈바이크 공(公)이 과연 암스테르담[18]을 감히 접근할 수 있었을까? 우리는 이것을 과히 의심스럽게 생각하지 않을 수 없다.

---

17) 위트레흐트(Utrecht). 네덜란드의 남부 도시. 라인강의 굴곡부에 위치한다.
18) 암스테르담(Amsterdam)은 이해 10월 10일에 항복했다.

제21장
삼림 방어

한마디로 삼림지라고 해도, 울창하게 우거진 야생 수목이 통행을 곤란하게 만들고 있는 밀림지(密林地)와, 평야지에 수목을 재배한 식림지(植林地)를 우선 구별할 필요가 있다. 후자는 나무 사이가 떨어져 있고 일반적으로 삼림 안에 많은 길이 나 있다.

그런데 방어선을 어떻게 하면 좋은가 하는 문제가 되면, 방어자는 이 제2종의 삼림지를 군의 배후에 두든지, 그렇지 않으면 이러한 삼림지를 되도록 피해야 한다. 원래 방어자측은 공격자 측보다 자기의 주위를 두루 널리 돌아 볼 필요가 있다. 방어자는 공격자 이상으로 사방을 자유롭게 전망할 필요가 있다. 그 이유 중의 하나는, 방어자는 대개 공격자보다 약세이기 때문이고, 또 다른 이유로는 방어자는 공격자의 형세를 살펴본 뒤에, 다시 말하면 공격자보다 늦게 작전 계획을 세울 수 있는 유리한 위치를 차지하고 있기 때문이다. 이에 반해서 방어자가 이러한 삼림지를 정면에 둔다면, 그것은 마치 맹인이 눈을 뜬 사람에게 도전하는 것과 마찬가지이다. 게다가 방어자가 삼림지로 들어간다면 피아는 모두 맹인과 같다고 해도 좋다. 그러나 이와 같이 피아의 정황이 서로 같다고 하는 것은 방어자에게는 불리하여, 방어자가 당연히 누려야 할 유리함과는 서로 양립할 수가 없다.

따라서 방어자가 삼림지와 전투 사이에 유리한 관계를 도입하려고 한다면, 방어자의 군은 삼림지를 등에 두고, 혹은 군의 후방에서의 일체의 활동을 감추고, 혹은 자군(自軍)의 퇴각을 엄호하고 또 이를 수월하게 하기 위하여 삼림지를 이용할 수밖에 없다.

그런데 여기서 말하는 삼림지는 평야지의 삼림지에 한한다. 만약에 삼림이 분명한 산지적 성격을 띠면 이러한 성격은 전술적, 전략적인 방어 방책에 현저한 영향을 줄 것이다. 이에 대해서는 이미 다른 곳에서 언급한 바가 있다.

그러나 통행이 곤란한 삼림, 다시 말하면 일정한 산길로밖에 통과할 수 없는 제1종 삼림지는 간접적 방어에는 유리하다. 그것은 회전을 유리하게 개시하기 위해 산지를 이용하는 경우의 이점에 속한다. 방어자는 이러한 삼림의 후방에 설치한 진지에 많건 적건 간에 병력을 집결해서 적을 기다렸다가, 적 부대가 삼림 중의 좁은 길에 나타난 순간에 이를 습격할 수 있기 때문이다. 또 이러한 종류의 삼림은, 그 효과에 대해서 말하자면 하천보다도 오히려 산지와 비슷하다. 하기야 이러한 삼림지에는 통과가 매우 곤란하고 긴 한 가닥의 통과로밖에 없다고 하지만, 공격자가 퇴각할 경우에는 위험하다기보다는 오히려 유리하다.

그러나 삼림지의 직접적 방어는 그 삼림의 통과가 아무리 곤란하다 해도, 매우 민활한 전초 부대를 동원한다 해도 무모한 계획이다. 창날처럼 날카롭게 나무를 깎아 엮은 방책(防柵)은 한낱 공상의 산물에 지나지 않고, 또 통과가 매우 곤란하다 하더라도 어떤 삼림이나 소부대라면 통과할 수 있는 곳은 얼마든지 있다. 이러한 숲길은 마치 둑에 스며드는 물방울과 같은 것으로, 처음에는 별다른 해를 주지 않지만 이윽고는 둑의 전면적 붕괴를 초래한다.

삼림이 어떠한 종류의 것이든, 대개 대삼림이 국민 총무장에 미치는 영향이야말로 가장 중요하다. 삼림은 국민 총무장에 다시없는 방어 수단이다. 따라서 전략적 방어 계획을 입안할 때, 공격자의 병참선이 대삼림 안을 통과하도록 짠다면 그것은 마치 방어 공사에 강력한 철근을 넣은 것과 마찬가지이다.

제22장
초병선 방식

서로 연관되게 배치한 일련의 초병 부대로 어떤 지역 전체를 직접 방어하려고 하는 방어 설비는, 모두 초병선 방식이라고 부를 수 있다. 지금 직접이라고 말한 것은, 한 군에 속하는 두어 개의 부대가 나란히 배치되어도 초병선 방식의 방어선을 형성하지 않고, 광대한 지역을 적의 침입에 대해서 방어하는 경우가 있을 수 있기 때문이다. 그러면 이 경우에는 직접적 방어가 아니라, 이들 부대의 조합과 운동에 의해서 간접적인 방위가 이루어지는 셈이다.

광대한 지역을 직접 엄호하면, 그 방어선은 길어질 수밖에 없으며 방어선의 저항 능력이 감소되는 것은 뻔하다. 비록 방어자가 대군을 가지고 방어에 나선다고 해도, 여기에 대항하는 적의 세력도 마찬가지로 대군일 때는 역시 같은 결과가 될 것이다. 따라서 초병선식 진지의 목적은 오로지 약세인 공격자에 대해서 어느 지역을 방위하는 데 있다. 이때 공격자의 의지력이 약한가, 공격을 실시하는 적의 전투력이 약한가 하는 것 등은 문제가 아니다.

중국의 만리장성은 이런 의미에서 축조되었다. 타타르인의 침입에 맞서 국토를 방위하는 데에 그 목적이 있었다. 아시아와 터키와 경계를 접하고 있는 유럽 국가들이 초병선식 방어 설비로 국경을 방어하는 것도 모두 이와 마찬가지 의미를 갖는다. 이와 같은 경우에 초병선 방식을 채용하는 것은 불합리한 것도 아니고 또 적절치 못한 조치도 아니다. 하기야 이것으로 적의 침입을 모두 저지할 수 있는 것은 아니다. 그러나 침입은 곤란해지고 또 드물게 될 것이다. 아시아의 여러 민족과의 전쟁 상태는 앞으로도 거의 끊어지지 않을 것이다. 그렇다면 이러한 민족을 상대하는 한, 초병선 방식의 방어는 매우 중요하다.

근대의 전쟁에서, 유럽의 여러 나라의 국경 사이에 구축된 방어선 —예를 들어 라인강변이나 네덜란드 등에 설치된 프랑스의 방어선은 초병선 방어의 본래의 의의와 비슷하다. 이들 방어선의 주된 목적은 군세(軍稅)의 징수나 양식의 징발을 위한 적의 공격에 대해서 국토를 방어하는 데에 있다. 따라서 이런 종류의 방어선이 목적하는 것은, 적의 지엽적인 행동을 저지하는 데 있으므로 그 방어에 주력을 사용할 필요는 없다. 그러나 적이 주력을 이 방어선으로 돌린다면 그에 따라 방어자도 주력을 가지고 이 선을 지키지 않을 수 없다. 하지만 그렇게 되면, 초병선식 진지는 이미 가장 좋은 방어 설비는 되지 못한다. 여기에는 이러한 불리함이 있다. 또 다른 한편으로 전쟁 중에 자행되는 적의 침략에 대해서 국토를 방위한다는 것은 부차적인 목적이며, 따라서 그다지 중요하지도 않은 데에도 불구하고 이런 종류의 방어선을 유지하기 위해서 자칫 많은 병력을 소비하지 않으면 안 된다는 불리함이 있다. 그래서 초병선 방식은 오늘날에는 오히려 유해한 방책으로 여겨지게 되었다. 요컨대 전쟁을 수행하는 힘이 격렬해짐에 따라서, 이러한 수단은 더욱더 소용이 없어지고 오히려 위험한 것이 되었다.

마지막으로 군대의 사영(舍營)을 엄호하고, 또 어느 정도 저항을 시도하는 것을 목적으로 하는 매우 장대한 전초선도 원래의 초병선식 진지로 보아도 좋다.

이러한 저항의 주된 목적은 적의 침략에 대항하고, 또 아군 사영의 안전을 위협하려고 하는 적의 작은 행동을 막아내는 데 있으며, 만약에 토지와 지형이 방어자에게 유리하면 충분한 저항력을 발휘할 수 있다. 그러나 적의 주력의 진출에 대해서는 결국 상대적 저항, 다시 말하면 시간을 벌기 위한 저항에 지나지 않는다. 또 이렇게 해서 얻은 시간적 여유도 대개의 경우 그다지 대단하지는 않다. 그렇기 때문에 이것을 전초선식 방어의 본래의 목적으로 볼 수는 없다. 그런데 적군의 집결이나 진출 그 자체가 방어자에게 은닉되어, 방어자는 전초를 통해서 비로소 정보를 입수한다고 하는 일은 있을 수가 없다. 만약에 그와 같은 경우가 있다고 하면, 이러한 방어자는 매우 처량한 상태에 있다고 하지 않을 수가 없다.

따라서 이 경우에도 초병선식 진지는 세력이 약한 적의 병력에 의한 공격에 대항하기 위해 배치된 것으로, 앞서 말한 두 건의 경우와 마찬가지로 그 본래의 임무와 모순되지는 않는다.

그런데 국토 방어를 임무로 하는 군대가 적의 주력에게 대항하기 위하여, 자신의 주력을 나누어 일련의 긴 초병선식 방어 진지에 배치하여, 이렇게 해서 초병선식 방어선을 형성한다는 것은 얼핏 보아 불합리한 것으로 여겨진다. 그래서 우리는 이러한 사태를 발생시키고 또 이런 사태에 수반되는 정황을 한층 상세히 규명할 필요가 있다.

일반적으로 산악의 진지는 모든 전투력을 집결해서 회전을 실시할 의도를 갖는 것이라도 평야지에서보다도 광대해질 수 있고, 또 광대해야 한다. 이러한 진지가 광대해질 수 있다는 것은 지형의 지원(支援)으로 저항 능력이 현저하게 높아지기 때문이며, 또 광대하지 않으면 안 된다는 것은 이미 산지 방어의 장에서 말한 대로 산지에서는 한층 넓은 퇴각 기지를 필요로 하기 때문이다. 그러나 회전의 기회가 그다지 절박하지 않고 적이 유리한 기회가 도래할 때까지는 행동을 일으키지 않으며, 또 장시간에 걸쳐 방어자와 대치를 계속할 경우에는(이전에는 이것이 대개의 전쟁에서 볼 수 있는 일반적인 상태였다), 군이 차지하는 지역을 최소한도의 필요에 만족하지 않고, 군의 안전이 위협을 받지 않는 한 좌우의 토지를 넓게 점유하는 것은 당연하다. 또 이것은 적이 접근하기 쉬운 개활지에는 이동의 원리가 효력을 발휘하기 때문에 산지에서보다도 한층 수월하다. 따라서 이러한 목적을 위해서는 전투력의 확산과 분할은 그다지 필요하지 않으나 이러한 개활지는 산지보다도 한층 위험하다. 왜냐하면 평야지에서는 각 부대의 저항 능력이 약하기 때문이다.

그러나 군이 산지에서 점유하는 지역의 대소는 그 지역의 국지적 방어 능력에 의존하고, 또 적이 위협하는 지점으로 급행할 경우에도 평야지에서만큼 신속하게는 이루어지지 않는다. 또 적이 방어자를 앞질러서 그 지점에 도달했을 경우에는, 방어자가 다소 우세하다는 것만으로 적을 그곳으로부터 쫓아내기가 그다지 쉬운 일이 아니다. 이와 같은 사정이 있기 때문에, 산지에서는 본래의 초병선식 진지는 아니라 해도 일련의 방어 진지를 설치해서, 초병선 방식과 비슷한 배치를 사용한다. 그런데 이와 같이 군을 분할해서 약간의 방어 진지에 배치하는 방식에서 본래의 초병선 방식에 이르는 데에는, 말할 필요도 없이 아직도 많은 단계가 있다. 그럼에도 장수들은 자칫하면 이 사이를 단번에 뛰어넘는다. 그들은 자신들도 알아차리지 못한 채 한쪽 단계에서 다른 단계로 이끌리기 때문이다. 즉 처음에는 국토의 방위와 보전이 군을 분할하는 목적이었는데, 나중에는 전투력 그 자체의 보전이 목적이 되는 것이다. 요컨대 서로 연계되는 일련의 방어 진지에 배치된 지휘관들은, 누구나 각자에게 맡겨진 진지의 좌우에 있는 이러저러한 접근점을 점거함으로써 얻어지는 유리함을 각기 저울질하는 것이다. 그래서 방어 방식 전체가, 어느 틈엔가 군의 분할이라고 하는 단계에서 초병선 방식이라고 하는 단계로 건너뛰어 버리는 것이다.

따라서 군대의 주력을 가지고 하는 초병선식 전투가 일어난다면, 그것은 적의 전투력의 어떠한 공격도 지지하려는 목적으로 선정한 전쟁 형식이 아니라 그것과는 전혀 다른 목표, 다시 말하면 원래의 행동을 의도하지 않은 적에 대해서 국토를 방위하고 보전하는 목표를 추구하는 동안에, 어느 틈엔가 그와 같은 사태에 빠져버린 것이다.

하지만 이러한 사태는 역시 잘못이다. 장수가 우선 소규모의 초병 진지를 설치하면, 연이어 이런 종류의 진지를 설치하고 싶어지는 이유 등은, 주력의 본래의 목적으로 말하자면 사소한 일일지도 모른다. 그러나 장수의 이러한 생각이야말로 적어도 이와 같은 잘못을 낳게 하는 소인(素因)이 될 수 있다. 그런데 이 잘못의 원인은 피아 상태의 오인에 있음에도 그러한 일은 오직 초병선 방식이라고 하는 방어 방식 그 자체가 잘못이라고 떠들어대는 것이다. 그러나 대개는 이런 종류의 방어 방식에서 생긴 결과가 유리하면 적어도 손해를 수반하지 않으면, 암묵 중에 이 방식을 시인하는 것이다.

알 만한 사람이라면 7년 전쟁에서의 하인리히 친왕의 과오 없는 전역을 칭찬하지 않을 수가 없다. 프리드리히 대왕이 자기 동생의 전역을 이와 같이 표현했기 때문이다. 그럼에도 불구하고 하인리히가 치른 이러한 전투는, 매우 크고 긴 초병 진지의 가장 현저하면서도 가장 이해하기 어려운 실례이며, 오히려 단적으로 초병선 방식이라고 불러도 좋은 것이었다. 만일 이러한 초병 진지도 완전히 올바른 방어 방식이라고 말하기 위해서는 아마도 다음과 같은 해석을 내려야 할 것이다. 즉, 하인리히는 적이 어떠한 존재인가를 잘 알고 있었다. 그는 적이 결정적 행동을 취하려는 기색이 없다는 것을 알고 있었다. 그의 방어 배치의 목적은 되도록 광대한 지역을 보유하는 데에 있었다. 그래서 그는 사정이 허락하는 한 이 방법을 관철한 것이다―라고. 그러므로 가령 하인리히가 자신이 채택한 방어 방식이 엮어내는 교묘한 거미줄과 같은 망 안에서 실패하여 중대한 손실을 초래했다 해도, 그는 잘못된 전쟁 방식을 사용했다고 평가할 것이 아니라 방어 방식을 부적당한 경우에 사용한 데에 지나지 않는다—고 말해야 할 것이다.

우리는 이른바 초병선 방식이 전쟁터에 있는 군의 주력에 의해서 우연히 사용된 내력을 명백해 하고, 게다가 이 방어 방식은 이치에 닿아 있을 뿐만 아니라, 또 쓸모가 있기 때문에 일괄적으로 불합리한 것이라고는 여길 수 없다는 생각의 가닥을 세우기 위해 진상의 구명에 애를 써보았다. 그러나 또 그와 동시에 장수나 그 참모가 초병선 방식의 본래의 의의를 잊고, 그 상대적 가치를 전면적 가치로 잘못 알고, 이 방식은 적의 그 어떤 공격에도 견디고 또 국토를 방어하는 가장 알맞은 방법이라고 생각한 사례가 이제까지 실제로 있었을지도 모른다는 것을 인정하지 않을 수가 없다. 그러나 이와 같은 사례는 방책을 잘못 사용하기 때문이 아니라, 방책 그 자체를 완전히 오해한 데서 비롯했다. 우리는 이러한 불합리가 특히 1793년과 1794년에 프로이센과 오스트리아 양 군대에 의한 보주산맥 방어에서 실제로 생겼으리라고 여겨지는 것을 솔직히 인정하고 싶다.

제23장
국토의 요충지

종래의 전쟁술에서 이론적 사상이라고 하면 지금 여기에서 논하려고 하는 국토의 요충지라고 하는 사상처럼, 비판에서 한층 눈에 띤 역할을 한 것은 없다. 이 사상은 회전 및 전역에 관한 모든 기술(記述)을 장식하는 의장마(儀仗馬)이자, 또 전쟁에 관한 일체의 논의에서 가장 자주 인용되는 견해이며, 또 학문적 형식을 갖추고 있는 경구로서 비판이 크게 자랑으로 삼고 있는 것 중의 하나이다. 그럼에도 이 사상을 표명하는 개념은 확립되어 있지도 않고, 또 이제까지 명확하게 표현된 일도 없다.

그래서 다음에 이 개념을 분석하여 그 내용을 명확히 하고, 또 이 개념이 실제로 군사적 행동에서 어떤 가치를 갖고 있는가에 대해서 고찰하고자 한다.

국토의 요충지라는 개념을 여기에서 논하는 것은, 이 개념이 산지 방어와 하천 방어, 견진지(堅陣地)나 일반적인 보루 진지의 개념과도 밀접하게 관련되어 있기 때문이다. 그래서 우선 이런 사항들을 미리 논해두지 않으면 안 되었다.

이 불분명하고 혼란된 군사적 개념은 국토의 요충지 등과 같은 진부한 비유 뒤에 숨어 있는데, 그 내용은 명확하지 못해서 때로는 가장 비옥한 땅을 의미하는가 하면 때로는 가장 견고한 요새지를 뜻하는—그런 식이다.

적지의 어떤 지역을 점령하지 않는 한 적국에의 침입을 감행할 수가 없는 것이라면, 이 지역이 국토의 요충지라고 일컬어지는 것은 매우 당연한 일이다. 그런데 전쟁 이론가들은 간명하지만 어딘지 부족한 듯한 생각으로는 만족할 수가 없었기 때문에, 이러한 사상을 한층 강화하여 국토의 요충지라는 말을 어떤 지점, 즉 그것을 점령하면 적국 전체의 점유를 결정하는 지점으로 이해한 것이다.

러시아가 크림반도로 진출하기 위해서는, 페레코프와 그 방어선을 장악해

야 했다. 그러나 이 거사는 러시아가 크림반도에의 통로를 획득하기 위한 것만
은 아니었다. 실제로 라시[1]는 1737년과 1738년 두 차례에 걸쳐 그 선을 우회하
고 있었던 것이다. 러시아의 의도는 우선 안심할 수 있을 정도의 발판을 확보하
는 데에 있었다. 그렇다면 사정은 매우 단순하다. 그러나 이 경우에는 요충지라
고 하는 개념은 그다지 큰 의미가 없다. 그런데 랑그르[2]를 점령하는 자는, 파리
까지의 전체 프랑스를 점유하거나 지배하게 된다. 다시 말하면 프랑스를 영유하
느냐 못하느냐는 오직 랑그르를 점유하느냐 못하느냐에 달려 있다고 하면, 이
것은 분명히 제1의 경우와는 전혀 별개의 사항으로 그보다도 훨씬 고도의 중요
성을 갖는다. 제1의 생각에 따르면, 국토의 보유는 요충지라고 일컬어지는 지점
을 점유하지 않는 한 생각할 수가 없다. 이것은 상식적으로도 명백하다. 그런데
제2의 생각에 의하면, 우리가 국토의 요충지라고 부르려고 하는 지점의 보유
는 국토의 보유가 없으면 생각할 수 없다. 이것은 참 이상한 일로서, 이를 이해
하기 위해서는 상식보다는 비의적(秘義的)인 눈속임을 필요로 한다. 이 카발라[3]
는, 약 50년 전의 군사서(軍事書)에 나타나 전(前)세기 말에 그 절정을 이루어 나
폴레옹의 전쟁 지도가 절대적인 힘을 가지고 확실히, 또 명확하게 이 신비설에
대한 신앙을 모조리 제거했는데도 불구하고, 아직도 군사서에서 가냘프게나마
명맥을 유지하고 있다.

　어느 나라나 특히 중요하다고 여겨지는 지점이 있다. 이러한 지점에서는 수많
은 길들이 교차되고 식량을 손쉽게 조달할 수 있으며, 또 거기에서 어디에나 편
하게 갈 수 있는 지점—간단히 말하자면, 거기를 점령하면 모든 필요를 충족시
킬 수 있고 여러 가지 이점을 얻을 수 있는 지점이다. 그래서 장수가 이러한 지
점의 중요성을 한마디로 표현하기 위해 국토의 요충지라고 명명했다면, 이에 대
해서 이런저런 트집을 잡는다는 것은 촌티를 벗어나지 못하는 일이다. 이 표현
은 이러한 지점의 특징을 잘 파악한 말이라 할 수 있다. 그러나 국토의 요충지
라는 말의 꽃에서 한 알의 씨앗을 끄집어내어, 많은 가지가 달린 나무 모양으

---

1) 라시(Lacy, Peter von, 1678~1751). 앞에 나온 프란츠 모리츠의 아버지. 러시아의 원수. 터키 전쟁
　(1736~39)에서 페레코프를 점령하여 크림반도를 약취했다.
2) 랑그르(Langres). 프랑스의 북동부의 요새지. 랑그르 고원(516m)의 돌출부에 위치한다.
3) 카발라(Kabbala). 히브리어로 '전승'의 뜻. 유대의 신비설.

로 다종다양한 내용을 가진 한 개의 체계로 발전시키려고 한다는 것은 상식에 대한 도전이다. 그래서 우리는 이러한 표현에 구애됨이 없이 이 개념의 참뜻을 명백히 하지 않으면 안 된다.

장수가 군사 계획에 대해서 이야기할 때 자주 입에 올리는 국토의 요충지라는 개념은 확실히 실제적인 뜻을 가지기는 하지만, 이 뜻은 매우 애매모호하다. 그래서 우선 이 모호함을 제거하고 이 개념에 가장 명확한, 제1의적인 의미를 부여한 뒤에 거기에서 하나의 체계를 발전시키려고 했다. 그때 여러 지형적인 관계에서 골라낸 것이 바로 고지(高地)라고 하는 관계였다.

길이 산 능선을 넘어서려고 할 때, 즉 등반자가 산지의 최고점에 이르러 앞으로 남은 길이 내리막길이 될 때 그는 신에게 감사한다. 이것은 이미 여행자에 대해서는 기정사실이지만, 특히 군에게는 더욱 그러하다. 일체의 곤란은 극복되었다고 여겨지고 또 대개의 경우 실제로도 그렇다. 하산은 뭐니 뭐니 해도 편하기 때문이다. 그래서 산을 내려오는 사람은 그를 막으려고 하는 자에게 우월감을 느낀다. 그는 앞으로 정복하려고 하는 국토를 멀리 전망하고, 전투에 앞서 이를 한 눈에 담는다. 산지를 통과할 경우 도로가 다다른 최고의 지점을 결정적인 지점이라고 간주해도 좋다. 그리고 이러한 지점은 대개의 경우 실제로도 그대로이지만, 모든 경우에 해당되는 것은 아니다. 장수들은 그들의 전사적(戰史的) 기술 안에서 이러한 지점을 자주 요충 지점이라고 이름 짓는다.

그러나 이것은 위에서 말한 것과는 약간 다른 뜻을 가지며, 그 지형적 관계도 한정되어 있다는 것은 물론이다. 그러면 잘못된 이론이(그 창시자는 아마도 로이드일 것이다) 이러한 개념을 채택하여 앞으로 침공하려고 하는 국토로 내려가는 몇 가닥의 도로의 기점이 되는 고지점이 곧 이 국토의 요충 지점이며, 또 이 나라를 제압하는 지점으로 여겨지게 될 것이다. 이와 같은 사상은 이것과 밀접한 관계에 있는 또 하나의 생각, 즉 체계적 산지 방어라고 하는 사상과 융합되어, 그것이 다시 발전해서 마침내 환상적인 것이 되는 것은 자연의 추세였다. 뿐만 아니라 산지 방어에 관한 약간의 중요한 전술적 요소가 여기에 가미되면 이윽고 산길의 최고 지점이라는 개념이 버려지고, 일반적으로 산계 전체의 최고 지점, 따라서 분수령이 국토의 관건으로 여겨지게 될 것이다.

그런데 그 무렵, 즉 18세기 후반에, 침식 작용에 의한 지구 표면의 조형에 관해서 종래보다도 한층 명확한 학설이 나타났기 때문에, 자연 과학은 전쟁 이론의 이러한 지질학적 체계에도 원조의 손을 뻗었다. 그래서 실제의 경험에서 얻은 진리를 지키는 둑은 잘게 잘리고, 모든 논의는 지질학적 분석이라고 하는 환상적인 체계 안에서 우왕좌왕한 것이다. 따라서 18세기 말이 되자 일반적으로 전쟁 이론에 대해서 듣는 것이나 읽는 것이라고 하면, 하나에서 열까지 라인강이나 도나우강의 수원(水源)에 관한 것이었다. 그런데 이렇게 지나친 논의가 만연한 것은 서적 안에서의 기술이었다. 책에서 얻은 지식이 현실의 세계로 옮아가는 것은 그 일부에 지나지 않고, 또 그 이론이 터무니없는 것이라면 현실계로 들어오는 지식도 더욱더 적어진다. 하지만 지금 여기에서 문제로 하고 있는 이론이 군사적 행동에 조금이라도 영향을 미쳤기 때문에 독일에 불리한 결과가 생겼다는 것, 따라서 우리는 쓸모없는 말장난을 하는 게 아니라는 것을 증명하기 위하여, 두 가지 사건을 지적하고자 한다. 즉, 첫 사건은 프로이센군이 1793년과 94년에 보주산맥에서 행한 전역[4]이다. 이 두 전역은 모두 군사적으로 중요했지만 또 심하게 학문 냄새를 띤 것이었다. 이 전역의 진상을 드러내 밝히는 이론적 열쇠로서 그라베르트와 마센바흐의 저서[5]가 있다. 또 두 번째 사건은, 20만의 군대가 같은 이론에 희롱되어 스위스를 경유하여 소위 랑그르 고원에 도달한 1814년의 전역[6]이다.

어떤 지역의 높은 지점이 하천 수원(水源)을 이룬다고는 하지만, 이와 같은 지점은 대개 단순히 높은 지점에 지나지 않는다. 이러한 지점이 군사적 사건에 주는 영향에 대해서는 18세기나 19세기 초두에, 그 자체로서는 참된 사상을 과장하거나 잘못 적용한 책이 나와 있다. 그러나 이들 기술은 모두 거짓이다. 가령 라인강이나 도나우강, 혹은 이 두 강을 포함한 독일의 6대 하천[7]이 모두 단 하

---

4) 프랑스혁명 전쟁에 속하는 전역.
5) 마센바흐가 쓴 《프리드리히 빌헤름 2세 및 3세 치하의 프로이센 역사에 관한 회고록(Memoiren zur Geschichte der preussischen Staaten unter der Regierung Friedrich Wilhelms Ⅱ. und Friedrich Wilhelms Ⅲ)》(3Bde, 1809~10)을 가리키는 듯.
6) 라이프치히의 회전(1813~10,16~18.) 후, 슈바르첸베르크가 이끄는 동맹군 본군은 12월 중순에 행동을 일으켜 스위스의 중립을 범하고, 프랑스 동부의 국경 요새를 우회해서 프랑스로 침입, 랑그르 고원에 진출했다.
7) 여기에 든 두 강 외에 엘베강, 오데르강, 베저강 및 엠스강을 가리키는 것 같다.

나의 산지에서 공동의 원천을 갖는다고 해도, 그 산지는 측량용의 삼각점을 정상에 설치하는 이상으로 높은 군사적 가치를 요구할 수는 없다. 실제로 이와 같은 지점은 봉화를 올리기에는 부적당하고, 또 기병에는 더더욱 맞지 않으며 군을 배치하는 것은 더더욱 그러하다.

따라서 국토의 요충 진지라는 것을 요충 지역에, 다시 말하면 산악의 여러 지맥이 공통된 지점에서 시작하고, 또 최고 지점에 약간의 수원을 갖는 지역에서 구하는 일은 책 안에서의 착상이고, 자연 그 자체와는 모순된다. 자연은 종래의 소위 지형학이 생각하는 땅 모양과는 달리, 산등성이에서 계곡으로 내려오는 지형이 흔하지는 않다. 그러기는커녕 오히려 원구(圓丘)나 단절부가 사방에 널리 있어 가장 낮은 산호(山湖)의 주위에조차도 매우 험준한 산괴로 형성되어 있는 곳이 드물지 않다. 이와 같은 일에 관해서 전쟁사를 참조한다면, 어떤 지역의 지질학적 요충 지점이라고 하는 것이 그 지역의 군사적 이용에 미치는 정상적인 영향은 거의 없다는 것, 그보다는 오히려 다른 지형이나 군사적 시설 쪽이 한층 유리하다는 것, 따라서 또 진지선이 때로는 이러한 지점 바로 옆을 통과하면서도 이들 지점을 전혀 무시하고 돌보지 않는 이유를 이해할 수 있으리라 생각한다.

우리는 이러한 잘못된 견해를 버려야만 한다. 우리가 이제까지 이 문제를 길게 논한 것은 전쟁 이론의 체계, 더욱이 상당히 훌륭하게 보이는 체계 전체가 국토의 요충지라고 하는 개념에 입각해서 건설되고 있기 때문이다. 그래서 다시 우리의 견해로 되돌아가기로 한다.

우리가 말하고자 하는 것은 이렇다. 요충 진지라고 하는 말이 전략에서 하나의 독립된 개념을 형성한다고 하면, 어떤 지역을 점령하지 않고서는 적국에 침입할 수 없는 경우에 이 지역에만 적용할 수 있다는 것이다. 그러나 이 말을, 무엇보다도 적국으로 침입하는 데 편리한 통로나 어떤 지역의 중앙부에 존재하여 공격자에게 편리한 지점이라고 이해한다면, 이러한 호칭은 그 본래의 개념 내용(이 명칭의 본래의 가치)을 잃고 결국 어디에나 흔히 있는 어떤 종류의 물건을 가리키게 된다. 그렇게 되면 이 말은, 듣는 사람의 귀를 쓸데없이 즐겁게 하는 비유에 지나지 않을 것이다.

그렇다면 우리가 생각하는 것과 같은 ·요충 진지라는 것은 전혀 없고 드물게 존재하는 것밖에 되지 않을 것이다. 도대체 적 국토의 자물쇠를 여는 절호의 열쇠는 대개 공격자의 군 안에 존재하게 된다. 게다가 또 토지 및 지형의 개념이 전투력의 개념을 능가하기 위해서는, 특히 유리한 여러 조건이 구비되어 있지 않으면 안 된다. 그리고 이들 조건은 우리가 생각하는 바로는, 두 건의 주요한 작용 안에서 찾아볼 수가 있다. 즉 첫째는, 그 지역에 배치된 전투력이 지형의 지원을 얻어 강력한 전술적 저항을 시도할 수 있다는 것이다. 또 두 번째는, 이러한 진지는 적이 아군의 병참선을 위협하기에 앞서 적의 병참선을 효과적으로 위협하는 것이어야 한다.

제24장

전략적 측면에 대한 활동

우리가 본 장에서 논하는 것은 전략적 측면, 즉 전쟁터의 측면이라는 것, 따라서 회전에서의 측면 공격, 다시 말하면 전술적 측면에 대한 행동을 전자(前者)와 혼합해서는 안 된다고 하는 것은 새삼 설명할 필요가 없다. 비록 전략적 측면에 대한 행동이 궁극적으로 전술적 측면에 대한 행동과 합치하는 경우에도 양자는 분명히 구분할 수 있다. 양자 사이에는 인과 관계가 존재하지 않기 때문이다.

전략적 측면에 대한 행동이나 또 이에 관계하는 측면 진지도 실제로는 전쟁에서 좀처럼 볼 수 없다. 그것은 측면에 대한 행동이라고 하는 수단 그 자체가 효력이 없거나 비현실적이기 때문에 아니라, 대부분 피아 쌍방이 이러한 행동을 경계하기 때문이다. 그리고 또 이와 같은 경계가 불가능한 경우는 드물다고 볼 수 있다. 그러나 가끔 이러한 드문 경우가 생기면 이 수단은 때로는 특히 커다란 효력을 발휘하게 된다. 그래서 측면에 대한 행동에 뛰어난 효력이 있고 또 이 전쟁에서 피아 쌍방이 서로 이러한 행동을 끊임없이 경계하지 않을 수 없는 사정이 있다고 한다면, 우리는 이에 대해 이론적으로 명확한 개념을 제시할 필요가 있다. 그런데 전략적 측면에 대한 행동은 말할 필요도 없이 방어에서 뿐만 아니라 공격에서도 생각할 수 있는데, 양자 어느 쪽에 속하는가 하면 방어에 가까우므로 이것을 방어 수단으로 편입한 것이다.

본론으로 들어가기 전에 우선 하나의 간단한 원칙을 세우고, 이하의 고찰에서 항상 이 원칙을 염두에 두어야 한다. 그 원칙에는 방어자가 공격자의 배면과 측면에 대해서 일으키는 행동은, 적의 전면에 대해서는 효력을 발휘할 수 없다는 것이다. 따라서 전술에서나 전략에서 적의 배면을 찌르는 것을 하나의 공적으로 간주한다는 것은 전적으로 잘못된 생각이다. 이와 같은 행동은 그 자체로서는 그다지 가치를 지니지 않으며 다른 사태와 관련될 때 비로소 가치를 갖는다. 더욱이 이와 같은 행동은 관계되는 사태 여하에 따라서 유리해지기도 하고 불리해지기도 한다. 그래서 이러한 사태를 구명하는 일이 바로 이 장의 주된 목적이다.

우리는 우선 전략적 측면에 대한 행동에 두 가지가 있음을 알아야 한다. 즉, 적의 병참선에 대한 행동과 퇴각선에 대한 행동이다. 또 병참선에 대한 행동은 퇴각선에 대한 행동과 결부되는 일이 있다.

1758년[1]에 다운은, 프리드리히 대왕의 지휘하에 이루어진 올뮈츠의 포위 공격에 대한 수송을 배제하기 위하여 두서너 개의 별동대를 파견했다. 그가 이에 의해서 프리드리히의 슐레지엔으로 가는 퇴로를 차단할 작정이 아니었다는 것은 명백하다. 오히려 그는 대왕을 이러한 퇴각으로 유인하려고 했다. 따라서 만약에 필요하다면 그는 대왕 때문에 길을 여는 것도 마다하지 않았을 것이다.

또 1812년의 9월과 10월에, 러시아의 본군에서 파견된 몇 개 별동대의 의도는 프랑스군의 퇴로를 끊기 위한 것이 아니라 오직 병참선을 끊는 데에 있었다. 이에 반해 치차고프[2]의 지휘하에 베레지나 강변[3]을 향해 전진한 몰다우군의 의도와 비트겐슈타인이 뒤나 강에 주둔하고 있던 프랑스의 수개 군단을 공격하려는 의도가 프랑스군의 퇴각로를 끊는 데에 있었다는 것은 명백하다.

지금 이들 전쟁 사례를 인용한 것은 사고방식의 가닥을 명백히 하기 위한 것이다.

병참선에 대한 행동은 적의 수송, 추가 부대, 급사(急使), 여행 중인 군인, 작은 창고 등, 다시 말하면 적군의 전력과 보급을 유지하는 데에 필요한 물건에만 집중되는 것이다. 그렇기 때문에 병참선에 대한 행동의 목적은, 적군의 상태를 약화해서 마침내 퇴각을 촉진하는 데에 있다.

다음에 적의 퇴각선에 대한 행동의 목적은 적의 퇴로를 차단하는 데 있다.

---

1) 프리드리히 대왕은, 1758년 5월 초순에 올뮈츠 요새를 포위 공격했으나 오스트리아군 때문에 수송을 빼앗겨(6. 30), 마침내 공격을 포기하고(7. 3) 퇴각했다.

2) 치차고프(Tschitschagow, Paul Wassiljewitsch, 1765~1849). 러시아의 제독. 1812년 몰다우군의 최고 사령관이 되었다.

3) 베레지나강(Beresina). 드네프르강(Dnepr) 우안의 지류. 프랑스군은 모스크바로부터 퇴각할 때 이 강을 통과했다(1812. 11. 26~29).

그리고 이 목적은 적이 실제로 퇴각을 결심함으로써 비로소 달성된다. 그러나 물론 이 활동의 본뜻은 적을 위협함으로써 퇴각을 재촉하는 데에 있으므로, 적의 병참선에 대한 행동이 양동(陽動)이라 해도 실제의 행동과 동일한 성과를 거두게 되는 셈이다. 그런데 이들 행동은 이미 말한 대로 단순한 우회 운동이나, 전투력을 배치하는 경우의 단순한 기하학적 형식에서 생기는 것이 아니라, 이러한 행동을 일으키는 적절한 조건이 항상 갖추어져 있을 경우에만 가능하다.

이들 조건이 어떠한 것인가를 좀 더 분명히 알기 위해 측면에 대한 두 가지 행동을 명확히 구별하고 싶다. 그래서 우선 병참선에 대한 행동을 고찰해 보려고 한다.

그러기 위해서는 먼저 두 개의 주요 조건을 제시해야 한다. 이러한 행동을 일으키기 위해서는 이들 조건 중 어느 쪽인가가 갖추어져 있지 않으면 안 되기 때문이다.

첫째 조건은, 공격자의 병참선을 위협하기 위해 사용되는 전투력은 방어자의 정면 병력에 영향을 미치지 않을 정도로 약해도 충분하다는 것이다.

두 번째 조건은, 공격자의 전진 능력이 극한에 달하여 방어군에 대해서 새로운 승리를 얻어도 이미 전과(戰果)를 이용할 수 없고, 또 방어자가 퇴각해도 이것을 더 이상 추격할 여력을 가지지 못한다는 것이다.

이 제2의 경우는, 일반적으로 여겨질 정도로 드물지는 않지만 우선 제1의 경우에 대한 나머지 여러 조건을 고찰해 보고자 한다.

그 첫째는, 공격자의 병참선이 상당히 길고 따라서 또 공격자가 아무리 우수한 초병 부대를 배치한다 해도 소수의 부대로는 이미 이것을 엄호할 수 없다는 것이고, 또 두 번째는, 공격자의 병참선이 그 위치로 보아 방어자의 전투력에 대해 노출된다고 하는 것이다.

그런데 이 노출에도 두 종류가 있다. 하나는, 공격자의 병참선의 방향이 공격자의 배치 정면에 대해서 직각을 이루지 않고 있는 경우이고, 또 하나는 공격자의 병참선이 방위자의 국토 안을 통과하고 있는 경우이다. 그리고 이 두 가지 조건이 합치하는 경우에는 노출될 위험은 더욱더 커진다. 그래서 이 두 가지 사정에 대해서 다시 자상하게 살펴볼 필요가 있다.

혹은 이렇게 생각하는 사람이 있을지도 모른다. 40마일 내지 50마일에 달하는 장대한 병참선을 엄호할 경우에는, 이러한 선의 앞쪽 끝에 있는 공격군의 배치 정면이 이 선에 대해서 비스듬하든, 직각이든 그다지 문제가 되지 않는다. 군의 정면 폭은 이 정도로 장대한 병참선에 비하면, 하나의 점에 지나지 않기 때문이다—라고. 그러나 실제로는 그렇지가 않다. 공격자의 정면이 그 병참선에 대해서 직각을 이루고 있을 경우에는, 방어자가 상당히 우세하다 하더라도, 방어군이 파견하는 별동대에 의해서 공격자의 병참선을 중단시키는 일은 곤란하다. 광대한 공간을 절대적으로 엄호하는 경우의 곤란만을 생각하는 사람은 이것을 믿지 않을 것이다. 그리고 공격자의 배후(전진한 공격군의 후방 지역)를, 우세한 방어군이 파견할 수 있는 한의 별동대에 대해서 엄호한다는 것은, 공격군으로서 곤란할 것이라고 생각할 것이다. 확실히 그대로이다. —만약에 실전에서도 지상(紙上)에서와 마찬가지로 방어자가 모든 것을 샅샅이 전망할 수 있다면! 만약에 그렇다면 병참선을 엄호하는 공격자는 방어군이 파견하는 별동대가 과연 어떤 지점에 나타나는 것을 모르기 때문에, 말하자면 맹인과 마찬가지이고 별동대만이 눈뜬 사람이 되는 것이다.

그러나 전쟁에서는 모든 정보는 불확실하고 불완전하다는 것을 잘 알고, 또 피아 쌍방이 끊임없이 암중모색을 계속하고 있다는 실상을 아는 사람이라면, 공격군의 날개를 우회해서 이 군의 배후에 보내어진 별동대는 어두운 방에서 많은 사람을 상대로 싸우고 있는 사람과 마찬가지로 조만간 파멸하지 않을 수가 없는 것이다. 따라서 공격자의 배치 정면이 그 병참선에 대해서 직각을 이룰 경우에는 적군의 날개를 우회하는 방어자측 부대는 적에 접근함과 동시에 자군(自軍)으로부터도 완전히 절단된다. 그러면 방위군은 이로써 많은 병력을 잃는 위험을 저지를 뿐만 아니라, 적의 병참선을 위협하는 도구로서의 별동대 그 자체의 기능이 이내 둔화되지 않을 수가 없다. 그리고 이들 별동대의 한 부대가 우선 불행한 운명에 빠지면 그 밖의 모든 별동대의 기능도 또한 정지하여, 그때까지의 대담한 습격이나 과감한 도발 행위는 자취를 감추고 이번에는 끊임없이 도망치는 장면이 전개된다.

방어자측에 이러한 곤란이 있기 때문에 공격군이 그 정면을 병참선에 대해서 직각으로 배치하면, 이 병참선에 가장 가까운 여러 지점을 엄호할 수가 있다.

그런데 이들 지점은 병력의 대소에 따라 본군에서 이틀 내지 3일 행정(行程)의 경우도 있다. 여하간 병참선에 가장 가까운 지점이, 방어군으로부터 가장 큰 위협을 받는다. 이들 지점은 방어자의 본군(本軍)에도 가장 가깝기 때문이다.

이에 반해서 공격자가 그 정면을 병참선에 대해서 현저하게 비스듬히 배치한다면, 이 병참선에 가장 가까운 부분이라 해도 결코 안전하지가 않다.

이러한 경우에는 방어자가 가하는 매우 사소한 압박이나, 또 공격자에게 전혀 위험이 없는 행동까지도 공격자가 급소로 여기는 지점에 영향을 미치는 것이다.

그런데 공격자가 그 정면을 병참선에 대해서 직각 방향으로 배치하지 않게 되면, 이러한 배치 정면을 결정하는 것은 도대체 무엇일까? 그것은 다름 아닌 방어자측의 배치 정면 바로 그것이다. 그러나 이 정면도 또한 방어자의 정면 여하에 따른다고 해도 좋다. 그렇게 되면 피아 사이에 상호 작용이 생긴다. 따라서 이러한 상호 작용을 생기게 한 출발점을 구명할 필요가 있다.

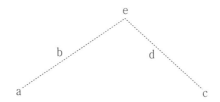

위의 그림에서, 공격자의 병참선 a-b가 방어자의 병참선 c-d에 대해서 현저하게 큰 둔각(鈍角)을 이루는 경우를 생각해 보자. 이 경우에 방어자가 피아 두 병참선이 만나는 지점 e에 군대를 배치하려고 하면, 공격자는 b지점에서 단순한 기하학적 관계에 의해서 방어자의 정면을 공격자 쪽으로 향하게 하여, 방어자의 병참선을 노출시키지 않을 수 없게 할 수가 있을 것이다. 그러나 방어자가 그 병력을 쌍방의 병참선이 만나는 점 e의 이쪽, 예를 들어 d지점에 배치한다면 사정은 정반대가 될 것이다. 그렇게 되면 공격자 쪽이 그 정면을 방어자 쪽으로 돌리지 않을 수 없게 된다.

이 경우에는, 공격자의 행동선은 지리적 사정에 의해 엄격하게 규정되어 있으므로, 공격자는 이 행동선을 마음대로 변경할 수가 없다. 따라서 예를 들어

a—d선을 긋는 것은 허용되지 않는다는 것이 전제되는 것이다. 그러면 피아간의 이러한 상호 작용의 방식에서는, 우선 방어자 쪽이 유리하다고 할 수 있다. 그는 그 진지를 두 병참선이 만나는 점 e의 이쪽에 깔기만 하면 좋기 때문이다. 그러나 우리는 이와 같은 기하학적 요소를 특히 중요시할 생각은 없다. 우리의 고찰을 이러한 단순한 형태로 환원한 것은, 이 문제를 명확하게 인식하기 위해서이다. 오히려 우리는 특수한 국지적 사정이 방어자의 병력 배치를 구속하는 것은 공격자의 경우보다도 훨씬 심하다는 것, 따라서 또 이와 같은 경우에 피아 어느 한쪽의 병참선을 한층 심하게 노출하는가는, 도저히 일반적으로 결정할 수 있는 문제가 아니라는 것을 믿어 의심치 않는 것이다.

그런데 피아 쌍방의 병참선이 동일한 방향을 취할 경우에 그 한쪽이 적의 병참선에 대해서 병력을 비스듬히 배치한다면, 이에 따라 다른 쪽도 같은 조치를 취할 것임에 틀림없다. 그러나 그렇게 한다고 해서 기하학적 관계에서는 아무런 이득을 보는 일은 없고, 쌍방 모두 동일한 이점과 불리를 받을 뿐이다.

따라서 앞으로의 고찰에서는 어느 한쪽의 병참선이 노출되어 있는 경우만을 논하고자 한다.

다음에 공격자의 병참선에 대한 제2의 불리한 관계, 즉 그 병참선이 적지(敵地)를 통과하는 경우를 고찰해 보기로 하자. 만약에 이 경우에 적국의 주민이 무기를 들고 공격자의 전체 병참선을 따라 적의 병력이 전개하고 있는 것 같은 사태를 나타낸다면, 이로써 공격자의 병참선이 현저하게 노출되는 것은 매우 명백한 사실이다. 하기야 방어자의 이러한 병력은 그 자체로서는 매우 열악하고 또 그 밀도나 강도는 말할 정도는 아니라 해도, 장대한 병참선상의 수많은 지점에서 그들과 접촉하고 교전하는 경우를 생각해보기 바란다. 그것이 얼마나 귀찮은 일인가는 새삼 설명하지 않겠다. 그러나 적 국민이 무기를 잡지 않는다 해도, 또 적국에 예비군이나 기타 군사적 시설조차도 존재하지 않는 경우라도, 아니 국민이 전쟁에 비협력적이라 해도, 정부에 대해서 복종 관계에 있는 것만으로 해도 공격자의 병참선에 대해서는 실로 심한 타격이 될 것이다.

이에 반해서 방어자가 파견한 별동대는 주민들과 곧 마음을 터놓을 수 있고, 또 토지의 지리와 인정에 정통하고 있으므로 여러 가지 정보를 입수하기가 쉽고, 또 지방 관청의 지지를 얻는 등의 편의가 있으며, 이들 유리한 사정에 의한 지원은 방어자에게는 결정적인 가치를 갖는다. 실제로 이러한 지원은 각별히 힘을 들이지 않고 이들 모든 별동대에게 부여된다. 이에 더하여 별동대가 행동을 일으키는 지역으로부터 그리 멀지 않은 거리에는 반드시 요새나 하천, 산지, 그 밖의 피난처가 있을 것이다. 따라서 만약에 이들 지점을 정식으로 점령해서 수비대를 놓지 않는 한, 적측은 언제라도 이것을 자유롭게 이용할 것이다.

그런데 이와 같은 경우라면, 또 특히 여러 가지 다른 유리한 정황이 이에 따른다면 방어자의 병참선의 방향이 적의 배치 정면에 대해서 직각일지라도, 방어자는 적의 병참선을 위협할 수가 있다. 방어자가 파견하는 별동대는 반드시 본군(本軍)에 복귀할 필요는 없고, 자기 나라 안에서 대피하는 것만으로도 보호되기 때문이다. 이리하여 우리는,

1. 공격자의 병참선이 긴 경우
2. 방어자의 배치 정면이 공격자의 병참선에 대해서 사선(斜線)으로 방향을 잡을 경우
3. 공격자의 병참선이 방어자의 국내를 통과하는 경우

등 세 가지 경우가 각기 주요한 요건을 이룰 때에는, 공격자의 병참선은 방어자가 파견하는 비교적 소수의 전투력에 의해서 차단될 수 있다는 것을 알았다. 그러나 이 차단이 효과적이기 위해서는 다시 제4의 조건, 즉 차단이 어느 기간 동안 계속될 필요가 있다. 이 점에 대해서는 제5편 제15장을 참조하기 바란다.

이 네 가지 조건은 어느 것이나 병참선 그 자체의 상태를 규정하는 주요한 요건에 지나지 않는다. 그런데 이들 조건에는 아직도 많은 국지적 특수 사정, 다시 말하면 이러한 조건보다도 훨씬 중요하고도 근본적인 사정이 결부되어 있는 것이다. 그 가장 중요한 것만을 들어보면 도로의 상황, 그 도로가 통과하는 토지의 성질, 하천과 산지 혹은 소택지가 주는 엄호 수단, 계절이나 기후, 성곽 축성용과 같은 중요 물자의 수송, 경보병(輕步兵)의 병력 수 등이 그것이다.

장수가 적의 병참선에 대해서 일으키는 행동에 의해서 얻는 성과의 대소는, 모두 이러한 특수 사정에 의해서 결정된다. 따라서 방어자측에서 이들 모든 특수 사정에서 생기는 결과와, 공격자 측에서 그와 동일한 사정에서 생기는 결과

를 비교하면, 피아 쌍방의 병참선 방식의 관계를 알 수가 있다. 그리고 쌍방 장수의 어느 한쪽이 이 점에서 다른 장수를 능가할 수 있느냐의 여부는 오직 이 관계에 의해서 결정된다.

이상과 같은 설명은 장황한 느낌이 들지는 몰라도, 여기에서 한 말은 구체적인 경우에는 순간적으로 결정되는 것이다. 하지만 이를 위해서는 훈련에 의해 얻어진 숙달된 판단을 필요로 한다. 세상 일반의 이른바 비판적 군사평론가는 '우회 운동'이나 '측면에 대한 행동' 등과 같은 단순한 말만으로 만사를 해결했다고 생각하고, 일을 여기까지 끌고 온 동기를 자상하게 구명하려고 하지 않는 것이다. 따라서 이 패거리가 평소에 발표하는 어리석은 주장이 어떠한 것인가를 알기 위해서도 위에서 말한 모든 경우를 자상하게 생각해 둘 필요가 있다고 여겨지는 것이다.

다음에는 제2의 주요 조건, 즉 방어자가 공격자의 전략적 측면에 대해서 행동을 일으키기 위한 조건에 대해서 말할 단계가 되었다.

공격자가 방어자의 저항 이외의 그 어떤 이유에 의해서(그 이유가 무엇인가에 대해서는 불문하고) 전진을 저지당하고 있다면, 방어자는 별동대를 여러 곳으로 파견함으로써 본군을 새삼 약화시킬 필요는 없다. 그 경우 만약에 공격자가, 방어자의 이러한 무위(無爲)를 틈타 공격을 시도한다면, 방어자는 퇴각하면 되기 때문이다. 1812년의 모스크바 근방에서의 러시아 본군의 경우가 이것이었다. 그러나 이와 비슷한 경우가 생기기 위해서는, 이 전역에서만큼의 대규모적 사정은 전혀 필요치 않은 것이다. 프리드리히 대왕은 제1차 슐레지엔 전역 중에, 뵈멘이나 메렌의 국경에서는 항상 이것을 상투 수단으로 삼았다. 또 공격자 측의 장수들 사이에서나 그들이 각기 이끄는 군 사이에 생기는 복잡한 관계에 있어서는, 전진을 불가능하게 만드는 것으로 매우 많은 원인을 생각할 수 있지만, 그중에서도 가장 유력한 것은 정치적 원인이다.

그런데 이와 같은 경우라면 방어자는 공격군의 측면을 위협하기 위한 전투력을 다른 경우보다도 매우 강대하게 만들 수 있으므로, 다른 조건이 반드시 유리할 필요는 없는 것이고, 또 공격자의 병참선 방식에 대한 방어자의 병참선 방식의 관계도 방어자에게 유리할 필요는 없다. 방어자가 퇴각을 계속해도 공격자는 이것을 이용할 수 없으므로, 방어자의 공격에 대해서 복수권(復讐權)을 행사하기는커녕 오히려 자군의 퇴각을 직접 엄호하는 데에 급급하게 된다.

이와 같은 상태는, 회전에 도전하는 것을 지나친 모험이라고 판단하는 방어자가 회전에서 승리를 할 수 있는 방법을 단념했을 경우에, 회전의 승리만큼은 화려하지도 않고 또 그 효과가 두드러진 것은 아니지만 위험이 적은 수단을 사용해서 그 어떤 성과를 거두기에는 가장 알맞다.

이러한 경우에 방어자의 병참선은 공격자의 측면 진지에 대해서 노출되는데, 이 측면 방어는 방어자에게 거의 위험하지 않고, 또 이렇게 해서 공격자의 배치 정면은 방어자의 병참선에 대해서 비스듬한 방향을 취하게 되므로, 앞에 든 세 조건 중 이 하나만은 좀처럼 결여되는 일은 없을 것이다. 그 경우 만약에 나머지 두 조건과 다른 유리한 조건이 생겨서 여기에 가해진다면, 이와 같은 수단이 뛰어난 성과를 거둘 가망은 더욱더 커질 것이다. 그러나 이러한 유리한 정황이 존재하지 않는다면, 모든 것은 전투의 교묘한 조합과 그것을 신속하고 확실하게 실시함으로써 결정될 것이다.

여기에 전략적 기동(機動)의 본래의 영역이 있다. 그 실례는 7년 전쟁[4] 중에 슐레지엔과 작센에서, 또 1760년,[5] 1762년[6]의 여러 전역에서 자주 볼 수 있다. 이러한 전략적 기동은 전쟁의 본령인 격렬한 힘이 부족한 수많은 전쟁에서도 자주 이루어진다. 그것은 장수가 전진이 극한에 이른 것이 아니라 결단, 용기, 감행의 기상이 없고, 책임에 대한 공포심이 진격을 막는 진짜 원인에 대체된 데에 불과하다. 여기에 대해서는 다운 원수를 지적하는 것만으로도 충분할 것이다.

---

4) 7년 전쟁(1756~1763).

5) 1760년 10월 초, 러시아군 2만이 베를린에 육박하자 프리드리히 대왕은 구원을 위해 북진했다. 그런데 러시아군은 베를린에서 4일 동안 머물다가 물러났는데, 그 사이에 다운은 5만을 거느리고 투르가우로 전진, 진지를 차지했다. 프리드리히는 이것을 기동작전으로 물리치려고 했으나 성공하지 못하자, 하나의 싸움으로 격멸하여 전쟁을 종결시킬 결심을 하고 11월 3일, 이들을 뒤에서 공격했다. 이 전투는 고전 끝에 오스트리아군에게 2만의 손해를 주고 동쪽으로 격퇴시켰으나, 프로이센군 또한 1만 8000을 잃었다.

6) 프리드리히는 1762년 6월 말 러시아군의 구원을 얻어 7월 초 행동을 일으켜, 우선 기동으로써 다운을 퇴각시키고, 이어 동맹군의 쿤첸도르프(Kunzendorf) 부근으로 퇴각하기에 이르자, 7월 하순에 그 오른쪽 날개를 공격하여 슈바이드니츠와의 연락을 끊고, 8월 초부터 슈바이드니츠를 공격, 10월에 들어서서 이를 항복시켰다.

이상의 고찰에서 주요 결론을 요약한다면, 공격자의 측면에 대한 행동은 다음과 같은 경우에 가장 효력이 있다.

1. 방어할 때.
2. 전쟁의 종반(終盤) 무렵.
3. 특히 국내로 퇴각할 때.
4. 국민 총무장(總武裝)과 결부될 때.

공격자의 병참선에 대해 이러한 행동을 실시하는 방법에 대해서는 몇 마디 더 해둘 필요가 있다.

이 경우의 행동은 기민한 별동대에 의해 실시되지 않으면 안 된다. 이들 별동대가 목적하는 바는 소수의 병력으로 과감히 행진하고, 적의 소수의 수비대, 수송대, 왕래하는 소수의 부대에 공격을 가하며, 나아가 국민군을 격려하여 이들과 항상 행동을 같이 하는 데에 있다. 또 이러한 별동대는 병력 수를 크게 하는 것보다도 오히려 부대 수를 증가시키고, 그 편성에는 특별히 신경을 써서 몇몇 부대가 일치협력해서 비교적 큰 행동을 일으키는 데에 편리하게 하고 각 부대 지휘관의 허영이나 고집이 원인이 되어 중대한 장해를 유발하지 않도록 최대한 유의해야 한다.

다음에는 공격자의 퇴각선에 대한 행동에 대해서 서술하고자 한다.

이러한 경우야말로 본 장의 처음에 든 원칙이 특히 상기되지 않으면 안 된다. 즉, 공격자의 배면을 공격하는 것을 임무로 하는 전투력은, 공격자의 정면에 대해서는 효력을 발휘할 수 없다는 것, 또 공격자의 배면 또는 측면에 대한 행동은, 그 자체로서는 방어자의 전력에 기여하는 것이 아니라 오히려 병력의 소모를 증대한다는 것이다. 또 병력의 이러한 소비는 성공을 가져오는 경우도 있고, 또 위험을 초래하는 경우도 있다.

무력으로써 하는 저항은 순조롭게 진행되지 않게 되면, 안전을 희생하고서라도 효과를 높이려고 하는 방향으로 기울어지는 법이다. 방어자가 공격자의 측면에서 일으키는 행동은, 집결한 병력으로 하든 혹은 분할된 병력을 가지고 여러 방면에서 포위적으로 하든 모두 이러한 부류에 속한다.

그러나 적의 퇴로를 차단하는 행동이 단순히 양동(陽動)이 아니라 중대한 결의를 가지고 일어날 때, 결정적 회전이나 혹은 이러한 결전에 필요한 모든 조건을 구비하는 일이 이 문제를 해결하는 본격적인 방법이다. 그리고 일단 이 해결 방법을 취하게 되면, 방어자는 한편으로는 한층 큰 결의와, 또 다른 한편으로는 한층 큰 위험이라고 하는 피할 수 없는 두 요소와 다시 대결하지 않으면 안 되는 것이다. 따라서 장수가 이러한 해결 방법을 좋다고 한다면 유리한 조건이 갖추어져 있어야 한다.

이러한 저항 방식에 대해서는 이미 말한 두 개의 형식을 구별해야 할 필요가 있다. 첫째 방식은, 방어자측의 장수가 자신이 이끄는 군 전체를 가지고 공격자의 배면을 공격하려고 할 경우, 특히 이를 위해 설치한 측면 진지에서 공격하든가 그렇지 않으면 공격자의 측면을 정식으로 우회하든가 두 가지 방법 중의 어느 한 가지이다. 또 제2의 방식은 장수가 그 전투력을 분할해서 포위적 태세를 취하여, 군의 일부를 가지고 공격자의 배면을 위협하고 또 다른 일부를 가지고 그 정면을 위협하는 방식이다.

저항의 성과를 높인다는 점에서는 이 두 가지 방식은 어느 것이나 같다. 즉, 실제로 공격자의 퇴로를 차단해서 적군을 포로로 하든가, 그렇지 않으면 공격자의 전투력의 대부분을 흩어지게 하든가, 그렇지 않으면 공격자가 이러한 위험을 피하기 위해 군을 서둘러 퇴각시키든가 이 세 가지 중의 어느 하나이다.

그러나 이들 두 가지 방식이 각각 방어자에게 끼치는 위험은 각기 다르다.

방어자가 모든 전투력을 동원하여 공격자를 우회한다면, 방어자는 배후를 노출한다는 위험에 빠지지 않을 수가 없다. 따라서 여기에서도 또한 피아 쌍방의 퇴각선 사이의 관계가 중대(重大)하게 된다. 그것은 방어자가 공격자의 병참선에 대해서 행동을 일으킬 경우에, 피아 병참선 사이의 관계가 중대했던 것과 마찬가지이다.

자국 내에 있는 방어자는, 확실히 그 퇴각선과 병참선에 대해서 공격자보다도 제한을 받는 일이 적고, 또 그 경우 전략적 우회도 공격자보다는 훨씬 용이하다. 그러나 이와 같은 일반적 관계는, 아직 효과적인 방법을 세우는 데에 충분하지가 않다. 실제로 개별적인 경우에 대해서 전략적 우회의 가부를 결정하는 것은 그때의 총체적 사정이다.

한편 여기에서 다음과 같은 한 가지를 부언해 두고자 한다. 당연한 일이지만 위에 적은 유리한 여러 조건을 많이 갖추고 있는 것은 좁은 지역보다도 광대한 지역이며, 또 외국의 원조를 기대하는 약소국보다는 독립국이다. 약소국의 군은, 외국으로부터의 지원군과 합류하는 지점을 항상 염두에 두지 않으면 안 되기 때문이다. 마지막으로 이들 조건은 전쟁 말기, 즉, 공격자가 그 공격력을 모두 소진한 때가 가장 유리하다. 또 그 사이의 사정은 앞서 말한 피아 쌍방의 병참선 사이의 관계와 거의 같다.

1812년에 나폴레옹이 그의 공격력을 소진했을 때, 러시아군은 모스크바에서 칼루가에 이르는 도로에 이러한 측면 진지를 차지하고 큰 이점을 얻었다. 만약에 이 전역 처음 드리사의 진영 안에 이런 종류의 측면 진지를 설치했다면, 러시아군은 심한 곤경에 빠졌을 것이다. 그러나 러시아군은 현명하게도 재빨리 이 작전 계획을 변경했다.

방어자가 공격자의 측면을 우회하여 그 퇴로를 차단하는 방법의 또 하나의 형식은 방어자가 병력을 분할하는 방식이다. 이 형식을 사용하자면 방어자 자신이 자기 군대를 분할해야 하는 위험을 무릅써야 한다. 이 경우에는, 공격자는 병력을 집결하여 방어자에 대해서 내선 작전[7]의 이점을 차지하므로 매우 우세한 병력을 가지고 방어자의 군대를 개별적으로 격파할 수 있기 때문이다. 이와 같이 방어자측에는 배제할 수 없는 막대한 불리함이 생기므로, 다음에 제시하는 세 가지 경우 외에는 이 형식을 사용할 수 없다.

1. 방어자의 전투력이 처음부터 분할되어 있어, 이것을 다른 저항 방법으로 전환하기에는 많은 시간을 낭비하기 때문에 할 수 없이 이 방식에 따르는 경우.
2. 방어자가, 물리적 및 정신적으로 매우 우세해서 이러한 결정적 형식의 사용에 아무런 걱정이 없는 경우.
3. 공격자가 전진 행동의 극한에 이르러 공격력을 이미 소진한 경우.

---

7) 내선 작전(內線作戰). 방어자가 병력을 분할하여 여러 방면에서 공격자를 포위 공격하려고 하면(외선 작전), 공격자는 이에 대하여 내선에서 작전을 펴게 된다.

1757년에 프리드리히 대왕은 뵈멘에 구심적 침입을 기도했으나,[8] 그때 그는 오스트리아군에 대한 정면 공격과 그 전략적 배면에 대한 공격을 결부시킬 생각은 없었다. 적어도 이것은—다른 곳에서도 더 자세히 설명하는 것처럼—그에게 중요한 일은 아니었던 것이다. 여하간 뵈멘에 침입하기 전에, 그가 슐레지엔 혹은 작센에서 병력을 집결한다는 것은 논외의 일이었다. 만약에 그와 같은 일을 했다면 그는 급습(急襲)의 이점을 모두 포기하지 않으면 안 되었을 것이다.

1813년 전역의 후반에, 동맹군은 압도적인 물리적 우세[9]로 주력을 가지고 나폴레옹군의 우측면, 즉 엘베강가의 프랑스군을 공격하여 전쟁터를 오데르강에서 엘베강으로 이동시키려고 했다. 이 계획이 드레스덴 부근에서 어긋난 것은 동맹군의 일반적 부서(部署)에 책임이 있는 것이 아니라, 당시의 전략적, 전술적 부서에 결함이 있었기 때문이다. 동맹군이 드레스덴 부근에 22만을 집결할 수 있었던 것에 대하여, 나폴레옹군은 13만이어서 동맹군에게는 더없이 유리한 비율이었다(그 후 라이프치히 부근에서는 양군의 비(比)가 285 대 157이어서 매우 유리하다고는 할 수 없었다).[10] 당시 나폴레옹은 일선상(一線上)의 방어라는 독특한 방법을 채용했기 때문에 병력을 균등하게 배분했으나 그 배분은 균등이 너무 지나쳤다(슐레지엔에서는 동맹군 9만에 대해서 7만, 마르크 지방에서는 10만에 대해서 7만이었다).

그러나 여하간 나폴레옹으로서는 슐레지엔을 완전히 포기하지 않는 한, 동맹군의 본군에 결정적 타격을 주기에 충분한 군을 엘베강에 집결시키기가 곤란했을 것이다. 이에 대해서 동맹군은 브레데[11]가 이끄는 군을 마인 강변으로

---

8) 프리드리히 대왕은 1757년에 분산 숙영하는 적을 급습, 이를 중앙으로 압박하여 개별적으로 격파할 기회를 노려, 가능하다면 대회전으로 모든 전역의 운명을 결정한다는 방침 아래 주력군 11만 7000을, 당시의 통수(統帥)의 원칙인 우선 작전 준비를 위해 집결하는 방법을 하지 않고 4집단으로 나누어, 동영(冬營)의 태세에서 바로 4월 하순 국경을 넘어 일제히 뵈멘에 진입시켜, 집중적으로 프라하를 향해 전진했다. ……오스트리아군은 프랑스군의 접근을 기다렸다가 작센에 진입하기 위하여 국경에 가까운 광대한 지역에 분산 숙영하고 있었기 때문에 프로이센군의 급습 작전은 상황에 잘 적합하여, 각 방면 모두 오스트리아군을 몰아내며 5월 초 프라하 교외에 도착했다.

9) 프랑스군 약 40만에 대해 동맹군측은 러시아군 약 18만, 프로이센군 약 16만, 오스트리아군 약 13만, 스웨덴군 약 2만, 합계 약 50만이었다.

10) 이 기술(記述)은 드레스덴 회전(1813~8. 26~27) 및 라이프치히 회전(10. 16~19)에 관계된다.

11) 브레데(Wrede, Karl Philipp von, 1767~1838). 바이에른의 원수.

전진시켜, 마인츠로 빠지는 나폴레옹의 퇴로를 차단하려고 시도한 것은 당연한 조치였다.

마지막으로 러시아군이 1812년에 프랑스군의 후퇴에 대비해서 몰다우군을 프랑스 본군의 배후로 진출시키기 위하여 이 군대에게 볼뤼니엔[12] 지방과 리타우엔 방면으로 진출하라는 명령을 내린 것은 인정해도 좋을 만하다. 모스크바가 프랑스군의 작전선의 정점이 될 수 없다는 것이 매우 확실했기 때문이다. 모스크바보다 먼 지역은 이 전쟁에서 침략당할 염려가 없었다. 따라서 러시아 본군에는 병력의 약세를 탓할 만한 이유가 없었던 것이다.

러시아군이 병력 배치에 사용한 이와 같은 형식은, 프홀[13]이 제안한 최초의 방어 계획에서도 마찬가지였다. 프홀의 계획에 의하면, 바클리[14]의 군은 드리사에 야영을 설치하고 바그라티온이 이끄는 군은 프랑스 본군의 배후에 진출할 예정이었다. 그러나 앞뒤의 이 두 시기 사이에는 실로 현저한 차이가 있었다. 처음 시기에는 프랑스군의 병력은 러시아군의 3배였다. 그런데 두 번째 시기에는 러시아군은 프랑스군보다도 현저하게 강력했다. 처음 시기에는 나폴레옹의 본군은 드리서를 거쳐 80마일 저편의 모스크바에 도달할 정도의 진격력을 갖추고 있었다. 그런데 두 번째 시기에는 하루 행정(行程)의 행군 속도도 감당하지 못할 정도로 모스크바를 떠난 것이다. 또 초기에는 니에멘강변까지의 퇴각선은 30마일 이했으나 두 번째 시기에는 120마일이나 되었다. 그래서 퇴각하는 프랑스군에 대한 러시아군의 공격은 두 번째 시기에는 매우 유효했지만, 첫 번째 시기에 이와 똑같은 행동을 취했다면 그것은 실로 무분별한 폭거라 하지 않을 수 없었을 것이다.

방어자가 공격자의 퇴각선에 대해서 일으키는 행동은 그것이 양동 이상의 것일 경우 정식적인 배후 공격이 되고, 이에 대해서 많은 것을 말하지 않으면 안 되지만, 그러나 이것은 공격에 관한 다음 편에서 논하는 것이 적당하다. 그래서 본편에서의 논술은 이것으로 끝마치고 이러한 반격 방식을 가능하게 하는 조건을 지적하는 것으로 그치고자 한다.

---

12) 볼뤼니엔(Wolhynien). 우크라이나 서북 지방.

13) 프홀(Phull(Pfuel), Karl Ludwig August von, 1757~1826). 러시아의 장수. 스웨덴 출신.

14) 바클리(Barclay de Tolly, Michael, 1761~1818). 러시아의 원수.

방어자가 공격자의 퇴각선을 위협함으로써 적에게 퇴각을 재촉하려고 의도할 경우에는, 대부분은 실제로 행동하기보다는 오히려 단순히 양동(陽動)을 생각한다. 그런데 비록 양동이라고 하지만 이를 효과적으로 사용하기 위해서는 실제로 행동을 일으키게 할 만한 조건이 그 바탕에 존재해야 하는 것은 틀림없다. 그렇다면 양동이란 그 모든 조건이 본래의 공격 행동과 일치하지 않으면 안 될 것이다. 그런데 실제로는 그렇지가 않다. 앞으로 양동에 관한 장[15]에서 논하겠지만, 양동은 이와는 조금 다른 조건을 지니고 있다. 여기에 대해서는 해당하는 장을 참조하기 바란다.

---

15) 제7편 제20장 '견제'를 가리키는 것으로 생각됨.

제25장
자기 국토 내부로의 후퇴

우리는 방어자가 자기 국토 내부로 하는 퇴각을 하나의 독자적인 간접적 저항 방식, 즉 방어자가 무력을 가지고 공격자를 패퇴시키는 것보다는, 오히려 공격자 스스로가 자초한 고생 때문에 파멸하지 않을 수 없게 하는 저항 방식으로 간주해 왔다. 따라서 이 경우에는 피아 쌍방의 본격 전투는 전제되어 있지 않거나, 방어자는 공격자의 병력이 현저하게 약화되는 시기까지 본격 전투의 개시를 연기하거나 하는 두 가지 방식 중 어느 하나를 채용하게 된다.

일반적으로 공격을 주안점으로 삼아 전진하는 군은, 이러한 전진 그 자체에 의해 전투력을 예외 없이 약화시키지 않을 수가 없다. 이에 대해서는 제7편에서 더 자세히 살펴볼 생각이다. 하여간 전쟁사에서 현저한 전진이 이루어진 전역이 모두 이것을 예시하고 있다면, 우리는 이러한 결론을 인정하지 않을 수 없을 것이다.

전진에 의한 공격자의 전투력의 약화는, 방어측이 새로운 왕성한 전투력을 지니고 자발적으로 후퇴하면서도 정연한 저항을 계속하고, 공격자가 방어자의 국내에서 일보 전진할 때, 유혈의 희생을 지불하지 않으면 안 될 경우에 특히 심해진다. 따라서 이러한 경우에는 전진이라고는 하지만, 그것은 끊임없이 곤란을 무릅쓰면서 하는 전진으로 순수한 추격이라고는 할 수 없다.

그런데 방어자가 회전에 패하여 퇴각하는 경우에는 그 손실은 자발적 퇴각 때보다도 훨씬 클 것이다. 그 경우, 비록 패퇴자가 추격자에 대해서 자발적 퇴각과 같은 정도로 저항을 시도할 수 있다고 해도 적어도 자발적 퇴각과 마찬가지 손실을 입을 것이고, 여기에 회전에서 오는 손실이 가미된다. 하지만 방어자 측의 손실을 이와 같이 산정한다는 것은 사리에 어긋나는 사고방식이다. 세계에서 가장 우수한 군대라 할지라도 회전에 패하여 내지로 퇴각하지 않을 수 없을 경우에는 이러한 군에 어울리지 않는 뼈저린 손해를 입는 것이다. 그리고 지금 여기에서 논하는 것처럼 공격자가 현저하게 우세할 경우에 공격군은—최근의 전쟁에서 항상 이루어지듯이—맹렬한 세력으로 추격하므로, 패퇴자의 전투력을 완전히 파멸시킬 수 있는 궤주(潰走) 상태가 생길 공산은 매우 클 것이다.

그런데 방어자가 나날이 정연한 저항을 시도한다면, 다시 말해—피아 양군 사이의 균형이 불안하나마 유지되는 한에서 저항을 계속하고, 또 쌍방의 쟁탈의 표적이 되어 있는 토지를 재빨리 포기하여 이렇게 해서 완패를 면하고 군의 보전에 노력한다면, 공격자는 이러한 투쟁에 의해서 방어자 측과 적어도 같은 수의 병력을 상실할 것이다. 하기야 방어자가 퇴각할 때 가끔 포로가 생기는 것은 피할 수 없다고 해도, 끊임없이 지형의 불리를 무릅쓰고 싸우지 않으면 안되는 공격자는, 방어자 측으로부터 사격에 의해서 더 많은 병력을 잃기 때문이다. 또 퇴각자는 중상자를 그대로 내버려 두어야 하므로 이것은 문자 그대로 손실이 되는 셈이지만, 사정은 공격자 측에서도 거의 마찬가지이다. 공격자 측에서도 대부분 중상자는 수개월 동안 병원에 수용되기 때문이다.

그렇다면 결론은—이러한 끊임없는 투쟁에서 양군 모두 그 병력을 거의 같은 정도로 소모하게 될 것이다.

회전에서 격파된 군을 추격하는 경우에 사정은 완전히 달라진다. 이 경우 회전에서 잃은 전투력, 파괴된 질서, 상실된 사기, 퇴각에 대한 걱정 등은 퇴각자의 저항을 현저하게 곤란하게 하고 때로는 전혀 불가능하게 한다. 이에 반해서 추격자는 앞서의 경우에는 매우 신중하게, 아니 매우 소심하게, 마치 맹인이 모색을 하듯이 전진했지만, 이 경우에는 승자의 확고한 걸음, 운명의 혜택을 받은 자의 자부, 반신(半神)과도 같은 자신을 가지고 맹렬하게 추격한다. 그리고 이러한 대담한 추격을 계속함에 따라서, 그는 사태를 이미 정해진 방향으로 더욱더 촉진하는 것이다. 이것이야말로 정신적 힘의 본령이며, 갖가지 정신력은 물리적 세계에서의 숫자나 척도의 제한을 받지 않고 더욱더 고양되어 평생의 두서너 배까지도 높아지기 때문이다.

따라서 공격자의 전진 행동의 극한이라고 여겨지는 지점에 피아 양군이, 위에서 말한 어느 방식에 의해서 도달하느냐에 따라서 양군 사이의 관계가 얼마나 달라지게 되는가는 이것으로도 명백하다.

위에서 말한 것은 피아 쌍방의 상호적 파괴에 의한 결과이다. 그러나 이 결과에는, 전진하는 공격자가 그렇지 않아도 입게 되는 전투력의 약화가 결부된다. 이것에 대해서는 앞서 말한 대로 제7편을 참조하기 바란다. 그런데 퇴각자는 거의가 나중에 와서 가세하는 새로운 전투력에 의해 증강된다. 또 이 경우에 이러한 전투력이 외국으로부터의 원조에 의한 것인지, 그렇지 않으면 국민의 불굴의 노력에 의한 것인지는 문제가 되지 않는다.

마지막으로 퇴각자와 전진자 사이에는, 양식의 문제에 관해서 심한 불균형이 생긴다. 전진자는 양식의 부족에 시달리고 있는데, 퇴각자에게는 넘쳐나는 양식이 준비되어 있는 경우도 종종 있다.

퇴각자에게는 국내 도처에 물자를 모으는 수단이 있고, 그는 주로 이 집적지를 향하여 퇴각한다 이에 반해 공격자 측은 이동을 계속하는 한 모든 것을 후방에서 추가로 보내지 않으면 안 된다. 그러나 이 방법은 추격자의 병참선이 매우 짧은 경우에도 상당히 곤란하므로 처음부터 부족하기가 쉽다.

퇴각자가 통과하는 지역이 공급하는 모든 물자는 퇴각자 자신에 의해 이용되고 또 소비되는 것이 통례이다. 뒤에 남은 것이라고는 황폐한 마을과 도시, 수확된 후 짓밟힌 농지, 고갈된 우물, 흐린 시내뿐이다.

그렇기 때문에 전진하는 군대는 추격 첫날부터 심각한 결핍과 싸우는 일도 있다. 이러한 경우에는 식량을 적에게 의존한다는 것은 전혀 생각할 수 없는 일이다. 만일 전진자가 이따끔 적의 물자를 입수하는 일이 있다면 그것은 전적으로 우연이거나 퇴각자의 허용할 수 없는 과실이라 하지 않을 수 없다.

따라서 국토의 면적이 광대하거나 또 공수(攻守) 쌍방의 병력이 현저하게 불균형하지 않는 한 방어자가 자기 국토 안으로 퇴각함으로써 쌍방의 전투력 사이에 생기는 관계가, 국경에서의 결전에 방어자가 얻는 성과보다도 훨씬 큰 성과를 기대할 수 있는 것은 의심할 바가 없다. 내지로 퇴각하는 경우는, 피아의 병력 관계가 변화했으므로 방어자 측의 승리의 공산이 커질 뿐 아니라, 양자의 위치가 바뀌었기 때문에 승리의 성과도 또한 커진다. 실제로 자국(自國)의 국경에서의 패전과, 적지 한 가운데에서의 패배 사이에는 심한 차이가 있다. 공격자가 전진 행동의 극한에 달했을 때에는, 비록 회전에서는 승리를 거두었다 해도 항상 퇴각을 염두에 두지 않으면 안 되는 상태이다. 공격자는 그의 승리를 완벽한 것으로 하여 전과를 올릴 만한 추진력을 이미 갖추지 못하고 있고, 또 상실된 병력을 보충할 수단도 없기 때문이다.

따라서 결전에 의한 승리가 공격 처음에 있는가, 그렇지 않으면 마지막에 있는가에 따라 피아의 관계에 현저한 차이가 생긴다.

그런데 내지로 퇴각한다는 이 방어 방식은, 많은 이점을 갖추고 있음에도 불구하고 이에 맞먹는 두 가지 불리한 점이 있다. 첫째는 국토가 공격자의 침입에 의해서 입는 피해이고, 두 번째는 군대 및 국민에게 주는 불리한 정신적 인상이다.

이러한 손해로부터 국토를 지키는 일은 확실히 국가 전체가 나서서 하는 방어의 목적일 수는 없다. 방어의 본디 목적은 항상 유리한 강화를 체결하는 데에 있다. 방어자의 노력은 오직 이러한 강화를 될 수 있는 대로 확실하게 체결하는 데에 있는 것이다. 그리고 이를 위해서는 일시적 희생을 지나치게 생각해서는 안 된다. 이 경우에 국토가 입는 손해는 결정적인 것은 아니지만, 그러나 역시 고려되어야 할 사항이다. 이런 종류의 손해는 뭐니 뭐니 해도 방어자의 관심사이기 때문이다.

이러한 손해는 방어자의 전투력에 직접 영향을 끼치는 것은 아니지만, 많건 적건 간접적으로 전투력에 영향을 미치게 된다. 이와는 반대로 내지(內地) 쪽으로 퇴각하는 그 자체는 전투력을 직접적으로 강화한다. 따라서 양자의 이해득실을 서로 비교한다는 것은 곤란하다. 양자는 종류를 달리하는 것으로, 서로 작용하는 점을 공유하지 않기 때문이다. 그러면 우리로서는 인구가 조밀하고 풍요로운 지방이나 상업 대도시가 화재로 손해를 입으면, 이런 종류의 손해는 더욱더 커지지만 그와 동시에 완성과 미완성을 불문하고 전투 자재(資財)가 상실되면 손해는 최대에 이른다는 것을 지적하는 데에 그치지 않으면 안 된다.

두 번째는, 불리한 정신적 인상이다. 확실히 장수가 이러한 인상을 무시하고, 자신의 자전 계획을 냉정하게 수행하고 소심한 단견자(短見者)들이 떠들어대는 여러 불리함을 묵살하지 않으면 안 될 경우도 있다. 그러나 그렇다고 해서 이 인상은 무시해도 좋은 환상은 아니다. 이런 종류의 인상은 한 점에 작용하는 힘과 같은 것은 아니지만, 전광(電光)처럼 재빨리 몸 안에 전달되어 국민과 군에 효과적으로 작용하는 모든 활동을 모조리 마비시킬 수 있는 힘과 비교할 만한 것이다. 하기야 내지로 퇴각하는 의의가 국민과 군에 의해서 신속하게 이해되고 장수에 대한 신뢰와 기대를 두텁게 하는 경우도 있다. 그러나 실제로는 그와 같은 경우는 매우 드물다. 일반적으로는 국민과 군은 이 퇴각이 자발적인 운동인가, 그렇지 않으면 패전에 의한 황급한 퇴각인가를 구별할 수 없을 것이다. 하물며 당면한 퇴각 작전이 확실한 이점을 내다본 현명한 방책인가, 그렇지 않으면 적의 무력에 대한 공포에 의하는 것인가를 식별할 수 있지는 않다. 국민은 희생된 지방의 운명을 애처롭게 바라보고는 동정과 불만을 어쩌지 못하고, 또 군은 자칫 사령관에 대한 신뢰는 물론 자기 자신에 대한 신뢰도 상실하게 될 것이다. 또 본군의 퇴각 운동 중에 후위대가 벌이는 끊임없는 전투는, 장병이 품는 염려를 실증하는 것이 될 것이다.

우리는 국내로의 퇴각에서 생기는 이들 결과를 올바르게 평가하지 않으면 안 된다. 실제로 장수가 당당하게 결전장으로 들어가 공격자와 대결하고 다른 한편으로 공격자는, 유혈에 의한 보복을 끝까지 요구하는 적국 국민의 수호령(守護靈)을 만나지 않고서는 국경을 넘어서 방어자의 국토로 한 발자국도 들어가지 못한다는 것을 안다면, 이것이야말로 그 자체로서는 방어자의 입장에서 한층 자연스럽고 고상하며 국민의 정신적 상태에 한층 알맞은 정황이라 할 수 있을 것이다.

이상이 내지(內地)로 퇴각한다는 방어 방식에 따른 유리와 불리이다. 다음에 이 방어 방식을 가능하게 하는 여러 조건과 이 방식의 실시에 편한 정황에 대해서 약간 언급해 두기로 한다.

요컨대 국토의 광대한 면적, 혹은 적어도 장대한 퇴각선이 근본적인 주요 조건이다. 불과 2, 3일 행정(行程)의 전진으로 공격자가 심하게 약화되는 일은 없기 때문이다. 1812년에 나폴레옹의 중앙군은 비테프스크[1]에서 25만 명, 스몰렌스크에서는 18만 2000명, 그리고 보로디노에서 13만 명으로 감소되었다. 이것은 러시아의 중앙군과 수에서 간신히 균형에 도달했음을 의미한다. 보로디노는 국경에서 90마일 떨어진 지점이다. 그러나 러시아군은 모스크바에서 비로소 결정적인 우세를 얻었다. 그리고 이 우세는 피아 양군 사이의 관계를 일변시켰기 때

---

1) 프랑스군의 전진을 시간적으로 나타내면, 비테프스크 전투(1812. 7. 25~27), 스몰렌스크 회전(8. 16~19) 및 보로디노 회전(9. 7), 모스크바 입성(9. 14)이 된다.

문에, 비록 말로야로슬라베츠[2]의 회전에서 프랑스군이 승리를 얻었다 해도 그 상황에 변화를 주는 일은 이미 불가능했을 것이다.

유럽에는 러시아와 같은 광대한 국토를 지닌 나라는 없다. 또 그 퇴각선이 100마일에 이르는 나라도 극히 드물다. 그러나 또 1812년의 프랑스군과 같은 정도의 병력도 러시아 원정이라는 사정이 없었다면 쉽사리 생기지 않았을 것이다. 하물며 이 전역 당초에 양국 간에 생긴 것과 같은 전투력의 심한 차이는 더욱 그러하다. 당시 프랑스군은 병력 수에서 러시아군의 2배 이상에 달했고, 정신적으로도 결정적으로 우세했다. 그렇다면 이 전역에서 공격자가 100마일 전진해서 겨우 생긴 현상은, 다른 경우라면 아마도 50마일이나 30마일에서 생겼을 것이다.

다음에 이 방어 방식에 편리한 조건은 다음 3가지 점이다.

1. 경작이 거의 이루어지지 않은 지역
2. 충성스럽고 용감한 국민
3. 일기가 불순한 계절

이러한 사정은 모두 공격군의 유지를 더욱 곤란하게 하여 대량의 수송, 많은 지대(支隊)의 파견이나 곤란한 부대 안의 근무를 강요하고, 또 여러 질병을 유발하면서, 방어자가 공격자 측면에 대해서 일으키는 행동을 쉽게 만든 것이다.

마지막으로, 공격자의 전투력의 절대량에 대해서 말할 필요가 있다. 공격자가 사용하는 전투력의 대소도 또한 이 방어 방식에 영향을 주기 때문이다.

공수 쌍방의 전투력의 비율을 도외시하면 일반적으로 작은 전투력은 큰 전투력보다도 훨씬 빨리 소모된다는 것, 따라서 적지에서의 공격자의 전진 행동의 연장이 한도에 이르고, 또 전쟁터도 그다지 광대해질 수 없다는 것은 사리로 보아 당연한 일이다. 그러면 공격자 병력의 절대적 양과 이 병력이 차지하는 토지의 면적 사이에는 일정 불변한 비율이 성립하게 된다. 그러나 이 비율을 숫자로 나타낸다는 것은 불가능하고, 또 어떤 형태로 표시해보았자 다른 정황에

---

2) 말로야로슬라베츠(Malojaroslawez). 모스크바 서남쪽의 마을. 이곳 전투(1812. 10. 24)에서 러시아군은 퇴각하던 프랑스군을 무찔렀다.

의해 많고 적건 간에 수정이 될 것이다. 따라서 공격자 병력의 절대적 양과 전쟁터가 되는 지역의 면적은 그 가장 깊은 바닥에서 이와 같은 연관을 갖는다는 것을 지적하는 것으로 그치기로 한다. 요컨대 50만의 군을 가지고 모스크바로 진격하는 것은 가능하지만, 비록 방어자의 병력과의 비율이 50만 군의 경우보다도 훨씬 유리하다 해도 5만의 군으로는 결국 불가능하다.

그런데 공격자의 절대적 병력 수와 전쟁터 넓이의 비율이 지금 든 두 가지의 경우와 동일하다고 가정한다면, 방어자의 자국 내로 퇴각하는 것이 공격자의 전투력의 약화에 미치는 효과는 공격자의 병력이 커짐에 따라 점점 커진다는 것을 의심할 여지가 없다.

1. 그러면 공격자의 보급과 숙영이 한층 곤란하게 된다. 공격자가 침략하는 지역이 군의 병력 수와 같은 비율로 증대한다고 해도 보급은 이 지역에서만 얻어지는 것이 아니고, 또 뒤에서 수송되는 물자는 장대한 수송로 도중에서 한층 큰 손해를 입지 않을 수 없기 때문이다. 그리고 또 숙영에 사용되는 것은, 이 지역 전체가 아니라 극히 일부에 지나지 않는다. 게다가 이 부분도 병력 수의 증가에 비례해서 증대하는 것은 아니다.

2. 군이 커짐에 따라 전진 속도는 차차 둔해져서, 공격자가 목표에 도달하는데에 필요한 시간은 더욱더 커지고 하루하루의 손해의 합계도 더욱더 커진다.

3천의 군대가 보통의 토지 및 지형에서 2천의 군을 추격할 경우에 추격자는, 퇴각자가 매일 1마일 내지 2마일, 혹은 3마일 퇴각하거나 또 도중에서 수일간 머무는 행동을 허락하지 않는다. 추격자가 퇴각자를 따라잡아, 이를 공격하고 구축하는 일은 불과 몇 시간의 일에 지나지 않는다. 그런데 공수 쌍방의 군이 각기 100배가 된다고 하면 사정은 크게 달라진다. 제1의 경우라면 몇 시간으로도 충분히 발휘할 수 있었던 효과가, 제2의 경우에는 아마도 만 하루 혹은 이틀을 요할 것이다. 피아의 대군은 이미 한 지점에서 대치할 수가 없게 되어, 일체의 운동과 행동의 조합은 더욱더 복잡해져서 이에 필요한 시간도 더욱더 증대하게 된다. 이와 같은 경우에는 공격자 측의 공급은 퇴각자의 그것보다도 곤란하므로, 공격군은 한층 광대한 지역으로 분산하지 않을 수 없는 불리함이 있고, 따라서 또 퇴각자가 우세한 병력을 가지고 어떤 지점을 습격하는 위험도 끊이지 않는 것이다. 러시아군이 1812년[3]에 비테프스크에서 일으킨 행동은 바로 이와 같았다.

3. 공격자의 군이 커짐에 따라, 하루하루의 전략적 및 전술적 진중(陣中) 근무가 요구하는 노고도 더욱더 증대한다. 10만의 군이 매일 출발하여 행군 서열에 들고, 이윽고 정지하는가 하면 다시 행진을 하고, 지금 무기를 손에 들었는가 하면 다음에는 취사를 하거나 양식을 받는 식의 번거로움이 있다. 또 여러 방면으로부터 보고를 입수할 때까지는 야영에 들 수 없다고 한다면, 본래의 행군에 부수되는 이들 모든 잡무를 처리하는 데에 필요한 시간은 5만의 군이 요하는 시간의 두 배에 달하는 것이 통례이다. 또 행군에 요하는 시간과 고생이 군의 대소에 의해서 현저하게 다른 까닭은, 이미 전편의 제9장에서 말한 바가 있다. 말할 필요도 없이 이들 고생은 퇴각자에게도 마찬가지이지만 전진자에게는 현저하게 커진다. 그것은 다음에 드는 세 가지 이유에 의한다.

1. 여기에서 우리는, 공격자가 방어자보다도 우세하다는 것을 전제로 하고 있다. 따라서 또 공격자의 병력은 방어자보다도 크다.

2. 방어자는, 자국의 토지를 공격자의 수중에 맡기지 않으면 안 된다. 그리고 이만한 희생을 해서 항상 자신이 결정자이며 상대방을 아군의 의지에 따르게 하는 권리를 손에 넣는 것이다. 방어자는 공격자에 앞서서 작전 계획을 세우지만 이 계획은 좀처럼 빗나가는 일이 없다. 이에 반해서 공격자는 방어자의 병력 배치를 알고 나서 작전 계획을 세우게 된다. 그래서 항상 자기 쪽이 먼저 상대편 배치에 대한 정보를 탐지해 내지 않으면 안 되는 것이다.

그러나 여기에서 말하는 방어자는 아직 패자가 아니라는 점, 따라서 아직 회전에 패한 것이 아니라는 것을 지적해 둘 필요가 있다. 요컨대 지금 여기에서 논하고 있는 일은 제4편 제12장에서 말한 것과 모순은 아니다.

그런데 공격자를 아군의 의지에 따르게 한다는 방어자의 특권은 시간을 벌거나 새로운 전투력을 받아들이거나, 여러 가지 부수적이 이점을 활용하는 데

---

3) 1812년 7월 25~27일에, 이 땅에서 프랑스군과 러시아군 사이에 격전이 벌어졌다.

에서 오랜 시간에 걸쳐 매우 중요한 차이를 낳게 된다.

3. 퇴각자는 도로나 교량을 수리하고, 또 가장 편리한 야영지를 찾는 등 퇴각을 쉽게 하는 일체의 수단을 사용한다. 그러나 또 다른 한편으로는 교량을 파괴하고 퇴각만으로도 파괴된 도로에 더한층 손상을 주고, 가장 좋은 야영지나 우물 등을 미리 점거해서 이것을 공격자의 손에 넘기지 않는다는 방책을 강구해서 추격자의 전진을 곤란하게 만든다.

마지막으로 자국 내로 퇴각하는 것을 특히 편리하게 만드는 것으로는, 무장한 국민이 침략자를 습격하는 항전 방법을 들지 않으면 안 된다. 그러나 이에 대해서는 다른 장을 설정해서[4] 논할 예정이므로, 여기에서는 더 이상의 설명은 생략하고자 한다.

이상으로 자국 내에의 퇴각이 주는 여러 이점이나 퇴각이 지불해야 할 희생, 또 이러한 퇴각 때 구비되어야 할 약간의 조건에 대해서 말했다. 그래서 다음에는 이런 종류의 방어 방식의 실시에 대해서 언급해 보기로 한다.

우선 먼저 제기되지 않으면 안 될 일은 이러한 퇴각이 취하는 방향에 관한 문제이다.

말할 필요도 없이 이 퇴각은 자국의 영토 안을 향하여 이루어지는 것이다. 따라서 침입자 양쪽이 방어자에 속하는 지방에 의해 포위되어 있는 지점으로 향하는 것을 가장 좋은 것으로 본다. 그렇게 되면 침입자는 이들 지방의 주민으로부터 저항을 받을 것이고, 또 방어자는 자국의 중요 부분으로부터 쫓겨나는 위험에 빠지는 일은 없을 것이다. 이러한 위험은, 방어자가 국경에 따른 퇴각선을 고르거나 하면 흔히 일어나기가 쉽다. 따라서 만약에 1812년에 러시아군이 동쪽으로 퇴각하지 않고 남쪽으로 퇴각로를 선택했다면 이러한 위험에 빠지지 않을 수 없었을 것이다.

이것은 이런 방어 방식의 목적 그 자체 안에 포함되어 있는 조건이다. 그러나 자국 영토 안으로 퇴각할 때 목적으로 삼는 지점으로서는 어디가 가장 적당한가. 또 수도 혹은 그 밖의 중요한 지점을 직접 엄호하고 공격자가 이러한 지점에서 벗어나게 하려고 하는 의도는, 퇴각에 가장 알맞은 지점과 어느 정도까지

---

4) 다음 장 '국민 총무장'을 참조.

결부될 수 있는가 하는 것은 그때그때의 특수한 사정에 따라서 결정된다.

만약에 1812년에 러시아군이 미리 퇴각에 대해서 숙고하여 완전히 계획적으로 퇴각을 수행했다면, 일단 모스크바를 물러나서 칼루가로 향하지 않고, 스몰렌스크에서 직접 칼루가 방면으로 퇴각한 편이 적절했을 것이다. 그렇게 되면 모스크바는 전혀 침략받지 않았을지도 모른다고 충분히 생각할 수 있다.

보로디노에서의 프랑스군의 병력은 약 13만이었다. 만일 러시아군이 보로디노에서 회전을 중지하고 스몰렌스크에서 칼루가로 향하는 도중에 회전에 응했다 해도, 그 경우의 프랑스군은 보로디노에서보다도 강대했을 것이라고 생각하는 근거는 전혀 없는 것이다. 그러나 그러한 사태가 생겼을 경우, 프랑스군은 13만의 병력 가운데서 얼마를 쪼개서 모스크바로 파견할 수 있었을까. 비록 파견할 수 있었다 해도 그 병력은 극히 소수였을 것이다. 그러나 소수의 군대를, 모스크바와 같은 50마일(스몰렌스크에서 모스크바까지의 거리)이나 되는 먼 곳까지 파견할 수는 없었을 것이다.

나폴레옹군이 그때까지 여러 전투를 치른 후에도, 스몰렌스크에서 여전히 16만의 병력을 보유하고 있었다고 가정해 보자. 만일 그가 스몰렌스크의 회전 전에 모스크바로 군대를 파견할 수 있다고 생각하여 그 때문에 4만의 병력을 쪼갰다고 하면, 스몰렌스크와 칼루가의 중간에서의 회전에서 러시아의 본군에 대항하는 병력으로서는 12만이 남게 된다. 그러나 이 12만의 군이 회전 때는 9만으로 감소되었을 것이다. 그러면 보로디노에서보다도 4만이 적다는 이야기가 된다. 따라서 러시아군은 프랑스군에 대해서 3만의 수만큼 우세했을 것이다. 그래서 만약에 보로디노의 회전의 경과[5]를 표준으로 잡으면, 이 회전에서 러시아군이 승리를 얻었을 것이라는 것은 충분히 생각할 수 있다. 여하간 이 경우에 피아의 병력의 비율은 러시아군에게 보로디노에서보다도 유리했을 것이다. 그러나 러시아군의 퇴각은 숙고한 계획에 입각한 것이 아니었다. 러시아군은 회

---

5) 보로디노 회전의 경과에 대해서는 다음과 같은 기술이 있다. '프랑스군은……9월 7일 주력을 가지고 러시아군의 주요 진지에 대해서 공격을 하여 치열한 전투 끝에 제1선 진지를 점령했지만, 그 후 전과를 확장할 수가 없어 나폴레옹은 수중에 있는 마지막 병력인 근위병의 사용을 주저했다. 당시 그는 건강에도 이상이 생겨서 기백이 예전과 같지 않아 러시아군도 출격할 힘이 없고, 야간에 퇴각에 들어갔다.'

전에 임할 때마다, 본전에 응하기에는 아직 충분히 강력하지 않다고 생각해서 될 수 있는 대로 멀리 퇴각한 것이다. 게다가 군을 유지하고 증강하는 수단의 수송으로는 모두 모스크바에서 스몰렌스크로 향하는 도로를 사용하고 있었기 때문에 스몰렌스크에서는 누구 하나 이 도로의 포기에 착안한 사람은 없었다. 뿐만 아니라 러시아군은, 비록 스몰렌스크와 칼루가의 중간에서 승리를 얻었다 해도 그 승리는 모스크바를 엄호하지 않고 이 수도를 속수무책으로 적의 손에 넘긴다는 어이없는 조치를 도저히 보상할 수 없는 것으로 생각했다.

그런데 1814년[6] 나폴레옹이 그의 병력을 변두리에, 예를 들면 부르고뉴 운하 후방에 배치하고, 파리에는 많은 호국병[7]을 배속시킨 수천의 병력을 남겨둔 데에 지나지 않았다 해도, 그는 동맹군의 공격으로부터 파리를 수호할 수 있었을 것이다. 왜냐하면 동맹군은 나폴레옹이 10만 병력을 이끌고 오세르[8]에 진을 치고 있다는 것을 알았다면, 5만이나 6만의 병력을 파리에 파견할 용기가 도저히 없었을 것이다. 그런데 반대로 동맹군이 나폴레옹의 위치에 있고 나폴레옹이 공격자였다면, 그 누구도 동맹군에 대해서 자국의 수도에 이르는 길을 포기하라고 권하지는 않았을 것이다. 또 나폴레옹이 당시의 동맹군 정도의 우세를 차지하고 있었더라면, 그는 한시도 지체하지 않고 수도를 향하여 진격했을 것이다. 비록 정황은 같다고 해도 장수의 정신적 상태가 다르면 이렇게 서로 다른 결과가 생긴다.

여하간 방어자의 퇴각선의 방향이 주요 지점에서 벗어나는 경우, 수도는 물론 방어자가 전쟁에 휘말리는 것을 원치 않는 도시는, 스스로 약간의 저항 능력을 갖추고 있지 않으면 안 된다는 것을 덧붙이고 싶다. 그것은 중요한 지점이 적의 별동대에 의해 점령당하지 않기 위한 것이고, 또 군세(軍稅)의 징수를 면하기 때문이기도 하다. 이제 이 문제는 이로써 매듭을 짓기로 한다. 이에 대해서는 기회를 보아 전쟁 계획을 다루는 편[9]에서 다시 한번 논할 생각이다.

---

6) 1814년 초두의 전황에 관계된다.
7) 국민 위병이라고도 일컬어진다. 프랑스에서는 일종의 국민병으로서 1789년에 파리에서 조직되어, 이듬해 90년에 프랑스 전국에 파급되어 오직 국내의 근무에 배치되었다.
8) 오세르(Auxerre). 중부 프랑스의 도시. 센강의 지류 욘강(Yonne) 왼쪽에 위치한다.
9) 제8편을 가리킨다.

그러나 이러한 퇴각선의 방향에 대한 또 하나의 특성을 고찰해 둘 필요가 있다. 즉, 퇴각선의 방향을 갑자기 변경하는 조치이다. 1812년에 러시아군은 모스크바까지는 동일한 방향을 유지했으나 그곳에서 이 방향을 포기했다. 만약에 계속해서 동일한 방향을 취했더라면 블라디미르[10]에 도착했을 것이다. 그런데 러시아군은 우선 랴잔[11]으로 퇴각, 거기에서 칼루가로 방향을 돌린 것이다. 당시 러시아군이 퇴각을 더 속행하지 않을 수 없었다면 퇴각은 당연히 이 새로운 방향으로 이루어졌을 것이다. 그렇게 되면 러시아군은 키예프[12]에 이르러, 다시 적측의 국경에 아주 가깝게 접근했을 것이다. 그리고 프랑스군은 비록 이 시기에도 여전히 러시아군에 대해서 우세를 차지하고 있었다 해도, 모스크바를 지나는 병참선을 유지할 수 없었을 것이다. 오히려 프랑스군은 모스크바뿐만 아니라 아마도 스몰렌스크도 포기하고, 따라서 모처럼 고생해서 얻은 침략지를 버리고 베리지나강 북쪽의 전쟁터를 가지고 만족하지 않을 수 없었을 것이다.

그런데 만약에 러시아군이 처음부터 키예프로 퇴각할 의도를 가지고 있었다면 이제까지와 마찬가지의 불리, 즉 국토의 주요 부분이 절단되는 위험에 빠졌을 것이라는 것은 두말할 나위가 없다. 그러나 이러한 불리는 사실상 기우였다. 프랑스군이 궁극의 목적지인 모스크바에 일단 도착하고 나서 키예프로 향하는 것과, 갑자기 키예프에 도착하는 것으로는 군의 사기에 아주 큰 차이가 있었을 것이다.

이와 같이 퇴각선의 방향을 갑자기 바꾼다는 것은 광대한 면적을 가진 국토에서는 매우 실시하기가 쉬운 방책이며, 방어자에게 현저한 이점을 준다는 것은 분명하다.

1. 이러한 방향 전환은, 공격자(전진자)로 하여금 종래의 병참선의 유지를 불가능하게 만든다. 그렇다고 공격자가 따로 병참선을 신설한다는 것은 곤란한 일이다. 게다가 공격자 쪽은 점차 그 전진 방향을 바꾸게 되므로, 한 두 번이 아니게 새로운 병참선을 구하지 않을 수 없을 것이다.

---

10) 블라디미르(Wladimir). 모스크바 동쪽의 도시.

11) 랴잔(Rjasan). 모스크바 남쪽의 도시.

12) 키예프(Kiew). 우크라이나의 도시.

2. 이와 같이 해서 양군은 다시 국경선으로 접근하게 된다. 그러면 공격자는 이제까지 얻었던 침략지를 이미 자기 진지로 엄호할 수 없게 되어, 마침내 이것을 포기하지 않을 수 없으리라는 것은 틀림없는 사실로 간주해도 좋다.

방대한 면적을 가진 러시아는 공방 양군이 이러한 방식으로 말하자면 술래잡기를 할 수 있는 나라이다.

그런데 러시아보다 면적이 협소한 나라에서도 이러한 방향 전환이 편리하다면, 이 퇴각 방식은 반드시 불가능하지 않다. 그러나 그것이 실제로 가능한가의 여부는 개별적인 경우의 모든 사정을 감안한 후에 결정할 수 있다.

공격자를 일단 국내로 끌어들일 방향이 결정되면, 방어자의 주력이 이와 동일한 방향을 취하는 것은 물론이다. 그렇지 않으면 공격자는 방어자가 예정하는 방향으로 전진하지 않는 일이 있을 것이고, 또 그렇게 되면 방어자는 위에서 말한 여러 조건을 공격자에게 부과할 수 없기 때문이다. 그러면 문제가 되는 것은, 퇴각하는 방어자는 병력을 집결한 채로 공격자와 같은 방향을 취하는 것이 좋은가, 아니면 병력을 약간의 대부대로 분할해서 각기 측방으로 대피시켜 퇴각을 이심적(離心的)으로, 다시 말하면 중심에서 밖으로 향하는 것이 좋은가에 귀착된다.

이 문제에 대해서, 제2의 방식은 그 자체로서는 불가하다고 대답하지 않을 수 없다. 그 이유는 다음과 같다.

1. 이러한 퇴각 방식을 사용함으로써, 방어자의 병력은 필요 이상으로 분할되기 때문이다. 그런데 공격자의 입장에서 가장 곤란한 일은 방어자가 그 병력을 한 지점에 집결시키는 일이다.

2. 방어측이 병력을 분할하면, 공격자는 적에 대해서 내선(內線)의 이점을 차지하여 병력을 집결해서 개별적인 지점에 있는 방어자보다도 우세해지기 때문이다. 물론 공격자의 이러한 우세는, 퇴각의 속셈을 목적으로 하는 방어 방식으로서는 두려워할 만한 것은 아니다. 그러나 이러한 퇴각의 조건은, 방어자는 공격자에게 끊임없이 공포의 마음을 품게 하고, 또 자칫하면 일어나기 쉬운 각개 격파에 대해서 자군(自軍)을 엄호한다는 것이다. 또 방어자는 서서히 주력을 우

세하게 만들어, 결전에 의한 승리를 획득한다는 것이다. 그런데 병력이 분할되면 이것은 확실히 실현하기가 어렵게 된다.

3. 우세한 공격자에 대해서 외부로부터 구심적인 행동을 일으킨다는 것은 약세인 방어자가 취할 방책이 아니기 때문이다.

4. 방어측이 전투력을 분할하면 공격자가 불리하게 여기는 약점이 소멸하기 때문이다.

적국의 영토에 깊숙이 침입한 공격자의 주된 약점의 첫째는, 병참선이 길어 진다는 것과 둘째 전략적인 측면이 폭로된다고 하는 점이다. 그런데 방어자가 위에서 말한 것과 같은 이심적(離心的)인 후퇴 방식을 사용하면, 공격자는 그 전투력의 일부를 측방으로 파견해서 분할된 방어자의 여러 부대에 대항하게 할 것이다. 그러면 이 경우, 공격자가 파견한 부대의 임무가 측방에 있는 방어 자의 병력을 격파하는 데에 있다는 것은 물론이지만, 이에 덧붙여 그것과는 다른 일 즉, 자군의 병참선 일부를 엄호하는 일까지도 할 수가 있다.

따라서 퇴각의 전략적인 효과에 대해서 말하자면, 이심적인 후퇴 방식은 결코 유리하지 않다. 그러나 이 형식이 공격자의 퇴각선에 대한 행동을 미리 준비해 두는 것이라면 이에 대해서는 앞 장에서 말한 내용을 참조하기 바란다.

그렇다면 방어자를 독촉해서 이심적 퇴각을 하게 하는 동기는 딱 한 가지가 있다. 즉 방어자가 이에 의해서 지방을 보전한다는 목적 달성을 주요 취지로 하는 경우이다. 이 퇴각 방식을 사용하지 않으면 공격자는 이들 지방을 점령할지도 모르기 때문이다.

전진하는 공격자가 전진로의 좌우 어느 지역을 점령할 것인가 하는 것은 병력의 집결 상태와 전진 방향에 입각하여, 또 방어자 측의 지방이나 요새 그 밖에 대해서 공격자 측에 속하는 지방이나 요새, 그 밖의 것이 차지하는 위치에서 상당히 정확하게 예견할 수 있다. 이 경우에, 공격자가 아마도 점령하지 않을 것이라고 여겨지는 지역에, 방어자가 일부러 전투력을 배치하는 것은 병력의 위험한 낭비이다. 그러나 또 공격자가 아마도 점령할 것이라고 여겨지는 지역에서, 방어자가 거기에 배치한 전투력으로 그 지역의 점령을 저지할 수 있는지의 여부에 대한 전망은 한층 곤란하다. 요컨대 이 전망에는 장수의 숙달된 판단력에 달려 있다.

1812년에 러시아군이 퇴각을 할 때 토르마소프[13]가 이끄는 3만의 병력을 볼
뤼니엔에 남기고 이 지방에 침입할 것이 예상되던 오스트리아군에게 대항하
게 했다. 해당 지방이 광대하다는 것, 지형이 제공하는 여러 가지 곤란, 공격자
의 병력이 우세하지 않다는 것 등에 비추어 러시아군이 이 방면에서 우세를 차
지하든가, 그렇지 않으면 적어도 이 국경 근처를 고수하려고 하는 희망을 품은
것은 당연한 일이었고, 또 실제로도 이것으로 후에 매우 중요한 이점을 확보했
던 것이다. 그러나 이러한 이점이 어떠한 것이었는가에 대해서는 여기에서 자세
하게 이야기할 생각은 없다. 그런데 이 토르마소프의 부대를 적시에 본군으로
불러들인다는 것은 희망한다고 해도 실제로는 거의 불가능했다. 이와 같은 갖
가지 이유에서 토르마소프군을 볼뤼니엔에 남기고, 여기에서 본군에서 분리된
독립된 전투를 하게 하려고 결심하게 된 것은 확실히 옳은 조치였다.

이와는 반대로 프홀이 1812년 전역의 당초에 세운 작전 계획에서는 바클리
군(8만)만을 드리사로 퇴각시켜, 바그라티온군(4만)을 오른쪽 측면에 진을 친 프
랑스군으로 돌려 그 배면을 공격시킨다는 것이었다. 그러나 바그라티온군이 남
리타우엔에서, 즉, 근처에 있는 프랑스군 주력의 배후에서 진지를 고수하려고
한 계획이 원래 불가능하다는 것은 언뜻 보아도 분명하다. 실제로 프랑스군의
압도적인 병력으로 이 정도의 군 병력은 이내 분쇄했을 것이다.

방어자로서는 지방을 적의 손에 넘기지 않을 수 없다고 해도, 이것을 가능한
소수에 그치게 하려고 하는 것은 당연하다. 그러나 그것도 기껏해야 부차적인
목적에 지나지 않는다. 아직 작다고 하기보다는 오히려 좁은 전쟁터에 공격자
를 봉쇄하면 공격이 더욱더 곤란해지는 것 또한 당연하다.

그런데 이들 모든 것을 가능하게 하는 조건은, 방어자가 퇴각을 개시할 때 이
미 성공의 공산을 확인하고 있다는 것이고, 또 퇴각에 의해서 군의 주력(主力)
이 심하게 약화될 염려가 없다는 것이다. 궁극적인 결정을 주는 것은 특히 주력
때문이다. 이렇게 해서 적 주력에 생긴 혼란은 우선 공격자로 하여금 퇴각을 결
의하게 하고, 또 이러한 혼란과 불가피하게 결부된 물리적 및 정신적 여러 힘의

---

13) 토르마소프(Tormassow, Alexander Petrowitsch, 1752~1819). 러시아의 장수.

손실을 현저하게 증대시키는 것이다.

따라서 자국 내부로의 후퇴가 목적하는 것은, 아직 패배하지 않은 병력과 아직 분할되지 않은 병력으로 공격자의 주력 전방에서 될 수 있는 대로 서서히 퇴각을 실시한다. 그러면서 집요한 저항을 계속해서 공격자에게 쉴 새 없는 전투 태세를 취하게 하고, 또 방어자의 저항에 대해서는 잠시의 방심도 없이 전술적 및 전략적 예방 방책을 강구하지 않을 수 없게 하여 적을 피로하게 만드는 데에 있다.

이렇게 해서 공방 양군 사이에 전쟁의 기운이 무르익으면, 방어자는 가능하면 적의 전진 방향에 비스듬히 포진하고 또 갖가지 수단을 사용해서 적의 배후를 위협하는 것이다.

러시아에서의 1812년의 전역은 모두 이와 같은 현상을 여실히 나타내고 있다. 뿐만 아니라 이들 현상의 효과도 말하자면 확대경처럼 여실히 비쳐내고 있다. 하기야 이 전역은 자발적 퇴각은 아니었지만, 그러나 위에서 말한 관점에서 고찰해 보아도, 나무랄 데 없는 전쟁 사례라 할 수 있다. 당시 러시아군은 성공을 예기해서 이 전역을 수행한 것은 아니지만 현재에는 성공할 수 있다는 자신을 품고 있으므로, 만약에 다시 한번 이러한 전역을 당시와 똑같은 사정하에서 시도해 보지 않을 수 없다고 한다면, 1812년에는 대체적으로 자각 없이 한 일을 이번에는 자발적이고 계획적으로 실시할 것임에 틀림없다. 그런데 러시아만큼 광대한 면적을 가지지 않은 나라에서는 이와 비슷한 방어 방식의 실례는 없고, 또 존재하지 않는다고 생각한다면 이러한 견해는 매우 부당하다고 하지 않을 수가 없을 것이다.

전략적인 공격이 회전에 의해서 승패를 결정하는 것이 아니라 공격 그 자체의 실시가 곤란하다는 것만으로 실패하거나, 혹은 적지를 전진한 공격자가 많건 적건 파멸적인 퇴각이 불가피해지는 경우에는, 이런 종류의 방어 방식을 가능하게 하는 주요 조건과, 또 이러한 방식이 가져다주는 주요한 효과가 반드시 발견되는 법이다. 메렌에서 프리드리히 대왕이 벌인 1742년의 전역, 마찬가지로 뵈멘에서의 1744년의 전역, 오스트리아 및 뵈멘에서의 1743년의 프랑스군의 전역,[14]

---

14) 1743년 4월, 프랑스는 오스트리아에 선전 포고했다.

브라운슈바이크 공이 프랑스에서 행한 1792년의 전역, 그리고 포르투갈에서 마세나가 1810년부터 1811년에 걸쳐서 행한 동계의 전역 등은 러시아의 1812년 전역에 비하면 훨씬 규모는 작지만, 역시 궤(軌)를 같이 하는 사례들이다.

그 밖에도 이런 종류의 부분적인 효과를 나타내는 사례라면 무수히 많다. 이들 경우는 어느 것이나 완전한 성공은 아니지만, 그러나 그 성공의 일부는 분명히 우리가 여기에서 말한 원리에 귀속되지 않으면 안 되는 것들이다. 하지만 이런 종류의 사례를 모두 남김없이 인용할 수는 없다. 그렇게 되면 개별적인 사정을 설명하지 않으면 안 되고, 그렇게 되면 이 장으로서는 감당할 수가 없기 때문이다.

러시아의 경우나 지금 여기에서 소개한 약간의 사례에서는, 공격자의 전진 행동이 도달한 극한점에서 방어자에게 유리한 회전이 이루어진 것이 아닌데도 국면의 급변이 생긴 것이다. 그러나 이 정도의 효과를 기대할 수 없는 경우에도 이러한 저항 방식에 의해서 공방 양군 사이에, 방어자 측의 승리를 가능하게 하는 병력 관계가 생긴다고 하면 이것은 역시 충분한 중요성을 갖는다고 해도 좋다. 실제로 이런 종류의 승리는, 새로 운동을 일으킬 수 있는 강력한 일격과 같은 것이다. 이렇게 해서 생긴 운동은 물체 낙하의 법칙에 따라서 가속도적인 작용을 하면서, 공격자에게 더욱더 위험의 정도를 증대시키는 것이 통례이다.

제26장
국민 총무장

국민전(國民戰)은 문명적 유럽에서는 19세기에 발생한 한 현상이다. 그런데 국민전에 관해서는 찬성하는 사람과 반대하는 사람들이 있다. 또 반대하는 사람 중에는 정치적인 이유로 반대하는 사람과 군사적 이유로 반대하는 사람들이 있다. 정치적 이유로 반대하는 사람은, 국민전을 혁명 수단으로 간주하여 합법적인 무정부 상태로 단정하고, 이러한 상태는 적국에 위험한 동시에 자국의 사회적 질서에도 위험하다고 주장한다. 또 군사적 이유에 의한 반대자는, 국민전의 성과는 그 수고를 보상할 만한 것이 되지 못한다고 생각하는 사람들이다. 이 두 가지 반대 중에서 정치적 이유에 의한 반대는 우리에게는 관계가 없다. 여기에서 우리는 국민전을 전투 수단으로만, 따라서 또 적과의 관계에서 고찰하고 있기 때문이다. 그러나 군사적 이유에 의한 반론에 대해서는 다음과 같은 사실을 지적하지 않을 수가 없다. 즉, 국민전은 일반적으로 말해서 현대 전쟁의 본령인 격렬한 성격이 종래의 인위적인 장벽을 깬 결과이며, 우리가 전쟁이라고 부르고 있는 발효 작용을 확대, 강화한 것 바로 그것이라고. 물자의 징발 제도, 또 이 제도와 일반 병역(국민개병) 의무에 의해서 성립된 거대한 군, 후비병의 사용 등은 군사가 왕년의 협소한 군제(軍制)로부터 탈피한 결과로써 생긴 것이다. 그리고 국민병의 소집이나 국민 총무장(總武裝) 등도 또한 이것과 방향을 같이 하는 것이다.

지금 여기에서 언급한 몇몇 새로운 군사적 수단은, 종래의 답답한 제한을 사정없이 제거한 다음에 자연적이고 필연적으로 발생한 결과이다. 그리고 이들 새로운 수단을 우선 사용한 쪽의 힘을 현저하게 높였기 때문에, 상대측도 이에 매료되어 같은 수단에 호소하지 않을 수가 없었던 것이다. 이와 같은 사정은 국민전에 대해서도 전적으로 마찬가지이다. 일반적으로 말해서 국민전을 현명하게 사용하는 국민은, 이것을 천하게 여기는 국민에 비해서 그만큼 우위를 차지한다고 하는 것은 움직일 수 없는 사실이다. 그렇다면 문제는, 전쟁의 본질인 격렬성을 강화한 국민전이라고 하는 것이 인류 일반에게 유익한가 어떤가 하는 것뿐이다.

이 문제에 대답한다는 것은 전쟁 그 자체에 관한 문제에 대답하는 것과 같은 일이다. 우리는 이런 종류의 문제에 대한 해답을 모두 철학자에게 맡기고 싶다. 그런데 국민전을 위해 소비하는 힘을 다른 전투 수단을 위해 사용된다면, 더 큰 성과를 올릴 것이라고 생각하는 사람이 있을지도 모른다. 그러나 이들 힘의 대부분은 당사자 마음대로 처리할 수 있는 것이 아니고, 따라서 또 멋대로 어디에나 사용할 수 있는 것이 아니라는 것을 알기 위해서는 별다른 연구를 필요로 하지 않을 것이다. 이러한 여러 힘의 본질적인 부분, 즉 정신적 여러 요소는 국민전에 사용되는 경우에만 비로소 존재의 이유를 다할 수가 있는 것이다.

따라서 온 국민이 무기를 들고 하는 저항은 국민에게 어느 정도의 부담을 부과하는가 하는 문제는 논외의 일이다. 우리가 묻고자 하는 것은—이런 종류의 저항은 어떠한 영향을 갖는가—이러한 저항을 가능하게 하는 조건은 어떠한 것인가, 또 이러한 저항은 어떻게 사용되는가가 문제가 될 것이다.

이와 같이 분산된 저항이, 시간적·공간적으로 집중된 대규모 반격에 적합하지 않은 것은 자명한 이치이다. 이와 같은 저항의 효과는 증발 작용의 물리적 성질과 마찬가지로 면적의 대소에 의존한다. 면적이 광대하고 적과 접촉하는 면이 크면, 즉 적군이 광대한 땅에 확산되어 있으면 국민 총무장의 효과는 더욱더 커진다. 국민 총무장은 마치 조용히 계속 타오르는 불길처럼 적군의 근간을 점차로 잠식하는 것이다. 또 국민 총무장이 성과를 올리기 위해서는 시간을 필요로 하므로, 정규의 공방군이 서로 싸움을 하고 있는 사이에 국민전이 어떤 곳에서는 진압되고, 또 다른 곳에서는 세력을 잃게 되면 일단 국민 사이에 고조된 긴장이 차츰 소멸한다. 그러나 또 이 열렬한 불꽃이 요원의 불길처럼 여러 방면에서 적군을 덮쳐 공격자가 전멸을 우려해서 적국 안으로부터의 철수를 결의한다면, 국민의 긴장은 침략자를 위기에 빠뜨리게 할 수가 있다. 그러나 이와 같은 결과가 국민전으로만 초래되기 위해서는 침략자가 점령한 국토의 면적이 매우 광대해야 한다는 것, 예를 들어 러시아를 제외하고는 유럽 어느 곳에도 존재하지 않을 정도로 넓은 면적을 가지는 것이 전제되거나, 그렇지 않으면 침입군의 병력과 침략에 의해서 점령된 지역의 면적 사이에 현실적으로는 있을 수 없는 불균형의 존재가 전제되지 않으면 안 된다. 따라서 공론(空論)에 빠지는 것을 피하려고 한다면 국민전을 상비군이 수행하는 전쟁과 결부시키고, 또 이 두 가지 전쟁을 포괄하는 전체적 계획 안에서 이 양자를 아울러 생각할 필요가 있다.

국민전을 효과적인 것으로 만드는 주요 조건은 다음과 같다.

1. 전쟁이 방어자의 국토 내부에서 수행될 것.
2. 전쟁이 방어자 측의 단 1회의 파국으로는 끝나는 것이 아닐 것.
3. 전쟁터가 광대한 면적을 차지하고 있을 것.
4. 국민의 성격이 국민전이라는 수단을 지지하고 있을 것.
5. 방어자의 국토가 지형적으로 단절지가 풍부하고 접근이 곤란할 것. 또 이와 같은 지형은 산지, 삼림지 또는 소택지로 형성되어 있는 경우도 있고 또 경작지의 성질에 의해 생기는 경우도 있다.

한편 이와 같은 경우에 인구의 많고 적음은 결정적인 사항이 아니다. 국민 모두가 무기를 드는 국민전에서는 사람의 손이 모자라는 일은 우선 생각할 수 없기 때문이다. 주민의 빈부 차이도 그 자체로는 결정적 사정은 아니다. 적어도 결정적이어서는 안 된다. 그러나 가난하고 고난이나 인내에 익숙해져 있는 계급의 민중은 더욱 용감하거나 강한 기력을 나타내는 것이 통례임을 잊어서는 안 된다.

국민전의 효과를 크게 높이는 것은 독일의 여러 지방에서 볼 수 있듯이 농민의 주거지가 여러 곳에 산재하고 있는 땅이다. 이와 같은 지방은 단절지와 은폐지(隱蔽地)가 풍부하고 도로의 수는 많아도 어느 것이나 불량하다. 또 이와 같은 지방에서는 군대의 숙영은 매우 곤란하다. 특히 국민전의 일반적 특성 즉, 저항체(抵抗體)는 도처에 존재하지만 그 소재를 밝힐 수가 없다고 하는 특성은, 규모는 작지만 도처에서 되풀이해서 발휘된다. 주민이 마을에 집단을 이루고 거주하고 있다면 불온한 마을에는 군대를 사영(舍營)시키거나 또 징벌로 그 마을을 약탈하거나 불태워 버릴 수도 있지만, 그러한 조치는 베스트팔렌 지방과 같이 산재해 있는 농민에 대해서는 실시할 수 있는 일이 아니다.

국민군이나 무장한 국민의 집단은 적의 주력에 대해서는 물론, 적의 대부대에 대해서조차도 사용되어서는 안 된다. 국민군을 사용하는 목적은 적군의 핵심을 분쇄하는 데에 있는 것이 아니라 그 표면이나 언저리를 침식하는 데에 있다. 또 전쟁터의 측면에서 공격자의 군대가 침략할 염려가 없는 지방에서 봉기하여, 이들 지방을 공격자의 세력권 밖에 놓아두는 데에 있다. 적군이 아직 침입하지 않은 지방의 주민이라면 궐기의 용기가 결여되는 일은 없다. 그리고 어딘가에서 봉기의 모범을 보이면 근처의 주민은 차차 결속해서 들고 일어나게 된다. 이렇게 해서 민중의 마음에 켜진 불은 마치 가는 길을 가로막는 것이 없는 들불과 같이 불타올라 마침내는 공격자의 기지에까지 이르고, 적의 병참선을 덮치며 생존의 명맥까지 잠식하는 것이다. 우리는 국민전의 전능(全能)과 같은 과대한 생각을 품는 것이 아니다. 또 국민전을 병력으로는 정복하기 어려운 무진장한 요소로 간주하거나, 혹은 병력만으로 국민전을 진압할 수 없는 것은 인간이 아직도 비바람을 제지할 수 없는 것과 마찬가지라고 말하려는 것은 아니다. 요컨대 우리는 판단의 기초를 변론가식으로 그 당장뿐인 논의에서 구하려고 하는 것은 아니다.

하지만 침략자는 군대의 무리를 상대하는 것과 달리, 무장 농민을 어디까지나 뒤쫓아 막다른 골목에 몰아넣을 수 있는 것이 아니라는 것을 깨닫지 않으면 안 된다. 병사들이라면 마치 한 떼의 가축처럼 떼를 지어 도망가겠지만 무장 농민은 쫓기면 제각기 모습을 감추되 이를 위해 미리 수배를 해 둘 필요가 없는 것이다. 따라서 공격자의 소부대가 산지, 삼림지 또는 심한 단절지를 행군한다는 것은 매우 위험하다. 언제 어느 때 행군이 그대로 전투로 옮겨질지 모르기 때문이다. 또 방어자의 정규군이 이미 사라져 없어져도, 공격자 종대의 선두에 의해서 앞으로 멀리 쫓겼을 농민이 이번에는 종대의 후미에 나타나는 식이다. 도로의 파괴나 험한 길의 차단에 대해서 말하자면, 공격군의 전위 부대나 별동대가 사용하는 수단과 농민들이 모아온 수단의 차이는 자동 인형의 어색한 운동과 산 인간의 자유로운 운동과의 차이와 같다. 공격군이 국민군의 이러한 행동에 대항하는 수단으로써는 수송대의 호위나, 주둔지, 고개, 교량 등의 수비를 위해 많은 부대를 파견할 수밖에 없다. 국민군의 처음 계획은 미미한 것이므로 이를 진압하기 위해 파견되는 부대도 적어도 될 것이다. 그런데 무장한 국민이 이러한 적은 부대를 만나면 국민전의 불길은 기다렸다는 듯이 타오르는 것이다. 그러면 몇몇 마을에서 이러한 소부대는 많은 국민병 때문에 참패를 당한다. 그렇게 되면 국민군의 용기는 고양되고 투지는 넘쳐서 투쟁은 격렬해지고 국민전은 그 정점에 이르러 이윽고 전쟁을 결정짓는다.

국민전에 관한 우리의 견해를 말하자면, 국민전은 마치 구름이나 안개와 같은 존재이므로 새삼 응축해서 고체가 될 필요는 없다. 만약에 이러한 물건이 되면, 공격자는 그 중핵에 대해서 필요한 힘을 가하여 이를 파괴, 많은 사람을 붙잡아 포로로 할 것이다. 그렇게 되면 국민군의 용기는 좌절되고, 누구나가 대세는 이미 결정되었다, 이제 저항은 무익하다고 단념하여 무기를 버릴 것이다. 그러나 이 안개는 어떤 지점에서는 응집해서 농밀한 덩어리가 되어 무서운 뇌운(雷雲)을 형성하는 것도 필요하다. 그렇게 되면 이 구름 안에서 언젠가는 요란스러운 전광(電光)이 튀어나오는 일도 있을 것이다. 이들 지점이 주로 적의 전쟁터의 양 날개에 있다는 것은 앞서 말한 대로이다. 이 경우에는 무장한 국민은 결속해서 한층 커지고 또 한층 질서가 있는 전체를 이루므로, 여기에는 정규 군대에서 파견된 작은 부대를 딸리게 할 필요가 있다. 그렇게 되면 이러한 국민군도 질서가 있는 군의 체제를 갖추어 한층 대규모적인 행동을 일으킬 수가 있다. 그런데 국민군의 강점은 이들 지점으로부터 적의 배후로 향함에 따라 감소하지 않을 수가 없다. 여기는 적군으로부터 강력한 타격을 받기 쉬운 곳이기 때문이다. 이와 같이 결속력이 굳은 국민군의 임무는 적군이 후방에 남기고 온 비교적 강력한 수비대를 습격하는 데에 있다. 뿐만 아니라 이러한 국민군은 적에게 공포와 불안감을 환기해서 전체적으로 주는 정신적 인상을 강화하는 것이다. 이와 같이 결집된 부분이 결여되면 국민군이 올리는 총체적 효과는 강력해지지 않을 것이고, 또 국민군 전체의 상태가 적에게 가공할 만한 존재는 되지 않을 것이다.

장수가 국민 총무장 전체를 강력하게 형성하기 위한 가장 편리한 방법은, 상비군의 소부대로 국민군을 지지하는 일이다. 정규 군대가 지원해서 국민군을 고무하지 않으면 대부분의 주민은 감히 무기를 잡으려고 하지 않을 것이다. 이러한 임무를 띠고 정규군으로부터 파견된 부대가 강력하면 주민을 끌어당기는 힘은 더욱더 강하고, 또 적의 머리 위에 떨어지는 눈사태는 더욱더 커진다. 그러나 여기에도 한계가 있다. 방어자가 이러한 부목적을 위해 군을 분할하여, 말하자면 상비군을 국민군 안에 편입시키고 장대하기는 하지만 도처에 미약한 방어선을 만들어낸다는 것은 매우 위험하다. 그와 같은 일을 하면 상비군이 국민군과 함께 파멸할 것은 불을 보는 것보다 더 뻔하다. 또 경험이 가르치고 있는 것처럼 정규군의 대부대가 국민군의 무대인 동일한 지방에 주둔하면, 국민전은 그 추진력과 효과가 감소되는 것이 통례이다. 그 이유의 첫째는, 이들 대부대에 대해서 공격자도 이 지방으로 대부대를 보내기 때문이다. 두 번째 이유는, 해당 지방의 주민이 정규군에 너무 의존하기 때문이다. 또 세 번째로는, 대부대가 주둔하면 그 지방 주민의 힘이 국민군과는 다른 방식으로, 즉 숙영이나 수송 및 공급 때문에 눈에 띄게 소비되기 때문이다.

적이 국민전(國民戰)을 원수로 보고서 국민군에 가하는 격렬한 반격을 예방하는 수단은, 동시에 국민군이라는 수단을 사용하는 경우의 원칙을 이룬다. 그 원칙이라고 하는 것은 국민전과 같은 대규모의 방어 수단을 전술적 방어를 위해 사용하는 것을 될 수 있는 대로 피하든가, 혹은 절대로 이러한 목적을 위해 사용하지 않는다는 것이다. 국민군이 하는 전투의 성격은 대개 훈련이 미숙한 군대의 전투와 비슷한, 즉 행동을 개시한 당초에는 격렬한 힘과 열정을 갖추고 있지만 냉정이 결여되고 내구력이 부족하다. 또 국민군은, 싸움에 져서 격퇴당하는 것을 그다지 신경 쓰지 않고 있는 것이 통례이다. 그와 같은 일은 원래 각오한 바이기 때문이다. 그러나 사상자나 포로에 의한 막대한 손해에 의해 심하게 상처를 받는 일이 있어서는 안 된다. 완벽한 패배는 국민군의 정열을 이내 냉각시키고 말 것이다. 여하간 이 두 건의 결점은 전술적 방어와는 전적으로 용납되지 않는다.

방어적 전투는 강인하고 완만한 계획적 행동과, 단호하고 과감한 정신을 필요로 한다. 중지하고 싶으면 이내 그만두어도 상관없는 계획은 방어에서 성과를 올릴 수가 없다. 따라서 국민군이 단절지의 방어에 임할 경우에도 이것을 결정적인 방어적 본전(本戰)에 사용해서는 안 된다. 그와 같은 일을 하면 비록 당면한 정황이 아무리 유리하다 해도 결국 파멸하지 않을 수 없다. 요컨대 국민군은 산지의 입구, 소택지의 제방, 하천의 도하점 등이라면 그 군의 힘이 미치는 범위 내에서 방어할 수 있고, 또 이러한 방어에 임하는 것이 정도인 것이다. 그러나 이들 방어 지점이 돌파되면 본래의 방어 진지로 도망쳐서 답답한 피난처에 틀어박히지 말고, 일단 산산이 흩어지고 난 뒤에 다시 적의 의표를 찌르는 습격을 되풀이해서 방어를 계속하는 것이 좋다. 비록 국민이 아무리 용감하고 국민적 전통이 아무리 용맹해도 또 적에 대한 증오의 감정이 아무리 강렬해도, 국토의 지형이 아무리 유리해도 대개의 국민전은 위험성이 짙은 분위기 속에서는 도저히 지탱할 수 있는 것이 아니다. 따라서 국민군의 심정을 불태우는 연료를 어딘가에 축적해서 격렬한 불꽃을 타오르게 하기 위해서는, 국민전은 본격적인 전쟁터에서 떨어진 지점 즉, 충분한 공기가 있고 쓸데없이 적의 강력한 타격으로 그 불꽃이 꺼질 염려가 없는, 비교적 멀리 떨어진 지점에서 이루어지지 않으면 안 된다.

이상과 같은 고찰은, 당면한 문제의 객관적 분석이라고 하기보다는 오히려 사태의 진실을 느낀 바를 적은 것이라고 하는 편이 옳을 것이다. 국민전은 이제까지 극히 드물게만 이루어졌고, 또 국민전을 자신의 눈으로 오랫동안 관찰한 사람들도 이에 대해서 거의 기술하고 있지 않기 때문이다. 여하간 위에서 한 고찰에 덧붙여 전략적 방어 계획은 국민 총무장의 협력을 서로 다른 두 가지 방식으로 이용할 수 있다고 하는 것을 말해두고 싶다. 그것은, 방어자가 회전에 패배한 뒤에 사용하는 마지막 보조 수단으로써인가, 그렇지 않으면 결정적 회전이 이루어지기 전에 국민의 자연적 감정에 입각한 지원으로서인가 둘 중의 어느 하나이다. 그런데 후자는 자기 영토 안으로의 퇴각과, 본편 제8장 및 제24장에서 이미 말한 간접적인 저항 방식을 전제로 하고 있다. 따라서 여기에서는 전자, 즉 회전에 패한 뒤의 국민군의 소집에 대해서 약간 말해 둘 필요가 있다.

일반적으로 국가의 운명, 즉 국가의 모든 존재는 비록 가장 결정적인 회전에 의해서든 단 1회의 회전에 의해서든 결정된다고 생각해서는 안 된다. 국가는 회전에 패하더라도 새로운 병력의 징집으로, 혹은 공격자 측에서 매회의 공격 때마다 생기지 않을 수 없는 병력의 약화에 의해 방어자는 불리한 사태를 바꾸어 유리하게 전환할 수가 있고, 또 외국으로부터 원군을 얻는 수단도 있다. 적어도 국가의 흥망은 그렇게 급속히 생기는 것이 아니다. 물에 빠진 사람이 지푸

라기라도 잡는 것이 자연적인 본능이듯이, 국민이 멸망의 위기에 처하면 건곤일척의 수단을 시도해 보는 것은 정신계의 일반적 규칙이다.

어떤 국가가 적국에 비해서 아무리 약소하고 열세에 놓여 있다고 해도, 이러한 최후의 노력을 아까워해서는 안 된다. 그렇지 않으면 그와 같은 국가는 혼이 빠진 국가라 하지 않을 수 없다. 또 국가가 이와 같이 마지막 용기를 발휘하는 것은, 희생이 많은 강화를 체결함으로써 완전한 몰락을 면하려고 하는 방침과 서로 상반되는 것은 아니다. 또 한편으로 이러한 강화를 체결하려고 하는 의도가 있다는 것과, 다른 한편으로 새로운 방어 방책에서 얻어지는 이점과는 서로 모순되지 않는다. 이러한 방어 방책은 강화를 곤란하게 하거나 강화 조건을 악화시키는 것이 아니라 오히려 강화를 손쉽고 유리하게 한다. 따라서 본전(本戰)에 패하면 국민을 달래어 평화를 감수시키는 것만을 생각하고, 또 패배에 대한 심한 실망에 압도되어 용기나 물심양면의 모든 힘을 북돋우려는 기개가 없는 정부는 무기력 때문에 처음부터 승자의 자격이 없을 뿐만 아니라, 승리를 얻지 못한 것도 그 때문이라고 단정해도 좋을 것이다.

따라서 아무리 결정적인 패배를 당한다 해도 국가는 군을 내지로 퇴각시켜, 요새와 국민 총무장의 효력을 충분히 발휘하게 하지 않으면 안 된다. 이러한 경우에 유리한 정황은 방어자의 주된 전쟁터의 양 날개가 산지나 깎아지른 요해(要害) 지형에 의해 한정되어 있어야 한다는 것이다. 그러면 침략자는 이들 지점으로부터의 전략적 측방 사격에 견디지 않으면 안 될 것이다.

공격군이 결정적 회전에서 일단 승리를 거둔 뒤 적지에서 오직 공성(攻城) 작업을 펴고, 도처에 수비대를 남겨두어 병참선의 엄호에 노력하거나 여러 곳에 부대를 파견해서 운동의 자유와 인접하는 지방의 질서 확보에 급급한 상태라면, 그는 이미 생명 있는 전투 수단과 생명 없는 전투 수단, 즉 병력 및 마필(馬匹)과 물자의 손실에 의해서 약해진 상태에 있는 것이다. 이때야말로 방어자로서는 다시 한번 결전장으로 들어가 이제는 불리한 상태에 있는 공격자에게 뼈아픈 반격을 가해서 그를 동요시킬 절호의 찬스가 오는 것이다.

제27장
전쟁터의 방어

우리는 가장 중요한 방어 수단을 논술해 왔는데 우선 이것으로 만족하기로 하고 이들 방어 수단이 방어 계획 전체와 어떻게 결부되는가 하는 것은 전쟁 계획을 논하는 최종 편에서 말하고자 한다. 모든 공격 및 방어에 관한 부계획(副計劃)은 모두 이 전쟁 계획에서 출발하고, 또 전쟁 계획의 요강에 따라 규정될 뿐만 아니라, 대개의 경우 전쟁 계획 그 자체가 본 전쟁터의 공격 혹은 방어 구상 바로 그것이기 때문이다. 확실히 전쟁에서는 다른 그 어떤 부문에서보다도 부분이 전체에 의해 규정되고, 또 전체의 성질에 의해서 영향을 받아 본질적인 변화를 입게 된다는 것은 부정할 수가 없다. 그러나 그렇다고 해서 전쟁 전체에 관한 일반적 고찰에서 시작할 수는 없었다. 그래서 우리는 우선 전체에서 여러 주요 부분을 분리해서 각기 고찰의 대상으로 삼고, 이것을 한층 명확하게 인식해야만 했다. 이와 같이 단순한 것에서 복잡한 것으로 나아가지 않으면 우리는 수많은 불분명한 개념 때문에 타격을 받을 것이고, 또 특히 전쟁에 따라다니는 여러 상호 작용은 끊임없이 우리를 혼란에 빠뜨릴 것이다. 그래서 우리는 우선 한 발자국이라도 전체에 접근하고 싶다고 생각하는, 다시 말하면 전쟁터의 방어를 독립적으로 고찰하여 이에 관해서 논의되는 약간의 문제를 살펴볼 단서를 찾아보고 싶다.

이제까지의 우리의 생각에 따르면, 방어는 공격보다 한층 강력한 투쟁 형식이다. 그리고 이 투쟁의 목적은 아군의 전투력을 보전하고 적의 전투력을 격멸하는 일, 간단히 말하면 승리이다. 그러나 두말할 필요도 없이 승리는 아직 투쟁의 궁극적인 목적은 아니다.

투쟁의 궁극적인 목적은 자국을 보전하고 적국을 완전히 타도하는 데 있다. 다시 요약하면, 아군의 의도대로 체결된 강화 바로 그것이다. 피아 양국의 분쟁은 강화에 의해 비로소 해결되고 또 피아 쌍방에 대해서 결말이 나기 때문이다.

그러나 전쟁이라는 사건에서 볼 때, 적국(敵國)이란 도대체 무엇을 가리키는 가. 그것은 무엇보다도 우선 적의 전투력이며, 다음으로는 적의 국토이다. 하지 만 그 밖에도 특수한 정황에 의해서 뚜렷이 유력하게 될 만한 요소가 많다. 그 중에서도 특히 중요한 것은 정치적 사정, 다시 말하면 내정 및 외교에 관한 사 정이며, 때로는 이것이 기타의 모든 것보다도 결정적인 요인이 된다. 그런데 전 투력과 국토만이 적국 그 자체는 아니라고 해도, 또 국가와 전쟁 사이의 모든 관계를 나타내는 것이 아닐지라도 이 두 가지 요소는 항상 지배적이며, 중요성 에서 보면 다른 모든 관계보다도 현저히 우세하다. 전투력은 자기 나라를 지키 고 적의 국토를 공략한다. 이에 대해 국토는 전투력을 배양하고 또 끊임없이 이 것을 새로 생산한다. 따라서 서로 의존하고 서로 돕는 이 양자는 똑같이 중요 하다. 그러나 이와 같은 상호 관계가 성립된다고는 하지만, 양자 사이에는 차이 도 있다. 전투력이 격멸되면, 다시 말해서 전투력이 완전히 타도되어 앞으로의 저항이 더 이상 불가능하면 국토의 상실을 초래하는 것은 두말할 나위가 없다. 그러나 그와는 반대로 국토가 적에게 공략되어도 아직 전투력의 절멸은 생기 지 않는다. 군은 국토를 우선 자발적으로 침략자에서 넘기기는 하지만, 전투력 이 있으면 나중에 손쉽게 이를 탈환할 수 있기 때문이다. 그렇다면 한 나라의 전투력의 완전한 타도가 국토의 운명을 결정할 뿐만 아니라, 전투력이 현저하 게 약화된 것만으로도 국토를 상실하게 되는 셈이다. 이와는 반대로 국토의 상 당히 넓은 부분이 적에게 점령된다고 해도 군이 그만큼 약해지는 것은 아니다. 하기야 장기에 걸친 점령은 결국 전투력 약화를 초래하겠지만, 그러나 전쟁에 의해서 승패가 결정되는 비교적 짧은 기간에 뚜렷한 약화가 생기는 일은 없다.

그래서 아군의 전투력을 보전하고 적의 전투력을 약화시켜 격멸한다는 것은 그 중요성으로 보아 자기 국토의 보전보다 더 낮다는 것을 알 수가 있다. 따라 서 장수는 무엇보다도 우선 적 전투력의 약화나 격멸에 노력하지 않으면 안 된 다. 그리고 국토의 보유라고 하는 것은 이러한 수단(적 전투력의 약화 또는 격멸이라 고 하는 것)이 아직은 국토를 완전히 보유할 수 없는 경우에 비로소 목적으로서 대두하게 되는 것이다.

가령 적의 모든 전투력이 하나의 군에 집결되어 피아 양국 사이의 전쟁이 단

1회의 전투에 의해 결정된다고 하면, 우리 국토의 보전은 이러한 전투에 의해 결정될 것이다. 그래서 적 전투력의 격멸 및 적 국토의 공략과 우리 국토의 보유가 그 어느 경우에도 이런 종류의 전투에서 필연적으로 생기는 결과라면, 그것은 이 전투 자체와 항상 결부되어 있는 것이다. 그러면 서로 공격하고 방어하는 양자 중에서 왜 방어자가 우선 군사적 행동의 이러한 가장 단순한 형식을 사용하지 않고 병력을 여러 곳으로 분할하는가 하는 문제가 생긴다. 그 대답은 이러하다. —가령 방어자가 모든 전투력을 집결해서 승리를 얻었다 해도, 이와 같은 승리만으로는 불충분하기 때문이다—라고. 대개 승리가 적에게 미치는 효력의 범위에는 각기 한계가 있다.

만약 그 어떤 승리도 적국 전체에, 따라서 또 적의 모든 전투력과 전 국토에 똑같이 효력을 미칠 수 있다고 한다면, 다시 말해서 적 전투력과 전 국토의 모든 부분에 우리가 적 전투력의 주핵에 가한 타격과 동등한 효과를 줄 수 있다면, 이러한 승리야말로 우리가 필요로 하는 모든 것이기 때문에, 우리로서는 병력을 새삼 분할할 이유가 없는 셈이다. 그러나 적의 전투력과 피아 쌍방의 국토에 우리의 승리가 그 위력을 미칠 수 없는 부분이 있다고 하면 우리로서는 이들 부분을 무시할 수는 없다. 그런데 국토는 전투력과는 달리 한 지점에 집결할 수가 없으므로, 결국 이러한 부분을 공격 또는 방어하기 위하여 전투력을 분할하지 않을 수 없는 것이다.

이와 같이 모든 전투력을 단 하나의 군으로 구성한다는 것은 작고 짜임새 있는 국가에서만 가능하며, 또 그와 같은 경우에는 아마도 이 단일군에 대해서 승리를 얻으면 만사가 해결될 것이다. 그러나 장대한 국경선에 의해 우리 국토와 접촉하고 있는 대국의 경우나, 혹은 우리나라를 둘러싸고 있는 여러 나라가 우리를 적으로 삼고 동맹을 맺고 있는 경우에는 이러한 단일한 군을 보유한다는 것은 실제로는 전적으로 불가능하다. 그래서 병력의 분할이 필요해지고 따라서 여러 곳에 전쟁터가 생기는 것이다.

승리가 미치는 효력의 범위를 결정하는 것은 승리의 대소이며, 또 승리의 대소를 결정하는 것은 패전(敗戰)한 군의 병력수이다. 그러므로 국토의 어느 지역에 적 전투력의 대부분이 집결하고 있는 경우에는, 이 부분에 강력한 타격을 가하면 그 효과는 매우 멀리에까지 이를 것이다. 또 이 타격을 주기 위해 사용할 수 있는 전투력이 크면 성과는 더욱더 확실해질 것이다. 이와 같이 하나의 개념에서 극히 자연스러운 방법으로 차차 발전하는 개념의 계열은, 우리의 사고방식을 한층 명확하게 만드는 하나의 형상을 시사한다. 그것은─역학에서의 중심(重心)의 성질과 작용이다.

물체의 중심은 항상 질량이 가장 많이 모여 있는 점이며, 또 중심에 가해지는 타격은 그 물체에 가장 효과적으로 작용한다. 또 가장 강력한 타격은 힘의 중심에 의해 주어지는데 이것은 전쟁에서도 마찬가지이다. 교전자(交戰者)가 한 나라이건 몇몇 나라의 동맹이건 그 전투력은 그 어떤 방식으로 통일되고, 또 전체는 이 통일에 의해 관련을 유지하는 것이다. 그리고 그와 같은 관련이 성립되는 곳에서는 중심에 속하는 성질이나 작용이 나타난다. 그렇기 때문에 이들 전투력에는 무엇인가 중심과 같은 것이 있고, 그 운동과 방향이 다른 점의 운동이나 방향을 결정한다. 이 경우에 중심이란 전투력이 가장 많이 집결하는 바로 그 지점이다. 그런데 생명이 없는 물체계에서는 중심에 가해지는 작용은 물체의 모든 부분의 관련 속에서 작용의 정도와 한계를 발견하지만, 이것은 전쟁에서도 마찬가지이다. 그리고 그 어느 경우이든 중심에 가해진 타격은 자칫 상대방의 저항보다도 커진다. 그래서 타격의 허탕, 즉 힘의 낭비가 생기게 된다.

하나의 군기(軍旗) 아래 통괄되고, 한 사람의 장수가 스스로 내리는 명령에 따라 회전에 참가하는 군의 결속과, 50마일 내지 100마일의 광대한 지역에 분산하여 각기 다른 방면에 기지를 갖는 동맹군의 결속 사이에는 뚜렷한 차이가 있다. 전자의 경우 결속은 매우 견고하고 통일은 매우 긴밀하다. 이와는 달리 후자의 경우는 통일은 현저하게 느슨하고, 가끔 여러 나라에 공통된 정치적 의도를 정돈하기 위한 통일에 지나지 않는 경우가 있다. 이 경우에도 확실히 통일은 존재하지만 그것은 심히 불완전한 것이고, 또 부분 상호 간의 관련은 긴밀성이 없고 혹은 있어도 없는 것과 같다.

그러므로 한편으로 적의 전투력에 강력한 타격을 가하려면 아군의 병력을 가급적 대규모로 집중시켜야 하지만, 또 다른 한편으로는 지나친 병력의 집중은 전투에서 불리를 초래할 우려가 있다. 이러한 집중은 힘의 낭비이며, 또 힘의 낭비는 다른 지점에 있어서 병력의 부족을 가져오게 하기 때문이다.

그래서 적의 병력이 지니고 있는 중심(重心)을 식별하고, 이 중심이 미치는 효과의 범위를 인식한다는 것은 전략적 판단의 중요한 임무가 된다. 장수는 피아 전투력의 어떤 부분이 전진 또는 퇴각하면 그것이 나머지 부분에 어떠한 작용을 미치는가를 스스로 구명하지 않으면 안 될 것이다.

우리는 이상으로 전쟁터 방어의 새로운 방식을 발견했다고 자부하는 것은 아니다. 우리는 다만 모든 시대에 모든 장수들이 원용한 이 방식의 밑바닥에, 이러한 방식과 자연의 이치와의 관련을 지금까지보다 한층 명확히 하는 사상이 있다는 것을 지적한 데 지나지 않는다.

적의 병력의 중심이라는 개념이 전체 전쟁 계획에서 어떠한 효력을 발휘하는가는 이 책의 최종 편에서 고찰하고자 한다. 이 문제는 일반적으로 전쟁 계획에 속하는 것이기 때문이다. 그럼에도 여기에서 미리 이 문제를 취급한 것은, 그렇게라도 하지 않으면 개념의 체계에 간극이 생길 우려가 있기 때문이다. 그런데 우리는 위의 고찰에서 일반적으로 전투력의 분할을 가져오게 하는 것은 무엇인가를 알았다. 그것은 근본적으로 서로 대립하는 두 가지 요인이다. 그중 첫째의 요소, 즉 국토의 보유는 전투력을 분할하는 방향을 취한다. 이와는 달리 둘째의 요소, 즉 적의 전투력의 중심(重心)에 가하는 타격은 병력을 어느 정도 집결시킬 필요가 있다. 이리하여 몇몇 전쟁터, 즉 작전군의 배당 지역이 성립된다. 이들 전쟁터는 모두가 국토의 여러 지방에 배당된 전투의 담당 구역이기도 하다. 그리고 각 전쟁터에서 각 군에 의해서 주어진 승패의 결정은 직접 모든 전쟁터에 영향을 주고, 또 이 모든 전쟁터를 원하든 원하지 않든 주력과 동일 방향으로 나가게 한다. 지금 직접이라고 말한 것은, 어느 한 전쟁터에서의 결정은 이에 인접하는 나머지 모든 전쟁터에 강약의 차이는 있지만 반향(反響)을 일으키기 때문이다.

우리는 본 장에서 각 사상 영역의 중심점만을 문제로 삼았다. 그러나 이들 영역의 주위에 명확한 경계선을 그으려 하지 않았고, 또 실제로 그을 수도 없었다. 이제까지도 우리는 무엇인가를 정의할 때, 항상 이러한 방법을 따라온 것이다. 이것은 우리가 논하고 있는 대상의 성질로 보아 당연한 일이지만, 여기에서 우리의 취지를 다시 한번 분명히 말해두고 싶은 것이다.

요컨대 하나의 전쟁터와 거기에 집결된 전투력과는, 전쟁터의 넓고 좁음과 전투력의 대소를 불문하고 하나의 중심으로 통일되어 있다. 그러면 승패는 그 중심에서 결정되게 된다. 한편 이 경우 승자라고 하는 것은, 가장 넓은 뜻에서 전쟁터를 방어하는 것을 말한다.

제28장
전쟁터의 방어(이어서 1)

　방어는 두 개의 서로 다른 요소로 성립한다. 즉 회전에 의해 승패를 결정하는 일과 적을 기다리는 일이다. 이 두 요소를 결합하는 것이 곧 본장(本章)의 목적이다.

　첫째, 다음과 같은 일을 지적해 두지 않으면 안 된다. 즉, 적을 기다리는 상태는 확실히 완벽한 방어는 아니지만 방어의 중요한 영역을 이루는 것으로, 이 영역에서 나름대로의 목표에 도달하는 것이다. 그런데 피아의 전투력 어느 쪽인가가 공방을 일삼는 지역에서 떠나지 않는 한, 쌍방 병력 사이의 긴장 상태는 회전에 의해 승패가 결정될 때까지 계속된다. 그러면 승패는 공격자나 방어자 중 어느 한쪽이 전쟁터에서 떠났을 때 비로소 결정된다고 생각할 수 있다.

　방어자의 전투력이 방어를 목적으로 하는 지역을 고수하고 있는 한, 이 지역의 방어는 계속된다. 이런 의미에서의 전쟁터의 방어 즉, 전쟁터를 방어하는 것과 전쟁터에서의 방어는 같은 뜻이다. 이 경우에 공격자가 일시적으로 이 지역을 다소 점령했다고 해서 방어자에게는 그다지 중요하지 않다. 방어자는 이 지역을 결전 때까지 공격자에게 빌려준 것과 같기 때문이다.

　우리는 이와 같은 생각에서 적을 기다린다는 상태의 참뜻을, 이러한 상태와 전쟁터 방어 전체와의 올바른 관계에서 확인하고자 하는 것이다. 그러나 이 사고방식은 회전에 의해서 승패를 결정하는 일이, 공방 양자에 의해 불가피하다고 여겨지는 경우에만 진실이다. 실제로 이러한 결전에 의해서만 피아 전투력의 각 중심과 이들 중심에 의해 통일되어 있는 전쟁터에 효과적인 타격을 줄 수 있기 때문이다. 만약에 결전의 의욕이 없으면 이러한 중심은 어느 편이나 무력한 것이 된다. 어떤 뜻에서는 쌍방의 모든 전투력이 활동을 정지하게 된다. 그러면 모든 전쟁터의 제2의 중요 사항인 국토의 보유가 전쟁의 직접 목적으로서 고개를 들게 된다. 다시 말하면, 공방 양자가 전투에서 어느 쪽이나 결정적 타격을 마음먹지 않고 전쟁이 단순한 상호 감시에 머물면, 국토의 보전이라고 하는 것이 더욱더 중요시되어 방어자는 모든 대상을 직접 엄호하는 것으로 생각하고, 또 공격자는 전진해서 적 국토의 점령 구역의 확장에만 신경 쓰게 된다.

그런데 과거 대다수의 전쟁 및 전역이 생사를 건 투쟁, 다시 말하면 적어도 피아의 한쪽이 어디까지나 결전하려고 하는 투쟁보다는, 오히려 쌍방 모두가 순전한 감시 상태로 있었다는 것은 부정할 수가 없다. 다만 19세기의 전쟁만은 필사의 투쟁이라고 하는 성격을 현저하게 드러내고 있었기 때문에, 이 경우에는 이러한 투쟁을 바탕으로 하는 이론을 사용할 수가 있었다. 그러나 장래의 전쟁이 모두 이와 같은 성격을 띠는 일은 없을 것이므로, 실제의 생활에 유용성을 목적으로 하는 이론은 역시 보통의 일반 전쟁도 고려해 볼 필요가 있다. 그래서 먼저 결전을 구하는 의도가 전쟁 전체에 충만하고, 또 이것을 지도하는 경우를 논하고 본래의 전쟁, 혹은—이렇게 말해도 지장이 없다면—절대적 전쟁을 다루고 나서 다른 장에서 많건 적건 감시 상태로 확실하게 접근함으로써 발생하는 약간 변화된 상태를 고찰해 보고자 하는 것이다.

제1의 경우(공격자 또는 방어자 어느 쪽이 어디까지나 결전을 구하는 경우)에 전쟁터 방어가 목적으로 하는 것은, 방어자가 전쟁터를 잘 고수해서 무슨 일이 있든지 공격자와 결전을 하여 이에 의해 승리를 얻는 데에 있다. 이러한 결전은 한 번의 회전일 경우도 있고 혹은 일련의 대규모적인 전투일 경우도 있으나, 쌍방의 병력 배치의 상황을 견주어, 만약 이 관계대로 실제의 전투에 옮겨진다고 하면 반드시 생길 것이라고 추측되는 결과만일 때도 있다. 또한 이와 같은 경우의 쌍방의 병력 배치는 그것만으로 이미 가능한 전투라고 불릴 만하다.

이제까지 기회 있을 때마다 여러 번 말했지만, 회전은 승패를 결정하기 위한 가장 강력하고도 일반적이며 가장 효과적인 수단이다. 그러나 그 정도는 아니라 해도 역시 승패를 결정하는 중요한 수단의 하나이며, 이 수단을 사용하기 위해서는 정황이 허락하는 한 최대의 병력을 집결시킬 필요가 있다. 전쟁터에서의 본전(本戰)은 한쪽의 중심이 다른 쪽 중심에 가하는 타격이다. 그 경우에 피아의 중심 어느 쪽엔가에 대하여 될 수 있는 대로 많은 병력을 집중하면, 그 효과는 더욱더 커지고 확실해진다. 따라서 일반적으로 병력의 분할은 유리한 회전으로조차도 달성할 수 없는 목적이나, 그렇지 않으면 회전 그 자체에 유리한 결말을 줄 수 있는 목적이 전제되지 않는 한, 그 어느 경우에도 졸책(拙策)이라 하지 않을 수 없다.

하지만 병력의 대규모적인 집결만이 회전의 근본 조건이 아니다. 전투력을 유리한 진지나 위치에 배치해서, 회전이 유리한 정황 아래에서 이루어지도록 배려하는 일 또한 근본 조건을 이루는 것이다.

앞서 여러 가지 저항 방식을 논한 장(章 : 본편 제8장)에서 방어에 여러 가지 단계가 있음을 알았다. 그런데 이들 단계는 위에서 말한 근본 조건과 완전히 조화를 이룬다. 따라서 특수한 경우에도 필요하다면 방어의 이러한 단계를 근본 조건과 결부시키는 일은 곤란하지는 않다. 그러나 이 경우 언뜻 보기에 모순을 안고 있는 것처럼 여겨지는 점이 하나 있다. 그것은 적 병력의 중심을 탐지해 낸다는 것이다.

방어자가 몇 가닥의 도로 중에서 공격자는 어느 도로를 전진하는가, 또 어느 도로상에서 적 병력의 중핵(中核)과 확실하게 마주치는가를 재빨리 탐지한다면, 그 도로상에서 공격자를 격퇴시킬 수가 있는 것이다. 그리고 이러한 경과가 일반적인 경우이다. 실제로 방어자는 일반적 방어 방책, 설보(設堡) 요새나 병기고(兵器庫) 등의 설비, 혹은 평시 병력 등의 면에서 공격자에게 선수를 칠 수가 있다. 따라서 공격자는 방어자의 상황을 살펴본 후에 방침을 정하지 않으면 안된다. 그러나 또 방어자가 공격군에게 행동을 개시하면 이번에는 방어에 독특한 이점, 즉 공격자가 어떻게 나오느냐에 따라서 적절한 방어 수단을 강구한다는 이른바 후수(後手)의 이익을 이용할 수 있다.

상당한 병력을 가지고 적지에 침입하기 위해서는 그에 알맞은 준비, 즉 양식(糧食)의 집적이나 장비용 자재, 기타를 필요로 한다. 또 공격자는 이러한 준비에 시간을 요하므로, 방어자에게는 공격자가 나오는 데에 따라서 적절한 대책을 강구할 충분한 시간이 주어지는 것이다. 또 이 경우에 방어자 쪽은 그 때문에 그다지 시간을 들이지 않아도 된다는 사정은 무시할 수 없는 이점이 된다. 물자는 어느 나라에서나 공격보다는 방어를 위해 평소에 준비되어 있기 때문이다.

이것은 대개의 경우 분명히 진실이라고는 하지만, 경우에 따라서는 방어자가 공격자의 중요 전진로를 확실히 알 수 없는 경우도 있다. 이와 같은 일은 방어자가 많은 시간을 필요로 하는 대책, 예를 들어 견진지(堅陣地)를 축조하는 방어 방책을 강구할 경우에는 특히 생기기가 쉽다. 또 방어자가 실제로 공격자의 전진로상에 있어도 공격자 측이 공세적 회전을 원하지 않을 경우에는, 원래의 전진 방향을 약간만 변경하면 방어자의 진지를 피할 수가 있는 것이다. 농경이 잘 된 유럽에서라면, 방어자 진지의 우측이나 좌측에 길이 나 있지 않은 일은 절대로 있을 수 없기 때문이다. 말할 필요도 없이 이러한 경우에는 방어자는 그 진지에서 공격자를 기다리는, 적어도 도전할 생각으로 회전을 기다릴 수가 없는 것이다.

그렇다면 이와 같은 경우에 방어자에게는 아직 어떠한 수단이 남아 있는가 —하는 것을 논하기 전에 우선 이러한 경우의 성질과 이러한 경우에 생기는 공산(公算)을 더 자세히 고찰할 필요가 있다.

어떠한 나라, 어떠한 전쟁터에도(우선 여기에서는 전쟁터만을 문제로 삼는다), 공격이 특히 효력을 발휘하는 공격 대상이나 공격점이 있기 마련이다. 그러나 이에 대해서는 공격을 논하는 편(제7편)에서 상술하는 것이 적당할 것으로 생각한다. 그렇기 때문에 가장 유리한 공격 대상이나 공격점은 공격자에게 공격 방향을 규정하는 근거가 된다는 것, 그러나 또 방어자 측도 이에 착안을 하게 되므로, 방어자가 공격자의 전진 방향을 미리 예측할 수 없는 경우에는 방어자도 또한 이 근거에 입각해서 방책을 세울 것임에 틀림없다는 것을 지정하는 것으로 그치고자 한다. 그런데 만약에 공격자가 이 유리한 공격 방향을 취하지 않는다고 하면, 그는 자연이 제공하는 이점의 일부를 포기하는 것이 될 것이다. 또 방어자가 병력을 이 방향으로 배치하고 있으면, 이러한 진지 옆을 통과하는 수단은 공격자에게 무상으로 주어지는 것이 아니라 반드시 나름대로의 희생을 지불하지 않으면 안 된다는 것은 자명하다. 그러면 한편에서는, 방어자가 공격자의 전진 방향을 놓치는 위험과 다른 한편으로는 공격자가 방어자 진지의 옆을 통과하는 능력과는 어느 것이나 겉보기만큼 대단한 것이 아님을 알 수가 있다. 공격자가 전진 방향을 규정하는 유력한 근거는 이미 존재하고 있고, 게다가 또 방어자에게는 장소와 결부되어 있는 여러 시설이 있고, 적 병력의 핵심적인 소재를 놓치는 일은 좀처럼 없기 때문이다. 다시 말하면 방어자가 적절한 지점에 포진하고 있으면 공격자는 반드시 이 진지를 향해서 전진해 온다고 확신해도 좋다.

그러나 방어자가 제아무리 방어 설비를 한다 해도 공격자가 이쪽에서 바라는 대로 되지 않는 일이 있다는 것은 부정할 일이 아니고, 또 실제로도 부정할 수 없는 일이다. 그래서 방어자는 이러한 경우에 무엇을 하면 좋은가, 또 방어자가 현재 차지하고 있는 위치에 본래 갖추어진 이점 중에서 어느 정도의 것이 그에게 남겨지는가―하는 문제가 생긴다.

공격자가 방어자 옆을 통과할 때, 일반적으로 어떠한 수단이 방어자에게 남겨져 있는가 하면 그것은 다음과 같다.

1. 방어자는 병력을 처음부터 둘로 쪼개어 한쪽 병력으로 확실하게 공격자와 만나게 하고, 다른 한쪽으로는 구원하러 간다.

2. 집결한 병력을 진지에 들게 하여, 공격자가 그 옆을 통과할 경우에는 신속하게 이 진지를 옆으로 이동시킨다. 그러나 대개의 경우 정확하게 옆으로 이동시킬 수 있는 것이 아니어서, 새 진지는 처음 진지보다도 약간 후방으로 옮기지 않을 수 없을 것이다.

3. 집결한 병력을 가지고 공격자에게 측면 공격을 가한다.

4. 공격자의 병참선에 대해서 행동을 일으킨다.

5. 공격자의 전쟁터 혹은 국토를 역습함으로써, 공격자가 방어자의 측면을 통과하는 경우와 똑같은 행동을 일으킨다.

제5의 수단을 여기에 든 것은, 이러한 수단이 효력을 발휘하는 경우를 생각할 수 있기 때문이다. 그러나 이 수단은 결국 방어의 취지, 즉 방어라는 전쟁 형식을 선택한 이유와 서로 맞지 않으므로 일종의 변칙으로 보아도 된다. 따라서 공격자 측에 무엇인가 중대한 과실이 있는가, 그렇지 않으면 특수한 경우나 이상한 사정에 의하는 것이 아니라면 이러한 변칙적인 행동은 취할 일이 아니다.

방어자가 공격자의 병참선에 대해서 행동을 하기 위해서는, 우선 아군의 병참선이 우수하지 않으면 안 된다. 그리고 또 병참선이 우수하다는 것은 견고한 방어 진지의 근본적 조건의 하나이다. 그런데 방어자가 우수한 병참선을 믿고 적의 병참선에 대해서 행동을 일으키면, 확실히 어느 종류의 이점을 얻을 것이지만, 그러나 전쟁터 방어면에서 보자면 이 방법은 회전에 의해서 승패를 결정하는 데에 적합하지는 않다. 그런데 전역의 목적으로서 항상 우리가 전제로 해 온 것은 바로 회전에서의 결정 바로 그것이다.

전쟁터의 면적은 어느 경우나 그리 넓지 않은 것이 보통이므로, 공격자의 병참선이 장대하다고 해도 심하게 위협받는 일은 없을 것이다. 또 비록 병참선이 실제로 위협을 받는다고 해도 공격자가 공격에 요하는 시간은 보통 매우 짧으므로 이 수단의 효력이 나타나는 속도가 완만하면 공격이 저지되는 일은 없을 것이다.

따라서 이 수단(즉, 공격자의 병참선에 대해서 일으키는 행동)은 이미 결전을 결의하고 있는 공격자에 대해서는 물론, 방어자가 결전을 요구하고 있는 경우에도 대개의 경우 각별한 효과를 가져오지 못한다.

이상은 제4 및 제5수단의 설명이다. 그런데 제1 내지 제3의 수단은 승패의 단적인 결정, 즉 피아의 중심끼리의 충돌이며, 따라서 다른 수단보다도 본래의 임무에 한층 적합하다. 그래도 우리는 솔직하게 이렇게 말하고 싶다. 이들 세 가지 수단 중에서는 제3수단이 단연 우수하다는 것을 인정하지 않을 수 없다. 하기야 제1 및 제2수단이라고 해서 전혀 불가한 것은 아니지만, 그러나 대개의 경우 제3의 수단을 진짜 저항 수단으로 보아야 한다고.

방어자가 병력을 분할하고 배치하면 일종의 초병선식 전쟁으로 전락될 염려가 있다. 방어자가 이러한 초병선 방식을 취하면 공격자가 결전을 결의하고 있을 경우에는, 방어자 쪽이 아무리 유리해도 기껏해야 상당히 강력한 상대적 저항을 할 수 있는 데에 지나지 않는 것으로, 방어자가 바라는 것 같은 승패의 결정은 생기지 않는 것이다. 또 방어자가 사태를 올바르게 판단해서 초병선식 전쟁이라는 기로에 빠지는 것을 피할 수 있었다고 해도, 일시적이라고는 하지만 분할된 병력으로 하는 저항은 방어자의 공격력을 현저하게 약화시킨다. 따라서 또 전진 부대가 처음부터 심한 손해를 입지 않으리라고는 단언할 수 없는 것이다. 게다가 이와 같은 부대의 저항은, 구원을 위해 달려오는 주력 쪽으로 향하여 이루어지는 퇴각으로 끝나는 것이 통례이다. 그러면 대개 이 퇴각 부대는 방책을 잘못 채택해서 전투에 패배한 것으로 받아들여지며, 그것 때문에 군의 정신적인 힘을 현저하게 쇠퇴시키고 만다.

제2의 수단은, 방어자가 한 진지에 집결한 병력을 가지고 공격자가 퇴각하려고 하는 방향으로 이동하여 적의 퇴로를 차단하는 방법이다. 그러나 이와 같은 경우에 방어자는 자칫 시기를 놓쳐, 이동과 공격이라고 하는 두 행동 중간에서 진퇴양난에 빠지는 위험을 초래할 염려가 있다. 도대체 방어적 회전은 냉정, 숙려, 작전 지역에 관한 지식, 더 나아가 이 지역에 정통해야 한다는 것을 필요로 함에도 진지를 급속히 이동하는 경우에는, 이들 요소는 전혀 그 효력을 발휘할 수 없다. 마지막으로 방어적 회전에 알맞은 전쟁터를 제공하는 진지는 매우 드물기 때문에, 이러한 진지를 어느 도로상이나 또는 도로의 어느 지점에서나 선정할 수는 없다.

이와는 달리 제3의 수단, 즉 공격자에게 측면 공격을 가하여, 따라서 또 방향을 바꾼 정면을 가지고 공격자에게 회전을 도전하는 방법은 많은 이점이 따른다.

첫째로, 이에 의해서 공격자의 병참선(이 경우에는 퇴각선)이 폭로되지 않을 수 없다는 것은 우리가 잘 알고 있는 바이다. 또 이 경우에 방어자가 유리하다는 것은 방어자로서의 일반적 사정이나, 특히 또 우리가 방어자 쪽의 병력 배치에 요구한 여러 전략적 특성을 감안한다면 명백하다.

둘째로, —이것이 가장 중요한 일이지만—방어자 옆을 통과하려고 하는 공격자는 전혀 서로 받아들여지지 않는 두 가지 노력 사이에 끼지 않을 수가 없게 된다. 공격자의 본래의 의도는 전진해서 공격 목표에 도달하는 데에 있다. 그런데 어떤 측면에서 방어자의 공격을 받을지도 모른다는 염려가 있기 때문에 항상 이 방면에 대한 반격을, 더욱이 집결된 병력을 가지고 하는 반격을 준비하지 않으면 안 된다. 이 두 가지 노력은 서로 모순되는 것이고 군의 내부 사정을 현저히 복잡하게 하며, 또 대책의 실시를 심히 곤란하게 하기 때문에, 이들 대책을 어떠한 경우에도 적합시키려 한다면 전략적으로 최악의 사태가 생길 것이다. 하기야 공격자가 방어자의 공격을 받는 시기를 확실히 알고 있으면 이에 대해서 만전의 대책을 강구할 수도 있겠지만, 이것을 확실히 알고 있지 못하면 그대로 전진을 계속하고 있지 않으면 안 된다. 이와 같은 때 회전이 개시된다면 공격자는 혼란스러워 불리한 상태에 빠지지 않을 수 없을 것이다.

따라서 만약에 방어자 측에 공격적 회전을 시도할 좋은 기회가 있다면, 그 시기를 우선 이러한 상황에서 구하지 않으면 안 된다. 그러고 나서 방어자는 전투 지역에 정통하고 지형의 선택을 마음대로 할 수 있으며, 또 이와 같은 회전장에서 운동을 준비하고 개시할 수 있는 사정을 생각한다면, 이러한 정황 아래에서 방어자가 공격자에 대해서 전략적으로 결정적 우위를 차지하고 있다는 것은 의심할 여지가 없다.

그래서 우리가 생각하기에 병력을 집결하여 뛰어난 위치에 설치된 진지를 차지하고 있는 방어자는, 공격자가 이 진지의 옆을 통과하는 것을 조용히 기다리고 있으면 된다. 그리고 한편으로 공격자는 방어자 진지에 공격을 가할 수 없고, 또 다른 한편으로는 공격자의 병참선에 대해서 행동을 일으키는 일이 그때의 사정에 비추어보아 방어자에 적절하지 않다고 한다면, 그때야말로 공격자의 측면을 공격하는 일이 방어자에게 승패를 결정하기 위한 가장 탁월한 수단이 되는 것이다.

이런 종류의 사례가 전사(戰史)에서 거의 찾아볼 수 없는 것은, 방어자가 이러한 진지를 고수할 용기가 부족하고 병력을 분할하든가 그렇지 않으면 공격자의 측면을 향하여 직각 행진 또는 사행진(斜行進)을 실시함으로써 급속한 진지 이동을 했기 때문이다. 또 다른 한편으로는 대개 공격자 쪽도 방어자 옆을 지나가는 것을 꺼려해서 전진 이동을 정지하기 때문이다.

이 경우에 방어자는 공격적 회전으로 전환하지 않을 수가 없다. 그러면 그는 적을 기다리는 일, 견고한 진지, 우수한 축성 등의 이점을 잃게 된다. 이렇게 해서 방어자는 전진하는 공격자와 대결하게 되는데, 공격자가 현재 노출된 불리함도 방어자가 잃은 이점과 반드시 모두 상쇄되는 것이 아니다. 실제로 공격자는 방어자에게 이러한 이점을 주고 싶지 않았기에 불리한 상태의 위치에 있었다. 하지만 공격자의 불리한 상태는 방어자의 불리함을 어느 정도 메우기는 한다. 요컨대 이론은 이와 같은 경우를 어떤 양(量)이 일거에 계산에서 소멸되는 경우와 마찬가지로 볼 수는 없다. 다시 말하면 이론의 단편을 체계 안에 잘 끼워 넣으려고 하는 비판적 전사가(戰史家)들이 곧잘 하는 것처럼 찬부(贊否)를 깨끗하게 상쇄할 수는 없는 것이다.

우리는 위의 논술에서 논리적으로 쓸데없이 파고들었다고는 생각하지 않는다. 오히려 이 문제를 실제에 적용해서 고찰하면 이와 같은 사고방식이야말로 방어의 모든 체계를 포괄하고, 방어의 모든 사항에 걸쳐 이들 사항을 규제하는 사상이라는 것이 더욱더 분명해진다.

방어자는 공격자가 방어자 측면을 통과하자마자 전력을 기울여 그에게 측면 공격을 가하려고 결의할 경우에만, 방어자가 자칫 빠지기 쉬운 두 가지 위험을 피할 수가 있다. 즉, 그 첫째는 병력의 분할 배치이고, 두 번째는 급속한 진지 이동이다. 만약에 방어자가 이들 졸책을 사용한다면, 그는 어느 경우에나 공격자의 의도대로 농락될 것이다. 또 그는 어느 경우에나 심한 고생과 매우 큰 위험을 안은 성급한 동작이 수반되는 방책으로 위급을 면하려고 하겠지만, 단호한 결전에 의한 승리를 추구하는 공격자라면 이러한 방어 방식과 충돌하자마자 이내 이것을 분쇄하고 만다. 이와 같은 경우에 방어자가 군 전체에 공통되는 목적을 달성하기 위해 병력을 적절한 지점에 집결한다면, 또 최악의 경우에는 이 병력으로 공격자에게 측면 공격을 가할 결의를 한다면 그의 행동은 옳고, 또 방어자로서의 위치에 갖추어지는 일체의 이점의 지지를 받게 된다. 그래서 완전한 준비, 평정(平靜), 안전, 통일 및 단순함이 그의 행동의 성격을 이루는 것이다.

우리는 여기에서, 위에서 해명한 약간의 개념과 밀접한 관계를 갖는 하나의 역사적 대사건을 상기하지 않을 수가 없다. 이에 대해서 논하는 것은 해당 사건이 잘못 인용되는 염려 때문이기도 하다.

1806년 10월[1]에 프로이센군이 튀링겐에서 나폴레옹 휘하의 프랑스군을 대기하고 있을 때, 프로이센군은 침입하는 프랑스군의 전진로가 될 수 있는 두 가닥의 도로 중간에 포진하고 있었다. 이들 도로의 한쪽은 에르푸르트를 경유하는 것이고 다른 또 하나는 호프를 거치는 것으로, 이 두 길은 라이프치히에서 합류하여 베를린으로 향하고 있었다. 프로이센군은 처음 튀링겐의 숲을 지나 프랑켄 지방에 침입하려는 의도를 가지고 있었으나, 그 뒤 이 뜻은 단념되었다. 그리고 프랑스군이 어느 길로 진군해 오는가가 불확실했기 때문에, 지금 말한 것과 같은 중간 진지에 든 것이다. 따라서 이러한 진지의 특성으로서 신속하게 진지를 이전하는 방책을 강구하지 않을 수가 없었다.

이것은 프랑스군이 에르푸르트를 거쳐 전진해 올 것이라고 가정한 경우의 구

---

1) 예나 회전(1806. 10. 14) 및 같은 날에 이루어진 아우에르슈테트 회전 전의 상황에 관계된다.

상이었다. 에르푸르트에 이르는 몇 가닥의 도로는 모두 통행이 매우 쉽기 때문이다. 이에 반해서 프로이센군이 진지를 호프에서 도로상으로 이동하는 것과 같은 일은 전혀 고려할 여지가 없었다. 그 이유의 하나는, 프로이센군이 도로에서 이틀 내지 사흘이 걸리는 곳에 있었기 때문이고, 또 다른 이유는 그 사이에 잘레강의 깊은 단절지(斷絶地)가 가로놓여 있었기 때문이다. 게다가 그러한 계획은 브라운슈바이크 공[2]의 의도도 아니었다. 그래서 이 방면에 대해서는 아무런 준비도 강구하지 않고 있었다. 결국 이것은 호엔로에 공의, 따라서 또 브라운슈바이크 공을 이러한 구상으로 억지로 끌어들이려고 했던 마센바흐 대령의 의도였다. 프로이센군이 잘레강 왼쪽에 차지한 진지에서 전진하는 나폴레옹군에 대한 공격적 회전으로 전환한다는 것, 다시 말하면 앞서 말한 것과 같은 측면 공격을 실시한다고 하는 것은 더더욱 논외의 일이었다. 잘레강은 마지막 순간에 프랑스군의 앞길을 가로막는 장애물이라 해도 프랑스군이 공격으로 전환하기 위해서는, 이 강은 프로이센군에게 적어도 부분적으로는 훨씬 큰 장애물이 될 것임에 틀림없었다. 그래서 브라운슈바이크 공은 잘레강의 후방에서 그 다음의 일을 기다리기로 결정한 것이다. 만약에 당시의 의견이 많아 지리멸렬한 상태였던 프로이센군의 본영에서 혼란과 심한 우유부단의 풍토가 발호하고 있던 시기에 생긴 일을, 한 사람의 이름을 들어 패전의 모든 책임을 그 사람에게 돌릴 수 있다면, 유감스럽지만 여기에 브라운슈바이크 공을 지명(指名)하지 않을 수 없는 것이다.

그런데 당이 나폴레옹군을 기다리는 프로이센군의 방책을 구태여 묻지 않는다 해도, 그 군대가 다음과 같은 상태에 있었다는 것은 분명하다.

1. 프랑스군이 프로이센군을 찾아 잘레강을 건널 경우에는 이를 격퇴하든가, 혹은,

2. 프랑스군이 잘레강을 건너오지 않을 경우에는 그 병참선에 대해서 행동을 일으키거나, 혹은,

3. 프로이센군이 적군의 측면을 재빠르게 통과, 행군을 하여 진지를 라이프

---

2) 당시 프로이센–작센군의 총사령관은 브라운슈바이크 공이었다.

치히 부근에 이동할 수 있으며 또 좋은 대책이 될 수 있는가.

　이 세 가지 경우이다.

　제1의 경우에는, 잘레강의 깊은 계곡이 대단절지를 형성하고 있기 때문에, 프로이센군은 전략적으로나 전술적으로도 매우 우세했다. 또 제2의 경우도, 순수한 전략적 관점에서 보아 역시 매우 우세했다. 프랑스군은 프로이센군과 중립의 입장에 있는 뵈멘과의 중간에 매우 좁은 책원(策源 : 병참 후방기지)을 보유하는 데에게 지나지 않았으나, 이와는 달리 프로이센군의 책원은 매우 광대했기 때문이다. 또 제3의 경우조차도 잘레강의 엄호를 받은 프로이센군은 결코 불리한 위치에 있었다고는 말할 수 없다. 이들 세 가지 경우는 혼란과 걷잡을 수 없는 견해가 발호하고 있던 본영에서도 실제로 문제가 되었는데, 착상이 아무리 적절해도 막상 실시의 단계가 되면 극도의 우유부단과 도처에서 우왕좌왕하는 혼란 때문에 모처럼의 묘안도 파묻혀 버릴 수밖에 없었던 것은 하등 이상하게 생각할 일이 아니다.

　제1 및 제2의 경우, 프로이센군이 잘레강 왼쪽에 차지했던 진지는 바로 절호의 측면 진지로 볼 수 있는 것이었다. 또 이 진지가 측면 진지로서 매우 뛰어난 특성을 두루 갖추고 있었던 것은 의심할 여지가 없었다. 그러나 회전에 확신이 없는 군이 이러한 측면 진지를 차지한다는 것은 나폴레옹과 같은 매우 탁월한 적에 대해서는 심히 무모한 방책이라 하지 않을 수 없다.

　오랫동안 어느 쪽으로도 결정하지 못한 끝에 브라운슈바이크 공은 10월 13일, 위에 든 세 방책 중에서 제3의 것을 선택했는데 이미 때는 늦었다. 나폴레옹은 이미 잘레강의 도하를 시작하고 있었다. 예나와 아우에르슈테트에서의 양군의 회전은 불가피했다. 우유부단한 브라운슈바이크 공은 말하자면 두 다리를 걸쳤는데, 진지를 이동하기에는 개시가 너무 늦고, 또 프랑스군을 맞아 회전하기에는 너무 빨랐다. 그럼에도 불구하고 이 진지의 견고함은, 그가 아우에르슈테트 부근에서 프랑스군의 우익을 격멸할 수 있었다는 것, 또 호엔로에 공이 처참한 퇴각전으로 궁지를 벗어날 수 있었다는 것으로도 입증되었다. 그러나 프로이센군은 아우에르슈테트의 회전에서는 확실했던 승리를 구태여 추구하려 하지 않았고, 또 예나 회전에서는 아주 불가능한 승리를 확실한 것으로 잘못 생각한 것이다.

하여튼 나폴레옹은 잘레강변의 프로이센군 진지의 전략적 의의를 충분히 알고 있었기 때문에, 이 진지의 옆을 통과하는 방책 대신에 프로이센군의 눈앞에서 잘레강의 도하를 감행한 것이다.

이상의 논술로 결전을 구하여 행동하는 경우의 방어와 공격의 관계를 명백히 하고, 또 방어 계획의 개별적인 사항을 결부시키는 몇 가닥의 실[絲]의 위치와 상호 연관을 제시했다고 생각한다. 그러나 우리는 개개의 지정(指定)에 대해서까지 일일이 구명할 생각은 없다. 그와 같은 일을 하면 특수한 경우를 수없이 들지 않으면 안 되기 때문이다. 만약에 장수가 일단 명확한 방침을 확립한다면 그는 피아 쌍방의 지리적, 국가적 및 정치적 사정이나 피아 양군의 물적·인적 관계가 그의 작전 방침에 어떻게 알맞는가, 또 이러한 사정이나 관계가 피아 쌍방의 행동 방식에 어떠한 영향을 주는가를 손쉽게 알 수 있을 것이다.

우리는 앞서 여러 가지 저항 방식을 논한 장에서, 방어의 여러 단계가 어떠한 것인가를 알았다. 그래서 방어의 이러한 단계를 한층 명확하게 하고 다시 한번 자상하게 검토하기 위해 이들 저항 방식에 관련된 일반적인 사항을 다음에 열거해 보고자 한다.

1. 방어자가 공세 회전(會戰)으로 공격자에 대항하는 원인에는 다음과 같은 것이 있다.

a 공격자가 병력을 세분해서 전진하고 있다는 것을 방어자가 미리 탐지하고, 방어자는 극히 열세임에도 여전히 승리를 기대할 수 있는 경우.

그러나 공격자가 이러한 방식으로 전진한다는 것은 우선 그 자체가 있을 수 없는 일이라고 해도 좋다. 따라서 이런 종류의 방어 계획은 방어자가 적의 실태에 대해서 확실한 정보를 얻은 경우에만 적용된다. 따라서 만약에 방어자가 이러한 전진자에게 모든 희망을 건다면, 따라서 또 가정만 하고 있을 뿐 충분한 동기가 있지 않을 경우에는 불리한 상태에 빠지지 않을 수 없는 것이 통례이다. 그렇게 되면 방어자가 기대하고 있는 것과 같은 정황은 그리 쉽게 나타는 것이 아니므로, 그는 공격적 회전을 단념하지 않을 수가 없다. 그렇다고 해서 수세적 회전을 하기 위해서는 아직 준비가 갖추어져 있지 않으므로, 결국 본의 아닌 퇴각을 개시해서 거의 모든 것을 우연에 맡기지 않을 수 없게 된다.

1759년의 전역에서 도나[3]가 러시아군에 대해서 행한 방어전은 거의 이에 해당한다. 이 방어전은 베델 장군 지휘 아래 췰리히아우 회전[4]에서 프로이센군의 패배로 끝났다.

방위 계획 담당자는 이런 종류의 방어 수단을 지지하는 전제로 어느 정도의 근거가 있는가를 깊이 묻지도 않고 다만 일을 빨리 처리한다는 이유에서, 자칫 이러한 수단을 사용하고 싶어 하는 것이다.

b 방어자가 대체로 강력하여 회전에 충분히 견딜 수 있는 경우.

c 공격자가 우유부단할 뿐만 아니라, 그 방책이 매우 졸렬하여 이것을 알아챈 방위자의 전의(戰意)를 심하게 자극할 경우.

이 경우에는 방어자가 좋은 진지에 들어 지형의 이점을 충분히 받는 것보다도 공격자의 의표를 찌르는 행동이 한층 효과적이다. 정신적 힘의 위력을 이와 같은 방식으로 자유롭게 발휘하게 하는 데에 뛰어난 전쟁 지도의 진면목이 있는 것이다. 그러나 이론으로서는, 위에 든 두 가지 전제를 지지하는 객관적 근거가 있지 않으면 안 된다는 것을, 아무리 큰 소리로 떠들어대고 또 아무리 되풀이해서 강조해도 모자랄 지경이다. 개별적인 경우에, 각기 특수한 근거를 무시해서 쓸데없이 기습의 이점을 주장하고 부정규적인 공격이 훌륭한 효과를 가져온다는 것을 장황하게 늘어놓고, 이러한 공론(空論)에 입각해서 계획을 세우거나 또 고찰이나 비판을 마음대로 한다는 것은 무책임하고 허용하기 어려운 언동이라 하지 않을 수가 없다.

d 방어군의 상태가 특히 공격에 적합할 경우.

프리드리히 대왕의 군대는 운동력이 풍부하고, 용기에 가득 차고, 지휘관에 대한 신뢰의 마음이 두텁고, 또 복종을 잘하는 규칙 있는 자랑스러운 군대를 가지고 있었다. 게다가 사선(斜線) 전투 서열을 가지고 하는 공격 방식을 잘 알고 있었다. 대왕이 이러한 군을 확실하고 과감하게 지휘한다면, 방어보다도 훨씬 공격에 적합하다고 생각한 것은 결코 공허하고 잘못된 견해는 아니었다. 적

---

3) 도나(Dohna, Christoph von, 1702~62). 프로이센의 장수.
4) 췰리히아우 회전(1759. 7. 23)은 카이(Kay) 회전이라고도 한다. 이 회전에서는 도나 대신에 베델이 프로이센군을 지휘했다.

군에게는 이들의 뛰어난 특성이 모두 부족했던 것이다. 바로 이 점에서 그는 단연 우세했다. 이러한 우세를 이용한다는 것은 프리드리히에게 있어 보루나 천연 장애물의 지원보다도 더 귀중했다. 그리고 이와 같은 우월은 실제로는 매우 드문 일이었다. 훈련이 잘 되고 대규모의 운동에 숙달된 군이라 해도, 그것이 우세의 핵심을 이루는 일은 드물었다. 프리드리히 대왕은 프로이센군이 특히 공격에 적합하다고 자찬하고, 그의 이 주장은 그 후 줄곧 전해 내려오고 있었다. 그러나 이러한 표현을 너무 지나치게 중요시할 필요는 없다. 전쟁에서는 방어보다도 공격을 한층 손쉽고 용감한 것으로 느끼는 것이 일반적인 경향이다. 그리고 이러한 경향은 일반적으로 모든 군대가 지니고 있는 감정이다. 장수나 지휘관치고 그들이 이끄는 군에 관해서 프리드리히와 동일한 주장을 하지 않을 수 없을 것이다. 따라서 우리는 군대가 지니는 외견상의 우월을 경솔하게 믿고, 그 때문에 해당 군대가 지닌 실제적인 장점을 간과해서는 안 되는 것이다.

방어자가 공격적 회전을 하는 원인으로서, 매우 자연스럽고 또 매우 유력한 사정은 여러 병종의 편성이다. 이런 종류의 회전에는 다수의 기병과 소수의 포병 조합이 가장 적합하다.

방어자에게 공격적 회전을 서두르는 이유로서 다시 다음 세 가지 일을 들 수 있다.

   e 방어자가 좋은 진지를 아무래도 찾아낼 수 없는 경우.
   f 방어자가 결전을 서두르지 않으면 안 될 경우.
   g 마지막으로 위에 든 이유의 몇 가지 또는 모두가 동시에 작용할 경우.

2. 방어자가 어떤 지역에서 공격자를 기다렸다고 이 지역에 침입한 적에게 선제 공격을 가하려고 할 경우(1759년 민덴의 회전),[5] 이러한 매복의 가장 자연적인 원인은 다음 두 가지이다.

a 저편과 이편의 병력 사이에 방어자에게 불이익을 가져다 줄 정도의 커다란 불균형이 없어서 견고한 혹은 더 튼튼한 성을 쌓은 진지를 구할 필요가 없

---

5) 민덴(Minden). 베저강 왼쪽에 있는 도시. 7년 전쟁(1756~63) 때 이곳의 회전(1759. 8. 1)에서 프로이센군은 오스트리아군을 무찔렀다.

다는 것.

b 방어자가 공격자를 기다리는 지역의 지형이 기다리기에 적합한 것. 이것을 결정하는 모든 특성을 논하는 것은 전술에 속한다. 여기서 이 특성들이란 방어자 측에서는 접근이 쉽고, 공격자 측에서는 모든 천연 장애물이 있어서 움직이기 곤란해서는 안 된다는 것을 지적하는 데 그친다.

3. 방어자가 적의 공격을 실제로 기다리기 위해서 진지에 머무르는 것은 다음과 같은 상황에서이다.

a 방어자의 병력이 공격자에 비해서 불균형적으로 열세여서, 천연 장애물 안이나 보루의 배후에 엄호를 구하지 않을 수 없는 경우.

b 적을 기다리는 지역이 이 목적에 적합한 우수한 진지를 제공하는 경우.

제2와 제3의 저항 방식은, 한편으로는 방어자 스스로가 결전을 구하지 않고 소극적인 성과에 만족하고, 다른 한편으로는 공격자가 우유부단해서 주저한 끝에 결국 계획 단계에서 끝나는 경우에는 특히 고려해야 할 방법이다.

4. 공격자의 공격을 불가능하게 하는 견고한 보루 진지는 다음과 같은 경우에만 그 목적을 잘 달성한다.

a 이 보루 진지가 전략적으로 특히 중요한 지점에 위치할 경우.

이러한 진지의 성격은, 방어자가 이 진지를 차지하고 있는 한 절대로 패배하지 않는다는 데에 있다. 따라서 공격자는 무엇인가 다른 수단을 시도하지 않으면 안 된다. 예를 들어, 이 진지를 무시해서 목적을 달성하든가, 혹은 이 진지를 포위해서 방어자의 식량 루트를 차단하는 수단이다. 만약에 공격자가 이와 같은 일을 능히 할 수 없다고 하면 이러한 진지의 전략적 특성은 매우 크다고 할 수 있다.

b 외국으로부터의 원군을 기대할 수 있는 경우.

피르나 부근에서 보루 진지에 든 작센군의 경우가 바로 그와 같은 경우였다.[6] 진지를 포위당한 작센군의 성과가 바람직하지 않았기 때문에 작센군의 방어 방

---

6) 프리드리히 대왕은 1756년 9월 10일에 피르나의 보루 진지에 있는 작센군을 포위했으나, 작센군은 이 포위에 잘 견디다가 10월 15일에 마침내 항복했다.

책을 비난하는 경향도 있는데, 1만 7000의 작센군이 프로이센군의 포위를 지탱하기 위해서는 그 외에 다른 방법이 없었을 것이다. 그런데 로보지츠[7]에 진지를 차지하고 있던 오스트리아군은 작센군이 피르나의 진지를 고수했기 때문에 우세를 유지했음에도 불구하고, 그것을 충분히 활용할 수 없었다. 그러나 이것은 오스트리아군의 전쟁 지도와 전쟁 준비가 전체적으로 졸렬했었다는 것을 증명할 뿐, 작센군의 책임은 아니었다. 만약에 작센군이 피르나의 설보(設堡) 야영에 들지 않고 뵈멘을 향하여 퇴각했다면, 프리드리히 대왕은 이 전역에서 오스트리아군과 작센군을 프라하 저쪽까지 몰아내어 프라하를 점령했을 것이다. 오스트리아군이 얻은 이와 같은 이점을 인정하려고 하지 않고, 모든 작센군이 피르나에서 포로가 되었다는 것만을 문제로 삼는 것은 이 종류의 계획을 세우는 방법을 잘 모르기 때문이다. 그러나 확고한 계획이 없으면 확실한 결과는 생기지 않는 것이다.

그러나 a와 b의 경우는 대단히 드물기 때문에 보루 진지라는 수단은 받아들이기에 앞서 고려되어야 하지 않으면 안 된다. 게다가 또 이 수단의 유리한 상용도 극히 드물게밖에 생기지 않는다. 방어자가 이러한 진지를 거점 삼아 공격자를 제압하고, 적의 모든 활동을 봉쇄하려고 하는 희망은 매우 큰 위험, 즉 공격자는 퇴각을 단념하고 어디까지나 싸울 결의를 굳히는 위험이 수반되는 것이다. 프리드리히 대왕은 분첼비츠[8]에서 이 수단을 사용해서 목적을 수월하게 달성할 수가 있었다. 우리는 이 전쟁 사례에서 그가 적의 실태를 정확하게 판단하는 능력에 감탄하지 않을 수가 없다. 우리가 분첼비츠에서 보여준 대왕의 사례에 감탄하는 것은 물론 그뿐만이 아니다. 우리가 이 경우를 다른 많은 경우보다도 중요시하는 것은, 그의 경우라면 사정이 아무리 절박해도 패잔군을 모아 활로를 열 수단을 찾아봤을 것이라고[9] 생각하기 때문이다. 또 이 경우에 주

---

7) 로보지츠(Lobositz). 북부 뵈멘의 소도시. 이곳의 회전(1756. 10. 1)에서 오스트리아군은 프로이센군에 패배했다.

8) 프리드리히 대왕은 분첼비츠에서 보루 야영에 들어(1761. 8. 26~9. 26), 러시아군과 오스트리아군의 합류를 저지하는 데에 성공했다.

9) 1761년 '8월 말, 프리드리히 대왕은 분첼비츠 부근에서 진지를 잡고 슈바이드니츠 엄호의 태세를 갖추었다. 러시아-오스트리아군 13만은 9월 1일 위의 프로이센 진지를 공격하기 위하여

의할 점은 그는 국왕이지 문책 대상이 아니었다는 것이다.

5. 국경 부근에 1개 내지 수개의 요새가 구축되어 있을 경우에는 방어자는 결전을 요새의 전방에서 하는 것이 좋은가, 그렇지 않으면 후방에서 하는 것이 좋은가—하는 것이 중요한 문제가 된다. 그래서 결전을 요새의 후방에서 하는 경우에 대해서는 다음과 같은 원인이 있다.

a 공격자가 우세하여 그 병력을 격파하기 전에 우선 그를 좌절시켜두지 않으면 안 된다는 것.

b 이들 요새가 국경 부근에 있어야 한다는 것. 공격자가 국경 부근의 요새를 포위 공격하면 방어자는 당연히 이에 대해서 희생을 지불하지 않으면 안 된다. 그러나 공격자가 방어자의 국토를 많건 적건 점령함으로써 생기는 방어자 측의 희생은, 요새의 포위 공격에 의한 희생보다도 커서는 안 된다.

c 요새가 방어 능력을 갖추고 있어야 한다는 것.

일반적으로 요새의 주요 임무가 전진하는 적 병력을 좌절시켜, 적이 특히 결전에 필요한 전투력을 현저하게 약화시키는 데에 있다는 것은 물론이다. 이것이야말로 주된 임무가 되어야 한다. 요새를 이러한 목적으로 사용하는 일이 드문 것은, 피아 쌍방의 어느 쪽인가가 결전을 추구하려고 하는 경우가 또한 드물기 때문이다. 그런데 방어자가 한 개 내지 몇 개의 요새를 국경 부근에 보유하는 경우에는 항상 요새를 전방으로 하여, 요새의 후방에서 결정적 회전을 하는 것이 단순하고 중요한 원칙으로 여겨도 좋다. 방어자가 요새의 후방에서 회전에 패해도 요새의 전방에서 패한 경우와 전술적 결과는 같지만, 제2의 경우보다는 약간 멀리 영토 안쪽으로 격퇴당한다는 것은 인정하지 않을 수 없다. 그러나 요새의 전방이나 후방의 구별은 구체적인 사정에서 생기는 것이라고 하는 것보다는 오히려 상상 속에서 이루어질 뿐이다. 하지만 요새 전방에서의 회전은 방어자에 의해서 적절하게 선택된 진지에서 이루어지는데, 이와는 달리 요새의 후방에서의 회전은 대개의 경우—특히 해당 요새가 공격자에 의해 포위 공격되어 함락의 위기에 빠졌을 경우에는, 방어자는 공격적인 회전에 도전하지 않을

협정했으나, 그 실행에 임하여 러시아군은 성공이 어렵다고 이를 거절하고 식량 결핍을 내세워 오데르강 건너편으로 물러났다.' 만약에 이 협정이 실현됐더라면 프리드리히 대왕은 궁지에 빠졌을 것이다.

수가 없다는 것을 지적해 두고 싶다. 그런데 방어자가 결정적 회전에서 공격자와 싸움을 전개할 때에는 적 병력은 요새의 포위 공격에 의해 이미 그 4분의 1 내지 3분의 1을 상실하고 있는 것이다. 아니 요새가 몇 개 있으면 요새의 전방이나 후방이라고 하는 사소한 구별은 어떤 중요한 의의도 없다.

따라서 결전을 추구하는 자가 공격자이건 방어자이건 결전을 피할 수 없는 경우가 있다. 또 방어자가 공격자의 우세한 병력에 대해서 승리를 얻는다는 것이 반드시 확실하다고 말할 수 없는 경우가 있다. 혹은 또 지형 관계로 방어자가 요새 훨씬 앞에서 회전을 할 수 없는 경우가 있다. 이들 모든 경우에, 만약에 국경 부근에 저항 능력을 갖춘 요새가 있으면 방어자가 처음부터 이 요새의 후방으로 물러나 요새 이쪽에서, 다시 말하면 요새의 엄호 아래 결전을 하려고 하는 것은 지극히 당연한 일일 것이다. 이러한 경우에 방어자는 요새에 접근해서 진지에 들게 되므로 공격자는 방어자를 구축하지 않는 한 이 요새를 포위하는 일도, 공격하는 일도 할 수가 없을 것이다. 그래서 공격자는 어떠한 일이 있어도 방어자를 그 진지에서 구하지 않을 수가 없는 것이다. 따라서 방어자가 위기에 처하여 강구하는 모든 방어 방책 중 유력한 요새의 후방에서, 더욱이 그 근처에 좋은 진지를 선택한다는 것은 가장 간단하고 효과적인 방법이라고 생각한다.

그런데 물론 요새가 국경 훨씬 후방에 있는 경우에는 문제가 달라진다. 이 경우, 방어자는 전쟁터의 상당히 넓은 부분을 침입자에게 건네주게 될 것이다. 그러나 국토를 희생으로 제공하는 방법은 잘 알려진 바와 같이 절박한 경우를 제외하고는 사용해서는 안 된다. 이러한 경우의 방어 방책은 오히려 자국 영토 안으로의 퇴각과 흡사한 것이 된다.

또 하나의 조건은 요새의 저항력이다. 요새—특히 큰 요새이면서도 적군과의 접촉에 견딜 수 없는, 다시 말하면 대부대로 밀려드는 공격자의 공격을 견딜 수 없는 것이 있다. 이 경우에 방어자는 진지를 되도록 요새 근처에 설치해서 요새 수비대가 이것을 지원할 수 있도록 배려하지 않으면 안 된다.

6. 자기 영토 안으로의 퇴각은 다음과 같은 정황에서만 자연적인 방어 방책으로 간주될 수 있다.

a 방어자의 물리적·정신적 힘이 공격자만 못하기 때문에, 방어자는 국경 또

는 국경 부근에서 저항을 시도해 보았자 성과를 거둘 가망이 없는 경우.

b 시간적 여유를 얻는 것이 방어자에게 큰 일일 경우.

c 국토의 상황이 제25장(자기 영토 안으로의 퇴각)에서 서술한 사정에 적합한 경우.

피아 쌍방의 어느 쪽인가가 결전을 추구하고, 따라서 또 결전을 피할 수 없는 경우의 전쟁터 방어에 관한 장은 이것으로 끝내기로 한다. 하지만 다음과 같은 일을 지적해둘 필요가 있다. 즉, 실제의 전쟁에서 사태는 여기서 말한 정도로 순수한 형태로 나타나는 것이 아니라는 것. 따라서 여기에 제시한 명제나 설명을 실제의 전쟁에 적용할 경우에는, 뒤에서 말하는 제30장도 고려에 넣어 대부분의 경우 장수를 두 가지 방향, 다시 말하면 결전을 구하는 방향과 결전을 구하려고 하지 않는 방향의 중간에 있는 것으로 간주하고 개별적인 정황을 고려해, 그가 이 두 방향의 어느 쪽에 한층 가까운가를 생각해야 한다는 것이다.

제29장
전쟁터의 방어(이어서 2)
축차적 저항

앞서 제3편의 제12장 및 제13장에서, 전략에서 방어자의 축차적 저항이 전쟁의 본성과 서로 용납되지 않는다는 것, 또 교전자는 모든 병력을 동시에 사용해야 한다는 것을 말했다.

모든 가동적(可動的) 전투력에 대해서 바로 이대로이고, 그 이상 자상한 규정을 필요로 하지 않는다. 그러나 요새나 단절지뿐만 아니라 어떤 크기의 면적을 가질 뿐인 전쟁터도 하나의 전투력이라고 간주한다면, 이러한 전투력은 운동을 하는 것이 아니므로 방어자는 전투력의 상황을 좇아 용납할 수밖에 없다. 그렇지 않으면 방어자는 전투력 중 운동을 하지 않는 부분을 전쟁터에 남기고 바로 자기 영토 안으로 퇴각하여, 이들 방어 수단이 효력을 발휘하는 것을 천천히 기다리지 않으면 안 된다. 그렇게 되면 공격자가 점령한 전쟁터에서의 일체의 방어 수단은 이내 효력을 발휘하여 적의 약화에 효과가 있는 것이다.

이 경우에 공격자는 방어자 측의 요새를 적어도 포위하지 않으면 안 된다. 또 점령한 지역을 확보하기 위해 수비대나 초병을 파견해야 한다. 또 먼 길을 행군하지 않으면 안 된다. 또 모든 물자를 먼 곳으로부터 수송하지 않으면 안 되는 여러 노고가 공격자에게 부과되는 것이다. 공격자의 침입이 결전 이전이건 혹은 그 이후이건 이와 같이 불리는 모두 공격자에 대해서 나타난다. 다만 결전 전 쪽이 결전 후보다도 불리가 어느 정도 심하다는 데에 지나지 않는다. 그래서 방어자가 결전을 공격자의 침입 뒤로 미루려 한다면, 그는 위에서 말한 운동을 하지 않는 전투력을 모두 동시에 작용하게 하는 수단을 갖게 되는 셈이다.

그러나 한편으로는, 비록 방어자가 결전을 공격자의 침입 후로 연기했다고 해서 공격자가 획득한 승리의 효력 범위에 하등 영향을 미치는 것이 아니라는 것은 명백하다. 또 승리의 이러한 효력 범위에 대해서는, 공격을 논하는 다음

편에서 더 자세하게 고찰할 생각이다. 여기에서는 이 효력 범위는 공격자의 우세(피아 쌍방의 물리적, 정신적 힘의 관계에서 생기는)가 쇠멸하는 점에까지 이른다는 것을 지적해 두는 바이다. 그런데 이 우세는 첫째, 전쟁터에서의 전투력의 소모에 의해서, 둘째로는 전투에서의 손실에 의해 쇠멸한다. 그러나 공격자 측에 생기는 이 두 가지의 약화는 전투가 처음에 이루어지는가, 그렇지 않으면 최후에 이루어지는가, 국경 저편에서 이루어지는가 그렇지 않으면 이쪽에서 이루어지는가에 따라 본질적인 변화를 입는 일은 없다. 1812년에 가령 나폴레옹이 빌나 근처에서 승리를 거두었다 하더라도, 그 승리의 효력이 미치는 범위는 그가 보로디노 회전에서 승리를 얻었다고 가정한 경우와 전적으로 같았을 것이다(이 두 경우에 프랑스군의 병력이 동일했다 하더라도).

또 모스크바에서 승리를 얻었다 해도 결국은 그 이상으로는 이르지 않았을 것이다. 그런데 이 경우에는 어느 경우나 모스크바가 승리의 효력 범위의 한계였다. 분명이 국경에서 결정적 회전이 이루어졌었다면 공격자에게 훨씬 큰 승리가 주어졌을 것이고, 또 그렇게 되면 이 승리의 효력 범위가 멀리까지 이르렀을 것임은 의심의 여지가 없다. 그러나 공격자가 국경에서 이러한 승리를 얻었다고 해도, 그것을 공격자의 우세를 쇠퇴시키는 원인이 전혀 생기지 않았기 때문이 아니라, 이것과는 다른 이유에 의한 것이다. 따라서 방어자가 결전을 공격자의 침입 후로 연기한다는 것은, 이 방면으로부터도 방어자에게 불리하지 않다는 것을 알 수가 있다.

결전을 공격자의 침입 후로 연기하는 방법은, 저항 방식 중에서도 가장 극단적인 것으로 간주할 수 있다. 그런데 우리는 앞서 여러 저항 방식을 논한 장에서, 이 저항 방식이 영토 안으로의 퇴각이라는 이름으로 독특한 저항 방식을 이룬다는 것을 알았다. 이러한 종류의 저항 방식이 노리는 것은 회전이라는 무력으로 공격자를 파멸시키는 것이 아니라 공격자 스스로를 소모하는 데에 있다. 그리고 결전을 공격자가 침입한 뒤에 연기하는 방법이 독특한 저항 방식으로 여겨질 수 있는 것은, 방어자의 이러한 의도가 명확한 경우에 한정되는 것이다. 그렇지 않아도 이 방법에는 매우 많은 단계를 생각할 수가 있고 또 이들 단계는 각기 일체의 방어 수단과 결부될 수 있기 때문이다. 그렇기 때문에 우리는 전쟁터가 많건 적건 방어에 협력하는 것을 독특한 저항 방식으로 간주할 생각은 없다. 이러한 협력은 이동하지 않는 저항 수단이 그때그때의 사정이나 정황의 필요에 따라 여러 가지로 결부된 데에 지나지 않는다.

그러나 방어자가 이들 이동하지 않는 전투력을 우선 당장의 결전에 불필요한 것으로 여기고, 이러한 전투력과 결부된 희생, 다시 말하면 이동하는 전투력에 수반되는 것과는 다른 종류의 희생을 과대하다고 생각할 경우에는, 그는 이런 종류의 전투력을 훗날을 위해 보류한다. 그러면 이 전투력은 차차 증강되어 이동하는 전투력의 뒷받침이 되기 때문에 이동하는 전투력은 이것에 힘을 얻어 최초의 유리한 결전에 제2의 유리한 결전을 잇고, 아마도 또 이 제2의 결전에 제3이 유리한 결전을 이을 수가 있다. 다시 말하면 이와 같이 해서 병력의 축차적인 사용이 가능하게 되는 것이다.

따라서 방어자가 국경에서의 회전에 패해도, 그것이 완전한 패전이라고 할 정도가 아니라면 가까운 요새의 배후에서 제2의 회전에 응할 수 있다고 생각해도 좋다. 아니, 상대방이 단호한 결의를 품은 공격자가 아닌 한, 상당히 강력한 단절지가 있으면 아마도 그것만으로 적을 저지하는 데 충분할 것이다.

그런데 전략에서는, 이동하지 않는 전투력으로서의 전쟁터를 이용하는 경우에도 역시 병력의 절약이 고려되는 것은 다른 모든 경우에서와 마찬가지이다. 약한 병력으로 충분하다면 그 이상 좋은 일은 없다. 아니 충분하지 않으면 곤란하다. 따라서 이 경우에도 거래에서와 마찬가지로 절약은 인색과 그 뜻이 다르다는 것을 알아야 한다.

그러나 심한 오해가 생기는 것을 예방하기 위하여 한마디 주의해야 할 것이 있다. 그것은, 방어자는 회전에 패배한 뒤에도 어떠한 저항을 기도할 수 있고 또 실시할 수 있는가 하는 문제는 우리의 고찰 대상이 되지 않는다. 우리가 고찰하려고 하는 것은, 방어자는 이러한 제2차 저항에서 어느 정도의 성과를 미리 기대할 수 있는가, 따라서 또 이런 종류의 저항을 방어 계획에서 어느 정도로 생각하면 좋은가 하는 문제, 바로 그것이다. 이 경우에 방어자가 근거로 삼는 점은 단 하나밖에 없다. 그것은 그가 상대하는 공격자이다. 더욱이 적의 성격과 사정을 따지는 일이 중요하다. 공격자의 성격이 약하고 확고한 신념이 없고 숭고한 명예심을 가지고 있지 않은 경우가 있다. 또 여러 가지의 답답한 사정에 묶여, 약간의 성과를 올리면 이에 만족하여 방어자가 새로운 결전을 도전해도 머뭇거리며 이에 응하려고 하지 않는 경우가 있다. 이와 같은 경우 방어자는 그의 전쟁터에 존재하는 모든 저항 수단의 효력을 되풀이해서 공격자에게 도전하는 결전에서, 충분히 발휘한다는 방침에 따라도 지장은 없다. 이들 결전은 어느 것이나 그 자체로서는 유력하지 않을지 모르지만, 그러나 이것을 되풀이 할 때마다 궁극적인 결전을 유리하게 전환시킬 가능성이 있다.

여기까지 이르면 우리는 이미 결전(決戰)을 추구하지 않는 전역의 길을 걷게 된다. 그런데 이런 종류의 전역에서는 병력의 축차적인 사용이 매우 현저해진다. 그래서 이러한 전역을 다음 장에서 논하고자 한다.

제30장
전쟁터의 방어(이어서 3)
적군과 아군의 결전 의지가 없는 전쟁터 방어

도대체 피아 쌍방의 어느 쪽도 공격자가 아닌 전쟁, 따라서 또 어느 쪽도 적극적인 의욕을 가지지 않는 전쟁이 있을 수 있을까? 또 있을 수 있다면 이러한 전쟁은 어떻게 해서 생기는가 하는 것은 마지막 편(제8편)에서 자세히 고찰할 작정이다. 여기에서는 공격자가 없는 전쟁과 같은 자기모순을 살필 필요는 없다. 게다가 또 개별적인 전역을 고찰해 보면, 전쟁터에서 피아 쌍방이 서로 방어를 하는 묘한 일이 생기는 이유는 양자가 각기 전쟁터 전체에 대해서 갖는 관계 안에 내재한다는 것을 알 수 있게 된다.

그런데 이와 같은 전역은 대개의 전쟁에 필연적인 결전이라는 초점을 가지지 않았다는 것만이 아니다. 전쟁사가 나타내는 바에 의하면 이러한 전쟁에도 공격자가 없었던 것은 아니다. 따라서 또 피아의 한쪽에 적극적 의욕이 결여되었던 것은 아니지만, 이 의욕이 매우 미약했기 때문에 소정의 목표에 꼭 도달해야겠다는 기백이 없어서, 이 목표에 도달하기 위해 필요한 결전을 상대방에게 강요하지 않았던 것이다. 그리고 그때그때의 정황에서 말하자면, 자연적으로 발생하는 이점을 차지하는 것만으로 만족한 것이다. 따라서 공격자에게는 일정한 목표를 어디까지나 추구하려고 하는 의지가 조금도 없이, 모든 것을 정황에 맡겨 시간이 지남에 따라 자연히 맺는 열매를 가끔 따먹는 식이었다.

소정의 목표를 향하여 매진하는 냉엄한 논리적 필연성을 잃고, 값싼 과실을 좌우에서 거두기 위해 여기 전쟁터를 돌아다니는 공격은 바로 게으른 자와 같아서, 방어 그 자체와 거의 다름이 없다. 방어 쪽에서 보아도 이러한 과실을 따는 것 정도는 장수에게 허용하고 있었기 때문이다. 그러나 이런 종류의 전쟁 지도에 관한 자상한 철학적 고찰은 공격을 논하는 제7편으로 미루고, 여기에서는 결론만을 지적하기로 한다. 그것은―이러한 전역에서는 공격자도 방어자도 모든 것은 결전과 관련된다는 생각을 전혀 망각하고 있다는 것, 다시 말하면 결전은 전략이라고 하는 아치를 구성하는 모든 선이 집중하는 중심이 아니라는 점이다. 이런 종류의 전역은 (모든 시대, 모든 나라의 전쟁 역사가 나타내고 있는 바와 같이) 단지 많다는 것을 넘어 압도적으로 많고 그렇지 않은 전역, 즉 결전을 구하는 전역이 예외라고 여겨질 정도이다. 비록 장래에는 이러한 두 가지 전역의 비율이 변화한다 해도 이런 종류의 전역이 여전히 많이 발생하는 것은 전쟁터의 방어를 논할 때에 이러한 전역을 고려에 넣어야 한다는 것만은 확실하다. 그래서 이와 같은 경우에 나타나는 여러 특성을 열거해 보겠다.

실제의 전쟁은 대개 두 가지 서로 다른 방향, 다시 말하면 결전을 추구하는 방향과 결전을 추구하지 않는 방향의 중간에서, 어떤 때는 한쪽으로, 또 어떤 때는 다른 한쪽으로 가까운 것이 될 것이다. 그런데 전쟁의 절대적 형식은 하나의 순수한 이념이고, 실제의 전쟁은 많건 적건 이러한 절대적 형식이 변용된 것, 다시 말하면 수정된 것이다. 따라서 결전을 추구하지 않는 전쟁의 여러 특성은 이들 특성이 전쟁의 절대적 형식에 주는 변용 안에서만 찾아볼 수 있다.

그런데 우리는 이미 본편 제3장에서 방어자가 오직 적을 기다린다는 것은 방어가 공격보다 좋은 최대 이점의 하나라고 말했다. 또 일반적으로 실생활을 관찰하면, 주위의 정황에서 판단해서 일어나야 할 것이 반드시 모두 일어나는 것은 아니라는 것을 알게 된다. 하물며 전쟁에서는 더더욱 그러하다.

인간의 통찰이 불완전하다는 것, 나쁜 결과를 꺼리는 불안한 마음, 행동의 진전을 가로막는 우연한 일 등은 정황이 필요로 하는 모든 행동을 실시하지 못하게 하고 있는 것이다. 전쟁에서는 지식의 불완전, 파국을 가져오는 위험, 수많은 우연 등 인간이 영위하는 다른 활동에서보다도 비교를 초월할 정도로 크다. 그래서 해야 할 일을 게을리한 사례(우리는 이것을 무위(無爲) 또는 태만이라고 부르고 싶다)가 그렇지 않은 경우보다도 훨씬 많아지지 않을 수 없게 된 것이다.

실제로 공격자 측의 이와 같은 태만이야말로, 방어자에게 저절로 주어지는 좋은 양식을 공급하는 좋은 논인 것이다. 만약에 이와 같은 실제의 경험에 방어자 측으로서는 자국의 토지의 보유가, 또 공격자 측에게는 적지의 점령이 각기 전쟁에서 독립적으로 갖는 중요한 의의와 결부된다면, 이것이야말로 속담으로까지 되어 있는 경험적 명제(beati sunt possidentes, 소유하는 자는 행복하다)가 전쟁에서도 평상시와 마찬가지로 진실이라는 것을 입증할 것이다.

피아 쌍방이 서로 상대방을 완전히 타도하는 것을 목적으로 하는 전쟁에서는 결전이야말로 모든 군사적 행동의 초점이다. 그런데 피아 어느 쪽도 결전을 추구하지 않는 전쟁에서는 이 경험적 명제가 결전을 대신하는 것이다.

이 명제는 매우 생산력이 풍부하다. 물론 적극적 행동이 발생되는 것은 아니지만 그러나 대개 무위와 무위에 편리한 일체의 행동과 동기를 산출하는 것이다. 결전을 추구하지 않고 또 기대하지 않는 전쟁에서는, 무엇인가 다른 것을 희생으로 제공하는 이유는 있을 수 없다. 도대체 어떤 것을 희생으로 한다는 것은 결전 때 그것과 교환함으로써 이점을 얻기 위한 것이기 때문이다. 그렇다면 결론은 이렇게 된다. 즉 방어자는 일체를, 혹은 적어도 되도록 많은 것을 보유(다시 말하면 엄호)하려고 한다. 이에 반해서 공격자는 결전을 하지 않고 얻을 수 있는 물건(다시 말하면 적 국토의 가능한 한 큰 면적)을 점령하려고 하는 일이다. 그러나 여기에서는 방어자를 문제로 삼는 것만으로도 좋다.

공격자는 방어자가 전투력을 배치하지 않은 지역이면 어디든지 탈취할 수 있다. 이 경우 적을 기다리는 이점은 공격자 측에 있다. 따라서 방어자는 곳곳에서 국토를 직접 엄호하는 데 노력하고, 또 이러한 엄호를 위하여 배치된 전투력을 공격자가 공격할 것인가의 여부는 그때의 상황에 맡기려고 하는 것이다.

그런데 이런 경우에 이루어지는 방어의 여러 가지 특징을 자세히 설명하기에 앞서, 쌍방이 모두 결전을 원하지 않는 전쟁에서 공격자가 추구하는 목표로 삼는 약간의 대상을 공격편(제7편)에서 인용하지 않으면 안 된다. 그것은 다음과 같다.

1. 결정적 전투를 하지 않는다는 조건하에서 될 수 있는 대로 적지에서 광대한 지역을 점령한다.
2. 전항과 같은 조건하에서 적의 유력한 창고를 탈취한다.
3. 방어자가 엄호하지 않는 요새를 공략한다. 요새의 포위 공격은 크건 작건 간에 큰일이며 공격자에게 큰 노고를 부과하지만, 이 작업은 공격자에게 파격을 가져올 만한 성질의 것은 아니다. 최악의 경우에도 포위 공격자는 적극적인 큰 손해를 입지 않고 중지할 수가 있다.

4. 끝으로, 약간의 성과를 거둠으로써 다소의 중요성을 갖는 전투가 있다. 그러나 이 전투에서는 특별히 중대한 행동이 이루어진 것은 아니고 따라서 또 얻은 것도 별로 없다. 요컨대 이러한 것은 전략이라고 하는 전체 조직에 영향을 주는 것은 아니고 여하간 전투를 했을 뿐이라는, 혹은 전리품을 노린, 또 군의 면목을 유지하기 위한 전투에 지나지 않는다. 그 누구도 이와 같은 목적을 위해 모든 것을 걸고 전투하는 사람은 없을 것이다. 따라서 장수는 이러한 전투가 우연히 생기는 것을 기다리거나, 아니면 어떤 교묘한 책략을 꾸며 일부러 기회를 만들어 내는 것이다.

공격자 측의 이상 네 가지 공격 목표는 방어자 측에 다음과 같은 대항책을 강구하게 한다.

1. 요새의 전면에 포진하여 엄호한다.
2. 전선을 연장하여 국토를 엄호한다.
3. 전선을 충분히 연장할 수 없는 경우에는, 측면 행군으로 나아가 적의 전면에서 그 전진을 저지한다.
4. 불리한 전투를 회피한다.

이상 넷 중에서 제1 내지 제3은, 방어자가 적에게 선제를 허용한 후, 적을 기다린다고 하는 방어 수단으로 최대의 이익을 얻어내려는 의도가 있는 것은 분명하다. 그리고 이 의도는 방어의 본질에 깊이 뿌리를 내리고 있는 것이므로, 이것을 처음부터 비난하는 것은 어리석은 일이다. 방어자의 이러한 의도는 결전의 기대가 희박해짐에 따라 더욱더 유력해지지 않을 수 없고, 또 이러한 전역의 바탕을 이룬다. 비록 행동의 표면에서는, 다시 말하면 결정적인 의미를 가지지 않는 소규모적인 행동에 있어서는 상당히 활발한 움직임을 보이는 일이 있다고는 하지만, 결국 그것은 겉치레에 지나지 않는 것이다.

한니발[1]과 파비우스, 프리드리히 대왕과 다운은 결전을 추구하지 않고 또 기

---

1) 한니발과 파비우스, 프리드리히와 다운은 서로 좋은 맞수였다.

대도 하지 않았던 전역에서는 항상 이 원리에 따라 행동했다. 그런데 제4의 대책은 제1 내지 제3의 원리를 수정하는 데에 도움이 되어, 이들 원리의 불가결적 조건(conditio sine qua non)을 이루는 것이다.

다음으로 이들의 네 가지 항목에 대해서 좀 더 자세히 고찰해 보고자 한다.

적의 공격에 대해서 요새를 엄호하기 위하여, 군이 요새의 전방에서 진지에 든다고 하는 것은 언뜻 모순된 것처럼 보인다. 즉 일종의 유어반복(類語反復)의 느낌이 있다. 원래 요새는 적의 공격에 저항하기 위하여 구축된 것이기 때문이다. 그럼에도 이와 같은 방책은, 예부터 수백 번, 수천 번 되풀이해서 사용되어 온 것이다. 흔한 일이 때로는 가장 이해하기 어려운 경우가 있다고 하는 것은 전쟁 지도에 대해서도 마찬가지이다. 그러나 이와 같이 몇 번이고 되풀이해서 나타난 사례를, 겉보기에 모순되어 있다고 해서 모두 잘못이라고 단언하는 용기를 가진 사람이 있을까? 예부터 동일한 형식이 항상 되풀이된다고 하는 것은 바로 거기에 무엇인가 깊은 이유가 있지 않으면 안 된다는 것을 나타내고 있다. 그러나 그 이유란 결국 앞서 말한 것과 같은 정신적 기력과 무위 바로 그것이다.

방어자가 요새 전면에서 진지에 들어 있으면, 공격자는 이 군을 격파하지 않는 한 요새를 공격할 수가 없다. 그런데 회전은 두말할 필요도 없이 승패를 결정하는 수단이다. 따라서 적이 이러한 결전을 원하지 않는다고 한다면 그는 회전에 도전하지 않을 것이고, 따라서 또 방어자는 무력을 사용하지 않아도 여전히 요새를 유지할 수 있을 것이다. 그래서 방어자가 애초에 공격자에게 결전을 원하는 의도가 없다는 것을 확인하면, 적이 결전을 결의할 것인가의 여부에 신경을 쓸 필요는 없다. 비록 공격자가 방어자의 추측과는 반대로 공격을 걸어와도 방어자에게는 대개의 경우 아직도 요새 후방으로 퇴각한다는 수가 남아 있다. 요컨대 요새 전방에 진을 친다는 것은 위험한 일이 아니고, 또 희생을 치르지 않고 군의 현상(現狀)을 유지할 상태에서는 어떠한 위험도 따르지 않는다.

그런데 방어자가 병력을 요새의 후방에 배치한다고 하는 것은, 공격자에게 안성맞춤의 공격 목표를 제공하는 것과 같다. 만약에 요새가 별로 강력하지 않고 또 방어자 측에서도 충분한 준비를 해두지 않은 경우에는, 공격자는 이내 요새의 공격을 시도할 것이다. 그리고 방어자 측이 적에서 요새의 약취를 허용하지 않으려 한다면 자진해서 포위의 해제에 착수하지 않으면 안 된다. 그래서 적극적 행동, 즉 선제(先制)는 방위자에게로 옮아가는 것이다. 그렇게 되면 요새를 공격하는 일이 전진 목표가 된 입장에 있는 공격자는 이번에는 포위 체제를 갖춘 채 적을 기다리게 된다. 사태가 항상 이와 같은 경과를 거친다는 것은 경험이 가르치는 바이고, 또 이러한 사태의 성질로 미루어보아도 당연한 일이다. 그런데 앞에서도 말한 바와 같이, 요새의 포위 공격은 파국과 결부되어 있는 것은 아니다. 따라서 과감한 정신과 강력한 수행력이 결여되어 회전을 결의할 수 없는 장수라도, 위험을 저지르지 않고 요새에 접근할 수 있는 경우에는 바로 포위 공격에 착수하는 것이다. 게다가 공격군이 야전 화포를 갖추고 있으면 일은 더 손쉽게 진행된다. 그리고 최악의 경우에는 그가 포위 공격을 중지하기만 하면 특별히 적극적인 손해를 입는 일은 없다. 그런데 방어자로서는 요새가 돌격이나 그 밖의 비정규적인 방식으로 공략된다는 위험을 면할 수 없다는 사정을 고려에 넣지 않으면 안 된다. 따라서 방어자는 요새의 공수가 어떻게 되어가는가 하는 계산 속에서 이러한 뜻하지 않은 일이 생길 수 있다는 것도 간과해서는 안 된다.

여러 가지 경우를 아울러 생각하면, 방어자가 편리한 정황 아래에서 싸운다는 이점보다도 가능하면 전혀 싸우지 않고 끝낸다고 하는 또 하나의 이점을 중요시하는 것은 자연스러운 일로 여겨진다. 그렇다면 방어자가 야전 부대를 요새 전방에 배치한다는 종래의 습관도 또한 매우 자연스럽고 솔직한 방식이라고 할 수 있다.

프리드리히 대왕은 예를 들어, 글로가우[2]에서 러시아군에 대해서, 또 슈바이드니츠,[3] 나이세[4] 및 드레스덴[5]에서 각기 오스트리아군에 대해서 사용한 것은

---

2) 글로가우(Glogau). 프로이센의 도시로 요새. 이 기사(記事)는 1759년 가을의 일을 가리킨다.
3) 프로이센군은 슈바이드니츠의 요새를 공략해서(1762. 8. 8~9. 10) 이를 탈취했다.
4) 나이세(Neisse). 프로이센의 도시. 1758년에 오스트리아군은 이곳 요새를 공략했으나 성공하지 못했다.
5) 프로이센군은 드레스덴의 요새를 공략했으나(1760. 7. 13~28), 오스트리아군에 의해 포위가 풀렸다.

모두 거의 항상 이 관습적인 방책이었다. 그러나 베베른 공(公)[6]은 이때 브레슬라우[7]에서 이 방책을 취했으나 실패로 끝났다. 당시에 만약 그가 브레슬라우의 후방에 진을 차지하고 있었더라면 적으로부터 공격을 받지 않아도 되었을 것이다. 오스트리아군은 대왕이 부재 중에는 우세했으나, 이 우세는 대왕의 군이 접근함에 따라서 차차 쇠멸하지 않을 수 없었다. 그렇기 때문에 만약에 베베른 공이 병력을 브레슬라우 후방에 배치했다면 대왕이 도착할 때까지 회전을 피할 수가 있었을 것이다. 실제로도 그는 물자를 저장하고 있는 중요한 요새가 포격되는 위험에 노출되지 않았더라면 회전을 연기했을 것이다. 그렇게 되면 이러한 경우 자칫 판단의 공정이 결여되는 대왕이므로, 베베른 공이 취한 조치를 나쁘게 해석했는지도 모른다. 그런데 베베른 공이 그 전방에 설치한 보루 진지에 거점을 두고 브레슬라우를 확보하려고 시도한 것은, 대국적으로 보면 결코 비난될 일이 아니다. 카를르 폰 로트링겐 공[8]은 한편으로는 슈바이드니츠의 공략에 만족하고, 또 다른 한편으로는 프리드리히 대왕의 접근으로 위협을 당하고 있었기 때문에, 그가 그 후의 전진을 중지하는 것은 베베른 공의 병력 배치에 따른 것이라고 생각할 수 있기 때문이다. 요컨대 공에게 최선의 방책은 오스트리아군이 공격을 결의하여 전진할 때, 회전에 응하지 않고 그대로 브레슬라우를 통과해서 퇴각하는 일이었을 것이다. 그렇게 되면 적을 기다린다는 방어 방식에서 큰 위험을 저지르지 않고 모든 이점을 이용할 수가 있었을 것이다.

이상으로, 방어자는 왜 군을 요새의 전방에 배치하는가 하는 이유를 비교적 높은 입장에서 설명했고, 또 이러한 방법이 정당한 이유를 분명히 했다. 그러나 그 주된 이유에 대해서는 따로 하나의 2차적 이유가 가해진다는 것도 지적해 둘 필요가 있다. 이 2차적 이유는 제1의 이유와 밀접한 관계를 가지기는 하지만, 이것을 요새의 전반적 효용으로 간주할 수가 없기 때문에 그 자체만으로는 요

---

6) 베베른 공(August Wilhelm, Herzog von Braunschweig-Bevern, 1715~81). 프로이센의 육군 대장. 브레슬라우 회전에서 패하여 포로가 되었다.

7) 브레슬라우 회전(1757. 11. 22)에서 베베른 공이 이끄는 프로이센군은 오스트리아군에게 패배했다.

8) 카를르 폰 로트링겐 공은, 브레슬라우 회전 때 오스트리아군의 사령관이었다.

새의 본무(本務)라고 말할 수는 없다. 그것은 다름 아닌, 대개의 군이 가까운 요새를 물자 저장소로 사용한다는 것이다. 이 방법은 군에 있어 매우 편리하고 또 여러 가지 이점을 가지고 있다. 따라서 군 근처에 요새가 있으면 군사령관은 구태여 공생해서 멀리서 물자를 가지고 오거나 혹은 이것을 방비가 없는 장소에 쌓아 둘 필요가 없는 것이다. 그런데 이와 같이 요새가 군의 물자 저장소로 간주되면, 군을 그 전방에 배치하는 것이 꼭 필요하게 되고, 또 대개의 경우 그렇게 하는 것이 가장 자연스러운 일이다. 그러면 이 가장 지당한 이유가, 더 심오한 근거를 별로 따지려고 하지 않는 단견자(短見者)들에 의해 자칫 지나치게 중요시되는 것은 매우 지당한 일이다. 그러나 이와 같은 이유에서는 실제로 생기는 모든 경우를 설명하기에는 모자라고, 이 이유가 관계되는 여러 사항에 대해서도 최고의 결정을 내릴 정도로 중요하지는 않다.

공격자가 회전에까지 이르지 않고 한 개 내지 몇 개의 요새를 탈취한다는 것은 대규모의 결전을 원하지 않는 모든 공격의 자연적 목표이므로, 그만큼 방어자 측에서는 공격자의 이러한 의도를 좌절시키는 것을 주요 임무로 한다. 그렇기 때문에 많은 요새를 갖는 전쟁터에서는 공격자는 방어자의 의표를 찔러 이들 요새 중 하나라도 탈취하려고 여러 가지 술책을 부리고, 또 이에 대해서 방어자는 충분히 준비된 이동에 의해서 신속하게 적의 앞길을 가로막으려 하여, 피아 쌍방의 모든 이동은 위와 같은 두 가지 점을 둘러싸고 회전(回轉)하는 것이다. 이것이 루이 14세에서 폰 작센 원수[9]에 이르는 거의 모든 네덜란드 전역을 관통하는 성격이다.

요새의 엄호에 관한 연구는 이것으로 끝마치기로 한다.

전투력을 장대한 진지선에 배치해서 국경을 엄호하는 방식은 많은 천연 장애물과 결부되는 경우에만 가능하다. 이 경우에 설치되지 않으면 안 될 크고 작은 초병 진지가 어느 정도의 저항력을 가질 수 있기 위해서는 견고해야 한다. 그러나 천연 장애물은 얼마든지 어디에나 있을 수는 없으므로 여기에 축성술이 원용된다. 그런데 이와 같이 해서 어떤 지점에서 얻어지는 저항이 성취할 수

---

9) 폰 작센 원수(Sachsen, Moritz, Marschall von Sachsen ; Saxe, Maurice, Maréchal de Saxe, 1696~1750). 남부 작센 태생. 후에 프랑스군에 들어갔다. 프랑스가 탈취한 네덜란드의 군사령관이 되었다 (1747).

있는 것은, 상대적(전투의 의의에 관한 장을 참조하기 바란다)¹⁰⁾ 저항이지 절대적 저항이 아니다. 하기야 이들 초병 진지 안에는 난공불락의 요소가 있어서 그와 같은 경우에는 절대적 저항과 마찬가지의 결과를 초래하는 일도 있다. 그러나 대다수의 진지는 전체의 비율로 보아 어느 것이나 매우 약해서 우수한 적 병력의 습격을 당하면 견딜 수가 없다. 따라서 개별적인 초병 진지의 저항에 전군의 안전을 위탁하는 것은 심히 불합리한 일이다.

요컨대 장대한 초병선에 배치된 전투력은 비교적 오래 저항할 수 있다는 것뿐이지, 본래의 승리를 이러한 전투력에 기대할 수는 없다. 그러나 초병 진지로서의 이러한 가치는 방어 전체의 목적과 계획으로 말하자면 그것으로 충분하다. 대결전이 일어날 염려가 없고, 또 적이 방어자의 절멸을 기하기 위한 맹진을 두려워할 필요가 없는 전역에서는 비록 초병 진지에서의 전투에 패하여 진지를 상실해도 중대한 위험은 없는 것이다. 이와 같은 경우의 손실은 그 초병 진지와 약간의 전리품에 지나지 않는다. 즉, 공격자 측이 얻은 승리는 거기에서 끝나고 방어자의 사정을 그 이상 불리하게 하는 일은 없다. 따라서 또 방어의 기초를 파괴해서 건물 전체를 산산조각 내는 데까지는 이르지 않는다. 약간의 초병 진지의 파괴로 인해 방어 체계 전체가 교란되는 최악의 경우에도 방어자에게는 아직도 군을 집결하여 그 병력으로 공격자와의 결전에 도전할 시간이 남아 있는 것이다. 그러나 이 경우, 공격자는 결전을 원하지 않는 것이 우리의 전제(前提)였다. 따라서 방어자가 이와 같이 병력을 집결하면 그것으로 군사적 행동은 종결되고, 또 공격자 앞으로의 전진을 정지시키는 것이 통례이다. 그래서 약간의 국토와 병력 및 카논포가 방어자 측의 손실이고, 또 그것이 공격자를 만족시키는 성과이다.

방어자가 초병 진지에서의 전투에 패배하면, 이러한 위험에 노출된다는 것은 틀림없는 사실이다. 그러나 또 다른 한편으로는 공격자가 소심해서(혹은 신중해서) 방어자의 초병 진지를 공격하지 않고 손을 놓고 그 앞에 정지하고 있는 경우도 있을 수 있는데, 오히려 그러한 공산(公算) 쪽이 크다. 이와 같은 경우에 방어자는 결전을 감행하려고 하는 의도를 가지지 않는 공격자를 상대하고 있다

---

10) 제4편 제5장 '전투의 의의에 대해서'를 가리킨다.

는 전제를 잊어서는 안 된다.

중간 정도의 초병 진지로도 견고하기만 하면, 이와 같은 공격자의 전진을 정지시킬 수가 있다. 비록 공격자가 이 초병 진지를 틀림없이 격파할 것으로 여기고 있다 해도, 이를 위해 공격자는 어느 정도의 대가를 치러야 하는가, 또 이러한 초병 진지에 대해서 승리를 거두었다 해도 그 이상 전과를 얻기 위해 이만한 대가를 지불하는 것이 공격자로서 너무 값이 비싸지 않은가 하는 의문이 생기기 때문이다.

장대한 초병선상에 이어지는 초병 진지에 배치된 전투력을 가지고 하는 강력한 상대적 저항이, 방어자에게 만족할 만한 결과를 줄 수 있다는 것은 이것으로 분명하다. 그런데 이러한 경우 독자는 자칫 전사(戰史)를 뒤져서 이리저리 상상력을 동원하기가 쉬운데, 우리로서는 독자들의 눈을 실제의 사정으로 돌려 올바른 관점을 가지도록 다음과 같은 한 가지 사실을 지적해 두고자 한다. 즉―장대한 진지선상의 초병 진지는 전역의 후반에 가장 빈번하게 설치된다는 사실이다. 전역의 후반이 되면 방어자 측에서는 공격자의 의도 및 사정이 어떠한 것인가를 확실히 알 수 있고, 또 공격자 측에서는 원래 과감히 싸우는 정신이 희박했는데, 지금에 와서는 그것조차도 상실하는 것이 통례이기 때문이다.

이와 같이 장대한 초병선은 국토, 저장 물자, 요새 등을 엄호하지만, 이러한 초병선에 의한 방어에서는 하천, 산지, 소택지 등의 천연 장애물이 큰 역할을 다하게 된다. 이들 천연 장애물의 이용에 대해서는 앞서 나온 여러 장을 참조하기 바란다.

지형적 요소가 이와 같이 현저한 중요성을 가지기 때문에, 이에 관한 지식과 활동이 참모부에 대해서 특히 요구되기에 이르렀다. 그래서 이러한 지식을 수집하는 일이 참모부의 독특한 임무로 여겨지게 된 것이다. 그런데 참모부라고 하면 군 안에서도 오직 기록과 인쇄를 맡는 부문이다. 전사(戰史)가 전역을 기록할 때 지형에 관한 부분을 비교적 많이 수록하는 것은 이 때문이다. 이와 동시에 이들 부문을 체계화하고, 하나의 독특한 사례를 전사의 입장에서 해석함으로써 나머지 사례도 일괄적으로 해석하려고 하는 경향이 생긴 것은 있을 법한 일이다. 그러나 이와 같은 일은 무익한, 그리고 잘못된 노력이다. 진지선에 의한 방어라고 하는 것은 어느 편인가 하면, 한정적으로 제약된 수동적인 전쟁 방식에서의 개별적인 것이고, 또 개별적으로 논하지 않으면 안 된다. 따라서 이들 사항에 관한 가장 뛰어난, 또 사색이 고루 미친 회상록은 확실히 좋은 읽을거리이지만 이것을 교범(敎範)으로서 사용하는 일은 적절하지 않다.

참모부의 이러한 활동은 매우 필요하고, 또 존경할 만한 일이다. 지금 우리는 일반적 견해에 따라 이것을 참모부에 독특한 임무로서 규정해 왔는데, 우리는 또한 이 활동이 자칫 독선적 행위에 빠지는 일을 경계하지 않으면 안 된다. 이와 같은 독선적 행위는 전쟁 전체에 해로움을 가져오기 때문이다. 참모부의 수뇌는 이러한 부문에서도 매우 유력하고 또 중요시되지만, 성격이 그러한 만큼 주위의 장교들, 특히 장수 그 사람에 대해서는 전반적인 지배력을 가지기 때문에, 여기에서 사물을 일방적으로 생각하는 습관이 생기는 것이다. 그러면 장수는 산지와 애로(隘路)에만 주목하고 다른 일을 돌보지 않게 되고, 또 그때그때의 정황에 적응해서 자유롭게 선택되어야 한 방책이 고정된 틀에 박혀 제2의 천성이 되는 것이다.

예를 들자면, 1793년과 1794년에 프로이센군에서는 그라베르트 대령, 즉 당시의 참모본부의 중심 인물이자 산지와 애로(隘路)의 권위로 알려진 이 참모 장교는 두 사람의 장수—브라운슈바이크 공과 묄렌도르프[11] 장군에게 현저한 영향을 주었기 때문에, 이 양자는 기질이 서로 다름에도 전쟁 지도에서는 동일한 방침을 취하도록 끌려든 것이다.

대단절지를 따라 설치된 방어선이 초병선식(哨兵線式) 전쟁으로 기울어지기 쉬운 것은 명백하다. 만일 실제로 전쟁터 전체가 이와 같은 방식으로 직접 엄호되어야 한다면, 이러한 방어선은 대개의 경우 아무래도 초병선식 전쟁에 이르지 않을 수 없을 것이다. 그런데 대개 전쟁터의 전선은 상당히 장대한데, 이에 비해 실제로 방어에 임하는 전투력이 형성하는 방어선, 다시 말하면 전술적 견지에서 자연적이라고 여겨지는 방어선은 너무 짧다. 그러나 공격자는 그때의 상황과 군 자체의 설비에 의해서 일정한 주요 방향과 도로로 제한되어 있으므로, 여기에서 심하게 일탈한다는 것은 상대편이 극히 활발하지 못한 방어자일지라도 많은 불편과 불리를 입지 않을 수가 없다.

---

11) 묄렌도르프(Möllendorf, Wichard Joachim Heinrich von, 1724~1816). 프로이센의 원수(1793). 팔츠 지방의 프로이센군 사령관이 되었다(94. 1. 30).

그러면 대개의 경우 방어자에게 가장 중요한 대책은, 이들 주요 방향의 좌우로 도로에서 수 마일 또는 수일 행정의 지역을 엄호한다는 것이다. 그리고 이 엄호 그 자체를 위해서는 주요 도로나 주요 접근로에 약간의 방어 진지를 설치하고, 이 진지들 사이에 감시 초소를 배치하는 것만으로 충분하다. 그러면 공격자는 한 종대를 이루어 양 진지 사이를 통과하여, 그 어느 하나를 포위하여 여러 방면으로부터 공격을 가할 것이다. 그러나 이들 진지로서도 이러한 공격에 대비해서 여러 방책을 강구하고 있는 것이다. 첫째로 진지의 양 측면을 견고한 의탁점에 의지케 하고, 두 번째로 측면방어 방식(이른바 고리 모양의 진지)을 사용한다. 또 세 번째로는 후방에 둔 예비에 구원을 구하든가, 혹은 근처의 초병 진지로부터 몇몇 구원대를 얻는 일이다. 그렇게 되면 진지의 수는 소수로도 족할 것이다. 한편 이러한 종류의 방어에 임하는 작전군은 대부분 4~5개의 본초(本哨) 부대로 나뉜다.

전쟁터로 통하는 약간의 주요 접근로가 서로 떨어져 있고, 더욱이 그것이 적으로부터의 위협을 받고 있는 경우에는, 이들 접근로에 대해 개별적으로 중심점을 설치하는 일이 있다. 그러면 이것은 큰 전쟁터 안의 말하자면 독립된 작은 전쟁터와 같은 것이 된다. 7년 전쟁 중에 오스트리아군은 본군을 가지고 하부 슐레지엔의 산지에 배치된 약 4~5개의 초병 진지를 수호했다. 그러나 상부 슐레지엔에서는 독립된 것과 마찬가지인 하나의 작은 군단이 역시 이와 마찬가지 방어 방식을 채용하여 그 군단만의 방어에 임한 것이다.

이와 같은 방어 방식이 직접 엄호해야 할 지역에서 멀어짐에 따라, 활동(적극적 방어)이나 또 때로는 공격적 수단을 사용해서까지 이 지역을 방어할 필요성이 더욱더 커지는 것이다. 그래서 어떤 군단은 예비로 간주될 수 있고, 또 어떤 초병 진지는 우선 당장 필요 없는 부대로 다른 초병 진지를 구원하는 것이다. 한편 이러한 지원에는 수동적 저항을 증강 또는 갱신하기 위해 실제로 후방에서 부대를 급파하는 경우도 있고, 또 적에게 측면 공격을 가하는 경우도 있으며, 혹은 적의 퇴로를 위협하는 경우까지도 있다. 또 공격자가 어떤 초병 진지의 측방을 위협한다 해도 공격에 의한 것이 아니라 이 진지의 병참선에 대해서 행동을 일으키기 위해 진지를 차지하는 것이라면, 방어자는 적이 그 때문에 파견한 전진 부대를 실제로 공격하든가 아니면 공격자의 병참선에 대해서 행동을 일으켜서 그에게 보복을 가하는 것이다.

위에서 말한 것으로 명백한 바와 같이 이런 종류의 방어는, 비록 그 주된 기초는 수동적 성질의 것이라 해도 많은 적극적 수단을 채용하지 않으면 안 되고, 또 복잡한 관계에 대해서는 여러 가지 방식으로 미리 준비할 수도 있는 것이다. 일반적으로는 적극적 수단은 물론 많은 공세적 수단까지도 사용하는 방어가 뛰어난 방식으로 여겨지고 있다. 그러나 이런 종류의 방어 방식에는 나름대로 어려운 점도 있다. 먼저 이 방식의 성패는, 전쟁터의 지형이나 군의 성격뿐만 아니라 특히 장수의 재능에 달려 있기 때문이다. 다음으로 이 방식에 있어서는, 일반적으로 운동 및 기타의 적극적 수단에 기대하는 점이 자칫하면 지나치고, 또 강대한 천연 장애물에 의해서 지원되는 국지적 방어에 의존하는 면이 자칫 과대하기 때문이다. 이상으로 장대한 방어선은 무엇을 의미하는가 하는 것이 충분히 해명되었으리라 생각한다. 그래서 다음으로 제3의 방어 수단, 즉 신속한 측면 행진에 의해서 공격자를 따라잡아 그 전진을 가로막는 방법을 살펴보고자 한다.

이런 종류의 수단은, 본장에서 논하고 있는 국토방위의 구조 안에 편입될 성질의 것이다. 그 이유는 첫째, 방어자는 장대한 방어선을 형성함에도 불구하고 국토로 접근하는 도로 중 가장 위협을 받기 쉬운 도로를 모두 수비할 수 없다는 것이다. 두 번째로, 방어자는 대개의 경우 군의 중핵을 이루는 주력을 가지고, 적군의 중핵을 이루는 주력이 습격하려고 하는 초병 진지의 구원군으로 가지 않으면 안 된다. 그렇게 하지 않으면 이들 진지는 곧 격파될 것이다. 세 번째로, 전투력을 장대한 방어선상의 한 진지에 고정시켜 수동적 저항에 시종하는 것을 좋아하지 않는 장수는, 그가 목적으로 하는 국토방위를 미리 충분히 준비된, 신중하고도 신속한 이동에 의해 달성하도록 노력하지 않으면 안 된다. 그리고 그가 무방비 상태로 둔 지역이 광대하면 더욱더 교묘한 이동에 의해서 시기를 놓치지 말고 전진해서 이 목적의 달성에 노력하지 않으면 안 된다.

이런 종류의 대항책에서 자연적으로 생기는 결론은, 방어자 측에는 이러한 경우에 이용할 수 있는 적당한 진지를 도처에서 발견할 수 있다는 것이다. 또 이러한 진지는 방어자의 군이—비록 그 일부만이라도—그 지점에 도착하자마자 공격자에게 공격의 의도를 포기하게 할 수 있을 정도의 이점을 제공하는 것이어야 한다. 이들 진지는 필요에 따라 끊임없이 바뀌는데, 이때 가장 긴요한 것은 시기를 놓치지 않고 제때에 그 지점에 도착하는 것이다. 그러므로 이러한 진지는 이런 종류의 방어에서의 전쟁 지도 전체를 관철하는 소위 주조음(主調音)이라고 해도 좋다. 앞서 이러한 전쟁 지도를 초병선식 전쟁이라고 부른 이유는 여기에 있다.

방어자가 장대한 진지선상(陣地線上)에 배치한 전투력과 그 상대적 저항에는, 대결전을 원하지 않는 전쟁이라면 이러한 결전에 수반되는 여러 위험은 생기지 않는다. 따라서 방어자가 측면 행진에 의해서 공격자를 따라잡아 그 전진을 가로막으려는 행동도, 대결전의 순간만큼 위험한 것은 아니다. 그러나 대결전을 감행할 만한 힘을 갖추고 또 이러한 결전을 원하는 용감한 공격자, 다시말하면 많은 병력을 소비하는 것을 마다하지 않는 공격자의 앞길을 가로막으려는 중대한 순간에는, 급히 진지를 바꾸려 해도 때는 이미 늦어 이러한 방어자는 이미 결정적인 패배로 나아가고 있다고 할 수 있다. 적이 전력을 다해 가차없이 전진할 때는 방어자가 이에 당황해서 새로 진지를 구해도 때는 이미 늦은 것이다. 그러나 주먹을 휘둘러 제대로 공격을 감행하는 것이 아니고, 단지 손가락 끝만으로 공격의 흉내를 내는 공격자, 또 큰 성과는 물론 이러한 성과에 이르는 단서조차도 이용할 줄 모르는 공격자, 또 다소의 이점을 구하되 이를 될 수 있는 대로 싼 값으로 손에 넣으려는 공격자—이러한 공격자에 대해서라면 이런 종류의 저항 방식을 사용한다는 것은 매우 효과적이다.

이러한 사정에서 생기는 자연적인 결론은, 일반적으로 이런 종류의 수단은 전역이 개시된 당초보다는 오히려 전역의 후반에 많이 나타난다.

그런데 이 경우에도 참모부는 지형에 관한 지식을 구사해서, 여러 방책을 서로 관련시키는 체계를 만들어낼 기회를 갖게 되는 셈이다. 한편 이러한 방어 체계는 앞서 말한 것과 같은 진지와 그 진지에 이르는 도로 선정 및 준비에 관계되는 것이다.

공격과 방어의 쌍방 관계에서 말하자면, 공격자 측의 최대 관심사는 어느 지점에 도달하느냐에 있고, 방어자 측의 관심사는 이것을 저지하는 데 있다. 그래서 양군은 각기 상대편의 눈앞에서 행동하지 않을 수가 없다. 그러기 때문에 이 운동은, 여느 때라면 그리 필요치 않을 정도의 주의와 정확성을 가지고 실시하지 않으면 안 된다. 이전에 본군이 아직 독립된 몇 개의 사단으로 분할되지 않고, 또 행군할 때도 전군이 불가분의 통일체로 되어 있었던 시대에는 이러한 주의와 행동의 정확을 기하는 것은 오늘날보다도 훨씬 번거로웠으며, 또 전술적 기교를 필요로 했다. 그리고 지금 말한 것 같은 피아 쌍방의 만남이 이루어질 경우에는, 어떤 전열에 속하는 몇몇 여단이 선발로 현장에 급행하여 본군이 도착할 때까지 어느 지점을 확보하고, 따라서 또 독립적으로 임무를 수행하는 정황도 생겼던 것이다.

그러나 이와 같은 조치는 변칙이었다. 일반적으로 행군 서열의 본뜻은 질서 정연하게 행군을 실시하여 이러한 예외를 될 수 있는 대로 피하는 데에 있었다. 현재에는 본군을 구성하는 대부대, 즉 군단 혹은 사단(師團)은 다시 각기 독립된 부대로 나뉘어 있다. 그리고 어떤 부대가 위험에 처했을 경우에는, 다른 부대가 근처에 있기만 하면 곧 구원군으로 와서 때로는 적의 전군과도 교전을 불사했다. 그리고 이들 구원 부대는 전투 부대와 협력하여 이 전투를 계속하고 종결시키기는 식이었다. 그래서 오늘날에는 공격자의 전진에 대항하기 위하여 이러한 측면 행진을 적의 면전에서 실시하는 것도 옛날처럼 곤란하지는 않다. 이전에는 행군 서열이라는 고정된 기구에 의해서 달성되어야 했던 것이 오늘날에는 약간의 사단을 빨리 파견함으로써, 또 다른 사단에 급히 행군을 부과함으로써, 또 전군의 운용이 옛날에 비해 크게 자유로워졌다는 사정에 의해서 손쉽게 달성되는 것이다.

그러면 방어자는 위에서 말한 것 같은 여러 가지 방어 수단을 사용하여, 공격자에 의한 요새의 공략, 광대한 지역의 점령, 혹은 창고의 약탈 등을 방지하게 된다. 공격자의 이런 행동은, 방어자가 도처에서 공격자에게 도전하는 전투에 의하여 저지된다. 공격자는 이러한 전투에서 승리를 거둘 확실성이 적고, 이와는 달리 실패할 경우에 방어자로부터 반격을 받을 위험이 대단히 많을 뿐 아니라, 전투에 응했을 때의 병력의 손실은 일반적으로 공격자의 목적과 사정에 비해서 너무 크다고 생각하기 때문이다.

그런데 방어자가 전략적 기교를 구사하고, 제반 설비를 이용하여 이런 전투에 승리를 획득하고, 이와 반대로 공격자는 도처에서 발견되는 상대방의 현명한 예방 수단 때문에 조그만 희망조차도 달성시킬 가망이 없다는 것을 알게 되면, 이제까지의 공격적 원리를 포기하고 최소한 군의 면목만이라도 유지하고자 한다. 그래서 무엇보다도 중요한 전투에 승리를 거두기만 하면 군에 위풍당당한 외관을 부여하여, 장수, 궁정(宮廷), 군대 및 국민의 허영심을 만족시킬 뿐만 아니라, 그와 동시에 어떠한 공격이 되었건 공격에 걸었던 기대를 어느 정도 만족시킬 수가 있는 것이다.

그래서 어쨌든 승리를 거두기만 하면 된다, 전리품을 획득만 하면 된다는 생각으로 몇 가지 중요성을 지닌 전투에서 승리를 거두고자 하는 것이 공격자의 우선 당장의 희망이 된다. 그러나 그렇다고 해서 우리가 모순을 범하고 있다고 생각하지 말기를 바란다. 우리의 지론은, 처음에 우리가 세웠던 전제 아래에서는 결코 모순되지 않는 것이다. 우리는—공격자는 전투에서 승리를 거둠으로써 다른 목표의 어느 것인가를 달성할 수 있다는 기대를 품고 있었음에도 불구하고, 방어자의 탁월한 방어 방책은 공격자의 이러한 희망을 모조리 분쇄했다는 전제 아래 이 고찰을 진행시키고 있기 때문이다. 그런데 공격자가 이러한 희망을 달성하기 위해서는 두 개의 조건이 필요하다. 그 하나는 전투에서의 유리한 상태이고, 다른 하나는 전투의 성과가 실제로도 이들 전투 목표 중의 어느 것인가를 달성하게 한다는 것이다.

그중 제1의 조건은 제2의 조건이 없어도 성립한다. 또 이에 관련해서 다음의 한 가지를 지적하고 싶다. 그것은, 방어자 측은 전투 부대이든 혹은 초병 부대이든 공격자가 전쟁터의 명예만을 염두에 둘 때가, 그 이상의 이익을 추구하는 경우보다도 불리한 전투에 끌려들어갈 위험성이 훨씬 많다는 것이다.

가령 다운의 위치와 기질의 입장에 서서 생각한다면, 그가 호흐키르히에서 대담한 기습[12]을 해치운 사정을 이해할 수 있을 것이다. 요컨대 다운은 그의 본질을 벗어난 것이 아니라, 전적으로 회전 당일의 전리품에 욕심이 나서 이러한 거사를 감행했던 것이다. 그러나 프리드리히 대왕으로 하여금 드레스덴[13]과 나이세를 포기하지 않을 수 없게 했던 중대한 승리는, 이와는 전혀 다른 사정에서 발생한 것이다. 다운으로서는 드레스덴의 포위를 푸는 계획엔 원래 손을 댈 마

---

12) 다운은 호흐키르히에서 1757년 10월 14일 새벽, 프로이센군의 보루 야영에 기습을 감행하여 성공했다.

13) 프로이센군은 드레스덴을 포위했으나(1760. 7. 13~28), 다운에 의해 포위가 풀렸다.

음이 없었을 것이다.

이처럼 전쟁의 성격을 구별했다고 해서 이것을 사소한, 혹은 전혀 쓸모없는 차이라고 생각해서는 안 된다. 오히려 우리는 여기에서 전쟁의 바탕에 철저한 깊은 특성을 알 수 있는 것이다. 원래 전략에서, 어떤 전투의 의의를 이루는 것은 바로 그 전투의 진가 바로 그것인 것이다. 그것은 마치 어떤 사상을 구성하는 모든 요소가 그 사상 체계의 궁극점에서 나오는 것과 마찬가지이다. 우리는 이것을 아무리 되풀이해도 지나치다고는 할 수 없다. 따라서 같은 회전이라고 해도 거기에는 전략적으로 현저한 차이가 있고, 따라서 회전이라면 무차별적으로 이것과 동일한 전쟁 수단으로 볼 수 있다.

그런데 공격자가 조그마한 승리를 거두었다고 해서 방어자에게 대단히 불리한 영향을 주는 것은 아니다. 그러나 방어자의 입장에서 보면 그와 같은 이점까지도 적에게 호락호락 내주고 싶지 않고, 게다가 우연이 적의 이러한 이점에 무엇을 결부시켜줄지 알 수 없는 일이다. 그래서 방어자는 아군의 유력한 여러 부대나 초병 부대의 상태를 끊임없이 주시할 필요가 있다. 말할 것도 없이 이와 같은 경우, 대개의 일은 군단 사령관의 명령에 의해서 결정된다. 그런데 때때로 군단 사령관은, 최고 사령관측으로부터의 적절치 못한 지시로 말미암아 피할 수 없는 파국(破局)에 빠지는 일이 있다. 이를 위해서는 란데스홋에서의 푸케 군단[14]과 막센에서의 핑크 군단[15]을 상기하면 된다.

이 두 건의 전쟁 사례 그 어느 경우에도 프리드리히 대왕은 당시의 인습적 사상에 너무 의지하고 있었던 것이다. 푸케가 란데스홋의 진지에서 불과 1만의 군단으로 3만의 적군을 격파할 수 있을 리가 없고, 또 핑크가 사방에서 노도처럼 몰려드는 우세한 전군에 저항할 수 있을 리가 없었다. 프리드리히 대왕일지라도 이러한 시도가 가능하다고 믿었던 것은 아니다. 그러나 그는 란데스홋의 견진지를 이제까지와 마찬가지로 확실히 통용되는 본보기라고 생각하고, 또 막센에서는 오스트리아군에 대해서 측면양동(側面陽動)을 시도하면, 다운을 재촉

---

14) 1759년 6월 23일에 푸케 군단은 이 땅에서 라우든이 이끄는 오스트리아군에 패배하여, 푸케는 포로가 되었다.

15) 같은 해 11월 20일에 핑크 군단은 막센에서 다운이 지휘하는 오스트리아군에 패하여 항복했다.

하여 작센의 불편한 진지에서 뵈멘의 편리한 진지로 옮길 수가 있다고 생각했다. 이리하여 프리드리히 대왕은 란데스훗에서는 라우든을, 또 막센에서는 다운을 잘못 판단했다. 그 오산의 원인은 실로 여기에 있었다.

장수가 오만하거나 만용을 부리거나, 또 완고한 것도 아닌데 이러한 오류를 범하는 일이 있다. 프리드리히 대왕조차도 몇몇 조치에 대해서는 후세 사람들의 비난을 면치 못하는 것이다. 그런데 이러한 오류는 별도로 하더라도, 이 문제에 관해서는 어떤 큰 난점이 있다. 즉—장수는 부하인 군단사령관들로부터 통찰력, 전의, 용기 및 굳건한 성격 등에 대해서 반드시 바라는 대로의 것을 기대할 수 없다. 따라서 그는 모든 것을 사령관들의 의견에 맡겨둘 수 없는 것이다. 그래서 그들에게 무엇인가 지시를 주지 않으면 안 된다. 이 때문에 사령관들의 행동은 제약을 받아 눈앞의 정황에 적응할 수 없는 경우가 생길지도 모르지만, 그것은 부득이한 폐해이다. 실제로 군대의 말단까지 침투하는 명령적·지배적 의지가 결여되면, 탁월한 통수는 불가능하게 된다. 그러나 부하로부터 항상 최선을 구하는 습관에 구애되는 장수는 이미 그것만으로 뛰어난 장수는 될 수가 없다.

따라서 장수가 군단이나 초병 부대를 뜻하지 않은 파국으로 빠뜨리고 싶지 않다면, 항상 모든 부대의 상황을 명확하게 파악하고 있어야 한다.

방어자 측의 이러한 대항책은 모두 현상의 유지를 목적으로 하고 있다. 그런데 이들 대항책이 순조롭게 진척되어 나름대로 성과를 거둔다면, 전쟁은 더욱더 한 지점에 정체하게 된다. 그리고 전쟁이 한 지점에 교착되면 식량 문제에 대한 배려가 더욱더 중대한 문제가 된다.

그래서 창고 보급이 현지에서 물자를 징발, 공급하는 방법으로 바뀌게 된다. 하기야 처음부터 창고 보급에 의존하는 경우도 있으나 적어도 조속히 이 보급 방법으로 전환하는 것이 통례이다. 또 식량의 운반에는 필요에 따라 그때그때마다 그 지방의 차량을 징발하는 일도 있으나, 결국에는 상설된 수송 조직을 설치하지 않을 수 없을 것이다. 또 이 수송은 그 지방의 차량에 의존하거나 또는 군단 차량에 의존한다. 요컨대 군의 창고 보급은 전편 제14장에서 이미 언급한 바와 같이 차츰 정돈된 형식을 취하게 되는 것이다.

그러나 보급에 관한 사항은 지금 논하고 있는 전쟁 지도에는 그리 큰 영향을 주지는 않는다. 이러한 전쟁 지도는 그 임무와 성격으로 보아 극히 좁은 지역에 한정되어 있으므로 보급도 문제가 되고, 때로는 그것이 대단히 큰 역할을 하는 일도 있으나, 전쟁 전체의 성격을 바꾸는 데에까지는 이르지 않는다. 그것보다도 쌍방이 서로 상대방의 병참선에 대해서 일으키는 행동이 훨씬 중요하다. 그 이유의 첫째로는, 이런 종류의 전쟁에서는 공방 어느 쪽도 대규모적인 수단을 철저히 사용하는 일은 없고, 따라서 장수도 상대방의 이러한 미온적 수단에 입각해서 행동하지 않을 수 없기 때문이다. 또 둘째로는, 그러한 미온적 수단에서 생기는 효과를 오랫동안 기다려보았자 결국 별것이 없기 때문이다. 그래서 방어자로서는 자기의 병참선의 안전이 특히 중요하게 되는 것이다. 물론 공격자의 공격 목표는 방어자의 병참선을 차단하는 데 있는 것은 아니지만, 방어자의 입장에서 보면 그로 말미암아 퇴각이 불가피하고, 그 밖의 다른 조건을 포기하지 않을 수 없게 되기 때문이다.

전쟁터 전체를 방어하는 방책이 병참선을 엄호하는 효과도 아울러 갖는 것은 두말할 나위도 없다. 그러므로 병참선의 보전이라고 하는 것은 부분적으로 그 방책 가운데에 포함되어 있는 셈이다. 그러나 여기에서는, 병참선의 보전이 군의 배치 방법을 선정하는 주요 조건의 하나라는 것을 지적하는 것으로 그치기로 한다.

병참선을 보전하기 위한 특수한 방법은, 소부대나 상당한 대부대를 개개의 수송대에 딸려서 이를 호송하게 하는 데에 있다. 왜 그렇게 해야 하느냐 하면 첫째로, 장대한 방어선상에 배치한 진지만으로는 병참선을 보전하기에는 반드시 충분하지 않기 때문이고 또 둘째로는, 장수가 장대한 방어선상에 병력 배치를 피하려고 할 경우에는, 이러한 호송이 특히 필요하기 때문이다. 템펠호프의 《7년 전쟁사》를 보면, 프리드리히 대왕이 빵과 밀가루 차를 보병 혹은 기병의 수개 연대로 하여금 호송하게 한 실례를 많이 볼 수가 있다. 오스트리아군에 관해서는 이러한 기사를 이제까지 한 번도 볼 수가 없었는데 그 이유의 하나는, 이것을 자상하게 기술할 전쟁사가(戰爭史家)가 없었기 때문이다. 또 다른 하나는 오스트리아군이 프로이센군에 비해서 훨씬 장대한 방어선상에 진지를 차지하고 있었기 때문이다.

이상으로, 우리는 모든 공격적 요소와는 본질적으로는 전혀 무관한 네 가지 방어 방책에 대해서 논했다. 이들 대항책은 어느 것이나 결전을 목적으로 하지 않는 방어의 바탕을 이루는 것이다. 그래서 이번에는 많건 적건 이들 대항책에, 말하자면 양념으로서 가미된 약간의 공세적 수단을 조금 약간 말해 둘 필요가 있다. 이러한 공세적 수단은 주로 다음 세 가지이다.

1. 공격자의 병참선에 대해서 위협을 준다. 여기에는 적의 보급 기지에 대한 행동도 포함하는 것이 좋다.
2. 적을 견제하고 적의 영토에 유격대를 보낸다.
3. 적의 군단과 초병 부대를 공격할 뿐 아니라, 정황이 유리하면 적의 본군까지도 공격한다. 혹은 공격으로 위협하는 것만으로도 좋다.

이들 중에서 제1은 이런 종류의 전역에서 끊임없이 효력을 발휘하지만, 그렇다고 일목요연한 효과를 나타내는 것이 아니라 은연중에 작용한다. 방어자가 적절한 지점에 진지를 차지하면, 이러한 진지는 그것만으로 공격자의 병참선을 위협하는 중요한 효과를 거둔다. 앞서 말한 바와 같이 결전을 원하지 않는 전쟁에서는 보급은 매우 중요하지만, 이 중요성은 공격자에게도 방어자의 경우와 마찬가지이다. 그래서 공격자 측에서는 자군(自軍)의 병참선에 대해서 적 진지로부터 공격적 행동이 일어날지도 모른다는 염려가 있고, 이에 대한 염려가 전략적 계획의 큰 부분을 규정하는 것이다. 여기에 대해서는 공격을 논할 때[16] 다시 언급하겠다.

이와 같이 진지의 적절한 선택에 의해서 공격자의 병참선에 미치는 일반적 영향은, 역학에서의 압력처럼 눈에 보이지 않는 효과를 발휘한다. 그러나 이러한 일반적 영향뿐만이 아니라, 전투력의 일부를 가지고 공격자의 병참선에 대해서 실제로 공세적 전진 행동을 일으키는 것도 또한 이런 종류의 방어 영역에 속한다. 그러나 이 방책이 유리하게 실시되기 위해서는 특히 적의 병참선의 위치와 토지 및 지형의 성질, 그리고 전투력의 특질이 주요한 요건이 되는 것이다.

방어자가 적지로 보내는 유격대는 보복을 목적으로 하는 일도 있고, 또 군세

---

16) 제7편을 가리킨다.

(軍稅)의 징발을 목적으로 하는 경우도 있다. 이러한 유격대는 원래 방어수단으로 볼 수 있는 것이 아니라, 오히려 틀림없는 공격 수단이다. 그런데 대개 유격은 견제[17]와 결부된다. 그러나 견제는 실제로 방어자와 대치하고 있는 적의 병력을 약화시키는 것을 목적으로 하고 있으므로, 그런 뜻에서는 역시 진정한 방어 수단으로 보아도 좋다. 그런데 견제는 공격에 있어서도 마찬가지로 사용될 수 있고, 또 그 자체로서는 실제로도 일종의 공격이기도 하기 때문에, 이에 대해서는 다음 편에서 상술하는 것이 적절하다. 여하간 이런 종류의 공격적 수단을 여기에 든 것은, 전쟁터를 방어하는 자에게 속하는 병기고(兵器庫)에 있는 일체의 공격용 소병기(小兵器)를 남김없이 하나도 빼놓지 않고 세어서 완벽한 열거를 기했기 때문이다. 그리고 여기에서는 우선 다음과 같은 한 가지 일을 부연하는 것으로 그치기로 한다. 즉 이 수단은, 그 효력 범위와 중요성을 될 수 있는 대로 확대하면 전쟁에 공세적 전쟁의 외관(外觀)과 또 전쟁에서 공세로 나왔다는 명예를 아울러 준다는 것이다. 프리드리히 대왕이 1759년 전쟁이 일어나기 전에 폴란드와 보헤미아, 프랑켄에 대해서 취한 행동은 바로 이러한 종류의 것이었다. 이 전역이 순전한 방어였다는 것은 명백하다. 그러나 그가 적의 영토 안으로 출격했다는 것은 이 전역에 공격이라는 성격을 부여했다. 그리고 이러한 성격에서 나오는 정신적 영향력은 아마도 특수한 가치를 가졌을 것이다.

공격자가 병단(兵團) 혹은 본군(本軍)에 대해서 하는 공격은, 공격자 측이 일을 간단히 처리하려고 한 나머지 약간의 지점에서 현전한 약점을 노출하고 있는 경우에, 방어 체계를 보충하는 데 필요한 수단이라는 식으로 생각하지 않으면 안 된다. 이러한 암묵의 조건하에서 방어자의 모든 행동이 발동되는 것이다. 그러나 이 경우에도 방어자는, 실제로 적이 병참선을 향해 공격적 전진을 행하는 경우와 마찬가지로, 공세의 영역으로 한걸음 발을 들여놓게 된다. 그렇게 되면 공방 모두 아군에 유리한 일격을 상대편에 가하기 위한 시기를 노리는 데에 힘을 기울이는 것이다. 그런데 방어자가 이런 종류의 공격에서 어느 정도의 성과를 올리기 위해서는, 두 가지 요건 중 하나를 필요로 한다. 그 하나는, 방어자가 병력에서 공격자보다도 현저하게 우세해야 한다는 것이다. 이것은 분명히 일

---

17) 전술상 견제란 아군이 원하는 방면으로 적을 유치하거나 억류하는 것을 말한다. 이에 대해서는 본편 제20장 참조.

반적으로는 방어의 본성에 위배되지만 이러한 경우도 있을 수가 있다. 또 두 번째는, 방어자는 병력을 보통 이상으로 집중하는 방식과 재능을 갖추고, 또 행동과 활동에 의해서 병력의 약세를 보충하지 않으면 안 된다는 것이다.

그런데 위에서 말한 제1의 조건에 맞는 것은, 7년 전쟁에서의 다운의 경우이고 또 제2의 경우에 적합한 것은 프리드리히 대왕의 경우이다. 다운은 프리드리히 대왕이 지나치게 대담한 행동과 적을 멸시하는 태도로 다운으로 하여금 공격을 하게끔 몰아세웠을 때만 공격에 나섰다(호흐키르히, 막센, 란데스훗). 이와는 달리 프리드리히 대왕은 주력을 가지고 다운의 여러 군단을 격파하기 위하여 끊임없이 운동을 일으키고 있었다. 확실히 프리드리히는 드물게 성공했고, 또 성과도 크다고 할 수는 없었다. 다운은 현저하게 우세했음에도 불구하고 좀처럼 보기 드문 신중성과 경계심으로 일관했기 때문이다. 다운은 불리한 전투를 피하기 위하여 용의주도하게 주의를 기울이고, 또 많은 노고를 아끼지 않았다. 그러나 이것이 도리어 그의 군대를 무기력하게 만들었다. 실제로 이 병력은 다른 경우였다면 공격적 전진에 기여한 바가 컸을 것이다. 이것을 이해하기 위해서는 슐레지엔에서의 1760년 전쟁을 상기하면 된다. 이 전역에서 다운과 러시아군은, 프리드리히의 신속하고도 교묘한 운동에 의하여 숨 쉴 사이도 없이 공격을 받고 격파되지 않을까 하는 근심 때문에 한 발짝도 전진하지 못했던 것이다.

이상으로, 결전을 원하지 않는 전쟁터의 방어에서의 지배적 사상과 방어자의 가장 탁월한 대항책, 방어를 목적으로 하는 행동 전체에 관한 거점 등에 대한 일체를 논했다고 생각한다. 우리는 이들 사항을 일일이 열거한 데 지나지 않았지만, 이렇게 열거한 것은 방어에서의 전략적 행동 전체의 연관성을 통관(通觀)하기 위해서였다. 또 이러한 사항을 실행하기 위한 개별적인 방책—예를 들어 진지, 행진, 기타에 대해서는 앞에서 상세히 고찰한 바가 있다.

그런데 다시 한번 전체를 훑어 볼 때, 결국 우리는 이렇게 말하지 않을 수가 없는 것이다. 즉—공격의 원리가 이토록 약하고, 결전에 대한 피아 쌍방의 요구가 이토록 낮고, 적극적인 마음이 이토록 박약하고, 또 위의 고찰에서 명백히 드러난 바와 같이 전쟁이라는 기구 안에서 서로 억제하는 대항물이 이토록 많다면, 공격이네 방어네 하고 말해도 그 사이의 본질적인 차이는 더욱더 없어질 것이라는 것이다. 전역이 개시된 초기에 공격자는 방어자 측의 전쟁터로 침입해서 어느 정도 공격의 형식을 갖출 것이라는 사정이 생길 수 있고, 또 실제로도 자주 생긴다. 그러면 공방 모두가 서로 대치해서 감시하고, 조금이라도 잃은 것이 없게 하고, 또 아마도 쌍방 모두가 적극적인 이익을 얻고 싶다고 생각할 것이다. 실제로 프리드리히 대왕의 경우처럼 원래의 방어자는 이 점에서 공격자를 능가한다.

공격자가 적의 영토에서 전진자로서의 지위를 포기하면, 방어자는 공격자로부터 위협당하는 일이 점점 적어진다. 그러면 이제까지와 같이 오로지 안전을 생각하는 방어의 입장만을 고수할 필요가 또한 적어지는 것이다. 그래서 공방 모두의 상태는 더욱더 대등해지고, 쌍방의 행동은 어느 편이나 상대방으로부터 얼마간의 이점을 탈취하고 자기측의 불리를 예방하는 데 그쳐, 전략적 기동(機動)만을 주목적으로 삼게 된다. 양군의 사정 혹은 정치적 의도 때문에 대규모적 결전이 불가능하게 되면, 모든 전역은 정도의 차이는 있지만 이런 성격을 띠게 된다.

한편, 전략적 기동 그 자체에 대해서는 제7부에 별도로 한 장[18]을 설정했다. 그러나 균형이 잡힌 양군의 병력 사이에서 행해지는 이러한 줄다리기가 전쟁 이론에서는 가끔 잘못 여겨져 중요시되는 수가 있다. 또 지금 여기에서 논하고 있는 방어에 대해서는 특히 중요하므로, 공방 양자 사이의 이러한 줄다리기를 더 상세히 설명할 필요가 있다고 생각하는 것이다.

지금 균형 잡힌 양군의 병력 사이의 줄다리기라고 했는데, 그 뜻은 다음과 같다. 즉, 전체적으로 운동이 이루어지지 않는 경우에는 피아 쌍방 사이에 균형이 성립된다. 또 큰 목적이 추구되지 않는 경우에는 전체의 운동은 생기지 않는다는 것이다. 따라서 이와 같은 경우에는 양군의 힘 사이에 아무리 현저한 차이가 있다고 해도, 역시 균형 상태로 간주될 수 있다. 그렇게 되면 전체의 이런 균형 상태에서 소규모 행동을 일으키거나 혹은 사소한 목적을 추구하려고 하는 동기가 발생한다. 원래 이런 경우에 이런 종류의 행동이나 목적이 나타나는 것은, 대규모 결전이나 큰 위험이라고 하는 압력이 존재하지 않기 때문이다. 따

---

18) 제7편 제13장을 가리킨다.

라서 전쟁터에서의 피아 쌍방의 득실은, 말하자면 도박의 점수 따기가 되고, 또 군사적 활동 전체가 소규모 행동으로 분해되는 것이다. 즉 쌍방의 장수는, 서로 사소한 상(賞)을 다투는 소규모 행동에서 기교를 서로 견주는 것이다. 그리고 그 어떤 전쟁도 우연과 요행을 모두 제거할 수가 없으므로, 장수 사이의 다툼도 또한 도박의 성격을 띠는 것이다.

그런데 이 경우에 두 가지 서로 다른 문제가 생긴다. 즉, 이러한 전략적 기동에서는 모든 것이 최후의 일대 결전에 압축되는 경우에 비해, 일이 결정되는 데에 있어 우연이 관여하는 부분이 적은 것은 아닌가, 그리고 사려를 일삼는 지성이 관여하는 부분이 많은 것은 아닌가 하는 두 가지 문제이다. 그중 제2의 물음에 대해서는 '그렇다'고 대답을 하지 않을 수가 없다. 이런 종류의 전쟁에서는 전체가 많은 부분으로 나뉘고, 또 시간과 공간은 분해되어 각기 개개의 시점 또는 개개의 지점으로서 고려되게 되므로, 정확한 계산의 영역이나, 계산에 재빠른 지성의 지배력이 더욱더 증대하는 것은 분명하다. 그런데 그러한 지성에 의하여 얻어지는 것은, 부분적으로는 우연의 지배를 탈피한다고는 하지만, 반드시 전부가 그렇다고는 할 수 없다. 그러면 우리는 제1의 물음에 대해서까지도 '그렇다'고 대답할 필요는 없는 셈이다. 우리는 사려를 중요시하는 지성만이 장수의 유일한 심력(心力)은 아니라는 것을 잊어서는 안 된다.

용기, 기력(氣力), 과단성, 신중성 등은 최후의 일대 결전에 임할 경우에는, 단순한 지성보다도 중요한 정신적 특성인 것이다. 그러나 이들 특성은, 균형 잡힌 피아 병력 사이의 줄다리기에서는 그다지 중요시되지 않을 것이다. 또 사소한 이해득실도 소홀히 하지 않는 계산 방법이 중요시되면 우연이 작용하는 여지는 더욱더 감소하고, 그와 동시에 이러한 정신적 특성이 발휘되는 범위도 더욱 더 좁혀지는 것이다. 그런데 이들 훌륭한 정신적 특성은, 대결전의 순간에는 우연으로부터 그 지배권의 대부분을 빼앗아, 영리한 계산이 다룰 수 없었던 것을 파악하여 마음대로 구사하는 것이다. 그렇게 되면 이러한 일이 명백해진다. 즉 —결전에서는 피아 쌍방의 여러 힘이 충돌한다는 것, 또 이 경우에는 피아 병력 사이의 줄다리기에 의해 얻어지는 총체적 성과에서보다도 우연이 작용할 여지가 크다고 단언할 수는 없다는 것이다. 따라서 피아 병력 사이의 이러한 줄다리기는 쌍방 장수의 노련한 기교의 경합을 나타내기는 하지만, 이와 같은 일은 오직 영리한, 다시 말하면 사소한 이익도 놓치지 않는 계산과 관계되며, 본래의 군사적 숙달과는 아무런 관계가 없다.

그런데 전략적 기동의 바로 이 방면이, 앞서 언급한 것과 같은 잘못된 중요성을 전쟁 전체에 주는 동기가 된다. 요컨대 피아 병력간의 줄다리기에서의 장수들의 기교를, 그의 전체적인 정신적 가치와 혼동한 것이다. 그러나 이것은 실로 큰 오류였다. 이미 말한 것처럼 대결전의 순간에 중대한 정황의 압력을 제압하고 사태를 지배할 수 있는 것은, 실로 장수의 정신적 특성 바로 그것이다. 그런데 정신적 특성의 이러한 지배력은 단순히 지성에서 생기는 것이 아니라 오히려 뛰어난 감수성과 정신의 순간적인 순발력에서 발생하기 때문에, 역시 전쟁술에서의 말하자면 토박이 주민인 것이다. 또한 이러한 감수성이나 정신적인 순발력은 거의 무의식으로 생기는 것으로, 사고의 긴 연쇄를 꼼꼼하게 더듬을 필요가 없는 것이다. 전쟁술은 단순한 지성의 작용이 아니다.

또 전쟁술에서는 지성의 활동은 결코 최고의 것은 아니다. 종래의 전역에서 피아 쌍방에 적극적 성과를 주지 않았던, 다시 말하면 문명국 사이의 전쟁으로서 가장 바람직한 군사적 행동은 어느 한쪽의, 혹은 쌍방 장수의 이러한 기교 덕분이라고 여겨져 왔었다. 그러나 장수의 이러한 기교라는 것에서 가장 중요한 일반적 근거도, 실은 전쟁을 피아 병력 사이의 줄다리기로 만든 일반적 사정에 있었다.

이전에는 문명국들 사이에 벌어지는 대개의 전쟁은, 적을 격멸하는 것보다도 서로 감시하는 것을 목적으로 했기 때문에, 전역의 대부분이 전략적 기동의 성격을 띤 것은 당연했다. 이들 전역 중에서 유명한 장수를 들 수 없는 것은 논외로 하고 대중들의 눈을 끄는 위대한 장수가 지휘한 경우나, 혹은 프랑스의 명장 튀렌과 오스트리아의 명장 몽테쿠콜리[19]와 같은 뛰어난 두 장수가 서로 대치했을 경우에는, 이들 장수의 명성에 더하여 전략적 기동 전체에 '탁월'이라는 도장을 찍은 것이다. 그 결과, 후세 사람들은 피아 병력 사이의 이러한 줄다리기를 전쟁술의 최고봉이자 전쟁술의 고도의 발달에서 생긴 산물로 보고, 적어도 전쟁술을 연구할 경우에는 특히 존경하지 않으면 안 될 근거로 여긴 것이다.

---

19) 몽테쿠콜리(Montecuccoli, Raimund von, 1609~1680). 오스트리아의 원수.

이러한 종류의 견해는 프랑스혁명전쟁 이전에는 이론의 세계에서 상당히 보급되어 있었다. 그런데 이 프랑스혁명전쟁은 군사적 표현에 관해서는 종전과 전혀 다른 세계를 보였다. 이들 군사적 현상은 처음에는 약간 조잡하고 노골적인 성격을 보였으나, 이윽고 나폴레옹이 등장함에 따라 방법적으로 총괄되고 대규모로 조직되어 훌륭한 성과를 거두어, 이 성과는 노약을 불문하고 만인의 경탄을 자아냈다. 종래의 낡은 본보기는 헌 신짝처럼 버려지고, 이 신기한 현상은 모두 새로운 발견이나 웅대한 사상 등에서 생긴 결과라 해서 이를 구가(謳歌)했다. 그러나 이와 같은 현상은 변화한 사회 상태의 결과이기도 했다.

이제 낡은 것은 사용할 수 없는 것이 되었다고 해서, 이러한 것이 장차 다시 부활하는 일은 없으리라는 것이 일반적인 견해였다. 그러나 여론이 이와 같이 급변하는 경우에는, 반드시 당파가 생기는 법이다. 이때에도 구풍(舊風)을 지지하는 사람들이 있었다. 그들은 이러한 신기한 현상을 조잡하고 폭력 행위이며 전술의 일반적 타락이라고 규정짓고, 전쟁의 본질은 결전을 구하는 데에 있는 것이 아니라, 균형을 유지하고 있는 피아 병력 사이에서, 적극적인 성과를 염두에 두지 않는 독도 약도 되지 않는 도상 훈련과 같은 투쟁을 하는 것이야말로 문명 국가 간의 전쟁의 목표이어야 한다고 주장했다.

그러나 이 견해의 바닥에는 논리도 없고 철학도 없고, 쓸데없는 개념의 심한 혼란을 볼 뿐이다. 또 이와는 반대로, 옛것은 앞으로 다시 나타나지 않으리라는 의견도 심히 온당치 못하다. 전쟁술의 영역에서의 새로운 현상 속에는 새로운 발명이나 새로운 사상에 유래하는 것은 매우 적고, 대부분 새로운 사회 상태와 사회 사정에서 생긴 것이다. 그런데 이들 사회 상태나 사회 사정은, 발효 과정에 있는 불안정한 상태에서는 바로 규범으로서 통용되지 않는다. 따라서 옛것의 군사적 관계의 대부분이 장차 다시 나타날 것이라는 생각에는 의심할 여지가 없다. 그러나 여기에서 그러한 문제를 다루는 것은 적당한 처사가 되지 못한다.

따라서 우리로서는 균형을 이룬 피아 병력 사이의 줄다리기가 전쟁 지도 전체에서 차지하는 비율과 이 비율이 갖는 의의, 그리고 이 비율과 방어의 다른 대상과의 내적 관련을 명백히 하고, 더 나아가 이와 같은 비율은 항상 피아 쌍방을 각각 구속하고 있는 제반 사정과 전쟁에서 본래의 격렬성이 현저하게 없어진 미지근한 상태에서 생겨난 소산에 지나지 않음을 지적하는 것으로 충분하다고 여기고자 한다.

피아 병력 사이의 이러한 줄다리기에서, 한쪽 장수가 다른 쪽 장수보다도 교묘한 경우가 있을 수도 있다. 따라서 쌍방의 병력이 대등하다면 줄다리기의 묘를 터득한 장수는 다른 장수에 대해서 많은 이점을 얻을 것이고, 또 전자의 병력이 후자보다도 열세라면 탁월한 재능에 의해서 균형을 유지하는 데에 노력할 것이다. 그러나 이러한 점에 장수의 최고 명예와 위대함을 구한다는 것은 사리에 크게 위배된다. 오히려 이런 종류의 전역은 피아 쌍방의 장수 모두가 뛰어난 군사적 재능을 갖추고 있지 않다는 것, 혹은 재능이 풍부한 장수가 주위의 사정에 의해서 대결전의 감행을 저지당하고 있다는 명백한 증거이다. 그러나 만약에 그렇다고 하면 이러한 전역은 결코 최고의 군사적 명성을 구하는 데에 적합한 영역이 아니라고 해도 과언이 아니다.

이상으로 전략적 기동(機動)의 일반적 성격을 살펴보았다. 다음에는 이 전략적 기동이 전쟁 지도에 미치는 특수한 영향을 고찰할 필요가 있다. 그런데 이 특수한 영향이라는 것은, 이런 종류의 기동이 때로는 전투력을 주요한 도로나 지점에서 멀리 떨어진 지역, 혹은 적어도 중요하지 않은 지역으로 이동시킨다는 것을 말한다. 일시적으로 발생했다가 곧 사라지는 사소한 이해관계가 전쟁을 규정하는 경우에는, 국토의 대체적인 지세(地勢)가 전쟁 지도에 미치는 영향은 비교적 경미하다. 그래서 전투력은, 전쟁 그 자체의 중요성과 명확한 필요성에서 볼 때 가지 않아도 좋을 지점으로 아무렇지도 않게 이동해 가는 일이 있고, 또 개별적인 군사적 행동에 관한 변동이나 변화는 대결전을 추구 하는 전쟁에서보다도 훨씬 크다. 이러한 전쟁 사례를 알고 싶으면 7년 전쟁의 마지막 5개 전역[20]을 보는 것만으로 족하다. 이들 전역은 대체적으로 같은 상황이었음에도 불구하고 어느 전역이나 각기 서로 다른 양상을 나타내고, 엄밀하게 말하면 동일한 방책은 다시 나타나는 일이 없었던 것이다. 하지만 이 5개 전역을 통해서 동맹군 측의 공격 원리는 그 이전에 치렀던 대개의 전역보다도 훨씬 강력했다.

---

20) 7년 전쟁(1756~1763)의 마지막 5개 전역이라고 하면, 1760년의 추계 전역, 1661년 및 1662년의 춘추 두 전역을 가리킬 것이다.

본장에서는 결전을 추구하지 않는 경우의 전쟁터 방어에 관해서, 방어자 측이 강구하는 여러 대항책과 이들 대항책 사이의 연관 관계, 그리고 각 대항책의 성격을 제시하는 것에 그쳤다. 한편 전쟁터 방어를 실시하기 위한 개별적인 방책에 대해서는 이미 자세히 설명한 바가 있다. 그래서 문제는, 이러한 여러 대항책에 관해서 전체를 통괄할 수 있는 원칙, 규칙 및 방법과 같은 것을 제시할 수 있는가 하는 것이다. 전사에서는, 이 물음에 대해서 끊임없이 되풀이해서 나타나는 일정한 형식이 발견될 수 있는 것이 아니므로, 이러한 원칙 등을 확립한다는 것은 절대로 불가능하다고 대답하지 않을 수 없다. 그럼에도 무엇인가 이와 비슷한 것을 구하려고 한다면, 끊임없이 변화하는 다종다양한 부분으로 이루어진 전체에 통용되는 이론적 법칙으로서는, 경험에 입각한 법칙 외에는 없을 것이다. 최종적인 결전을 목적으로 하는 전쟁이라면, 이 점에 대해서 훨씬 단순할 뿐만 아니라, 훨씬 자연적이고, 또 내적 모순도 훨씬 적고 훨씬 객관적이며, 내적인 필연성을 갖는 법칙에도 훨씬 엄격하게 따르고 있는 것이다. 그런데 결전을 추구하지 않는 전쟁에서는, 이 점은 훨씬 곤란할 것이다.

대규모적인 전쟁 지도에 관한 이론으로서 최근 나타난 전쟁 이론은, 두 가지 주요 원리를 포함한다. 그 하나는, 뷜로의 후방 기지의 폭[21]이고, 또 하나는 조미니[22]의 내선진지(內線陣地)이다. 그런데 이들 원리까지도, 실제로 전쟁터의 방어에 적용해 보니 효과적이고 근본적인 원칙의 알맹이를 끝내 제시하지 않았다. 그러나 적어도 원칙이라면 수수한 형식으로서, 경험에서 최대의 효력을 발휘했어야 할 것이다. 행동이 시간적으로나 공간적으로 확대됨에 따라 형식은 더욱더 효력을 발휘하고, 전쟁터 방어의 여러 방책의 소산을 생기게 하는 여러 요인에 대해 우위를 차지하지 않으면 안 되기 때문이다. 그럼에도 불구하고 우리는, 위의 원리가 결국 그때그때의 방책 일부에 관계되는 데에 그치고, 도저히 방어에 전반적인 이점을 줄 수 있는 것이 아니라는 것을 알게 되는 것이다.

장수가 사용하는 수단 및 그를 제약하고 있는 사정의 특성이, 이른바 일반

---

21) 후방 기지는 어떤 면적을 가진 지역을 말하는데, 당시에는 전쟁터에 대해서 그어진 직선(폭)에 의해 대표되었다.
22) 조미니(Jomini, Antoine-Henri, 1779~1869). 스위스 출신이지만 나폴레옹 아래에서 군무에 종사하다가 후에 러시아군으로 옮겼다. 저명한 전쟁 이론가로 그 저서는 높이 평가되었다.

원칙의 타당성을 무효하게 할 정도로 큰 영향력을 갖는다는 것은 매우 명백하다. 그렇기 때문에 다운의 관심사는 진지의 정면선을 연장하고 또 진지를 신중하게 선정하는 일이었다. 이와는 달리 프리드리히 대왕의 관심사는 항상 집결한 주력을 가지고 적에 육박하고, 또 그 어떤 경우에도 임기응변의 조치를 취할 준비를 게을리하지 않았다. 이 두 장수의 서로 다른 방법은 각 군의 성질뿐만 아니라, 각기 나름대로의 사정으로부터 유래한다. 예를 들어, 임기응변의 조치를 취한다는 것은 일반적으로 국왕에게는 책임을 지지 않으면 안 되는 입장에 있는 장수보다도 훨씬 수월하다. 우리는 여기에서 다음 한 가지 일에 다시 한번 분명히 주의를 해 두지 않으면 안 된다. 즉, 비판에는 이미 나타났거나 앞으로 나타날 여러 가지 수법이나 방법을 모두 완성된 것으로 보고 마음대로 평가하며, 그중의 하나를 다른 것의 하위에 놓는 권리가 없다는 것, 또 이들 수법이나 방법은 서로 병존하는 것으로, 어떤 것을 사용하면 좋은가의 결정은 개별적인 경우 장수의 판단에 맡겨야 한다는 것이다.

그런데 이러한 여러 가지 수법은 군대와 국토, 그리고 제반 사정의 특성에서 생기는 것이므로 여기서 이러한 수법을 모두 열거할 생각은 없다. 또 이러한 일들이 방어에 미치는 영향에 대해서는 이미 서술한 바가 있다.

따라서 우리로서는 본장에서 그 어떠한 원칙, 규칙 혹은 방법도 제시할 수 없다는 것을 고백하지 않을 수 없다. 전쟁의 역사는 이러한 것을 하나도 제공해 주지 않았고, 오히려 지금 하나의 특이한 사례를 만났는가 하면 다음 순간에는 또 다른 사례를 만나게 될 뿐이다. 더욱이 이들 특이성은 때로는 전혀 이해할 수 없는 것이거나 너무 기이(奇異)하기 때문에 놀라지 않을 수가 없다. 그러나 이 점에 대해서 전쟁의 역사를 연구하는 것까지도 무익하다는 것은 아니다. 비록 체계가 없어도 또 진리를 발견하는 데에 필요한 수단 방법이 결여되어도 진리는 역시 존재한다.

이 진리는 훈련에 의해 숙달된 판단과 다년간의 경험에 의해 배양된, 순간적으로 시비를 가릴 수 있는 날카로운 감각에 의해서만 발견할 수 있다. 따라서 전쟁의 역사는 방식은 없지만, 모든 경우가 그러한 것처럼 이 경우에도 판단을 훈련시키는 것이다.

그런데 우리는 전체를 포괄할 만한 원칙을 하나만 제시하고자 한다. 아니, 원칙을 제시한다는 것보다는 본장에서 말한 모든 것의 자연적인 전제를 이루는 사상을 일종의 독특한 원칙의 형태로 만들어 더욱 선명하게 여러분의 눈앞에 제시하고자 한다.

본장에서 논한 일체의 수단은 모두 상대적 가치를 가지는 데에 지나지 않는다. 이런 종류의 수단은 공방 쌍방의 행위는 어느 것이나 '불능'[23]이라는 판결에 구속되어 있다. 그러나 이러한 판결의 효력 범위를 넘어선 곳에서는 한층 고도의 법칙이 지배하고, 여기에서는 전적으로 취향을 달리하는 현상의 세계가 열려 있다. 장수는 잠시라도 이것을 잊어서는 안 된다. 좁은 권내에 안주하면서 마치 무엇인가 절대적인 것 안에서 확실하게 운동하고 있는 것 같은 망상을 품어서는 안 된다. 이러한 좁은 권내(圈內)에서 사용하는 수단을 필연적인 것, 유일한 것으로 잘못 생각해서는 안 된다. 또 그 자신이 이러한 수단이 불충분하다고 겁을 먹으면서 이를 사용하려고 해서도 안 된다.

지금 우리가 이것들을 논하고 있는 입장, 다시 말하면 사물을 그 순수한 실정에서 고찰하려고 하는 입장에서 말하자면, 이러한 잘못된 생각은 거의 있을 수 없다고 생각할지도 모른다. 그러나 실제의 세계에서도 역시 이러한 잘못이 생기는 것이다. 현실계에서는 그 어떤 일도 그다지 날카로운 대립을 이루고 나타나는 것이 아니기 때문이다.

우리는 여기에서도 다음과 같은 한 가지 일을 분명히 주의해 두지 않으면 안 된다. 즉, 우리가 이제까지 완전한 대립만을 궁극적인 형태로서 고찰의 대상으로 한 것은 오직 우리의 생각에 명확성을 주고 또 논증력을 부여하기 때문이라는 것. 그러나 전쟁에서는 구체적인 사례는 대개 그 중간에 있고 그것이 궁극적인 형태로 가까워짐에 따라 차차 이 궁극적인 것에 의해 지배되게 된다는 것이다.

따라서 극히 일반적으로 말하면 장수에게 가장 중요한 요건은, 적이 그보다도 대규모적이고 결정적인 방책을 사용해서 그를 완전히 타도하려고 하는 의향과 병력을 갖는가의 여부를 밝히는 일이다. 만약에 장수가 가정적으로라도 이러한 생각을 품는다면, 그는 사소한 불리를 예방하기 위한 구구한 방책을 바로

---

23) 채무 이행에 대한 채무자의 주관적 불가능을 말한다.

포기하지 않으면 안 된다. 그러면 그에게 남겨진 수단으로는, 대결전에 응하기 위해 희생을 마다하지 않고 자진해서 유리한 위치를 차지하는 길 외에는 없다. 다시 말하면 이러한 경우에 가장 필요한 일은, 장수가 상대방의 상태와 나오는 동향을 견주어 보면서 그의 행동을 수시로 조정하기 위한 올바른 척도를 알아내는 일이다.

이와 같은 생각을 현실 생활의 실례에서 한층 명확하게 하기 위해서, 우리가 보기에는 잘못된 척도를 적용했기 때문에 생겼다고 여겨지는 약간의 사례를 언급하고자 한다. 여기에서 잘못된 척도를 사용했다고 하는 것은 피아 쌍방의 장수 중 어느 한편이 상대편은 결전을 원하고 있는데도 이 진실을 잘못 알고 잘못된 방책을 강구한 것을 가리키는 것이다. 우선 1757년의 전역이 개시된 당초의 전쟁 사례를 보기로 하자. 이 전역에서 오스트리아군은 전투력의 배치로 미루어 보아도, 그들은 프리드리히 대왕이 전면적인 공격으로 나오리라고는 생각하지 않았다는 것을 알 수 있다. 카를르 폰 로트링겐[24] 공이 프리드리히군에 항복 직전의 위험에 빠져 있었음에도 불구하고, 피콜로미니[25] 군단이 여전히 슐레지엔의 국경에 주둔하고 있었던 일조차도 전혀 사태를 잘못 판단한 증거이다.

1758년 프랑스군은, 클로스테르 체벤[26] 협약의 효과를 전적으로 잘못 생각했을 뿐만 아니라(이것은 여기에서 논할 일이 아니지만) 그로부터 2개월 후에 프로이센군의 의도를 잘못 판단하여 베저강에서 라인강에 이르는 지역을 빼앗긴 것이다. 프리드리히 대왕의 생각으로는 적은 그 정도로 결정적인 방책을 취할 리가 없다고 판단했기 때문에 1759년에는 막센에서, 또 1760년에는 란데스훗에서 완전히 적의 상황을 잘못 판단했었다는 것은 이미 말한 바가 있다.

---

24) 카를르 폰 로트링겐 공은 당시 오스트리아군의 사령관이었으나, 프라하 회전(1757. 5. 6)에서 프로이센군에게 패배했다.

25) 피콜로미니(Piccolomini d'Arragena, Octavio von, 1698~?). 오스트리아의 장수.

26) 클로스테르 체벤(Kloster Zeven). 체벤은 하부 작센의 마을. 클로스테르는 수도원이라는 뜻. 이전에 이 땅에 베네딕트회 수도원이 있었다. 1757년 9월 8일에 프랑스군은 영국—독일 동맹군과 협약을 맺고, 이에 입각해서 하노버는 프랑스로 이양하게 되었으나, 이 협약은 일방적으로 파기되어 프랑스군은 프로이센군 때문에 하노버에서 쫓겨났다.

그러나 전쟁 역사상 1792년[27]의 오류만큼 큰 오류는 없었다. 당시 동맹군 측은, 근소한 보조 부대를 보내면서 프랑스의 내란을 진압하는 것은 쉬운 일이라고 생각했으나 이것은 전적으로 잘못이었고, 정치적 열광에 내몰려 이미 정상을 벗어난 프랑스 국민의 중압은 시시각각으로 동맹군에게 얹혀왔던 것이다. 지금 큰 잘못이라고 한 것은 후에 그것이 판명된 것으로, 당시에도 이 잘못을 피하려 했다면 손쉽게 피할 수가 있었을 것이라는 뜻이 아니다. 또 전쟁 지도 그 자체에 대해서 말하자면, 프랑스혁명에 이어지는 불행한 세월을 초래한 주요 화인(禍因)의 하나가 1794년[28]의 전역에 있다는 것은 명백하다. 그러나 동맹군은 이 전역 자체에서도 적의 공격이 격렬한 성질의 것이라는 것을 잘못 판단한 것이다.

동맹군은 장대한 방어선상에 설치한 진지나 전략적 기동 등 시시한 방어 방식으로 이 대적에 대항했을 뿐만 아니라, 프로이센과 오스트리아의 정치적 불일치나 또 벨기에 및 네덜란드를 포기하는 졸책에 대해서도 여러 나라의 내각이 도도히 흘러드는 대하의 위력을 거의 예감하고 있지 않았었다는 것을 알 수 있다. 1796년 몬테노테[29]나 로디[30]에서 있었던 사소한 저항은, 오스트리아군이 나폴레옹을 적으로 상대하는 중대한 뜻을 이해하지 않았었다는 것을 여실히 증명하고 있다.

1800년에 멜라스[31]가 파국을 초래한 것은 기습의 직접 결과가 아니라, 이 기습에서 생길지도 모르는 결과에 대해서 잘못 판단했기 때문이었다.

---

27) 프랑스혁명 전쟁(1792~1801) 중에 일어난 일. 프랑스의 라인군은 1792년 10월 21일에 마인츠를, 다음 날인 22일에 프랑크푸르트를 점령했다.

28) 프랑스는 1793년에 국민개병 제도를 제정해서 대군을 전쟁터에 집결시킬 수 있게 되었다. 나중에 나폴레옹이 이 프랑스군을 이끌고 전쟁을 하여, 유럽 전체가 일대 혼란의 도가니로 변했다. 프랑스군은 1794년 6월에는 라인 지방에서 동맹군을 무찌르고, 또 11월에는 라인강 왼쪽 라인펠스(Rheinfels) 성을, 또 12월에는 만하임(라인강 오른편에 위치) 교두보를 점령했다.

29) 몬테노테(Montenotte). 상부 이탈리아의 마을. 이곳 회전(1796. 4. 11~12)에서 나폴레옹이 지휘하는 프랑스군은 오스트리아군을 무찔렀다.

30) 로디(Lodi). 상부 이탈리아의 마을. 이곳 회전(1796. 5. 10)에서 프랑스군은 오스트리아군을 무찔렀다.

31) 멜라스는 마렌고(Marengo)의 회전(1800. 6. 14)에서 나폴레옹군에 패배했다.

1805년에 울름[32]은 학리적(學理的)으로는 훌륭했지만, 매우 섬세한 전략적 관계를 가로세로의 실로 엮은, 말하자면 눈이 거친 직물의 마지막 매듭이었다. 이 요새에 들어 저항하면, 다운이나 라시와 같은 장수의 공격을 저지하기에는 충분했겠지만, 나폴레옹과 같은 혁명 황제를 상대로 했을 때에는 아무것도 아니었다.

1806년[33] 프로이센군의 우유부단과 혼란은 시대에 뒤떨어져 사용할 수 없는 견해와 방책, 시세(時勢)의 중요성을 다소라도 통찰하고 또 올바르게 감득한 식견의 혼동에서 생긴 결과 바로 그것이었다. 당시 프로이센군의 상태를 명확하게 알고 올바르게 평가하고 있었더라면, 3만의 병력을 프로이센에 남겨 두면서 베스트팔렌에 따로 전쟁터를 설정하거나, 뤼헬 군단이나 바이마르 군단에 지령한 것과 같은 소공세로 성과를 얻으려고 한 일들을 어떻게 생각해 낼 수가 있었을까? 또 회전에 임박해서까지도 창고가 위험하다거나, 어느 지역이 적에게 점령되었다는 일 등을 어떻게 왈가왈부할 수 있었단 말인가?

역사상의 모든 전쟁 중에서 최대 규모였던 1812년[34]의 전쟁에서까지도 처음에는 적의 상황 판단을 잘못했기 때문에 엉뚱한 방어책이 수립되었다. 당시 빌나의 본영에는, 프랑스군을 러시아의 국토에 속수무책으로 침입하게 해서는 안 된다는 견해에 입각하여, 국경에서 회전을 벌이자고 주장하는 한 패의 장군들이 있었다. 그러나 이 사람들도 러시아군은 이 회전에 패할지도 모른다, 아니 실제로 패할 것이라고 이야기하고 있었다. 그들은 설마 30만의 프랑스군이 8만의 러시아군을 습격할 것이라고는 생각하지 않았다 해도 확실하게 적의 우세를 예기하지 않으면 안 될 정도의 일은 충분히 알고 있었기 때문이다.

그런데 주된 오류는, 이 회전의 의의를 올바르게 평가하지 않은 데에 있었다. 그들은 비록 이번의 회전에 패하더라도 그것은 보통의 패전과 마찬가지일 뿐, 별다른 뜻은 없다고 생각하고 있었다. 그러나 국경에서의 이 주요 결전에 패하면 다른 경우와는 아주 다른 중대한 현상 계열(現象系列)이 생기리라는 것은 틀

---

32) 울름 회전(1805. 10. 17)에서는 프로이센군은 나폴레옹이 지휘하는 프랑스군에 패하여 그 일부가 항복했다.

33) 예나 및 아우에르슈테트 회전(1806. 10. 14) 직전의 프로이센군의 상황일 것이다.

34) 나폴레옹의 러시아 원정.

림없는 사실이었다. 드리사의 보루 야영조차도 적의 상황 판단을 아주 잘못했기 때문에 세워진 방책이었다. 만약에 러시아군이 이 진영에 주둔하려고 했다면 모든 방면에서 퇴로를 차단당하여 완전히 고립되지 않을 수 없었을 것이다. 또 그렇게 되면 프랑스군은 러시아군을 꼭 항복시키기 위한 수단에 만전을 기했을 것이다. 드리사 진영의 발명자는 상대방 장수들의 만만치 않은 힘과 의지에 생각이 미치지 못했던 것이다.

그러나 나폴레옹까지도 때로는 판단을 그르쳤다. 1813년의 휴전[35] 뒤 나폴레옹은, 동맹군에 속하는 블뤼허와 스웨덴 황태자의 군대를 불과 수개의 군단으로 저지할 수 있다고 생각했다. 이들 군단은 실제로 저항하는 데는 불충분했지만, 동맹군 측이 몸을 사리고 신중을 기한다면 여태까지의 전쟁에서 자주 목격한 바와 같이 그들에게 공격을 포기하도록 하기에는 충분했다. 나폴레옹은 블뤼허와 뷜로의 마음속 깊이 잠겨 있는 뿌리 깊은 증오심과 절박한 위기감에서 유래된 강력한 반격을 충분히 생각하지 못하고 있었던 것이다.

나폴레옹은 대체로 늙은 블뤼허의 용감한 기질을 그다지 높이 평가하지 않았다. 그러나 라이프치히[36]에서는 블뤼허 한 사람이 나폴레옹으로부터 승리를 빼앗았다. 라온[37]에서는 나폴레옹을 파멸시킬 수가 있었을 것이다. 그런데 그렇게 되지 않았던 것은, 나폴레옹의 계산 외에 있었던 사정[38] 때문이었다. 마지막에 벨 알리앙스에서는 나폴레옹이 저지른 잘못에 대한 벌(罰)은 마치 파멸을 가져다 주는 번갯불처럼 그를 사로잡은 것이다.

---

35) 나폴레옹과 동맹군은 1813년 6월 10일에 휴전을 약속했는데, 그 기간은 8월 16일까지였다.
36) 라이프치히 회전(1813. 10. 16~19).
37) 라온 회전(1814. 3. 10).
38) 블뤼허가 병 때문에 지휘를 할 수가 없었다.

제7편
공격(초안)

제1장
방어와 대립 관계에서 본 공격

　만약에 두 개의 개념이 진정한 의미에서 논리적 대립 관계[1]를 이루고 따라서 쌍방이 서로 보충하는 관계라면, 한쪽 개념은 필연적으로 다른 쪽 개념에 비해 어떠한 것인가를 명백히 밝혀야 할 것이다. 그러나 인간의 정신 작용은 제약되어 있기 때문에 언뜻 보기만 하는 것으로는 두 개념을 동시에 파악할 수 없고, 또 두 개념이 단지 대립한다는 것만으로는, 한쪽 개념의 모든 범위를 다른 쪽 개념의 모든 범위 안에서 그대로 찾아볼 수는 없다. 하지만 우리는 어떠한 경우에도 항상 한쪽 개념에 입각해서 다른 쪽 개념을 현저히 명확하게 할 수 있고, 또 부분적으로라면 많은 곳을 충분히 명확하게 할 수 있을 것이다. 따라서 방어편의 처음 몇 장은, 이들 장에서 언급한 모든 점에서 공격에 관해 충분히 해명할 수 있었다고 생각하는 것이다. 그러나 그것만으로는 공격과 방어라고 하는 사상 체계를 남김없이 설명했다고는 할 수 없다.

　만약 공격과 방어가, 전편의 처음 몇 개 장에서 본 것과는 달리 각 개념의 근원에서 직접적인 대립 관계를 이루지 않는 경우에는, 방어에 대해서 말한 것에 입각해서 앞으로 공격에 대해서 말하려고 하는 것을 직접 추론할 수 없는 것은 물론이다. 그래서 입장을 방어에서 공격으로 변경하면 공격 문제에 한층 가깝게 다가갈 수 있으므로 이제까지 멀리 떨어진 입장에서 바라만 보고 있던 것을 이번에는 보다 더 가까운 입장에서 고찰할 수 있는 것은 당연하다. 따라서 이러한 방식은, 공격과 방어 전체에 대한 사상 체계를 보충하는 것이 될 것이다. 그

---

1) 저자는 여기에서 '전쟁 형식은 공격이거나 그렇지 않으면 방어이다'라고 하는 선언적 판단을 염두에 두고 있다. 이 판단에서는 공격과 방어가 각기 선언지(選言肢)로서 서로 논리적 대립의 관계를 이루고 서로 배제하면서도 보충하고 있는데, 이 경우에 선언지는 이 두 개뿐이므로 양자는 참다운 뜻의 논리적 대립 관계를 이루는 것이다.

러면 공격에 관한 논술이 동시에 방어의 해명에 새로운 빛을 던지는 경우도 드물지 않을 것이다.

그래서 이 공격편에서도, 이미 방어를 논한 전편과 대충 동일한 대상이 다시 나타나는 것이다. 하지만 우리는 대개의 공병학 교본식과 달리 방어에서 찾아낸 일체의 적극적 가치를 공격편에서 뒤집거나 부정할 생각은 없다. 또 그 어떤 방어 수단에도 반드시 이에 대항할 수 있는 공격 수단이 있다는 것을 증명하려는 것도 아니다. 게다가 이러한 방식은 사리에 매우 어긋나는 것으로 여겨진다. 방어에는 장점도 있고 단점도 있다. 방어의 장점은 반드시 무적은 아니라고 해도, 이들 장점을 좌절시키기 위해서는 많은 희생을 치르지 않으면 안 된다. 이것은 공방 어느 입장에서 고찰해도 진실이어야 한다. 만약에 이것을 부정하면 논자는 자기모순에 빠지게 될 것이다.

그러나 우리는 여기에서 방어 수단과 공격 수단의 대립 관계를 남김없이 점검할 생각은 없다. 확실히 방어 수단이 있으면 이에 대항하는 공격 수단이 있다. 그러나 때로는 양자의 관계가 매우 밀접해서 공격 수단을 알기 위해, 일부러 방어 입장에서 공격 입장으로 옮길 필요가 없는 경우가 있다. 이와 같은 경우에는 공격 수단은 방어 수단으로부터 그대로 설명되는 것이다. 요컨대 우리가 의도하는 것은 그 어떤 것에 대해서도 공격에 특유한 사정이 방어에 의해서 직접 설명되지 않는 한, 이들 사정을 명백히 하는 데에 있다. 이러한 논술 방식을 취하기 때문에 방어편의 여러 장에 대응하지 않는 몇몇 장이 이 편에 포함된다.

제2장
전략적 공격의 성질

우리는 이미 다음과 같은 일을 알고 있다. 즉, 일반적으로 전쟁에서의 방어, 또 전략적 방어는 결코 절대적인 대기나 공격의 저지가 아니다. 따라서 절대적 수동이 아니라 상대적 수동이며, 다소간의 공격적 원리가 섞여 있다는 것이다. 이와 마찬가지로 공격도 그 전체가 이미 동질적인 것이 아니라, 항상 방어와 섞여 있다. 하지만 양자의 사이는 현저한 차이가 있다. 즉, 공격적 반격이 수반되지 않는 방어는 전혀 생각할 수가 없다. 그렇게 되면 이러한 반격은 방어의 필연적 구성 요소를 이루지만, 이와는 반대로 공격에서는 돌격이나 공격적 행동 자체는 완결한 개념을 이루고 있다는 것이다.

그런데 공격에 혼입된 방어는 공격 자체로서는 필요하지 않지만 공격을 제약하고 있는 시간과 공간은, 이러한 종류의 방어를 불가피한 해악으로서 공격 안으로 도입하는 것이다. 첫째로, 공격은 항상 한결같은 진행 상태를 유지하여 완결되는 것이 아니라 그 도중에 때때로 쉬지 않을 수가 없다. 그리고 이 휴식 시간 중에는 공격 그 자체는 무력해지고, 거기에 저절로 방어 상태가 발생한다. 둘째로, 공격적 전진을 하는 군대가 후방에 남겨둔 지역, 따라서 군이 그 전투력을 유지하는 데에 필요한 지역은, 반드시 공격 자체에 의해 엄호되는 것이 아니라 다른 방식으로 방어되지 않으면 안 되는 것이다.

그렇다면 전쟁에서의, 그것도 특히 전략적인 공격 행동은 공격과 방어의 끊임없는 교대이자 결합이다. 하지만 이 경우의 방어는 일반적인 방어와는 달리, 결코 효과적인 공격 준비나 공격의 강화로 간주될 수 있는 것이 아니다. 따라서 또 능동적인 원리이기는커녕 공격에서는 전적으로 불가피한 해악이며, 물질의 중력에서 생겨서 물체의 운동을 방해하는 추(錘)와 같다. 여기서 말한 물체의 운동을 방해하는 추라고 한 것은, 대체로 이런 종류의 방어가 공격의 강화에 소용없다고 한다면, 이러한 방어에 따른 시간의 손실만으로도 공격의 효과가 감소되지 않을 수 없기 때문이다. 그런데 방어라고 하는 대립적 요소가 그 어떤 공격에도 포함된다고 하면, 이러한 요소는 공격에 적극적인 불리를 가져오지는 않을까? 그러나 공격은 방어보다도 약한 전쟁 형식이고, 방어는 공격보다도 강한 전쟁 형식이라고 한다면, 방어가 공격에 적극적인 불리를 가져오는 일은 없을 것으로 여겨진다. 공격이라고 하는 이 약한 전쟁 형식을 사용하는 데 충분한 병력이 있고, 게다가 여기에 방어라고 하는 강한 형식이 첨가된다면, 병력은 그만큼 강화될 것이기 때문이다. 일반적으로나 본질적으로 이것은 진실이다. 또 이 문제를 한층 자상하게 논하는 일은 승리의 극한점을 논하는 장[1]으로 할애하고자 한다.

그런데 우리는, 공격에 대해서 전략적 방어가 우위를 차지한다는 근거가, 부분적이기는 하지만 다음과 같은 점에 있다는 것을 잊어서는 안 된다. 그것은 공격 그 자체가 방어를 섞지 않는 한, 더욱이 일반적이 방어보다도 훨씬 약한 방어를 섞지 않는 한 성립할 수 없다는 것이다. 그런데 공격에 혼입되어 있는 방어는 방어 중에서도 최악의 요소인 것이다. 따라서 방어 전체에 대해서 말할 수 있는 일도, 이러한 요소에 대해서는 이미 해당이 되지 않는다. 그러면 이런 종류의 방어적 요소가, 적극적으로도 공격을 약화시키는 원리가 될 수 있다는 것은 분명하다. 실제로 공격자 측의 공격 안에 이러한 약한 방어가 나타나는 이 순간이야말로, 방어자 측의 방어에 내재하는 공격적 원리에 입각해서 적극적 행동을 일으킬 절호의 기회인 것이다.

하루의 작업을 끝마치고 12시간의 휴식을 취하는 것은 공방 모두가 같다. 그런데 이 휴식 시간 중의 상태에는 공격자와 방어자 사이에는 하늘과 땅의 차이가 있다. 방어자는 지형을 고려하여 스스로 선정하고 준비한 진지에 들고 있는데, 공격자는 행군 야영에 들기는 했지만 사정을 몰라 마치 맹인처럼 모색하지 않을 수가 없는 것이다. 새로 보급 설비를 하거나 증원 부대를 기다리는 데에 필요한 비교적 긴 휴식 시간 중에, 방어자는 요새나 물자 저장소 근처에 포진하지만, 이와는 달리 공격자는 가지에 앉은 새와 같은 것이다. 일반적으로 공격치

---

[1] 본편 마지막의 장(章) 번호가 없는 글을 가리킨다.

고 방어로 끝나지 않는 것은 없다. 그 경우에 어떠한 방어가 이루어지는가는 그 때의 정황에 의해서 결정된다. 만약에 방어자의 전투력이 파괴되어 있으면 사정은 공격자에게 매우 유리하지만, 만약에 그렇지 않을 경우에는 매우 곤란하다. 공격자 측의 이런 종류의 방어는 확실히 공격 그 자체에는 속하지 않지만, 그것이 어떠한 성질의 것인가 하는 것은 공격에도 반영되어 공격의 가치를 규정하는 보조 요인이 된다.

그렇다면 위에서 한 고찰의 결과는 이렇게 된다. 그 어떤 공격에도 필연적으로 섞여 들어가는 방어가 공격에 주는 불리를 분명히 통찰해서, 이에 잘 대비하기 위해서는 이런 종류의 방어를 충분히 고려에 넣지 않으면 안 된다는 것이다.

그러나 또 이와는 다른 사고방식에 따르면, 공격은 그 자체가 어디까지나 공격이지 다른 것은 아니다. 그런데 방어에는 적을 기다린다는 원리를 적용하는 방식에 따라서 몇 가지 단계가 생긴다. 그리고 이 때문에 현저하게 취향을 달리하는 약간의 방어 방식이 성립한다는 것은, 앞서 여러 저항 방식을 논한 장에서 설명한 바가 있다.

공격은 원래 오직 하나의 능동적 원리를 가질 뿐이다. 비록 공격에 방어가 섞여들지 않을 수 없다 해도, 이런 종류의 방어는 공격에는 소용이 없는, 말하자면 죽은 것에 지나지 않는다. 그러므로 공격에는 방어에서와 같은 정도의 차이는 존재하지 않는다. 물론 공격을 수행하는 기력의 강약, 공격의 완급(緩急) 및 공격력의 대소에는 현저한 차이가 생기는 일이 있다. 그러나 그것은 어디까지가 정도의 차이이지 종류의 차이는 아니다. 그러면 이렇게 반문할지도 모른다. ― 공격자라 할지라고 목표에 한층 손쉽게 도달하기 위하여, 때로는 방어라는 형식을 선택한 예가 있지 않은가. 또 군을 유리한 진지에 배치한 후, 방어자의 공격에 응한 일도 있지 않은가―하고. 그러나 이와 같은 사례는 매우 드물기 때문에 우리가 개념이나 사항을 분류할 때 항상 실제적인 것으로부터 출발하고 있는 한, 이러한 핑계에 귀를 기울일 필요는 없다. 요컨대 공격에서는 여러 저항 방식에 대응하는 것과 같은 단계는 존재하지 않는 것이다.

마지막으로 공격 수단은 일반적으로 전투력뿐이다. 이 전투력에는 요새도 당연히 포함하지 않으면 안 된다. 공격자 측의 요새가 적의 전쟁터 근처에 있는 경우에는, 이러한 요새는 공격에 현저하게 유리한 영향을 준다. 그러나 이 영향은, 공격자가 적의 영토 안을 전진함에 따라서 차츰 약해진다. 따라서 공격에서 공격자 측의 요새는 방어자 측의 요새만큼 중대한 역할을 다할 수 있는 것이 아니다. ―실제로, 방어자의 경우 요새는 때에 따라 매우 중요한 사항이 되는 것이다. 국민의 협력에 대해서 말하자면, 공격자가 점령한 지역의 주민이 자국의 군에 대해서보다도 공격자에게 호의를 가질 때에는 공격에 유리하다고 생각해도 좋다. 마지막으로 공격자도 또한 동맹자를 가질 수가 있는데, 그 경우 동맹자는 특수한, 또는 우연적인 사정에서 생긴 것에 지나지 않고 공격 그 자체의 성질에서 자연히 생긴 원조는 아니다. 따라서 방어에서는 요새, 민중의 봉기, 동맹자 등이 저항 수단 안에 편입되지만 공격에는 이와 같은 것은 존재하지 않는다. 요컨대 이와 같은 것들은 방어의 본성에 속하는 것으로, 공격에서 드물게 볼 수 있으며 또 대개는 우연적으로만 생기는 것이다.

제3장
전략적 공격의 대상

공격이든 방어든 전쟁의 목표는 적의 완전한 타도이고, 그 수단은 적의 전투력의 격멸에 있다. 방어는 적 전투력을 격멸함으로써 공격으로 옮기지만, 공격은 적 전투력을 격멸함으로써 국토의 침략을 개시한다. 따라서 적의 국토가 공격의 대상이다. 그러나 이러한 공격의 대상은, 적의 국토 전체일 필요는 없다. 때로는 그 일부분일 때도 있고 한 지역일 경우도 있으며, 혹은 하나의 요새일 수도 있다. 이와 같은 것은 계속 영유하든 다른 것과 교환하든, 어느 것이나 강화 때 정치적 압력으로서 충분한 가치를 가지는 것이다.

그렇기 때문에 전략적 공격의 대상은 적의 국토 전체의 침략에서 사소한 요새의 점령에 이르기까지, 그 사이에는 무수한 단계가 있다. 공격자가 이러한 공격 목표에 도달해서 공격을 종결하면, 이번에는 공격자 측의 방어가 시작된다. 그러면 전략적 공격을, 목표가 처음부터 정해진 행동, 다시 말하면 일정한 한계를 갖는 행동이라고 보는 사람이 있을지 모른다.

그러나 이 문제를 실제적으로, 즉 실제의 형상에 바탕을 두고 고찰한다면 결코 그렇지 않다. 전략적 공격에서는 공격의 여러 요인, 즉 공격의 의도나 방책이 어느 틈엔가 방어로 옮겨져, 마치 방어 계획이 어느 틈엔가 공격으로 옮아가는 것과 전혀 다를 바가 없다. 장수가 침략의 한계를 미리 엄밀하게 정하는 일은 드물고 혹은 그렇다고 할 수도 없으며, 오히려 이것을 전쟁터에서는 사건의 추이에 맡기는 것이 통례이다. 따라서 때로는 공격이 그가 생각하고 있었던 것 이상으로 진전하는 일도 있고, 또 때로는 잠시 공격을 멈춘 뒤에 새로운 병력이 가세해도 전후의 공격 행동에 각별한 변화가 없는 경우도 있다. 또 때로는 장수가 진짜 방어로 옮기려고 하지 않는 경우도 있다. 요컨대 방어가 성공해서 공격으로 이행한 것처럼, 공격이 성공하면 이것 또한 어느 틈엔가 방어로 이행하는 것이다.

제4장
공격자 측의 공격력 감퇴

공격력의 감퇴라고 하는 것은 전략에서는 중요한 사항이다. 공격자가 무엇을 할 수 있는가 하는 것에 관해서 올바른 판단을 구하려고 한다면, 공격력을 감퇴시키는 원인을 각 경우마다 올바르게 판정할 필요가 있다.

공격자 측의 절대적 병력 약화는 다음에 드는 여러 원인으로 생긴다.

1. 적의 국토 그 자체를 공략하려고 하는 공격 목표에 의한다. 이 경우의 병력의 약화는 최초의 결전이 끝난 뒤에 비로소 생긴다. 그러나 공격자의 공격은 최초의 결전으로 종결되는 것은 아니다.

2. 전진하는 공격자가 후방에 남긴 점령 지역을 수비해서 병참선을 확보, 보급을 유지할 필요에 따른다.

3. 전투에서 발생하는 손해와 질병에 따른다.

4. 보급 기지가 먼 곳에 있다는 사정에 따른다.

5. 방어자 측의 요새를 포위하고 공격하는 작업에 따른다.

6. 육체적인 고생으로 인한 피로에 따른다.

7. 동맹국의 탈퇴에 따른다.

그런데 공격자 측의 병력을 약화시키는 이러한 원인이 있는 데에 대하여, 방어자 측의 공격을 강화하는 원인도 있을 수 있다. 여하간 공방 쌍방 병력의 갖가지 양(量)이 상쇄되어 비로소 전반적인 결과가 결정된다는 것은 명백하다. 따라서 예를 들어 공격자 측의 공격이 약화되어도, 그와 동시에 방어자 측의 방어도 약화되었기 때문에 쌍방의 균형이 잘 잡히는 일도 있을 수 있고, 혹은 방어력의 약한 쪽이 공격의 약화를 웃도는 경우도 있을 수 있다. 그러나 제2의 경우, 즉 방어의 약화 쪽이 한층 심한 경우는 드물다. 여하간 전쟁터에서의 피아 쌍방의 전투력을 전반적으로 비교할 필요는 없다. 비교되는 것은, 피아 양군의 선두에 있는 전투력이나 결정적 지점에서 대치하고 있는 전투력이다. 여러 가지 실례—오스트리아 및 프로이센에서의 프랑스군,[1] 러시아에서의 프랑스군,[2] 프랑스에서의 동맹군,[3] 에스파냐에서의 프랑스군.[4]

---

1) 프랑스혁명 전쟁의 일부를 이루는 1795~97년 독일에서 벌인 전쟁.
2) 1812년 나폴레옹의 러시아 원정.
3) 1813년 및 14년 프랑스에서 벌인 동맹군 대 나폴레옹군의 전쟁.
4) 1807~1813년 프랑스의 대 에스파냐 전쟁(반도 전쟁).

제5장
전략적 공격의 극한점

공격에서의 성과는 공격측이 실제로 보유하고 있는 우세의 결과 바로 그것이다. 여기서 우세라고 하는 것은 물리적·정신적 여러 힘을 합한 것이다. 우리는 앞 장에서 공격력은, 공격자의 전진과 함께 차차 소진되는 것이라고 말했다. 하기야 때로는 공격자의 우세가 공격에 의해 증대하는 일도 있기는 있다. 그러나 대체적으로 감소하는 것이 통례이다. 여하간 공격자는 강화 체결 때의 이점을 공격에 의해서 보충하게 된다. 이들 이점은 화평 교섭의 경우에 많건 적건 중요한 의의를 가지게 되지만, 공격자는 이에 대해서 그의 전투력을 가지고 우선 지불하지 않으면 안 되는 것이다. 그런데 공격의 이점이 날마다 감소하는 데에도 불구하고 강화까지 우세가 유지되면 공격자는 전쟁의 목적을 달성했다고 해도 좋다. 하기야 전략적 공격이 단숨에 강화로 연결되는 경우도 있다.

그러나 그와 같은 공격은 매우 적고 대개는 방어로 전환한 공격자가 어떻게든 이 방어를 견디어 강화 시기가 무르익는 것을 기다리는 것이 통례이다. 이 시점을 지나면 정황은 급변해서 방어자의 반격이 시작된다. 그리고 일반적으로 이러한 반격의 위력은 이에 응하는 공격자의 돌격보다도 훨씬 강력하다. 이것을 우리는 공격의 극한점이라고 한다. 공격의 목적은 적지의 점령에 있다. 그러면 공격자는 적지에서의 전진을 그의 우세가 소진될 때까지 계속하지 않을 수 없다. 이렇게 해서 공격자는 그의 목표를 향하여 매진하고, 또 때로는 이 목표를 넘어서는 일까지도 있다. 피아 쌍방에서 각기 작용하고 있는 여러 힘 사이에 성립하는 방정식이, 얼마나 많은 요소를 포함하고 있는가에 생각이 미친다면, 쌍방 어느 쪽이 상대편에 대해 우위를 차지하는가를 결정하는 일이 얼마나 곤란한 일인가를 알 수가 있다.

때로는 일체의 추정이 상상력의 가느다란 실에 걸려 있는 경우조차도 있다.

그렇다면 공격자에게 가장 중요한 일은 훈련되고 숙달된 판단력에 의해서 이런 종류의 극한점을 밝히는 데에 있다. 그런데 여기에 겉으로 보아 모순이 있다고 여겨지는 문제가 생긴다. 앞서도 말한 바와 같이 방어는 공격보다도 강력한 전쟁 형식이다. 그렇다면 공격에는 그것이 지나치다는 일이 있을 수 없다고 생각해도 좋지 않을까? 방어보다도 약한 전쟁 형식으로서의 공격까지도 그토록 강력하다고 한다면, 공격보다도 강한 전쟁 형식으로서의 방어는 더욱 강해도 좋을 것이기 때문이다.[1]

---

1) 원고에서는 이 문장에 이어서, '이 문제의 설명은 승리의 극한점에 관한 글에서 말할 작정이다'라고 하는 첨가된 글이 있다. 그런데 이 표제의 논문이 '전쟁론의 자료로 인정한 약간의 논문'이란 표제가 있는 꾸러미에 들어 있다. 그리고 이것이 초고만으로 끝나 있는 이 장에 손을 댄 논문으로 여겨지기 때문에 제7편 끝에 게재했다. (마리 폰 클라우제비츠)

제6장
적 전투력의 격멸

적 전투력의 격멸은 전쟁의 목표 달성을 위한 수단이다. ―적 전투력의 격멸이란 무엇인가. ―이 목표에 도달하기 위해 지불하지 않으면 안 되는 대가(代價). ―적 전투력의 격멸에 대해서 생각할 수 있는 약간의 관점.

1. 공격 대상의 획득을 방해하는 적 전투력만을 격멸한다.
2. 가능한 한 많은 적 전투력을 격멸한다.
3. 아군의 전투력 보전(保全)을 중요하다고 보는 관점.
4. 이 방침을 더욱 확대하면, 공격자는 유리한 기회에만 적 전투력의 격멸을 꾀한다는 것이 되기도 한다. 또 이것은 공격의 대상에 대해서도 말할 수 있다. 그러나 이에 대해서는 이미 제3장에서 이야기했다.

적의 전투력을 격파하는 유일한 수단은 전투이다. 그러나 이 격멸에는 말할 것도 없이 두 가지 방식이 있다. 첫째는, 직접적인 방식이다. 두 번째는, 간접적인 방식으로 약간의 전투의 조합으로 격멸의 목적을 달성하는 것이다. 따라서 회전은 적 전투력의 격멸을 위한 주요한 직접적 수단이기는 하지만 유일한 수단은 아니다. 요새의 공략이나 한 지역의 점령은 그 자체가 이미 적 전투력의 파괴를 의미하지만, 이러한 파괴적 행위가 서로 모여서 더 큰 파괴를 낳는 경우가 있다. 그러면 이와 같은 경우의 적 전투력의 격멸은 간접적 방법이 된다.

따라서 공격자가 방어자 측의 무방비 지역을 점령하는 경우에는, 이 점령 행위 자체가 전쟁 목적을 직접 달성하기 위한 수단으로써 갖는 본래의 가치 외에, 간접적으로는 적 전투력의 파괴도 의미한다. 그가 수호하는 지역에서 방어자를, 책략을 사용해서 쫓아내는 방책도 약간 이와 닮은 데가 있어서 같은 관점 아래에서 고찰할 수 있다. 그러나 어느 것이나 무력에 의한 본래의 성과라고는 여겨질 수 없다. 그런데 이들 수단은 대개의 경우 지나치게 중요시되고 있다. 이러한 수단이 회전과 동등한 가치를 갖는 일은 드물다. 그리고 이와 같은 경우에는, 이런 종류의 수단이 가져오는 불리한 상황을 간과하는 일이 없도록 끊임없는 경계를 필요로 한다. 요컨대 이들 수단은 그때그때의 목적을 달성하기 위해 지불하는 대가가 싸게 먹히기 때문에 장수는 자칫 이의 유혹을 받는 것이다.

여하간 이런 종류의 수단은 도박에 거는 눈먼 돈과 같다. 이 정도로 거는 돈으로는 사소한 이익밖에 얻을 수 없다. 따라서 여러 사정이 제한되어 있을 경우나 혹은 전쟁의 동기가 박약한 경우에만 사용하지 않으면 안 된다. 결전에 의한 승리—그 전과는 단순히 승리에만 머무는 것이 아니라 그 바닥을 알 수 없을 정도로 풍부한 것이다.

제7장
공세 회전

앞서 수세(방어적) 회전에 대해서 말한 것은, 그것만으로도 공세(공격적) 회전에 기여하는 바가 크다.

우리가 수세 회전을 논했을 때 오직 고찰의 대상으로 고른 것은, 방어의 본뜻이 현저하게 나타나는 회전이었다. 그리고 이것은 방어의 본질을 될 수 있는 대로 명료하게 제시하기 위함이었다. 그러나 이러한 명확한 수세 회전은 극히 드물고, 대개는 절반가량이 조우전(遭遇戰)이다. 그러나 이러한 조우전 같은 회전에서는 수세적 성격이 현저하게 상실된다. 그런데 공세 회전이 되면 사정이 완전히 달라진다. 공세 회전은 그 어떤 경우에도 그 본래의 성격을 견지하고 방어자가 본래의 수동적 태도를 버리고 공세로 전환하면, 그에 따라 더욱더 본래 지닌 성격을 유감없이 발휘할 수 있다. 따라서 수세적 성격이 분명히 드러나지 않은 수세 회전에서도, 혹은 순수한 조우전에서도, 방어자 측과 공격자 측에 따라서는 회전의 성격에 다소의 차이가 생긴다. 그런데 공세 회전의 중요 특성은 적을 포위하거나 우회하는 데에 있고, 따라서 그와 동시에 적에게 회전을 도전하는 데에 있다.

대개 포위 대형을 가지고 하는 전투는 그 자체가 매우 유리하다는 것은 틀림없다. 그러나 이러한 전투가 왜 유리한가 하는 해명은 전술에 속하는 문제이다. 여하간 공격자는 이러한 이점을 포기할 수는 없다. 방어자는 이러한 이점에 대항하는 수단을 갖추고 있기 때문이다. 그리고 이러한 수단이 방어를 유리하게 만드는 다른 사정과 긴밀하게 결부되어 있는 한, 공격자 측에서는 이 수단을 사용할 수가 없다. 포위하는 적을 다시 포위해서 성공을 잘 거두기 위해서는, 방어자는 적절한 땅을 구하여 양호한 설비를 갖춘 진지를 차지하지 않으면 안 된다. 그러나 방어자에게 그보다 훨씬 중요한 관심사는 방어가 제공하는 이점은,

반드시 그 모두가 실제로 사용할 수 있는 것이 아니라는 것이다. 대개의 방어는 빈약한 응급 조치이다. 또 많은 방어자는 끊임없이 공격자의 위협을 받아 심한 곤경에 있고, 최악의 사태가 오는 것을 두려워하면서 적의 공격을 중도에서 억제하는 것이 통례이다. 그래서 이러한 결과가 생긴다. 즉, 공격자가 포위 대형을 가지고 하는 회전, 아니 변환된 정면을 가지고 하는 회전은, 원래가 병참선이 유리한 상태에 있는 경우의 방책임에도 불구하고, 일반적으로 정신적, 물리적으로 우세한 경우에 이루어진다고 하는 것이다(마렝고, 아우스테를리츠, 예나의 여러 회전). 또 최초의 회전에서는, 공격자의 후방 기지의 면적은 방어자 측을 능가하지는 못해도 국경 근처에 있기 때문에 일반적으로 매우 커서, 공격자는 그것만으로도 강력한 행동을 일으킬 수가 있다.

다음에 측면 공격, 즉 변환된 정면을 가지고 하는 회전은 포위적 회전보다도 유리하다. 포위를 목적으로 하는 전략적 전진은, 프라하의 회전에서처럼 원래 측면 공격과 결부되어야 한다는 생각은 잘못이다(이러한 전략적 전진과 측면 공격 사이에는 각별한 공통점이 없고, 또 양자가 결부되었다고 해도 좋은 결과가 생기는가의 여부는 심히 의심스럽다. 이에 대해서는 전쟁터 공격의 장에서 자세히 논하고자 한다). 방어자 측의 장수는 방어적(수세) 회전의 경우와 마찬가지로 결전을 될 수 있는 대로 길게 연장해서 시간을 벌 필요가 있다. 만약에 방어자가 승패가 결정되지 않은 상태에서 일몰을 만나면, 그 회전의 방어자의 승리로 돌아갔다고 해도 좋다. 따라서 공격자 측의 장수는 공격적(공세) 회전을 일찍 결전으로 가지고 들어가야 한다. 그러나 또 다른 한편으로는 결전을 너무 서두르면 큰 위험을 초래할 염려가 있다. 이러한 결전은 병력을 필요 이상으로 소비하기 때문이다. 공격적 회전의 특성은, 대개 적의 상태가 불분명한 데에 있다. 그것은 사정을 모르는 장소에서 모색하는 것과 다를 바가 없다(아우스테를리츠, 바그람, 호엔린덴, 예나, 카츠바흐의 여러 회전).[1] 공격적 회전의 특성이 현저하게 나타남에 따라서 공격자 측에서는 병력의 집중이 더욱더 필요하게 되고 또 포위보다도 우회 쪽이 중요하게 된다. 승리의 성과는 추격에서 비로소 얻어진다고 하는 것은 이미 제4편 제12장에서 말했다. 요컨대 공격적 회전에서 추격이 공격자 행동의 주요 부분을 이

---

1) 호엔린덴(Hohenlinden). 북부 바이에른의 마을. 이곳 회전(1800. 12. 3)에서 오스트리아군은 프랑스군에게 패했다.

룬다는 것은 방어적 회전에 비할 바가 아니다.

제8장
도하

1. 대하(大河)가 공격자의 전진로를 차단하고 있는 경우에는, 이러한 하천은 공격자에게 매우 귀찮은 것이 된다. 대개 공격자가 도하를 끝냈을 경우에는 주된 도하점은 하나에 한정된다. 그가 하천 바로 옆에 머물지 않는 한 행동이 현저하게 속박되기 때문이다. 공격자가 하천 저편에서, 다시 말하면 도하하고 나서 적과의 결정적 전투에 도전하려고 생각하거나, 방어자 측이 전투를 추구해서 공격자를 공격하려는 기색을 나타낼 경우에 그는 큰 위험에 빠지게 된다. 따라서 공격자 측이 정신적·물리적으로 현저하게 우세하지 않는 한 장수는 이러한 상태로 스스로 찾아들어서는 안 된다.

2. 하천을 등(背)으로 삼는 것만으로도 공격자에게는 이 정도의 곤란이 있다. 그렇기 때문에 방어자는 하천을 방어하는 것이다. 그렇지 않으면 하천의 방위에 그다지 힘을 쓰지 않을 것이다. 하천 방어는 방어자에게 유일한 구원의 길은 아니다. 그래서 만일 이 방어에 실패하더라도, 하천 근처에서 저항하는 방책이 남아 있다면, 공격자는 하천 방어에 의한 방어자의 저항에다 전항(前項)에서 서술한 방어자 측의 이점도 계산에 넣어야 할 것이다. 이와 같이 공격자 측에게는 이중으로 불리함이 생긴다. 따라서 공격에 임하는 장수는 대개 방어되고 있는 하천을 몹시 꺼린다.

3. 어떤 종류의 조건 아래에서는, 정식 하천 방어가 훌륭한 성과를 올릴 수 있다는 것은 이미 전편에서 서술했다. 또 경험에 비추어 보면, 이러한 성과는 이론상으로 거론되는 것 이상으로 훨씬 자주 나타난다. 이론은 하천의 객관적 상황만 계산하지만, 실제로 방어를 할 때면 공격자에게는 모든 상황이 실제보다도 곤란하게 여겨져서, 그의 행동을 현저하게 제약하는 걸림돌이 되는 것이다.

그런데 대규모의 결전을 추구하지 않는, 다시 말하면 단호한 수행력이 결여되는 것 같은 공격에 대해서 말하자면, 이런 종류의 공격에서는 이론적으로는 고려할 가치가 없는 장애물이나 우발적인 일도 공격자에게는 역시 불리하게 되는 경우가 있다. 공격자의 본령은 적극적 행동에 있다. 따라서 이러한 장애물이나 우연한 일을 맨 처음에 만나게 된다. 이것을 알기 위해서는 롬바르디아 지방[1]의 여러 하천이 그 자체로서는 별것이 아닌 장애물임에도 불구하고, 여러 차례에 걸쳐 훌륭하게 방어되었다는 사실을 상기하면 된다. 전쟁사(戰爭史)는 다른 한편으로 하천 방어가 기대에 따르지 못했던 사례를 여러 가지로 들고 있지만, 이러한 실패의 참다운 원인은 이 방어 수단의 전략적 성질을 무시하고 지나친 효과를 기대한 데에서 찾을 수 있다. 즉, 이 수단의 효력을 경험에 의해 알고 있음에도 불구하고, 이러한 효과를 터무니없이 확대해서 생각했기 때문이다.

4. 그런데 방어자는 하천 방어에 모든 희망을 걸었다가 일단 방어가 파탄나면 당황해서 일종의 파국감에 사로잡히는 잘못을 저지르는 일이 있다. 그리고 이러한 경우에만 이 저항 방식은 공격자에게 이점을 가져온다. 하천 방어에 파탄을 일으키게 하는 것은 정규 회전에서 승리를 거두는 것보다도 훨씬 쉽기 때문이다.

5. 지금까지 서술한 것으로 다음과 같은 두 가지 일이 분명해진다. 첫째, 하천 방어는 피아 쌍방이 대규모 결전을 추구하지 않는 전쟁에서는 큰 가치를 갖는다는 것이다. 둘째는, 공격자가 우수한 병력이나 혹은 강한 수행력을 가지고 결전을 추구한다고 여겨지는 경우에 만약 방어자가 이 수단을 남용하면, 이러한 하천 방어는 공격자를 적극적으로 이롭게 한다는 것이다.

6. 대개의 하천 방어는 전(全)방어선의 종점에서나, 혹은 방어선상의 어딘가한 지점에서나 우회가 전혀 불가능한 경우는 매우 드물다. 따라서 우세한 병력을 가지고 적에게 큰 타격을 주려고 하는 공격자라면, 어느 지점에서는 적을 견제하며 다른 지점에서 양동 도하를 행하고 다른 지점에서 진짜 도하를 실시함으로써, 전쟁에서 처음으로 조우하지 않을 수 없는 불리한 사정을 우세한 병

---

1) 롬바르디아(Lombardia). 북부 이탈리아의 지방.

력과 용감한 전진으로 메우는 수단에 부족함이 없게 될 것이다. 실제로 이러한 과감한 전진도 우세한 병력이 있음으로 해서 가능한 것이다. 그러나 공격자가 우세한 화력과 과감한 정신을 가지고 적의 유력한 초병 부대를 몰아내어 적이 방어하는 하천을 도하한다는 전술적인 강행 조치는 드물게 혹은 전혀 생기지 않는 것이다. 따라서 강행 도하라는 말은 항상 전략적으로만 이해되어야 한다. 즉, 강행 도하란 적의 방어선 안에서 전혀 방어되어 있지 않거나, 혹은 거의 방어되어 있지 않은 지점에서 도하하여 방어자가 속으로 생각하는, 말하자면 도하에 의해서 공격자 자신이 입도록 되어 있는 일체의 불리(不利)를 털어내는 바로 그것을 의미한다. 그런데 공격자로서 가장 졸렬한 방책은, 몇 개 도하 지점의 간격이 커서 각기 다른 지점에서 도하한 부대라 서로 연락하여 공동의 공격을 행할 수 없는데도 불구하고, 이들 도하점에서 진짜 도하를 한다는 점이다. 이와 같은 경우 방어자는 그 병력을 분할해야 하는데, 공격자도 또한 그 병력을 분할함으로써 공격의 본디 이점을 포기하지 않을 수 없기 때문이다. 1814년에 벨가르드[2]가 민치오 강가[3]의 회전에서 패한 것은 바로 그 때문이었다. 오스트리아군과 프랑스군은 우연히도 동시에 서로 다른 지점에서 도하했는데, 그때 오스트리아군은 프랑스군보다도 여러 부대로 분할되어 있었다.

7. 방어자가 하천 이쪽에 머물고 있는 경우, 강 건너편의 공격자가 이 방어자를 정복하는 데에는 두 가지 방법이 있다는 것은 저절로 분명해진다. 그 첫째는, 공격자가 방어자를 무시하고 어느 지점에서 도하하여 방어자 측의 도하를 먼저 제압하는 방법이다. 둘째는, 공격자가 도하하여 방어자와의 회전에 도전하는 방식이다. 첫째 방법을 사용할 경우에는 원래라면 특히 공수(攻守) 쌍방의 각 후방 기지와 병참선 상태가 성패를 결정한다. 그러나 이러한 일반적 상황보다도 오히려 특수한 사정이 결정하는 경우가 있다는 것은 두말할 필요가 없다. 예를 들어 쌍방 어느 쪽인가가 다른 쪽보다도 유리한 초병 진지를 선정해서 양호한 준비를 할 수 있는가, 어느 쪽 군이 다른 쪽보다도 복종심이 강한가, 또 어느 쪽이 다른 쪽보다도 신속하게 행진을 할 수 있는가 하는 사정이 일반적 정황보다 더 유력할 때가 있다. 또 두 번째 수단에 대해서 말하자면, 이 수단을 사

---

2) 벨가르드(Bellegarde, Heinrich Joseph von, 1756~1845). 오스트리아의 원수.
3) 민치오(Mincio)강. 북부 이탈리아의 강. 이곳 강변에서 양군은 회전했다(1814. 2. 8).

용하기 위해서는 공격자 쪽에 회전을 행할 편리한 수단, 유리한 사정, 그리고 회전의 결의가 있어야 한다. 만약에 이러한 조건이 구비되어 있으면 방어자도 경솔하게 이런 종류의 하천 방어를 감히 하지 않을 것이다.

8. 그러면 전체의 결론은 이렇게 된다. 도하 그 자체가 큰 곤란을 수반하는 경우는 극히 드물다고 해도, 대규모의 결전을 의도하지 않는 전쟁에서는 공격자는 도하의 결과와 도하 뒤에 발생하는 사태에 대해서 크게 걱정을 하기 때문에 자칫 전진을 정지하지 않을 수 없게 되고, 결국 하천 이쪽에 포진하고 있는 방어자를 그대로 두고 아무런 운동을 하지 않거나, 그렇지 않고 도하를 했다고 해도 바로 하천 근처에서 움직이지 않거나, 두 가지 중 어느 쪽인가를 따르게 된다. 피아 쌍방이 하천을 끼고 오래 대진하는 일은 우선 있을 수 없는 일이기 때문이다.

그러나 대규모의 결전을 바라는 경우에도 하천은 중대한 장애물이다. 하천은 공세를 약화시키고 방해한다. 그래서 공격자에게 유리한 정황은 방어자가 하천의 방어 효과에 현혹되어 이것을 실제의 방어로 간주하고 하천을 방위하는 것이 곧 중요한 저항 바로 그것이라고 생각하는 경우이다. 이와 같은 경우, 공격자는 손쉽게 결정적 타격을 줄 이점을 수중에 넣을 수 있기 때문이다. 이런 종류의 공격이 바로 적을 타도할 수는 없지만, 이러한 공격이 약간의 유리한 전투에 의해서 이루어진다면 그 효과는 방어자를 일반적인 불리로 몰아넣게 될 것이다. 1796년[4]에 라인강변에서 오스트리아군이 마신 고배는 바로 이것이었다.

---

4) 프랑스혁명 전쟁(1792~1802) 중에 일어난 일. 1796년 6월, 프랑스군은 라인강을 건너 오스트리아군을 격퇴했다.

제9장
방어 진지의 공격

　방어 진지가 어느 정도까지 공격자로 하여금 진지를 공격하지 않을 수 없게 하는가, 그렇지 않으면 전진을 단념하지 않을 수 없게 하는가 하는 것은 방어를 논한 제6편에서 충분히 설명을 해두었다. 이것을 할 수 있는 진지만이 그 목적을 잘 달성하고, 따라서 적의 공격력의 전부나 일부를 소모시키거나 무효로 만드는 것이다. 그렇게 되면 공격자는 이러한 방어 진지에 대해서 방책을 쓸 길이 없을 것이다. 다시 말하면 공격의 영역에는, 방어자의 이러한 이점에 대항할 수 있는 수단이 없는 것이다. 그러나 꼭 모든 진지가 실제로 이토록 견고하지는 않다. 공격자가 적의 방어 진지를 공격하지 않아도, 그 목표에 잘 도달할 수 있다는 것을 인정하고 있는데도 불구하고, 이것을 공격한다는 것은 잘못일 것이다. 또 공격에 의하지 않고는 그 목표에 도달할 수 없다고 한다면, 방어 진지의 측면에 위협을 가함으로써 그를 그 진지로부터 유인할 수 있는지에 대해서 생각해 볼 것이다. 만약에 이 수단도 효과가 없다고 한다면, 여기에서 비로소 공격자는 적의 견고한 진지에 공격할 결심을 하는 것이다. 또 대부분 이러한 경우에는, 측면 공격에 비교적 큰 어려움이 없다.

　그러나 같은 측면 공격이라도 좌우의 어느 것을 고르느냐는 피아 쌍방의 퇴각선의 위치와 방향에 의해 결정된다. 요컨대 적의 퇴각에 위협을 주고, 자군(自軍)의 퇴각에 대한 안전을 도모하는 것이 중요하다. 그런데 이 두 가지 고려, 즉 적의 퇴각선을 위협하는가, 그렇지 않으면 자군의 퇴각을 보장하는가의 양자택일의 문제가 생겼을 때 먼저의 경우가 우선하는 것은 물론이다. 이 입장은 공세적 성격을 띤 것으로 공격과 동질적이지만, 제2의 입장은 수세적인 성질의 것이기 때문이다. 여하간 견고한 진지를 차지하는 방어자에게 공격을 가하는 것은 생각할 문제라는 것은 확실하며, 하나의 중요한 진리로 간주되어도 좋다. 물론 이와 같은 회전의 예가 없는 것은 아니다. 더욱이 토르가우[1]의 회전과 바그람[2]의 회전에서처럼(드레스덴의 회전은 이런 종류의 전쟁 사례에 들어가지 않는다. 이 회전에서는 방어자가 유능했다고는 말할 수 없기 때문이다.)[3] 공격자가 성공을 거둔 예까지도 있다. 그러나 전체적으로 말하면 방어자에 대한 위험은 매우 적고, 매우 결단력이 많은 장수까지도 이러한 견고한 진지를 경원한(토리즈 베드라시)[4] 많은 예에 비하면 방어자 측의 위험은 전혀 없다고 해도 좋을 정도이다.

그러나 여기에서 논하고 있는 문제, 즉 방어 진지의 공격을 보통의 회전과 혼동해서는 안 된다. 대개의 회전은 실제로는 조우전(遭遇戰)이고, 이러한 회전에서는 쌍방 중 어느 편인가가 정지한 것과 같은 경우도 있으나 이 경우의 진지에는 아무것도 시설이 설치되어 있지 않은 것이다.

---

1) 토르가우(Torgau). 작센의 도시. 이곳 회전(1760. 11. 3)에서 프리드리히 대왕은 방어 진지를 차지하고 있던 오스트리아군을 격파했다.
2) 바그람 회전(1809. 7. 5~6)에서 나폴레옹은 보루 야영에 든 오스트리아군을 무찔렀다.
3) 드레스덴 회전(1813. 8. 26~27)에서 나폴레옹은 동맹군을 공격하여 대파했다.
4) 1810년부터 11년에 걸쳐 일어난 일. 프랑스의 장수 마세나는 이 진지를 난공불락이라고 인정하고 퇴각했다.

제10장
보루 야영[1]의 공격

야전 보루와 그 효과를 심하게 경시하는 풍조가 한때 유행했다. 프랑스 국경에 설치된 초병선식 방어선이 자주 격파되었다는 것, 베베른 공이 브레슬라우의 보루 야영에서 회전에 패배했다는 것, 또 토르가우의 회전의 결과뿐 아니라 그 밖의 여러 전쟁 사례가 이러한 판단을 유발한 것이다. 또 프리드리히 대왕이 신속한 운동과 강력한 공세 수단으로 승리를 얻은 것도, 일반적으로 방어나 고착전(固着戰)뿐 아니라 특히 야전 보루에 반영해서 이러한 경시의 풍조를 조장한 것이다. 불과 수천의 병력을 가지고 수 마일의 토지를 방어하는 경우나 참호를 거꾸로 한 것과 같은 야전 보루라면 그와 같은 설비를 매우 보잘것없는 방어 수단으로, 이에 신뢰를 둔다는 것은 위험할 것이다. 그러나 쓸데없이 입만 살아 있는 패거리(템펠호프와 같은)를 따라서, 이러한 경시 풍조를 보루 야영의 개념에까지 적용한다는 것은 모순이 아닐까? 아니, 불합리한 일은 아닐까? 만약에 야전 보루가 조금도 방어의 강화에 쓸모가 없다면 그것은 도대체 무엇 때문에 구축된다는 것인가? 설비가 뛰어나고 수비가 우수하고 방비가 엄중한 야전 보루는 일반적으로 탈취하기가 곤란한 지점이라고 간주될 수 있고, 공격자도 이를 인정하고 있다는 것은 이성뿐 아니라 수많은 경험이 보여주고 있다. 이와 같이 야전 보루의 현저한 효력을 인정한다면 보루 야영의 공격이 공격자에게 매우 곤란하며 오히려 불가능하다는 데에는 의심의 여지가 없다.

보루 야영의 수비가 허술하다는 것은 보루의 성질로 보아 당연하다. 그러나 편리한 천연 장애물과 공격에 견디는 야전 보루가 있으면 수비대의 병력을 훨씬 웃도는 적 부대의 공격을 저지할 수 있는 것이다. 프리드리히 대왕은 피르나

---

1) 보루 야영은 야전 부대를 수용하기 위해 야영의 원칙에 따라서 구축된 막사에 방어 설비를 한 것으로, 여기에서 말하는 야전 보루와 같은 뜻이다.

의 보루 야영의 공격[2]에 수비대의 두 배 이상의 병력을 사용할 수 있었음에도 불구하고 이 공격을 불가능하다고 보았다. 훗날 피르나의 보루 야영은 공략되었을 것이라는 말이 가끔 나타나기는 했지만, 이러한 주장의 근거는 당시 작센군이 매우 피로해 있었다는 것을 말해 주는 것뿐이다. 그러나 이와 같은 일은, 야전 보루의 효과를 부정하는 증명이 되는 것은 아니다. 나중에 피르나의 보루 야영의 공격은, 할 마음만 있으면 가능했을 뿐만 아니라 식은 죽 먹기라고 말한 사람이 막상 실시 단계에 과연 공략에 착수할 수 있었는가 하는 것은 매우 의심스럽다.

때문에 보루 야영을 공격하는 데는 보통이 아닌 공세 수단을 필요로 할 것이다. 야전 보루가 급히 구축되어 아직 완성되지 않은 경우나, 더욱이 적의 접근로에 장애물을 설치하는 강화 공작이 이루어지지 않은 경우, 또 흔히 있는 일이지만 야영지 전체가 앞으로 구축할 보루 야영의 도식에 지나지 않은 단계로서, 말하자면 반쯤 되어 있는 폐허밖에 되지 않은 경우라면, 이것을 공격하다는 것은 확실히 상책이고 방어자를 쉽사리 항복시키는 수단이 될 것이다.

---

2) 프리드리히 대왕은 작센군이 수비하는 피르나의 보루 야영을 공격했으나(1756. 9. 10~15) 작센군은 이를 잘 막았다.

제11장
산지 공격

산지(山地)가 방어는 물론 공격에 대해서도, 전략의 일반적 관계에서 어떠한 의의를 갖는가 하는 것은 제6편 제5장[1]과 이에 이어지는 두 장에서 충분히 논했다. 또 산지가 본래의 방어선으로서 다하는 역할도, 이미 이들 여러 장에서 설명을 시도했다. 따라서 이와 같은 의미의 산지가, 공격 측에서 어떻게 고찰되어야 하는가도 앞서의 논술로 명백하다. 그렇다면 산지 공격이라는 이 중요한 사항에 대해서, 여기에서 논해야 할 일은 거의 남아 있지 않다고 해도 좋다. 제6편의 고찰에서 나온 중요 결론은 다음과 같다. 즉 ―산지 방어는, 지전(支戰)의 관점에서 고찰하는 것과 본전(本戰)의 관점에서부터 고찰하는 것은 그 취향이 전혀 다르다. 첫째의 경우에는, 산지를 공격한다는 것은 불가피한 해악이라고 할 수밖에 없다. 모든 사정이 공격에 대해서 불리하기 때문이다. 그러나 두 번째 경우에는, 이점은 공격자 쪽에 있다―는 것이다.

따라서 회전의 결의와 충분한 병력을 가지고 이루어지는 공격은, 산지에서 적을 만나 그에게 회전에 도전하면 반드시 이익을 거둘 수가 있을 것이다.

그런데 이러한 결론은 우리가 실제로 산지를 본 경우의 인상에 위배되고, 게다가 언뜻 보기에 전쟁의 경험과도 모순되므로 좀처럼 세상의 찬동을 얻기 어려운 일이다. 그래서 다시 한번 이에 대해 재론할 필요가 있다고 생각하는 것이다. 공격적 전진을 하는 군은 (본전을 구하든 구하지 않든) 적이 피아 쌍방의 중간에 있는 산지를 점령하고 있지 않다면, 이것을 다시없는 행운이라고 생각했다는 것, 또 그 경우에 공격자가 적보다 앞서서 이 산지의 점령을 서둘렀다는 것이 이제까지의 상례였다. 하지만 이렇게 해서 적의 기선을 제압하는 행동이 공

---

1) 제6편 제15장일 것이다.

격자의 이익에 위배되지 않는다는 것은 누구나 승인할 것이다. 또 우리로서도 이것을 인정하는 데에 인색하지 않다. 그러나 산지 공격이 되면 정황을 한층 정확하게 식별할 필요가 있다.

방어자에게 본전(本戰)을 도전하기 위하여 적을 향해 전진하는 군이 아직 점령하지 않은 산을 넘지 않으면 안 될 경우, 산마루에 도착한 순간 적이 가는 길을 가로막지나 않을까 하는 염려를 하는 것은 당연하다. 이 경우에는 방어자의 산악 진지가 여느 때라면 공격자에게 가져다줄 이점은 이미 소멸되어 있다. 즉, 방어자는 방어선을 지나치게 연장할 필요는 없고, 또 공격자가 어떠한 길을 취하는가도 확실히 알고 있다. 따라서 공격자는 방어자의 병력 배치 상황을 고려한 뒤에 진로를 고를 수가 없게 된다. 그러면 이러한 산지전에는 공격자에게 유리한 점은 하나도 없다고 할 수 있다. 또 이들 이점에 대해서는 이미 제6편에서 말한 바가 있다. 그러면 방어자는 그 어떤 공격에도 견딜 수 있는 진지를 차지하고 있는 셈이다. 따라서 방어자는, 산지의 지형을 이용해서 본전을 유리하게 전개하기 위한 수단을 마음대로 구사할 수가 있다. 이것은 분명히 가능하다.

그러나 마지막 순간에 산지에서 유리한 진지를 점거하는 일이 방어자 측에게 얼마나 어려운 일인지를 생각해 보면, 또 그가 그런 진지를 적보다 먼저 점령하지 않았을 때 겪을 어려움을 생각해 보면, 산지 방어가 얼마나 못 미더운 수단인지를 알 수 있다. 따라서 공격자가 걱정하는 사태는 매우 드물게만 일어날 것이다. 그러나 매우 드물다고 해도 공격자가 이런 사태를 걱정하는 것은 당연하다. 결국 기우로 끝날 법한 일에 대해서라도 우려하는 것이 자연스러운 경우가, 전쟁에서는 자주 발생하기 때문이다.

그런데 이 경우에 공격자가 염려해야 할 일이 또 하나 있다. 그것은 방어자가 우선 전위(前衛) 또는 전초선에 의한 산지 방어를 하고 있다는 것이다. 이 수단도 방어자에게 이익을 가져오는 경우는 극히 드물지만, 방어자로서는 이러한 산지 방어가 어느 정도의 것인가를 식별할 수 없으므로 결국 최악의 경우에 대비하지 않으면 안 된다.

하지만 우리는, 방어자의 진지가 지형의 산지적 성격에 의하여 어떤 공격도 불가능하게 만드는 경우가 있을 수 있다는 것을 부정하려는 것은 아니다. 그러나 이와 같은 진지는 반드시 산지에만 있다고 할 수는 없다(피르나, 슈모트자이펜,

마이센, 펠트키르히). 게다가 또 이들 진지는 산중에 없기 때문에 더욱더 방어에 편하다. 그러나 이러한 진지가 산지 그 자체 안에서 발견되는 경우도 있을 수 있다. 그것은 방어자가 산중의 진지에 으레 따라다니는 불리를 피할 수 있는 장소, 예를 들어 고원과 같은 곳이다. 그러나 그렇게 되면 이런 종류의 진지는 매우 드물어진다. 그렇기 때문에 여기에서는 보통 찾아볼 수 있는 여러 진지를 기준으로 해서 고찰을 시도한 것이다.

산지가 결전을 추구하는 방어적 회전에 적합하지 않은 것은 전쟁사를 통관(通觀)하면 곧 분명해진다. 실제로 뛰어난 장수는 결정적 회전을 추구하는 경우에는 즐겨 평지에 포진을 하고 있는 것이다. 결전을 목적으로 하는 전투가 산지에서 행하여진 예를 전쟁사에서 찾아본다면, 겨우 프랑스혁명 전쟁에서 찾아볼 수 있을 뿐이다. 이 전쟁에서는 결정적 공격을 해야 할 경우에도, 공격 수단의 잘못된 적용과 유추(類推)로 말미암아 산중의 진지가 사용되기에 이른 것이다(1793년과 94년의 보주 산중의 전투. 1795년과 96년 및 97년의 이탈리아 산중에서의 전투). 멜라스는 1800년에 알프스 산길을 점령하지 않았기 때문에 널리 비난의 표적이 되었으나 이것은 단순한 생각에 의한 비판이며, 천박하고 유치한 판단에 입각한 비판이라고 할 수 있다. 비록 나폴레옹이 멜라스의 위치에 있었더라도 역시 이들 산길은 점령하지 않았을 것이다.

산악 공격에서의 부서, 즉 군을 구분해서 이에 각각의 임무를 부여하는 처치는 대체로 전술적인 성질을 가진 것이다. 따라서 여기에서는 전략과 밀접하게 관계하고, 또 전략과 합치하는 부분의 윤곽을 제시하는 것만으로도 좋으리라 생각한다. 그렇게 되면 그것은 다음과 같은 여러 항목이다.

1. 산지에서는 눈앞의 필요에 쫓겨 군을 분할하지 않으면 안 될 경우에도, 평지에서와는 달리 자유롭게 도로에서 벗어나 한 종대를 둘 내지 셋으로 편성을 바꿀 수가 없기 때문에, 대개의 경우 길고 좁은 길에서 정체되지 않을 수 없다. 그렇기 때문에 일반적으로 여러 가닥의 도로를 사용한다든가, 아니면 보통보다 다소 폭이 넓은 정면으로 전진할 필요가 있다.

2. 산지에서 장대한 방어선을 공격하는 데는 집결한 병력으로 해야 한다. 그러나 전 방어선을 포위하는 일은 전적으로 논외의 일이다. 따라서 큰 승리를 거

두려면 포위에 의해서 적의 퇴로를 차단하는 것보다는, 오히려 적의 방어선을 돌파해서 양 날개를 격퇴하지 않으면 안 된다. 또 이 경우에 적의 퇴각로에서 퇴각자를 끊임없이, 또 신속하게 추격한다는 것은 공격자로서 당연히 해야 할 일이다.

그러나 산지에서 많건 적건 집결한 병력을 가진 방어자를 공격하기 위해서는, 우회가 공격의 가장 주요한 부분이 된다. 이러한 경우에 적의 정면을 바로 공격하면, 적의 가장 강력한 부분과 충돌하지 않으면 안 되기 때문이다. 한편 우회(迂廻)가 노리는 것은 전술적인 측면 공격이나 배면 공격이 아니라, 오히려 적의 퇴로를 실제로 차단하는 것이 되지 않으면 안 된다. 산중의 진지에서는 비록 배면에 있어서도, 병력이 지나치게 적지 않은 한 큰 저항 능력을 가지기 때문이다. 여하간 공격자로서는 퇴로를 차단당할지도 모른다는 의구심을 방어자에게 환기시키는 일이 신속하게 성과를 거두는 첩경이 된다. 이러한 의구심은 주로 산지에서는 평지에서보다도 빨리 생기고, 또 그 영향력도 강하다.

산지에서는 일단 최악의 상태에 빠지면 무력을 가지고 탈출하기가 쉽지 않기 때문이다. 또 산지에서는 공격자의 양동작전은 충분한 수단이라고는 말할 수 없다. 이러한 양동은 적을 그 진지에서 유인할 수는 있어도 큰 성과를 얻는 것은 아니다. 그래서 아무래도 적의 퇴로를 실제로 차단할 필요가 있는 것이다.

제12장
초병선식 방어선의 공격

초병선식 방어선에서 방어자와 공격자 사이에 주요 결전이 벌어질 경우에는 공격자 측이 틀림없이 유리하다. 지나치게 장대한 방어선은 하천이나 산지에 대한 직접적 방어에 못지않게, 결전에 필요한 모든 요건과 모순되기 때문이다.

1712년에 오이겐의 지휘하에 있던 드낭의 방어선[1]은 이런 종류의 것이었다. 실제로 이 방어선의 상실은 곧 회전에서의 패배에 필적한 것이다. 만약에 빌라르[2]가 집중 진지에 의해서 오이겐을 적으로 삼았더라면, 이 승리를 획득하지 못했을 것이다. 또 공격자가 결전을 수행하기 위한 공격 수단을 가지지 않는 경우에는, 적의 주군이 이러한 방어선을 수비하고 있는 한 공격을 하면 안 된다. 1703년에 바덴 변경백 루드비히[3]가 수비한 슈톨호펜[4]의 방어선은 빌라르까지도 이를 경원했을 정도이다. 그러나 이런 종류의 방어선이 부(副)전투력만으로 수비되어 있을 경우에 공격의 성패는 공격자가 공격에 사용할 수 있는 군 병력의 대소에 달려 있다. 여하간 이러한 경우에 방어자의 저항은 강력하지는 않지만, 그러나 공격자의 전과(戰果)도 또한 큰 가치를 가지지 않는 것이 통례이다.

공격자가 설치하는 봉쇄 보루선은 독특한 성격을 가지고 있는 것으로, 이에 대해서는 전쟁터 공격의 장에서 설명하고자 한다.

---

1) 드낭(Denain). 북프랑스의 마을. 에스파냐 계승 전쟁(1701~1714) 중에 이곳에서의 회전(1712. 7. 24)에서 프랑스군은 오이겐이 통솔하고 있는 네덜란드군을 무찔렀다. 한편 드낭의 방어선은 6km에 달했다.

2) 빌라르(Villars, Claude Louis Hector de, 1653~1734). 프랑스의 육군 원수.

3) 루드비히(Ludwig Wilhelm I., Markgraf von Baden, 1655~1707). 바덴 변경백. 오스트리아의 원수.

4) 슈톨호펜(Stollhofen). 바덴의 마을. 루드비히는 여기에 12km에 이르는 초병선식 방어선을 설치하여(1701) 오스트리아군을 이끌고서, 침공하는 프랑스군에 대해서 이 방어선을 잘 지켜냈다 (1703. 4. 19~25).

초병선식 병력 배치, 즉 보강된 전초선, 그 밖의 특성은 어느 것이나 돌파되기 쉽다는 데 있다. 그러나 공격자에게 전진을 계속할 생각이 없고, 또 결전을 할 생각이 없으면 방어자의 이러한 배치를 공격해 보았자 그 성과는 뻔하고 결국 노고의 대가에 미치지 못한다.

제13장
기동[1]

1. 이미 제6편 제30장에서도 기동(機動)에 대해서 언급했다. 기동은 방어자와 공격자에 공통된 활동이지만 방어적 성질보다도 오히려 공격적 성질을 많이 띠고 있다고 하겠다. 그래서 본장에서는 기동의 특징을 더 자세히 고찰해 보고자 한다.

2. 기동은 대규모 전투에 의한 강력한 공격에 대립할 뿐만이 아니다. 적의 병참선이나 퇴각선이나, 양동(陽動) 혹은 이와 유사한 활동이거나를 불문하고, 그 어떤 공격 수단을 사용해서 직접 적에 가하는 공격과 대립한다.

3. 기동이라는 말의 개념에는, 술수를 써서 적으로 하여금 잘못을 저지르게 하여 아군에 유리한 효과를 낳게 하는 뜻이 있다. 즉, 무(無)에서 생기는 효과─바꾸어 말하면 피아의 균형에서 생기는 효과이며, 말하자면 평지에 풍파를 일으킨다는 의미가 있다. 기동은 장기두기에서 말하자면 먼저 두는 최초의 몇 수와 같다. 요컨대 기동은 우선 병력의 균형을 유지하고 있는 쌍방 중 어느 한쪽이, 그 어떤 성과를 얻기 위해 기회를 만들고 이렇게 해서 얻은 성과를 이용해서 적에 비해 우위를 차지하려고 하는 장기두기의 승부이다.

4. 그런데 한편으로는 기동의 목표로 간주되고, 또 다른 한편으로는 기동에 이어 일으키는 행동의 거점(據點)으로 생각해야 할 주요 사항은 다음과 같다.

a 적의 식량 보급선을 차단하거나, 보급 상태를 불편하게 만든다.

b 적의 주력과 여러 부대의 집결을 방해한다.

c 적의 주력과 자국 내부의 병참선, 혹은 다른 군대와 군단과의 병참선에 위

---

1) 기동(Manovrieren)은 라틴어의 manus(손)와 opera(작용)이 합성된 것. 군대 용어로서는 '기교를 사용해서 군을 운용한다'는 뜻을 포함하고 있다.

협을 준다.

　d 적의 퇴각선에 위협을 준다.

　e 우세한 병력으로 약간의 주요 지점을 공격한다.

　공격자 측에서의 이들 다섯 가지 관심사는, 개개의 상황에 관계되는 극히 사소한 사물에서도 찾아볼 수 있다. 그래서 이들 사물은 잠시이기는 하나 공격자의 주된 관심의 대상이 된다. 그러므로 때로는 한 개의 교량, 한 줄기의 도로, 혹은 한 개의 보루(堡壘)라도 주요한 역할을 하는 수가 있을 수 있다. 그러나 교량이나 도로 혹은 보루가 중요성을 지니는 것은, 위의 사항이 각기 이들 사물에 관계되는 경우에 한한다는 것은 새삼 설명할 것도 없다.

　f 만일 기동(機動)이 성공하면 공격자는—라고 하느니보다는 적극적인 쪽은 (방어자가 적극적인 경우도 있다) 적의 국토의 일부나 창고, 기타의 것을 탈취할 수 있다.

　g 그런데 전략적 기동에는 두 가지 대립이 나타난다. 이들 대립은 각기 서로 다른 기동인 것 같은 외관을 보이므로, 여기에서 잘못된 원리나 규칙이 도출된 것이다. 그런데 이 두 가지 대립을 형성하는 4개 항은 결국 동일한 대상의 필연적인 구성 요소이며, 또한 이러한 것으로 간주되지 않으면 안 된다. 즉 첫째는, 공격자에 의한 적진지의 포위와 적의 내선(內線)에 대해서 일으키는 행동과의 대립이다. 두 번째는, 공격자 측의 병력의 집결과, 병력을 많은 초병 진지에 분할 배치함으로써 생기는 전투력의 확산과의 대립이다.

　h 제1의 대립에 대하여 말하자면, 두 항(項)의 어느 것이 다른 것에 대해서 우위를 차지한다고 단언할 수 있는 성질의 것은 아니다. 그 이유의 하나는, 피아의 한쪽이 운동을 일으키면 그에 대한 자연적인 대항물로서, 다시 말하면 상대편의 운동을 무효하게 만드는 해독제로서, 다른 쪽에서도 운동을 일으키는 것은 자연의 도리이기 때문이다. 또 다른 하나는, 포위는 공격과 동질이지만 이와는 달리 내선(內線)에서 머무는 일은 방어와 같은 성질이고, 따라서 포위는 대체로 공격자에게 적합하며 내전(內戰) 작전은 방어자에게 더 적합하기 때문이다. 그리고 이 두 가지 방식 중에서 가장 능란하게 운용한 쪽이 다른 쪽에 대해서 우위를 차지하는 것이다.

i 제2의 대립을 형성하는 두 항에도 역시 우열의 차이를 견줄 수는 없다. 상대편보다도 우세한 병력을 갖는다면, 병력을 분할해서 몇 개의 초병 진지에 배치했다고 해서 하등 지장이 없는 것이다. 그렇게 되면 군의 전략적 배치 상태와 행동은, 여러 면에서 편의를 얻을 수 있고 또 병력을 헛되이 소모하지 않아도 될 것이다. 그런데 병력이 열세인 쪽은, 오히려 병력을 집결시켜 열세 때문에 입는 손해를 신속한 운동력으로 보충하지 않으면 안 된다. 또 군이 뛰어난 운동력을 갖추기 위해서는 평소의 행군으로 고도의 숙련에 도달할 필요가 있다. 따라서 열세의 병력을 갖는 쪽은, 그 물리적 및 정신적 힘을 억지로라도 발휘하도록 노력해야 한다. 우리가 목적으로 하는 것은 항상 논지의 철저와 행동이 처음부터 끝까지 같은 것이다. 우리가 지금 여기에서 물리적 정신적 힘의 발휘를 중요시하는 것은, 다름 아닌 우리의 논구(論究)가 그 어떤 경우에도 도달하지 않을 수 없는 결론이다. 그리고 이러한 결론이야말로 우리의 논술이 논리적으로 옳은가 옳지 않은가를 결정하는 시금석인 것이다.

프리드리히 대왕이 1759년, 60년에 다운에 대해서, 또 1761년 라우든에 대해서 한 전역, 또 몽테쿠콜리가 1673년[2]과 75년에 튀렌에 대해서 한 전역은 모두가 이런 종류의 교묘하기 짝이 없는 사건으로 여겨졌다. 우리의 견해도 주로 이들 전역에 바탕을 두고 있다.

k 이상 두 가지 대립 관계에 포함되어 있는 네 개의 항을 남용해서, 잘못된 원리나 규칙을 도출해서는 안 된다. 그러나 또 여러 일반적 사정, 예를 들어, 후방 기지나 지형 등에 실제 이상의 중요성이나 전반적인 영향력을 돌리는 일이 없도록 충분히 경계하지 않으면 안 된다. 그런데 앞에서 든 ⓐ 내지 ⓔ의 다섯 건에 대한 관심이 엷어짐에 따라, 장소 및 시간에 관한 일들이 더욱더 중요시되고, 또 사소한 계산에서는 넣을 수 없는 일반적인 것, 대규모적인 것은 더욱더 나타나기 힘들게 된다.

튀렌이 1675년에 군대의 후방을 3마일에 걸쳐 라인강에 밀착시켜, 퇴각로로서는 최우익(最右翼)에 단 하나의 교량밖에 없는 그런 정황 이상 가는 불합리한 포진은 없었을 것이다. 그럼에도 불구하고 그의 방책은 목적을 잘 수행했다. 따

---

2) 몽테쿠콜리의 경우는 루이 14세의 침략 전쟁(1654~97) 때의 일이다.

라서 세상 사람들이 이 방책에 고도의 기교 및 지혜를 인정하는 것은 결코 부당한 일이 아니다. 그러나 이와 같은 성과와 기교를 이해하기 위해서는 튀렌의 방책은 결코 일반적인 것이 아니고 전적으로 특수한 것이라는 데에 주의하고, 이 특수한 것은 특별한 경우에만 그 가치를 훌륭하게 발휘한다는 것을 생각하지 않으면 안 되는 것이다.

ㅣ 우리는 이상에서 말한 것에서 다음과 같은 여러 건을 진실이라고 인정하는 데에 주저하지 않는다. 즉, ―전략적 기동에 대해서는 그 어떠한 규칙도 존재하지 않는다. ―그 어떤 수법, 그 어떤 보편적 원칙도 기동에서의 행동 방식을 규정할 수 없다. ―군이 매우 특수한, 또 매우 사소한 정황에서 보이는 뛰어난 행동, 정확성, 질서, 복종심 및 대담성 등의 특성이야말로, 현저한 이점을 나의 것으로 하기 위한 수단을 발견할 수가 있다. ―따라서 또 전쟁이라고 하는 말하자면 격렬한 경기에서의 우승은, 주로 이들 뛰어난 특성에 의해서 결정된다는 것이다.

제14장
소택지, 범람지, 삼림지의 공격

　소택지는 통과하기가 곤란한 습지(濕地)로서, 거기에는 소수의 제방 길이 지나가고 있는 데에 불과하다. 이러한 소택지가 전술적 공격에게는 특히 곤란하다는 것은 이미 방어를 논한 제6편에서 말한 바 있다. 소택지는 워낙 폭이 넓으므로 대안(對岸)에서 포격으로 적을 몰아내고 통과 시설을 한다는 것은 거의 불가능하다. 그런데 여러 낮은 지역에서 볼 수 있는 바와 같이, 농경이 한창이고 도로가 무수히 나 있는 토지에서는 방어자의 상대적 저항은 확실히 강력해질 수 있지만, 그러나 공격자가 어디까지나 끝까지 결전을 원하게 되면, 방어자의 저항은 이러한 지형 때문에 오히려 약화되고, 또 결전에는 매우 부적당하다. 이에 반해서 저지(네덜란드와 같은)의 방어력이 범람으로 인하여 증강되면 방어자의 저항은 절대적인 것이 될 수 있고, 그렇게 되면 공격은 실패하지 않을 수 없다.

　네덜란드는 1672년[1]에 이를 증명했다. 당시 프랑스군에는 범람선 밖에 있는 모든 요새를 공략하여 점령한 후에 아직도 5만이라는 군대가 남아 있었다. 그러나 처음에는 콩데, 다음에는 뤽상부르가 지휘하는 프랑스군은, 불과 2만 남짓한 적군이 범람선을 방어하고 있다고 알고 있는데도 이 선을 돌파할 수가 없었다. 그러나 1787년[2]에 프로이센군은 브라운슈바이크 공이 지휘하는 네덜란드군에 대하여 실행한 전역에서는, 이와는 정반대의 결과를 나타낸 것이다. 이 경우에 프로이센군은 네덜란드군에 비하여 결코 우세하다고 할 정도는 아니었는데도 불구하고, 사소한 피해를 입었을 뿐 범람선을 돌파할 수 있었던 것이다.

　이와 같이 프로이센군이 찬란한 승리를 거둔 원인은, 방어자 측이 정치적 의

---

1) 루이 14세의 네덜란드 침략 전쟁 때의 일. 제6편 제20장 B 참조.
2) 프로이센의 대 네덜란드 전역에서 브라운슈바이크 공은 9월 13일에 최후의 범람선을 돌파했다.

견이 맞지 않아 분열 상태에 있었고 또 군에는 명령 계통의 통일이 돼 있지 않은 데 있었다. 하지만 이 전역의 성공, 즉 프로이센군이 최후의 범람선을 돌파하고 전진하여 암스테르담의 성벽 밑에 도달했다는 성과가, 말하자면 끝이 매우 날카로운 첨단에 걸려 있었다는 것에는 틀림없다. 그렇기 때문에 이러한 특수한 경우에 입각해서 일반적인 결론을 확립한다는 것은 불가능한 것이다. 그런데 이 첨단이라고 하는 것은 하를렘 호(湖)였다. 브라운슈바이크 공은, 이 호수를 이용해서 방어선을 우회하여 암스텔벤[3]의 초병 진지의 배후로 나온 것이다. 만약에 네덜란드군이 당시 이 호수에 수 척의 배를 띄우고 있었더라면 브라운슈바이크 공은 도저히 암스테르담까지 전진할 수 없었을 것이다. 실제로도 그는 범람선을 동파한다는 어려운 문제를 앞에 놓고 어쩔 줄을 몰라하고 있었던 것이다. 이것이 강화의 체결에 어떠한 영향을 주었는가는 여기에서 논할 문제가 아니다. 그러나 최후의 범람선 돌파는 절대로 불가능하다는 말은 이제 더 이상 할 수 없게 된 것은 확실하다.

겨울이란 계절이 이 방어 수단에 불리를 가져오는 천연(天然)의 적임은 말할 것도 없다. 프랑스군은 1794년[4]과 95년에 이것을 증명하고 있다. 그러나 그것은 엄동(嚴冬)이어야 한다.

앞서 우리는 통과가 어려운 삼림지 역시 방어에 유력한 수단 중의 하나라고 말했다. 그러나 안이 그다지 깊지 않은 삼림지라면 공격자는 병행하는 몇 가닥의 임도(林道)를 전진해서 삼림지를 탈출하여, 더 편리한 땅에 다다를 수가 있다. 요컨대 삼림지는 통과가 곤란하다 해도 대하나 소택지보다는 편하며 따라서 통과가 절대로 불가능한 것은 아니다. —그러나 러시아나 폴란드처럼 광대한 지방이 거의 도처에 삼림으로 덮여 있어, 공격자는 보급에 관해서 많은 곤란과 싸워야 하고, 또 낮에도 어두운 삼림 속에서는 공격자의 우세한 병력을 적에게 분명하게 보일 수가 없다는 것만으로도 공격자의 극심한 곤경을 상상할 수 있을 것이다. 확실히 이것은 공격이 빠질 수 있는 최악의 사태 가운데 하나이다.

---

3) 암스텔벤(Amstelveen). 하를렘 호 동쪽의 지점.
4) 프랑스혁명군은 이 두 해에 네덜란드에서 동맹군과 싸워 패했다.

제15장
서로 결전을 요구하는 싸움터 공격

앞으로 이 장에서 논하려는 여러 문제의 대부분은 이미 제6편에서도 언급한 바가 있다. 따라서 제6편의 싸움터〔戰場〕 방어에 관한 여러 장을 참조하는 것만으로도 싸움터 공격을 해명하는 데에 충분하리라고 생각한다.

외부에 대해서 이른바 엄격하게 닫힌 싸움터라고 하는 개념은, 원래 공격보다도 오히려 방어와 밀접한 관계를 갖는다. 그런데 약간의 중요한 점, 예를 들어 공격의 대상이나 승리의 효력 범위 등에 대해서는 본편에서 이미 논하고 있다. 또 공격의 성질에 관한 전반적이고 본질적인 사항에 대해서는, 전쟁 계획을 논하는 다음 장에서 설명하려고 한다. 하지만 여기에서 말해두어야 할 사항이 남아 있다. 그래서 전편에서도 언급한 일이 있는 대규모의 결전을 구하려고 하는 전역을 다시 들춰보고자 한다.

1. 공격의 직접 목표는 승리이다. 방어자에게는 방어자가 갖는 이점이 있다. 공격자 측에서, 방어자의 이러한 이점에 대항할 수 있는 것은 병력의 우세뿐이다. 그 밖에도 공격자이자 전진자(前進者)라고 하는 의식이 군에 주는 우월감이 있다. 그러나 이것은 결국 대단하지는 않다. 일반적으로 이와 같은 감정의 영향력이 지나치게 중요시되고 있기는 해도 이러한 우월감은 오래 계속되는 것은 아니고, 또 공격자가 일단 중대한 곤경에 직면하면 이것을 도저히 지탱할 수가 없는 것이다. 또 지금 여기에서 논하고 있는 것은 방어나 공격자가 과실을 범하지 않고 진퇴의 이치를 알고 있을 경우의 일이다. 또 여기에서는 야습이나 기습에 관한 모호한 생각도 배제하고자 한다. 이들 수단은 공격에서 승리를 가져올 풍부한 원천으로 간주되기가 쉽지만, 이러한 승리의 원천은 여간한 특수한 사정이 존재하지 않는 한 생기지 않는다. 전략적 기습이 본래 어떠한 것인가 하

는 것은 이미 다른 곳에서 말한 바가 있다. 요컨대 공격에 물리적 우세가 부족하면 정신적 우세가 공격 방식의 불리를 보충하지 않으면 안 된다. 정신적 우세도 또한 부족하다면, 공격은 실시되지 않을 것이고 설령 실시했다 해도 실패로 끝날 것이다.

2. 신중함이 방어자의 수호신이라고 해도 좋다면 대담과 자신은 공격자의 마음을 북돋는 정신력이다. 그러나 그렇다고 해서 방어자에게는 대담과 자신이 결여되고 공격자에게는 신중함이 부족해도 좋다는 이야기가 아니다. 다만 제1의 특성은 방어자의 임무와, 또 제2의 특성은 공격자의 임무와 한층 친밀하게 결부된다는 것에 지나지 않는다. 실제로 군사적 행동은 수학의 작도(作圖)처럼 명백하지 않고, 항상 애매하고 모호한 영역 내에서 이루어지는 활동이고 보면 이러한 특성이 필요한 것이다. 그리고 이러한 애매모호한 영역에서는 우리를 성공적으로 목적지까지 이끄는 데에 가장 적당한 안내자인 장수에 모든 신뢰를 걸지 않으면 안 된다. ─방어자가 정신적으로 열세이면 공격자는 더욱더 과감하게 행동해야 한다.

3. 승리를 거두려면 피아 쌍방의 주력끼리 만날 필요가 있다. 그러나 피아 주력의 만남을 원하는 것은 방어자보다도 공격자 쪽이 확실하다. 방어 진지에 들어 있는 방어자를 자진해서 수색하는 것은 공격자이기 때문이다. 그러나 우리는 앞서(방어를 논한 제6편에서) 이렇게 말했다. ─방어자가 전망을 잘못해서 선정한 진지에 들어 있을 경우에는, 공격자 쪽에서 방어자를 수색할 필요는 없다. 오히려 방어자 쪽이 공격자를 수색할 것임에 틀림없다. 그렇게 되면 공격자는 아직 준비가 되어 있지 않은 방어자를 만나게 되는 이점을 가지게 된다─고. 그러면 이 경우 모든 것은 가장 중요한 도로와 공격 방향에 달려 있다. 그런데 제6편에서는 이 점에 대한 설명을 빼고 뒤에 본장을 참조하도록 지시해 두었다. 그래서 본장에서는 이에 대해 필요한 상황을 말해 보고자 한다.

4. 무엇이 공격의 직접 대상인가, 또 무엇이 승리의 목적인가에 대해서는 이미 말했다. 그런데 승리의 목적물이 공격자가 공격하는 전쟁터 안에 있고, 따라서 또 공격자가 이것으로부터 획득할지도 모르는 전승의 권내에 있다고 한다면, 이 목적물로 향하는 도로가 곧 자연적인 공격의 방향이다. 그러나 여기에서 잊어서는 안 되는 것은 공격의 대상은 보통 전승과 함께 비로소 뜻을 갖는다

는 것, 따라서 또 전승은 항상 공격 대상과의 관련에서 생각하지 않으면 안 된다는 것이다. 따라서 공격자에게 중요한 것은 이 대상에 단순히 도달하는 것이 아니라 전승자로서 이 대상을 획득하는 것을 말한다. 그러면 공격의 방향은 직접 대상 그 자체로 향하는 것이 아니므로, 적군이 그 대상에 도달하기 위해 취하는 도로로 향하지 않으면 안 된다. 이 도로가 곧 직접적인 공격 목표인 것이다. 공격자는 적이 이 대상에 도달하기 전에 적군을 만나, 이 대상에 이르는 도로를 차단하여 이와 같은 정황 아래에서 적군을 격파하는 일이 완전한 승리로 가는 길이다. ―예를 들어, 적국의 수도가 공격의 주된 목적물이고 그때 공교롭게 방어자가 수도와 그의 주력 사이에 병력을 배치하고 있지 않아도, 공격자가 느닷없이 수도를 향해 돌진하는 일은 올바른 방식이 아니다. 오히려 그는 그 주력을 적의 주력과 수도 사이의 병참선으로 돌려, 여기에서 전승을 구하는 것이 좋은 방책이다. 그렇게 하면 이 전승이 그에게 틀림없이 수도도 내주게 될 것이다.

공격에 의한 전승 권내에 큰 공격 목표가 존재하지 않는 경우에는, 적군과 공격자에 가까운 중대한 공격 목표를 연결하는 선이 가장 중요한 지점이 된다. 그러면 공격자는 이렇게 자문할 것이다. ―만약에 회전에서 승리를 얻는다면 이 승리를 어떻게 이용할까 하고. 요컨대 공격자가 회전에 승리를 얻을 경우에 향하는 공격 목표가 곧 공격의 자연적 방향인 것이다. 만약에 방어자가 마찬가지로 이 방향으로 병력을 배치하고 있다면, 그의 조치는 정당하다고 하지 않을 수 없다. 그리고 이 경우에 공격자에게 남은 수단은, 이러한 진지에 들어 있는 방어자를 탐색하는 것뿐이다.

또 방어자의 진지가 매우 견고하면 공격자는 적진지의 측면 통과를 시도하지 않을 수 없을 것이다. 그러면 공격 목표를 향해 서두르는 공격자는 전화위복을 하게 되는 셈이다. 그러나 방어자가 진지의 선정을 잘못했을 경우에는, 공격자는 공격 방향으로서 이 방면을 고를 것이고, 또 그가 방어자와 서로 대치하는 지점에 이르러도 방어자가 그 사이에 진지를 옆으로 이동하고 있지 않으면, 공격자는 바로 방어자와 공격 목표를 연결하는 병참선을 노리고 전진하여 이 방면에서 적을 탐색할 것이다. 그래도 여전히 적군이 정지하고 있으면 공격자는 방향을 전환해서 적군에게 배면 공격을 가하지 않으면 안 된다.

공격자가 선정할 수 있는 도로 중에는, 외국과의 교역에 사용되는 큰 도로를 고르는 것이 가장 좋은 방책이자 가장 자연스러운 선택이다. 그러나 이 도로가 심하게 굴곡이 되어 있는 곳에서는 좀 더 작아도 좋으니까 별도의 곧은 도로를 고르는 것이 좋다. 대부분 곡절이 심한 퇴각로는 큰 위험이 따르기 때문이다.

5. 공격자가 대규모의 결전을 추구하는 경우에는, 병력을 분할하는 동기는 전혀 생기지 않는다고 해도 좋다. 그럼에도 병력의 분할이 이루어진다고 한다면, 대개는 적정에 어둡기 때문에 생긴 잘못이라고 보아야 한다. 따라서 공격자는, 모든 종대가 어떤 지점에서 동시에 공격을 할 수 있을 정도의 폭을 가지고 전진하는 것이 좋다. 또 적측이 이미 병력을 분할했다면, 이것은 공격자에게 더욱더 유리하게 된다. 이러한 경우, 공격자는 작은 양동을 시도해도 상관없다. 이런 종류의 양동은 말하자면 전략적 양공(陽攻)이고, 적이 병력을 분할함으로써 공격자에게 주어진 이점의 확보를 목표로 한다. 공격자 측에서의 병력의 분할은 이러한 이유에 입각해서 이루어지는 경우에만 인정될 수 있는 것이다.

공격자가 전술적 공격을 포위 공격적으로 행하려고 하면, 병력을 몇 개의 종대로 분할하지 않을 수가 없다. 포위라고 하는 공격 형식은 공격자에게는 자연적이며, 이유 없이 폐지하는 것은 허용되지 않는다. 그러나 이 경우에 포위는 어디까지나 전술적 성질을 지녀야 한다. 한편으로 대규모 공격이 이루어지고 있는데, 다른 한편으로는 전략적 포위를 시도한다는 것은 전적으로 병력의 낭비이기 때문이다. 따라서 이러한 전략적 포위는 공격자가 매우 강력하고, 공격의 성공에 아무런 의심이 없는 경우가 아닌 한 허용될 일이 아니다.

6. 그러나 공격도 또한 신중하지 않으면 안 된다. 공격자라도 배후가 있고 또 보전되어야 할 병참선을 가지고 있기 때문이다. 또 병참선은 될 수 있는 대로 공격자가 전진하는 방식 그 자체에 의해, 다시 말하면 군 자신에 의해서 확보되어야 한다. 만약에 병참선을 보전하기 위해 따로 병력을 보내야 한다면, 따라서 또 그 때문에 병력의 분할이 이루어진다면 이것이 공격력 그 자체를 줄어들게 하는 것은 틀림없기 때문이다. 그런데 상당수의 대군이라면, 대개 적어도 하루 행정의 폭을 가지고 전진한다. 그러므로 만약에 군의 퇴각선이나 병참선이 이 전진 정면에 대해서 대체적으로 직각을 이루고 있다면, 이러한 퇴각선이나 병참선의 엄호는 대개 전진하는 군의 정면만으로 충분하다.

공격자가 퇴각선이나 병참선을 위협받을 위험의 유무 혹은 대소는, 주로 방어자의 위치와 성격을 기준으로 판단하지 않으면 안 된다. 피아 쌍방이 대규모의 결전을 추구하고 있는 중대한 상황에서는, 방어자에게는 이런 종류의 행동을 일으키는 여유는 거의 남아 있지 않다. 따라서 공격자는 보통의 경우라면 이것에 별로 신경을 쓸 필요는 없다. 그러나 전진이 끝나고 공격자가 차차 방어체제로 이행하면 배면의 엄호는 더욱 필요할 뿐만 아니라 한결 중요한 일이 되는 것이다.

공격자의 배면이 방어자의 배면보다도 약한 것은 물론이다. 따라서 방어자는 실제적인 공격으로 이전하기 훨씬 이전에, 또 적에게 여전히 침략지의 점유를 허용하고 있어도, 이미 공격자의 병참선에 대해서 행동을 일으키기 시작하고 있다는 일이 가능하다.

제16장
서로 결전을 원하지 않는 싸움터 공격

1. 공격자의 의지와 병력이 대규모 결전에 충분하지 않은 경우에도, 공격자는 전략적 공격을 의도하는 일이 있다. 그러나 그 경우의 공격은 무엇보다도 사소한 목표로 향하는 것이 일반적이다. 그런데 이러한 공격이 성공하면, 공격자가 이 목표에 도달하자마자 모든 것이 정지되고, 피아 쌍방 사이에는 균형 상태가 생긴다. 또 공격 중에 약간이라도 곤란한 상황이 되면, 전면적인 전진 중에 때 이르게 정지 상태가 생기는 것이다. 그러면 전진 대신에 단순한 우발적 공세나, 또 때로는 전략적 기동이 나타나는 것이다. 이것이 대개의 전역의 성격이다.

2. 이러한 전략적 공세가 목표로 하는 대상은 다음과 같은 것이다.

a 적 국토의 어느 지역. 보급에 유리하다. 뿐만 아니라 군세(軍稅)를 징수할 수가 있다. 자국의 부담을 경감할 수 있고, 강화 때의 교환물로 삼을 수 있다. —이것들이 적 국토의 어떤 지역을 점령함으로써 공격자가 받는 여러 가지 이점이다. 또 때로는 이것에 무훈(武勳)이라는 개념이 결부되는 일이 있다. 이와 같은 일은 루이 14세 시대의 프랑스 장수들이 한 전역에서 끊임없이 겪은 사례이다. 그런데 방어되는 지역과 방어가 미치지 않는 지역 사이에는 현저한 차이가 있다. 또 방어되는 지역은 방어자가 고른 전쟁터에 이어져, 대부분은 이 전쟁터를 자연스럽게 보충하는 토지에 한정된다. 그리고 이러한 지역만이 강화(講和)를 할 때 교환 물건으로서 고려되고 그 밖의 지역은 대개 전역 기간만큼 점령되는데 겨울이 되면 이들 지역으로부터 철수하는 것이다.

b 적의 중요한 창고. 중요한 창고이기 때문에 전역의 승패를 결정하는 공세의 목표로 여겨지는 것이다. 분명히 이러한 창고의 탈취도 그 자체로서는 방어자에게는 손실을, 또 공격자에게는 이익을 가져오는 데에 지나지 않지만, 그러

나 이 경우의 공격자의 주된 이점은, 방어자가 이 손실 때문에 전쟁터에서 물러나거나 그렇지 않으면 유지할 수 있었던 지역의 포기를 하지 않을 수 없게 하는 데에 있다. 따라서 창고의 탈취는 본래대로 말하자면 수단임에도 불구하고 지금 목적이라고 일컬어지는 것은, 이러한 탈취 그 자체가 공격자의 결정적 공격 목표가 되기 때문이다.

　c 요새의 공략. 요새의 공략에 대해서는 이미 제6편 제10장에서 논했으므로 그곳을 참조하기 바란다. 그곳의 설명에서 분명해진 것처럼 요새는 적을 완전히 타도한다거나 혹은 또 적 국토의 주요 부분을 점령하려는 의도가 도대체 없는 공격적 전쟁이나 전역에 대해서 가장 알맞은, 또 가장 바람직한 대상이다. 그래서 요새가 많은 네덜란드에서 일어나는 사정들이 적절히 설명되리라고 믿는다. 네덜란드에서는 항상 그 어떤 요새의 공략이 군사적 행동의 중심을 이루게 되었다. 더욱이 그 경우에 이들 요새를 차례로 공략해서 마침내 그 주(州) 전체를 탈취하는 것을 중요 방침으로서 관철하는 것이 아니라, 각 요새를 그 자체가 그 어떤 가치를 갖는 개개의 양(量)으로 간주한다. 이것은 요새 그 자체의 가치보다는 오히려 요새가 행동에 편하고 또 행동을 쉽게 하는 점을 중요시한 것이다.

　그러나 요새가 전혀 쓸모가 없는 축성(築城)에 지나지 않는다는 것이 아니라 어느 정도 강력한 것이라면, 그 포위 공격은 역시 중대한 행동이라고 하지 않을 수 없다. 포위 공격에는 막대한 전비가 들고 또 국가의 흥폐에 관계가 없는 전쟁에서는, 전비의 지출은 충분히 고려해야 할 문제이기 때문이다. 그러나 그렇게 되면 요새의 포위 공격은 이미 전략적 공격의 중요한 대상의 하나가 된다. 요새가 미미하고 그 포위 공격이 중대한 일로 여겨지지 않으며 또 포위 공격의 준비도 충분히 않고, 요컨대 모든 것이 일시적인 방편에 지나지 않는 것이 되면, 전략적 목표도 더욱 사소해지고 열세한 병력과 박약한 의도에 더욱더 들어맞는 것이 된다. 그러면 만사는 공격자라고 하는 말대로 체면상 어떤 군사 행동을 일으켜야 하기 때문에 이 전쟁의 명예를 지키기 위한 부질없는 모의전(模擬戰)으로 떨어지게 된다.

　d 유리한 전투. 조우전(遭遇戰) 혹은 회전까지도 전리품을 위한 것이고 결국은 무훈을 자랑하기 위한 것이며, 또 때로는 장수의 단순한 허영심을 위해 이

루어지는 일까지도 있다. 이 사실을 의심하는 것은 대개 전사(戰史)에 대해서 아무것도 모르는 사람들뿐일 것이다. 루이 14세 시대에 프랑스군이 행한 수많은 전역에서는, 대개의 공격적 회전은 어느 것이나 이런 식이었다. 그러나 이러한 것도 전적으로 객관적 중요성이 결여된 것이 아니고, 또 반드시 단순한 허영심의 발동만은 아니라는 것에 주의를 할 필요가 있다. 즉, 이런 종류의 투쟁에서도 강화 조약의 체결에 매우 현저한 영향을 주므로, 그렇게 되면 상당히 직접적으로 목표에 도달하게 되는 셈이다. 여하간 군이나 장수가 무훈을 자랑하고 정신적 우월을 바라는 마음은 눈에 보이지 않는 작용으로서 일체의 군사적 행동이 널리 퍼져 있는 것이다.

이와 같은 전투를 행하기 위해서는 우선 다음 두 건이 확인되지 않으면 안 된다. 첫째 전승의 가망이 상당히 크다는 것, 두 번째는 비록 전투에 패해도 손해가 지나치면 안 된다는 것이다. 이와 같은 회전은 제한된 사정하에서 이루어지고 그 목표도 국한되어 있다. 그럼에도 불구하고 이러한 회전에서의 전승은, 전적으로 정신적 무기력 때문에 이용되지 못하고 끝난 승리와 혼동해서는 안 된다.

3. 위에 든 사항(a~d) 중 마지막 (d)를 제외하고는, 나머지는 모두 대규모 전투에 의하지 않고서도 획득할 수 있고, 또 거의가 공격자로서도 이러한 전투를 하지 않고 획득하려고 한다. 그런데 공격자가 결정적 전투를 추구하지 않는 경우에 사용할 수 있는 수단은, 방어자 측이 선택한 싸움터에서 방어되어야 할 대상에 관련되어 있다. 그러면 이들 수단은 다음과 같은 것이 된다.

첫째는 적의 병참선을 위협하는 일이다. 거기에는 보급에 관계되는 물건, 예를 들어 창고, 풍요로운 도(道)나 군(郡), 수로(水路) 등도 있고, 교량이나 좁은 길과 같은 중요한 지점도 있다. 특히 이들 물건의 엄호에 임하는 부대도 있다.

두 번째는 견고한 요새, 즉 공격자에게는 특히 귀찮고, 이와는 달리 방어자에게는 매우 지키기 쉬운 요새의 공략이다.

세 번째는 유력한 도시, 풍요로운 지방, 반란의 염려가 있는 지구의 점령이다.

또 네 번째는 적측에 가담하고 있는 약소한 동맹자에게 위협을 주는 일이다. 공격자가 적의 병참선을 실제로 차단하고 더욱이 방어자는 많은 희생을 지불하지 않고 이 병참선을 재개하지 못하도록 한다면, 방어자로서는 위에서 말한 여러 물건을 엄호하기 위해, 혹은 이를 포기한다고 해도 손해를 될 수 있는 대로 가볍게 끝마치기 위해서 더 물러난 후방이나 측면에 다른 진지를 구하지 않을 수 없을 것이다. 그렇지 않으면 국토의 일부는 공격자에게 넘겨주게 되고, 또 창고나 요새는 노출되므로 창고는 이내 탈취되고 요새도 또한 포위 공격되는 것이다. 이 경우에 대소의 전투가 이루어진다고 해도 피아 쌍방이 이러한 전투를 한 것도 아니고 또 전투를 목적으로 한 것도 아니다. 요컨대 전투는 말하자면 불가피한 해악이지만, 규모에서나 중요성에서 어느 정도를 넘는 일은 없다.

4. 방어자가 공격자의 병참선에 대해서 행동을 일으키는 방법은, 대규모 결전을 구하는 전쟁에서는 작전선이 현저하게 장대한 경우에 한해서 사용되는 반격 방식이다. 그런데 대결전을 추구하려고 하지 않는 전쟁에서는, 이런 종류의 반격 방식 쪽이 오히려 사리에 맞는 것이다. 이와 같은 경우에는 공격자의 병참선이 매우 길어지는 일은 매우 드물지만, 방어자로서도 공격자에게 이런 종류의 큰 손해를 주는 것이 당면 목적은 아니다. 때로는 공격자의 보급 사정을 방해하고 불편하게 하는 것만으로도, 이미 효과를 거둔 것이 된다.

또 공격자의 병참선이 짧기 때문에 방어자가 이러한 병참선에 대해서 행동을 일으켜도 그 효과가 바람직하지 않을 때에는, 행동하는 시간을 길게 하여 그것을 보충한다. 여하간 공격자로서는 전략적 측면의 엄호가 중요한 요건이 된다. 또 공격자의 병참선에 관해서 공방 쌍방 사이에 이러한 경합이 생겼을 경우에는, 공격자는 공격에 으레 따라다니는 불리한 점을 병력의 우세로 보충할 계산을 하지 않으면 안 된다. 만약에 이러한 경우에 공격자가 적의 군단 혹은 주군(主軍) 그 자체에 뼈아픈 타격을 가할 수 있는 힘과 결의를 아직 잃지 않고 있으면, 이러한 타격의 위험에 의해서 끊임없이 적을 위협하면서 자군(自軍)을 매우 유리하게 엄호할 수가 있을 것이다.

5. 마지막으로 이런 종류의 전쟁에서는, 공격자 측이 방어자에 비해서 현저하게 유리하다는 사정을 지적하지 않으면 안 된다. 이 유리함이란 공격자가 방어자의 의도와 힘을 판정하는 것이 그 반대의 경우보다도 훨씬 쉽다는 것이다. 공격자가 어느 정도까지 적극적이고 과감한 행동을 일으킬 것인지를 추정하는 일은, 방어자가 대규모적인 반격을 계획하고 있다는 것을 알아채는 일보다도 훨씬 곤란하다. 실제의 경우를 생각해 봐도 방어자가 방어라고 하는 전쟁 형식을

골랐다는 것은, 바로 그가 적극적인 행동을 원하고 있지 않다는 증거라고 할 수 있다. 게다가 대규모 반격 준비와 보통의 방어 준비의 차이는 큰 목적을 위한 공격 준비와 작은 목적을 위한 공격 준비의 차이보다도 훨씬 심하다. 마지막으로 방어자는 당면한 방어 방책을 공격자의 공격에 앞서서 결정하지 않으면 안 되지만, 공격자는 이에 대해서 후수(後手)를 둘 수 있다는 유리한 입장에 있다.

제17장
요새의 공격

요새의 공격이라고 해도 여기에서는 축성 공사 측면에서 논하는 것은 아니다. 논점의 첫째는 요새의 공격과 결부되어 있는 전략 목적에 관해서이고, 두 번째로는 방어자 측의 요새 중에서 어느 것을 공격 목표로 택할 것인가 하는 문제에 관하여, 세 번째로는 공격자가 어떤 요새를 포위 공격했을 경우에 이 포위군을 엄호하는 방법에 관한 것이다.

방어자가 요새를 공략당하면 그 때문에 방어력은 약화되지 않을 수가 없다. 특히 그 요새가 방어의 중요한 부분을 이루고 있는 경우에는 더욱 그렇다. ─ 공격자가 적의 요새를 점령하면 거기에서 많은 이점이 생긴다. 즉 공격자는 점령한 요새를 창고와 물자 저장소로서 사용하고, 또 이 요새를 근거지로 하여 부근의 점령 지역과 자기 군대의 야영지를 엄호할 수 있다는 것 등등. ─공격이 극한점에 이르러 방어로 이행(移行)하는 단계가 되면, 공격자가 점령한 요새는 다시금 방어의 강력한 거점이 된다. 요새가 전쟁의 진행 중에 싸움터에 대해서 가지는 이러한 관계는, 모든 방어를 논한 제6편 제10장 '요새' 가운데서 설명한 것으로 이미 명백하다. 따라서 그것을 참조하면 요새의 공격에 관한 필요한 해명을 얻을 수 있으리라고 믿는다.

다음에 보루 요새의 공략에 관해서도 대규모의 결전을 구하는 전역과 그렇지 않은 전역 사이에는 현저한 차이가 있다. 전자의 경우, 이 공략은 불가피한 해악이라고 여겨져도 좋다. 그리고 공격자는 결전에 의한 승패의 결정을 추구하는 한, 아무래도 방치해 둘 수 없는 요새만을 포위 공격하는 것이다. 또 결전에 의해 이미 승패가 결정되면 위기는 지나가고 피아 병력 사이의 긴장은 해소되며 그 후에는 오랜 정지 상태가 계속되는 것이다. 그렇다면 보루 요새의 점령은 침략 지역의 땅을 굳히는 역할을 하게 되는 셈이다. 이 경우에 요새의 점령은 곤경이나 노고를 수반하지 않는 것은 아니지만, 그러나 특별히 위험을 저지를 필요는 없다. 그런데 요새의 포위 공격은 피아의 긴장이 한창일 때에는, 이 위험이 더욱더 격화되어 공격자에게 불리를 가져오게 된다. 실제로 요새의 공격만큼 병력을 흡수하여 일시적으로라도 공격자의 우세를 감소시키는 것은 없다. 그러나 공격을 전반적으로 추진하기 위해서는 약간의 요새 중 어느 것인가를 꼭 공략하지 않으면 안 될 경우가 있다. 이와 같은 경우 포위는 공격을 강력한 추진 수단으로 여겨도 좋다. 만약에 그때 아직 결전에 의한 승패가 결정되어 있지 않다면, 피아 쌍방 사이에 조성되는 위기는 더욱더 커지는 것이다. 이 문제에 대해 더 고찰할 일들은 전쟁 계획을 다루는 편에서 논하는 것이 적당할 것이다.

목표가 제한된 전쟁에서는 일반적으로 요새 공격은 수단이 아니라 목적 그 자체이다. 이 경우에는 요새에 대한 공격은 독립된 소규모의 공략으로 보고, 또 그러니만큼 다른 경우의 공략에서는 볼 수 없는 여러 가지 특징을 지니고 있다. 그 특징들을 열거해 보면 다음과 같다.

1. 이 경우의 요새에 대한 공격은, 공격 목표가 매우 명확히 제한된 소규모의 공략이며, 이러한 공략은 커다란 노고를 필요로 하지 않는다. 따라서 적의 반격을 받을 염려도 없다.

2. 공격자가 공략한 요새는 강화 때 유력한 배상물(賠償物)로 간주될 수 있다.

3. 요새에 대한 포위 공격은 공격의 강력한 추진 수단이며, 혹은 적어도 그러한 것으로 간주되고 있다. 더욱이 다른 추진 수단과는 달라서 그 때문에 병력의 약화를 증대시킬 염려는 없다.

4. 요새의 포위 공격은 파국을 초래할 염려가 없다.

큰 목표가 결여된 전략적 공격에서는 이들 특성이 주요 요건이 되므로, 공격의 대상이라고 하면 하나 내지 몇몇 요새라는 말이 되고 또한 그것이 통례로 여겨진다.

그런데 공격자가 포위 공격 동작을 어느 요새로 향하는가에 대해서 그 선정에 주저하는 일이 있다. 그 경우에 선택을 결정하는 근거에는 다음과 같은 조건들이 있다.

a 공략한 요새가 유지하기에 편리하다는 것. 따라서 이러한 요새는 강화 때에 배상물로서 높이 평가된다.

b 요새를 공략하기 위한 수단이 갖추어져 있다는 것. 수단이 불충분하면 작은 요새밖에는 탈취할 수 없을 것이다. 그러나 큰 요새를 공략하다가 좌절하는 것보다는 작은 요새를 실제로 획득하는 편이 좋다.

c 요새의 축성 기술적인 견고성. 그러나 이와 같은 성질은 반드시 그 요새의 중요성과 비례하지는 않는다. 그다지 견고하지 않은 요새로 공격의 대상이 되는 것이 달리 있는 데도 불구하고, 견고하기는 하지만 별로 중요하지 않은 요새를 공략하기 위해 병력을 낭비하는 것처럼 어리석은 일은 없다.

d 요새 장비(裝備)의 강약과 수비대 병력의 강약. 요새의 수비가 허술하고 장비도 충분치 않으면 공략이 손쉽다는 것은 물론이다. 그런데 이 경우에 주의하지 않으면 안 될 일은, 강력한 수비대와 충분한 장비는 서로 연관해서 그 요새의 중요성을 결정하는 요건으로서 간주해야 한다는 것이다. 수비대와 장비는 직접 방어자의 전투력에 속하지만 축성 공사는 그렇지가 않다. 따라서 강력한 수비대를 갖는 요새를 공략한다는 것은, 특히 견고한 공사를 실시한 요새를 공략하는 것보다도 공격자에게 훨씬 유리하다.

e 공성(攻城) 재료 수송의 난이. 대개의 공략은 공성 재료의 부족 때문에 실패한다. 또 공성 재료는 대개 수송의 어려움 때문에 부족하게 되는 것이다. 1712년 오이겐은 란드레시[1]를 공략하고 또 1758년 프리드리히 대왕은 올뮈츠를 공략했으나 어느 것이나 효과를 거두지 못했다. 이들은 재료 수송의 곤란으로 실패한 가장 두드러진 실례이다.

f 공략군을 엄호하는 난이(難易)도 여기에서 논할 문제로서 고찰의 대상이 된다.

공략군을 엄호하는 데에는 본질적으로 두 가지 방법이 있다. 하나는, 요새

---

1) 란드레시(Landrecies). 북프랑스의 요새. 에스파냐 계승 전쟁(1701~1714)에서 영국, 네덜란드 및 오스트리아 동맹군은 이 요새를 공략했으나(1712. 7. 17~8. 2) 실패했다.

주위에 축조한 공성 보루에 의존하는 방법이다. 그러니까 이것은 봉쇄 보루선 바로 그것이다. 또 하나는, 소위 작전선을 사용하는 방식이다. 첫째 방법은 오늘날에는 완전히 없어지고 말았다. 그러나 이 방법이라면 공략자의 병력이 분할에 의하여 약화될 염려는 없다. 실제로 분할에 의한 병력의 약화는 공략자에게는 크게 불리하다. 그렇지만 이 경우에도 다른 면에서 현저한 병력의 약화가 생긴다. 그 이유는 다음과 같다.

1. 공격자가 요새 주위의 진지를 차지하기 위해서는, 일반적으로 병력을 많이 확산하지 않을 수 없기 때문이다.

2. 보통의 경우라면 요새 수비대(守備隊)의 병력에 지원 부대의 병력을 합해 보았자, 그것만으로는 역시 공격군과 겨룰 수 있는 병력에 지나지 않을 것이다. 그런데 위에서 말한 것과 같은 사정 아래에서의 요새 수비대는 실로 공격자 진영 한 가운데에 있는 적 부대를 의미하지만, 그러나 이 부대는 견고한 누벽(壘壁)으로 엄호하고 있기 때문에 공격군으로서는 어떻게 손을 쓸 수가 없는 것이다. 혹은 적어도 이러한 수비대를 힘으로 항복하게 할 수는 없다. 따라서 이러한 경우에는 수비대의 저항력은 현저하게 증대하는 것이다.

3. 공격자에 의한 봉쇄 보루선의 방어는, 전수(專守) 방어[2]가 되지 않을 수 없다. 그런데 공격자가 병력을 요새 주위에 원형으로 배치하여 정면을 밖으로 향하게 하는 방식은 가장 취약하고 가장 불리한 배치 형식으로, 이러한 진지에서 유리한 출격(出擊)을 하는 것은 거의 불가능하다. 따라서 공격자는 결국 이러한 공성보루(攻城堡壘) 안에서 방어에 시종하지 않을 수가 없다. 이와 같은 정황이 공격자의 방어 능력을 약화시키는 정도는, 병력의 3분의 1을 감소시키는 것보다도 더 심하다. 또 군 병력의 3분의 1이라고 하면, 그것만으로 아마도 하나의 감시군[3]을 편성할 수가 있을 것이다. 그런데 프리드리히 대왕 이래 일반적으로 이른바 공세라는 것(그러나 이것은 반드시 본래의 의미로서의 공세는 아니다), 즉 활동과 기동을 좋아하고 보루를 싫어하는 풍조를 생각한다면, 봉쇄 보루선이 오늘날 전적으로 폐지되었다고 해서 하등 이상하게 생각할 일은 아닐 것이다.

---

2) 방어에 시종하여 공세로 이전하는 일이 없는 방어 방식을 말한다.
3) 본장 마지막 절에 붙인 역자의 주 참조.

그러나 지금 말한 바와 같은 전술적 저항력의 약화만이 봉쇄 보루선의 유일한 불리는 아니다. 우리는 앞서 봉쇄 보루선이 주는 이점도 무시하려고 하는 판단에 뿌리박은 편견을 지적했는데, 실제로도 이런 편견은 봉쇄 보루선의 본래의 불리함과 밀접하게 관계하는 것이다. 봉쇄 보루선은 전쟁터 전체 중에서 이 보루선에 둘러싸여 있는 공간만을 엄호하는 데에 지나지 않는다. 그러면 여타의 공간은 많건 적건 적이 하는 대로 맡겨져 있는 셈이다. 한편 따로 지대(支隊)를 파견해서 보루선 외의 싸움터 부분의 엄호를 맡게 하는 방법도 있으나, 그렇게 되면 병력을 분할하지 않을 수가 없다. 그런데 공략군으로서는 병력의 분할을 원치 않는 것이다. 그래서 공략군은 공성 재료의 수송에 관해서 항상 불안과 곤혹으로 고민을 하게 될 것이다. 따라서 한편으로는 공략군이 강대한 병력과 많은 공성 재료를 가지고, 또 다른 한편으로는 방어자 측도 상당한 병력을 갖추고 공방 쌍방이 싸움터에서 서로 대치하고 있는 경우에, 봉쇄 보루선만으로 수송을 엄호한다는 것은, 네덜란드와 같은 사정이 없는 한 도저히 생각할 수가 없을 것이다. 네덜란드에서는 서로 가까이에 축조된 다수의 요새가 있고 따라서 또 그 사이를 잇는 공성 보루선이 구성되어, 이것이 싸움터의 나머지 부분도 엄호하고 수송선을 현저하게 단축하기 때문이다.

루이 14세 시대의 전투력 배치는 아직 싸움터의 개념과 결부되어 있지 않았다. 특히 30년 전쟁에서는 공격군은 막연하게 여기저기로 출동하여 다행이 적군대가 요새 근처에서 진지에 들어 있지 않으면, 이곳저곳의 요새 앞으로 몰려가서 가지고 있는 공성 재료가 있는 한, 또 적의 응원군이 올 때까지 그 요새를 공략하는 식이었다. 당시에 봉쇄 보루선은 이와 같은 사정 아래에서 발달한 것이다.

봉쇄 보루선이 앞으로 다시 나타나는 사정은 아마도 생기지 않을 것이다. 만약에 그와 같은 일이 생긴다고 하면, 그것은 싸움터에 있는 방어자의 병력이 매우 열세여서 전쟁터라고 하는 개념이 공략 그 자체의 개념에 비해서 거의 무(無)와 같은 경우, 다시 말하면 전쟁터라는 것을 거의 무시해도 상관없는 경우일 것이다. 그리고 이와 같은 경우에는 공격자는 공략을 위해 편안하게 병력을 집결할 수 있을 것이고, 또 이에 의해 공략이 그 힘을 현저하게 높일 수가 있을 것이다.

실제로 루이 14세 시대에 튀렌이 캉브레에서 콩데를 공격했을 때[4]에도 봉쇄 보루선은 거의 쓸모가 없었다. 그러나 그 밖의 많은 전쟁 사례에 비추어 보아도 이 보루선을 꺼려했다는 것을 알 수 있다. 따라서 공격군에게 공략된 요새가 포위 해제를 강하게 요구하고, 또 이 요구에 응하려고 하는 장수가 매우 행동적 정신이 풍부했음에도 불구하고 공격자의 보루선을 경원해서 전혀 행동을 일으킬 수 없었을 정도였다. 예를 들어 1708년에 빌라르는, 릴[5] 요새 전방의 보루선에서 이 요새를 공략하고 있던 동맹군에 조금도 공격을 하려고 하지 않았다. 프리드리히 대왕도 1758년에는 올뮈츠에서, 또 1760년에는 드레스덴에서, 본래의 봉쇄 보루선은 아니었지만 대체로 이와 일치하는 방식을 사용했다. 즉 같은 군을 가지고 요새를 공략함과 동시에 이 공략의 엄호도 겸한 것이다. 한편 올뮈츠에서는 오스트리아군이 먼 곳에 진을 치고 있었기 때문에 이러한 공략 방식을 채용한 것이다. 그러나 그 때문에 돔슈타트[6]에서는 오스트리아군에 의해 수송대가 습격받아 공성 재료를 빼앗겼기 때문에 그는 이 조치를 후회했다. 또 1760년에 드레스덴에서 이 방법을 사용해서 성공을 하지 못했던 것은, 그가 오스트리아군을 가볍게 보고 요새의 탈취를 서둘렀기 때문이었다.

마지막으로 공략이 실패한 경우에 공성포(攻城砲)[7]의 철거가 곤란한 것도 봉쇄 보루선이 갖는 단점의 하나이다. 그러나 결전이 공략 지대에서 하루 내지 며칠 행정의 지점에서 이루어진다고 하면, 적군이 도착하기 전에 공략을 중지할 수가 있다. 그렇게 되면 대량의 공성 재료를 다른 장소로 이송한다고 해도 적에게 하루 앞서는 것이 된다.

---

4) 프랑스의 고급 귀족과 파리 고등법원 사이에 야기된 정치적 투쟁 프롱드(Fronde)의 난 (1648~53) 때문에, 튀렌과 콩데는 한때 적대 관계가 되어 전투를 벌였다(1652). 그때 루이 14세 (1638~1715)는 아직 나이가 어렸다.

5) 릴(Lille). 북프랑스의 도시. 오스트리아와 영국 동맹군에 포위되어(1708. 8. 14~10. 23) 마침내 공략되었다.

6) 돔슈타트(Domstadt). 돔슈타들(Domstadl). 메렌의 작은 도시. 올뮈츠의 동북방에 위치한다. 1758년 6월30일에, 여기에서 오스트리아군이 프로이센군의 수송대를 습격해서 많은 공성 재료를 탈취했다.

7) 공성포라고 하는 특수한 화포가 있는 것이 아니다. 공성포로서는 장단 각 포신의 카농포 외에 유탄포(榴彈砲)나 구포(臼砲) 등이 사용되었다.

감시군[8]에 관해서는 이 군을 공격자가 공략하고 있는 요새에서 어느 정도 떨어진 지점에 배치하면 좋은가―하는 문제를 특히 고려하게 된다. 이 문제는 대개 지형에 의해 혹은 공략군이 연계를 유지할 필요가 있는 여타의 군 및 군단이 차지하고 있는 진지(陣地)에 의해 결정된다. 이러한 제한이 없는 경우에는 요새와 감시군과의 거리가 크면, 또 공략의 엄호가 그만큼 넓은 지역에 걸쳐 이루어지는 것은 물론이다. 그러나 감시군과 공략군의 거리가 기껏해야 수 마일을 벗어나지 않는다고 한다면, 감시군과 공략군과의 상호 원조는 원활히 이루어질 것이다.

---

8) 이 경우의 감시군은 공략군의 측면 및 배후를, 적의 급습을 방어하는 임무를 갖는다.

제18장
수송대에 대한 공격

수송대에 대한 공격과 방어는 어느 것이나 전술의 문제이다. 그렇기 때문에 이에 대해서는 아무것도 할 말은 없을 것이다. 그러나 일반적으로 수송대의 공격과 방어의 가능성을 증명해야 한다고 하면, 이 증명은 전략적인 근거와 사정(事情)에 입각하지 않는 한 불가능하다. 또 이 문제는 공격과 방어의 쌍방에 관계하고 있기 때문에, 앞서 방어를 다룬 제6편에서 논해야 했을지도 모르지만, 공격 쪽이 주요한 역할을 하게 되므로 본장에서 다루기로 한 것이다.

300~400량의 차량으로 이루어진 중간 정도의 수송대는, 이들 차량이 무엇을 싣고 있든 간에 그 길이는 반마일에 이른다. 따라서 더 대규모 수송대라면 수 마일에 이르게 되는 셈이다. 이토록 긴 수송대를 병력이 빈약한 호송대로 엄호한다는 것은 어림도 없는 일이다. 이미 이와 같은 곤란이 있는데도 대부대가 되면, 움직임도 둔하고 따라서 또 그 진행은 매우 완만하며, 더욱이 행진 중에 끊임없이 혼란의 위험에 처하게 되는 것이다. 또 수송대는 어느 부분에도 엄호가 필요하다. 만약이 그 일부가 적의 습격을 받으면 바로 모든 것이 멈추어 혼란에 빠지기 때문이다. 그래서 이렇게 자문하지 않을 수가 없다. ―일반적으로 이러한 수송대의 엄호와 방어는 어떻게 하면 가능한가.

다시 말하면 적의 공격을 받은 수송 대열이 적에게 꼭 모두 약탈당하지 않는 것은 왜 그런가? 또 특히 엄호를 필요로 하는 대열, 즉 적의 공격을 받기 쉬운 대열이 반드시 모두 공격되지 않는 것은 왜 그런가―하고. 템펠호프는 필요에 따라 대형을 옆으로 넓게 펼치기도 하고 또 원상으로 되돌리거나 해서 그 길이를 신축하라고 제안하고 있고, 또 샤른호르스트는 몇 개의 종대로 구분해서 대형의 단축을 꾀하라고 권고하기도 한다. 샤른호르스트의 의견은 템펠호프에 비하면 훨씬 뛰어나지만, 그러나 이러한 단축 방식은 어느 것이나 비실용적이고, 수송대에게 본래의 근본악을 구제하는 방책으로서는 매우 미약하다.

이 문제는 다음과 같은 사정에 의해서 잘 설명된다. 즉, 일반적으로 수송대는 전략적인 사정에 의해서 이미 안전이 보장되어 있다. 그리고 이 안전은 적의 공격에 노출된 그 어떤 부대보다도 우선 먼저 수송대에게 주어지고, 또 이러한 안전을 받고 있기 때문에 수송대의 비교적 허술한 방어 수단으로도 보기보다는 훨씬 큰 효력을 발휘하는 것이다. 수송대는 항상 자군(自軍)의 배후에 있거나 적어도 적군으로부터 상당히 떨어진 곳에 있다. 그러면 적군은 이 수송대를 공격하기 위해 약한 부대밖에 파견할 수 없고, 또 이러한 공격 부대 그 자체도, 강력한 예비에 의해 엄호되지 않으면 안 된다. 게다가 수송 차량은 다루기가 힘들고 빼앗아 가기도 곤란하기 때문에, 공격자로서는 기껏해야 차량을 묶은 밧줄을 절단하든가 말들을 데리고 가든가, 혹은 화약차를 폭파하는 정도가 고작이다.

이 때문에 수송대 전체가 정돈되고 혼란에 빠진다고 하지만 모든 것을 잃는 것은 아니다. 요컨대 수송대의 보전은 엄호에 임하는 호송대의 저항에 의한 것보다도 오히려 이러한 일반적인 사정에 유래된다는 것을 알 수가 있다. 또 호송대가 용감하게 적을 맞아 선전하고 완강하게 저항하면, 적이 수송대에 대해서 사용하려고 했던 공격 방식을 교란할 수가 있다. 따라서 수송대의 공격은 손쉽고 실패할 염려가 없는 것이기는커녕 상당히 곤란하고 따라서 그 결과는 불확실하다고 할 수 있다.

그러나 중요한 점이 하나 남아 있다. 그것은—공격자로부터 수송대를 습격 당한 방어자가, 보복을 위해 군 또는 군단을 가지고 공격자의 군을 격파하여, 그들이 자기 수송대에 대해서 한 행동에 보복한다는 것이다. 공격자 측에 이와 같은 위험에 대한 걱정이 있기 때문에 수송대를 공격하려고 하는 많은 기도는 원인을 밝히지 않은 채 중지되는 것이다. 그런데 세상 사람들은 수송대가 무사했던 것은 엄호를 맡은 호송대의 공적이라 하여, 이러한 호송대가 매우 허술한 편성임에도 불구하고 적을 이토록 주저하게 하여 공격을 꺼리게 만들었다고 해서 감탄해 마지않는 것이다. 공격자가 품는 걱정이야말로 수송대에 대한 공격의 의도를 포기하게 만든 참다운 원인이라는 것을 알고 싶으면, 프리드리히 대왕이 1758년에 올뮈츠 요새의 공략에 실패한 후 뵈멘을 통과한 유명한 퇴각을 생각해 보면 좋다. 당시 프리드리히는 실로 군의 일부를 할애해서 많은 펠로톤[1]으로 만들어, 4000의 차량으로 구성된 수송대를 엄호하게 한 것이다.

이와 같은 불합리하기 짝이 없는 배치를 다운이 습격하지 않은 것은 왜 그랬을까?—그것은 프리드리히가 군의 다른 일부를 가지고 다운에 육박하여 그가 추구하지도 않은 회전으로 끌고 갈 것이라는 공포가 있었기 때문이다. 또 라우든은 치슈보비츠에서 줄곧 그의 옆에 위치했던 프리드리히가 수송대를 일단 습격하기는 했지만, 왜 더 빨리, 또 보다 더 대담하게 공격하지 않았을까?—그것은 프리드리히가 즉각적인 보복을 하지나 않을까 하는 공포 때문이었다. 당시 라우든은 주군(主軍)에서 10마일이나 떨어진 지점에 있고, 더욱이 프로이센군에 의해서 주군으로부터 완전히 분리되어 있었다. 따라서 라우든은 다운의 공격을 조금도 두려워할 필요가 없는 프리드리히가 그 병력의 상당한 부분을 라우든으로 보내면 호된 패배를 당할 위험이 있다고 생각한 것이다.

다만 군의 전략적 위치가 불편하기 때문에 수송 물자를 측방에서, 아니 전방에서 수령해야 한다는 부자연스러운 방식을 강요하면 수송대는 매우 큰 위험에 직면하지 않을 수가 없었다. 만약 이러한 경우에 적의 위치가 이 수송대를 공격하기 위한 병력을 파견하는 데에 편했다면, 수송대는 절호의 공격 목표가 되는 것이다. 1758년의 같은 전역에서 오스트리아군이 돔슈타트[2]에서 수송 물자를 탈취한 것은, 이러한 행동의 완전한 성공을 나타내는 것이다. 돔슈타트에서 나이세로 향하는 도로는 프로이센군 진지의 왼쪽에 있었으나, 프리드리히군은 올뮈츠를 공략하여 다운에 대비해서 병력을 배치하는 것이 힘겨웠기 때문에 오스트리아군의 별동대는 아무 걱정 없이 유유히 공격에 착수할 수 있었던 것이다.

오이겐은 1712년 란드레시의 요새를 공격했을 때 공성 재료를 드냉을 경유하여 보생[3]에서, 따라서 전략적 배치의 전방에서 수령했다. 그가 이와 같은 곤란한 전시 상황에서 수송대를 엄호하기 위해 어떤 수단을 사용했는가 하는 것

---

1) 당시 프로이센에서는 1개 대대를 군 제도상 6개 중대로 구분했으나 전술적으로는 8개 펠로톤(Peloton, 소대)로 분할했다.
2) 당시 프로이센의 주요 보급선은 나이세에서 돔슈타트를 경유하여 올뮈츠로 통하고 있었다.
3) 보생(Bouchain). 북프랑스의 작은 요새.

과 또 수송에 관한 많은 곤란 때문에 사태의 급전(急轉)을 초래한 경위는 주지의 사실이다.

　그러면 본장의 결론은 다음과 같다. 즉, 수송대의 공격은 전술적으로 고찰하면 매우 쉬운 것처럼 여겨지지만, 전략적 이유에서 말하면 별로 얻는 것이 없다. 다만 적의 병참선의 엄호가 매우 불완전하고 약탈이 용이하다는 예외적(例外的) 경우에만 상당한 성과를 거둘 가능성이 있다.

제19장
사영에 든 적군에 대한 공격

이 문제에 대해 방어를 논하는 편(篇)에서 취급하지 않았던 것은, 본시 사영선(舍營線)은 방어 수단이 아니라 군대의 한 상태에 지나지 않기 때문이다. 또 사영은 군대의 전투 능력을 크게 감소시키는 상태이기도 하다. 그런데 이런 종류의 전투 능력에 관해서는, 제5편 13장에서 군대의 이러한 상태로서의 사영에 대하여 서술한 것으로 이미 끝마쳤다.

그러나 이 공격편에서는 사영에 든 적군을 특수한 공격 목표로서 고찰해야 한다. 그 이유의 하나는 사영에 든 적군을 공격하는 것은 극히 특수한 성질의 일이고, 또 다른 이유는 그런 공격은 특수한 효력을 얻을 수 있는 전략적 수단으로 볼 수 있기 때문이다. 따라서 본장(本章)에서 문제 되는 것은 개개의 사영이나 몇 개의 촌락에 나누어 숙박하고 있는 소부대에 대한 습격이 아니다. 이러한 사영 공격을 하기 위한 부서는 전적으로 전술적 성질의 것이기 때문이다. 요컨대 여기에서 논하려고 하는 것은 광대한 지역에 배치되어 사영에 든 대부대에 대한 공격이다. 따라서 이때의 목표는 개개의 사영에 대한 습격이 아니라 사영에 든 적의 집결을 저지하는 데 있다.

사영 중에 있는 적군에 대한 공격은 바로 집합 상태에 있지 않은 군에 대한 습격이다. 이 습격이 성공했을 경우에는 적군은 예정된 집합 장소에는 도달할 수 없게 된다. 따라서 이 예정지보다 훨씬 후방에 있는 다른 집합 장소를 택해야 한다. 이때 집합 장소를 후방으로 이동하게 되면, 이렇게 위급할 때는 하루 행정(行程)으로 끝나는 일은 드물고 보통 며칠의 행정을 필요로 한다. 따라서 그 때문에 생기는 토지의 상실도 적지 않다. 그리고 이것이야말로 공격자에게 주어지는 첫 번째 이점이다.

그런데 결국 사영 전체에 대한 공격도 대개 처음에는 사영을 개별적으로 습격한다. 즉 동시에 모든 사영을, 혹은 굉장히 많은 사영을 습격하는 것은 아니다. 다수의 사영에 대한 공격 자체가 이미 공격자의 군대를 넓은 지역에 분산시키게 된다. 그러나 병력의 분산은 어떤 경우에라도 좋은 방책일 수가 없다. 그러면 공격자의 전진종대(前進縱隊)가 진격하는 방향에 있는 최전방 사영이 먼저 습격을 받게 된다. 그러나 이 습격도 사영이 많은 경우에는 완전히 성공하는 일은 드물다. 대부대가 몰래 적에게 접근한다는 것은 거의 있을 수 없기 때문이다. 하지만 이와 같은 공격 원리도 대수롭지 않게 간과되어서는 안 된다. 그래서 이러한 원리에서 생기는 성과를, 이런 종류의 습격이 주는 두 번째의 이점으로 꼽고자 한다.

세 번째 이점은, 사영에 나누어 숙박하고 있는 적과의 전투에 의하여 그에게 큰 손해를 주는 데 있다. 대군의 경우에는 일개 대대씩 따로 소정의 집합 장소로 가는 것이 아니라, 주로 대대는 우선 여단을 형성하고 여단은 사단 혹은 군단을 형성하여 집결한다. 또 이러한 대군은 도저히 급속히 집합할 수 있는 것이 아니므로, 그 사이에 공격자의 전진 종대와 만나게 되면 이들과 전투를 하지 않을 수 없다. 이러한 경우 만일 공격 종대가 지나치게 강력하지 않으면 방어자는 전투에서 승리를 거둘 수 있겠지만, 승리를 거둔다 하더라도 시간의 손실을 면하지 못하고, 게다가 또 이런 상황 아래에서는 어느 부대나 후방에 선정된 새 집합 장소에 도달하는 것이 먼저 해결해야 될 문제이므로, 쟁취한 승리를 특별히 이용하지는 않는다. 그러나 집합을 서두르는 이들 부대가 반대로 격파당하는 일도 있을 수 있고, 오히려 그렇게 될 확률이 더 크다. 대군이 유리한 저항을 하려면 그 준비에 많은 시간이 필요하나, 이런 경우에는 시간적 여유가 그다지 없기 때문이다. 따라서 공격자가 습격을 물 샐 틈 없이 계획하고 실시한다면, 이러한 부분적 전투에 의하여 많은 전리품을 획득할 수 있는 것은 사실이다. 그러면 이들 전리품은 사영 공격에 의하여 얻는 전체적 성과의 중요한 부분을 이룰 것이다.

끝으로 공격자가 얻는 네 번째 이점으로서 이런 종류의 공격적 핵심을 이루는 것은, 적군의 일시적 혼란과 의욕의 상실이다. 이 때문에 적은 간신히 집합한 병력을 사용하지 못하는 것이 통례이다. 그래서 많은 토지를 적의 손에 넘기고 결국 최초의 작전 계획을 변경하지 않을 수 없게 되는 것이다.

이상이 사영에 든 적을 습격하여 성공했을 때, 다시 말해 적은 여하간 계획대로 군을 집합시키기는 했지만 역시 손해를 면치 못했을 경우, 공격자가 얻는 독특한 성과이다. 그런데 사영 공격의 성공에도 여러 단계가 있다는 것은 물론이다. 공격의 성과가 매우 큰 경우도 있는가 하면, 또 거의 언급할 가치가 없는 경우도 있다. 그러나 성과가 극히 현저한 경우에도, 주전(主戰)에서 거둔 승리의 성과와는 비교가 안 된다. 그 이유의 하나는 전리품의 양이 주전에서 승리를 거둔 경우만큼 크지 못하기 때문이다. 또 다른 하나는 승리를 거둔 공격자에게 주어진 정신적 인상도 높이 평가될 만한 것이 아니기 때문이다.

사영 공격에서 생기는, 위에서 설명한 전체적 결과를 우선 염두에 둔다면, 이런 종류의 행동에서 실제 이상의 효과를 부질없이 기대하는 일은 없을 것이다. 하기야 이와 같은 결과를 공격에서 생기는 더없는 효과로 보는 사람들도 있다. 그러나 위에서 자상하게 고찰한 바와 같이 결코 그런 것이 아니다. 이것은 전쟁 역사가 가르치는 것이기도 하다.

최대의 성공을 거둔 기습의 하나는, 로트링겐 공이 1643년에 투틀링겐[1]에서 란초[2]가 지휘하는 프랑스군의 사영에 가한 습격이다. 이 습격에 의하여 1만 6천의 군단은 군단장과 7천의 장병을 잃었다. 이것은 완전한 패배였다. 프랑스군측이 전초 부대를 배치하지 않았기 때문에 공격자에게 이러한 성과를 안겨 준 것이다.

다음으로 튀렌이 1644년에 메르겐트하임[3]에서 입은 습격도 그 효과에 있어서 패배와 같았다. 튀렌은 이때 8000명의 병력 중에서 3000명을 잃었기 때문이다. 튀렌의 패인은 집합한 부대를 이끌고 아직 시기가 도달하기도 전에 저항으로 나섰기 때문이다. 그러나 그렇다고 해서 기습이 항상 이와 같은 성공을 약속한다고는 말할 수 없다. 튀렌의 경우는 본래의 기습에 의한 성과라고 하느니보다는, 오히려 그가 경솔하게 조우전을 추구한 결과였다. 이 경우에 그는 당연히

---

1) 투틀링겐(Tuttlingen). 바덴뷔르템베르크의 마을. 30년 전쟁에서 로트링겐 공은 이 마을에서 숙영 중인 프랑스군을 심한 눈보라를 이용해서 기습, 대승을 거두었다(1643. 11. 24).

2) 란초(Rantzau, Josias de, 1609~50). 프랑스의 원수.

3) 메르겐트하임(Mergentheim, 프랑스 이름은 마리엔탈 Marienthal). 바덴뷔르템베르크의 작은 도시. 30년 전쟁 중에 이곳 회전(1645. 5. 5)에서 프랑스군은 바이에른군에 패배했다. 한편 원문에 이 사건이 일어났던 해를 1644년이라고 적은 것은 1645년의 잘못이다.

전투를 계속할 수 있었고 사영을 좀 더 먼 곳으로 옮겨서 부대를 다른 지점에 집합시킬 수도 있었을 것이었기 때문이다.

세 번째로 유명한 기습은 1674년에 튀렌이 브란덴부르크 대선제후(大選帝侯), 독일 황제의 장수 부르논빌[4] 및 로트링겐 공[5] 등의 지휘 아래 알자스 지방에 주둔 중인 동맹군에 가한 공격이다. 이 습격에 의한 전리품은 매우 적었고, 동맹군 측의 사상자는 2000 내지 3000을 넘지 않았다. 이것은 5만의 병력에 대해서는 결정적인 손실이라고는 할 수 없었다. 그런데도 동맹군은 알자스에서 저항을 계속하는 것은 불가능하다고 생각하고 라인강을 건너 퇴각한 것이다. 그런데 이 전략적 성과는 튀렌이 필요로 했던 바 그대로였다. 그러나 이러한 성공의 원인을 본래의 기습으로 돌려서는 안 된다. 튀렌은 동맹군 그 자체를 기습했다고 하는 것보다는 오히려 적의 작전 계획을 기습한 것이다. 게다가 동맹군 측의 사령관들 사이에 의견이 일치하지 않았다는 것과 또 전쟁터 근처에 라인강이 있었다는 것도 승리의 원인이 되었다. 여하간 이 사건은 좀 더 정확하게 연구할 필요가 있다. 일반적으로 해석이 잘못되어 있기 때문이다.

1741년 나이페르크[6]는 사영(舍營)에 있었던 프리드리히 대왕의 군을 습격했으나, 그가 얻은 모든 성과는 프리드리히가 아직 충분히 집결되지 않은 병력을 가지고, 또 정면이 거꾸로 된 채로 나이페르크에서 몰비츠의 회전에 도전하지 않을 수 없었다는 것뿐이었다.

프리드리히 대왕은 1745년 라우지츠 지방에서 사영에 있던 로트링겐 공의 군을 기습했다.[7] 주요한 성과는, 가장 중요한 사영의 하나인 헨네르스도르프의 사영을 실제로 기습함으로써 오스트리아군에 2000명의 사상자가 생긴 일이다. 또 이 기습에 의한 전체적 성과는, 로트링겐 공이 상부 라우지츠 지방을 지나 뵈멘으로 퇴각한 일이었다. 그러나 그가 엘베강 왼쪽을 따라 다시 작센을 향해 전진한다는 것은 아무런 방해를 받지 않았으므로, 만약에 케셀도르프

---

4) 부르논빌(Bournonville, Hippolyt, 1620~1693). 30년 전쟁 때 독일 황제의 장수.

5) 로트링겐 공(Karl III., Herzog von Lothringen, 1604~1675).

6) 나이페르크(Neipperg, Wilhelm Reinhard von, 1684~1774). 오스트리아의 원수. 몰비츠 회전(1741. 4. 10)에서 프로이센군에 패배했다.

7) 이 기습은 1745년 11월 24일에 이루어졌다.

회전[8]이 없었다고 하면 프리드리히 대왕의 기적은 이러한 성과를 올릴 수 없었다고 해도 과언은 아니다.

1758년 페르디난드 공은 프랑스군의 사영[9]을 습격했다. 그 직접적 효과는 프랑스군측에 수천의 사상자를 냈다는 것과, 그 때문에 프랑스군은 알러강[10] 후방에 진지를 구하지 않을 수 없었다는 점이었다. 그러나 이 기습이 준 정신적 영향은 더욱 멀리까지 파급되었다. 나중에 프랑스군이 베스트팔렌에서 모두 철퇴한 것도 역시 이 영향의 여파에 의한 것이다.

위에 든 몇 가지 예에 대해서 이런 종류의 공격의 효과에 관한 결론을 얻는다면 처음 두 건만은 회전에 의한 전승과 같다고 보아도 좋다. 하지만 이 두 가지 사례도 병력이 작았다는 것과, 또 당시의 전쟁 지도의 통례로서 전초 부대가 결여되었다는 것이, 공격자에게 매우 유리한 정황에 이르게 한 것이다. 나머지 네 건은 완전히 성공한 계획에는 틀림없으나, 그 성과는 어느 것이나 회전에 의한 승리에 비할 바가 되지 못했다. 이들 경우에 공격자가 거둔 성과는 결국 상대편 장수의 박약한 의지와 성격에 유래되었다고 해도 좋다. 1741년의 경우에 기습의 성과가 생기지 않았던 이유는 바로 여기에 있다.

1806년에 프로이센군은 프랑켄 지방에서 사영 중인 프랑스군에 대해서 습격을 계획했다. 이 경우 정황은 만족한 결과를 거두는 데에 가장 알맞았다. 당시 나폴레옹은 거기에 없었으며, 프랑스의 군단은 매우 광대한 지역에 분산해서 사영에 들고 있었다. 이러한 사정 아래에서 단호한 결의를 품고 신속한 운동력을 갖춘 프로이센군이 프랑스군에게 많건 적건 간에 손해를 주고, 이를 라인강 건너편으로 격퇴하려고 시도한 것은 매우 정당한 일이었다. 그러나 그것이 전부였다. 따라서 프로이센군이 그 이상의 것을 마음먹었다고 해도, ―예를 들어 기세를 타고 프랑스군을 라인강 건너편으로 추격하거나, 혹은 우세한 정신력을 가지고 프랑스군을 위압하여 그들이 이 전역에서 두 번 다시 라인강에 나타나기를 꺼려 하도록 만들려고 해도 이러한 기대는 어긋났을 것이다.

---

8) 프리드리히 대왕은 이 회전(1745. 12. 15)에서 작센군을 무찔렀다.
9) 이 사영은 베저강과 알러 강가에 설치되었을 것으로 여겨진다.
10) 알러강(Aller). 베저강 오른쪽 지류.

1812년 8월 상순, 나폴레옹군은 비테프스크 지구[11]에 주둔하고 있었다. 그때 러시아군은 스몰렌스크에서 출격해서 프랑스군의 사영에 기습을 시도하려고 했다. 그러나 막상 실시할 단계가 되자 러시아군에는 그럴 용기가 없었다. 그러나 이것은 러시아군에게는 다행이었다. 나폴레옹이 이끄는 중앙군의 병력은 러시아군의 2배 이상이나 우세했을 뿐만 아니라, 이 유명한 프랑스 장군이야말로 이제까지의 장수 중에서 가장 과감한 장수였다. 게다가 또 러시아군의 이러한 기습에 의해 프랑스군이 몇 마일의 지역을 잃었다고 해서, 그것이 전국에 결정적인 영향을 줄 리가 없었다. 가령 이 기습이 성공했다고 해도 패퇴하는 프랑스를 몰아붙여서 기습으로 얻은 성과를 확보하는 데에 적당한 단절지(斷切地)를 전쟁터 근처에서는 찾을 수가 없었던 것이다. 마지막으로 이 1812년의 전쟁은 질질 끌다가 어느 틈엔가 끝장에 이르는 전역이 아니라, 적을 어디까지나 정복하지 않고서는 못 배기는 굳은 결의를 가진 공격자의 피할 수 없는 계획에 입각하고 있었던 것이다. ―그렇기 때문에 사영 공격으로부터 생기는 이러저러한 이점과, 이러한 공격자의 큰 뜻 사이에는 엄청난 차이가 있었다. 병력과 군정(軍情)에 관해서 피아 사이에 존재하는 이토록 심하게 어울리지 않는 것을 이러한 작은 이점으로 시정하려고 한다는 것은 분수를 모르는 처사라 하지 않을 수 없을 것이다. 러시아군의 이 기도는 사영 공격이라고 하는 수단의 효과를 막연하게 생각하고 있다가는, 이윽고 이 수단의 사용을 그르친다는 실례를 여실히 나타내는 것이다.

이상 서술한 것으로, 전략적 수단으로써의 사영 습격의 진상이 분명히 설명되었다고 본다. 사영 공격이라고 하는 수단의 성질로 보아, 이 수단의 실시는 단순히 전술적인 것이 아니라 부분적으로는 전략 그 자체에 속한다. 이런 종류의 공격은 대개 상당히 넓은 폭으로 행하여질 수 있기 때문이고, 또 이 공격을 담당하는 군은 사전에 전군을 집결시키지 않아도 공격을 착수할 수 있고, 실제로 그렇게 하는 것이 보통이기 때문이다. 따라서 사영 공격은 전체로서는 공격 종

---

11) 프랑스군의 선두 부대는 1812년 7월 27일에 비테프스크의 전면에 이르러, 이튿날 그곳 러시아군을 공격하려고 했으나, 러시아군은 이미 스몰렌스크로 철수하여 8월 3일에 그곳에 도착했다. 나폴레옹은 8월 13일에 비테프스크에서 전진을 다시 시작했다.

대가 개개의 사영 부대와 하게 되는 전투의 집적이 된다. 그래서 이와 같은 종류의 공격의 가장 자연적인 실시 방법에 대해서 약간 언급해 둘 필요가 있다.

1. 적의 사영 정면을 꽤 광범위하게 공격한다는 것이다. 이렇게 해서 몇몇 사영을 실제로 습격하여 다른 사영과의 연락을 차단한다면, 당초의 계획대로 적군을 혼란에 빠뜨릴 수가 있다. ─이때 공격 종대의 수나 종대 간의 간격은 그때의 정황에 의해 결정된다.

2. 공격을 담당하는 몇몇 종대의 진행 방향은, 이들 종대가 합치려고 원하는 한 지점에 구심적으로 향하지 않으면 안 된다. 적의 사영 부대는 조만간 어떤 지점에 집합하는 것이므로 공격 종대도 또한 이에 따를 필요가 있다. 또 이들 공격 종대의 집합점은 가능하면 적의 병참선상의 한 지점이나 적의 퇴각선상이 좋다. 그러나 이 퇴각선이 어딘가에서 단절지와 교차하는 지점이 가장 좋은 것은 물론이다.

3. 공격 종대가 적의 전투력과 만났을 경우에는 이 적 부대를 용맹 과감하게 공격하지 않으면 안 된다. 전반적인 사정은 뭐니 뭐니 해도 공격자에게 유리하고, 또 이러한 때야말로 언제나 감행이 가장 그 본령을 발휘하기 때문이다. 따라서 각 종대의 지휘관에는 이와 같은 경우의 행동에 관해서 자유와 전권이 부여되어 있지 않으면 안 된다.

4. 먼저 집합점으로 서둘러 가는 적 부대에 대한 전술적 작전 계획은 항상 우회를 목적으로 하지 않으면 안 된다. 이러한 경우의 중요한 성과는 적군의 분단과 퇴로의 차단에 의해서 생기기 때문이다.

5. 각 공격 종대는 모든 종류의 병종으로 편성되지 않으면 안 된다. 또 그 경우에 기병이 취약해서는 특히 안 좋다. 정황에 따라서는 예비 기병을 모두 각 종대에 분배시켜도 좋다. 왜냐하면 이러한 종류의 공격 행동에서 기병이 독립해서 주요한 역할을 할 수 있다고 생각하는 것은 큰 잘못이다. 실제로 그 어떤 촌락도, 아무리 작은 교량도, 또 보잘것없는 나무들도 적이 여기에 거점을 잡으면 기병의 운동을 충분히 저지할 수가 있다.

6. 사영에 있는 적군을 공격할 경우에는, 공격자는 그 전위를 너무 앞으로 보내면 안 된다는 것은 기습의 성질로 보아 당연하다. 그러나 이 원칙은 적에게

접근할 경우에만 해당된다. 전투가 이미 적의 사영선에서 개시되면, 따라서 또 본래의 기습이 가져오는 성과를 이미 얻을 수 있었다면, 공격 종대는 모든 병종으로 편성한 전위를 될 수 있는 대로 전방으로 미리 보내지 않으면 안 된다. 이러한 전위는 그 신속한 운동에 의해서 적의 혼란을 현저하게 증대하기 때문이다. 이렇게 해서 비로소 공격자는 여러 곳에서 적의 수송 부대, 포병, 전령, 낙오병 등의 무리를 습격할 수가 있다. 또 이들 병군(兵群)은 서둘러 사영을 거두고 출발한 적 부대 뒤에서 전진하는 것이 상례이다. 여하간 이와 같은 경우에 전위는 우회 및 퇴로 차단의 주요 수단이 되는 것이다.

7. 공격자는 기습이 실패할 경우에 대비해서 미리 퇴각에 대해 고려하고, 또 군의 집합점을 지정해 둘 필요가 있다.

제20장
견제

견제[1]는 일종의 공격이지만, 보통의 공격과는 달라서 적의 병력을 주요 지점에서 유인해 내는 공격에 한한다. 그리고 이것이 주된 의도일 경우에만 견제가 독특한 공격 행동으로 간주되는 것이다. 만일 공격이 대상 그 자체에 대한 획득을 의도한다면 그것은 보통의 공격이 될 것이다.

그렇다고 해서 견제가 공격 목표를 가져서는 안 된다는 것은 아니다. 실제로 이 목표에 가치가 있기 때문에, 적도 이것을 방어하기 위하여 부대를 파견하는 것이다. 뿐만 아니라 이러한 공격 행동이 견제로서의 효력을 나타내지 못하더라도, 이 견제를 위해서 사용된 병력은 결코 낭비가 아니라, 이 목표를 획득함으로써 충분히 그 수고가 보상된다.

그런데 이들 공격 목표는 요새일 때도 있고 큰 창고일 경우도 있다. 또 부유한 대도시, 특히 수도(首都), 혹은 여러 군세징발(軍稅徵發)이라든지 또 적의 국민 중에서 자기 나라에 대하여 불만을 품는 일부의 분자들에게 지원을 주는 경우도 있다.

견제가 공격자를 이롭게 하는 것은 말할 것도 없다. 그러나 반드시 항상 유익한 것은 아니고 때로는 해로울 경우도 있다. 견제의 주요 조건은 공격자가 견제에 사용하는 것보다도 더 큰 적 전투력을 주된 전쟁터에서 아군이 원하는 방향으로 유치하는 것이다. 그래서 만일 공격자가 견제에 사용한 병력과 동등한 병력밖에 유치하지 못한다면 견제의 본래 효과는 상실되고, 공격자의 이러한 공격 행동은 단순한 보조 공격에 지나지 않게 된다. 그때의 정황에 따라 소수의 병력으로, 이 병력과는 도저히 어울리지 않을 정도로 막대한 이익을 얻는다고

---

1) 독일어 Diversion은 라틴어 divertere에서 유래한 말로, '떼어 놓다. 다른 방면으로 향하게 하다' 라는 뜻이다. 따라서 넓은 의미에서는 '양동(陽動)'도 여기에 포함된다.

해서, 예를 들어, 중요한 요새를 손쉽게 공략할 수 있는 가능성이 있다고 해서 보조 공격을 꾸미는 경우에도, 이러한 공격을 견제라고 해서는 안 되는 것이다. 또 어떤 나라가 다른 나라의 침공을 방어하는 것을 보통은 견제라고 부르는데 이러한 습격은 본질적으로 보통의 공격과 다를 바가 없고, 다만 이 경우에 제3국은 정식 적도 아닌데, 아군을 공격한다는 것은 번지수를 잘못 집은 데에 지나지 않는다. 따라서 이러한 공격에 특별한 명칭을 붙일 이유는 조금도 없다. 이론에서 특별한 명칭을 필요로 하는 것은, 그것이 독특한 내용을 지시하는 경우에 한정하지 않으면 안 되기 때문이다.

그런데 소수의 병력으로 다수의 병력을 유치하는 것이므로 나름대로의 특별한 사정이 있지 않으면 안 된다. 따라서 그 어떤 전투력을 전쟁터가 아닌 지점으로 파견하는 것만으로는 견제의 목적을 수행하는 데에 충분하지가 않다.

공격자가 군세(軍稅) 징수나 기타 목적을 위해 1000명의 소부대로 주전장(主戰場)이 되어 있지 않은 적(敵)의 한 지역을 습격한다면, 방어자가 같은 수의 1000명을 해당 지역에 파견하여 엄호한다는 것은 불가능하다. 만약에 그가 이 지방을 공격자의 별동대로부터 지키려면, 더 강력한 부대를 파견하지 않으면 안 된다. 그러면 여기에서 문제가 생기지 않을 수 없다. 즉—방어자는 해당 지역의 보전을 계획하는 대신에, 적이 한 대로 지대(支隊)를 파견하여 공격자 측의 어떤 지방을 습격하면, 그와 대항할 수 있게 되지 않을까—하는 것이다.

그러면 견제하는 것이 공격자에게 유리하기 위해서는 자기 지방에서보다도 방어자의 지방에서 얻는 것이 많고, 또 적에게 주는 위협도 크다는 것을 미리 확인할 필요가 있다. 만약에 이것이 확인된다면, 매우 적은 수를 가지고 하는 견제도 이를 웃도는 전투력을 유치할 수가 있는 것이다. 이와는 달리 견제에 사용되는 병력이 증대함에 따라, 공격자가 받는 이점이 감소한다는 것은 사리로 미루어 보아 당연하다. 방어자 측의 5만의 병력은 중(中) 정도의 도(道)나 군(郡)을, 공격자 측의 동일한 5만의 병력에 대해서는 물론 그보다 더 큰 병력에 대해서도 훌륭하게 방어를 할 수가 있는 것이다. 따라서 견제에 강대한 병력을 사용할 경우에는, 그것이 유리한지 아닌지는 매우 의심스럽다고 말하지 않을 수 없다고 해야 된다. 따라서 견제가 대규모가 되고 또 이러한 견제에 그 어떤 이익을 기대한다면, 이미 나머지 사정이 견제에 대해서 결정적으로 유리하지 않으면 안 된다.

그런데 견제에 유리한 사정에는 다음과 같은 조건들이 있다.

a 공격자가 주요 공격력을 약화시키지 않아도 견제에 사용할 수 있는 전투력을 보유하고 있을 것.

b 방어자에게 극히 중요하고 더욱이 공격자의 견제에 의하여 위협을 받기 쉬운 지점이 있을 것.

c 방어자 측에 정부에 대해 불만을 품고 있는 국민이 있을 것.

d 견제의 목표가, 막대한 전쟁 물자를 공급할 수 있는 부유한 적의 지역일 것.

이와 같은 몇 가지 사정에 비추어 충분히 검토된 견제만이 성공할 수 있다면, 그러한 견제에 알맞은 기회는 좀처럼 생기지 않는다는 것을 알 수 있을 것이다.

그러나 여기서 아직 고찰할 필요가 있는 하나의 중요한 점이 있다. 대개 견제가 앞으로 전쟁을 끌어들일 토지는 여태까지 한 번도 전쟁을 경험하지 못한 지방이다. 그런데 지금 이 지방을 견제의 목표로 삼는다면, 줄곧 잠들어 있었을 적의 전투력을 눈뜨게 하는 결과가 된다. 게다가 적이 민병[2]이나 혹은 국민 총무장이라는 수단을 준비하고 있었다면, 새로운 전투력의 각성은 한층 눈부시게 될 것이다. 만일 어떤 지방이 갑자기 적의 별동대에 의하여 위협을 당하고 이 지방이 아무런 방어 준비도 하고 있지 않았다면, 유능한 지방 관리가 이 불상사를 방지하기 위하여 분발하여 생각할 수 있는 한의 모든 비상 수단을 모아 그 운영에 힘을 다할 것은 불을 보듯 분명하다. 또 종래의 경험에 비추어 보아도 충분히 입증되고 있다. 이렇게 해서 여기에 새로운 저항력이 발생한다. 이 저항력은 국민 전쟁과 유사하고 또 국민 전쟁을 손쉽게 유발할 수 있는 것이다.

이것은 그 어떤 견제에 대해서도 항상 염두에 두지 않으면 안 될 중요한 점이다. 그렇지 않으면 공격자는 스스로 자기 무덤을 파게 될 것이다.

---

2) 민병(民兵)은 전쟁의 경우에만 지방의 주민 중에서 징모된 부대로, 16세기에는 유럽의 많은 국가에서 성립되어 있었다.

1799년 노르트홀란트[3]에서, 또 1809년 발헤렌섬[4]에서 일으킨 행동은 영국의 군대를 다른 공격에 사용할 방도가 없었다는 식으로 생각하면 견제라고 하지 못할 것도 없지만, 이에 의하여 프랑스군의 저항 수단의 총계(總計)가 증대한 것은 의심할 여지가 없다. 또 앞으로 외국 군대가 프랑스 상륙을 계획할 경우에도 당시와 똑같은 사태를 낳게 될 것이다. 프랑스의 연안을 위협하는 것은, 공격자에게는 확실히 유리하다. 외국 군대의 침입에 대비하여 연안을 감시하게 되면 프랑스군은 이 때문에 막대한 수의 부대를 분할해야 한다. 그래서 그만큼 전투력이 감소되기 때문이다. 하지만 적이 강력한 병력으로 상륙을 감행한다는 것은, 자기 나라 정부에 반항하는 지역이 있어서 내부에서 적을 지원할 가능성이 없는 한, 도저히 정당한 작전이라고는 말할 수 없을 것이다.

대규모적인 결전을 계획하지 않는 전쟁에서 견제가 빈번하게 나타나는 것은 어쩔 수 없는 경향이다. 그렇기는 하지만 물론 견제에 의하여 얻어지는 이익도 더욱더 감소된다. 요컨대 견제란, 하는 일 없이 침체되어 있는 병력에 운동을 일으키게 하는 수단에 지나지 않는 것이다.

견제의 실시

1. 견제는, 때로는 실제의 공격이 되는 일이 있다. 그때, 공격 행동의 실시는 특히 대담함과 신속한 성격을 띠어야 한다.

2. 견제는 때때로 외관(外觀)을 위장하여 적을 기만하고, 아군의 본래의 계획에 대하여 판단을 잘못하도록 행동을 위장하는 일이 있다. 그러면 이때의 견제는 동시에 양동(陽動)이 된다. 그러나 이 경우에 어떤 특별한 방법을 사용하는가는, 그때의 인간 관계와 전반적 사정을 통찰하는 명석한 사령관만이 결정할 수 있는 일이다. 이때 병력을 크게 분산하는 일이 생기는 것은 사리로 미루어

---

3) 노르트홀란트(Nordholland). 프랑스혁명 전쟁이 한창이던 1799년 8월에 영국군 및 러시아군은 노르트홀란트(네덜란드 북서부의 주)에 상륙하여 네덜란드군 및 프랑스군과 싸웠으나 10월 초순 프랑스군에 의해 격파되고 이어 영국군은 네덜란드로부터 철퇴했다.

4) 발헤렌섬(Walcheren). 네덜란드 서남방 젤란트주(Zeeland) 서부의 섬. 제5차 대 프랑스 동맹의 전쟁들 가운데 하나인 프랑스–오스트리아 전쟁(1809)에서 영국군은 1809년 여름, 이 섬을 점령(7. 31)하여 안트베르펜 공략의 거점으로 삼을 예정이었으나 프랑스군의 완강한 저항으로, 같은 해 철퇴했다(9. 23).

당연한 일이다.

3. 견제에 사용된 병력이 꽤 강대하고 더구나 퇴각로가 몇 개 지점에 제한되어 있는 경우에는, 이 견제 부대에 대하여 예비군을 두고 전군이 이 예비군과 늘 연락을 유지하는 것이 중요한 조건이 된다.

제21장
침략

침략에 대해서는 이 말에 대한 정의를 내리는 것뿐 그 이상은 아무것도 말할 것이 없다. 최근의 군사 평론가는 가끔 침략이라는 표현을 사용하고, 이 말로 무슨 독특한 의미의 내용을 나타내는 것으로 여기고 있다. 실제로도 프랑스인은 침략 전쟁(guerre d'invasion)이라는 말을 항상 사용하고 있는 것이다. 그러나 프랑스인들이 침략 전쟁을 뜻하는 것은 적 영토 안으로 깊숙이 침입하는 공격을 말하며, 이런 공격을 소위 정규(正規)의 공격, 즉 적의 국경을 침범하는 공격과 대립시키고 싶어 하는 것이다. 그러나 이것은 용어의 비철학적 혼란이다. 공격이 국경 근처에서 머무는가, 아니면 적의 국토 깊숙이 침입하는가, 또 무엇보다도 우선 견고한 요새에 대한 공략을 주요 목적으로 보는가, 그렇지 않으면 적병력의 주력을 탐색해서 이것을 간단없이 추격하는가 하는 것은 공격의 수법에 의하여 결정되는 것이 아니라, 그때의 사정에 따라 결정되는 것이다. 어떤 때에는 적의 국토 안에 깊숙이 침입하는 편이 국경에서 정체되는 것보다도 정규적이고, 또 신중한 방책일 수도 있다. 그러나 대개의 경우 침략은 힘에 의한 공격이 획득한 결과 바로 그것이다. 따라서 본질적으로는 공격과 다를 바가 없다.

승리의 극한점에 대해서[1]

전쟁에서 승리를 거두었다고 해서, 승리자는 적을 완전히 격멸한 것은 아니다. 그와는 반대로 대개의 경우, 승리의 극한점이라는 것이 나타나게 된다. 많은 경험이 이것을 충분히 증명하고 있다. 그러나 승리의 극한점이라고 하는 개념은 전쟁 이론에서 특히 중요하며, 거의 모든 전쟁 계획의 받침목이 되어 있다. 그런데

---

1) 제4 및 제5장 참조.

이런 경우, 언뜻 보기에 모순이라고 여겨지는 수많은 요소가 마치 빛의 정도에 따라 여러 가지로 변화하는 색채처럼 서로 모순이 섞여 있으므로, 우리는 이 문제를 좀 더 명확하게 파악해서 그 내적인 근거를 구명해 보려고 한다.

승리는 일반적으로 모든 물리적 정신적 힘의 총계가 적보다도 우세하다는 사정에서 생긴다. 그러나 승리가 이 우세를 증대(增大)시키는 것도 또한 확실하다. 그렇지 않으면 그 누구도 승리를 바라거나 또 많은 희생을 지불하지는 않을 것이다. 그런데 이러한 우세가 승리 그 자체에 의해서 증대하는 것은 의심할 수 없다고 해도 승리에서 생기는 결과, 즉 전과(戰果)에 의해서도 증대하는 것이다. 하지만 이 증대는 절대적인 극한에 이르는 것이 아니라 거기에는 한계점이 있다. 그 한계점은 상당히 가까이에 있는 경우도 있을 수 있고, 또 매우 가까이에 있어서 승리로 끝난 회전의 모든 성과가 정신적 우세를 증대시키는 데에 지나지 않는 경우도 있다. 그래서 그간의 사정이 어떻게 되어 있는가를 앞으로 구명하지 않으면 안 된다.

군사 행동이 진전됨에 따라서 전투력은 끊임없이 여러 가지 요소를 만나게 된다. 그리고 이들 요소 중 어떤 것은 전투력을 증대시키고 또 어떤 것은 이를 감소시킨다. 그래서 전쟁에서는 이들 요소 중 어느 것이 우세를 차지하는가를 문제로 삼는 것이다. 그런데 피아 중 어느 한쪽의 힘이 감소하면, 그것은 다름 아닌 다른 쪽 힘의 증대를 의미한다. 따라서 힘의 유입과 유출이라고 하는 이중의 흐름이 전진의 경우에도 생기고, 또 퇴각의 경우에도 생긴다는 것은 자명한 일이다.

따라서 전진의 경우 힘의 증감을 생기게 하는 가장 중요한 원인을 구명하면, 퇴각의 경우에 대해서 이 문제를 동시에 해결한 것이 된다.

전진의 경우 공격자의 힘을 강화하는 가장 주요한 원인은 다음의 여러 조건들이다.

1. 적 전투력의 손실―일반적으로 방어자 측의 손실은 공격자 측의 손실보다도 크다.

2. 적이 생명력을 가지지 않는 전투력, 즉 창고, 물자 저장소, 교량, 기타의 물건에 대해서 입은 손해―공격자 측에는 이러한 손해는 생기지 않는다.

3. 공격자가 적의 영토에 침입하고 나서는 적측의 도(道)나 군(郡)의 파괴, 따라서 또 새로운 전투력의 원천도 상실된다.

4. 적 영토에 침입한 공격자는 이들 자원의 일부를 획득한다. 다시 말하면 적에게서 식량을 얻는 이점을 얻게 된다.

5. 적군의 내부 연락망이 무너져서 모든 부대의 정상적인 활동이 불가능해진다.

6. 적의 동맹국들은 이탈하고 공격자는 새로운 동맹을 획득한다.

7. 마지막으로 적의 사기가 떨어지고 일부는 전의(戰意)를 상실한다.

침입자측에게 약체화를 생기게 하는 여러 가지 원인.

1. 침입자(공격자)는 적의 요새를 공략하고 강습(強襲), 혹은 감시하기 위해 많은 병력을 할애하지 않을 수 없다는 것. 또 공격자가 적지에서 공략한 요새에 들 경우에는, 이번에는 방어자가 앞서 공격자가 한 것과 마찬가지로 이 요새를 일단 공략하기는 하지만 이윽고 퇴각을 결의하여 퇴군에 앞서서 그 공략 부대를 본군으로 불러들인다.

2. 공격자가 적의 영토에 침입하는 순간 싸움터의 성질은 일변하는데, 만일 공격자에게 적대적이라면 공격자는 병력을 할애하여 이 싸움터를 지키지 않으면 안 된다. 이러한 싸움터는 공격자가 수호하는 한 공격자에게 속하기 때문이다. 그래도 도처에서 곤란이 생겨 군이라고 하는 거대한 기계의 원활한 운전을 곤란하게 만든다. 그러면 이들 곤란이 군의 작용을 약화시키게 되는 것은 물론이다.

3. 공격자는 전진과 함께 그 자신의 자원으로부터 차차 멀어짐에 대하여, 방어자 쪽은 자기 영토 내로 퇴각함에 따라 차차 그 자신의 자원에 가까워진다. 이와 같은 사정은 공격자가 소비한 전투력의 보충을 지연시키게 된다.

4. 공격자의 침입을 당해 국가가 위태로워지면 열강이 그 지원에 나선다.

5. 마지막으로, 방어자는 자국이 큰 위험에 처해 있는 사태를 자각하여 분투하지만, 이와는 달리 승리에 도취한 공격자 측의 정신적 긴장에는 이완이 생긴다.

이들 모든 유리함이나 불리함은 양립할 수 있는 것이므로, 그 경우에는 말하자면 서로 상쇄해서 각자의 길, 곧 반대 방향으로 나아간다. 다만 유리함과 불리함의 표(表)에서 각 마지막 항(項) 즉 강화를 낳게 하는 제7원인 및 약화를 초래하는 제5원인에 대해서는, 피아 쌍방은 전적으로 대립을 이루어 양립이 불가능하므로 서로 배제하게 된다. 이미 이것만으로도 승리의 효과가 적을 무기력하게 만드는가 혹은 더욱 분발시키는가에 따라 그 효과에 엄청난 차이가 생긴다는 것을 알 수 있다.

여기에서 위의 각 항에 대해서 각기 그 특성을 적어보기로 한다.

1. 패배한 뒤의 적 전투력의 손실은 패배 직후가 가장 크지만, 그 뒤로는 나날이 회복하여 마침내 공격자와 균형을 유지하는 단계에 이른다. 그러나 또 이 손실이 날마다 증가하는 경우도 있다. 양자의 이러한 차이는 공격자 측의 정황과 사정에 의해서 정해지는 것이다. 따라서 일반적으로 우량한 군의 경우에는 제1의 경우가 보통이고, 또 불량한 군의 경우에는 제2의 경우가 보통이라고밖에 말할 수가 없다. 또 이러한 경우에는 군의 정신에 이어 정부의 정신이 무엇보다 중요하다. 여하간 전쟁에서는 이 두 가지 경우를 구별하는 일이 중요하다. 그렇지 않으면 곧 행동을 일으켜야 할 때 이를 중지하고, 또 반대로 행동을 중지해야 할 때 이를 개시하는 어색한 일이 생긴다.

2. 마찬가지로 생명을 가지지 않은 적 전투력의 손해도 증대하거나 감소한다. 이 증대나 감소는 군과 그때의 물자 저장소의 위치 및 상태의 관계에 의해서 정해진다. 그러나 이 항은 오늘날에는 그 밖의 여러 항만큼 중요하지 않다.

3. 제3이점이 공격자의 전진과 함께 증진되는 것은 물론이다. 아니, 오히려 공격자가 적국 안으로 깊이 침입했을 때, 다시 말하면 적의 도(道)나 군(郡)의 4분의 1 내지 3분의 1을 점령했을 때 비로소 고려된다고 해도 좋다. 또 이 경우에는 이들 도나 군이 전쟁에 대해서 갖는 내적인 가치도 고려되는 것이다.

마찬가지로 제4이점도 공격자의 전진에 따라 증대한다.

그러나 제3 및 제4이점에 대해서는 한마디 더 해 둘 필요가 있다. 즉—이들 이점이 교전 중인 전투력에 미치는 영향은 바로 감지되는 것이 아니라 서서히 또 간접적으로 나타난다. 따라서 공격자는 이들 이점을 믿고 조급하게 이익을 올리려고 해서는 안 된다. 다시 말하면 활시위를 너무 강하게 쳐서, 그 때문에 매우 위험한 상태를 초래하는 일이 있어서는 안 된다는 것이다.

제5이점은, 이것 또한 공격자가 이미 적지에 깊숙이 침공하고, 또 국토의 모양이 약간의 도나 군을 적국의 주요부로부터 분리시키는 데에 편리한 경우에 비로소 고려될 일이다. 그러면 분리된 도나 군은, 마치 동체에서 절단된 사지(四肢)처럼 이윽고 사멸하고 만다.

제6 및 제7이점도 공격자의 전진과 함께 증대한다고 해도 좋을 것이다. 이 두 가지에 대해서는 나중에 다루기로 한다.

다음에 전투력을 약화시키는 5가지 원인에 대해서 그 특성을 하나하나 살펴보기로 한다.

1. 요새의 공략, 강습 및 포위에 의한 병력의 약화는 대개 공격자의 전진과 함께 증대한다. 이 약화만으로도 전투력에 현저하게 불리한 영향을 미치고, 이 불리함은 일체의 이점과 상쇄할 수 없을 정도이다. 아주 소수의 부대로 요새를 강습하고, 또 요새를 감시하는 풍조가 시작된 것은 물론 극히 최근의 일이다. 그러면 방어자 측도 적의 이러한 행동에 대항하기 위해 요새 수비대를 배치하지 않으면 안 된다. 여하간 수비되어 있는 요새는, 오늘날에도 여전히 국토방위의 중요한 원리라는 것을 잃지 않고 있는 것이다. 보통, 요새 수비대의 절반은 실전 경험이 없는 병사들이다. 그래도 공격자의 병참선 근처에 있는 요새 앞에는 요새 수비대의 2배에 상당하는 병사를 남겨두지 않으면 안 된다. 또 방어자 측이 요새 중에서도 특히 유력한 요새를 정공(正攻)하고, 혹은 수비대의 양도(糧道)를 끊으려고 한다면, 비록 규모는 작다 할지라도 그것만으로도 1개 군의 병력이 필요할 것이다.

2. 제2원인, 즉 적국 내 전쟁터에 설치하는 설비도 공격자의 전진과 함께 필연적으로 증대한다. 당장에는 전투력 현황에 영향을 주지 않는다 해도, 길게 보면 군의 정황에 더욱더 불리한 영향을 미치지 않을 수가 없다.

공격자가 적국 영토 안에서 수비하는 지역만이, 그에게 속하는 전쟁터로 간주할 수가 있다. 그 지역이라고 하는 것은 공격자가 소부대를 남겨놓는 평야지

(平野地)나, 그렇지 않으면 수비대를 잔류시키는 여러 중요한 도시, 병참지일 것이다. 그런데 전진하는 공격자가 후방에 남기는 위수지(衛戍地)[2]는 아무리 작은 것일지라도, 그것이 많아지면 전투력을 현저하게 약화시키지 않을 수가 없다. 그러나 이와 같은 것들은 아주 가벼운 예이다.

대개 어느 작전군이나 그 전략적 측면을 가지고 있다. 즉 군의 병참선 양쪽에 따른 지역이다. 그러나 적군도 또한 마찬가지로 전략적 측면을 가지고 있으므로, 보통의 경우 이러한 측면의 약점은 그다지 절실하게는 느껴지지 않는다. 그러나 그것은 전략적 측면이 자국(自國) 안에 있을 경우만의 일이다. 공격자가 일단 적국 안으로 들어서자마자 이러한 측면의 약점은 절실히 느껴진다. 공격자의 장대한 병참선이 거의 엄호되어 있지 않거나 전혀 엄호되어 있지 않을 경우에는, 적은 이 병참선에 대해서 극히 사소한 행동을 일으키는 것만으로도 몇 가지 성과를 올릴 수 있기 때문이다. 더욱이 이러한 행동은 적지의 도처에서 발생한다.

공격자가 적국 내에 깊숙이 침공해 감에 따라 전략적 측면은 장대해지고 거기에서 생기는 위험은 증가한다. 그렇게 되면 이러한 측면의 엄호가 곤란해질 뿐만 아니라 적의 행동적 정신은, 장대하고 보안이 되어 있지 않은 병참선에 호기심이 생겨 이 박약한 병참선을 침범하는 행동을 일으키게 된다. 만약에 공격자가 퇴각 때 병참선을 잃으면 매우 중대한 결과가 생기는 것은 물론이다.

이러한 모든 것은 적국 안을 전진하는 공격군의 부하(負荷)를 한 발자국마다 무겁게 만드는 원인이 된다. 따라서 공격군은 여간한 우세로 행동을 개시하는 것이 아니면 시간과 함께 당초의 계획은 더욱더 축소되고, 공격력은 더욱더 감퇴하여 마침내 군 전체가 불확실한, 우려할 상태에 있다는 것을 알게 될 것이다.

3. 제3원인은, 적국 안에서 전진하는 공격자는 끊임없이 약화하는 전투력을 계속 보충해야 함에도 불구하고 그 보급원으로부터 멀어지게 되는데, 이 원인은 공격자의 전진과 함께 더욱더 유력해지는 것이다. 따라서 침략군은 이 점에서 램프의 빛과 비슷하다. 급유원(給油源)이 더욱더 저하해서 광점(光點)

---

2) 군대가 상당히 장기에 걸쳐 일정 지역에 주둔하는 것을 위수(衛戍)라 하고, 이 위수지의 군대는 그곳의 경비와 보호에 임한다.

으로부터 멀어짐에 따라서 등불은 더욱더 미약하게 되고 이윽고 소실되는 것이다.

만약에 점령군이 공략한 지방이 부유하면 확실히 보충의 어려움은 현저하게 감소하기는 하지만, 이 어려움을 모조리 제거할 수는 없다. 공격자가 자기 나라에서 가지고 와야 할 물건은 많고, 특히 인원은 자기 나라에서 데리고 올 수밖에 없기 때문이다. 뿐만 아니라 적지에서는 매사가 자기 나라보다도 불편한 점이 한두 가지가 아니다. 물자의 공급은 신속 확실하게 진행되지 않고, 또 갑자기 필요가 생겨도 신속하게 이에 응할 수 없을 뿐만 아니라, 여러 가지 오해나 과실이 생겨도 이를 조기에 발견해서 정정할 수가 없기 때문이다.

최근의 전쟁에서처럼 군주는 친히 군을 지휘하지 않는 것이 관행이 되어 전쟁터에서 멀리 떨어진 곳에 있고 보면, 군사령관과 군주 사이에 서신의 왕래가 이루어지고 그 때문에 아무래도 시간이 걸리게 되므로, 거기에서 또 새롭고 매우 중대하게 불리한 점이 생긴다. 비록 군사령관에게 최고의 전권이 위임되어 있다고 해도, 이 전권을 가지고 그의 광대한 지역을 빈틈없이 채우고 모든 문제를 자기 자신만으로 결정할 수 있는 것이 아니기 때문이다.

4. 제4원인은, 여러 외국과의 정치적 관계의 변화이다. 승리가 외교 관계에 일으키는 변화는 전승국에 대해서 불리하건 또는 유리하건, 이 전승국이 적국 내에 침입하는 정도에 정비례해서 발전한다. 또 이러한 변화가 정승국에 불리한가 혹은 유리한가는 모두 이 나라와 여러 외국 사이의 정치적 관계의 현황, 쌍방의 이해관계나 관습, 정치적 방향 및 쌍방의 군주나 신하, 그 밖의 것에 의해 결정된다. 따라서 일반적으로는 다음과 같이 말할 수 있을 뿐이다. 즉, 약소한 동맹 여러 나라를 갖는 대국이 패전하면, 이들 작은 나라는 이내 동맹에서 이탈하는 것이 통례이다. 또 이러한 일이 있기 때문에 전승국측은 적에게 일격을 가할 때마다 더욱더 강력하게 된다는 것이다. 그러나 작은 나라가 패전해서 그 존재가 위태로워지면 이내 보호자가 나서는 법이다. 또 이제까지 이 작은 나라를 흔들어왔던 여러 나라도, 이번에는 그 몰락을 저지하기 위해 전승국에 등을 돌리는 것이다.

5. 제5원인은, 적의 저항력이 패전 전보다도 강력해진다는 것이다. 적은 어떤 때에는 공포와 무기력 때문에 전쟁 의욕을 잃지만, 다른 때는 격렬한 발작적

행동으로 나오는 일이 있다. 그러면 국민은 거국적으로 무기를 잡고, 저항력은 패전 뒤에 오히려 이전보다도 훨씬 강력해진다. 이 경우에는 국민 및 정부의 성격, 영토의 지세, 여러 외국과의 정치적 관계 등이 저항의 정도를 추측하게 하는 자료가 된다.

위에 든 제4 및 제5항만으로도 개별적인 경우의 전쟁 계획에 매우 현저한 차이를 생기게 한다. 그래서 어떤 경우에는 소심해서, 이른바 정규 절차를 밟는 방법을 사용했기 때문에 전승을 얻는 절호의 기회를 놓치는가 하면, 다른 경우에는 경솔 때문에 파멸의 심원으로 전락한다.

그런데 전승자는 승리의 성과를 어디까지나 추구하기 위해 가일층의 분투노력이 필요함에도 불구하고, 일단 전승에 의해서 위험이 멀어진 것에 방심하여 때때로 정신적으로 이완된다는 사실을 여기에 지적해 둘 필요가 있다. 이와 같이 상반되는 두 개의 원리를 일반적으로 고찰하면 승리의 이용과 공격적 전쟁에서의 전진은, 대개의 경우 전쟁 개시 당시의 우세나 전승에 의해서 얻은 우세를 감퇴시키는 것이 분명해진다.

그러면 다음과 같은 의문이 생기지 않을 수가 없다. 만약에 그렇다고 한다면, 도대체 전승자는 어떠한 동기에 의해서 전승의 기세를 틈타서 승리의 길을 파죽지세로 매진하여 공세적 전진을 감히 하는가. 이것도 승리의 이용이라고 할 수 있는가. 오히려 전승에 의해 얻은 우세가 감퇴하기 시작하기 전에 멈추는 것이 좋은 계책이 아닌가?

이들 의문에 대해서는 당연히 다음과 같이 대답하지 않을 수가 없다. ─전투력의 우세는 목적이 아니라 수단이다─라고. 목적은 적의 완전한 타도인가, 그렇지 않으면 적어도 적측의 주나 군의 일부를 탈취해서 강화를 체결할 때 유리한 조건으로 만드는 데에 있다. 공격자가 적의 완전한 타도를 목적으로 하는 경우조차도, 그 한 발자국마다 전투력의 우세가 감퇴하는 것을 견디지 않으면 안 되는 것이다. 그러나 그렇다고 해서 공격자의 우세가 적의 파멸 이전에 영(零)이 된다는 것은 틀림없는 일이다─라는 결론은 꼭 생기지 않는다. 적의 파멸이 그보다 먼저 일어나는 수도 있다. 그렇다면 공격자의 우세가 끝까지 남은 힘을 불러일으켜서 적을 파멸로 몰아넣을 수가 있다고 하면, 그 힘을 여기에 사용하지 않는 것은 잘못이라고 할 수밖에 없을 것이다.

따라서 공격자가 전투력의 우세를 개전 당초에 보유하고 있다고 해도, 혹은 이것을 전승으로 획득한다고 해도, 이러한 우세는 수단이지 목적은 아니다. 따라서 이 우세는 목적을 위해 사용되지 않으면 안 되는 것이다. 그러나 또 그와 동시에 이 우세가 도달할 수 있는 극한점을 인식하지 않으면 안 된다. 만약 이 극한점을 넘어서 전진을 계속하면 새로운 이점을 얻기는커녕 불명예를 초래하게 될 것이다.

전략적 공격에 의해서 전략적 우세를 소진하는 경위는 이상과 같다. 그러나 이에 대해서는 특수한 사례를 추구할 필요는 없을 것이다. 오히려 이러한 현상이 무수히 있기 때문에 그 내적 이유를 탐구하고 있는 실정이다. 문명 국민 사이의 전역에서 전투력의 우세가 적을 파멸시킬 때까지 숨을 쉴 틈도 없이 밀어붙인 전역은, 겨우 나폴레옹이 나타난 후의 일이다. 그 이전의 전역은, 승자의 군이 유력한 적군과 균형을 유지하는 지점에 이르면 그것으로 종결되었었다. 그리고 이 지점까지 오면 승리를 추구하는 운동은 정지하든가, 그렇지 않으면 퇴각하지 않을 수 없었던 것이다.

앞으로도 적의 완전한 타도를 군사적 목적으로 하지 않는 전쟁에서는, 역시 이와 같은 승리의 극한점이 나타날 것으로 생각한다. 또 대개의 전쟁은 아마도 이와 같은 성질의 것이 될 것이다. 따라서 이런 종류의 전역 계획에서 자연스러운 군사적 목표라고 하면 공격에서 방어로 가는 전환점 바로 그것이다.

공격자가 이 목표를 넘어서면, 그 뒤부터는 아무런 성과를 가져오지 않는 쓸데없는 노력일 뿐만 아니라, 또 적의 반격을 초래하는 위험한 노력이기도 하다. 그런데 이런 종류의 반격은 극히 일반적인 경험을 보아도 유달리 강력한 것이다. 하지만 이 단계에 이르러서 하는 반격은 매우 흔하고, 또 사리로 보아 명백하다고 여겨지므로 그 원인을 자상하게 말할 필요는 없을 것이다. 그러나 가장 중요한 원인을 든다고 하면, 그 첫째는 공격자가 탈취한 적지에서 제반 설비가 부족하다는 것이다. 두 번째는 적의 반격에 의해 전승자 측이 입은 중대한 손실과 전승군의 장병이 미리 마음속에 그리고 있던 성과 사이의 분명한 차질이다.

이 경우에 있어서 방어자 측에는 씩씩한 용기가 넘치고, 공격자 측에서는 타격을 받은 절망감이 지배적이다. 그리고 이 두 가지 상반되는 정신력은, 이제 각자의 입장에서 매우 활발한 활동을 개시하는 것이다. 이러한 정황 아래에서는 퇴각에 의한 공격자의 손실은 더욱더 증대한다. 그리고 그때까지 전승자였던 공격자가 탈취한 땅을 방어자에게 돌려주는 것만으로 난을 면하고, 자국의 영토를 잃는 일 없이 끝나면 그것이야말로 하느님에게 감사해야 할 것이다.

여기에서 우리는 언뜻 보기에 모순인 것처럼 생각되는 난점(難點)을 해결해둘 필요가 있다.

이제까지의 고찰에 대해서 다음과 같이 생각하는 사람이 있을지도 모른다. —공격적 전진이 계속되는 한 공격자의 우세는 유지되고 있다. 또 승리의 극한점에서 공격은 방어로 이행한다고 하는데, 원래 방어는 공격보다도 강력한 전쟁 형식이므로 설령 잘못되어도 전승자가 전패자보다도 약자가 될 위험이 생길 리가 없다—라고. 그런데 실제로는 역시 이러한 위험이 생기는 것이다. 전쟁사를 읽으면 전국(戰局)의 급변이라고 하는 최대의 위험은, 공격력이 시들어 방어로 이행하려고 하는 순간에 나타난다는 것을 인정하지 않을 수가 없다. 그래서 다음에 그 이유를 탐구해보려고 하는 것이다.

지금 방어는 공격보다도 강력한 전쟁 형식이라고 말했는데, 방어의 공격에 대한 우위는 다음과 같은 여러 점에 있다.

1. 토지와 지형의 이용
2. 여러 설비를 한 싸움터의 보유
3. 국민의 지원
4. 적을 기다리는 이점

물론 이들 4개의 원리는 반드시 같은 비율을 유지하고 같은 비율로 작용하는 것은 아니다. 따라서 그 어떤 방어도 방어에 변함이 없다거나 혹은 방어이기만 하면 항상 공격보다 우위에 있다고 주장할 생각은 없다. 특히 공격자의 공격력이 소모된 끝의 방어나, 또 그때의 전쟁터가 현저하게 전진한 공세(攻勢)삼각형[3]의 정점에 위치하는 경우의 방어는 매우 약하다. 이런 종류의 방어가 그대로 적용될 수 있는 원리라고 하면, 위에 든 네 가지 원리 중 제1의 것, 즉 토지

---

[3] 자국 내의 후방 기지를 저변으로 하여(당시 후방 기지는 직선으로 표시할 수 있다고 여겨졌다), 적지에 깊이 전진한 공격군의 선두를 정점으로 하는 삼각형을 가리킨다.

및 지형의 이용뿐이다. 제2원리는 대개 적용할 수 없고, 제3원리는 전적으로 부정적이며, 또 제4원리는 현저하게 약화되는 것이다. 여기에서는 마지막의 제원리만 간단하게 설명하기로 한다.

피아 쌍방이 전투력의 균형을 유지하고 있다고 생각할 경우에는, 전역은 시종 아무런 성과도 거두지 못하는 일이 있다. 그 이유는, 공세 행동을 일으켜야할 한쪽이 공격으로 나설 결단이 없기 때문이다. 그리고 다른 쪽은, 여기에 적을 기다리는 이점을 발견하는 것이다. 그러나 이러한 균형이 한쪽의 공세 행동에 의해 깨어지고, 다른 쪽의 이해관계가 손상되어 그의 의지가 불가피하게 행동을 일으키게 되면, 다른 한쪽도 이미 우유부단한 태도를 계속하는 것이 허용되지 않게 된다.

그런데 공격자가 스스로 공략한 적지에서 강구하는 방어 방책은, 자국에서 펼치는 방어보다도 훨씬 도전적인 성격을 띠는 법이다. 즉 이런 종류의 방어의 바탕에는 본원적인 공세적 원리가 있어서, 방어에 특유한 성질은 그 때문에 현저하게 약화된다. 다운은 슐레지엔이나 작센에서는,[4] 프리드리히 대왕이 방어의 지위에 선 경우에도 자유로운 행동을 허용했지만, 뵈멘이라면 프리드리히를 그대로 두지 않았을 것이다.

요컨대 공세 행동 중에서 이루어지는 방어는, 방어의 주요 원칙 모두가 약화되고 있으므로 본래의 방어에 특유한 이점은 이미 충분히 갖추고 있지 않은 것이다.

어떠한 방어적 회전도 순수하게 방어적 요소만으로 구성되고 있는 것은 아니다. 마찬가지로 어떠한 공격적 회전도, 순수한 공격적 요소로 구성되어 있는 것은 아니다. 피아 양군이 다 같이 방어적 체제에 있는 짧은 중간기는 별도로하고서라도, 그 어떤 공격도 강화에 직결되는 공격이 아닌 한 방어로 끝나지 않을 수 없기 때문이다.

그렇다면 이러한 경우에 공격을 약화시키는 것은 공격 행동 중에서 이루어지는 방어 바로 그것이다. 이와 같은 추론은 결코 궤변이 아니라, 오히려 이것이야말로 공격을 심히 불리하게 만드는 가장 주요한 원인이다. 그 때문에 방어자

---

4) 슐레지엔이나 작센은 프리드리히가 공략한 지방이다.

는 승리의 극한점에 이른 순간에 매우 불리한 방어 체제로 들어가지 않을 수가 없다.

공격적 형식과 수세적 전쟁 형식 사이에 원래 존재하는 강약의 차이가 차차 감소하는 사정은 이것으로 설명이 되었다. 다음에 이 차이가 아주 소멸해서 공세적 전쟁 형식이, 짧은 기간이나마 이와는 정반대의 수세적 전쟁 형식으로 이행하는 경과를 밝혀 보고자 한다.

만약에 자연계에서 한 개념을 빌려와서, 이 경우의 설명에 전용하는 것이 허용된다면, 그 사정을 더욱 간단히 설명할 수 있을 것이다. 일반적으로 물체계(物體界)에서 힘이 효력을 발휘하기 위한 조건은 시간이다. 운동하고 있는 어느 물체에 대해서 어떤 힘이 반대 방향으로 작용한 경우에, 시간을 들여서 힘이 서서히 가해진다면, 이 물체의 운동을 제지할 수가 있다. 그러나 소비되는 시간이 충분하지 않으면, 반대 방향으로 작용하는 힘은 운동하는 물체 때문에 압도되고 말 것이다. 물체계의 이 법칙을 원용하면, 우리의 정신적 생활의 여러 현상을 매우 적절하게 설명할 수가 있을 것이다. 우리의 사고가 일단 발동해서 취해야 할 방향이 결정되면, 그 자체로서는 충분히 근거가 있는 이유도 이미 그 방향을 바꾸거나 사고 그 자체를 멈추게 할 수가 없는 것이다. 그렇게 하기 위해서는 생각을 고쳐먹기 위한 시간과 마음의 평정, 그리고 생각을 바꾸게 할 수 있을 정도의 강한 인상이 필요하다.

전쟁에서도 이와 마찬가지이다. 마음이 일정한 목표를 향해 매진하는 경우가 있는가 하면, 목표로부터 눈을 돌려 회피하는 경우도 있다. 그러면 제1의 경우에는 전진을 중지시키는 충분한 이유가 있어도, 또 제2의 경우에는 행동을 일으키게 할 충분한 이유가 생겨도 당사자로서는 이들 이유를 충분히 납득해서 바로 번의(翻意)할 수가 없는 것이다. 그래서 제1의 경우에 대해서 말하자면, 결국 전진은 애당초대로 계속되므로 공격자는 운동의 분류(奔流)에 떠밀려 피아의 균형의 한계를 넘고, 또 승리의 극한점을 넘는 것이다. 뿐만 아니라 공격자가, 특히 공격의 왕성한 정신력에 고무되어 이미 전투력이 소진되어 있는데도 불구하고 오로지 전진을 계속하는 편이 전진을 중지하기보다는 귀찮지 않다고 생각하는 모습은, 마치 무거운 짐을 싣고 오직 산길을 오르는 말과 같다.

이렇게 설명하면, 공격자가 승리의 극한점에 도달하여 거기에서 전진을 중지하고 곧 방어를 이행하면 아직도 성과를 거둘 가망성이 있는데도, 다시 말하면 일단 상실된 피아의 균형을 회복해서 위기를 회피할 수 있다고 여겨지는데도, 자칫 이 한계점을 넘기 쉽다는 사정을 내적인 모순 없이 명백히 할 수 있었다고 생각하는 것이다. 따라서 피아의 전역 계획에 대해서 승리의 극한점을 확인한다는 것은, 공방 양자에게 중요하다. 그렇게 되면 공격자는 자기의 능력 이상의 일을 계획하지 않을 것이고(능력 이상의 일을 감히 한다는 것은 지불능력이 없는데도 빚을 내는 것과 같다), 또 방어자는 공격자가 승리의 극한점을 넘어 불리에 빠졌을 경우, 이 불리를 알고 이용할 수가 있는 것이다.

이상으로 우리는 장수가 승리의 극한점을 확인하기 위해 유의하지 않으면 안 되는 모든 사항에 대해서 언급했다. 다시 한번 이들 사항을 상기해 보면, 우리는 새삼 이러한 일을 알게 된다. 즉—장수는 이들 사항 중에서 가장 중요한 것에 대해서, 그 뜻과 가치를 올바르게 평가한다—고 하느니보다는 오히려 올바르게 추정하지 않으면 안 된다는 것이다. 또 이 경우에는 전쟁에서의 직접적 간접적 여러 사정을 통관하지 않으면 안 된다. 요컨대 장수는 이들 사정은 물론, 이에 관련되는 그 밖의 사항도 그가 다년간의 훈련에 의해 터득한 숙달된 판단력으로 정확하게 추정하지 않으면 안 된다. 그것은 바로 사수가 과녁을 쏘아 정곡(正鵠)을 잃지 않는 묘기와 같다. 그러나 그렇다고는 하지만, 인간 정신이 이 정도의 작용을 나타내는 것은 결코 쉬운 일이 아니다. 장수의 판단력 앞에는, 수많은 기로가 마치 미로처럼 교차하고 있는 것이다. 장수의 판단을 흐리게 하는 것에는 수많은 대상과 이들 대상의 복잡성과 다양함이 있다. 그러나 그뿐만 아니라 더 중대한 것으로서 전쟁에 특유한 위험과 전쟁의 결과에 대한 책임이 있다.

그래서 대다수의 장수는 목표에 근접하는 것을 꺼려서 후방에 머물고, 또 왕성한 행동적 정신을 가지고 용감하게 매진하는 장수는 기세를 타고 목표를 뚫고 나가, 오히려 목적을 벗어나는 결과에 빠지는 것이다. 그런데 과부족이 없는 수단으로 전쟁이라는 대사업을 통괄하는 장수만이 목표를 잘 달성할 수가 있는 것이다.

제8편
전쟁 계획

제1장
머리말

앞서 전쟁의 본질과 목적에 관해 고찰한 장(章)에서는 전쟁의 전체적 개념을 대충 살펴보고, 또 전쟁과 이를 둘러싼 여러 사항과의 관계에도 언급했는데,[1] 이것은 오직 올바른 근본 개념으로부터 출발하기 위한 것이었다. 그때 우리의 고찰은 여러 가지 곤란에 봉착했다. 우선은 이런 어려움을 훑어보는 것만으로 그치고 그 자상한 고찰을 분류해서 적의 완전한 타도, 따라서 적 전투력의 격멸이야말로 모든 군사적 행동의 주요 목적이라는 결론을 얻고 일단은 만족했었다. 그러나 이러한 결론이 나왔기 때문에, 이에 이어지는 여러 장에서 군사적 행동이 사용하는 수단은 전투뿐이라고 말할 수 있었다. 이렇게 해서 우리는 우선 올바른 입장을 취할 수가 있었다.

이어 우리는, 전투 외에 있는 군사적 행동에 나타나는 매우 중요한 여러 관계와 형식을 일일이 구명해서 그 가치를, 혹은 각 사항의 본성에 비추어, 혹은 전쟁 역사가 가르치는 경험에 따라서 한층 명확하게 규정하여, 자칫 이것들을 둘러싼 불확실하고 애매모호한 관념을 일소하고, 또 이러한 전투 외의 여러 사항에 관해서도 군사적 행동의 본래의 목적, 즉 적의 격멸이야말로 그 어떤 경우에도 가장 중요한 요건이라는 것을 밝혔다. 그래서 이번에는 전쟁을 전체로서 고찰하는 입장으로 돌아가려고 생각하는 것이다. 따라서 본편에서는 전쟁 계획과 전후 계획의 고찰을 그 목적으로 한다. 그러나 그렇게 되면 제1편에서 말한 사상을 여기에서 다시 들추지 않을 수가 없다.

다음의 여러 장은, 전쟁에 관한 총괄적 문제의 해명을 우선으로 하여 본래의 전쟁과 그 가장 전반적이고 가장 중요한 것을 포함하고 있다. 이제 우리는 전략

---

[1] 제1편 '전쟁의 본질에 대해서'의 제1장 '전쟁이란 무엇인가'와 제2장 '전쟁의 목적과 수단'을 가리킨다.

영역의 가장 심오한 곳으로 발을 들여놓으려 하고 있다. 전쟁을 관통하는 기타의 모든 실오라기는 바로 여기에서 조합이 되는 것이다. 여기에서 우리는 남몰래 마음이 울렁거림을 느끼지 않을 수가 없다. 그리고 또 두려워하는 마음이 생기는 것은 지극히 당연하다.

군사적 행동의 한 면은 매우 단순하게 보인다. 위대한 장수들이 지극히 간략하게, 그리고 솔직하게 자기 생각을 말하고 있는 것을 듣거나 읽으면, 이들 장수들이 무수한 부분으로 이루어진 까다로운 기계의 조작이나 운전에 대해서 담담하게 말하고 있는 태도는, 바로 자기 자신의 일을 말하고 있는 것처럼 자유롭다. 그렇게 되면 전쟁이라고 하는 엄청나게 거대한 행위도 일종의 결투로 환원되고 마는 것이다. 또 그 경우에 장수의 마음을 움직여서 군사적 행동을 결의하게 한 동기는 알기 쉬운 생각으로 설명되는 경우도 있고, 또 억제할 수 없는 감정의 발동이라고 하는 말로 처리되는 일도 있다. 실제로 장수들이 전쟁이라고 하는 대상을 파악하는 방식은, 대수롭지 않은 데다 하등 불안이 없고 때로는 경솔하다고 말하고 싶을 정도이다.

그런데 다른 한편으로는 전쟁을 이론적으로 연구하려고 하면 많은 관계를 구명하지 않으면 안 된다. 약간의 이론적인 줄기는 멀리까지 이르고, 때로는 그 행방조차도 일정하지가 않다. 수많은 조합은 우리 연구자 앞에 나열되어, 어디에 손을 대야 할지 모를 정도이다. 따라서 만약에 이론이 이들 일체의 요인을 체계적으로, 하나도 빠짐없이 명확하게 파악하고, 또 행동에 대해서는 반드시 그 충족 이유를 구하게 되면, 우리는 결국 시골 학자들의 벽론(僻論)에 빠지는 것은 아닐까? 혹은 어색한 개념의 세계를 헛되이 돌아다닐 뿐, 전쟁의 전모를 힘들이지 않고 통관(通關)하는 위대한 장수를 끝내 만날 수 없는 것이 아닌가 하는 위구심(危懼心)이 저항할 수 없는 힘을 가지고 우리에게 다가오는 것이다. 만약에 이론의 구성에 든 노력의 결과가 결국 이와 같은 것이라고 한다면 이론 같은 건 없는 것과 마찬가지이고, 또 없는 편이 나을 것이다. 이러한 노력은 쓸데없이 이론을 경시하는 풍조를 초래할 뿐, 이윽고는 망각의 늪으로 가라앉는 것이다. 그런데 다른 한편으로는, 전체를 손쉽게 통관하는 장수의 식견과 솔직 간명한 사고방식이 있고, 여기에 더하기를 그 자신이야말로 전 군사적 행동의 화신이라는 자각이 있다. 그리고 이들 뛰어난 특성이야말로 탁월한 전쟁 지도의 중핵을 이루는 것이다. 만약에 마음이 만사를 지배하고 모든 경우에 전용할 수 없는 것이라고 한다면, 그 경우에 필요한 마음의 자유는 바로 이러한 대국적인 문제 파악의 방식에서만 생각할 수 있는 것이다.

그런데 우리는 속으로 약간의 불안을 느끼고 있기는 하지만, 그렇게만 말하고 있을 수만은 없으므로 앞으로 계속해서 나아갈까 생각한다. 그렇게 되면 우리의 고찰, 지금 이 장 첫머리에서 제시한 길을 더듬어감으로써만이 가능하다. 이론은 명료한 안광(眼光)을 가지고 수많은 대상을 살피지 않으면 안 된다. 그러면 우리의 지성은 무수한 대상 한가운데에서도 자신이 갈 길을 잃지는 않을 것이다. ―이론은 잘못된 생각이 도처에 자라게 하는 잡초를 제거하지 않으면 안 된다. ―이론은 사물 사이에 성립하는 여러 관계를 명시하고, 중요한 것과 그렇지 않은 것을 판별하지 않으면 안 된다. ―많은 개념이 저절로 모여서 진리의 중핵, 즉 우리가 원칙이라고 말하는 것을 형성하거나, 혹은 이들 개념이 길을 더듬어 마침내 하나의 규칙을 이룰 경우, 이론은 이것을 일일이 지적하지 않으면 안 되는 것이다.

그런데 정신이 전쟁에 관한 기본적 사상 사이를 편력해서 몸에 지닌 것은, 이러한 정신에서 싹튼 광명이다. 그리고 이것이야말로 이론이 정신에 기여하는 이익인 것이다. 이론은 여러 과제를 해결하는 방식을 정신에 지시할 수는 없다. ―이론은 정신이 가야 할 길을 그 양쪽에 세운 원칙에 의해서 필연성이라고 하는 좁은 한 줄기에만 제한할 수는 없다. 요컨대 이론의 효용은, 정신을 훈련해서 수많은 대상과 이들 대상 상호의 관계를 철저히 살피고 나서, 다시 정신을 행동의 영역으로 내보내는 데에 있다. 그러나 이 경우의 행동의 영역은 이전보다도 한층 고차적인 것이다. 이때 정신은 이렇게 해서 자연적으로 얻은 힘의 대소에 의해서, 이러한 정신적 여러 힘을 규합하여 진실한 것이나 올바른 것을, 하나의 명확한 사상으로서 감득하는 것이다. 그러면 이 사상은, 모든 정신적 힘이 주는 총체적 인상에서 생긴 것임에도 불구하고, 사고의 산물이라고 하느니보다는 오히려 감정의 소산이라고 여겨질 정도이다.

제2장
절대적 전쟁과 실제의 전쟁

전쟁 계획은 모든 군사적 행동을 남김없이 총괄한다. 또 이 군사적 행동은 전쟁 계획에 의해서 궁극적 목적을 갖는 통일적 행동이 된다. 그리고 일체의 특수적 목적은, 이 궁극적 목적과 견주어서 각기 그 위치를 얻게 된다. 전쟁에 의해서, 또 전쟁에서 무엇을 달성하려고 하는가—라는 두 가지 목적에 대답하지 않고서는 전쟁을 시작하는 사람은 없을 것이다. 또—당사자가 현명하다면—전쟁은 시작할 일이 못 될 것이다. 이 물음의 첫째는 전쟁의 목적에 관하여, 또 두 번째는 전쟁의 목표에 관계된다.

이들 두 건의 주요 사상에 의해서 군사적 행동의 모든 방향, 사용될 수단의 범위, 전쟁을 수행하는 기력의 정도가 규정된다. 그리고 전쟁 계획은 군사적 행동의 극히 세밀한 말단까지 그 영향을 미치는 것이다.

제1장에서 말한 대로 적의 완전한 타도야말로 다름 아닌 군사적 행동의 자연적 목표이고, 철학적 견지에서 개념의 엄밀성을 기하려고 한다면, 전쟁의 목적은 결국 이것 이외는 있을 수 없는 것이다.

그런데 이와 같은 생각은 두 교전자 어느 편에 대해서도 마찬가지로 말할 수 있다. 그렇다면 군사적 행동은 멈추는 일이 없이, 양자의 한쪽이 타도될 때까지는 이 군사적 행동에 정지는 있을 수 없다—는 것이 될 것이다.

우리는 앞서 군사적 행동의 휴지(休止)를 논한 장[1]에서 적의(敵意)라고 하는 순수한 원리가, 이 원리의 담당자인 인간과 이 원리에 입각해서 실제로 전쟁을 일으킨 일체의 정황에 적용되면, 전쟁이라고 하는 말하자면 복잡한 기계에 내재하는 이유 때문에 원리의 완전한 구현이 방해되고, 또 그 힘이 완화되지 않

---

1) 제3편 제16장을 가리킨다.

을 수 없다는 것을 말했다.

그러나 전쟁의 원리는 실제의 전쟁에서 많건 적건 손질되는 것만으로는, 전쟁의 본래의 순수한 개념으로부터, 실제의 전쟁에서 널리 볼 수 있다고 해도 결코 과언이 아닌 수많은 구체적인 사례를 해명하는 근거로서 충분하다고는 말할 수 없다. 실제로도 대개의 전쟁은 피아 쌍방이 단지 순간의 격분으로 나를 잊고 있다고 말할 수 있다. 그래서 쌍방은 무기를 들고 자기를 방어하고 상대방에게 공포심을 품게 하며, 또—기회가 있으면 적에게 일격을 가하려고 태세를 취하고 있을 뿐이다. 따라서 전쟁이라 해도 서로 파괴하는 두 개의 요소가 실제로 격돌하는 것이 아니라, 따로따로 떨어진 두 요소가 어느 정도의 긴장 상태에 있고, 때때로 작은 전투를 하는 정도에 지나지 않는 것이다.

그런데 피아 쌍방 사이의 긴장이 일거에 폭발하는 것을 방해하고 있는 장벽—그것도 그다지 중요하다고 여겨지지 않는 장벽은 어떠한 것일까? 엄밀한 논리에 따르고 있는 철학적인 생각은 왜 그대로 실현되지 않을까? 그 장벽은, 전쟁이 국가 생활에서 접촉하는 수많은 사물, 여러 가지 힘이나 관계 속에서 찾아볼 수가 있다. 이와 같은 것들이 수없이 얽혀 있기 때문에 수미일관된 논리가 본줄기에서 일탈하여, 약간의 알기 쉬운 추론의 실을 따라 결론에 도달할 수가 없는 것이다. 그래서 논리적인 사고방식은 이러한 얽힘 속에 정체되고, 이에 따라 또 당사자는 일의 대소를 불문하고 엄밀한 논리적 귀결에 따라 행동하느니보다는 오히려 그때그때의 지배적인 사상이나 감정대로 행동하는 데에 익숙해 있기 때문에, 마침내 자기 사고의 모호함이나 어중간한 모순당착을 알아차리지 못하는 것이다.

전쟁은 원래 한 나라의 지능인 소수의 정치가와 군인에 의해서 일어나게 된다. 그리고 이 사람들이라면, 그들의 목표를 굳게 정하고 전쟁에 관한 모든 사항을 일일이 점검할 수가 있을 것이다. 그러나 그 밖에도 국가의 중요한 일에 종사하는 많은 사람들이 있고, 이러한 경우에는 이 사람들의 존재도 무시할 수가 없다. 하지만 이러한 사람들이 모두 당국자와 같은 입장에서 모든 사정을 양해할 수 있다고는 말할 수 없을 것이다. 그래서 반목이나 알력이 생겨, 이 곤란을 타개하기 위해서는 다수의 반대자를 위압하는 힘을 필요로 한다. 그러나 이 힘은 충분히 강력하지 않은 것이 통례이다.

이러한 불일치는 피아 양국 어느 쪽에도 생길 수 있고, 또는 쌍방에 모두 생길 수도 있다. 여하간 전쟁이 본래의 순수한 개념과는 다른 것, 즉 어중간한 일, 내적인 연관이 결여된 것이 되는 원인은 여기에 있다.

우리가 이제까지 보고 들었던 전쟁은 거의 이와 같았다. 만약에 우리가 절대적 전쟁을 방불케 하는 실제 전쟁을 오늘날 이 눈으로 보지 않았다면, 전쟁의 절대적 본질이라고 하는 개념은 여하간 실재성을 갖는 것이다—라고 하는 우리의 주장에 의심을 품는 사람이 있었을지도 모른다. 프랑스혁명이라고 하는 짧은 전주곡 후에, 용감무쌍한 나폴레옹은 순식간에 전쟁을 이 단계까지 발전시킨 것이다. 나폴레옹 아래에서 전쟁은 적을 완전히 타도할 때까지 끊임없이 진행되고, 이에 따라 적의 반격도 끊임없이 이루어졌다. 이러한 현상이 엄밀한 논리적 귀결에 따라 우리를 전쟁 본래의 개념으로 되돌아가게 한 것은 자연적이고 필연적인 것이 아닐까?

그래서 우리는, 전쟁에 본래의 개념을 어디까지나 고집하고, 비록 실제의 전쟁이 절대적 전쟁으로부터 제아무리 떨어져 있어도, 모든 전쟁을 절대적 전쟁이라고 하는 기준에 따라 판정하며, 또 전쟁의 순수한 개념으로부터 모든 이론적 귀결을 끄집어내도 좋을까?

우리는 이 문제에 대해서 취해야 할 태도를 분명히 결정하지 않으면 안 된다. 전쟁은 본래의 개념 그대로이어야 하는가 또는 이와는 다른 것일 수도 있는가—라는 문제를 해결하지 않는 한, 전쟁 계획에 대해서 확고한 말을 할 수 없기 때문이다.

만일 우리가 제1종 전쟁, 즉 '있어야 할' 전쟁을 취한다면 확실히 우리의 이론은 필연적인 것에 더 가까이 접근하여 한층 명석한 것으로 낙착될 것이다. 그렇게 되면 왕년의 알렉산더 대왕이나 로마 사람이 행한 약간의 전역 이래, 가까이는 나폴레옹의 출현에 이르기까지 사이에 이루어진 모든 전쟁을 어떻게 비평하면 좋을까? 우리는 이들 전쟁을 일괄해서 비난하지 않으면 안 될 것인가? 만약에 그와 같은 일을 한다면 우리는 자신의 불손(不遜)을 부끄럽게 여기지 않으면 안 될 것이다. 게다가 또 형편이 나쁘게도 앞으로 10년이 지나면 이런 종류의 전쟁이 다시 발생해서 우리의 이론을 부정할지도 모른다. 그렇게 되면 이러한 전쟁 이론은 비록 엄밀한 논리에 의해 무장을 하고 있다고 해도, 현실적인 사정의 위력에 대해서 심히 미력(微力)한 것이 될 것이다. 따라서 우리는 '있어야 할' 전쟁을 단순한 개념으로 고안하는 것이 아니라 절대적인 전쟁 속으로 섞여 들어가서, 또 여기에 부착되어 있는 일체의 이질적인 것, 예를 들어 전쟁을 구성하고 있는 많은 부분이 갖추고 있는 고유한 비중이나, 이들 부분 사이에 생기는 마찰과 인간의 정신에 특유한 자가당착이나 겁까지도 일괄적으로 부정하는 일 없이 그것이 차지한 곳을 정하지 않으면 안 된다. 여하간 우리는, 전쟁과 우리가 전쟁에 주는 형태는 그때그때의 지배적인 사상, 감정 및 사정에 의해서 생긴다고 하는 견해를 지지하지 않을 수가 없다. 아니, 우리의 소론(所論)의 진실을 기한다면 전쟁이 그 절대적 형태를 취한 경우에조차도, 즉 나폴레옹의 지휘하에 이루어진 전쟁에 대해서조차도 이것을 인정하지 않을 수가 없는 것이다.

그런데 만약에 이것을 인정하지 않을 수 없다고 한다면, 즉 전쟁은 그것이 접촉하는 모든 관계를 합계해서 구한 평균치에서 생기는 것이 아니다, 이러한 무수한 관계 속에서 마치 그때에 지배적인 약간의 관계에서 생긴다는 것을 인정하지 않을 수 없다고 하면, 다음과 같은 일이 명백해진다. 즉 —전쟁의 기초에는 모든 가능한 일, 확실한 일, 행운과 불운의 교차가 있다. 그리고 이들의 어지러운 움직임 속에서 엄밀한 논리적 추론은 때로는 전혀 불가능하고, 논리적 추론과 같은 것은 명석한 두뇌를 어지럽게 하는 쓸데없는 도구에 지나지 않는다 —는 것이다. 그러면 또 여기에서, 전쟁이 어떤 때에는 전쟁다운 것이 되고, 또 어떤 때에는 전쟁답지 않은 것이 되는 이유 또한 분명해진다.

이론은 이러한 모든 것을 승인하지 않으면 안 된다. 그러나 전쟁의 절대적 형태를 높이 들고, 매사에 이것을 판단의 기준으로 하는 것은 전쟁 이론의 본래의 의무이다. 그렇게 되면 이론으로부터 무엇인가를 배우려고 하는 사람은, 항상 이러한 이론을 염두에 두고 전쟁에서의 모든 기대와 걱정을 재는 척도를 이론에서 구하게 된다. 따라서 또 무엇을 할 수 있는가, 무엇을 하지 않으면 안 되는가—하는 문제에 관해서 이론으로부터 가르침을 받을 수가 있는 것이다.

우리의 모든 사고와 행동의 밑바닥에 있는 근본적 사상은, 비록 우리의 사고나 행동을 결정하는 직접적 동기가 그 어떤 영역에 있는 경우에도, 이러한 사고 및 행동에 독자적인 상태와 성격을 부여한다. 그것은 마치 화가가 캔버스 바탕에 칠하는 물감의 색깔에 따라서 그 위에 그려지는 그림에도 여러 가지 상태를 줄 수 있는 것과 마찬가지이다.

오늘날 이론이 이 점에까지 이른 것은 현대 전쟁의 의존한 바가 크다. 이들 전쟁에 의해서, 전쟁은 이토록 격렬한 파괴력을 가질 수 있는 것이라는 경고적 사례가 이루어지지 않았다고 한다면, 아무리 이론이 소리를 높여 외쳐대도 전혀 효과가 없었을 것이고, 또 오늘날에는 누구나 체험하고 있는 것과 같은 전쟁이 실제로도 가능하다는 생각에 미치지 못했을 것이다.

만약에 프로이센이 패전했다면, 프랑스군의 강력한 반격은 유럽 구래(舊來)의 균형을 일거에 뒤집으리라는 것을 예감하고 있었더라면 프로이센은 1792년[2]에 7만의 군을 가지고 프랑스에 침입하는 일을 감히 하지 않았을 것이다.

또 프로이센이 권총을 발사해서 지뢰에 점화하면, 지뢰는 꽝음을 내고 폭발하여 프로이센 자신을 산산이 날려 버렸을 것이라는 것을 이익이라고 생각했다면, 1806년[3]에 10만의 군으로써 프랑스에 전쟁을 감행하지 않았을 것이다.

---

2) 프랑스혁명 전쟁이 발발한 해. 동맹군은 같은 해 프랑스에 침입하여 패배했다.
3) 프로이센은 1806년 10월 8일에 프랑스에 선전을 포고했으나 10월 14일 예나 및 아우에르슈테트 회전에서 참패했다.

제3장
전쟁 내적 연관과 노력의 크고 작음

A. 전쟁의 내적 연관

전쟁의 절대적인 형태에 착안하느냐, 그렇지 않으면 많건 적건 이러한 절대적 형태와 떨어진 전쟁의 현실적 형태에 착안하느냐에 따라 전쟁의 성과에 관한 두 가지 서로 다른 견해가 성립한다.

전쟁의 절대적 형태에서는 모든 것은 필연적 이유에 의해서 생기고 모든 것은 내적인 이유에 의해서 이내 서로 관련되며, 무의미하고 어느 쪽에도 속하지 않는 어정쩡한 빈틈은 전혀 존재하지 않는다. 이와 같은 절대적 형태에서는, 전쟁에 포함된 여러 상호 작용에 의해서,[1) 또 연이어 이루어진 전투의 모든 계열 사이의 엄밀한 연관에 의해서,[2) 또 그 어떤 전승에도 반드시 존재하는 극한점 즉 그것을 넘어서면 손해와 패배가 시작되는 승리의 극한점에 의해서[3)—요컨대 전쟁에, 본래의 이들의 사정에 의해서 유일한 성과, 즉 궁극적인 성과가 생길 뿐이다. 따라서 이러한 궁극의 성과가 생기기까지는 아무것도 결정된 것이 아니다. 다시 말하면 그 무엇도 획득된 것이 아니고, 또 그 무엇도 상실된 것이 아니다. 그렇게 되면 그 어떤 경우에도 '끝이 좋으면 만사가 좋다'고 말하지 않으면 안 된다. 이와 같은 생각에 따르면 전쟁은 분할할 수 없는 하나의 전체이며, 그 부분(개개의 성과)은 이 전체에 관련해서만 각기 가치를 갖는다.

1812년에 나폴레옹은 모스크바와 러시아 국토의 반을 공략했다. 그러나 이러한 공략은 그가 의도한 강화를 성립시키는 면에서 보자면 그에게 가치가 있

---

1) 제1편 제1장.
2) 제1편 제2장.
3) 제7편 제4 및 제5장(승리의 극한점에 관한 장).

었다. 그런데 이 공략은 그의 전역 계획의 일부에 지나지 않았다. 그리고 이 계획을 완전히 실현하기 위해서는 다른 부분, 즉 러시아군의 분쇄가 필요했다. 만약에 이 부분에 그가 얻은 성과를 부가할 수 있었으면 당연한 귀결로서 강화가 확실해졌을 것이다. 그러나 나폴레옹은 이 제2의 부분을 일찌감치 놓쳤기 때문에 이미 이것을 쟁취할 수는 없었다. 그래서 성과의 처음 일부는 별로 쓸모가 없게 되었을 뿐 아니라, 오히려 그의 목숨을 빼앗게 된 것이다.

전쟁의 모든 결과는 모두 서로 관련이 있다고 하는 이 사고방식은 한쪽의 극한을 나타내는 것이다. 그런데 이 극한에는 또 하나의 극한이 대립한다. 이 제2의 극한이 나타내는 생각에 따르면, 전쟁은 각기 별개의 것으로 존립하는 많은 성과의 집합이다. 그리고 이들 성과는 마치 단판 승부처럼, 앞의 승부는 뒤의 승부에 조금도 영향을 미치지 않는다. 따라서 이 경우에 중요한 것은 모든 성과의 총계이다. 그러므로 각 성과의 득점은 나중에 합계되기 위해 그대로 남는 것이다.

전쟁의 성과에 관한 이들 두 가지 사고방식 중 제1의 생각은, 전쟁의 본성에 입각하는 한 진실이며, 또 제2의 생각은 전쟁의 역사에 입각하는 한 진실이다. 실제로 사소한 이점이 아무런 까다로운 조건 없이 얻어지는 경우는 무수히 있다. 그리고 전쟁의 본령인 격렬함이 완화됨에 따라 이러한 사례도 더욱더 빈번하게 나타난다. 그러나 전쟁에서는 제1의 생각이 흠 잡을 데가 없이 실현되는 경우는 거의 없고, 또 제2의 생각만이 타당해서 제1의 생각은 전혀 불필요한 경우도 거의 생기지 않는다.

그런데 이 두 가지 생각 중 제1의 생각에 따른다면, 그 어떠한 전쟁도 처음부터 하나의 전체로 간주해야 하고, 또 장수는 전쟁의 첫 단계부터 모든 군사적 행동이 귀착되는 목표를 항상 염두에 두지 않으면 안 될 것이다.

또 제2의 생각을 인정한다면 그다지 중요하지 않은 이점도 단순한 것만의 이유로 추구되어, 그 밖의 일은 모두 사물의 진행에 맡기게 된다.

이 두 생각은, 각기 그 어떤 결과를 가져오게 되므로 이론으로서는 그 어느 쪽도 빠질 수가 없다. 그러나 이론이 이것을 사용할 경우, 양자 사이에는 저절로 차이가 생긴다. 즉 이론은 제1의 생각을 근본적 사상으로서 일체의 사상과 행동의 바닥에 두고, 또 제2의 생각을 그때의 전황에 비추어 적절하다고 인정되는 수정(修正)으로서 사용하는 것이다.

프리드리히 대왕은 1742, 1744, 1757년 및 1758년에, 슐레지엔과 작센으로부터 오스트리아 본토로, 각기 새로운 공세 전진을 시도했다. 그는 이 공세 전진이 슐레지엔과 작센의 공략과는 달리, 또 영구적인 탈취를 목적으로 하는 성질의 것이 아니라는 것을 잘 알고 있었다. 프리드리히는 이러한 공세로 오스트리아의 전복을 목적으로 삼은 것이 아니라, 이와는 다른 목적, 즉 시간을 벌고 힘을 축적해서 훗날에 대비한다는 부차적인 목적을 의도한 것이다. 당시 프리드리히는 이 부차적 목적을 추구해도 프로이센군의 존립을 위태롭게 할 염려는 없었다.[4]

그런데 프로이센은 1806년에, 또 오스트리아는 1805년과 1809년에, 프랑스군을 라인강 저편으로 격퇴한다는 목표를 설정했다. 이것은 한때의 프리드리히의 의도보다도 소극적인 것이었다. 그럼에도 불구하고 프로이센 혹은 오스트리아가 이 기도에서 성공을 거두려면, 이들 전쟁에서의 모든 사건을 각기 마음속에서 일일이 점검하지 않으면 안 되었다. 이 기도가 성공하든 혹은 실패하든, 사건의 이러한 계열은 이미 행동의 첫걸음과 결부되어 다시 강화에까지 영향을 미치는 것이다. 프로이센이든 혹은 오스트리아이든 그들의 승리를 어디까지 추구할 수 있는가, 또 적측이 승리를 거두었을 경우에는 이 승리를 어떻게 해서 또 어디에서 저지할 수 있는가 하는 것에 대해서 미리 자기 생각을 정리해 두는 일

---

4) 가령 프리드리히가 콜린 회전(1757. 6. 18 프리드리히 대왕은 이 회전에서 오스트리아군에 참패했다)에서 승리를 거두고, 따라서 또 프라하에서 오스트리아 본군과 두 사람의 사령관(한 사람은 다운, 또 한 사람은 헝가리 귀족으로 오스트리아의 원수였던 나다슈디(Nadasdy, Franz Leopold, 1707~83)을 동시에 포로로 할 수 있었다면, 이것은 오스트리아에게 최악의 타격이므로, 프리드리히는 빈을 향해 진격하여 오스트리아의 군주 국가를 뒤흔들어 단숨에 강화에 이를 수 있다고 생각해도 좋았을 것이다. 그러면 이러한 승리는 당시로서는 미증유의 성공이며, 최근의 전쟁 성과에 필적할 것이다. 아니 체구가 작은 다윗에 비할 수 있는 프로이센과 거구의 골리앗과 같은 오스트리아의 싸움이고 보면, 그보다도 훨씬 놀랍고 훨씬 빛나는 성과라 할 수 있을 것이다. 이와 같은 훌륭한 성과는, 프리드리히가 콜린의 싸움에서 승리를 얻었다고 하면 매우 확실했을 것이다. 그러나 이것은 우리가 위에서 말한 주장과 모순되는 것은 아니다. 우리의 주장은 프리드리히 대왕이 공세 작전에 의해서 처음에 의도한 것만을 문제로 하고 있기 때문이다. 실제로 적의 본군을 포위해서 이를 포로로 한다는 것은 그의 예정 이외의 일로서, 그는 이와 같은 일을 생각해 본 적이 없었다. 적어도 프라하에서의 오스트리아군의 졸렬한 병력 배치를 보고 욕심을 내기까지는 그는 예상하지도 않았던 일이다.

이 꼭 필요했다.

이 두 가지 사정 사이에 이토록 현저한 차이가 생긴 이유는, 전쟁 역사를 세밀하게 생각하면 명백하다. 18세기의 슐레지엔 전쟁[5] 당시는, 전쟁은 아직 내각에만 관한 일이었고 국민은 의지를 지니지 않은 도구로서 이에 참가한 데에 지나지 않았다. 피아 쌍방의 국민이 전쟁에 무게를 가지게 된 것은 19세기가 되어서부터였다. 또 프리드리히 대왕을 적으로 삼은 장수들은, 그 누구나 군주의 의탁을 받고 싸운 군인이었다. 그렇기 때문에 그들은 무엇보다도 신중함을 목적으로 한 것이다. 그런데 19세기 초두에 오스트리아군 및 프로이센군이 상대한 장수는 한마디로 말하자면─군신 그 자체였다.

이토록 크게 차이가 나는 사정에 대해서는 각기 전혀 다른 고찰이 필요한 것이 아닐까? 왕년에 비해 그 차이가 큰 사정하에서는 프로이센군이나 오스트리아군은 1805,[6] 1806년 및 1809년에 최악의 경우가 생길지도 모른다. 아니 이러한 경우가 확실히 도래할 것으로 생각해서 이전과 같이 두서너 개의 요새나 중간 정도의 주나 현을 약취해서 안주할 경우와는 아주 다른 노력과 계획을 필요로 했던 것은 아닐까.

당시 오스트리아 및 프로이센은 프랑스와의 정치적 관계가 위험할 정도로 험악해지고 있었기 때문에, 그 대책을 세우는 데 노력하지 않으면 안 된다는 것을 통감하고 있었음에도 그 노력은 적절하지 못했다. 양국이 이것을 하지 못했던 것은, 이미 변한 사정이 아직 역사 앞에 뚜렷한 모습을 나타내고 있지 않았기 때문이었다. 그런데 1805, 1806년과 1809년 및 그 이후의 전역은 새로운 전쟁의 개념, 즉 무엇이든지 분쇄하고 말겠다는 수행력을 가지고 하는 절대적 전쟁이라는 개념을 추출하여 이것을 여실히 보여주는 것이다.

따라서 이론으로서는 당사자가 현대의 그 어떤 전쟁에 대해서도, 우선 그 성격과 그것이 미치는 범위를 될 수 있는 대로 확실하게 파악할 필요가 있다. 또 전쟁의 성격과 범위의 대소는, 내정 및 외교에 걸치는 정치의 양과 관계에 의해

---

5) 프리드리히 대왕의 제1차 및 제2차 슐레지엔 전쟁(1740~42, 44~45).

6) 나폴레옹은 1805년에 울름 회전(10. 17) 및 아우스테를리츠 회전(12. 2)에서 오스트리아군을 무찌르고, 1806년에 예나 및 아우에르슈테트 회전(10. 14)에서 프로이센을 격파했으며, 또 1809년에는 바그람 회전(7. 5~6)에서 오스트리아군을 무찔렀다.

서 정해지는 것이다. 그리고 전쟁의 성격이 확실하게 절대적 전쟁에 접근해감에 따라, 또 전쟁이 미치는 범위가 많은 교전국을 포괄하여 이들 여러 나라를 전쟁의 와중으로 끌어들임에 따라, 전쟁에서 여러 사건의 연관은 더욱더 긴밀하게 되고, 처음 한 발자국을 내디딜 때 마지막 한 걸음을 고려하는 일이 더욱더 필요하게 된다.

B. 전쟁 목표와 이에 필요한 노력의 대소에 대하여

우리가 전쟁이라는 수단을 써서 적에 가하는 강제는, 피아 쌍방의 정치적 요구의 대소를 기준으로 한다. 이 경우에 쌍방이 서로 상대방의 정치적 요구의 대소를 알고 있으면, 그것이 쌍방의 노력의 정도를 정하는 척도가 될 것이다. 그러나 이와 같은 정치적 요구는 항상 뚜렷하게 제시되어 있는 것은 아니다. 그래서 이것이 곧 쌍방이 사용하는 수단에 차이를 낳게 하는 첫째 이유가 되는 것이다.

교전하는 여러 국가의 위치와 사정은 각기 달라서 서로 같지가 않다. 그래서 이것이 곧 제2의 이유가 된다.

교전하는 여러 나라 정부의 의지력, 성격, 능력 등도 또한 각기 달라서 서로 같지가 않다. 그래서 이것이 곧 제3의 이유가 된다.

적의 저항력의 강약, 따라서 적이 사용하는 수단 및 적이 설정하는 목표 등에 관한 계획이 불확실한 것은 이러한 세 가지 이유에 의한 것이다.

전쟁에서는 노력이 불충분하면 성과를 보기 어려울 뿐만 아니라, 적극적인 해악이 생기는 경우도 있다. 그래서 피아 쌍방은 상대편보다 우세하려고 서로 경쟁하기 때문에, 쌍방 사이에 상호 작용이 생기는 것이다.

그런데 이와 같은 상호작용은 그 성질로 보아 멈추는 곳을 모르기 때문에, 만약에 목표가 극단적인 것이라면 이 목표에 도달하려고 하는 노력 또한 극단으로 달리게 될 것이다. 그러나 그렇게 되면 정치적 요구의 대소에 대한 생각은 무시되고 수단과 목적의 균형은 파괴될 것이다. 그러나 전쟁에서 극단적인 노력을 강요하려는 의도는 결국 이에 반발하는 국내 사정 때문에 대부분 차질을 가져온다.

그런 까닭으로 교전자는 다시 중도(中道)로 끌려오게 된다. 그리고 다음과 같은 원칙에 따라서 행동을 하게 된다. 그것은 정치적 목적을 달성하는 과불급이 없는 힘을 사용하며, 또 전쟁에서도 과불급이 없는 목표를 설정한다는 원칙이다. 그런데 이 원칙을 실행할 수 있는 것으로 만들기 위해서는 절대적, 필연적인 성과를 얻으려고 하는 의도를 단념하지 않으면 안 된다. 또 먼 장래에 가능하게 될 사항은 일체 계산에 넣어서는 안 되는 것이다.

여기에서 지성의 작용은 엄밀한 학(學), 즉 논리학과 수학의 영역을 떠나서 넓은 뜻의 술(術)이 된다. 여기서 말하는 술이란 전망을 할 수 없을 정도로 많은 대상이나 관계 안에서, 가장 중요한 것이나 가장 결정적인 것을 충분히 숙달된 판단력에 의해서 찾아낼 노련한 능력을 말한다. 특별한 훈련에 의해서 숙달된 영역에 도달한 이러한 판단력은, 일체의 양이나 관계를 많건 적건 불분명한 채로 비교함에도 불구하고, 당면한 사태에 관계가 없는 것이나 중요하지 않은 것을 배제하고, 가장 직접적인 관계를 가지고 있는 것이나 가장 중요한 것을 엄밀한 논리적 추론에 의한 것보다도 신속하게 찾아내는 것이다.

따라서 전쟁을 위해 어느 정도의 수단을 갖추어두지 않으면 안 되는가를 알기 위해서는, 피아 쌍방에 대해 전쟁의 정치적 목적을 고려하지 않으면 안 된다. ―또 피아 양국의 힘과 여러 사정을 고찰하지 않으면 안 된다. ―또 적국의 정부와 국민의 성격과 능력을, 아군의 것과 아울러 생각하지 않으면 안 된다. ―마지막으로 적국과 다른 여러 나라 사이의 정치적 관계나, 전쟁이 이들 관계에 미치는 여러 가지 영향을 고려에 넣지 않으면 안 되는 것이다. 이러한 다종다양한, 또 여러 겹으로 교차하고 있는 관계를 비교해서 바로 그 시비득실을 올바르게 판정한다는 것은 바로 천재의 혜안(慧眼)만이 해결할 수 있는 중대한 과제이다. 또 이와 같은 다종다양한 사정을 획일적인 학구적 생각으로 처리할 수 없는 일이란 명백한 것이다.

나폴레옹이 이러한 곤란한 군사적 과제를 뉴턴과 같은 석학조차도 경원하는 대수학적 문제라고 평한 것은, 이런 뜻에서 극히 지당하다고 말할 수 있다.

다종다양한 여러 관계와 이들 관계의 막대한 양, 또 이들 관계의 이해득실을 판정하는 척도의 불확실이라고 하는 사정은, 확실히 문제의 해결을 현저하게 곤란한 것으로 만든다. 그러나 이들의 비교를 뛰어넘는 중대성은 과제의 착잡과 곤란이 반드시 증대하는 것은 아닐지라도, 이 과제를 해결하면 그 공적을 한층 높일 수 있다는 것을 간과해서는 안 된다. 정신의 자유로운 작용은, 범장 (凡將)의 경우 위험과 책임에 의해서 한층 높여지기는커녕 위축되지 않을 수가 없다. 그러나 이러한 위험과 책임이 오히려 판단력을 강화하여 그 작용을 활발하게 만든다면 이러한 장수야말로 드물게 보는 위대한 정신이라 할 수 있다.

눈앞에 다가오는 전쟁, 이 전쟁에 의해서 달성되는 목표, 전쟁의 수행에 필요한 수단 등에 관한 판단은 갖가지 관계, 따라서 또 현재의 가장 특수한 사정을 포함한 일체의 관계를 총괄적으로 통관하는 경우에만 가능하다. 또 이러한 판단은, 군인 생활에서의 모든 판단과 마찬가지로 순수하게 객관적인 것이 아니라 군주·정치가 및 장수의 지적 및 감정적 특성에 의해서 규정된다는 것을 우선 승인하지 않으면 안 된다. 한 사람이 이들 세 가지 특성을 겸비하는가의 여부는 여기에서는 문제 밖의 일이다.

예부터 오늘에 이르기까지 그 어떤 국가도 그 나라의 일반적 사정을 고려할 때, 각 시대와 당시의 정황에 비추어보지 않을 수가 없다. 따라서 여러 나라의 일반적 사정을 통관하면 고찰의 대상은 일반적인 것이 되어, 따라서 이 문제에 관해서 추상적 고찰을 시도해 볼 수가 있다. 그렇기 때문에 우리는 여기에서 왕년의 전쟁 역사를 훑어보고자 하는 것이다.

반(半) 개화적인 타타르족, 고대 세계의 공화국, 중세의 봉건 군주나 상업 도시, 18세기의 국왕들, 또 19세기의 군주나 국민—이들은 모두 자기식으로, 즉 각기 다른 방식으로, 또 서로 다른 수단을 써서 서로 다른 목표에 도달하기 위해 전쟁을 수행했다.

타타르족은 큰 무리를 이루어 새로운 거주지를 구했다. 그들은 처자를 데리고 전 민족이 이동했다. 따라서 그 수는 막대하여 한 나라의 군과 비교할 수 없었다. 그들의 목표는 적의 정복 아니면, 적을 그 영토에서 쫓아내는 데 있었다. 만약에 그들이 이러한 수단에 고도의 문화를 아울러 가지고 있었더라면, 그들은 외국과 충돌하면서 모든 것을 이내 정복했을 것이다.

로마는 별도로 하고, 고대의 공화국은 어느 것이나 소규모적이었다. 군은 더욱 소규모였다. 인민의 다수를 차지하는 비자유민이 군에서 제외되었기 때문이다. 이들 공화국의 수는 매우 많고 여러 나라는 서로 협력하고 있었다. 그러므로 이들 나라들은 모두가 전체의 작은 부분인양, 말하자면 보편적 자연 법칙에 따라서 자연스럽게 균형 상태를 유지하고 있었기 때문에 대규모적인 군사 행동을 일으킬 여지가 없었다. 그래서 이러한 공화국의 전쟁은 기껏해야 평야지의 약탈이나, 약간의 도시를 공략하는 데에 지나지 않았다. 또 도시를 공략하는 것은 장차 여기에 조금이라도 자국의 세력을 확보하기 위해서였다.

그러나 로마만은 예외였다. 그것도 상당히 훗날의 시대가 되어서의 일이었다. 오랫동안 로마는 소수의 군세로 전리품의 획득이나 근린 제국과의 동맹을 목표로 흔해 빠진 투쟁으로 세월을 보냈는데, 이윽고 여러 나라와 동맹을 맺고 차차 커졌다. 즉 로마는 많은 이웃 나라를 실제로 정복한다는 것보다는 오히려 이러한 동맹 정책으로 이웃 여러 민족을 차례로 합병하여, 마침내 하나의 큰 전체가 된 것이다. 로마는 이러한 방식으로 하부 이탈리아로 판도를 넓힌 뒤, 처음으로 실제의 침략에 나섰다. 카르타고는 멸망하고 에스파냐와 갈리아는 침략되었으며, 그리스는 굴복하고 로마의 지배는 마침내 아시아와 이집트에 이르렀다. 이 시대가 되면 로마의 전투력은 거대한 것이 되었지만 군의 유지는 그다지 어렵지 않았다. 로마의 부(富)가 이를 먹여 살렸기 때문이다. 로마는 이제 고대 공화국과는 비교가 되지 않았다. 실로 로마는 홀로 우뚝 솟은 일대 공화국이었다.

알렉산더 대왕의 행전(行戰)도 또 독자적인 것이었다. 그는 소수이기는 하지만 완전무결한 소질에 의해서 걸출한 군대를 이끌고, 썩은 건물과 같은 아시아 여러 나라를 타도했다. 그는 광대한 아시아를 석권하여 마침내 인도에까지 침입했다. 이와 같은 일은 고대의 공화국에서는 도저히 불가능했다. 이 정도의 사업을 순식간에 성취한 것은 스스로 군대를 조직하고, 스스로 이를 통솔한 용병 대장과 같은 왕이었기 때문에 비로소 가능했다.

중세의 크고 작은 군주 국가는 어느 나라나 봉건제 군대로 전쟁을 수행했다. 군사적 행동은 모두 짧은 기간에 한정되어 있었기 때문에, 이 기간 동안에 실시할 수 없었던 일은 그 실시가 불가능한 것으로 간주되지 않으면 안 되었다. 봉건제 군대 그 자체는 주종(主從) 관계에 의해서 조직되어 있었다. 그리고 이 주종 관계를 결합하는 유대의 일부는 법률로 정해진 의무였고, 또 다른 하나는 자유 의사에 입각한 계약으로, 그 전체는 이 두 가지가 서로 떠받드는 연합 관계였다. 또 무장이나 전술은 이른바 완력권(腕力權), 즉 개인 간의 투쟁에 바탕을 두고 있었기 때문에 대집단에는 적합하지가 않았다. 그 당시만큼 국가의 내부적 결합이 느슨하여, 국민 각자가 독립적으로 행동한 시대는 이전에는 없었다. 이러한 모든 사정이 이 시대의 전쟁을 매우 명확하게 제약하고 있었다. 전쟁은 비교적 신속하게 이루어졌다. 피아 쌍방이 전쟁터에서 하는 일 없이 대치하고 있는 일은 별로 없었다. 그러나 전쟁의 목적은 적의 완전한 타도에 있는 것이 아니라, 오직 적을 응징할 뿐이었다. 따라서 적의 가축들을 빼앗거나 적의 성시(城市)를 불태운 뒤 곧 철수한 것이다.

중세의 큰 상업 도시나 작은 공화국은 빈번하게 용병대장을 모집했다. 그러나 용병에는 비용이 들고 병력도 보기에 빈약하여 그 실력도 뻔했다. 열렬한 투지나 용감한 정신 같은 건 논외였기 때문에, 대개의 전쟁은 말하자면 모의전(模擬戰) 이상을 벗어나지 못했다. 요컨대 국가는 증오와 적의에 몰려 행동하는 것이 아니라, 이러한 증오와 적의조차도 교전국 사이의 거래의 대상으로 제공된 것이다. 이렇게 해서 전쟁은 위험의 태반을 잃고, 전쟁의 성질은 크게 변했다. 따라서 전쟁의 본성에 따라서 전쟁은 이러이러한 것이라고 규정해 봤자 그와 같은 정의는 당시의 전쟁에는 해당이 되지 않는 것이었다.

봉건 제도는 차츰 쇠퇴해서 일정한 영토를 지배하는 군주 국가가 성립했다. 그리고 국가의 내부적 결속은 한층 긴밀하게 되고 신종(臣從)의 의무는 공세(貢稅)의 의무로 변했으며, 금전이 차차 의무 대신으로 바뀌어 봉건제 군대는 용병으로 바뀌었다. 용병대장은 이 단계에 이르는 과도기를 이루는 것으로, 따라서 또 얼마 동안은 비교적 큰 국가의 도구이기도 했다. 그러나 이러한 사정도 오래 계속되지는 않았다. 단기 계약으로 고용된 병사는 이윽고 상비(常備)의 용병이 되었다. 이와 같이 해서 여러 나라의 병력은 국고의 부담으로 유지되는 군이 된 것이다.

여기에 이르기까지의 진전은 완만하고, 위에서 말한 세 종류의 군대가 여러 가지로 교차된 시기가 있었던 것은 물론이다. 프랑스의 앙리 4세의 치하에서는 봉건제 군대와 용병대장 및 상비군이 병존하고 있었다. 용병대장은 30년 전쟁[7]에서도 볼 수 있고, 18세가 되어서도 약간의 흔적이 남아 있을 정도였다.

---

7) 30년 전쟁(1618~1648).

중세의 여러 시대의 군대는 각기 독특한 성질의 것이었는데, 유럽 여러 나라의 정치적 사정도 이와 마찬가지였다. 당시의 유럽은 많은 소국가로 분열되어 이들 국가의 어떤 것은 국정(國情)이 불안한 공화국이었고, 또 어떤 것은 통치력이 매우 빈약하고 불안정한 소군주국이었다. 이러한 국가들은 도저히 정상적인 통일체로 간주될 것들은 아니었고, 오히려 결합이 느슨한 집합체에 지나지 않았다. 따라서 이와 같은 국가들을, 명백한 논리적 법칙에 따라서 행동하는 지성으로 간주할 수가 없었다.

우리는 이와 같은 관점에서 중세의 외교와 전쟁을 고찰해야 한다. 독일 황제들은 500년이란 긴 세월에 걸쳐서 이탈리아의 원정을 시도했으나 이탈리아 국토를 철저하게 공략한 예가 없고, 그와 같은 의도조차도 없었다는 것을 생각해보기 바란다. 이들 원정의 결과를, 여러 번 되풀이된 잘못이나 이 시대에 특유한 잘못된 생각에서 생긴 실패라고 단정하기는 쉽지만, 이것을 당시로서는 중대한 원인에서 생긴 결과라고 보는 것이 한층 합리적이다. 이제 와서 이들 원인이 무엇이었던가를 상상할 수 있을 뿐, 이러한 원인과 씨름을 하고 있던 당시 사람만큼 생생하게 느낄 수는 없다. 이와 같이 혼돈된 상태에서 발생한 대국가는, 우선 국가로서의 조직과 형식에 시간이 필요했기 때문에 국가의 힘과 노력은 여기에만 집중되었다. 따라서 외적에 대한 전쟁은 비교적 적고, 또 있었다고 해도 그와 같은 전쟁은 국가의 내부적 결합의 미숙을 여실히 보여준 것이다.

영국의 프랑스에 대한 전쟁[8]은 대외 전쟁의 가장 빠른 시기에 속하는 것이었다. 그러나 프랑스는 그 무렵 아직 참다운 군주제 국가라고 할 수 있을 정도의 통일체가 아니라, 공작령이나 백작령의 집합체에 지나지 않았다. 또 영국은 프랑스에 비하면 보다 더 강한 통일체를 이루고 있었으나, 그래도 아직 봉건제 군대를 가지고 싸웠고, 국내는 자주 소란에 시달리고 있었다.

프랑스는 루이 11세[9]의 통치하에서 국내의 통일이 크게 추진되었다. 또 샤를 8세[10] 치하에서는 침략국으로서 이탈리아를 침략했다. 또 루이 14세의 치세[11]

---

8) 영국과 프랑스 사이에 있었던 100년 전쟁(1338~1453)을 가리킨다.
9) 루이 11세(Louis XI., 1423~1483). 프랑스의 국왕(1461~1483).
10) 샤를 8세(Charles VIII., 1470~1498). 프랑스 국왕(1483~1498).
11) 루이 14세, 프랑스의 국왕(1643~1715).

에는 국가와 상비군을 최고도로 발전시켰다.

에스파냐는 페르난도 가톨릭 왕[12] 치하에서 통일되었다. 그리고 우연한 혼인 관계에 의해서 카를 5세[13]의 치하에 갑자기 에스파냐, 부르고뉴, 독일, 이탈리아로 이루어진 대에스파냐 군주국이 성립했다. 이 거대한 왕국은, 국가로서의 통일과 내부적인 결합이 결여되고 있었으나 이 결함을 보충한 것은 돈이었다. 이렇게 해서 에스파냐의 상비군은 처음으로 프랑스의 상비군과 교전을 한 것이다.[14] 이 대에스파냐 왕국은 카를 5세의 퇴위 후에 에스파냐와 오스트리아로 양분되었다. 또 오스트리아는 뵈멘과 헝가리를 합병해[15] 강국이 되고 독일의 제후 연합을 그 지배 아래 두었다.

17세기 말 루이 14세 시대는, 우리가 18세기에 보는 것과 같은 상비군이 역사상 그 발전의 정점에 달한 시기로 간주해도 좋다. 이 군대는 징모(徵募)와 봉급으로 유지되고 있었다. 유럽 여러 나라는 이미 완전한 통일을 달성했고, 또 여러 나라의 정부는 신민(臣民)의 공세(貢稅)를 금납(金納)으로 바꿈으로써 국가의 전력을 국고에 집중했다. 급속한 진보를 이룬 문화와 더욱더 완비된 행정에 의해서, 국가 권력은 이전에 비해서 눈에 띄게 강대해졌다. 이렇게 해서 프랑스는 2, 30만의 상비군을 가지고 출정하고 다른 강국도 이에 따랐다.

여러 나라의 대외적 사정도 또한 구태를 벗고 있었다. 당시 유럽은, 10여 개의 왕국과 약간의 공화국으로 나누어져 있었다. 그러나 그중의 두 나라가 대규모 전쟁을 개시했다 해도, 옛날과 달라서 그 10배에 이르는 나라들이 이 전쟁에 휘말릴 필요가 없다고 생각하기에 이르렀다. 여러 나라 사이의 정치적 관계의 조합은 여전히 다종다양했지만 이것을 통관할 수 없었던 것은 아니고, 오히려 때로는 상당히 확실하게 파악할 수가 있었던 것이다.

또 여러 나라의 국내 사정에 대해서 말하자면, 거의 전 유럽을 통해서 단순한 형태의 군주 정체가 채용되어 특수한 사람들의 신분적 권리나 영향력은 차

---

12) 페르난도 가톨릭 왕(Fernando el Catolico, 1452~1516). 페르난도 5세를 말한다. 에스파냐 왕(1479~1516), 아라곤(Aragon)과 카스티랴(Castilla)를 합해서 에스파냐 왕국을 결성했다(1479).

13) 카를 5세(Karl V., 1500~1558). 독일 황제(1519~56). 에스파냐 왕으로서는 카를로스 1세(Carlos I., 1516~1556).

14) 에스파냐와 프랑스는 이탈리아를 싸움터로 하여 자주 교전했다(1495~1559).

15) 오스트리아는 1490년에 헝가리를, 또 1526년에 뵈멘을 획득했다.

차 없어지고, 또 내각은 한 나라를 완전히 통괄하여 외국에 대해서 국가를 대표했다. 따라서 나라에 유능한 도구로서의 군대가 있고 또 정부에 국제 간의 일을 자주적으로 해결하려는 의지가 있으면, 전쟁에 그 본래의 개념을 구현할 수 있는 형태를 주기에까지 이른 것이다.

새로운 알렉산더라고도 할 수 있는 세 명의 장수, 즉 구스타프 아돌프, 카를 12세 및 프리드리히 대왕이 나타난 것도 이 시기이다. 그들은 다 같이 소국의 군주로서, 별로 강대하지는 않으나 소질이 매우 우수한 군대로 대 군주국을 이룩하여 대항하는 모든 적을 정복한 것이다. 만약에 그들이 아시아 제국을 상대로 싸웠다면, 그 업적에서 능히 알렉산더를 능가했을 것이다. 여하간 그들은 전쟁에 의해서 성취한 사업에 대해서 말하자면 나폴레옹의 선구자라고 해도 과언은 아니다.

이렇게 해서 전쟁은 한편에서는 그 본래의 성질에 접근하기는 했지만, 다른 한편에서는 이것으로 얻은 것을 다시 잃어버리게 되었다.

여러 나라의 군대는 국고에 의해서 유지되었으나 국고는 군주의 사물이고, 혹은 적어도 정부의 재산이지 국민에 속하지는 않았다. 또 외국과의 관계도 무역에 관한 약간의 사항은 별도로 하고, 대개는 국고 혹은 정부의 이해만의 문제였지 국민의 이해와는 관련이 없었다. 적어도 이것이 당시 사회의 통념이었다. 따라서 내각은 스스로 막대한 재산의 소유자임과 동시에 그 관리자로서 임하여 끊임없이 이 재산의 증식에 노력했으나, 군주의 신하인 국민은 국가의 재산이 증가해도 각별히 그 은혜를 입지 못했다. 국민은 타타르족의 원정 때에는 전원이 전쟁 담당자였다. 또 고대의 공화국이나 중세의 국가에서는, 전쟁에 종사하는 인원을 완전한 권리 및 의무를 가진 국민으로 한정했는데 그 수는 막대했다. 그런데 18세기의 이러한 상태에서는, 국민은 전쟁에 하등 직접적 관련이 없고, 다만 국민의 일반적 소질의 양부(良否)가 전쟁에 간접적 영향을 미치는 데에 지나지 않았다.

이와 같이 정부가 국민으로부터 분리되어 자기만으로 국가를 표방함에 따라, 전쟁은 더욱더 정부만의 사업이 되었다. 그래서 정부는 공금을 지출하고 지방에서 끌어모은 유랑자들을 부려서 전쟁이라고 하는 사업을 영위한 것이다. 그 결과 정부가 강구하는 수단은 상당히 한정되게 되었다. 그래서 피아 쌍방의 정부는 서로 상대방을 알게 되고, 더욱이 이들 수단의 양이나 또 그것이 견딜 수 있는 시간의 장단까지도 알 수가 있게 된 것이다. 이렇게 해서 전쟁으로부터 가장 위험한 방면, 즉 항상 극단을 지향하는 노력이 소멸되고, 또 이러한 노력에 반드시 따라다니는 중대한 걱정, 다시 말하면 앞으로 어떠한 사태가 발생할지도 모른다는 걱정이 제거된 것이다.

적국의 재력과 자원 및 재정적 신용 상태는 거의 알고 있었다. 또 적군의 규모도 알고 있었다. 전쟁을 앞두고, 병력을 현저하게 급증한다는 것은 불가능했다. 이와 같이 적 병력의 한계를 추측할 수 있었기 때문에, 자신의 군대가 전면적으로 패멸하는 일은 없을 것이라고 생각하고 있었다. 그러나 또 자국의 병력이 제한되어 있다는 것을 잘 알고 있었기 때문에, 전쟁 목표가 나름대로 알맞게 제한되어 있다는 것도 알고 있었다. 극단적인 위험에 빠질 염려는 없었고, 또 극단적인 행동을 감히 할 필요도 없었다. 비록 장수가 때로는 과감한 행동을 일으킨다고 해도, 그것은 불가피한 사정에서 생긴 필연적인 귀결이라기보다는, 오히려 용기와 명예심의 자극을 받은 것이었다. 그러나 이러한 용기나 명예심도, 그 나라의 정치적 사정에 의해서 현저하게 제약되어 있었다. 국왕이 동시에 장수였다고 해도, 전쟁의 도구로서의 군대의 운용에는 매우 신중하지 않을 수 없었다. 한 나라의 군대가 일단 박멸되면 새로 군대를 건설할 수가 없었다. 요컨대 군 외에는 아무것도 없었던 것이다. 이와 같은 사정은 모든 군사적 행동에 극도의 신중을 요구했다. 따라서 결정적인 이점이 틀림없이 생길 것이라고 여겨지는 경우가 아니라면, 이 고가의 군대는 사용할 수가 없었다. 그리고 이러한 전쟁 상황에서도 군대를 사용하는 것이 바로 장수된 사람의 술책이었다. 군대는 장수에 의해서 사용되지 않는 한 절대적인 무(無)이며, 거기에는 행동을 일으킬 이유가 없었다. 그리고 모든 힘, 따라서 또 일체의 동기는 잠자고 있는 것과 같았다. 이리하여 공격자에게 본래의 행동 동기는 신중과 걱정 속에 사멸한 것이다.

당시의 전쟁은 그 본질로 말하자면, 시간과 우연이 표를 가르는 카드놀이와 같았다. 또 그 내용으로 말하자면 다소 강제적인 방식으로 교섭하는, 어느 정도 강경한 외교술과 같았다. 그 경우 회전이나 공격이 이루어진다고 해도 그것은 외교상의 각서를 대신하는 수단에 지나지 않았다. 이렇게 해서 어느 정도 이점을 획득한 뒤에 강화 체결 때 이용할 수 있으면, 명예심이 높은 국왕이자 장수에게도 그것은 다름 아닌 전쟁의 목표였다.

전쟁이 이와 같이 위축되고 축소된 형태를 취한 것은 앞서 말한 것처럼, 전쟁을 받치고 있는 기반이 취약했기 때문이다. 탁월한 장수이자 국왕이었던 구스타프 아돌프, 카를 12세 및 프리드리히 대왕이, 다 같이 탁월한 군대를 통솔하면서 마침내 그 시대에 공통된 현상의 영역을 벗어날 수가 없이 일반적 수준에 머물러 중간 정도의 성공에 만족했던 원인은, 유럽 여러 나라의 정치적 균형에 있었다. 한때 많은 소국이 분립, 할거(割據)하던 시대에는 극히 흔한 직접적인 이해관계, 국토가 서로 접근하거나 이웃하고 있다는 사정, 인척(姻戚) 관계나 개인적인 관계 등이, 여러 나라에 갖가지 제약을 가해서 갑자기 강대해지는 것을 방해하고 있었다. 이윽고 대국가가 성립하여 각기 국가의 중심이 서로 멀리 떨어지자, 이번에는 이에 따라 발달한 광범위한 국제 관계가 여러 나라의 신장(伸長)을 방해했다. 여러 나라의 정치적 이해관계, 견인과 반발은 매우 교묘한 조직을 만들어 내고 있었기 때문에, 만약에 유럽 어딘가에서 포격이 이루어지면 여러 나라의 내각은 모두가 이 사건에 관계를 가지지 않을 수 없었던 것이다.

따라서 새 시대의 알렉산더는 단지 칼을 잘 썼을 뿐 아니라, 외교적 문서를 작성하는 데에도 뛰어나지 않으면 안 되었다. 더욱이 이 두 가지 일을 겸해도 그 공략은 알렉산드로스만큼 멀리 미치게 할 수가 없었던 것이다.

루이 14세는 유럽의 균형을 뒤집으려는 야망을 품고, 17세기 말에는 이미 여러 나라의 적의(敵意)를 무시할 수 있을 정도의 지위에 이르고 있었다. 그럼에도 불구하고 그의 행전(行戰)은 여전히 구태를 벗어나지 못했다. 확실히 그의 군대는 당대의 유럽에서 가장 부유한 최대의 군주 국가에 어울리는 것이었지만, 본질적인 면에서 말하자면 다른 국가의 군대와 다를 바가 없었던 것이다.

전쟁에서 적의 국토를 약탈하거나 황폐화시키는 행위는 타타르족이나 고대 민족에서는 물론 중세가 되어도 매우 중요한 전쟁 수단으로 여겨졌지만, 이러한 만행(蠻行)은 이미 시들고 없었다. 세상 사람들이 이것을 쓸데없는 야만 행위로 본 것은 당연했다. 이러한 야만 행위는 즉시 보복되고 또 적의 정부를 괴롭히는 것보다는 오히려 적의 국민을 괴롭게 하여, 결국 아무런 성과도 없이 다만 여러 국민의 문화를 오랫동안 정체시켰을 뿐이었다. 이렇게 해서 전쟁은 그 수단뿐 아니라 목표도 더욱더 군 자체에 한정되게 되었다. 한 나라의 군은 약간의 요새와 약간의 보루 진지를 가지고, 국가 안에서 은연중에 한 국가를 이루었다. 그리고 그와 같은 상태 안에서 격렬함을 그 본질로 하는 전쟁은 차차 쇠퇴한 것이다. 유럽 여러 나라는 모두가 이를 기뻐하고, 바로 진보하는 인간 정신의 필연적인 소산이라 해서 이를 구가(謳歌)했다. 그러나 여기에 잘못이 잠들고 있었다. 인간 정신의 진보는 결코 모순을 받아들이지 않는다. '2의 2배는 5이다'와 같은 불합리를 허용하지 않기 때문이다. 이에 대해서는 이미 말한 바도 있고 앞으로도 다시 언급하게 될 것이다.

그러나 전쟁관의 이러한 변화는 전쟁을 더욱더 정부만의 사업으로 삼게 되었고, 국민의 이해관계로부터 더욱더 분리시켰다는 한 가지 일만은 간과할 수가 없다. 그런데 당시에는 공격자인 국가의 전쟁 계획은 대개 적 국토의 어떤 주나 군의 점령을 주안점으로 하고, 방어자의 전쟁 계획은 이를 방지하는 것을 목적으로 했다. 또 개개의 전쟁 계획에서 공격자는 적의 어떤 요새를 공략하고, 방어자는 자국의 요새를 적의 공략으로부터 방어하는 것을 목적으로 한 것이다. 그리고 이 때문에 회전을 피할 수 없는 경우에 한해서 회전이 요구되고 또 이루어지기도 했다. 회전을 피할 수 없다는 절박한 정황도 아닌데 쓸데없이 전승을 구하려고 하는 내적인 충동에 못 이겨 회전을 구하는 자는 혈기를 앞세운 무모한 장수로 여겨졌다. 전역은 1회의 공성(攻城)으로 끝나는 것이 통례이고, 경우에 따라서는 기껏해야 두 번으로 끝났다. 동영(冬營)은 필요 불가결한 것으로 여겨지고 있었다. 그리고 동영 중에 피아의 군 한쪽이 불리한 처지에 있어도, 다른 군은 이 불리를 틈타서 행동을 일으키는 일은 없었다. 요컨대 동영 기간 중에는 쌍방 사이의 적대 관계는 완전히 중단되는 것이다. 이렇게 해서 동영은 보통의 경우라면 일어나야 할 군사적 행동에 일정한 매듭을 지은 것이다.

피아 쌍방의 병력이 완전히 균형을 유지하고 있거나 공격자가 방어자보다도 열세라면, 회전이나 공성(攻城)까지는 이르지 않았다. 이와 같은 경우 전역에서의 일체의 군사적 행동은 자국 내의 어느 진지나 창고를 방어하고, 또 적 국토의 어느 지역을 징발이나 약탈이라고 하는 정해진 방법으로 피폐하게 만드는 것이 모두였다.

당시의 전쟁은 이와 같은 방식으로 이루어지고, 또 전쟁의 본령인 격렬한 힘에는 여러 가지 제한이 가해져, 이와 같은 제한은 당시의 사정으로 말하자면 자연스러운 일이고, 또 지당한 일이므로 거기에는 아무런 모순도 발견할 수가 없었다. 그러기는커녕 모든 것은 훌륭하게 정돈되어 틈이 하나도 없었던 것이다. 또 18세기에 전쟁술로 향하기 시작한 비판은 개개의 현상에 구애되어 전쟁의 대국을 그다지 문제 삼지 않았다. 그래서 매사에 위대하다거나 완벽하다는 말이 남용되기 시작한 것이다. 다운의 주된 공적은, 적의 장수 프리드리히 대왕으로 하여금 그의 목적을 완전히 달성시키고, 이에 반해서 그가 섬긴 마리아 테레지아[16]로 하여금 그녀의 목적을 완전히 차질을 빚게 했을 뿐이다. 그런데 이 다운조차도 위대한 장수라는 말을 들은 것이다. 그래도 때로는 스스로 진실을 지적하는 판단이 나타난 일도 있었다. 즉, 상식은 다음과 같은 일을 분명히 인식한 것이다. —장수는 우세한 병력을 가지고 있는 한, 적극적 성과를 달성하지 않으면 안 된다. 만약에 전쟁에서 기교에 치중하는 것을 능사를 삼는다면 그것은 올바른 전쟁 지도가 아니다—라고.

이것이 프랑스혁명이 발발한 당시의 정세였다. 오스트리아와 프로이센은 예부터 이어져온 외교적 전쟁술을 가지고 선후책(善後策)을 강구했는데, 이러한 대책도 충분하지 못한 것이 되었다. 이 양국은 여전히 사태를 가볍게 보고 매우 열약한 구식 군대에 희망을 걸고 있었는데, 1793년에는 상상을 초월한 거대한 군대가 갑자기 그들 앞에 나타난 것이다.[17] 그들이 모르는 동안에 전쟁은 다시 국민이 치러야 할 일로 되어 있었다. 더욱이 각자가 국민의 일원이라고 하는 자각을 갖는 3천만 국민의 사업이 된 것이다. 이와 같은 눈부신 현상을 낳게 한 사정을 자세하게 논하는 일은 잠시 제쳐두고, 당면 문제에 관계가 있는 결과만을 주목하기로 한다. 이렇게 해서 국민은, 내각과 군을 대신해서 전쟁에 관여했다. 이제 온 국민은 거대한 힘을 가지고 전쟁의 승패를 결정했다. 사용될 수 있는 한의 모든 수단, 결집할 수 있는 모든 힘에는 이제 일정한 한계가 없었다. 국민이 거족적으로 전쟁에 참가하여 이를 수행하는 기력(氣力) 앞에는 이를 가로막는 것이 아무것도 없었다. 위험은 적에게 절대적인 것이었다.

---

16) 마리아 테레지아(Maria Theresia, 1717~1780). 오스트리아의 여제(女帝). 헝가리 및 뵈멘 여왕 (1740~1780).
17) 1793년에 프랑스군은 7만, 또 호국병은 30만에 달했다.

그러나 혁명전쟁 중에는 이 전쟁이 왜 이토록 강력한가 하는 이유는, 쌍방에게 아직 분명하게 자각되지 않았다. 혁명군측의 여러 장수도 전쟁의 궁극적 목적에 도달해서, 유럽의 군주국을 닥치는 대로 타도한 것은 아니었다. 또 오스트리아군이나 프로이센도, 때로는 저항에 성공해서 프랑스군의 연전연승을 저지할 수가 있었다. 이와 같은 현상을 생기게 한 원인은, 프랑스군이 전쟁에 관한 기술을 아직 충분히 몸에 지니지 않았는데도 싸우지 않으면 안 되는 불리한 사정에 있었기 때문이었다. 또 이러한 기술적 소양의 불완전은 처음에는 일반 병사에게서 볼 수가 있었고 더 나아가서 장군들에게서, 또 총재(總裁) 정부 시대[18]에는 결국 정부 그 자체에서도 볼 수가 있었던 것이다.

나폴레옹의 손에 의해서 이들 혁신이 모두 성취되자, 온 국민의 총력을 기반으로 하는 프랑스군은, 가장 믿을 수 있는 확실한 군대로서 전 유럽을 유린했다. 따라서 이러한 군에 옛 군대가 대항하는 한 프랑스측의 승리는 불을 보는 것보다도 더 분명했다. 그러나 이윽고 반동이 생겨 여러 나라는 마침내 나폴레옹에 대항할 수가 있었다. 나폴레옹의 침략을 받은 에스파냐는 전쟁이 저절로 국민의 본분이 되었다. 오스트리아 정부는 1809년에 많은 노력을 기울여 처음으로 예비군과 후비군을 조직했다. 이렇게 해서 신설된 군은 소기의 목표에 도달했을 뿐만 아니라, 오스트리아가 전부터 가능하다고 생각한 정도를 웃돌 정도였다.

러시아는 1812년에 에스파냐와 오스트리아의 새로운 군비를 모범으로 삼았다. 또 다른 열강에 비해서 준비가 뒤져 있었음에도 불구하고, 그 광대한 면적은 충분히 그 효과를 발휘했기 때문에 준비의 지연을 보충하고도 남음이 있었다. 그 성과는 매우 훌륭한 것이었다. 독일에서는 프로이센이 우선 들고 일어나 전쟁을 국민의 본분으로 만든 당시의 국정(國情)을 돌이켜보면, 인구는 1806년에 비해서[19] 반으로 줄고 또 국고 및 재정적 신용은 전무 상태였음에도 불구하고, 두 배의 병력을 가지고 다시 일어선 것이다. 그 밖의 독일 연방도 빠르고 느

---

18) 1795년에서 1799년까지.

19) 1813년 및 14년의 전역을 염두에 두고 비교하고 있다. 이 두 해의 전역이란 1813년 6월 4일에서 8월 16일까지의 휴전 기간이 끝난 직후부터, 10월 16일 내지 19일의 라이프치히 회전을 거쳐, 이듬해 3월 31일에 동맹군이 파리를 점령하기까지를 가리킨다.

린 차이는 있었지만 모두 프로이센의 예를 따랐다. 오스트리아는 1809년에 기울인 만큼의 노력은 하지 않았지만, 전례가 없는, 상당히 많은 병력을 가지고 참전했다. 1813년 및 14년에 독일과 러시아가 이 두 전역에서 사용할 수 있는 병력과, 그 밖의 지역에서 군사적 행동에 종사하고 있는 병력을 합산하면 약 50만[20]에 이르렀다. 동맹국측이 이만한 병력을 가지고 프랑스에 대항할 수 있었던 것은 전적으로 위에서 말한 사정에 입각한 것이다.

이와 같은 정황하에서, 동맹국측에서도 전쟁의 수행력은 이미 면목을 일신하고 있었다. 하기야 프랑스군에는 아직 부분적으로밖에 필적할 수 없었고 또 많은 점에서 주저하는 흔적이 눈에 띄었지만, 어느 전역에서나 경과는 일반적으로 구태를 벗어나 새로운 방식에 따르고 있었다. 이렇게 해서 8개월 후에[21] 전쟁터는 오데르강변에서 센 강으로 이동하여, 파리도 처음으로 고개를 숙이지 않을 수 없었고 두려움의 표적이었던 나폴레옹도 마침내 잡히고 만 것이다.

나폴레옹 등장 이래 전쟁은 우선 프랑스측에서, 이어서 프랑스에 대항하는 동맹군 측에서 다시 국민의 본분이 되어, 이제까지와는 전혀 다른 성질을 띠게 되었다. ―아니, 오히려 전쟁의 본성, 즉 전쟁의 절대적 형태에 확실하게 접근했다고 하는 편이 훨씬 적절하다. 전쟁 때문에 강구되는 여러 수단은 이미 명확한 한계를 가지지 않았다. 그와 같은 한계는 정부 및 국민의 놀라울 정도의 수행력과 열렬한 광기(狂氣) 속에 소멸한 것이다. 전쟁의 수행력은 방대한 수단, 가능한 한의 성과를 줄 수 있는 광대한 전쟁터, 인심의 격렬한 흥분 등에 의해 이상할 정도로 고양되었다. 군사적 행동의 목표는 적의 완전한 타도였다. 또 교전국은 모두가 상대편을 타도해서 다시 일어설 수 없게 하고 나서야 비로소 전쟁 행위를 중지하고, 강화에 의해서 쌍방의 목적을 절충할 것을 생각하게 된 것이다.

이렇게 해서 전쟁의 본분은 일체의 인습적 제한을 벗어버리고, 전쟁 본래의

---

20) 전기(前記)의 휴전 중에 동맹국측이 동원한 병력은 러시아 약 18만, 프로이센 약 16만, 오스트리아 약 13만, 스웨덴 약 2만으로 모두 약 50만이 된다. 여기에서 말하는 독일은, 오스트리아와 프로이센을 포함하고 있다.

21) 1813년 8월 16일부터 이듬해 3월 31일까지를 8개월로 잡은 것이다. 또 이 기술(記述)에는 벨 알리앙스의 회전은 관계가 없다.

격렬한 힘을 가차 없이 발휘하게 되었다. 그 원인은, 여러 국민이 모두 전쟁이라고 하는 국가의 대사에 관여한 데에 있다. 또 여러 국민이 전쟁에 관여한 이유 중의 하나는, 프랑스혁명이 여러 나라에 영향을 끼쳐 각기 국내에 유발시킨 사정에 있었고, 또 다른 하나는 프랑스 국민이 여러 국민을 위협한 데에 있었다.

그런데 이와 같은 상태가 언제까지 계속될 것인가의 여부, 유럽에서의 장래의 전쟁은 모두 국가의 총력을 들어 국민에게 직결되는 중대한 이해관계 때문으로만 발생하는가의 여부, 그렇지 않으면 정부와 국민의 간격이 다시 나타날 것인가의 여부—와 같은 문제에 대해서 확정적으로 대답하기가 곤란하고, 또 우리로서도 이러한 단정을 감히 할 생각은 없다. 제한(制限)은 도저히 철폐될 수 있는 것이 아니라고 생각하기 때문에 생기는 것이다. 따라서 일단 제한이 철폐되었다고 손쉽게 재건될 수 있는 것이 아니다. 또 양 국민 사이에서나 적어도 중대한 이해관계가 문제되는 경우에는 피아 쌍방의 적대 감정이 오늘날과 마찬가지로 불타오르는 것이다.

이상으로 우리는 역사의 개관을 마치기로 한다. 우리가 이 개관을 시도한 것은, 역사상 각 시대의 전쟁 지도에 관해서 약간의 일반적 원칙을 제시하기 위한 것이 아니라, 어떤 시대나 그 시대에 따라 독특한 전쟁을 하고 전쟁에 제한을 가하는 독자적인 조건을 구비하며, 또 독자적인 구속을 받고 있었다는 사실을 명백히 하기 위한 것이다. 따라서 그 어떤 시대도 각기 독특한 전쟁 이론을 가지고 있었던 것이다. 비록 조만간 그 이론을 철학적 원칙에 비추어 수정할 필요가 생긴다고 해도, 각 시대가 각기 특수한 이론을 가지고 있었다는 것은 인정하지 않으면 안 될 것으로 생각한다. 요컨대 그 어떤 시대의 사건도, 그 시대의 특수성에 비추어서 판단하지 않으면 안 되는 것이다. 또 각 시대의 사소한 사정을 미시적으로 연구하는 것이 아니라, 당시 사람들의 입장에 서서 중대한 사정을 적절하게 관찰함으로써 비로소 당대의 장수들을 이해할 수가 있는 것이다.

이와 같이 각 시대의 전쟁 지도가 그 시대의 국가 및 군의 특수한 사정에 의해 제약되어 있다고는 하지만, 이러한 전쟁 지도는 어느 정도의 보편적인 것, 혹은 오히려 매우 보편적인 것을 포함하고 있었음에 틀림없다. 그리고 전쟁 이론이 무엇보다도 우선 논구(論究)의 대상으로 하는 것은, 바로 이 보편적인 것 바로 그것이다.

전쟁이 그 절대적인 형태에 도달한 것은 극히 최근의 일이다. 따라서 이 시대는 필연적인 것, 보편타당한 것을 가장 많이 포함하고 있다고 말할 수 있다. 그러나 장래의 전쟁도 모두 이러한 웅대한 성격을 띨 것이라고 하는 추측에는 확실성이 없다. 그것은 이제까지 전쟁을 가두고 있었던 울타리가 일단은 개방되었으나, 이윽고 다시 닫아질 것이라는 추측에 근거가 없는 것과 마찬가지이다. 만약에 전쟁 이론이 이러한 절대적인 전쟁만을 다루면, 전쟁 그 자체에는 아무 관계가 없는 영향이 전쟁의 본성을 변화시킬 경우 모두 배제되든가, 그렇지 않으면 웃어넘길 오류로서 돌아보지도 않을 것이다. 그러나 적어도 이론이 전쟁을 관념적 관계에서가 아니라 현실적 관계에서 연구하는 것을 본령으로 하는 한, 그와 같은 일이 이론의 목적이어서는 안 된다. 요컨대 전쟁 이론은 전쟁에 관한 여러 대상을 검토·분석하고, 또 이들 대상을 정돈함으로써 전쟁을 발생시키는 여러 사정을 판별하며, 따라서 또 전쟁의 요강을 제시해서 시대의 일반적 요구와 그때의 독특한 요구를 각각 적절하게 판단하게 될 것이다.

그러면 우리는 다음과 같은 결론에 도달한다. 즉—전쟁 계획의 입안자가 당면한 전쟁에 대해서 설정하는 목표, 그 전쟁을 위해 강구하는 모든 수단은, 그때에 그가 놓인 정황의 매우 특수한 사정을 기준으로 결정된다. —그러나 이들 특수 사정은, 그렇기 때문에 그 시대와 시대의 일반적 사정의 성격을 띠게 된다. 마지막으로 이들 특수적 사정은, 전쟁의 본성에서 논리적으로 도출된 일반적 귀결에 따르지 않으면 안 된다는 것이다.

제4장
전쟁 목표에 관한 한층 자세한 규정
적의 완전한 타도

전쟁의 목표는 그 개념으로 볼 때 항상 적의 완전한 타도이어야 한다. 그리고 이것이야말로 우리가 출발점으로 한 근본적 개념이다.

그렇다면 적의 완전한 타도란 도대체 무엇인가. 이를 위해서는 적의 모든 국토의 공략은 반드시 필요하지가 않다. 가령 오스트리아군과 프로이센군이 1792년[1]에 파리를 점령하고 있었더라면, 혁명당과의 전쟁은—인간의 생각이 미치는 한—그것으로 종결되었을 것이다. 또 그러기 위해서는 혁명당에 속하는 군을 미리 격파할 필요는 없었다. 이들 군은, 아직은 절대적인 힘을 갖춘 유일한 혁명군은 아니었기 때문이다. 이와는 반대로 만약에 나폴레옹이 1814년에도 여전히 정예로운 대군을 통솔하고 있었더라면, 동맹군이 파리를 점령해 봤자 모든 것을 해결한 것으로는 되지 못했을 것이다. 그러나 나폴레옹군의 대부분은 당시 이미 소모되고 있었기 때문에, 1814년과 1815년[2]에는 파리의 점령이 모든 것을 결정한 것이다.

1805년에 오스트리아군을, 또 1806년에 프로이센군을 분쇄한 것처럼 나폴레옹이 만약에 1812년에도 칼루가의 가도(街道)에 있었던 12만 명의 러시아군을, 모스크바 공략 이전 또는 이후에 분쇄할 수 있었다면, 비록 공략할 광대한 땅을 아직 남겨놓고 있었다 해도 수도 모스크바의 점령이 강화를 초래했을 것이라는 것은 거의 확실했다고 말해도 좋다.

1805년에는 아우스테를리츠의 회전이 전쟁을 결정했다. 빈과 오스트리아의

---

1) 프로이센군은 1792년(프랑스혁명 전쟁이 개시된 해) 8월에, 또 오스트리아군은 같은 해 10월에 프랑스에 침입했다.
2) 동맹군은 1814년 3월 31일 및 1815년 7월 6일에 파리를 점령했다.

3분의 2를 공략한 것만으로는 강화에 이르기에 아직 충분하지 않았던 것이다.[3] 그러나 또 다른 한편으로는, 아우스테를리츠 회전 뒤에 전체 헝가리가 아무런 상처도 입지 않고 남겨졌었다고 해도 이 강화를 저지할 수는 없었을 것이다. 요컨대 이 회전에서 러시아군의 패전이 1805년의 전역에 종지부를 찍은 것이다. 이 종지부야말로 나폴레옹에게 필요한 것이었다. 알렉산더 황제는 러시아군 이외의 군을 근처에 가지고 있지 않았다.[4] 따라서 강화[5]는 아우스테를리츠 회전의 필연적 결과였다. 당시 만약에 러시아군이 도나우 강변에서 오스트리아군 쪽에 있었고 그 군대와 패전을 같이 했더라면, 빈을 공략할 필요는 없었을 것이고 강화는 린츠[6]에서 벌써 체결되었을 것이다.

그러나 또 적의 국토를 완전히 공략해도 강화에 이르기에는 충분치 않은 경우도 있다. 1807년에 프랑스군은 프로이센에서 러시아의 원군을 공격했으나 아일라우[7] 회전에서의 불확실한 전승으로는 불충분하고, 역시 1년 전 아우스테를리츠 회전에서 전승한 것과 같이 프리틀란트 회전[8]에서 거둔 확실한 승리가 마지막 결정을 하게 한 것이다.

이와 같은 전쟁의 사례를 보아도, 전쟁의 성과는 일반적 원인에 의해서 결정될 수 없는 일이라는 것을 알 수가 있다. 그 자리에 있었던 사람이 아니면 알 수 없는 특수한 원인이나, 입 밖에 내지 못했던 수많은 정신적 원인은 물론 역사에는 일화로서만 전해질 매우 미묘한 마음의 움직임이나 우발적 사건조차도 때때로 결정을 주게 되는 것이다. 이와 같은 경우에 이론으로서는, 교전 양국의 특히 중요한 사정에 주목하는 일이 중요하다―라고 말할 수 있다. 이러한 중요한

---

3) 나폴레옹은 1805년 11월 13일 빈에 입성했다.
4) '러시아 황제 알렉산드르 1세는 동맹군 총수로서 나폴레옹과 싸움을 하여 전승자의 명예를 얻으려는 허영심 때문에, 카를 대공의 협력도, 프로이센의 참전도 기다리지 않고 비샤우로 전진했다.' 비샤우(Wischau)는 메렌 지방의(현대의 체코)의 작은 도시.
5) 아우스테를리츠 회전 뒤, 프랑스와 오스트리아는 헝가리의 도시 프레스부르크(Pressburg)에서 강화를 체결했다(1805. 12. 26)
6) 린츠(Linz). 북부 오스트리아의 도시. 도나우 강변에 있다.
7) 아일라우(Eylau). 프로이시시-아일라우(Preussisch-Eylau)라고도 한다. 동프로이센의 도시. 이 땅에서 프랑스군과 오스트리아-러시아 동맹군 사이에 회전이 있었다(1807. 2. 8)
8) 프리틀란트의 회전(1807. 6. 14) 뒤, 동프로이센의 도시 틸지트(Tilsit)에서 강화가 체결되었다(1807. 7~9).

사정에서 하나의 중심(重心), 즉 힘과 운동의 중심이 생겨서 모든 것은 이러한 중심에 의해 결정된다. 따라서 공격자는 전력을 기울여 적의 이와 같은 중심에 총공격을 가하지 않으면 안 되는 것이다.

알렉산더, 구스타프 아돌프, 카를 12세나 프리드리히 대왕 등의 경우, 중심은 그들의 군대에 있다. 따라서 만약에 군 그 자체가 분쇄된다면, 그들의 역할은 그것으로 끝났을 것이다. 당파 때문에 분열되고 있는 국가에서 그 중심은 대개 수도에 있다. 열강에 의지하고 있는 약소국의 경우, 중심은 이들 동맹자의 군에 있다. 여러 나라가 서로 모여 맺고 있는 동맹에서는 중심은 이해관계의 일치점에 있다. 국민 총무장의 경우에는 중심은 주된 지도자들 자신에게 있다. 따라서 공격은 각 경우의 중심을 이루는 것으로 향하지 않으면 안 된다. 적이 아군의 공격으로 균형을 잃으면, 적군에게 균형을 회복하는 시간적 여유를 주어서는 안 된다. 공격은 계속 이 방향을 향하지 않으면 안 된다. 혹시라도 병력의 우세를 믿고 여유 만만한 마음으로 적의 한 지방을 공략하고, 약간의 성과에 만족하여 더 큰 성과를 놓치는 일이 있어서는 안 된다. 공격자는 적 병력의 중핵을 끊임없이 탐색하여, 전쟁의 전체적 승리를 얻기 위해 아군의 모든 것을 걸 때에만 적을 틀림없이 타도할 수 있을 것이다.

그러나 아군이 공격 목표로 하는 적의 중심이 어떤 것일지라도, 적 전투력을 격파하는 일이야말로, 승리의 가장 확실한 단서이자 어떤 경우에 있어서도 가장 중요한 사항인 것이다.

많은 경험을 살펴보면 적을 완전히 타도하기 위한 조건은 다음과 같은 정황으로 여겨진다.

1. 적측에서, 군이 중심을 이루고 있는 경우에는 군을 격파한다.
2. 적국의 수도가 국가 권력의 중추일 뿐만 아니라, 정치 단체나 정당의 소재지일 경우에는 수도를 공략한다.
3. 적의 가장 중요한 동맹자가 적보다도 유력한 경우에는 이 동맹자에 강력한 공격을 가한다.

그런데 이제까지는 적을 항상 단일(單一)한 것으로 생각해 왔다. 확실히 일반적인 경우에 대해서만 이야기한다면 그것으로 좋았다. 그러나 적의 완전한 타도는 무엇보다도 중심에 집결된 저항의 타파에 있고 보면, 최초의 전제를 버리고 둘 이상의 적을 상대하는 경우를 검토하지 않으면 안 된다.

2개국 또는 그 이상의 국가들이 동맹해서 다른 한 나라를 적으로 삼을 경우에도, 정치적으로 보면 이것을 하나의 전쟁으로 간주하지 않으면 안 된다. 그러나 이러한 정치적 일체라는 것에도 여러 가지 정도가 있다.

그래서 문제는 동맹에 참가하고 있는 여러 나라가 각기 별개의 이해관계와, 이 이해를 추구하는 별개의 힘을 가지고 있는가의 여부, 그렇지 않으면 여러 나라의 각 이해관계와 힘은 그중의 한 나라의 이해관계와 힘에 의존하고 있는지의 여부이다. 만약에 정황이 제2의 경우에 가까우면, 상대가 다수라도 이것을 하나의 적으로 간주해도 좋으므로, 아군의 주요 행동을 하나의 주공격으로 압축할 수가 있다. 따라서 상대방을 하나의 적으로 간주할 수 있는 한, 이와 같은 방법은 효과를 거두는 가장 좋은 수단이라고 할 수 있다.

그러면 우리는 다음과 같은 원칙을 세울 수가 있을 것이다. 즉—하나의 적을 격파함으로써 동시에 몇몇 적을 패배케 할 수 있다면, 이러한 하나의 적을 완전히 타도하는 일이 곧 전쟁의 목표가 되어야 한다. 이 하나의 적을 공격하는 것은 바로 모든 전쟁의 공통된 중심을 공격하는 것이기 때문이다—라고.

이와 같은 생각이 허용되지 않을 경우, 즉 몇 개의 중심을 하나의 중심으로 환원하는 일이 실제로 불가능한 경우는 없다고 말해도 좋다. 그러나 그러한 일도 전혀 없는 것은 아니므로, 그와 같은 경우에는 전쟁을 두 개 내지 그 이상으로 보고 그 어느 것이나 독자적인 목표를 갖는다는 식으로 생각할 수밖에 없다. 이 경우에는 두 개 내지 그 이상의 적이 각기 독립해 있다는 것이고, 따라서 또 모든 적의 병력을 합산하면 적이 현저하게 우세하다는 것은 물론이므로, 적의 완전 타도라는 것은 일반적으로는 전혀 문제가 되지 않는다.

그래서 이러한 목표, 즉 하나의 적을 완전히 타도함으로써 몇 개의 적을 타파하는 것이 어떠한 경우에 가능하며, 또 이득인가 하는 문제를 좀 더 분명하게 검토해 보고자 한다.

우선 아군의 전력이 충분히 강해서,

1. 적의 전투력에 대해서 결정적인 승리를 거둘 수 있는 경우.

2. 획득한 승리를 더욱 좇아서, 피아가 더 이상 균형을 회복할 수 없게 될 때까지 적을 궁지에 몰아넣는데 필요한 행동이 가능할 경우.

더 나아가 아군의 이러한 승리가 다른 적을 자극해서, 그들이 우리에게 육박하여 최초의 적에서 손을 빼지 않을 수 없는 사태를 초래해서는 안 된다. 그래서 아군의 정치적 태세를 충분히 굳혀둘 필요가 있다.

1806년에 프랑스는 프로이센을 완전히 타도할 수가 있었다.[9] 그 때문에 러시아군이라고 하는 골칫거리를 인수하게 되었는데, 프랑스군은 충분히 강력했기 때문에 프로이센에서 이 러시아군을 잘 저지할 수가 있었다.[10]

프랑스는 1808년 에스파냐에서, 영국에 대해 이와 똑같은 일을 할 수 있었으나[11] 오스트리아[12]에 대해서는 그렇지 못했다. 프랑스는 에스파냐에 많은 병력[13]을 투입했기 때문에 현저하게 약화되어 있었다. 그렇기 때문에 프랑스가 1809년 오스트리아에 대해서 물리적·정신적 힘에서 현저한 우세를 보유하고 있지 않았다면, 에스파냐를 완전히 포기하지 않을 수 없었을 것이다.

여기서 우리는 법률의 삼심제(三審制)라고 하는 제도를 생각해 볼 필요가 있다. 이 제도에 의하면 비록 제1심 및 제2심에서 승소(勝訴)해도 제3심에서 패소하면 소송에 진 쪽이 소송 비용을 모두 부담하지 않으면 안 된다.

그런데 병력과 그 병력에 의해서 성취될 수 있는 성과를 살펴볼 경우에 동력학(動力學)에서 비교를 해보려고 생각한다. 즉, 시간을 병력의 한 인자(因子)로 보고 모든 힘, 즉 전 병력으로는 1년 걸리는 일이 절반의 힘, 즉 절반의 병력으

---

9) 예나 및 아우에르슈테트 회전(1806. 10. 14)에서의 프로이센군의 참패를 가리킨다.

10) 원군으로 오고 있던 러시아군은 위의 참패 소식을 듣고 바이크셀 강 오른편에서 정지했으나, 이윽고 프랑스군에 의해 격퇴되었다.

11) 나폴레옹은 1808년 11월에 에스파냐로 친히 원정하여, 에스파냐군의 저항을 배제하고 12월 4일에 마드리드를 점령하고, 이어 영국군을 에스파냐에서 몰아냈다.

12) 오스트리아는 나폴레옹이 에스파냐로 간 것을 좋은 기회로 삼아, 1809년 4월 9일에 프랑스에 선전포고했다. 한편 아스페른 회전(1809. 5. 21~22)에서는 오스트리아군이 이기고, 바그람 회전(7. 5~6)에서는 프랑스군이 승리를 거두었다.

13) 나폴레옹은 오스트리아의 전비(戰備)의 진척을 알고서 에스파냐에서 파리로 돌아왔으나, 그때 약 24만의 군을 에스파냐에 남겨 두지 않을 수 없었다.

로는 2년이 걸린다는 것이다. 이와 같은 견해는 분명히 혹은 불분명하게 전쟁 계획의 기초를 이루고 있지만, 이러한 생각은 전적으로 잘못된 것이다.

지상의 모든 사물이 시간을 필요로 하는 것처럼 군사적 행동도 또한 시간을 필요로 한다. 그러나 빌나에서 모스크바까지 걸어서 1주일 안에 갈 수 없다는 것은 명백하다. 동력학에서는 시간과 힘의 상호 작용은 항상 규칙 바르게 이루어지지만, 이 경우처럼 보행자의 힘이 시간과 함께 쇠퇴하는 한 이러한 상호 작용은 전혀 성립될 수 없다.

시간은 교전자 쌍방에게, 또한 전승자나 전패자(戰敗者)에게도 필요하다. 다만 문제는 양자 어느 쪽인가가 그 정황에 의해서 시간으로부터 특별한 이점을 얻느냐 하는 것이다. 생각건대 이러한 이점은(전승의 경우와 패전의 경우 사이의 특성을 서로 빼고 계산하면) 분명히 전패자 쪽에 있다. 두말할 필요도 없이 이것은 동력학의 법칙에 의한 것이 아니라, 심리학의 법칙에 입각한 것이다. 전패자에게 부담시키는 요인에는 전승자에 대한 선망, 질투, 걱정이 있고, 또 때로는 패자를 가엾게 생각하는 거룩한 심정도 있다. 이들 심사는 어느 것이나 불행한 자에게 보내는 인정의 자연스러운 발로이고, 한편으로는 전승자에게 새로운 우방을 준비하고, 또 다른 한편으로는 전승자의 동맹 관계를 약체화하여 이를 포기시킨다. 그렇다면 시간으로 유리한 쪽은 침략자가 아니라 피침략자이다. 또 전승자가 최초의 승리를 이용하기 위해서는 앞서 말한 대로, 막대한 병력을 소비하지 않으면 안 된다. 더욱이 이 소비는 1회로 끝나는 것이 아니라, 마치 호화로운 생활을 유지하는 경우처럼 그 끝이 없는 것이다. 적의 주나 군의 점령으로 국력을 보충해 보았자 이렇게 해서 얻은 것이 반드시 이 초과 지출을 메울 수 있다고는 말할 수 없다. 그래서 식량을 적에 의존하는 일이 차차 곤란해져서, 마침내 불충분해지고 시간은 저절로 국면의 급변을 초래하여 승자와 패자가 서로 그 위치를 바꾸게 된다.

나폴레옹은 1812년 러시아와 폴란드에서 거액의 자금과 막대한 물자를 징발했으나, 그는 이것을 가지고 모스크바의 점령을 확보하기 위해 그곳으로 파견해야 할 10만의 군을 조달할 수 있었을까?

그러나 전승자가 탈취한 적의 주나 현이 매우 중요한 지역이고, 또 이들 주나 현이 아직 공략되지 않은 주나 현에 중요한 몇몇 지점을 포함하고 있으면, 패전자가 입은 피해는 마치 종기와 같아서 주위에 압박을 가할 것이다. 그렇게 되면 침략자는 그대로의 상태를 유지해도, 다시 말해 아무런 수를 쓰지 않아도 잃는 것보다 얻는 것이 클 것은 물론이다. 그때 패전자에게 외국으로부터 아무런 지원이 이루어지지 않는다고 하면 시간은 전승자 측에서 이미 개시되고 있는 일, 즉 전과(戰果)의 확장을 완성할 수가 있다. 그리고 아직 공략되지 않은 주나 현은, 아마도 자연히 몰락해서 이윽고는 침략자의 수중으로 들어갈 것이다. 그렇다면 시간은, 공격자 측 병력의 한 인자(因子)이기도 하다. 그러나 이것은 패전자측에서도 반격이 불가능하고 국면의 급변이 이제는 기대할 수 없는 경우의 일이다. 이와 같은 경우에는, 그때까지 피침략자측에서 병력의 한 인자였던 시간은 이제는 아무것도 아니라는 것이 된다. 침략자에게는 이미 주요한 일을 성취하고 승리의 극한점에 으레 따라다니는 위험이 이미 지난 것이다. 요컨대 적은 완전히 타도된 것이다.

위의 분석에 의해서 분명히 하려고 한 것은 다음 두 가지 점이다. 첫째는, 적 국토의 공략은 좀처럼 신속하게 완성될 수 있는 것이 아니라는 점이다. 둘째는, 이 행동을 성공시키기 위해서는 공략을 비교적 장기에 걸쳐서 참을성 있게 실시하는 것이 절대로 필요하다는 것이다. 그러나 이 방식은 공략을 수월하게 하기는커녕 오히려 곤란하게 만든다는 것이다. 그런데 이 주장이 옳다고 하면 공략을 성공시키는 데에 충분한 병력을 가진 공격자는 끊임없이 공략함으로써 성공으로 이끌고 가지 않으면 안 된다는 주장도 또한 옳다는 것이 된다. 한편 병력을 집결하거나 방책을 강구하기 위한 짧은 시간의 중단을 여기에서 문제삼지 않는 것은 물론이다.

우리의 견해에 따르면 공격적 전쟁의 본질적 성격은, 쉴 틈도 없는 신속한 행동에 의해서 승패를 결정하는 데에 있다. 우리는 이러한 견해를 가지고, 이와 대립되는 의견을 근본적으로 배제할 수 있었다고 생각한다. 그 의견이란, 용맹 매진하는 공략보다도 일정한 방법에 입각한 완만한 공략 쪽이 한층 신중하고 확실하다는 생각이다. 그런데 우리의 주장은, 이제까지 쾌히 우리에게 추종해 온 독자들도 매우 역설적인 견해라고 여길지도 모른다. 뿐만 아니라 우리의 견해는, 겉보기에 그럴듯한 위의 의견에 강하게 반대함과 동시에 예부터의 견해로서 깊은 뿌리를 가지고, 또 서적 속에서 되풀이해서 언급되고 있는 의견을 공격하고 있는 것이다. 그래서 여기에서 우리의 견해를 잘못이라고 말하는 논거를 여기서 좀 더 상세하게 검토하는 것이 좋다고 생각하는 것이다.

가까운 목표에 도달하는 것은, 말할 필요도 없이 먼 곳에 있는 목표에 도달하는 것보다도 더 쉽다. 그러나 가까운 목표가 우리의 의도에 맞지 않다고 해서 멀리 있는 목표를 택하기는 했지만, 목표까지의 도정(道程)을 도중에서 구분하거나, 휴지점(休止點)을 설정한다고 해서 나머지 도정을 더 편하게 갈 수 있는 것은 아니다. 작은 도약은 큰 도약보다도 쉽다. 그러나 그렇다고 해서 폭이 넓은 도랑을 뛰어넘는데, 우선 반만 뛰고 다음에 나머지 반을 뛰려고 하는 사람은 없을 것이다.

그런데 이른바 정규 방법에 따라서 이루어지는 공격적 전쟁이라고 하는 개념의 바닥에 있는 것을 더 자세히 검토하면, 그것은 보통 다음과 같은 것들임을 알 수가 있다.

1. 공격자의 전진 도상에 있는 적의 요새를 공략한다.
2. 필요한 물자를 축적한다.
3. 창고, 교량, 진지, 그 밖에 중요한 지점에 축성 공사를 시행한다.
4. 동영(冬營)이나 휴양 숙영에서 병사를 쉬게 한다.
5. 다음 해의 증원을 기다린다.

그런데 이러한 다섯 가지 목적을 달성하기 위해서 공격을 도중에 실제로 구분해 보거나 운동에 휴지점(休止點)을 설정하면, 그 사이에 새로운 후방 기지나 새로운 병력을 손에 넣을 수가 있다고 생각하고 있는 것일까? 마치 자기 나라가 전진하는 군대 뒤에서 따라온다고 생각하고 있는 것 같은, 혹은 또 군은 전역이 달라질 때마다 새로운 활동력을 얻을 수 있다는 것 같은 사고방식이다.

위에 든 작은 목적은 어느 것이나 공격적 전쟁을 수월하게 할지도 모르지만, 그러나 공격의 성과는 반드시 확실한 것은 아니다. 오히려 대개의 경우 일을 당해서 장수의 마음을 주저하게 만들거나, 혹은 내각의 결단을 둔화시키는 원인에 그럴듯한 명목을 붙인 데에 지나지 않는다. 그래서 공격의 단락을 유리하다고 생각하는 위의 다섯 가지 이유를 끝 쪽에서 순차적으로 검토해 보고자 한다.

1. 새로운 병력을 기다리는 것은 공격자나 방어자나 마찬가지이다. 그러나 이 것은 방어자 쪽에서 한층 절실하며, 또 병력의 증가도 방어자에서 한층 유리하 다. 또 당연한 일이지만 국가는, 2년 치의 병력과 거의 같은 병력을 1년 안에 공 급할 수가 있다. 2차년에 실제로 증가하는 병력은 1차년의 전 병력에 비하면 미 미한 것이기 때문이다.

2. 방어자 측도 공격자와 마찬가지로 휴식을 취한다.

3. 도시나 진지의 축성 공사는 군대 자체의 일은 아니다. 따라서 그것은 공격 자가 공격을 멈추는 이유가 되지 않는다.

4. 오늘날에는 군대가 직접 보급을 하기 때문에, 창고가 필요한 것은 행군 동 안보다도 오히려 군이 멈추고 있는 경우이다. 행군이 순조롭게 이루어지고 있으 면 공격군은 적의 저장 물자를 이용할 수 있으므로, 비록 행군하는 지방이 빈 곤하다 해도 이들 물자로 보충할 수가 있다.

5. 적의 요새를 공략하는 것이 공격의 중단은 되지 않는다. 오히려 공략에 힘 을 집중하므로 강한 전진이라 할 수 있다. 비록 공격 때문에 전진이 정지하는 것처럼 보이기는 하지만, 그것은 지금 여기에서 문제로 삼고 있는 경우와는 다 른 것이다. 다시 말하면, 요새를 공략하기 위해 전진을 정지하는 것은 결코 공 격력의 억제나 완화를 뜻하는 것은 아니다. 그런데 몇 개의 요새가 있을 때 어 느 것을 공략하면 좋은가, 또 더 나아가 어느 것을 포위하면 좋은가, 그렇지 않 으면 감시하는 것으로 그칠 것인가 하는 것은 그때의 사정에 따라 결정될 문제 이다. 따라서 우리로서는, 다만 일반적으로 이렇게 말할 수 있을 뿐이다. 즉 — 이 문제에 대답할 수가 있으면 또 하나의 문제, 즉 공격자는 단지 포위하는 것 으로 그치고 전진을 계속해도 위험에 빠질 염려가 없는가 하는 문제도 바로 해 결될 것이다—라고. 만약에 그와 같은 위험이 없고, 또 병력을 공격적 전진에서 사용할 필요가 있다고 한다면, 공격 운동이 모두 완료될 때까지 요새의 정공(正 攻)을 연기하는 편이 득책이다. 요컨대 요새를 공략해서 이것을 당장이라도 확 보하려고 하는 생각에 이끌려, 그 때문에 더 중요한 일을 소홀히 하는 일이 있 어서는 안 된다.

그런데 전진을 계속하면, 이미 획득한 것을 다시 잃을 염려가 있는 것처럼 여겨지는 경우가 있다. 그럼에도 공격적 전쟁에서는 전진 운동에 구분을 두거나, 휴지점을 설정하거나 또는 도중에서 중간 휴식을 한다는 것은 공격전에는 어울리지 않는 일이다. 만약 그와 같은 방법을 꼭 취하지 않을 수 없다면, 그것은 공격의 성과를 확실하게 하기는커녕 오히려 이것을 불확실하게 하는 해악으로 간주할 수밖에 없다. 그런데 일반적 진리를 구하는 입장에서 말하자면, 공격적 전진을 중지하지 않을 수 없는 원인은 공격자의 병력이 열세하기 때문이다. 이와 같은 경우에 도중에서 일단 정지하면, 대개는 그 지점에서 목표로 향해 다시 출발할 수가 없게 된다. 따라서 만약에 제2의 출발점이 가능하다고 하면, 이전의 정지는 필연적인 것이 아니었다는 것이 된다. 또 목표가 원래 이 정도의 병력으로서는 너무 멀다고 하면, 결국 이 목표는 언제까지나 먼 존재가 되는 것이다.

우리는 일반적 진리는 이와 같다—라고 말했을 뿐이다. 요컨대 우리로서는 시간 그 자체를 공격자에게 매우 유리한 요인인 것처럼 여기는 잘못된 생각을 배제하면 그것으로 좋다. 그러나 정치적 정세는 해마다 변화하므로, 이미 그것만으로도 위에서 말한 일반적 진리로부터 일탈하는 경우가 자주 생길 것이라고 여겨진다.

위와 같은 고찰은, 우리가 전반적 관점을 잊고 공격적 전쟁만을 염두에 두고 있는 것처럼 여겨질지도 모른다. 그러나 결코 그와 같은 일은 아니다. 적어도 적의 완전한 타도를 전쟁의 목표로 할 정도의 장수라면, 방어에만 시종할 리가 없다. 원래 전수(專守) 방어의 직접 목적은 이미 소유하고 있는 것의 유지에서 끝나기 때문이다. 대개 적극적 원리가 전혀 결여된 방어는 그 자신과 모순된다고 하는 것이 본래 우리의 주장이지 않으면 안 된다. 따라서 그 어떠한 방어도 방어의 이점을 모두 이용했다면 바로 공격으로 옮기지 않으면 안 된다는 것을 되풀이해서 지적하지 않을 수가 없다. 그러면 공격자 측의 이러한 공격이 목표로 하는 것, 다시 말하면 방어의 본래 목표라고 여겨질 수 있는 것은 그 대소를 불문하고, 적의 완전한 타도가 되지 않으면 안 될 것이다. 그리고 이 경우의 공격자가 비록 마음속에 원대한 목적을 품고 있다고는 하지만, 처음에는 방어라고 하는 전쟁 형식을 채용하는 경우가 있을 수 있다는 것을 지적하지 않을 수가 없다. 이와 같은 생각이 비현실적인 것이 아니라는 것은, 1812년의 러시아 전역을 상기하면 쉽게 이해할 수 있으리라 믿는다. 당시 알렉산드르 황제는, 이 전쟁에 의해서 그의 적 나폴레옹을 파멸로 몰아넣을 것이라고는 생각도 하지 않았을 것이다. 그러나 결과는 바로 그대로였다. 과연 이와 같은 생각은 불가능했을까? 러시아군이 이 전쟁을 방어로 시작했다는 것은 매우 자연스러운 일이 아니었을까?

제5장
전쟁 목표에 관한 한층 자세한 규정(이어서)
제한된 전쟁 목표

앞 장에서 우리는 '적의 완전한 타도'라고 하는 말은, 군사적 행동의 본래의 절대적 목표를 의미한다고 말했다. 그래서 다음에는 이 목표에 도달하기 위한 여러 조건이 구비되지 않은 경우에도, 여전히 할 수 있는 일은 무엇인가 하는 문제를 살펴보고자 한다.

이와 같은 조건은 군의 크나큰 물리적, 정신적 우세, 장수의 위대한 행동적 정신과 모험적 성향을 전제로 한다. 그런데 이들 요건이 모두 없을 경우, 군사적 행동의 목표로서는 두 가지밖에 없다. 첫째는 적 국토의 작은 부분, 혹은 중간 정도의 부분을 공략하는 일이다. 둘째는 자국 영토의 보유에 노력하고, 후일의 좋은 시기를 기다리는 일이다. 이 두 가지 방법은 방어적 전쟁에서는 흔한 일이다.

이 두 가지 방법이 각기 어떤 경우에 적절한가 하는 문제에는, 지금 제2의 방식에 대해서 한 말이 해답을 줄 것이다. 대개 좋은 시기를 기다린다고 하는 것은, 이러한 좋은 시기의 출현을 장래에 기대하지 않으면 안 된다는 예측을 전제로 하고 있다. 따라서 이 기다린다고 하는 것, 다시 말하면 방어적 전쟁은 항상 이와 같은 전망에 입각해서 발생한다. 이와는 달리 장래가 아군보다도 적에게 유리하다는 전망이 서면 현재의 순간을 이용하는 일, 즉 공격적 전쟁이 발생하는 것이다.

그런데 세 번째는, 가장 흔한 경우이다. 즉, 피아 쌍방이 어느 쪽도 장차 아무런 명확한 성과를 기대할 수 없어서 공격이냐, 그렇지 않으면 방어냐 하는 선택의 결정을 장래에 구할 수 없는 경우이다. 그런데 이러한 경우에 공격적 전쟁을 개시하는 것은 물론 정치적으로 공격자인 쪽, 다시 말하면 공격 행동을 일으킬 적극적 이유를 갖는 쪽이다. 그는 이 목적을 위해 무장을 한 것이고, 따라서 충분한 이유 없이 소비된 시간은 모두 그의 손실이 되는 것이다.

이상으로 공격적 전쟁과 방어적 전쟁 어느 쪽인가를 고르는 이유를 명백히 했다. 그러나 그 이유는, 피아 쌍방의 병력의 비교에는 별로 관계가 없다. 일반적으로는 공격을 고르는가, 방어를 고르는가는 오직 병력의 비교에 의해 결정된다는 생각 쪽이 훨씬 옳다고 생각할지도 모른다. 그러나 이러한 사고방식이야말로 논자가 자칫 정도를 벗어나는 원인이 된다. 여하간 우리의 알기 쉬운 추론이 논리적으로 옳다는 것은 아무도 부정할 수 없을 것이다. 그래서 이 추론이 구체적인 경우에도 여전히 옳은가의 여부를 살펴보고자 하는 것이다.

여기에 어떤 작은 국가가 있어서 매우 우세한 병력을 가지고 있는 국가와 분쟁을 일으키고 있는데, 그 나라의 사정은 해마다 악화될 것이 예상되고 있다. 만약에 이 작은 나라가 전쟁을 피할 수 없다고 한다면, 사정이 아직 심하게 악화되지 않은 시기를 이용해야 하지 않을까? 그렇다면 이 나라는 공격을 선택하지 않으면 안 된다. 그러나 그것은 공격 자체가 이점을 가져오기 때문이 아니다. 이러한 공격은 오히려 피아 병력의 불균형을 한층 크게 만들지도 모르는 것이다. 요컨대 이 작은 나라가 공격으로 나서는 것은 사정이 심하게 악화될 시기가 아직 시작되지 않은 경우에 사태를 해결하든가, 그렇지 않으면 적어도 일시적인 이점을 얻어 급한 처지를 면하고, 그 후 얼마 동안은 이 이점을 이용하는 일이 필요하기 때문이다. 이 설명은 특별히 불합리한 점이 없다고 생각한다. 그런데 해당 소국이 우세한 적의 공격적 전진을 확실히 미리 알 수 있다면, 최초의 이점을 획득하기 위해 방어라고 하는 전쟁 형식을 사용할 수가 있고, 또 실제로도 그렇게 할 것이다. 그렇게 하면 적어도 시기를 놓치는 위험이 없기 때문이다.

또 어떤 소국가와 다른 약간 큰 국가가 전쟁 상태에 있으면서, 쌍방 모두가 분명하지 않고 공수 어느 쪽을 고를 것인가에 대해서 결심을 미처 생각할 수 없는 경우를 생각해 보기로 하자. 당해 소국이 정치적으로 공격자라면, 우선 그가 자기 목표를 향해 공격적 전진으로 나아가야 할 것이다.

그러나 소국이 자국보다도 강대한 국가를 상대로 해서 적극적 목적을 설정할 정도로 대담하면, 그리고 또 적측이 공격하는 노고를 아낀다면, 이 경우에도 자기 쪽에서 자진해서 행동을 일으키지 않으면 안 된다. 다시 말하면 자기 쪽에서 적을 공격하지 않으면 안 되는 것이다. 따라서 이 경우에는 적을 기다린다고 하는 것은 지극히 불합리하다고 말할 수 있다. 따라서 이 소국이 공격을 실시하는 순간에 그 정치적 결의를 변경했다면 몰라도, 그렇지 않으면 결국 이렇게 될 것이다. 그런데 막상 공격이라고 하는 중대한 시기에 결의를 번복하는 일이 자주 생겨, 전쟁에 적지 않은 영향을 주는 일이 있다.

제한된 목표에 관한 이상의 고찰은 더 나아가 이러한 목표를 갖는 공격적 전쟁과 방어적 전쟁을 살펴보지 않으면 안 되는데, 이 두 가지 경우에 대해서는 각기 다른 장에서 논해보기로 한다. 그전에 또 다른 방면의 고찰을 시도해 볼 필요가 있다.

우리는 이제까지, 전쟁의 절대적 목표가 실제의 전쟁에서 자주 수정되는 사실을 전쟁에 내재하는 이유만으로 설명했다. 또 정치적 의도가 갖는 성질에 대해서는, 이러한 의도가 적극적인 것을 구하고 있는가의 여부라는 점만 고려했다. 정치적 의도 이외의 사항은 결국은 전쟁 자체와는 관계가 없는 것이다. 그러나 제1편 제2장(전쟁의 수단과 목적에 관한)에서는 정치적 목적의 성질, 피아 쌍방의 정치적 요구의 대소 및 아군의 전반적인 정치적 사정이, 전쟁 지도에 매우 결정적인 영향을 준다는 것을 말했다. 그래서 다음 장에서는 이 문제를 살펴보고자 한다.

제6장
전쟁에서 정치적 목적 그 영향과 정치의 도구

A. 전쟁 목표에 미치는 정치적 목적의 영향

어느 나라가 타국의 위난을 구하기 위해 일어선다고 해도, 타국의 위급을 마치 자기 나라의 위급을 보는 것 같은 열의로 볼 수는 없을 것이다. 그리고 원군을 보낸다고 해도 그 원조가 잘 되어가지 않을 경우 자기가 할 일은 끝났다고 하면서 이 난국에서 무사히 빠져나올 궁리를 하게 된다.

유럽의 정치계에는, 여러 나라가 공수(攻守) 동맹을 맺고 서로 지원하는 것을 의무로 삼는 관습이 있다. 그러나 이 동맹 관계에서 한 나라는 이해관계와 적대 관계를 다른 나라와 서로 나누는 것이 아니라, 도대체 적이 전쟁에 의해서 무엇을 얻으려고 하는가, 또 이를 위해서는 어느 정도의 노력을 하고 있는가에 대해서는 상관없이 단지 일정한, 그것도 될 수 있는 대로 소수의 병력을 서로 파견한다는 약속을 교환하는 데 지나지 않는다. 그렇기 때문에 이러한 동맹 관계의 행동에서는, 지원 의무를 갖는 동맹자는 적과 실제로 전쟁을 하고 있다고 생각하지 않는다. 본래의 전쟁이라면 반드시 선전 포고로 시작되고, 강화의 체결로 끝나지 않으면 안 될 것이다. 게다가 또 동맹이라고 하는 개념도 일반적으로 엄밀성이 결여되기 때문에 그 사용은 제각각이다.

그런데 이와 같은 약정에 따라 1만, 2만 또는 3만의 병력이 교전 중인 국가로 파견되고, 또 이 지원군의 사용은 그 나라의 완전히 자유로운 사용에 맡겨져서, 그 나라는 필요에 따라 이를 자유로 사용해도 좋다고 한다면 일은 일종의 내적 연관을 유지하고, 따라서 또 전쟁 이론도 그다지 혼란을 야기하지 않았을 것이다. 또 이와 같은 경우에는 타국으로부터의 원군은 일종의 용병이라고 간주해도 좋다. 그런데 이러한 원군의 사용은 매우 까다로워서 용병 문제만의 일이 아니다. 대부분 외국의 원군은 보내는 쪽의 장수가 지휘한다. 그러면 이 장수의 행동은, 자기 나라 궁정에 따르게 된다. 또 그에게 목표를 지시하는 것도 역시 그의 궁정이다. 그리고 목표가 이미 이와 같은 것이라면, 그의 의도가 어정쩡하게 되는 것은 당연하다.

그러나 동맹을 맺고 있는 두 나라가 제3국과 교전을 할 경우에도, 양국은 이 제3국을 반드시 같은 적으로 간주하고 있는 것은 아니다. 또 이 제3국에 의해서 격멸되지 않으려고 하는 속마음을 가진 양국은 자기들이 꼭 상대방을 격멸해야 한다고 절실히 생각하는 것도 아니다. 이러한 경우, 사태는 때때로 상거래 못지않게 해결되는 것이다. 즉, 양국은 각기 자기가 당면하는 위험과 이 전쟁에서 기대되는 이점의 비율에 따라, 3만 내지 4만의 군을, 말하자면 주권(株券)으로서 투자하여 전쟁에 의한 손해가 그 이상으로 미치지 않게 하는 계산을 하는 것이다.

대개 동맹국 간의 군사적 지원에는 언제나 이와 같은 생각을 볼 수 있다. 따라서 동맹에 속하는 한 나라가 다른 동맹자에 대해서는 위급존망(危急存亡)의 대사(大事)일지라도, 양국에 공통된 중대한 이해관계를 가지는 경우라 할지라도, 전력을 기울여 이를 지원하는 것이 아니라, 반드시 외교적인 여지를 남겨두는 것이다. 그래서 양 동맹국은 이러한 위급한 경우에는 우선 소수의 병력으로 서로 지원한다는 양해를 하는 데에 그치고, 나머지 병력은 후에 정치적 정세가 필요로 하는 경우에 특별한 배려에 의해서 사용한다는 식으로 정하는 것이다.

동맹 전쟁에 관한 이와 같은 생각은 오직 통설로 간주되어 왔었다. 그런데 극히 최근에 이르러, (나폴레옹 아래에서의) 무제한적인 강력 행위가 유럽의 민심을 극도의 공포에 빠뜨렸기 때문에, 동맹 전쟁에 대해서도 종래의 부자연스러운 관점이 후퇴하고, 자연적인 관점(나폴레옹을 적으로 하는)이 나타나지 않을 수 없었던 것이다. 요컨대 이제까지의 생각은 어중간한 것이고 또한 변칙이었다. 전쟁과 평화의 차이는 원래 정도의 차이가 아니기 때문이다. 그러나 이러한 생각도 단순한 외교상의 관례이므로 이성은 이것을 무시해도 좋다는 것이 아니라, 역시 한편으로는 인간이 타고난 가까운 사람에 치우치는 성격과, 다른 한편으로는 친구를 구하지 않고서는 배길 수 없는 연약함에 깊이 뿌리를 내리고 있는 것이다.

마지막으로 동맹 전쟁과는 달리 어느 국가가 단독으로 전쟁을 하는 경우에도, 그 전쟁을 일으키게 한 정치적 원인(原因)이 전쟁 지도에 현저한 영향을 준다.

　그런데 교전자의 한쪽이 전쟁에서 적에게 사소한 희생밖에 요구하지 않는 경우에는, 강화 때 얼마 안 되는 교환물만으로 만족하고, 또 큰 노력을 기울이지 않아도 이를 획득할 수 있다고 생각하는 것이다. 그러면 적측도 거의 이와 같은 일을 추측하는 것이다. 그런데 이러한 경우에 교전자의 한쪽이 이윽고 계측을 잘못했다는 것을 깨닫고, 그때까지는 적보다 약간 우세하다고 여겼던 것이 실제로는 아군 쪽이 열세였다는 것을 알았다 해도, 그와 같은 때에는 자칫하면 군비는 물론 기타 모든 수단도 부족하고, 게다가 위급 때 더욱더 왕성한 기력을 발휘하게 하는 정신적 동인도 부족한 것이 통례이다. 그러면 궁지에 빠진 쪽은 될 수 있는 대로 급한 불을 끄기 위해, 비록 믿을 수 없다고 해도 장래에 유리한 일이 일어날 것을 기대하는 것이다. 그렇게 되면 전쟁은 마치 허약한 몸이 서서히 쇠약해 가는 것처럼 이유 없이 장기화된다.

　여기에서 전쟁의 특성, 즉 교전 양국 사이의 상호 작용, 힘의 경합, 혹은 전쟁의 본래 모습인 처참한 강력 행위 등은, 박약한 동기에서 유래되는 정돈 상태에 헛되이 매몰되어 쌍방 모두 극히 좁은 범위 내에서, 안전하게 운동할 수 있으면 그것으로 다행이라고 생각한다.

　우리는 정치적 목적이 전쟁에 미치는 이와 같은 영향을 사실로서 인정하지 않을 수가 없다. 그러나 일단 이것을 인정하게 되면 이러한 영향에는 한이 없는 것으로 마침내는 무력을 가지고 적을 위협하는 것으로 멈추고, 그 후의 경과는 외교적 교섭으로 가지고 들어오는 전쟁까지도 될 가능성이 있다.

　적어도 전쟁 이론이 철학적 성찰이고, 또 어디까지나 그러한 것이 되지 않으면 안 된다고 하면, 이론이 곤혹을 느끼게 될 것은 명백하다. 전쟁 개념에서의 필연적인 것은 모두 모습을 감추는 것처럼 보이고, 이론은 일체의 뒷받침을 잃는 위험이 있다. 그러나 거기에는 또한 자연적인 활로가 열리는 것이다. 본래는 격렬해야 할 군사적 행동을 완화시키는 원리가 현저하게 강해짐에 따라서, 혹은 오히려 행동의 동기가 약해짐에 따라서 행동은 더욱더 수동적이 되고, 행동의 돌발은 더욱더 드물어지며, 지도 원리를 더욱더 필요로 하지 않게 되는 것이다. 이렇게 해서 전쟁은 모두가 신중하게 된다. 그리고 이 신중함이 목적으로 삼는 것은, 피아 쌍방 사이의 불안정한 균형이 갑자기 깨어져서 아군에 불리를 주지 않도록, 또 어중간한 전쟁이 결말을 짓는 결정적인 전쟁으로 급변하지 않도록 경계하는 데에 있다.

B. 전쟁은 정치의 도구

우리는 이제까지 전쟁의 본성과 개인 및 사회의 이해관계와의 상극(相剋)을 논해 왔는데, 이 경우 혹은 전자를 돌아보고 후자에 눈을 돌려 이 상반되는 두 요소 어느 쪽도 등한시하지 않는다는 방침에 따랐다. 실제로 이 상극은 인간 그 자체의 본성에 뿌리박은 것으로, 단순한 철학적 이해만으로는 해결할 수가 없는 것이다. 그러나 모순되는 이 두 개의 요소는 부분적으로는 서로 상쇄하면서도, 실제 생활에서는 또한 서로 결부되어 일체를 이루고 있으므로, 다음에는 양자의 이러한 통일을 생각해 보려고 하는 것이다. 우리가 처음에 이 통일을 거론하지 않은 것은 위에서 말한 모순을 우선 명백히 하고, 서로 다른 두 요소를 개별적으로 고찰할 필요가 있었기 때문이다. 그런데 그 통일체라고 하는 것은, 전쟁은 정치적 교섭의 일부이며 따라서 또 그것만으로 독립되어 존재하는 것이 아니라는 생각 바로 그것인 것이다.

말할 필요도 없이 우리는, 전쟁이 여러 나라의 정부 및 국민 사이의 정치적 교섭에 의해서 야기된 것이라는 것을 알고 있다. 그런데 일반적으로는 이것을 다음과 같이 생각하고 있는 것이다. 즉, 전쟁의 개시와 함께 교전 양국 간의 정치적 교섭은 단절되고, 이와는 전혀 다른 사태가 나타난다. 그리고 이 새로운 사태는 그 자신의 법칙에 따르게 된다고.

이에 대해서 우리는 이렇게 주장한다. 즉, '전쟁은 정치적 교섭의 계속 바로 그것이다. 그러나 정치적 계속과는 다른 수단이 포함된 계속이다'라고. 지금 '정치적 교섭과는 다른 수단이 포함된'이라고 말했는데, 그것은 동시에 다음 두 가지를 명백히 하기 위한 것이다. 첫째는, 정치적 교섭은 전쟁에 의해서 단절되는 것도 아니고, 또 전혀 별개의 것으로 변하는 것도 아니다. 비록 이 경우에 정치적 교섭에 사용하는 수단이 그 어떤 종류가 되었든 간에, 여전히 그 본질을 지니고 있다는 것이다. 또 두 번째는, 전쟁에서의 일체의 사건이 더듬어 가는 주요한 선(線)은, 바로 전쟁을 뚫고 강화에 이르기까지 부단하게 이어지는 정치적 교섭의 요강(要綱)이라는 것이다. 도대체 그 이외에 달리 생각할 수 있는 길이 있을까? 선전을 포고하는 외교상의 통첩이 나오면, 그것으로 쌍방의 국민 및 정부 사이의 정치적 관계가 단절될까? 전쟁은 이러한 정치적 관계를 정부와 국민이 어떻게 생각하고 있는가를, 외교 문서와는 다른 문서와 말을 가지고 표현한 데에 지나지 않는 것은 아닐까? 전쟁이 그 자신의 문법을 갖는다는 것은 물론이다. 그러나 전쟁은 그 자신의 논리를 갖는 것은 아니다.

따라서 전쟁은 도저히 정치적 교섭으로부터 분리될 수 있는 것이 아니다. 만약에 이 두 요소를 분리해서 따로따로 고찰한다면 양자를 잇는 여러 가지 관계의 실오라기는 모두 단절되어, 거기에는 뜻도 없고 목적도 없는 이상한 물건이 생길 뿐이다.

이와 같은 생각은 전쟁은 완전한 의미에서 전쟁이며, 또 쌍방의 적대 관계를 노출시킨 격렬한 투쟁일 경우조차도 필요한 것이다. 전쟁의 바탕에서 전쟁의 주요 방향을 결정하는 모든 것, 즉 피아의 병력, 쌍방 각자의 동맹자, 쌍방의 국민 및 정부의 성격 등은, 제1편 제1장에서 열거한 대로 모두 정치적 성질을 띠고 있지는 않은가, 또 피아 쌍방 사이의 정치적 교섭과 매우 긴밀한 연계를 갖기 때문에, 이것을 정치적 교섭으로부터 분리시키는 것은 도저히 불가능한 것이 아닐까. 그러나 실제의 전쟁은 순수한 개념대로의 전쟁과는 달리 극도에 이르지 않고서는 그치지 않는 노력이 아니라, 오히려 자기모순을 포함한 어중간한 것이라는 것을 생각한다면 위에서 말한 우리의 생각은 이중으로 필요하게 되는 것이다. 요컨대 실제의 전쟁은 전쟁 그 자체의 법칙에 따르는 것이 아니라, 어떤 전체의 일부로 간주하지 않으면 안 된다. 그리고 그 전체라고 하는 것이 바로 정치이다.

정치는 전쟁을 도구로써 부려먹는다. 그래서 정치는 전쟁의 본성에서 필연적으로 생기는 일체의 준엄한 귀결을 회피하고, 또 먼 장래에 가능해질 것 같은 성과 등에는 아랑곳하지 않고 오직 눈앞에 있는, 확실하다고 여겨지는 성과에만 신경을 쓰는 것이다. 그 때문에 사태 전체가 매우 불확실한 것이 되고, 전쟁은 일종의 게임이 된다. 그리하여 각국의 내각에 의해 조종되는 정치는, 이 게임에서의 숙달된 기량과 날카로운 통찰력에서는 자신들이야말로 적보다

우수하다고 자부해서 서로 기교를 겨루게 된다.

이와 같이 해서 정치는 전쟁의 본령, 즉 모든 것을 정복하지 않고서는 못 배기는 격렬한 성질이 제거되고, 전쟁을 단순한 도구로 만들어버리는 것이다. 본래의 전쟁은, 말하자면 두 손으로 칼 손잡이를 잡고 혼신의 힘을 들여 들어 올리고 나서 일단 내리치면 두 번 다시 되돌릴 수 없는 큰칼과 같다. 그런데 정치의 손에 걸리면 이 큰칼도 가느다란 칼이 되고 때로는 시합 칼이 되어, 정치는 이를 가지고 찌르기, 페인트, 퍼레이드[1] 등의 기술을 자유자재로 구사하는 것이다.

전쟁의 본성은 격렬하며 인간의 상성(常性)은 사물에 겁을 먹는다. 이 양자 사이의 모순은 위에서 말한 방식으로 어쨌든 해결되는 것이다. 그러나 이것을 본디 의미에서의 해결이라고 할 수 있을지는 매우 의심스럽다.

전쟁은 정치에 속하므로 정치의 성격을 띠게 된다. 따라서 정치가 웅대하고 강력해짐에 따라 전쟁도 이에 준하게 된다. 그리고 양자의 이러한 관계가 극도에 다다르면 전쟁은 마침내 그 절대적 성격을 취하게 된다.

정치와 전쟁의 관계를 이와 같은 관점에서 고찰하면, 절대적 형태를 갖춘 전쟁을 무시할 필요는 없다. 오히려 우리는 이런 종류의 전쟁을 끊임없이 고찰의 배경에서 연상하지 않으면 안 되는 것이다.

이와 같이 생각함으로써만 전쟁은 다시 통일을 회복하게 된다. 그리고 이러한 통일이 있으므로 해서 일체의 전쟁은 종류를 같이 하는 것으로 간주할 수 있고, 또 이러한 통일에 의해서만 판단은 적절하고 엄밀한 입장과 관점을 얻게 된다. 그리고 대규모적인 전쟁 계획은 이와 같은 입장과 관점에서 생기고, 또 판정하지 않으면 안 되는 것이다.

물론 정치적 요소는 전쟁의 개개의 사항 끝까지 깊이 침투하는 것은 아니다. 기마 초병의 배치나 척후의 지도까지가 정치적 배려의 대상이 되는 것은 아니다. 그러나 그것만으로, 또 전체 전쟁의 계획은 물론 전역 계획이나 때로는 회전 계획에 대해서도 정치적 요소의 영향이 더욱더 결정적인 것이 되는 것이다.

이와 같은 관점을 처음에 내걸지 않은 것은, 이러한 사정에 의한 것이다. 전쟁

---

1) 세 단어 모두 펜싱 용어. 페인트(feinte)는 공격하는 것처럼 하여 상대편의 자세를 무너뜨리는 동작이고, 퍼레이드(parade)는 들어오는 상대방 검을 쳐내는 동작을 말한다.

의 개별적인 문제를 논할 경우에는 이러한 사고방식은 그다지 소용이 없을 뿐만 아니라, 오히려 우리의 주의를 산만하게 만들었을 것이다. 그러나 전쟁 계획이나 전역 계획을 논하게 되면, 이 관점은 아무래도 없어서는 안 되는 것이다.

인생에서 가장 중요한 것은, 사물을 파악하고 판단하기 위한 입장을 정확히 정해서, 이 입장을 굳게 지키는 것보다 좋은 일은 없다. 우리는 하나의 입장에서만 많은 현상을 통일적으로 파악할 수 있고, 또 그 입장이 항상 일정불변하기 때문에 모순에 빠지는 것을 피할 수 있다.

따라서 전쟁의 계획을 세움에 있어서 사물을 관찰하는 입장을 두 가지, 또 그 이상으로 나누어 사용해서 이번에는 군인의 눈으로, 다음에는 행정관의 눈으로, 또 그다음에는 정치가의 눈으로 보는 식으로 관찰하는 것은 허용되지 않는다. 그렇게 되면 모든 것이 종속되어야 할 입장은, 과연 정치이어야 하는가 ─하는 문제가 생기게 된다.

정치라는 말이 나왔으니까 말이지, 내정의 모든 이해관계나 인간의 존재에 관한 모든 이해관계뿐 아니라, 합리적으로 생각할 수 있는 모든 것은, 모두 정치에서 합치고 수시로 조정되어야 한다는 것이 전제되어 있다. 실제로 정치는 그 자체로서는 무(無)이고, 다른 나라에 대해서 이들 일체의 이해관계를 주장하는 대리인에 지나지 않는다. 정치가 때로는 잘못된 방향을 취하고, 특별히 정치가의 명예심, 개인적 이해관계, 허영심 등을 섬기는 경우가 있다고 해도, 그와 같은 일을 여기에서 문제로 삼을 필요는 없다. 여하간 전쟁술이 정치의 교사로 여겨지는 일은 있을 수 없기 때문이다. 따라서 여기에서는 정치를 사회 전체의 모든 이해관계의 대표자로 간주해도 좋다.

그러면 남은 것은 다음 문제뿐이다. 전쟁 계획에서, 정치적 입장은 순전히 군사적 입장(가령 이와 같은 것이 있다면)에 자리를 양보해야 하는가, 다시 말하면 정치적 입장은 전혀 소멸하는가, 그렇지 않으면 군사적 입장에 종속되는가, 혹은 정치적 입장이 항상 지배적이고 군사적 입장은 여기에 종속되어야 하는가 하는 문제이다.

정치적인 관점이 전쟁의 개시와 함께 전혀 없어지게 되는 것은, 전쟁이 순전히 피아의 적대 감정에 입각한 필사의 투쟁인 경우에만 생기는 것이다. 그러나 실제의 전쟁은 앞서 말한 대로 정치 그 자체의 표현 바로 그것인 것이다. 그렇게 본다면 정치적 관점을 군사적 관점에 종속시킨다는 것은 불합리하다고 하지 않을 수 없다. 전쟁을 낳게 하는 것은 정치 바로 그것이기 때문이다. 정치는 지성이며, 전쟁의 도구에 지나지 않는다. 결코 그 반대는 아닌 것이다. 그러면 양자의 관계로서는, 결국 군사적 관점을 정치적 관점에 종속시킬 수밖에 없다.

여기에서 실제로 전쟁의 성질을 생각해 보자. 그러기 위해서는 본편 제3장에서 말한 것을 상기하는 것이 편리하다. 앞서 말한 것의 요지는 다음 두 가지이다. 첫째는, 전쟁의 성격과 주요 윤곽은 그 나라의 정치적 규모와 정치적 사정에서 생긴다. 따라서 전쟁은 무엇보다도 우선 이러한 성격과 윤곽에 관해서 확실하다고 여겨지는 사항을 기준으로 해서 파악되지 않으면 안 된다는 것이었다. 두 번째는, 자주 또는 대개의 경우(오늘날에는 이렇게 주장해도 좋을 것이다) 전쟁을 유기적 전체로 고찰하지 않으면 안 된다는 것이었다. 따라서 개별적인 부분을 이 전체에서 분리시킨다는 것은 허용되지 않는다. 또 그 어떤 국부적 활동도 전체와 합치시켜 이러한 전체의 관념에서 생기지 않으면 안 되는 것이다. 그렇다면 전쟁을 지도하는 최고의 입장, 즉 주요한 방침이 모두 그곳에서 생기는 입장은 정치적 관점 외에는 확실하고 명백해서 의심을 개입시킬 여지가 없는 것이다.

빈틈없는 전쟁 계획은 이러한 입장에서만 생긴다. 실제로 이러한 입장에서라면, 진상의 파악과 판단은 한층 용이하게 되고 확신은 한층 강화되며, 행동의 동기는 한층 완전해져서 전쟁의 역사는 한층 이해하기 쉬운 것이 된다.

이와 같은 입장에서 보면 정치적 이해관계와 군사적 이해관계의 상극은, 적어도 도리에서 보자면 이미 있을 수가 없다. 만약에 이러한 상극이 생긴다고 한다면 그것은 정치와 전쟁과의 관계에 대한 통찰이 불완전하다고 간주해도 좋다. 정치는 전쟁에 대해서, 전쟁이 이룰 수 없는 요구를 꺼낼 리가 없다. 정치는 자기가 사용하는 도구가 어떠한 것인가를 알고 있다는 것이 이미 전제되어 있기 때문이다. 그리고 이것이야말로 정치와 전쟁의 관계에서 절대로 없어서는 안될 가장 자연스러운 전제이다. 정치가 전쟁의 여러 사건을 올바르게 판정하는 한, 전쟁의 목적에 적합한 것은 어떤 사건이고, 또 이들 사건에 어떠한 방침이 주어지는가를 결정하는 것이 바로 정치의 본분이며, 또 정치만이 이것을 능히 할 수 있다.

요컨대 최고의 입장에서의 전쟁술은 정치가 된다. 그러나 이 정치는 외교상의 통첩을 인정하는 것이 아니라, 적과 견주기 위해서는 회전으로 도전하는 것이다.

　이러한 견해에 따르면, 전쟁에서의 중대한 사건이나 이러한 사건의 계획을 순 군사적 판정에 맡기는 것이 좋다고 하는 주장은, 정치와 전쟁을 엄연히 구별하려고 하는 인정할 수 없는 사고방식이며 해로운 생각이기도 하다. 실제로 전쟁 계획을 세울 때 바로 내각이 할 일을 군인에게 자문하고, 이 계획에 대한 순 군사적인 판단을 구하려고 하는 것은 불합리하기 짝이 없는 방식이다. 그러나 더 불합리한 것은 한 패거리 이론가들의 주장이다. 그들은 국가가 현재 가지고 있는 전쟁 수단을, 그것을 가지고 전쟁 또는 전역에 대한 순 군사적인 계획에 참고로 하기 위해 장수에게 맡기라고 요구하는 것이다. 오늘날의 군사 기구는 매우 다종다양하고 또 현저하게 발달했다고 해도 전쟁의 요강은 반드시 내각에 의해서, 다시 말하면 군사 당국이 아니라 정치 당국에 의해서만 결정되어야 한다는 것은 널리 경험이 보여준 바와 같다.

　이것은 지극히 사리에 맞는 일이다. 전쟁에 필요한 주요 계획치고 정치적 사정에 대한 통찰 없이 입안될 수 있는 것은 하나도 없다. 그런데 다른 한편으로는 이와는 전혀 다른 의견이 있다. 그래서 전쟁 지도에 미치는 정치의 해로운 영향이 거론되는 것이다. 그러나 비난을 받아야 할 일은 전쟁에 미치는 정치의 영향이 아니라, 정치 자체이다. 적절한 정치는, 다시 말하면 정치가 그 목표를 잘못 정하지 않으면, 정치의 뜻을 담고 수행되는 전쟁에 유리한 영향을 끼치지 않을 수는 없는 것이다. 만약에 정치의 영향 때문에 목표가 달성되지 않는다고 한다면 그 근원은 잘못된 정치에서 찾지 않으면 안 된다.

　때로는 정치가가 어떤 종류의 군사적 수단이나 방책 때문에, 이들 수단이나 방책의 성질에 어울리지 않는 잘못된 효과를 요구하는 일이 있다. 이와 같은 경우에만, 정치의 지정(指定)은 전쟁에 해로운 영향을 주는 것이다. 외국어를 아직 잘 구사할 수 없는 사람이 자기 생각을 부정확하게 표현하는 일이 있는 것처럼, 정치 또한 올바른 생각을 가지면서도 가끔 자기 자신의 의도에 적합하지 않은 일을 지시하는 법이다.

　이와 같은 사례는 이제까지 수없이 있었다. 이것으로 보아도 정치적 교섭을 하는 데에는, 군사에 대한 어느 정도의 통찰을 결여해서는 안 된다는 것을 알 수가 있다.

그런데 고찰을 더 진행시키기에 앞서 자칫 생기기 쉬운 오해를 예방해 둘 필요가 있다. 우리는 군주가 친히 정무를 관장하지 않을 경우, 서류의 처리에 몰두하고 있는 육군 장관, 학식 있는 기술 장교, 혹은 야전에 능숙한 궁인이 그것만의 이유로 훌륭한 수상이 될 수 있다고 생각하는 것은 아니다. 다시 말하면, 우리는 군사에 대한 통찰이 수상의 주된 특성이라고 말하고 있는 것이 아니다. 탁월한 지력과 강한 성격—이것이 수상이 구비해야 할 주요 특성인 것이다. 군사에 대한 통찰 같은 것은 여러 가지 방식으로 이를 보충할 수가 있다. 프랑스는 벨일 형제[2] 및 슈아죌 공[3]이 군정을 장악했을 때만큼 군사적·정치적 분쟁의 해결이 서툴렀을 때는 없었다. 그런데 이 세 사람은 군인으로서는 우수했던 것이다.

전쟁이 정치의 뜻을 받아 이루어지고 또 정치가 전쟁의 수단과 어긋나지 않기 위해서는, 정치가와 군인이 한 몸으로 겸비되지 않는 한 남은 길은—최고의 장수를 내각의 일원으로 참가시켜, 가장 중대한 시기에는 내각의 심의 및 결의에 참여시키는 제도뿐이다.

이 방법은 오스트리아 황제[4]가 1809년에, 또 동맹군 측의 여러 군주가 1813년, 14년, 15년에 시도한 것으로, 이런 종류의 제도의 효과는 이들 전역에서 완전히 실증되었다.

내각 안에 있는 최고의 장수 이외의 군인이 주는 영향은 가장 위험하다. 이런 종류의 영향이 건전하고 강력한 행동을 낳게 하는 일은 거의 없다. 프랑스의 카르노[5]가 1793~1795년에 파리에서 군사 행동을 지휘한 사례는 철저하게 비난받지 않으면 안 된다. 이와 같은 공포 정치는 혁명 정부만을 섬기기 때문

---

2) 벨일 형제. 형은 Belle-Isle, Charles Louis Auguste Fouquet de이다(1684~1761). 프랑스의 원수. 육군 장관. 아우는 Belle-Isle, Louis Charles Armand Fouquet de이다(1693~1746). 프랑스의 장수.

3) 슈아죌(Choiseul, Etienne-Francois duc de, 1719~85). 프랑스의 장수. 육군 장관(1761~71).

4) 프랑츠(Franz II., 1768~1835). 독일 황제(1792~1806). 오스트리아 황제(1804~35)로서는 프랑츠 1세라고 했다.

5) 카르노(Carnot, Lazare Nicolas Marguérite, 1753~1823). 프랑스의 사관, 정치가. 프랑스혁명의 조직자.

이다.

다음에는 정치와 전쟁에 대해서 약간 파고들어간 역사적 고찰을 시도함으로써 이 장을 끝마치기로 한다.

전 세기의 90년대에, 널리 알고 있는 바와 같이 유럽의 전쟁술은 현저한 발달을 이루었다. 이 변혁에 의해서, 한편에서는 이전에 가장 우수하다는 평을 들은 여러 나라의 군은 그 기교의 일부가 효력을 상실하게 되었다는 것을 깨닫지 않을 수 없었다. 그러나 또 다른 한편으로는 이제까지 도저히 생각할 수 없었던 군사적 성과가 생긴 것이다. 그래서 전쟁에서의 계산은 모두 믿을 수 없는 것이고, 결국 전쟁술을 방해하는 짐밖에 되지 않는다는 생각이 생긴 것은 당연한 일이었다. 요컨대 여러 나라의 군은 구태를 벗어던질 수 없었기 때문에, 또 고정된 개념이 지시하는 좁은 권내(圈內)에 갇혀 있었기 때문에, 새로 생긴 사정의 강력한 힘에 압도된 것이다. 그러나 이 새로운 사정은 확실히 종래의 좁은 권역 밖에 있다고는 하지만 사리 밖에 있는 것은 아니다.

식견이 풍부한 관찰자들은 이러한 현상을 가리켜서, 정치가 수 세기에 걸쳐서 전쟁술에 미친 전반적 영향으로 보았다. 그리고 이러한 나쁜 영향이 전쟁술에 매우 심한 불리함을 가져왔기 때문에 전쟁은 어중간한 것이 되고, 또 때로는 모의전(模擬戰)과 비슷한 것으로까지 타락했다고 말했다. 이 견해는 사실을 관찰한 사람들에게는 분명히 수긍할 만한 것이다. 그러나 이 사실을 정치와 전쟁 사이에 우연히 발생한 관계로 보고, 피하려고 생각했다면 피할 수 있었던 관계라고 단정한 데에 잘못이 있다.

또 다른 관찰자들은 이 모든 현상을 오스트리아·프로이센·영국 및 그 밖의 여러 나라의 각기 특수한 정치에서 생긴 일시적 영향으로 설명할 수 있다고 생각했다. 그러나 유럽의 인심에 심한 충격을 준 이 급격한 변혁은, 전쟁 지도의 내부에서 일어났다고 하느니보다는 오히려 정치 내부에서 일어났다고 말하는 것이 진실이 아닐까? 따라서 우리에게 말하게 한다면 문제는 이렇게 된다. ― 유럽에 닥친 이 불행은 전쟁에 미치는 정치의 영향에서 생긴 것인가, 그렇지 않으면 잘못된 정치 그 자체에서 생긴 것인가―하고.

프랑스혁명이 여러 외국에 미친 막대한 영향의 출처가, 프랑스의 전쟁 지도의 새로운 수단이나 견해에 있다고 하느니보다는 오히려 완전히 바뀐 정치 및 행정, 정부의 성격, 국민의 상태 등에 있다는 것은 명백하다. 여러 나라의 정부가 이들 사태를 올바르게 관찰하지 않았다는 것, 그리고 구식의 전쟁 수단을 가지고 새로 일어난 이 압도적인 병력에 대항하려고 했다는 것은 모두 정치가 저지른 과실이다.

그런데 이들 과실은 전쟁을 순 군사적으로 파악하려고 하는 입장에 통찰되어 수정될 수 있었는가? 아니다. 그것은 불가능했다. 비록 철학적인 전략가가 나타나서 피아 쌍방의 격렬한 적대 감정만으로 생기는 결과를 모두 예견하고, 혹 또 먼 장래에 가능해질 성과를 모두 예언한다 하더라도 우리는 이러한 전략가의 인식을 승인하지 않을 것이다.

정치는 새로 프랑스에서 눈뜬 여러 힘과, 유럽의 정치에서 발생하고 있는 새로운 사정을 각기 올바르게 평가할 수 있을 때에만 전쟁 지도의 요강에 미치는 영향의 결과를 올바르게 예견할 수 있었고, 또 필요한 전쟁 수단의 양을 규정하여 가장 좋은 방책을 선택할 수 있었던 것이다.

따라서 우리는 이렇게 말해도 좋을 것이다—프랑스혁명의 20년[6]에 걸친 전승은, 혁명에 반대한 여러 나라에 의해 이루어진 잘못된 정치의 결과이다—라고.

말할 필요도 없이 정치가 저지른 이들 잘못은, 교전을 해보고 비로소 분명해진 것이다. 즉 전쟁 중에 생긴 여러 현상이, 정치가 전부터 품고 있던 기대를 보기 좋게 배반한 것이다. 그러나 이것은 정치가 전쟁술에 자문하는 것을 게을리했기 때문에 일어난 것이 아니다. 정치가 믿고 있던 전쟁술은 바로 현실의 세계에서 생긴 것으로 그 당시의 정치에 속했으며, 또 정치가 그때까지 계속 사용해 왔던 손에 익은 도구였던 것이다. 그리고 이러한 전쟁술이었기 때문에 정치의 잘못에 말려들어 정치와 운명을 함께 한 것이다. 따라서 정치가 전쟁술에 의해서 계몽된다는 것은 도저히 할 수 없는 일이었다. 분명히 전쟁 그 자체도 또한 그 본질과 방식에서 현저한 변화를 이루고, 이와 같은 변화에 의해서 그 절대적 형태에 접근했다는 것은 사실이다. 그러나 전쟁에서의 이와 같은 변화는 프랑스 정부가 스스로 자진해서 구식 정치와의 인연을 끊었기 때문에 생긴 것

---

6) 프랑스혁명 전쟁(1792~1801)에서 1809년까지의 나폴레옹 전쟁과 합쳐서 20년이라고 했을 것이다.

이 아니라 변혁된 정치, 바꾸어 말하면 프랑스혁명에 의해 우선 프랑스에서 탄생하여, 차차로 전 유럽에 파급된 정치에서 생긴 것이다. 그리고 이 정치가 이제까지와는 별개의 전쟁 수단을 강구하고 별개의 군대를 소집하여, 이로써 이전에는 생각할 수 없었던 강력한 전쟁 지도를 가능하게 한 것이다.

요컨대 전쟁술이 실제로 변화한 것은 변화한 정치의 필연적인 결과이다. 따라서 전쟁술의 이와 같은 변화는, 정치와 전쟁의 불리 가능성을 입증하기는커녕 오히려 양자가 내부적으로 결부되어 있다는 유력한 증명이다.

따라서 지금 다시 한번 이렇게 말해두고자 한다—전쟁은 정치의 도구이다. 전쟁은 필연적으로 정치의 성격을 띠지 않을 수 없다. 전쟁은 항상 정치의 척도로 측정되지 않으면 안 된다. 따라서 전쟁 지도는 그 요지에서는 정치 그 자체이다. 정치는 전쟁에서 펜 대신에 칼을 가지고 하지만, 그렇다고 해서 정치의 법칙에 따라서 생각하는 것을 그만두는 것은 아니다—라고.

제7장
제한된 전쟁 목표–공격적 전쟁

그런데 적의 완전한 타도를 전쟁의 목적으로 삼을 수 없는 경우에도 적극적 목표는 있을 수 있다. 그러나 이 경우 적극적 목적이라 해도 적 국토의 일부를 공략하는 것뿐이다.

적 국토의 일부를 공략함으로써 얻는 이익은 다음 세 가지이다. 첫째는 적의 국력을 쇠퇴시키고, 따라서 또 적의 전투력도 쇠퇴시킴으로써 공격자의 전투력을 증대시키는 일이다. 둘째는, 부분적으로나마 식량을 적에 의존해서 전쟁을 수행할 수 있다는 것이다. 셋째는, 적의 주(州)나 군(郡)의 점령은 강화를 체결하는 경우에 아군의 순익(純益)이라고 간주할 수 있다는 것이다. 공격자는 점령한 주나 군을 강화 조약에 의해서 그대로 보유하든가, 그렇지 않으면 강화 때에 이것과 교환해서 다른 이점을 획득할 수 있기 때문이다.

적 국토의 공략에 관한 이와 같은 견해는 지극히 자연스럽다. 만약 공격이 극한에 달해서 방어 상태로 이행할 경우 걱정할 점이 아무것도 없다고 한다면, 이 견해에 반대할 이유도 조금도 없다고 말할 수 있다.

또 앞서 승리의 극한점을 논한 장에서 이러한 공세가 공격자의 전투력을 약화시키는 경과와, 이런 종류의 공격에 자칫 위험한 결과를 염려하게 하는 상태가 따라서 일어나는 까닭을 자세하게 설명해 두었다.

적국의 한 지역을 공략하면 공격자의 전투력은 그 때문에 다소간 약화되지 않을 수가 없지만, 이 약화에는 여러 가지 정도가 있다. 그리고 이러한 정도의 크고 작음은 오직 당해 지역의 지리적 위치에 의해서 정해지는 것이다. 만약에 이 점령 지역이 공격자 측의 여러 주를 보충할 수 있는 위치에 있을 경우, 다시 말하면 공격자의 영토 안에 끼어 있다거나 국경에 따라 있다거나 또는 공격자의 주력이 전진하는 방향에 위치하고 있는 경우에는, 공격자의 전투력이 약화되는 정도는 비교적 적어지는 것이다. 7년 전쟁에서 작센은, 프로이센의 전쟁터를 보충할 수 있는 자연적(지리적) 위치에 있었다. 따라서 프리드리히 대왕의 전투력이 작센을 점령함으로써 약화되기는커녕 오히려 증대한 것은, 이 땅이 마르크 지방에 가깝다고 하느니보다는 오히려 슐레지엔에 가까워서 마르크 지방을 동시에 엄호할 수 있었기 때문이다.

프리드리히 대왕은 1740년과 41년에 각기 슐레지엔을 공략했으나, 이 슐레지엔도 그의 전투력을 약화시키지는 못했다. 슐레지엔은 그 지세와 지리적 위치 및 국경의 모양으로 보아, 오스트리아군이 작센을 완전히 영유하지 않는 한, 좁은 돌출부를 의미하는 데에 지나지 않았다. 더욱이 이 좁은 접촉점은 쌍방의 군이 정식으로 충돌할 경우에는, 아무래도 취하지 않을 수 없는 방향에 있었던 것이다.

이에 반해서 공격자가 점령한 지역이, 적의 주나 군에 끼어들어 있어서 후방 기지에서 떨어진 위치에 있고, 더욱이 지형적으로 불리한 모양이면 공격자의 전투력의 약화는 눈에 띄게 현저하게 되므로, 회전을 하면 승산은 방어자 측에 있고, 회전을 기다릴 필요도 없이 점령지에서 철퇴하지 않을 수가 없다.

오스트리아군은 이탈리아에서 프로방스[1]에 대해서 공격을 기도할 때마다, 회전을 하지 않고 그 지방으로부터 철퇴하지 않으면 안 되었다. 또 1744년[2]에 프랑스군은 무사히 뵈멘에서 퇴거할 수 있었던 것을 기뻐했다. 이 경우에도 회전을 해서 패배하는 것보다는 나았기 때문이다. 1758년[3] 프리드리히 대왕은 그 전해에 슐레지엔과 작센에서 빛나는 성과를 거둔 것과 같은 군대를 인솔했음에도 불구하고, 뵈멘과 메렌에 주둔할 수가 없었다. 군이 적 국토의 어느 지역을 점령했기 때문에 약화되어, 마침내는 점령 지역에 주둔할 수 없게 된 실례가 많이 있기 때문에 이런 종류의 예를 이 이상 인용할 필요도 없을 것이다.

이렇게 보면, 적 국토의 일부를 탈취하는 목표를 세워도 지장이 없는가 하는 문제에 관해서 중요한 점은 다음 세 가지이다. 즉 첫째는, 공략한 지역의 점령을 그대로 계속할 수 있는 가능성이 있는가 없는가이다. 둘째로, 일시적 점령(침

---

1) 프로방스(Provence). 남프랑스의 지방.
2) 오스트리아 계승 전쟁(1741~1748) 때의 일.
3) 7년 전쟁(1756~1763) 중에 일어난 일.

략, 견제)은 이 점령을 위해 사용한 병력을 충분히 보상할 수 있는가 없는가 하는 것이다. 셋째는, 적의 강력한 반격에 의해서 피아의 균형이 무너져 공격자에게 불리하게 되지는 않을까 하는 것이다. 이 문제에 관련해서 많은 사항이 개별적인 경우에 따라 고찰되어야 하지만 이에 대해서는 승리의 극한점을 논한 장에서 이미 말한 바가 있다.

그러나 한 가지만 더 덧붙여 둘 것이 있다.

이런 종류의 공세는, 반드시 공격자가 다른 지점에서 잃은 것을 보충할 수 있다고는 말할 수 없다는 것이다. 공격자가 적 국토의 일부 공략에 종사하는 동안, 적도 다른 지점에서 이와 마찬가지 일을 할지도 모른다. 이와 같은 경우에는 공격자의 행동이 적의 행동에 비해서 여간 뛰어나지 않으면, 적으로 하여금 행동을 중지시킬 수는 없을 것이다. 따라서 공격자는 한편에서 얻는 것이 있다고는 하지만, 다른 한편으로는 더 많은 것을 잃지 않을까 하는 점에 대해 심사숙고하지 않으면 안 된다.

그런데 이와 같은 경우에 공략의 대상이 되는 공격자의 주나 군과, 적의 주나 군의 가치가 같다고 해도, 이러한 공략 자체만을 생각하는 한, 공격자는 적의 주나 군을 공략해서 얻는 것보다도, 적에게 아군의 주나 군이 공략당함으로써 더 많은 것을 잃는 것이다. 그 때문에 많은 병력이, 말하자면 잡비로서 쓸데없이 사용되기 때문이다. 그런데 이것은 적측에도 마찬가지이므로, 본래는 적지의 공략보다도 자국 영토의 보유에 더 많은 배려를 하지 않으면 안 된다는 이유는 없는 것으로 여겨진다. 그러나 실제로는 그렇지가 않다. 자국의 토지 보전은, 공격자에게 한층 절실한 일이다. 공격자가 국토의 일부를 적에게 점령당함으로써 입는 고통은, 적지의 점령이라고 하는 보상이 유리한 이익을 약속하지 않는 한, 다시 말하면 이 이점이 훨씬 크지 않는 한, 어설픈 보상에 의해서 상쇄되고 완화될 수 있는 것이 아니다.

그러면 위에서 말한 것으로부터 생기는 결론은 결국 이렇게 된다. 즉, 공격자는 적 국토의 일부를 공략한다는 어설픈 목표에 대해서 전략적 공격을 가하기 위해, 자국에서 직접 엄호되어 있지 않은 여러 지점을 적의 공략에 대비해서 방어하지 않으면 안 된다. 그런데 이것은 적 국토의 중심으로 향한 공격보다도 훨씬 많은 병력을 필요로 한다. 따라서 이런 종류의 공격에서는 시간적으로나 공간적으로 병력의 집합을 활발하게 행할 수가 없다는 것이다. 병력의 집합을, 적어도 시간적으로 유리하게 행하기 위해서는, 편리한 지점에 있는 모든 군대를 공격적으로, 더욱이 동시에 전진시킬 필요가 있다. 그러면 이러한 공격은 다른 이점 즉, 개개의 지점을 단지 방어할 뿐이라면 훨씬 적은 병력으로도 된다는 이점을 잃게 되는 것이다. 요컨대 이와 같은 중간 정도의 목표인 경우에는, 공격자의 전투력도 또한 중간 정도에 머물고 그 이상 강한 것이 될 수가 없다. 그러면 모든 군사적 행동을 하나의 주된 행동으로 결집하여, 이 주된 행동을 주요 관점에 따라서 적국의 중심으로 돌리는 일이 불가능하게 된다. 따라서 이러한 중간 정도의 목표를 공격하게 되면 군사적 행동은 더욱더 확산되고, 따라서 또 도처에서 마찰이 격화되어 우연이 작용할 여지가 더욱더 커지는 것이다.

이것이 이런 종류의 목적 달성을 목적으로 하는 전쟁에 내재하는 자연적 경향이다. 그래서 장수는, 자칫 이러한 안이한 경향에 이끌려 더욱더 무위(無爲)의 상태로 타락하는 것이다. 따라서 만약에 장수가 스스로 믿는 바가 두텁고, 내부에 왕성한 정신력을 간직하며 밖으로 유력한 물리적 수단을 가지고 있다면, 비록 성과가 큰 모험에 의하지 않고서는 불가능한 경우에도, 깨끗하게 이러한 경향과 결별하여 적의 중심에 강력한 공격을 가하지 않으면 안 되는 것이다.

제8장
제한된 전쟁 목표(이어서)—방어

　방어적 전쟁의 궁극적인 목표는 결코 절대적 수동에 있는 것이 아니라는 것은 이미 말한 대로이다. 아무리 열세한 방위자라 할지라도 적에게 뼈아픈 타격을 주고 또 적을 위협할 수 있는 수단을 강구하지 않을 수가 없다.

　방어적 전쟁의 목표에 대해서 다음과 같은 설을 주장하는 사람이 있을지도 모른다. 즉 —이 경우의 전쟁 목표는 적을 피로하게 만드는 데에 있다. 공격자는 원래 적극적 성과를 바라고 있으므로 이러한 공격 행동에 실패하면, 비록 결과는 그때 소비된 병력의 손실만이라고 해도 이 손실은 그에게는 결국 일보 후퇴를 의미한다. 그런데 공격을 받은 쪽의 손해는 헛되이 되지 않는다. 그에게는 현상 유지가 바로 목표이고, 방어에서 손해를 입었다고 해도 이 목표만은 달성되었기 때문이다. 이와 같이 단순한 현상 유지야말로 방어자의 적극적 목표가 되지 않으면 안 된다—고. 그러나 그와 같은 생각은 공격자가 몇 번인가의 공격을 시도해 보고 실패하면, 이윽고 피곤하여 기력도 위축될 것임에 틀림없을 것이라는 경우가 아니면 통용되지 않을 것이다. 따라서 실제로도 공격자가 반드시 그렇게 된다는 필연성은 존재하지 않는 것이다. 병력의 소모라고 하는 점에서 말하자면, 오히려 방어자쪽이 불리하다.

　공격자가 하는 공격이 약화된다고 하는 것은, 공방 쌍방 사이의 균형을 뒤집어 방어자에게 유리하게 만드는 전환점이 생긴다는 것을 의미한다. 그러나 이와 같은 전환점을 이미 생각할 수 없는 경우에는, 병력의 약화는 공격자에서보다도 방어자에서 한층 심한 것이다. 이 이유의 하나는, 방어자는 대개 공격자보다도 열세이므로 피아의 손해가 같다고 하면, 방어자쪽이 공격자보다도 잃는 것이 많기 때문이다. 또 다른 하나는, 공격자는 적 국토와 그 자원의 일부를 빼앗는 것이 통례이기 때문이다. 그러면 공격자가 몇 번이고 공격을 되풀이하고 방어자는 이 공격을 막는 것만으로 일관한다면, 공격자가 하는 어느 공격인가가 조만간 성공하여, 방어자는 이러한 위험을 방지하는 대항 수단을 갖추고 있지 않다고 생각하지 않을 수 없다.

하기야 공격자 측의 소모, 아니 피로만으로도 할 수 없이 강화를 하게 된 실례가 있다. 그러나 이것은 대개의 전쟁이 보유하고 있는 어중간한 성질 때문이며, 합리적인 생각으로 말하자면 이것을 방어의 일반적인 궁극 목표로 볼 수는 없다. 그러면 방어는 그 목표를 결국 적을 기다린다는 개념, 즉 방어에 본래의 성격에서 구하는 수밖에 없다. 그러나 이 개념은 정황(情況)의 변화, 즉 상태의 개선을 전제로 하고 있다. 따라서 이러한 개선이 방어에 내재하는 수단인 저항에 의해서 성취될 수 없는 경우에는 외부에 기대할 수밖에 없다. 따라서 외부에서 구하는 개선이라고 하면, 방어자와 여러 외국 사이의 정치적 관계밖에 없다. 그러면 새로운 사정은 방어자에게 새로운 동맹자가 나타나든가, 그렇지 않으면 이제까지 방어자에게 반대하고 있던 동맹이 붕괴하든가— 둘 중 하나이다.

방어자가 열세여서 공격자에게 도저히 유력한 반격을 가할 수 없는 경우의 방어자의 목표는 이것 외에는 없다. 그러나 이미 말한 대로 방어의 본래의 개념에 따르면, 방어는 반드시 이런 종류의 방어에 한정되는 것은 아니다. 원래 방어는 공격보다도 한층 강력한 전쟁 형식이다. 그리고 이러한 장점이 있기 때문에 방어는 많건 적건 강력한 반격을 할 때에도 사용되는 것이다.

우리는 방어에 관한 이 두 가지 경우를 처음부터 분리해서 착수하지 않으면 안 된다. 이들 경우는 방어에 각기 다른 영향을 미치기 때문이다.

제1의 경우, 방어자는 국토를 될 수 있는 대로 오래 적의 침략을 받지 않고 보유하려고 한다. 그러면 많은 시간을 벌 수가 있고, 또 방어자로서 이렇게 해서 시간적 여유를 얻는 일이 바로 목표에 도달하는 유일한 방법이기 때문이다. 그러나 그것만으로는 아직 적극적 목표를 전쟁 계획 속으로 도입한 것으로는 되지 않는다. 여기에서 적극적 목적이라고 하는 것은, 방어자에 의해 달성되어 강화 때 그의 의도를 실현시키는 목표를 말한다. 여하간 제1의 경우와 같은 전략적 수동 상태에서는, 방어자가 여러 지점에서 얻는 이점은 그때그때 적의 공격을 저지하는 것뿐이다. 그리고 그는 이들 지점에서 얻은 우세를 다른 지점으로 전용하지 않으면 안 된다. 이러한 경우에 방어자는, 대개 도처에서 곤경에 빠지기 때문이다. 만약에 방어자가 이 우세를 이용하는 기회를 가질 수 없다고 하면, 적이 그에게 잠깐의 시간적 여유를 주는 것만이 유일한 이점이 될 것이다.

그런데 방어자가 일으킬 수 있는 소규모 공격 행동에서는, 자국의 영토를 보유하는 것보다도 오히려 뒤에 입을지도 모르는 손해에 미리 대비해서 일시적인 이점을 얻는 데에 중점을 두는 경우가 있다. 그리고 그 때문에 침략, 견제, 적의 요새에 대해서 일으키는 공격 행동 등의 수단이 사용된다. 이러한 공격 행동은 방어자의 병력이 과소하지 않을 경우에는 이런 종류의 방어 방식 속으로 편입시킬 수 있지만, 여하간 이 방식의 목표나 본질에 변화를 미칠 정도의 것은 아니다.

그런데 적극적인 의도가 이미 방어의 바닥에 존재하는 제2의 경우는, 방어도 또한 적극적 성격을 띤다. 더욱이 그때의 사정이 허락하는 반격이 강력해짐에 따라 적극적 성격도 더욱 강력해지는 것이다. 따라서 방어자가 스스로 방어라고 하는 전쟁 형식을 채용하여 최초의 반격을 확실히 실시한다면, 그는 더욱더 대담하게 적을 공격할 수가 있다. 이 경우에 가장 대담한, 또 성공한 경우에 가장 효과적인 조치는 자국 영토로의 퇴각이다. 그렇다면 이 수단은 동시에 제1의 방어 방식과는 매우 동떨어진 것이라는 것을 알 수가 있다.

7년 전쟁에서의 프리드리히 대왕과 1812년 러시아 전역의 상황을 아울러 생각해 보는 것만으로도, 이 두 방어 체제의 차이는 저절로 명백해질 것이다.

7년 전쟁이 일어났을 때[1]에는, 프리드리히는 이미 전투 준비를 완료하고 있었다. 따라서 그는 이 점에서 오스트리아보다도 우세했다. 또 이에 의해서 그는 작센을 점령하는 이점을 획득한 것이다. 게다가 또 작센은 프리드리히가 고른 전쟁터를 자연적으로 보충할 수 있는 지리적 위치를 차지하고 있었기 때문에, 이 땅의 점령은 그의 전투력을 감소시키기는커녕 오히려 증대시킨 것이다.

1757년의 전쟁이 시작되었을 당시, 프리드리히는 전략적 공세를 계속할 속셈이었다. 실제로도 이것은 러시아군과 프랑스군이 슐레지엔, 마르크 지방 및

---

1) 1756년 8월의 일.

작센의 전쟁터에 아직 도착하는 동안에는 불가능하지 않다고 여겨졌던 것이다. 그러나 공격은 실패했다. 그 이후 이 전역이 끝날 때까지 방어 체제를 취하지 않을 수가 없었다. 그는 일단 점령한 뵈멘을 퇴거하여, 그 자신의 전쟁터에서 적을 몰아내지 않으면 안 되었다. 그러나 그는 앞서 공격 행동에 사용했던, 같은 군을 이끌고 우선 프랑스를 무찌르고[2] 이어 오스트리아군을 무찌름으로써 이에 성공했다. 그의 이러한 이점은 오직 방어 덕택이었다.

1758년에는, 프리드리히의 적[3]은 이미 그를 여러 방면으로부터 포위하고 있었다. 또 그의 전투력은 적의 병력과 심한 불균형을 이루기 시작했다. 그래도 그는 메렌에서 소규모 공격을 시도하려고 했던 것이다. 그는 적이 전투 준비를 완료하기 전에 올뮈츠의 탈취를 기도했다. 그러나 그는 올뮈츠[4]를 탈취해서 이를 보유한다거나 이 지점에서 더 전진할 생각이 아니라 이 땅을, 말하자면 외보(外堡),[5] 혹은 오스트리아군에 대한 대갱도(對坑道)[6]로서 이용하기 위한 것이었다. 그렇게 하면 오스트리아군은 이 전역의 나머지 전 기간이나 또는 제2차 전역을 올뮈츠의 탈환에 소비하지 않을 수 없다고 생각했기 때문이다.

그러나 이 공격도 실패로 끝났다. 그래서 프리드리히는 본래의 공세를 일체

2) '(1757년) 10월에 들어서서 오스트리아군의 한 병단이 바우첸에서 베를린으로 향한다는 소식을 접하고, 프리드리히 대왕은 토르가우를 거쳐 엘베강 오른쪽까지 전진했고, 오스트리아군은 10월 16일 베를린으로 들어갔지만, 이튿날 퇴각하자 그 사이에 프랑스군 스피즈 병단 약 4만은 라이프치히를 향해 전진했다. 그래서 프리드리히는 라이프치히로 방향을 바꾸어 퇴각하는 프랑스군을 쫓아 로스바흐로 전진, 11월 5일 포로이센군의 좌익을 공격하기 위하여 우회해 온 프랑스군의 선두를 향하여 반격을 가해 1만의 손해를 줌으로써 크게 승리했다. …… 12월 4일, 로이텐 부근에 진지를 점령한 오스트리아군을 공격했다. 이 공격에서 프리드리히는 오스트리아군 좌익에 대하여 진지 앞의 기동으로 측면 공격에 성공하여 세 방면에서 포위하고, 이어 맹렬한 추격을 가하여 오스트리아군에 약 3분의 2의 손해를 주고 후세에 측면 공격의 모범을 보였다. ……이리하여 프리드리히는 동분서주, 네 방향으로부터 침입한 적을 격퇴했고 특히 로스바흐와 로이텐의 승리는, 프리드리히가 이제까지 벌인 다른 회전에서는 그 예를 볼 수 없었다. 그러나 양자의 의의(意義)는 전쟁 지도상 콜린에 비하면 훨씬 소극적이고 프로이센을 궁지로부터 탈출시키려는 데에 그쳤다.'

3) 이때 프리드리히 대왕의 적은 오스트리아, 프랑스 및 러시아였다.

4) 프리드리히는 올뮈츠 공략(1758. 5~5 7~2)에 실패했다.

5) 외보(外堡)는 요새의 본 진지 밖에 있으나, 내부에 설정된 영구 축성적 방어 공사이다.

6) 요새 안에 있는 방어자가 공격자에 저항하기 위해, 본 방어 진지에서 나올 때에 사용하는 갱도를 말한다.

단념했다. 그는 공세가 피아의 전투력의 불균형을 증대시킬 뿐이라는 것을 통감했기 때문이다. 당시 프리드리히 전쟁 계획의 대강은 다음과 같은 것이었다. 즉 자국의 중앙부, 작센 및 슐레지엔에 병력을 집중 배치한다. 위협받은 지점에 전투력을 급파하기 위해 짧은 병참선을 이용한다. 회전을 피할 수가 없을 경우에는 이에 응한다. 기회가 있으면 소규모의 침략을 축적한다. 그리고 조용히 좋은 기회가 오기를 기다린다. 닥쳐올 유리한 시기에 대비해서 자원을 축적한다는 것 등이었다.

이렇게 해서 행동의 실시는 더욱더 수동적인 것이 되었다. 그는 승리를 얻기 위해서 많은 희생을 지불하지 않으면 안 된다는 것을 잘 알고 있었기 때문에 좀 더 희생이 적은 방식으로 이 곤경을 타개하려고 했다. 그가 오직 마음을 쏟은 것은 시간을 버는 일이었고, 또 이미 점령한 지역을 영유하는 일이었다. 그는 점유 지역의 영유에 대해서도 더욱더 경제적인 방법을 취하여 그 때문에 방어가 초병선 방식으로 이행하는 것까지도 마다하지 않았다. 실제로 작센에서의 하인리히 친왕의 진지나, 슐레지엔 산지의 프리드리히 대왕의 진지는 바로 초병선 방식이라는 이름을 붙일 만한 것이었다. 프리드리히가 아르장스[7]에게 보낸 몇 통의 편지를 읽으면 그가 동영(冬營) 기간이 오기를 얼마나 학수고대했는가, 또 심한 손해를 입지 않고 다시 동영에 든 것을 얼마나 기뻐하고 있었는가를 잘 알 수가 있다.

이것으로 프리드리히 대왕을 비난하고 혹은 그의 이러한 소극적 행동을 용기가 없는 것으로 돌리는 것은 대단히 경솔한 판단이라고 생각한다.

분첼비츠의 설보 야영,[8] 작센에서의 하인리히 친왕의, 슐레지엔 산지에서의 프리드리히 대왕의 초병선식 진지는 오늘날에는 이미 마지막 희망을 걸 수 있는 수단으로는 여기지 않는다. 나폴레옹과 같은 장수라면, 이러한 허약한 전술적 거미집을 이내 돌파해 버리기 때문이다. 그러나 우리는 시절이 크게 바뀌었다는 것, 전쟁이 당시와는 전혀 다른 형태에 이르고, 또 비교할 수 없는 거대한

---

7) 아르장스(Argens, Jean Baptiste de Boyer Marquis d', 1704~71). 프랑스의 문필가로 프리드리히 대왕의 친구. 두 사람 사이의 왕복 서한집이 출판되어 있다.

8) 프리드리히 대왕은 1761년 8월 26일에서 9월 26일까지 분첼비츠에 유명한 설보 야영을 설치했다.

병력에 의해 수행된다는 것, 당시에는 효과적이었던 진지도 오늘날에는 이미 그 효력을 잃었다는 것, 또 적의 성격도 고려하지 않으면 안 된다는 일 등은, 오늘날에도 여전히 필요하다는 것을 잊어서는 안 된다. 실제로 오스트리아군이나 다운 및 부툴린[9] 등에 대해서는, 프리드리히 대왕 자신까지도 가치가 없다고 여겼을 그 수단까지 사용하는 것이 최고의 지혜였다.

프리드리히가 거둔 성과는 이 견해가 옳다는 것을 보여주고 있다. 그는 조용히 절호의 기회가 다가오기를 기다림으로써 방어의 목표에 도달하고, 또 여러 곤란을 피할 수 있었다. 만약에 그가 이러한 곤란에 정면으로 맞섰더라면 그의 병력은 아마도 분쇄되었을 것이다.

1812년의 전역이 개시되었을 당시, 프랑스군에 대한 러시아군 전투력의 비율은 7년 전쟁에서의 프리드리히 경우보다도 훨씬 불리했다. 그러나 러시아군에게는 전쟁 경과 중에 병력을 현저하게 증가시킬 수 있는 가능성이 있었다. 게다가 나폴레옹에 대해서는 전 유럽이 남몰래 적의를 품고 있었다. 나폴레옹의 위세는 이미 그 극한에 이르고 있었다. 그는 에스파냐에서는 소모가 심한 전쟁을 하지 않으면 안 되었다. 또 면적이 큰 러시아에서는, 러시아군이 100마일이나 깊이 자기 영토 안으로 퇴각함으로써 적 병력을 극도로 약화시킬 수가 있었다. 이러한 중대한 정황하에서는 프랑스군의 기도가 실패로 끝나면(그러나 이 기도는 알렉산드르 황제가 화의에 응하는가, 혹은 러시아 국민이 정부에 대해서 반란이라도 일으키지 않으면 도저히 성공할 가능성이 없었다), 러시아군의 강력한 반격은 꼭 필요했을 뿐만 아니라 이 반격은 나폴레옹의 생명도 위협했던 것이다. 이렇게 보면 당시 러시아군이 사정이 돌아가는 대로 세운 전쟁 계획은 의외로 최고의 지혜였던 것이다.

당시에는 이와 같이 생각하지 않았고, 또 이런 견해를 발표하면 이상한 일로 여겨졌을 것이라는 것은, 오늘날 이 견해의 정당성을 부정하는 이유로는 되지 않는다. 우리가 역사로부터 무엇인가를 배우려고 한다면, 실제로 일어난 사태는 앞으로도 일어날 수 있다고 생각하지 않으면 안 된다. 나폴레옹이 모스크바로 행진을 개시하고 나서 일어난 일련의 중요한 사건이 우연한 일의 연속이 아

---

9) 부툴린(Buturlin, Alexander Borisovitch, 1694~1767). 러시아의 원수.

니라는 것은, 이런 종류의 사항에 올바른 판단을 내릴 수 있다고 자부할 정도의 인사라면 누구나 인정하는 일이다. 가령 러시아군이 국경을 간신히 방어할 수 있었다고 한다면, 역시 프랑스군의 위력은 감퇴하여 운명은 급변했을 것이다. 그러나 그 경우, 이 급변은 모스크바에서만큼 심하지도 않고, 또 결정적이지도 않았을 것이다. 실제로 러시아는 많은 희생을 지불하고 큰 위험을 무릅쓰며 (이 정도의 희생과 위험은, 다른 나라에 있어서는 훨씬 고통스러웠을 것이고, 또 대개의 나라는 이를 견디지 못했을 것이다) 막대한 이점을 획득한 것이다.

이와 같이 대규모적이고 적극적인 성과는, 단지 적을 기다릴 뿐만이 아니라 결전을 내세운 적극적 방책에 의해서만 얻을 수 있는 것이다. 요약해서 말하자면 우리는 방어에서도 막대한 이익을 얻지만, 그 정도의 이익은 고액의 판돈을 지불함으로써만이 가능한 것이다.

제9장
적의 완전한 타도를 목표로 할 때 전쟁 계획

이상으로 우리는 전쟁이 가질 수 있는 세 가지 목표[1]의 성격을 자세히 논했으므로, 다음에는 이 목표에 따라 생긴 세 가지 단계를 돌아보면서 전쟁을 전반적으로 고찰해 보고자 한다.

우리가 이제까지 이 문제에 관해서 말해 온 것으로 미루어보면 두 가지 주요 원칙이 전쟁 계획의 전체를 포괄하고 나머지 일체의 것에 방침을 지시하고 있다는 것을 알 수가 있다.

제1원칙은 이러하다. ―우선 적의 병력을 될 수 있는 대로 소수 중심으로 압축한다. 가능하면 한 개의 중심으로 환원하는 것이 좋다. ―다음에 이들 중심에 대한 공격을, 이것 또한 될 수 있는 대로 소수의 주된 행동으로 마무리한다. 그러나 가능하면 하나의 주요 행동으로 집약하는 것이 좋다. ―마지막으로 지엽적인 행동은 그 분수를 지켜서 주된 행동에 불리한 영향을 미쳐서는 안 된다는 것이다. 요컨대 제1원칙의 주된 뜻은 될 수 있는 대로 집중적으로 행동하는 데에 있다.

제2원칙은 이러하다. ―될 수 있는 대로 신속하게 행동한다. 따라서 충분한 이유가 없는 한 행동을 정지하거나 우회로를 취하는 것은 허용되지 않는다는 것이다.

적 병력을 어떻게 해서 하나의 중심으로 압축하는가는 다음과 같은 사정에 의해 결정된다.

1. 적 병력의 정치적 관련에 의해서, 적 병력이 한 사람의 군주가 통괄하는

---

1) 적의 완전한 타도와 두 가지 제한된 목표를 가리킨다.

약간의 군으로 이루어졌을 경우에는 그다지 어려움은 없다. 또 동맹군이라 해도 다른 나라의 군대가 단순히 동맹자로서 참가할 뿐, 자국의 이해관계를 고려하지 않고 행동한다면 어려움은 그다지 크지 않다. 또 공동의 목적 때문에 편성된 동맹군의 경우에는 여러 나라 간의 친밀도의 차이가 문제가 된다. 이에 대해서는 이미 말한 바가 있다.

2. 몇 개의 적이 나타나는 전쟁터의 위치 때문에. 한 전쟁터에서 적 병력이 서로 합해서 하나의 군을 이룰 경우, 이들 병력은 실제로도 하나의 통일체를 형성하므로 그 이상 아무런 문제는 없다. 다음에 한 전쟁터에서의 적의 병력이 몇 개의 군으로 분할되어, 이들 군이 각기 다른 국가에 속하고 있는 경우에는, 여러 군의 통일은 절대적인 것이 아니다. 그러나 이러한 군 사이에는 뭐니 뭐니 해도 충분한 연계가 유지되어 있으므로 그중의 한 군에 결정적인 타격을 가하면, 이 타격이 다른 군에도 파급된다는 것은 분명하다. 또 이들 군이 인접하는 두 전쟁터에 따로 배치되고, 이들 전쟁터가 천연 장애물에 의해 각기 분리되어 있지 않으면, 이 경우에도 하나의 군에 주어진 결정적 영향을 다른 군에도 파급되지 않을 수가 없다. 그러나 두 개 혹은 그 이상의 전쟁터가 서로 많이 떨어져 있고 그 사이에 중립 지대나 높고 큰 산이 개재하게 되면, 전쟁터 상호 간의 영향은 매우 미약하고 때로는 전혀 고려되지 않는 경우가 있다. 또 두 개나 혹은 그 이상의 전쟁터가 공격당한 나라에 대해서 전혀 다른 방향에 있고, 그 때문에 여러 방면에 대해서 일으키는 행동이 이심적(離心的)으로, 즉 중심에서 밖으로 분산되는 경우에는 이들 전쟁터 사이의 연관은 흔적도 없이 소멸한다.

가령 프로이센이 러시아와 프랑스로부터 동시에 공격을 당한다면, 이것은 전쟁 지도의 입장에서 말하자면 두 가지 전쟁으로 간주되어도 좋다. 여하간 적측의 통일은 협의 때 나타날 정도의 것이다.

이에 반해서 7년 전쟁에서의 작센군의 병력과 오스트리아의 병력은 통일된 하나의 병력으로 간주할 수 있는 것이었다. 따라서 그중 한쪽이 타격을 입으면, 다른 쪽도 또한 이 타격을 동시에 느끼지 않을 수가 없었다. 그 이유의 하나는, 이 두 개의 전쟁터가 프리드리히에게는 같은 방향이었기 때문이고, 또 다른 하나는 작센이 정치적으로 독립해 있지 않았기 때문이다.

1813년에 나폴레옹은 독일에서 몇 개의 적[2])과 싸우지 않으면 안 되었다. 그러나 이들 적은 대체로 같은 방향에 있고 이들 군의 각 전쟁터 사이에는 면밀한 연계가 유지되고, 또 강력한 상호 작용으로 영위되고 있었다. 따라서 가령 나폴레옹이 어딘가에 그의 병력을 집결해서 적의 주력을 격파할 수 있었다면, 그는 이로 인해 적의 여러 군에 대해서 결정적 승리를 획득할 수 있었을 것이다. 만약에 나폴레옹이 뵈멘의 본군을 격파해서 프라하를 거쳐 빈으로 진격했다면, 브뤼셀이 아무리 전의를 불태웠다 해도 작센에서 멈추지 않았을 것이다. 동맹군은 뵈멘을 구원하기 위해 그를 소치(召致)했음에 틀림없기 때문이다. 또 스웨덴 황태자가 마르크 지방에 주둔하려고 했어도 이것 또한 불가능했을 것이다.

이와는 달리 오스트리아가 라인강변과 이탈리아에서 동시에 교전한다고 하면 이 두 개의 전쟁터의 한쪽에 강력한 타격을 가함으로써, 다른 쪽 전쟁터에서의 승패를 동시에 결정하는 것은, 오스트리아에게는 어떻든 곤란했을 것이다. 그 이유의 하나는, 산악이 중첩하는 스위스가 이들 두 개의 전쟁터를 험악하게 격리시키고 있었기 때문이고, 또 다른 하나는 오스트리아에서 두 전쟁터로 향하는 도로는 각기 다른 방향을 취하기 때문이다. 그런데 프랑스는 이미 처음부터 한쪽 전쟁터에서의 결정적 성공에 의해서, 동시에 다른 전쟁터에서의 승패를 결정할 수가 있는 것이다. 두 전쟁터의 프랑스군은 각기 다른 전쟁터로부터 빈, 즉 오스트리아의 중심을 향해 진격할 수가 있기 때문이다. 또 프랑스군이 이탈리아에서 라인강변의 전쟁터에 영향을 준다는 것은 그 반대의 경우보다 쉽다고 해도 좋다. 이탈리아로부터의 공격은 오스트리아군의 중앙부, 즉 본군에 가해지지만 라인강변으로부터는 그 한쪽 날개에만 향할 수 있기 때문이다.

위에서 말한 것에서 다음과 같은 일이 분명해진다. 즉, 분리되어 있는 적 병력이나 혹은 서로 관련되어 있는 적 병력이라고 해도, 그 사이에는 무수한 단계가 있다. 따라서 또 한쪽 전쟁터가 다른 전쟁터에 어떠한 영향을 미치는가는, 개별적인 경우가 아니면 좀처럼 규정할 수가 없다. 그리고 이것을 확실히 살핀

---

2) 이때 나폴레옹의 적은 오스트리아·프로이센·독일 연방·러시아·스웨덴 등이었다.

후라야 적 병력의 중심을 어느 정도까지 한 개의 중심으로 압축할 수 있는가도 비로소 결정된다고 하는 것이다.

그런데 모든 병력을 동원하여 적 병력의 유일한 중심으로 돌린다고 하는 원칙에도 단 하나의 예외가 있다. 그것은 지엽적인 행동이 아닌 이점을 약속하는 경우이다. 그러나 이 경우에는 지엽적인 행동 때문에 어느 정도의 병력을 할애해도, 주요 지점에서의 본군의 행동에 불리한 영향을 줄 염려가 없다는 것이 전제되어 있지 않으면 안 된다.

1814년에 뷜로가 네덜란드를 향해 행진했을 때, 그가 이끄는 3만의 군단이 같은 수의 프랑스군의 활동을 봉쇄할 뿐만 아니라, 네덜란드군과 영국군에 참전의 기회를 주리라는 것은 이미 예상되고 있었다. 실제로 뷜로의 행진이 없었더라면, 네덜란드와 영국 군대는 유력한 행동을 일으킬 수 없었을 것이다.

요컨대 전쟁 계획을 세울 때의 제1관점은 적 병력의 중심이 각각 어느 곳에 있는가를 탐지하여 될 수 있으면 하나의 중심을 압축한다는 것이다. 또 제2관점은, 적 병력의 이러한 중심에 병력을 집결해서 하나의 주요 행동에 사용한다는 것이다.

그러나 다음에 드는 네 가지 이유가 있을 때에는 전투력의 분할 및 분리를 해도 상관없다.

1. 전투력의 최초의 기초 배치, 따라서 또 공격에 참가하는 여러 나라의 지리적 위치.

전투력을 집결시키기 위해 우회로를 취하여 시간을 낭비하지 않으면 안 될 경우나, 또 분진(分進)해도 그다지 위험이 없을 경우에는 전투력의 분진은 인정되어도 좋다. 실제로 그다지 필요하지도 않은데 억지로 병력을 집합시켜 그 때문에 많은 시간을 허비하거나, 혹은 중요한 최초의 공격에 박력을 잃게 되면 위에 든 제2원칙에 위배하는 것이 된다. 그러나 적을 급습할 가능성이 약간이라도 있을 경우에는, 이 제2원칙은 특히 중요시되지 않으면 안 된다.

보다 더 중대한 사태는, 어떤 국가에 대해서 공격 행동을 일으키는 동맹국들이 일선상에 전후로 이어진 경우가 아니라, 서로 나란히 선 경우이다. 예를 들어 프로이센과 오스트리아가 프랑스와 교전할 경우, 양국의 군을 동일 지점에 집결시킨 뒤 거기에서 전진하려고 한다면, 그것은 시간과 병력을 낭비하는 잘못된 방책이라고 하지 않을 수가 없다. 프로이센군은 니데르라인[3]에서, 또 오스트리아군을 오베르라인[4]에서 프랑스의 중심부로 향하는 것이 자연적인 방향이기 때문이다. 따라서 이 경우에 양군이 동일 지점에 집결했다면 희생을 면할 수가 없었을 것이다. 그런데 이러한 희생을 치르고까지 집결을 필요로 할 것인가는 개개의 경우에 결정될 문제일 것이다.

2. 전투력을 분할해서 전진시키는 것이 더 큰 성과를 거둘 수가 있다.

여기에서 문제 삼는 것은, 적측의 한 중심으로 분진하는 경우이다. 따라서 이 경우에는 구심적 분진이 전제되어 있다. 평행선상의, 혹은 중심에서 밖을 향해 분산하는 이심선상(離心線上)의 분진은 지엽적인 행동의 항목에 들어가지만, 이런 종류의 지엽 행동에 대해서는 이미 말한 바 있다.

대개 집중 공격은 전술과 전략을 막론하고, 다른 공격 방법보다도 큰 성과를 가져오는 것이다. 만일 이것이 성공하면 적을 격파할 수 있을 뿐만 아니라, 많건 적건 적의 퇴로를 차단하는 결과가 된다. 따라서 집중 공격은 한층 큰 성과를 거둘 수 있는 공격 방법이라고 할 수 있다. 그러나 그렇게 하면 분진(分進) 때문에 부대는 분할되고 또 전쟁터는 범위가 넓어지기 때문에, 이 방법은 다른 공격 방법보다도 한층 모험적인 공격 방식이기도 하다. 집중 공격과 다른 공격 방법과의 관계는, 공격과 방어의 관계와 비슷하다. 공격은 방어보다도 약한 전쟁 형식이지만 한층 큰 성과를 가져올 수 있는 것이다.

따라서 이 경우에 중요한 것은, 공격자가 집중 공격이라고 하는 큰 목표를 달성하는 데에 충분한 자신을 가지고 있는가의 여부이다.

1757년에 뵈멘으로 침입하려고 한 프리드리히 대왕은, 그의 병력을 분할해서 작센과 슐레지엔에서 각각 전진시켰다. 이 방책을 실시한 데에는 두 가지 주된 이유가 있었다. 첫째는, 동계의 병력 배치 상태로 보아 병력을 한 지점에 집결시키면, 공격의 기습적 성질이 상실되기 때문이었다. 두 번째는, 이러한 구심적 전

---

3) 니데르라인(Niederrhein). 라인강 하류로, 본에서 시작하여 북해로 들어갈 때까지의 369km의 구간을 가리킨다. 라인강은 국경 도시 에메리히(Emmerich) 아래쪽에서 네덜란드로 들어간다.

4) 오베르라인(Oberrhein). 라인강의 상류에 위치하는 바젤에서 마인츠까지의 362km의 구간을 가리킨다.

진에 의해서 오스트리아군의 두 전쟁터를 각기 측면과 배면에서 위협할 수 있기 때문이었다. 그러나 그렇게 되면 프리드리히에게는, 분진시킨 양군 어느 쪽인가가 우세한 병력에 의해서 격파되는 위험이 있었다. 그런데 오스트리아군은 프리드리히가 통감하고 있는 위험의 뜻을 이해하지 못했기 때문에 중앙군만으로 회전에 응할 것인가, 그렇지 않으면 군의 어느 쪽에선가에서 퇴각선을 차단당하여 파국에 빠지는 위험을 저지를 것인가—둘 중 하나를 고르지 않으면 안 되었다. 이것은 분진이 프리드리히에게 가져온 커다란 성과였다. 결국 오스트리아군은 중앙군에 의한 회전을 골랐다. 그러나 이때 오스트리아군이 배치된 프라하는 포위 공격을 당하기 쉬운 위치에 있었다. 게다가 오스트리아군은 완전히 수동적인 태세에 있었기 때문에, 이 공격은 마지막까지 효과를 발휘하는 데에 충분한 시간을 얻을 수가 있었다. 그 결과 오스트리아군은 회전[5]에 패하여 완전한 파국에 빠진 것이다. 군의 3분의 2와 총사령관[6]이 프라하에서 포위[7]되지 않으면 안 되었기 때문에 파국이라고 해도 할 말은 없을 것이다.

프리드리히 대왕이 개전하자마자 거둔 이 빛나는 성과는 오직 집중 공격이라는 모험 덕택이었다. 프리드리히가 한편으로는 프로이센군의 이동의 정확성, 부하 장군들의 수행력, 군대의 정신적 우월을 감안하고, 다른 한편으로는 오스트리아군의 둔한 움직임을 간파하여, 이 정도라면 그의 계획을 성공리에 성취할 수 있다고 확신했다면 첫 번째 싸움의 성공은 당연한 일이다—라고 말하면서 프리드리히의 무공을 부정하는 사람이 있을까? 여하간 이러한 정신적 분량을 계산에서 제외하고 성과를 단순한 기하학적 공격 형식으로 돌리는 일은 허용되지 않는다.

참고로, 오스트리아군이 이탈리아로 구심적으로 전진했기 때문에 오히려 호된 꼴을 당한 1796년, 나폴레옹이 이탈리아에서 행한 빛나는 전역[8]을 상기

---

5) 프라하 회전(1757. 5. 6)을 가리킨다.

6) 로트링겐 공 카를을 가리킨다.

7) 프리드리히 대왕에 의한 프라하 포위(5. 7~7. 20)는 실패로 끝났다.

8) '(이탈리아에 있는) 오스트리아군은, 과거의 프랑스군의 실적으로 판단해서 프랑스군의 공세 작전을 예기했기 때문에 나폴레옹의 작전 개시는 오스트리아군의 의표를 찔렀고, 또 소모 전략시대의 장수로서 전쟁에 싫증이 난 노장(老將) 블뤼허는, 패기에 넘치고 새로운 전략을 활용하는 나폴레옹의 적이 되지 못했다. 당시 오스트리아–사르지니아 연합군 약 5만에 대해서 프

하면 좋을 것이다. 이 경우 나폴레옹이 사용한 수단은(정신적 수단은 별도로 하고) 1757년에 오스트리아의 장수[9]도 또한 이것을 사용할 수 있었을 것이다. 혹은 그 이상의 수단을 사용할 수 있었을는지도 모른다. 그는 1796년의 나폴레옹과는 달리, 그의 적 프리드리히보다도 열세하지 않았기 때문이다. 그렇다면, 공격자의 구심적 전진에 대항하기 위해 적이 내선(內線)에 거점을 정하고 전투력의 불균형을 보충할 수 있는 경우에는, 분진이라고 하는 수단을 사용하는 것은 득책이 아니다. 그러나 전투력이 처음에 기초적으로 배치된 지리적 위치를 감안하여, 아무래도 분진이 필요한 경우에는, 이러한 분진은 불가피한 해악이라고 간주하지 않으면 안 된다.

1814년에 동맹군은 프랑스로 침입할 계획을 세웠다. 그러나 위에서 말한 관점에서 이 계획을 검토하면, 우리로서는 이에 찬성할 수가 없다. 러시아군·오스트리아군 및 프로이센군은 다 같이 마인 강변의 프랑크푸르트 부근의 한 지점에 집결하여, 프랑스의 중심(重心)인 파리에 대해서 가장 자연적인 직선적 방향을 취하고 있었다. 그런데 동맹군 측은 병력을 둘로 나누어 하나는 마인츠에

랑스군은 약 3만 2천 명이었지만, 나폴레옹은 4월 11일 밤 휘하 부대에 행동을 개시하게 하여 12일 우선 몬테노테(Montenotte)에 있는 오스트리아의 선발 병단을 격파하고, 이어 코세리아(Cosseria), 데고(Dego), 체바(Ceva) 등 각지의 오스트리아–사르지니아군의 저항을 타파하여 아페닌산맥을 넘은 뒤, 사르지니아군에 대해 작전을 개시, 28일 사르지니아 왕으로 하여금 단독 휴전 조약에 조인하게 했다. 이어 나폴레옹은 오스트리아군에게로 병력을 돌려, 5월 10일 로디(Lodi) 다리의 도강을 강행, 포강 좌편으로 진출했다. ……나폴레옹은 다시 오스트리아군에게 일격을 가하려고 했으나 오스트리아군이 멀리 동쪽으로 대피하자, 우선 점령 지역의 영유를 확고히 하기 위해 15일 밀라노에 입성했다. ……나폴레옹은 5월 24일, 2만 8천 명을 거느리고 오스트리아군에 행동을 재개했으나, 블뤼허는 만토바 요새에 1만 1천 명의 수비병을 남기고 치롤으로 대피했다. 여기에서 나폴레옹은 병력의 일부로 하여금 가르다(Garda)호 동서에서 오스트리아군과 대치하게 하고, 그 밖의 병력을 가지고 만토바를 포위했다. 그 사이에 나폴리는 나폴레옹에게 강화를 원했으며, 나폴레옹은 또 일부 병력을 보내어 교황령 및 그 부근의 남이탈리아를 세력하에 넣었다. ……7월 하순이 되자 오스트리아군은 불므젤 지휘하에 약 4만 8천 명을 가지고 가르다호 서쪽 구역과 브렌타(Brenta) 하곡(河谷)으로부터 남하해 왔다. 나폴레옹은 만토바의 포위를 풀고 약간의 병력을 동 요새의 경계를 위해 남겨두고 말 다섯 마리를 갈아타는 절대적인 활동력으로 8월 3일 우선 호서(湖西)의 오스트리아군을 공격하고, 이어 그 퇴각을 알고서 사용할 수 있는 모든 병력 3만을 불러 5일 불므젤군 주력을 카스틸료네(Castiglione)에서 격파하여 이를 치롤으로 패퇴시켰다.'

9) 로토링겐 공 카를을 가리킨다.

서, 다른 하나는 스위스를 통과하여 프랑스로 침입하려고 한 것이다. 적의 병력은 매우 열세였기 때문에 국경의 방비 같은 것은 문제가 되지 않았다. 그래서 이러한 구심적 전진이 성공하면, 한쪽이 로렌과 알자스 지방을 공략하는 동안에, 다른 한쪽은 프랑슈 콩테[10]를 점령할 계획이었다. 그리고 이것만이 이 구심적 전진에서 기대할 수 있는 이점의 전부였다. 그러나 이러한 사소한 이점이 스위스를 향해 행진하는 노고와 맞먹을 수 있었을까? 우리도 그 밖에 약간의 이유(어느 것이나 마찬가지로 사소한)가 있어서, 이 행진을 감행했다는 것을 알고 있다. 그러나 우선은 그 문제에는 관여하지 않고, 지금 여기에서 논하고 있는 요건에만 한정하고자 한다.

그런데 나폴레옹은 1796년에 그가 이탈리아에서 행한 전역이 증명하고 있는 바와 같이, 집중 공격에 대한 방어를 충분히 터득한 장수이다. 동맹군 측이 군대의 수에서는 나폴레옹보다 현저하게 우세했다고는 하지만, 장수로서는 그가 우위를 차지하고 있다는 것은, 적이라 할지라고 매사에 이것을 인정하지 않을 수 없었던 것이다. 나폴레옹이, 샬론에서 얼마 멀지 않은 지점에 집결하고 있던 그의 군대에 도착한 것은 너무 늦은 시각이었다.[11] 애당초부터 그는 적을 과소평가하고 있었던 것이다. 그러나 적의 양군[12]이 합류하지 않는 동안에 이것을 격파하지 못한 것은 아니었다. 실제로도 브리엔에서의 양군(兩軍)은 다음과 같은 상태에 있었다. 블뤼허는 그가 지휘하는 6만 5천 중 가까이에 있는 병력은 불과 2만 7천이었다. 또 20만의 본군(本軍) 중 회전에 참가한 것은 10만에 지나지 않았다. 따라서 나폴레옹에게는 이 이상 유리한 승부는 없었다. 과연 동맹군은 개전한 순간부터, 일단 분할한 병력의 재집결이야말로 당면한 가장 긴급한 일이라는 것을 깨달은 것이다.

위의 고찰에서 분명한 것처럼 비록 집중 공격이 그 자체로서는 다른 공격 방식보다도 큰 성과를 거두는 수단이라고 해도, 이 수단을 사용할 수 있는 것은

---

10) 프랑슈 콩테(Franche-Comté). 스위스와 국경을 접한 프랑스의 지방.
11) 나폴레옹은 마른(Marne) 강변의 샬론에 집결한 6만의 군을 이끌고, 1814년 1월 25일에 블뤼허군을 향하여 전진을 개시했다.
12) 블뤼허군과 동맹군의 본군을 가리킨다. 본군은 스위스를 거쳐 프랑스로 침입, 파리로 향하고, 또 블뤼허군은 카우브와 만하임에서 라인강을 건너 파리로 향할 예정이었다.

처음부터 전투력이 이러한 공격에 적합하도록 기초적으로 배치되어 있는 경우에 한한다. 그렇다면 병력을 집결하여 적의 중심에 대해서 가장 가까운 방향을 취하여 직접 이 중심을 찌르는 원칙을 버리고까지 집중 공격을 실시하는 것이 적절하다고 여겨지는 경우는 매우 적다는 것을 알 수가 있다.

3. 전쟁터가 광대하다는 것이 분진의 제3의 이유가 된다.

공격군이 어떤 지점에서 전진하여 적국 안으로 깊숙이 침입할 수 있었을 경우에 이 군이 지배하는 지역은, 그때까지 행진해 온 도로에만 한정되는 것이 아니라 대개 그보다도 약간 확대된다. 그러나 이것은—이러한 비유적인 말을 사용해도 좋다면—적국의 국가적 긴밀도와 응집 정도에 현저하게 좌우된다. 만약에 적국의 내적인 결합이 긴밀하지 않고, 또 국민이 약해서 전쟁에 등을 돌린다면, 공격자는 그다지 힘을 들이지 않아도 전승국의 배후에는 광대한 지역이 펼쳐질 것이다. 이에 반해서 공격자가 용감하고 충성스러운 국민을 상대하게 되면, 그 군의 배후에는 가늘고 긴 공격 삼각형이 형성되어 공격군은 그 정점(頂點)에 설 것이다.

이와 같은 불리함을 예방하기 위해, 공격자는 전진하는 군의 정면에 어느 정도의 폭을 가지게 할 필요가 있다. 적의 병력이 한 지점에 집결해 있을 경우에는 이 폭을 유지하는 것은 아직 적과 접촉하지 않는 동안이고, 적의 집결점에 가까워질수록 폭을 좁히지 않으면 안 된다. 그러나 이것은 당연한 일로 별로 설명이 필요하지 않을 것이다.

그러나 적도 또한 병력 배치에 어느 정도의 폭을 가지게 하고 있는 경우에는, 공격자가 이에 따라 전투력을 분할하는 것은 그 자체로서는 전혀 불합리한 일은 아니다. 여기에서는 하나의 전쟁터, 혹은 서로 접근하고 있는 몇 개의 전쟁터에 대해서 말하고 있는 것이다. 즉, 앞서 말한 바와 같이 군의 주된 행동이, 그 밖의 별로 중요하지 않은 지점에서의 전투의 승패를 동시에 결정하는 경우의 일이다.

그렇게 되면 여기에 문제가 생긴다. 그것은 주요 지점에서의 승패가, 그다지 중요하지 않는 여러 지점에서의 승패를 결정할 수 있을 정도로 큰 영향을 미치지 않는 경우에는 분진은 항상 인정되어도 좋은가, 또 분진에서 생기는 위험을 저질러도 상관없는가. 전진 정면에, 따라서 또 전선에 어느 정도의 폭을 가지게 하기 위해서는 특별한 고려를 필요로 하는 것은 아닐까—하는 문제이다.

여기에서도 또한 이 문제에 관련해서 생길 수 있는 모든 조합을 모두 들 수는 없다. 그러나 우리는 극히 소수의 예외는 별도로 하고, 주요 지점에서의 승패의 결정은 그다지 중요하지 않은 지점에서의 승패도 동시에 결정한다고 주장할 수 있다. 따라서 이와 반대의 경우가 생긴다는 것이 분명하지 않은 경우, 행동은 항상 위의 원칙에 따라야 한다.

나폴레옹이 러시아에 침입했을 때, 러시아군 주력[13]을 격파하면 동시에 상부 뒤나 강변에 있는 전투력[14]도 격파할 수 있다고 생각한 것은 지극히 당연한 일이었다. 그는 처음에 우디노 군단만을 뒤나 강 방면으로 보냈으나 비트겐슈타인이 공세로 전환했기 때문에, 다시 제6군단을 이 방면으로 파견하지 않을 수가 없었던 것이다.[15]

이에 반해서 나폴레옹은, 이 전역의 당초부터 병력의 일부를 나누어서 바그라치온으로 보냈다.[16] 그러나 바그라치온은 바클리군의 퇴각 운동에 휘말렸기 때문에, 나폴레옹은 앞서 바그라치온을 맡게 한 병력을 다시 본군으로 불러들였다. 그런데 비트겐슈타인이 모스크바를 엄호하지 않았더라면, 그도 바클리가 이끄는 본군의 퇴각에 따랐을 것이다.

나폴레옹은 1805년에는 울름 회전에서의 전승으로 동시에 이탈리아에서의 전승을 결정하고, 또 1809년에는 레겐스부르크의 회전에 의한 승리로 티롤에서의 승리를 결정지었다. 이 두 가지 예의 어느 경우에도 제1의 전쟁터는 제2의 전쟁터에서 상당히 떨어진 지점에 있었고, 독립된 전쟁터를 이루고 있었다. 또 1806년에는, 예나 및 아우에르슈타트 회전에서의 승리에 의해서 베스트팔렌·헤센과 프랑크푸르트 대로에서 적의 저항을 동시에 배제할 수가 있었다.

전진하는 공격군의 측방에서 저항하는 방어자의 저항력에 유리한 영향을 주는 여러 정황 중에서 중요한 것은 다음 두 건이다.

---

13) 12만 7000의 바클리군을 가리킨다.
14) 5만 3000의 쿠투조프(Kutuzow, Michail Illarionowitsch, 1745~1813)군을 가리킨다. 쿠투조프는 러시아의 원수.
15) 1812년 7월 초순의 일이다.
16) 나폴레옹의 막냇동생 제롬이 이끄는 8만의 우익군.

첫째는, 러시아처럼 광대한 국토와 강대한 병력을 갖는 나라의 경우이다. 이러한 경우에는 방어군의 주력은 주요 지점에 대한 적의 결정적 공격을 오랫동안 지연시킬 수가 있으므로, 나머지 전투력을 서둘러서 측방 여러 지점에 집결시킬 필요는 없다.

둘째는, (1806년의 슐레지엔처럼) 전진하는 나폴레옹군의 측방에 있는 한 지점이 많은 요새에 의해 엄호되어, 현저하게 강력한 독립성을 갖는 경우이다. 그런데 나폴레옹은 이 지점을 매우 가볍게 다루어 바르샤바로 행진할 때[17] 이 중요한 지역을 그대로 후방에 남겨 두어야 함에도, 막내 동생 제롬[18]이 이끄는 불과 2만의 군을 이 땅으로 보냈을 뿐이었다.

그런데 공격자가 주요 지점을 공격해도 측방의 여러 지점이 동요하지 않고 또 앞으로도 동요할 가망이 없으면, 그리고 또 방어자가 이들 지점에 아직도 전투력을 보유하고 있을 경우, 공격자는 이러한 지점에 적당한 병력을 보낼 필요가 있다. 이것은 불가피한 해악임에는 틀림없으나, 이렇게 해두지 않으면 절대로 차단되어서는 안 될 병참선을 처음부터 포기하는 것이 되기 때문이다.

그러나 더 신중을 기하면, 한 발 더 나아가 이렇게 말할 수 있을지도 모른다. ─주요 지점으로 향하는 공격적 전진은, 별로 중요하지 않은 여러 지점으로 향하는 전진과 정확히 보조를 맞추지 않으면 안 된다. 따라서 이들 중요하지 않은 지점에서 적의 저항이 계속되는 경우에는 주요 행동을 정지하지 않으면 안 된다─고.

하기야 이 같은 원칙은 모든 병력을 될 수 있는 대로 많이 주요 행동에 투입한다는 우리의 원칙과 단적으로 모순되는 것은 아니지만, 그러나 이러한 원칙의 바탕에 존재하는 정신은, 원칙의 목적과 정면으로 대립한다. 만약에 이러한 원칙을 지키고 행동한다면 기계적으로 조정된 이동, 공격력 마비, 우연한 일의 빈발, 시간 허비 등이 생기지 않을 수 없을 것이다. 그런데 이 같은 불편은 적의 완전한 타도와 전혀 양립할 수 없는 것이다.

또 그다지 중요하지 않은 이들 지점에서의 적 병력이 이심적으로, 다시 말하

---

17) 나폴레옹은 1806년 10월 14일의 예나 회전에서 프로이센군을 격파한 뒤, 11월 하순에 바르샤바로 향했다.

18) 제롬(Jerome Bonaparte, 1784~1860).

면 각기 중심점에서 바깥쪽을 향하여 퇴각하기라도 한다면 곤란은 한층 심해진다. 그러면 공격의 통일이라는 것은 도대체 어떻게 될 것인가?

따라서 주공격과 그다지 중요하지 않은 지점에서의 지엽 공격 사이의 보조를 정확히 합치시킨다는 원칙에는 절대로 반대를 표명하지 않을 수가 없다. 그렇게 되면 우리의 주장은 이렇게 된다. 즉—적의 완전한 타도를 목적으로 하는 공격은, 마치 화살촉이 적국의 심장부를 꿰뚫듯이 과감한 성질이 아니면 결코 그 목적은 달성할 수 없다—고.

대군을 이끌고 가난한 지방을 행군하는 것보다는 소규모의 군으로 풍요로운 지방을 행군하는 것이 가장 편한 것은 물론이다. 그러나 행군에 대한 방책이 적절하고, 또 군이 궁핍에 익숙해져 있으면 첫째 방법도 불가능하지 않다. 따라서 소규모 군의 행군이 편하다고 해서 분진을 결의하여, 그 때문에 큰 위험을 초래해서는 안 된다.

병력을 분할하면 하나의 주요 행동이 몇 개의 행동으로 분해된다는 것은 두말할 필요도 없다. 그런데 위에서의 고찰은 병력을 분할하기 위한 네 개의 이유에 대해서 각기 그 권리를 인정한 것이 된다. 그래서 만약 병력의 분할이 이들 이유의 어느 것인가에 해당하고 또 그 경우에 목적을 명확하게 의식하고 이해득실을 신중하게 고려한 후에 행하여진다면 구태여 이러한 조치를 비난할 생각은 없다.

그러나 오늘날 일반적으로 행해지고 있는 것처럼, 분진 계획이 박식한 참모장교보다도 오직 구식 관례에 따라 입안되거나, 여러 전쟁터가 마치 바둑판처럼 배열되어 행진이 개시되기 전에 이들 전쟁터에 각기 약간의 병력이 배치되어 있지 않으면 안 되거나, 혹은 이들 병력의 행진이 상상만으로 여러 가지로 조합되어 복잡한 선이나 관계에 의해서 목표에 접근하도록 되어 있거나, 혹은 또 군을 오늘은 분할해서 교묘한 용병술을 남김없이 나타내든가 반 달 뒤에는 최대의 모험을 저질러 이를 다시 집결하게 되면—위에서 말한 솔직하고 알기 쉬운 분진의 방법을 버리고 새삼 혼란을 초래한 우둔함에 대해서는 혐오의 마음을 금할 수가 없는 것이다. 만일 최고의 입장에 있는 전쟁 지도자가 큰 정신력을 가지고 전쟁을—본편 제1장에서 말한 것과 같은 의미에서—단순 명쾌한 행동으로서 수행하는 최고의 장수가 아닌 경우에는, 따라서 또 모든 전쟁 계획이 실정에 어두운 참모부의 공방(工房)에서 작성되어 불과 몇 명의 경험이 부족한 참모에 의해서 구상된다면, 그 우열성은 한층 두드러질 것이다.

다음에 제1 원칙의 제3 부분을 고찰할 단계가 되었다. 제3 부분이란―행동의 종속적인 부분, 즉 지엽 행동은 될 수 있는 대로 지엽 행동의 분수를 지켜서 과대한 병력을 요구해서 주요 행동에 불리한 영향을 미쳐서는 안 된다는 것이다.

군사 행동을 모두 하나의 단일 목표로 향하게 하고, 될 수 있는 대로 이 목표를 대규모적인 하나의 주된 행동으로 달성하려고 하면, 교전국 간의 나머지 접촉점에서의 행동은 자연히 지엽적인 행동이 되지 않을 수가 없다. 그래서 만약에 일체의 행동을 하나의 주된 행동으로 압축할 수 있다고 하면, 나머지 접촉점은 있어도 없는 것과 같은 것이 될 것이다. 그러나 이러한 일은 있을 수가 없다. 따라서 실제의 전쟁에서는, 주된 행동으로부터 지나친 병력을 빼내지 않도록 지엽 행동을 억제하는 것이 중요하다.

우리는 우선 이렇게 주장하고 싶다. 즉―적의 모든 저항을 단 한 개의 중심으로 압축하는 것이 불가능한 경우에도 앞서 말한 대로, 거의 전혀 다른 두 가지 전쟁을 동시에 수행하는 경우에도, 전쟁 계획은 역시 지금 말한 것과 같은 경향을 취하지 않으면 안 된다는 것이다. 또 두 방면의 전쟁을 동시에 행하는 경우에도 항상 그중의 어느 하나는 주된 요건으로 간주하지 않으면 안 되므로, 병력과 행동은 특히 이 방면으로 돌려지는 것이다.

이와 같은 견해에 따르면, 주된 행동을 필요로 하는 유일한 방면에 대해서만 공격적으로 전진하고, 다른 방면에서는 방어만으로 그치는 것이 합리적이다. 따라서 무엇인가 특이한 정황이 있어서 공격을 재촉하는 것이 아니라면, 이 방면에서의 공격을 인정할 수가 없다.

종속적인 지점에서의 이런 종류의 방어는 될 수 있는 대로 소수의 병력으로 하고, 이러한 저항 방식에서 생기는 일체의 이점을 이용하도록 노력하지 않으면 안 된다.

비록 전혀 다른 전쟁터에 각기 다른 나라의 군이 나타난다 해도, 이들 군을 공통된 중심에서 동시에 격파할 수 있는 경우에는 위의 견해는 이러한 전쟁터에 대해서 더더욱 적합할 것이다.

그러나 공격자의 본 돌격이 노리는 당해 적에 대해서는, 부차적인 전쟁터의 방어 등은 이미 쓸모가 없다. 주된 공격 그 자체와, 그 밖의 고려에 의한 종속적 공격이 합해서 이 본 돌격을 이루고 있는 것이고, 따라서 이러한 공격에 의해서 직접 엄호되지 않는 지점의 방어를 모조리 필요 없게 만드는 것이다. 요점은 주된 결전에 있다. 주된 결전에서 승리를 얻으면, 일체의 손실은 보상된다. 이러한 주된 결전을 합리적으로 구할 수 있을 만한 병력이 있으면, 이 결전에서 어쩌면 실패할지도 모른다는 걱정은 그 밖의 별로 중요하지 않은 지점을 손해로부터 끝까지 지켜야 한다는 이유가 되지 않는다. 오히려 이러한 실패는 그렇게 했기 때문에 훨씬 생기기 쉽기 때문이다. 따라서 이 경우에는 실패를 걱정하는 나머지 오히려 실패를 초래하는 모순이 생기게 되는 셈이다.

이와 같이 주된 행동이 지엽 행동에 대해서 우위를 차지하는 관계는, 서로 모여서 공격 전체를 형성하고 있는 개별적인 공격 행동도 지배하지 않으면 안 된다. 그러나 실제로 이 전쟁터로부터는 어느 정도의 병력이, 또 다른 전쟁터로부터는 어느 정도가 공통된 중심을 향해 돌진하는가 하는 것은 대개 다른 방면으로부터의 이유로 규정되므로, 여기에서는 주된 행동에 우위를 주는 노력이 이루어져야 한다는 정도로 그친다. 주된 행동의 이러한 우위가 확립되면, 따라서 모든 일이 간단히 진행되어 우연으로 좌우되는 정도가 더욱더 적어지기 때문이다.

제2의 원칙은, 전투력의 사용은 신속해야 한다는 것이다.

시간을 무의미하게 낭비하고 그다지 필요도 없는데 우회로를 취한다는 것은 다름 아닌 전력의 낭비이고 또 전략의 원칙에도 위배된다.

일반적으로 공격의 유리한 점은 기습에 있고, 이 기습이 회전의 시작이라는 규정을 분명히 밝히는 것은 매우 중요하다. 일기당천(一騎當千)의 힘을 가지고 갑자기 습격하는 일이야말로, 공격의 최강의 위력이다. 따라서 적의 완전한 타도를 목적으로 할 경우에는 공격은 기습을 뺄 수가 없다.

그래서 전쟁 이론은 목표에 도달하는 데에 가장 짧은 길을 요구하고, 이것저것 헷갈리는 수많은 논의는 완전히 배제하는 것이다.

앞서 전략적 공격의 대상을 논한 장[19]에서 적국의, 말하자면 급소에 대해서

---

19) 제7편 제3장을 가리킨다.

말한 것이나, 또 본편 제4장에서 시간의 영향에 대해서 말한 것을 상기한다면, 우리가 제2원칙에서 인정하려고 하는 막대한 영향력이 실제로 이 원칙에 어울리는가의 여부를 새삼 설명할 필요는 없다고 생각한다.

나폴레옹은 한 번도 이 원칙에서 벗어난 행동을 취한 적이 없었다. 군에서 군으로, 수도에서 수도로 가는 가장 짧은 도로야말로 그가 가장 애용한 길이었다. 이러한 주된 행동이야말로 우리가 모든 것을 여기에 치중하고, 또 이를 위해 신속한 실시를 요구하는 것이다. 그런데 이 주된 행동이 목적으로 하는 것은 도대체 무엇인가?

적의 완전한 타도란 무엇인가—하는 것에 대해서는 일반적으로 설명할 수 있는 한, 이미 본편 제4장에서 말했으므로 여기에서 되풀이할 필요는 없을 것이다. 적의 완전한 타도가 개개의 경우에 무엇을 문제로 삼고 있든 간에, 그 취지는 시종 일관되어 있다. 그것은—적 전투력의 격멸이다. 다시 말하면 적 전투력을 분쇄해서 대승을 거두는 일이다. 그리고 승리가 재빨리, 다시 말하면 국경 부근에서 이루어진다면 그 승리는 더욱더 쉽다. 그러나 승리가 늦어져서 적지에 깊이 들어간 후에 획득되면, 그 승리는 더욱더 결정적인 것이 된다. 이 경우에도 성과를 올리는 일이 곤란하면 그 성과는 크고, 또 성과가 쉽게 얻어지면 반대로 그 성과는 작다.

따라서 공격자는 확실히 우세를 획득할 정도로 우세하지 않은 경우에는, 가능하면 적의 주력을 탐색하지 않으면 안 된다. 지금 '가능하면' 이라고 말한 까닭은 탐색 때 크게 돌거나, 방향을 잘못 잡거나, 시간을 헛되이 사용하면 이러한 탐색은 과실이 될 수도 있기 때문이다. 비록 적의 주력이 공격자의 모든 진로에서 발견되지 않는 경우에도, 따라서 또 적의 주력을 성공적으로 탐색할 수 없어도, 이윽고 이 주력을 만나게 될 것이라는 것은 확실하다고 말할 수 있다. 적측이 때를 놓치지 않고 공격자를 맞아 싸울 것이기 때문이다. 그렇게 되면 공격자로서는, 지금 말한 것과 같은 불리한 정황하에서도 공격을 개시할 것이다. —이것은 공격자가 떠맡을 수밖에 없는 해악이다. 그럼에도 불구하고 공격자가 회전에서 승리를 얻으면 그 회전은 한층 결정적인 것이 될 것이다.

그런데 이와 같이 적을 탐색할 경우, 적의 주력이 공격자의 전진 노상에 있는데도 불구하고 일부러 적의 측방을 통과한다는 것은, 적어도 이 경우 승리를 수월하게 하기 위한 의도로 이러한 조치를 취한다고 하면 그것은 분명히 잘못이다.

하지만 이 경우 적의 주력이 단연 우세하면 나중에 한층 결정적인 회전을 하기 위하여, 우선 적의 측방을 통과하는 것은 상관없다.

그런데 여기에서 말하는 승리는 한 회전에서의 승리와 같은 것이 아니고, 완벽한 승리, 즉 적의 완전한 패배를 의미한다. 그러나 이러한 승리를 얻기 위해서는, 포위 공격이나 혹은 변환된 정면을 가지고 하는 회전이 필요하다. 이 양자는 어느 것이나 회전의 경과에 결정적인 성격을 주기 때문이다. 따라서 전쟁에 필요한 전투력의 양이나 이 전투력에 주어지는 방향을, 항상 이런 종류의 승리를 기준으로 결정하지 않으면 안 된다. 이것은 실로 전쟁 계획의 가장 중대한 요건이다. 그러나 이 문제에 대해서는 전역 계획을 논하는 장[20]에서 자세히 살펴보고자 한다.

적의 정면과 맞서는 전투 정면을 가지고 하는 회전에서도, 적을 완전히 타도하는 일은 분명히 불가능하지는 않다. 또 전쟁 역사에 이러한 전쟁 사례가 없는 것도 아니다. 그러나 그와 같은 경우는 드물고, 또 피아 양국이 훈련에 있어서나 숙달에서도 우열의 차이가 없어짐에 따라 더욱더 드물어지는 것이다. 이전에 블레넘[21]의 회전에서는 한 마을에서 21개 대대를 포로로 한 예도 있으나, 오늘날에는 이와 같은 일은 바랄 수가 없다.

그런데 이러한 큰 승리를 얻었다고 해서 휴식, 숨 돌리기, 장고(長考) 또는 정돈(停頓) 등은 어림도 없는 일이다. 중요한 것은 오직 추격이며, 또 새로운 돌격이고, 적국 수도의 공략이고, 더 나아가 적국의 원군이나 그 밖에 적국의 지점(支點)이라고 여겨지는 것에 대한 공격이다.

도도히 흐르는 큰 강물처럼 전승을 틈타 적 요새의 측방을 통과할 경우, 이요새를 공략할 것인가의 여부는, 공격자 병력의 대소에 의해 결정된다. 그러나

---

20) 여기에 해당하는 장은 존재하지 않는다.

21) 바이에른의 마을 블린트하임(Blindheim)은 영국인들이 블레넘(Blenheim)이라고 관습적으로 불렀다. 에스파냐 계승 전쟁(1701~14)에서의 블레넘 회전, 별명 회흐슈테트(Höchstadt)의 회전(1704. 8. 12)에서 독일·영국·네덜란드·덴마크의 동맹군은 프랑스—바이에른 동맹군을 무찌르고, 프랑스의 27대대 및 기병 12개 중대를 포로로 했다. 회흐슈테트는 블레넘에서 가까운 작은 도시이다. 한편 본문 중의 21개 대대는 27개 대대의 잘못일 것이다.

병력이 현저하게 우세하다고는 하지만, 될 수 있는 대로 빨리 공략을 완료할 수가 없으면 시간의 손실이 된다. 따라서 공격자의 선두 부대가 그 요새를 급속히 공략할 수 없다고 하면, 요새 전방에 될 수 있는 대로 소수의 병력을 남겨두고, 본군은 그대로 전진을 하지 않으면 안 된다. 따라서 그 경우에는 본격적 공략은 불가능하게 된다. 그런데 요새를 공략하기 위해 공격적 전진을 정지하지 않을 수 없게 되면, 공격은 보통 그 순간에 정점에 이르렀다고 할 수 있다. 따라서 공격자는, 신속하고 끊임없는 전진과 추격의 박력을 주력에 요구하는 것이다. 이와 같은 전진이 주요한 지점에서 성공을 거둔 후, 바로 그 병력을 분할해서 그다지 중요하지 않은 지점으로 돌리는 것이 잘못이라는 것은 이미 지적한 바가 있다. 그런데 이러한 공격적 전진을 계속하는 본군의 배후에는 전진로를 따라 가늘고 긴 지역이 남아, 보통 이것만이 공격자 측의 전쟁터가 된다. 그리고 이와 같은 불리한 사정이 공격자의 돌격력을 약화시키고, 또 거기에서 공격자에게 위험이 발생하는 경과는 앞서 이야기한 바가 있다.

그러면 공격적 전진 그 자체에 내재하고 있는 전력을 약화시키는 이러한 곤란은, 이미 그 이상의 전진을 불가능하게 만드는 점에 도달하는 일이 있을 수 있는 것은 아닐까? 분명히 있을 수 있다. 그러나 우리가 앞서 주장한 대로, 공격자가 처음부터 이러한 가늘고 긴 전쟁터를 갖는 것을 피하고, 병력을 분할해서 전진 정면에 어느 정도의 폭을 두어, 그 때문에 공격의 박력을 잃는 것은 중대한 잘못이다. 그래서 우리는 이번에도 이렇게 주장하고 싶다. ─장수는 적을 완전히 타도하지 않는 한, 목표에 도달하는 데에 충분한 병력을 가지고 있다고 믿는 한, 그는 이 목표를 어디까지나 추구하지 않으면 안 된다. 아마도 그의 이러한 행동과 함께 위험도 증대할 것이다. 그러나 성과도 증대한 것이다─라고. 만약에 그가 어떤 지점에 이르러, 더 이상 거기에서 전진을 감히 하지 않는다면, 혹은 군의 배후를 염려하여 전진 정면을 좌우로 넓힐 필요가 있다고 생각한다면, 그 점이 아마도 그의 공격의 극한점일 것이다. 그때 군은 전진 능력이 이미 다한 것이다. 그리고 적이 아직 완전히 타도되지 않았다면, 이미 적의 타도는 불가능할 것이다.

공격자는 공격의 내용을 풍부하게 하기 위하여 적의 요새, 애로(隘路), 주나군 등을 공략하는 일이 있다. 그러나 그와 같은 여벌 일에 힘을 할애하면, 그 때문에 전진은 아무래도 완만해진다. 그러면 이러한 전진은 이미 절대적인 전진이 아니라 상대적 전진으로 내려앉는다. 그렇게 되면 적은, 이미 패주 도중에 있기는커녕 새로운 저항을 준비하고 있을 것이다. 그러므로 공격자는 공격에 풍부한 내용을 담으면서 전진하고 있다고 생각해도, 방어자의 정황은 나날이 개선되고 있다는 것도 가능하다. 요컨대, 비록 불가피한 사정이 있다고 해도 공격자가 전진을 일단 정지하면, 거기에서 새삼 전진을 재개하는 것이 불가능하다는 것을 거듭 지적하고 싶은 것이다.

따라서 이론이 오직 요구하는 것은 적어도 적의 완전한 타도를 의도하는 한, 적을 향해 끊임없이 전진하라는 한마디로 끝난다. 만약에 장수가 지나친 위험을 염려해서 이 목표를 포기한다면 전진을 정지하고, 혹은 전투 정면을 확대하는 것도 좋을 것이다. 그러나 그가 적의 완전한 타도를 한층 교묘하게 해치울 작정으로 이러한 조치를 취하는 것이라면, 이론(理論)은 북을 치며 그를 공격하지 않을 수 없는 것이다.

우리는 순서를 따라 최악의 상태에 빠진 국가의 예는 하나도 없다고 주장할 정도로 어리석지는 않다. 원래 우리가 내건 명제는 하나의 예외도 허용하지 않는 절대적 진리가 아니라, 확실하다고 여겨지는 극히 일반적인 성과를 바탕으로 하고 있는 것이다. 그러면 국가의 몰락은 실제로 순서를 따라 이루어진 것인가, 그렇지 않으면 한 번의 전역으로 생긴 결과인가의 여부를 구별하지 않으면 안 된다. 그러나 우리가 여기에서 문제로 삼는 것은, 제2의 경우뿐이다. 이 경우에만 피아의 힘 사이에 긴박 상태, 다시 말하면 아군이 적의 중심을 괴멸시키든가, 그렇지 않으면 아군의 중심이 적에 의해 괴멸되는가의 긴장이 생기기 때문이다. 그런데 만약 첫해에 다소의 이점을 획득하고, 또 이듬해에 이 이점에 다소의 이점을 더하여, 이렇게 해서 점차 목표에 접근하는 것이라면 특별히 말할 정도의 위험은 없다. 즉 위험은 많은 점에 배분되는 것이다. 그러나 일이 이렇게 진행되면, 공격자 측에서 하나의 성과에서 다음 성과에 이르는 중간 시기에, 적은 새로운 전망을 세울 수가 있다. 공격자가 처음에 얻은 성과가 다음 성과에 주는 영향은 매우 미미한 것이고 때로는 무에 가깝거나 혹은 부정적이기도 한 것이다. 적은 그 사이에 세력을 만회하여, 이전에 못지않게 격렬한 저항을 결의하거나 외국으로부터 새로운 지원을 얻을 것이다. 이와는 달리 모든 것이 단숨에 성취되는 경우에는 어제의 성과는 오늘의 성과와 합쳐서, 마치 불타고 있는 벌판의 불처럼 번져가는 것이다. 어떤 국가가 단계를 따라 행하는 적의 공격에 굴복하고, 따라서 또 방어자의 수호령이라고 할 수 있는 시간까지도 오히려 그를 파멸로 몰아넣은 요인이 된 사례가 있다고 해도, 공격자의 의도가 완만한 공격 행동 때문에 실패로 돌아간 실례 쪽이 훨씬 많은 것이다. 참고 삼아 7년 전쟁에서 프리드리히 대왕이 거둔 빛나는 성과를 생각해 보기 바란다. 이와는 달리 오스트리아군은 이 전쟁에서 매사 신중함을 목적으로 하여 경계에 전념하고 느긋하게 목표에 도달하려고 생각한 나머지 그 결과 마침내 큰일을 놓친 것이다.

이상이 우리의 견해이다. 따라서 오로지 전진을 유일한 근본 방침으로 하지 않고, 그 밖에 설비가 뛰어난 전쟁터 등과 같은 것까지 고려에 넣어, 말하자면 철저한 전진과 평안한 전쟁터를 겸하려고 하는 의견에는 동의할 수 없는 것이다. 공격자에게는 공격적 전진에서 생기는 불리는 도저히 피할 수 없는 해악이다. 그리고 이 해악은 장차 한 가닥의 희망도 가질 수 없는 경우에 비로소 생각하면 되는 것이다.

1812년에 나폴레옹이 보인 전쟁 사례는 우리의 주장을 부정하기는커녕 오히려 이를 강화하는 것이다.

나폴레옹이 러시아 원정에 실패한 것은 일반적으로 말하고 있는 것처럼, 그의 전진이 너무 지나치게 신속했다거나 그가 적지에 너무 깊숙이 들어갔기 때문이 아니라, 성공에 없어서는 안 될 수단이 결여되어 있었기 때문이다. 러시아 제국은 정식으로 공략을 당할 수 있는, 다시 말하면 침략자가 이것을 점령지로서 수비할 수 있는 국토가 아니다. 적어도 현대의 유럽 여러 나라의 병력으로는, 따라서 나폴레옹이 이 원정에 인솔한 50만의 병력으로는 도저히 불가능하다. 이러한 나라를 굴복시키기 위해서는, 그 나라에 내재하는 여러 약점과 국내의 분열 작용에 의할 수밖에 없다. 그리고 이들 정치적 약점을 찌르기 위해서는 국가의 심장부에 도달할 수 있을 정도의 진감(震撼 : 울려 흔들림)이 필요하다. 나폴레옹은 강력한 돌진을 모스크바까지 속행하지 않는 한, 러시아 정부의 용기를 꺾고 국민의 충성심과 강건한 심정을 진감케 하는 것을 바랄 수가 없었다. 그는 모스크바에서 강화를 체결할 수 있다고 생각한 것이다. 또 이것이야말로 그가 러시아 원정에서 달성하려고 한 유일한 목표였다. 그리고 이 목표는 그에게 절체절명의 것이었다.

그래서 나폴레옹은 그의 주력을 러시아군의 주력과 상대시켰다. 그러자 당황한 러시아군은 드리사의 진지를 버리고 퇴각하여 스몰렌스크에 이르러 간신히 정지할 수가 있었다. 나폴레옹은 바그라치온군을 휘저었고, 러시아 본군을 격파하여 마침내 모스크바를 탈취했다. 나폴레옹은 이 전역에도 그의 상투 수단을 사용한 것이다. 실제로 그는 이와 같이 함으로써만 유럽의 지배자가 되었고 또 될 수가 있었다.

이렇게 보면 이제까지의 모든 전역을 훌륭하게 통수(統帥)한 나폴레옹을 최대의 장수로서 감탄하는 사람은, 러시아 원정에서의 그를 갑자기 얕잡아 볼 수는 없을 것이다.

사건을 그 성과에 따라서 판정하는 것은 확실히 허용해도 좋다. 성과는 그 사건을 가장 잘 비판하는 것이기 때문이다(제2편 제5장 참조). 그러나 성과만으로부터 도출된 판단을, 인간 지혜의 지극(至極)이라고 주장해서는 안 된다. 패배한 전역의 원인을 찾아내는 것만으로는, 그 전역의 비판은 되지 않는다. 당시 장수는 그 어떤 이유로 해서 이 원인을 꿰뚫어보지 못했던 것은 아니었을까? 그렇지 않으면 이에 대해서 고려를 하지 않았던 것이 아니었을까—하는 것을 구명하여 입증할 때 비로소 비판이 성립되고 또 장수를 시비할 수가 있는 것이다.

그래서 우리는 이렇게 주장한다. —1812년의 전역에서 러시아군이 전혀 상상해 본 적도 없는 반격을 한 일에만 착안해서 이 원정을 한마디로 어리석은 행동이라고 하고, 또 반대로 나폴레옹이 승리를 거두면 거기에는 전승의 원인이 될 만한 훌륭한 조합이 있었을 것이라고 엉뚱한 비판을 하는 사람은 판단력이 확실하게 결여되어 있다는 것을 나타낸 증거라고.

가령 나폴레옹이 많은 비평가들의 희망대로, 리타우엔에 주둔하여 약간의 요새 확보에 시간을 보냈다면 그는 겨울 동안 동정할 만한 방어 방식에 시종하지 않으면 안 되었을 것이다. 보브루이스크[22]는 보잘것없는 작은 요새에 지나지 않았기 때문에, 훨씬 치우친 지점에 있는 리가 외에는 요새다운 요새는 하나도 없었던 것이다. 이렇게 말하면 비평가 여러분은 너도 나도 이렇게 외칠 것이다.

---

22) 보브루이스크(Bobruisk). 벨로루시 모길료프주에 있는 도시.

—'이것은 이미 옛날의 나폴레옹이 아니다. 한때는 아우스테를리츠나 프리틀란트 회전에서와 같이, 적국의 최후의 거점에 육박해서 승리를 거두어 정복을 완성하는 것을 상례로 삼은 그가, 러시아 원정에서는 무엇보다도 먼저 본전(本戰)을 구하지 않았던 것은 어찌 된 일인가? 그는 무방비 상태여서 손쉽게 함락될 수도 모스크바를 약취하는 것을 주저하여, 적이 새로운 저항력을 결집하기 위한 핵심을 그대로 둔 것은 어찌 된 일인가? 그는 벽지에 있는 이 거대한 국가를 마음대로 습격한다고 하는 미증유의 좋은 기회를 잡은 것이다. 그가 이 국토를 습격하기를 마치 가까이에 있는 도시를 급습하는 것과 마찬가지로, 또 프리드리히 대왕이 프로이센과 국경을 접하는 작은 지반 슐레지엔을 급습했을 때와 마찬가지로, 일거수일투족의 품에 지나지 않았던가? 그런데도 그가 이 이점을 이용하지 않고, 마치 악마에 홀리기라도 한 것처럼 승리 도상에서 딱 멈춘 것은 어찌 된 일인가?' 하고. 아마도 여러분은 성과로 미루어보아 이렇게 판단할 것이다. 대개의 비평가의 판단은 기껏해야 이 정도의 것이기 때문이다.

이에 대해 우리는 이렇게 말하고 싶다. —1812년의 전역이 성공하지 못한 원인은, 러시아 정부가 마지막까지 확고한 태도를 잃지 않았고, 러시아 국민의 충성심이 두터웠기 때문이다. 즉, 이 전역에는 성공할 수 없는 이유가 있었던 것이다—라고. 이러한 전역을 계획한 것은 분명히 나폴레옹의 실책이었을지도 모른다. 적어도 성과로 말하자면 그는 계산을 잘못한 것이다. 그러나 우리는 이러한 목표가 일단 추구될 단계가 되면, 이 목표에 도달하기 위해서는, 대체적으로 이 이외의 방법으로는 불가능하도록 주장하지 않을 수가 없다.

나폴레옹은 이미 서유럽에서 끝이 없는, 또 막대한 비용이 드는 방어적 전쟁[23]을 하지 않으면 안 되었다. 그러나 동유럽에서는 이러한 방어적 전쟁을 계획한 것이 아니라 목표에 도달하기 위한 유일한 수단 즉, 어떻게 할 줄을 모르고 있는 적에게 단호한 일격을 가해서, 강화의 체결을 강요하는 수단으로 사용한 것이다. 그의 군은 이 전역에서 파멸했으나, 그러나 그것은 그가 아무래도 저지르지 않으면 안 될 위험이었다. 즉 이 위험은 게임의 판돈이었고 큰 희망을 실현하기 위한 대상(代償)이었다. 그의 전투력 파괴가 그의 오산에 의

---

23) 프랑스의 에스파냐–포르투갈에 대한 전쟁(1807~1813)을 가리킨다.

해 필요 이상으로 심했다고 해도, 그 책임은 그가 적지로 깊이 침입한 일에 돌려서는 안 된다. 이것이 바로 그의 목적이며, 이것을 피할 수가 없었기 때문이다. 오히려 그를 나무라야 할 일은 이 전역을 개시할 계절이 너무 늦었다는 것, 그의 전술이 병력을 낭비했다는 것, 군의 보급과 퇴각로의 보전에 배려가 부족했다는 것, 또 모스크바로부터의 철퇴가 약간 늦었다[24]는 데에 있다.

러시아군은 실제로도 배레지나 강변에서 퇴각 중인 나폴레옹군의 앞을 가로막아, 그의 퇴각을 정면으로 방해할 수도 있었지 않았나 하고 말할지도 모른다. 그러나 이러한 말은 우리의 견해에 대한 유력한 반론은 되지 않는다. 첫째, 러시아군의 이 계획이 결국 성공하지 못했다는 사실이야말로, 나폴레옹의 퇴각로를 실제로 차단하는 일이 얼마나 곤란했던가를 증명하고 있기 때문이다. 퇴로가 차단되었어야 할 나폴레옹은, 매우 불리한 정황하에서 마침내 혈로를 개척한 것이다. 하기야 이때의 불리한 사태는 그의 파국을 촉진시키기는 했지만, 그것이 파국의 진정한 원인은 아니었다. 둘째로, 그의 퇴각을 현저하게 곤란한 것으로 만든 것은 드물게 보는 불리한 지형 바로 그것이었다. 베레지나 강변의 소택지는 대간선 도로를 가로막고, 또 소택지 가장자리는 울창한 삼림으로 되어 있어서 통행이 거의 불가능했다. 따라서 만약에 이러한 소택지가 없었다면 러시아군에 의한 퇴로의 차단은 더욱 곤란했을 것이다. 셋째로, 러시아군에 의한 퇴로의 차단을 불가능하게 하기 위해서는, 퇴각군의 정면에 어느 정도의 폭을 유지하여 행군하는 수밖에 없었지만, 그러나 이 방법은 우리가 앞에서 강하게 비난했던 것이다. 만약에 중앙군을 우선 전진시키고 약간 뒤에 그 좌우를 행진하는 군이 이 중앙군을 엄호했다가 혹시라도 좌우의 어느 군에 사고가 생기면 선두 부대와 함께 모두 무너져서, 퇴각을 서두르지 않으면 안 될 것이다. 그렇게 되면 공격이고 뭐고 있을 수가 없는 것이다.

하지만 나폴레옹도 군의 측면을 소홀히 한 것은 아니다. 비트겐슈타인에게는 우수한 병력을 보내고 있었다. 리가의 전방에는 상당한 병력을 가진 공성군(攻城軍)이 있었다. 이것은 리가 요새의 실정으로 보자면 지나칠 정도의 병력이었다. 또 남쪽에는 5만의 슈바르첸베르크군이 대기하고 있었다. 이 병력

---

24) 나폴레옹은 1812년 9월 14일에 모스크바로 입성하여, 10월 19일에 퇴각을 결의했다.

은 토르마소프군보다도 우세하여 치차고프군과도 맞먹었다. 여기에 더하여 빅토르[25]가 지휘하는 3만의 군이 프랑스군 후방의 중심점에 있었다. ─요컨대 11월에도, 따라서 러시아군의 전투력이 강화되고 이에 반해서 프랑스군의 전투력이 매우 약화된 이 결정적 시기에도, 모스크바군의 배후에 있는 러시아군의 우세는 그다지 현저한 것은 아니었다. 러시아측에서는 비트겐슈타인, 치차고프, 그리고 자켄[26] 군을 합치면 모두 11만이었다. 한편 프랑스측에서는 슈바르첸베르크, 레니에,[27] 빅토르, 우디노 및 생 시르[28]가 이끄는 군은 넉넉히 8만을 헤아리고 있었다. 아무리 신중한 장군이라도 전진을 앞두고 이 정도 전투력을 군 양쪽에 두지는 않을 것이다.

1812년 니에멘강을 건넌[29] 60만의 프랑스군 가운데 슈바르첸베르크, 레니에 및 맥도널드가 다시 그 강을 건너서[30] 퇴각할 때의 병력은 5만에 지나지 않았다. 그런데 만약 나폴레옹이 우리가 앞서 지적한 실책을 피할 수 있었다면, 25만의 군을 귀환시키는 일은 분명히 가능했을 것이다. 그렇게 되면 그의 러시아 원정이 실패라는 데에는 변함이 없지만, 이론은 이 실패를 비난할 수가 없었을 것이다. 군의 반수 이상을 잃는다는 것은 이러한 경우 결코 이상한 일도 아니다. 공교롭게도 전역 규모가 컸기 때문에 이상하게 여겨졌을 뿐이기 때문이다.

주된 행동과 그 필연적 경향, 그리고 이 행동에 따른, 피할 수 없는 위험에 대한 논술은 이것으로 끝마치기로 한다. 다음에 지엽적인 행동에 대해서 말하자면, 무엇보다도 먼저 이들 행동에 대한 공통된 목표가 있어야 한다. 그러나 또한 이 목표는, 각기 지엽적인 행동을 담당하는 여러 군의 행동을 둔화시키는 일이 있어서는 안 되는 것이다. 지금 가령 오베르라인, 미텔라인[31] 및 네델란드의 세 지점에서, 각기 프랑스를 향하여 군을 발진시킨다고 하자. 그리고 파리 부근에서 이 3군이 집합할 때까지는, 어느 군도 위험을 저지르지 않고 될 수 있

---

25) 빅토르(Victor-Perrin, Claude, 1766~1841). 프랑스의 원수.

26) 자켄(Sacken, Fabian Gottlieb, 1752~1837). 러시아의 원수.

27) 레니에(Reynier, Jean Louis Ebenezer, 1771~1814). 프랑스의 장성.

28) 생 시르(Laurent, Marquis de Gouvion Saint-Cyr, 1764~1830). 프랑스의 원수.

29) 같은 해 6월 24일.

30) 같은 해 12월 14일.

31) 미텔라인(Mittelrhein). 라인강의 중류, 마인츠에서 본까지의 124km의 구간.

는 대로 군의 보전을 꾀하게 된다고 하면, 우리는 이것을 위험한 계획이라고 평가하지 않을 수가 없다. 이와 같은 경우에는, 각 군은 항상 세 가지 활동을 염두에 두지 않으면 안 된다. 그렇게 되면 각기 서로 다른 세 가지 활동에 대한 고려는, 각 군의 전진에 주저, 우유부단, 불안을 가져올 것이다. 따라서 이와 같은 경우에는, 각 군에 각기 독립된 임무를 할당해서, 각기 다른 3군의 활동이 저절로 통일되는 곳에서 통일의 묘미를 찾는 것이 좋다.

요컨대 공격 때문에 병력을 분할해서, 서로 분리되어 있는 전쟁터를 향해 각각 전진시킬 경우에는 각 군마다 독립된 임무를 주고, 또 이 임무를 각 군의 책임하에 다하기 위해 마지막 돌격력을 경주시키지 않으면 안 된다. 분진(分進)의 목적은 이것이 각 군에 의해 이루어지는 데에 있는 것이지, 모든 군이 각기 분수에 맞는 크고 작은 이점을 획득하는 데에 있지는 않다.

적군의 병력 배치가 아군의 예상과 달라졌기 때문에, 분진하는 여러 군 중에서 어떤 군에게만 과중한 부담이 지워지거나, 혹은 전투에 패한다 하더라도 그 때문에 나머지 군에 불리한 영향을 미치는 일이 있어서는 안 된다. 만일 그렇게 되면 이들 여러 군에 의해 얻어질 총체적 성과는 처음부터 가망이 없는 것이다. 그런데 총 병력 중에서 다수의 군이나 혹은 주요한 군이 회전에 패했을 경우에는 나머지 군에 불리한 영향을 미칠 것은 당연한 일이고, 또 이러한 영향을 미치지 않을 수가 없다. 이것은 바로 전쟁 계획의 잘못에서 온다.

그런데 이러한 규칙이라면 원래는 방어를 본 임무로 삼으면서도, 방어가 좋은 성과를 거두면 공세로 옮길 수 있는 군이나 부대에도 타당하다. 그러나 그렇게 되면 군에 남아도는 전투력이 있어도, 이것을 주요 공격 지점에 돌린다는 조치는 바람직하지 않게 된다. 또 지나친 전투력의 이러한 처리는, 주로 전쟁터의 지리적 위치에 의해 결정된다.

그러나 이와 같은 정황하에서는 공격 전체를 이루고 있는 기하학적 형상이나 모든 공격 행동을 한데 묶어야 할 통일은 도대체 어떻게 되는 것인가? 또 격파된 군에 인접하는 군의 측면이나 배면은 어떻게 되는가?

그러나 이러한 배려야말로 우리가 애써 배척하려는 것이다. 대규모 공격 계획을, 하나의 기하학적 모양을 만들려고 하는 것은, 바로 잘못된 사상 체계 안으로 길을 잃어 진퇴양난이 되는 것과 같은 이치이다.

앞서 제3편 제15장에서 기하학적 요소는 전략에서 전술에서만큼 효과적이지 않다는 것을 말했다. 그런데 여기에서는 그때의 결론을 다시 한번 되풀이하는 것으로 그치고자 한다. 즉 —특히 공격의 경우 기하학적 형상보다도 개별적인 지점에서 거두는 실제의 성과에 중점을 두어야 한다. 기하학적 형상은 이들 성과에 의해서 차차 형성될 수 있는 것이다—라고.

여하간 다음과 같은 한 가지 일은 확실하다. 그것은—전략의 공간은 광대하기 때문에, 여러 부대의 기하학적 위치에 관한 배려나 결의는 총사령관에게 맡겨두면 좋다. 따라서 하급 지휘관에게는 인접 부대의 조치를 이러쿵저러쿵 따질 권리가 없다. 그는 자신에게 지시된 목표만을 무조건 추구하면 된다. 만약 여러 부대 사이에 심한 불균형이 실제로 생기면, 총사령관은 적시에 이를 수정해야 한다. 서로 분리된 여러 부대의 행동에서 생기는 주된 해악의 내용을 보면, 정확한 사태 대신에 많은 걱정이나 가정이 사건의 경과에 섞여든다는 것, 그리고 또 그 어떤 우발적인 일도 그것이 관계 부대에 한하지 않고 마치 서로 짜기라도 하듯이 전체에 파급된다는 것, 또 하급 지휘관들의 개인적인 약점이나 동료끼리의 적의가 작용할 광대한 여지가 열려 있다는 것 따위이다. 이러한 해악을 제거하기 위해서는 위에서 말한 방책을 추구하는 수밖에 없다.

이상과 같은 견해를 단순한 역설로 간주하는 것은, 아직 전쟁 역사의 진지한 연구를 쌓지 않고 있기 때문에, 중요한 것과 그렇지 않은 것을 구별할 수 있는 식견이 결여되고, 또 인간의 여러 약점이 도처에서 해로운 영향을 주어왔다는 것을 충분히 알지 못하는 사람들이라고 생각한다.

서로 분리된 몇 개의 종대로 공격을 시도할 경우, 이들 종대에 정확한 연계를 갖게 하여 성공을 바란다는 것은 전술에 있어서까지도 곤란하다. 이것은 실전에 경험이 있는 군인이라면 누구나 인정하고 있는 일이다. 하물며 전략에서는 이들 부대의 간극은 전술에서보다도 훨씬 크기 때문에, 부대 간의 연계는 훨씬 곤란하고, 오히려 전혀 불가능할 수 있다. 그렇기 때문에 모든 부대 간의 연계를 끊임없이 유지한다고 하는 것이 공격의 성공에 필수 조건이라고 한다면, 이런 종류의 전략적 공격은 단호히 배격되지 않으면 안 될 것이다. 그러나 한편으로는, 우리로서도 이러한 공격을 일괄적으로 비난할 생각은 없다. 우리가 자유로 처리할 수 없는 정황 때문에, 이러한 종류의 공격 방법을 사용하지 않을 수 없는 경우도 있을 수 있기 때문이다. 또 다른 한편으로는, 전술에서도 회전의 모든 경과를 통해서 모든 부대가 줄곧 이러한 연계를 유지하고 행동하는 것이 필요하지는 않다. 하물며 전략에서의 그 필요성은 훨씬 적다. 따라서 전략에서는 모든 부대의 연계 같은 것을 무시하고, 각 부대에 독립된 일을 할당하는 데에 중점을 두지 않으면 안 되는 것이다.

그런데 이와 같은 경우에, 각 부대가 다해야 할 임무를 적절하게 할당하는 건에 대해서 한 가지 중요한 소견을 덧붙이고자 한다.

1793년과 94년[32]에 오스트리아군의 주력은 네덜란드에 있었고, 프로이센군의 주력은 오베르라인에 위치하고 있었다. 오스트리아군은, 빈에서 콩데[33] 및 발랑시엔을 향해 행군하여, 베를린에서 란다우[34]를 향해 행진 중인 프로이센군과 교차했다. 그런데 오스트리아군은 그곳에서 벨기에에 있는 오스트리아령의 주나 군을 방어하지 않으면 안 되었을 뿐만 아니라, 프랑스령 플랑드르를 침략할 경우에는 이들 주군(州郡)은 매우 좋은 위치에 있었다. 그러나 벨기에의 오스트리아령 방어에 관한 오스트리아 정부의 관심은 그다지 강한 것은 아니었다. 오스트리아에서는, 카우니츠 공[35]이 죽은 뒤 외무장관 투구[36]는, 오스트리아군의 병력 집중을 한층 강화하기 위해 네덜란드를 통째로 포기한다는 방책을 실시했다. 실제로 오스트리아군에게는, 플랑드르로 가는 길은 알자스로 가는 길의 두 배나 되었다. 그리고 이것은 전투력이 엄격하게 제한되고, 또 모든 것이 현금으로 지불되어야 했던 시대에는 결코 작은 일이 아니었다. 그러나 투구의 의도는 분명히 딴 곳에 있었다. 그는 네덜란드와 니데르라인의 방어에 이해관계를 갖는 네덜란드·영국 및 프로이센에 위험을 통감시켜서 더한층 노력을 요구할 심산이었다. 그러나 프로이센 내각이 아무래도 그의 말을 듣지 않았기 때문에 그의 계획은 빗나갔으나, 일의 전말을 보면 정치적 이해관계가 전쟁의 수행에 미치는 영향을 여실히 보여주고 있다.

---

32) 프랑스혁명 전쟁(1792~1801) 때에 일어난 일.

33) 콩데(Conde-sur-l'Escaut). 북프랑스의 작은 도시.

34) 란다우(Landau). 라인란트−팔츠의 도시.

35) 카우니츠(Kaunitz, Wenzel Anton von, 1711~94). 오스트리아의 정치가.

36) 투구(Thugut, Franz de Paula von, 1736~1818). 오스트리아의 정치가.

프로이센은 알자스 지방에 방어해야 할 것을 아무것도 가지고 있지 않았고 탈취할 것도 없었다. 1792년에 프로이센은 로렌 지방을 지나 샹파뉴 지방으로 향하는 행진을 계획했으나, 이것은 말하자면 기사적(騎士的) 정신에 입각해서 이루어진 것이었다. 그러나 이 행진이 불리한 정황 때문에 좌절되자, 프로이센은 내키지 않는 전쟁을 계속한 데에 지나지 않았다. 만약 프로이센 군대가 네덜란드에 주둔하고 있었더라면, 이 군은 직접 네덜란드와 손을 잡았을 것이다. 당시 프로이센은 네덜란드를 자기 나라처럼 간주할 수 있었고, 또 실제로 1787년[37]에는 이 나라를 정복한 일이 있었다. 그렇게 되면 프로이센은 니데르라인을, 따라서 또 프로이센 안에서 전쟁터에 가장 가까운 부분을 엄호할 수 있었을 것이다. 프로이센은 보조금 때문에 영국과도 굳은 동맹 관계를 맺고 있었는데, 이와 같은 정황하에서라면 네덜란드와 영국 간의 동맹 관계를 그토록 손쉽게 배반하지 않았을 것이다. 한편 이 배반 행위는 프로이센 내각의 책임이었다.

그렇기 때문에 오스트리아군이 그 주력을 가지고 오페르라인에 남고, 또 프로이센이 전 병력을 가지고 네덜란드에 주둔하고, 오스트리아군은 1개 군단만을 그것도 별로 강력하지 않은 군단을 네덜란드에 남겨두었다면, 훨씬 좋은 결과를 얻을 수 있었을 것이다.

1814년에, 용맹을 떨친 블뤼허 대신에 바클리를 슐레지엔군의 지휘에 임명하고 블뤼허와 슈바르첸베르크를 본군에 남겨 두었다면, 이 전역은 아마도 완패했을 것이다.[38]

또 용감한 라우든[39]이 프로이센 왕국의 가장 강한 땅, 즉 슐레지엔을 전쟁터로 삼아 프리드리히 대왕과 대전하는 대신에, 독일 제국군[40]에서 사령관의 지위를 차지하고 있었다고 한다면, 7년 전쟁 전체가 다른 국면으로 전개되었을 것

---

37) 프로이센과 네덜란드의 전쟁은 이해에 있었다.
38) 블뤼허는 프로이센, 바클리는 러시아, 또 슈바르첸베르크는 오스트리아의 원수였다.
39) 라우든은 처음에 러시아군에서 근무하고, 뒤에 프리드리히군으로 들어가려고 했으나 거절당하고, 오스트리아군에서 복무했다. 슐레지엔에서는 프로이센국과 자주 싸우고, 란데스훗 회전(1760. 6. 23)에서는 프로이센군을 무찔렀다.
40) 독일 제국군은, 당시의 독일 제국에 속하는 여러 나라와 여러 영지에 병력을 할당해서 편성된 군. 국회에 의해서 임명된 원수나 장군을 두고, 병력수는 적어도(처음에는 4만), 장비는 통일되지 않고 지휘나 훈련이 불량하여, 전형적인 오합지졸로 그 연약함은 유럽 여러 나라의 멸시의 대상이 되었다.

이다. 그런데 동맹군과 여러 나라 군과의 관계를 한층 자상하게 고찰하기 위해서는 여러 가지 경우와 그 주요 차이점을 고찰할 필요가 있다.

첫째, 아군이 여러 외국과 공동으로 전쟁을 수행하는 경우이다. 이들 여러 나라는 동맹자로서 참전할 뿐만 아니라, 각기 독립된 이해관계를 갖는다.

둘째, 동맹군이 원군으로서 아군으로 올 경우.

셋째는, 장수의 개인적 특성만을 문제로 삼는 경우이다.

첫째와 둘째의 경우에는, 여러 나라의 군대를 모두 섞어서 1813년[41]과 14년에서처럼, 여러 국가의 군대로 이루어진 군단을 가지고 편성하는 것이 좋은가, 그렇지 않으면 여러 나라의 군을 되도록 분리해서 각 군에 각기 독립된 행동을 취하게 하는 것이 좋은가의 문제를 제기할 수도 있다.

말할 필요도 없이 첫째의 경우가 가장 유익하다. 그런데 그렇게 위해서는 여러 국가 사이에 어느 정도의 우호 관계와 공통된 이해관계가 있지 않으면 안 된다. 더욱이 여러 국가가 수어지교(水魚之交)를 보이는 일은 좀처럼 드물다. 여하간 여러 나라의 군대의 결합이 긴밀한 경우, 각국의 이해관계를 분리한다는 것은 여러 나라의 내각에 심히 곤란한 일이 된다. 또 여러 나라의 군사령관들의 이기적 견해에서 생기는 해로운 영향에 대해서 말하면, 이와 같은 정황하에서 이러한 영향은 하급 지휘관 사이에서만, 따라서 전술의 영역에서만 생기지만, 여러 나라가 완전히 분리되어 있는 경우만큼 노골적인 것은 아니다. 이와는 달리 여러 나라의 병력이 완전히 분리되어 있지 않을 경우에는, 이런 종류의 해로운 영향은 전략에도 영향을 주어서, 전쟁 전체를 결정하는 주요 요인이 되지 말라는 법은 없다. 이에 대한 대책으로서는 이미 말한 대로, 여러 나라 정부측의 헌신적 정신이 필요하다. 1813년에 여러 나라 정부는 당면한 곤란을 놓고 재촉을 받아 이 방침에 따르지 않을 수 없었다. 특히 러시아 황제[42]는 최대의 병력[43]을 가지고 참전하여, 전국[44]의 호전에 최대의 기여를 했음에도 불구하고 그

---

41) 1813년과 14년에 동맹군이 나폴레옹을 상대로 벌인 자유전쟁을 가리킨다.

42) 알렉산드르 1세.

43) 이때 프로이센군의 병력 약 16만, 오스트리아군의 병력 약 13만에 대해서, 러시아군은 18만이었다.

44) 라이프치히 회전.

의 군대를 프로이센 및 오스트리아 군사령관 지휘하에 둠으로써,[45] 독립된 러시아군을 가지고 참전한다는 명예욕을 가지지 않았던 것은 칭찬할 만한 일이었다.

그런데 여러 나라 군 사이에 이러한 긴밀한 연계를 구하지 않는 경우라면, 어설픈 연계보다는 오히려 완전히 분리되어 있는 편이 좋다. 이때 가장 최악의 경우는, 서로 다른 나라의 군을 각각 지휘하는 두 사람의 장수가 같은 싸움터에 있는 것만 한 일은 없다. 7년 전쟁에서는 프리드리히 대왕을 적으로 하는 러시아군, 오스트리아군 및 독일 제국군 사이에 자주 이와 같은 사태가 생겼다. 여러 나라의 군이 완전히 분리해 있으면 따라서 각 군이 다해야 할 부담도 분리되어 있고, 그렇게 되면 이들 군은 각기 부과된 부담과 주위의 정황에 쫓겨 한층 활발한 행동을 하지 않을 수가 없는 것이다. 그런데 여러 나라의 군대가 긴밀하게 결합되어 있거나, 혹은 서로 같은 싸움터에 있는 경우에는 그렇게 되지 않는 것이다. 오히려 한쪽 군이 전의를 잃으면 그것이 곧 다른 군에도 파급되어 전력이 심히 쇠퇴되는 것이다.

위에 든 세 가지 경우 중, 첫 번째 경우에는 여러 나라의 군대를 완전히 분리시킨다는 것에는 아무런 곤란이 없다. 각국의 이해관계가 각기 다른 것은 자연스러운 일이고, 또 이미 그것만으로도 각국의 군에서 각기 다른 방향을 규정하기 때문이다. 두 번째 경우에는, 여러 나라의 군을 완전히 분리할 수 없는 경우가 있다. 그와 같은 경우에는, 동맹국으로부터의 원군이 강대하면 보통 이에 종속할 수밖에 없다. 이것은 1815년의 전역 끝 무렵에 오스트리아군[46]이, 또 1807년의 전역에 프로이센군[47]이 취한 조치이다.

장군의 개인적 특성에 대해서 말하면 일은 모두 특수한 것에 속한다. 그러나 우리는 역시 일반적 견해도 언급해 둘 필요가 있다. 그것은 다음과 같다. 즉 ── 종속적인 군의 사령관으로는 매우 신중하고 세심한 장군을 임용하는 것이 통

---

45) 러시아군은 처음에 블뤼허군에 속했으나, 뒤에 그중의 13만이 슈바르첸베르크의 지휘하에 놓였다.

46) 1815년 6월의 벨 알리앙스 회전에서 오스트리아의 뷜로군은 블뤼허군에게 종속되었다.

47) 러시아의 장성 베니히센(Bennigsen, Levin August Theophil, 1745~1825)은, 프로이센군을 원조하기 위해 러시아군 총사령관으로 하여 동프로이센으로 와서 프로이시시 아일라우에서 프랑스군과 싸웠다(1807. 2. 8).

레이다. 그러나 이것은 잘못된 생각으로, 이 지위에는 가장 용감한 장군을 두지 않으면 안 된다. 앞서 말한 것을 지금 다시 한번 되풀이한다면, 여러 나라의 군이 분리되어 있을 경우에 전략적인 성과를 거두기 위한 요건은, 이들 군이 각각 그 병력의 효과를 충분히 발휘하는 데에 있다. 그렇게 되면 어떤 지점에서의 실책은, 다른 지점에서의 성공으로 보충된다는 것이다. 그러나 여러 군의 활동이 각기 유감없이 영위되기 위해서는 각 군의 사령관은 용맹하고 오직 내심의 판단에 따라서 앞으로 나아가는 장군이어야 한다. 위급한 경우에는 쓸데없이 행동의 필요를 냉정하게 객관적으로 고려하는 것만으로는 도저히 시간이 맞지 않는 것이다.

마지막으로 한마디 덧붙이겠다. 그것은—만약에 사정이 허락한다면 장수를 임용해서 군대를 배치할 경우, 그 임무와 토지 및 지형을 잘 감안해서 군과 장수의 특성에 적합시키지 않으면 안 된다는 것이다. 상비군·우수한 군대·다수의 기병·신중하고 노련한 장수에게는 툭 터진 지형이 좋고, 민병·국민 총무장·젊고 용맹매진을 좋아하는 사령관에게는 삼림지, 산지(山地) 및 험하고 좁은 길이 적합하다. 또 외국으로부터의 원군은 부유한 주나 군(郡)을 좋아하므로, 이러한 주나 군에 보내는 것이 좋다.

우리는 이제까지 일반적인 전쟁 계획에 대해서 말했고, 또 본장에서는 특히 적의 완전한 타도를 목적으로 하는 전쟁 계획에 대해서 고찰했다. 이 경우에는 우선 전쟁 계획을 특히 명확하게 하고, 다음에 이 목표에 도달하기 위한 수단과 방법을 설정함에 이를 지도할 원칙을 제시했다. 우리는 이에 의해서 교전자는 당면한 전쟁에서 무엇을 바라는가, 또 무엇을 할 것인가 하는 것을 명백히 자각하지 않으면 안 된다는 견지에서, 이러한 의식의 환기에 힘썼다. 우리는 필연적인 것, 일반적인 것을 분명히 꺼내 보이고, 또 특수한 것, 우연적인 것에도 나름대로의 고려를 했다. 필연성을 가지지 않는 것, 근거가 없는 것, 유희적인 것, 공상적인 것, 혹은 궤변적인 것은 애써 배제하려고 했다. 만약 우리가 이 목적을 달성할 수 있었다고 한다면, 우리의 과제는 모두 해결되었다고 말해도 좋을 것이다.

그런데 본편(本篇)에서는, 하천의 우회, 산지의 최고점에서의 제고(制高), 견진지(堅陣地)의 회피 및 국토의 관건(關鍵)과 같은 것에 관한 기술이 없는 것을 이상하게 생각하는 사람이 있다고 하면, 그 사람은 우리의 뜻을 충분히 이해하지 못했을 뿐만 아니라, 전쟁의 대강(大綱)도 아직 파악하지 못했다고 할 것이다.

우리는 본편에 앞선 여러 편에서 이러한 것들의 대략적인 성질을 말하고, 그때 이들 여러 가지 일이 세상의 명성에 현혹되어, 일반적으로 믿는 것보다도 훨씬 의존할 수 없는 성질의 것임을 알았다. 하물며 적의 완전한 타도를 목표로 하는 전쟁에서는, 이런 종류의 것은 각별히 뛰어난 역할을 할 수 없고, 또 할 수 있을 리도 없다. 여기에서 훌륭한 역할을 한다는 것은 모든 전쟁 계획에 영향을 준다는 것을 말하는 것이다.

본편 마지막에 사령권(司令權)의 설정에 관한 논술 때문에, 특히 한 개의 장[48]을 설정할 생각이다. 그러나 그 전에 하나의 실례를 들어, 본 장을 끝마치려고 한다.

가령 오스트리아·프로이센·독일 연방[49]·네덜란드 및 영국이 프랑스에 대해서 개전을 결의하고, 러시아는 중립을 지킨다고 하자. 이것은 150년 이래 자주 있어 왔던 일이다. 그러면 위에 적은 여러 나라들은 프랑스의 완전한 타도를 목적으로 하는 공격적 전쟁을 할 수가 있다. 프랑스가 아무리 강하다 해도 러시아 이외에는 지원을 줄 강국이 없고, 이 러시아가 중립을 지킨다고 하면, 프랑스 국토의 반은 밀려오는 파도와 같은 동맹군의 침략을 받아 수도 파리는 점령된다. 믿고 의지할 수 있는 자원이 충분하다고 할 수가 없기 때문이다. 에스파냐는 너무 멀고, 또 그 위치도 프랑스에게는 매우 불리하다. 이탈리아 제국은 처음부터 약하고 무기력하다.

위에 적은 여러 나라는 유럽 이외의 영토를 제외해도 7,500만의 인구를 가지고 있다. 이에 반해서 프랑스의 인구는 불과 3000만에 지나지 않는다.[50] 이들 여러 나라가 공통된 적을 반드시 타도하고자 하는 열의에 불타서 프랑스와 전쟁을 하기 위해 병력을 소집한다면 소집할 수 있는 병력은 다음과 같이 추산할

---

48) 이 장은 존재하지 않는다.

49) 나폴레옹 전쟁의 뒷처리를 하기 위해 체결된 1815년의 빈 조약의 한 항목으로서, 독일의 35 군후국(君侯國) 및 4자유시(自由市)가 일종의 동맹인 '독일 연방'을 형성하여, 오스트리아를 맹주로 삼았다. 그러나 본문에서는 오스트리아와 프로이센을 따로 다루고 있다. 이 동맹은 1866년에 해소되었다.

50) 이것은 아마도 1828년에 쓴 것으로 여겨진다.

수 있을 것이다.

오스트리아	250,000명
프로이센	200,000명
나머지 독일 연방	150,000명
네덜란드	75,000명
영국	50,000명
합계	725,000명

　동맹국측에서 이만한 병력이 참전하면, 프랑스의 병력보다도 훨씬 우세한 것은 확실하다. 프랑스는 나폴레옹 시대라 할지라도 이 정도로 강대한 병력을 가진 일이 없기 때문이다. 또 프랑스가 요새 수비대나 해안 감시부대, 그 밖에 할애해야 할 병력을 고려에 넣는다면, 주된 싸움터에서 동맹군 측이 현저하게 유리하게 될 공산에는 의문의 여지가 없다. 적을 완전히 타도하겠다는 목적은 주로 이러한 수적인 우세에 입각해서 수립된다.

　프랑스의 중심은 프랑스군과 파리에 있다. 1회 내지 몇 차례의 본 전투에서 프랑스군을 타도하고 파리를 공략하여 적의 남은 군을 루아르강[51] 건너편으로 격퇴한다—이것이 동맹군의 목표가 되지 않으면 안 된다. 국가로서의 프랑스의 급소는, 파리와 브뤼셀의 중간에 있다. 벨기에의 국경까지는 수도 파리에서 불과 30마일이다. 동맹군의 일부 즉 영국군, 네덜란드군, 프로이센군 및 독일 연방군에게는 이 방면에 각기 자연적인 배치 지점이 있다. 이들 여러 나라의 일부는 이러한 배치 지점 근처에 있고, 또 다른 일부는 바로 그 뒤에 있다. 그런데 오스트리아 및 남독일 연방군은 오베르라인 구간에서 출발하는 것이 편리하다. 그리고 이들 군에게 가장 자연적인 진격 방향은 트루아[52] 및 파리나, 혹은 오를레앙[53]이다. 이와 같이 네덜란드와 오베르라인에서 하는 두 가지 공격은 프랑스

---

51) 루아르강(Loire). 프랑스 최대의 강. 프랑스 중부의 중앙 반이라는 산맥에서 발원하여 1000km를 흘러 대서양의 비스케만으로 흘러든다.
52) 트루아(Troyes). 파리의 동서 약 150km의 지점. 센 강변의 도시.
53) 오를레앙(Orleans). 파리의 남쪽 약 130km의 지점에 있는, 루아르 강변의 도시.

의 중심에 대해서 직접적이고 자연적이며, 또 단순하고 강력하다. 이들 공격은 어느 것이나 적군의 중심을 향하고 있다. 따라서 동맹군은 위의 두 지점에 모든 병력을 배치하지 않으면 안 되는 것이다.

이상의 간단한 전쟁 계획에서는 아직 두 건의 고려할 점에 언급하지 않고 있으므로, 다음에 이에 대해서 살펴보고자 한다.

오스트리아군은, 이탈리아에서 철퇴해서 이 나라를 무방비의 땅으로 만드는 일은 없을 것이다. 이 군대는 이탈리아에서의 지배권을 어떠한 일이 있어도 놓지 않을 것이다. 따라서 오스트리아군이 프랑스의 심장부에 가하는 공격에 의해 이탈리아를 간접적으로 엄호하는 방책에 속수무책으로 동의할 리가 없다. 이탈리아의 정치적 상태를 생각하면 오스트리아가 이러한 이중의 의도를 갖는다는 것은, 꼭 비난할 만한 일은 아니다. 그러나 이제까지 자주 시도된 착상, 즉 이탈리아에서 남프랑스를 공격하려고 하는 진부한 생각이 이탈리아 주둔군의 병력과 결합해서 이 군을 증강하려고 하는 것이라면, 이것은 중대한 잘못일 것이다. 오스트리아의 이탈리아 주둔군은, 그곳에서 이루어지는 최초의 전역 경과 중에 불리한 사태가 발생하는 것을 막기에 충분한 병력을 갖추고 있으면 그것으로 충분한 것이다. 만약 동맹군 측이 전쟁 계획의 통일, 병력의 결집이라고 하는 근본 사상을 관철할 작정이라면, 이탈리아에는 될 수 있는 대로 소수의 병력을 머물게 하는 것으로 그치고, 또 그 병력만큼을 주된 행동에서 빼면 되는 것이다. 론 강변[54]의 프랑스를 공격하려고 하는 것은, 소총에 장착한 총검 끝을 잡고 총을 들어올리려고 하는 것과 같다. 그러나 지엽적인 행동이라고 해도 남프랑스에 대한 공격은 좋지 않다. 그와 같은 일은 동맹군에 대항하는 새로운 여러 힘을 눈뜨게 할 뿐이다. 먼 곳의 주나 군을 공격할 경우, 그렇지 않으면 잠들어 있을 이해관계를 일부러 깨우는 일이 될 것이다. 그러나 이탈리아에 잔류하고 있는 오스트리아군이, 그곳을 단순히 보전한다는 임무만으로는 너무 강대하고, 따라서 한가한 시간을 주체할 수 없는 경우라면 이탈리아에서 남프랑스를 공격하는 일은 시인해도 좋을 것이다.

---

54) 론강(Rhone). 프랑스의 강. 스위스의 베른 알프스에서 발원하여 제네바호를 거쳐 프랑스로 들어가 리용에서 남하하여, 남프랑스를 관통해서 지중해의 리용만으로 흘러든다. 따라서 이탈리아에서 프랑스를 공격하면, 론강 유역의 남프랑스에 침입하게 된다.

따라서 우리는 되풀이해서 이렇게 말하고 싶다. ―이탈리아에서의 오스트리아군의 병력은, 정황이 허용하는 한 소수이어야 한다. 또 그 병력은 이 군이 1회의 전역으로 이탈리아 전토(全土)를 잃는 일이 없는 한, 그것으로 충분하다 ―고. 우리가 지금 말하고 있는 예에서, 이 병력을 우선 5만으로 생각하기로 하자.

그런데 지금 또 한 가지 생각해야 할 일은 프랑스가 연해국(沿海國)이라고 하는 사정이다. 영국이 해상에서 패권을 쥐고 있는 관계상, 프랑스는 대서양에 면하는 전 해안에서 현저하게 위협을 받기 쉽고, 따라서 또 대서양 연안에 많건 적건 강력한 수비대를 배치하지 않으면 안 된다. 이 수비대의 편성을 아무리 적게 한다 해도, 프랑스의 국경은 해안선 때문에 3배에 이르므로, 만약에 영국이 2만 내지 3만의 상륙 부대를 가지고 프랑스를 위협한다고 하면, 프랑스는 아마도 그 2배 내지 3배의 병력을 해안 포대로 돌리지 않을 수 없을 것이다. 또 그 경우에는 군대뿐 아니라 함대와 해안 포대에 필요한 돈이나 화포, 기타의 일도 생각하지 않으면 안 된다. 또 여기에서는 영국군이 프랑스에 상륙하기 위해 사용하는 병력을 2만 5천으로 가정한다.

이야기를 다시 전쟁 계획으로 돌리자. 요컨대 동맹국측의 전쟁 계획은 매우 단순하여 병력 관계는 다음과 같은 것이 될 것이다.

1. 네덜란드에 집결하는 군은,

프로이센군	200,000명
네델란드군	75,000명
영국군	25,000명
북독일 연방군	50,000명
합계	350,000명

그중 약 5만은 국경 요새의 수비에 배치되므로, 나머지 30만이 파리를 향해 진격, 프랑스군에 본격적으로 도전하게 될 것이다.

2. 또 20만의 오스트리아군과 10만의 남독일 연방군은 오베르라인 구간에 집합하여 네덜란드 방면으로부터 다른 군과 동시에 전진을 개시하여 우선 센

강 상류로 향하고, 거기에서 다시 루아르강 방면으로 진출하여 두 방면에서 진격한 군은 동시에 적에게 본격적인 전투를 벌일 것이다. 따라서 루아르 강변에서 양군의 공격은 결합해서 하나의 공격이 될 것이다.

전쟁 계획 그 자체에 대한 주요 사항은 이것으로 결정되었다. 다음에 말해야 할 일은 주로 잘못된 생각을 타파하기 위한 것으로 다음 네 가지로 요약된다.

1. 동맹군 측의 모든 장수에 대한 공통된 방침은, 위에 적은 전쟁 계획에 의해서 지정된 본격적인 전투를 하기 위하여, 결정적 승리를 가져올 수 있는 병력 관계와 정황에 입각해서, 적에게 도전을 하는 것이어야 한다. 이 목적을 달성하기 위해서 장수는 모든 것을 희생하고, 요새의 포위나 수비 등은 되도록 소수의 병력으로 충당해야 한다. 만약 이들 장수가 1814년의 슈바르첸베르크[55]처럼, 적지에 침입하자마자 군을 방사선 모양으로 확산하는 것 같은 대책을 강구하면 모든 것은 끝장이다. 1814년 최악의 사태로 빠지지 않고 끝난 것은, 오직 프랑스군이 무기력했기 때문이다. 공격은 강하게 박힌 쐐기에 비교할 만한 것으로, 쓸데없이 부풀어서 터지는 비눗방울과 같아서는 안 된다.

2. 스위스의 일은, 스위스 자신의 군대에 맡겨져야 한다. 스위스가 시종 중립[56]을 지키고 있다면, 오베르라인 구간은 동맹군에게는 우수한 거점이 된다. 만약에 스위스가 프랑스의 공격을 받으면 목숨을 걸고 저항할 것이다. 스위스는 여러 가지 점에서 저항하기에는 매우 편리한 나라이다. 그러나 스위스라고 하는 나라가 유럽에서는 최고의 땅이라고 해서, 전쟁에서 여러 사건에 중대한 지리적 영향을 끼치는 것처럼 생각한다면, 그처럼 어리석은 일은 없다. 이와 같은 영향은 매우 제한된 조건에서만 생긴다. 그러나 지금 문제로 삼고 있는 경우 이러한 조건은 전혀 갖추어져 있지 않은 것이다. 프랑스군이 자국의 심장부에 공격을 받고 있는데, 스위스에서부터 이탈리아나 슈바벤에 이르기까지 강력한 공격을 기도한다는 것은 불가능하다. 또 적어도 이 경우에 스위스가 지리적으로 고지에 위치한다는 사정이, 결정적 정황으로서 고찰의 대상이 될 수 있는 것은 아니다. 전략적 제고(制高)의 이점은 오직 방어의 경우에 중요하며, 이 이점이 공격에게 약간이라도 중요하다면, 그것은 어떤 종류의 공격에 나타날 정

---

55) 1814년 초엽의 프랑스에서의 그의 행동을 가리킨다.
56) 1815년의 빈 회의에서 스위스의 영세 중립이 정해졌다.

도의 것에 지나지 않는다. 이것을 알지 못하는 군인은 제고의 의의에 대해서 아직 명석하게 생각한 적이 없는 것이다. 만약에 앞으로 주권자와 장수 회의에, 심각한 얼굴을 한 참모 장교들이 동석해서, 이런 종류의 박식(博識)을 개진하는 일이 있다면, 우리는 그의 설명을 듣기 전에 이러한 가짜 지식은 쓸모가 없는 의견이라고 말하는 데에 주저하지 않을 것이다. 그리고 이러한 회의석상에야말로 건전한 인간 지성을 갖춘 검사(劍士)가 나타나서, 이와 같은 참모 장교의 발언을 봉쇄해 주기를 바라는 것이다.

3. 두 방면에서 공격적 전진을 하고 있는 양군의 중간에 가로놓인 전 지역은 그대로 두어도 좋다. 파리에서 30마일 내지 40마일 지점에 집합한 60만의 동맹군이 프랑스 국가의 심장부를 향해 전진하는 동안, 미텔라인을 따라서 베를린, 드레스덴, 빈 및 뮌헨 등의 도시를 엄호할 생각을 할 필요가 있을까? 그와 같은 생각은 전적으로 상식 밖의 일이다. 그러나 적어도 병참선의 엄호 정도는 필요하지 않을까? 확실히 이것은 사소한 일이 아니다. 만약에 그렇게 되면 이런 종류의 엄호에, 공격과 마찬가지 정도의 병력과 중요성을 주게 될지도 모르는 일이다. 그러면 동맹국의 위치로 보아 절대로 필요한 두 가닥의 전진로[57]는 이윽고 세 가닥, 더 나아가서 다섯 가닥, 일곱 가닥도 될 것이다. 그러면 또 따분하고 지루한 이야기가 되어 결국 수습이 되지 않을 것이다.

동맹군이 두 방면에서 하는 공격은 각기 독자적인 목표를 갖는다. 이들 공격에 사용되는 전(全) 병력이, 수적으로 적 병력보다 현저하게 우세하다는 것은 확실하다고 말할 수 있다. 따라서 두 방면으로부터의 공격이 어느 것이나 강력하게 이루어진다면, 반드시 양자는 유리한 영향을 서로 미칠 것임에 틀림없다. 만약에 둘로 나뉜 적 병력의 어느 한쪽이 공격군의 한쪽보다 우세하여 공격이 실패로 끝난다 해도, 다른 쪽 성공이 이 실패를 저절로 보상하게 될 것임은 확실하다. 이것이 바로 양국 사이의 참다운 연계이다. 실제로 양군은 거리 관계로 보아서도, 매일의 모든 사건에 대해서 일일이 연계를 유지하는 것은 불가능하지만, 또한 그럴 필요도 없다. 따라서 이 경우에는 직접적인, 혹은 직선적인 연락은 그다지 큰 가치를 지니지 않는다.

---

57) 오버라인 구간으로부터의 전진로와 안트베르펜, 브뤼셀 방면으로부터의 전진로를 가리킨다.

적은 국내에 깊숙이 침입하고 있는 동맹군에 의해 공격을 받고 있는 것이므로, 공격자의 병참선을 차단하기 위해 많은 병력을 할애할 여유는 없다. 오히려 걱정은, 이 차단이 적의 별동대의 지원을 받은 주민에 의해 이루어질지도 모른다는 것이다. 그렇게 되면 적은 본군의 전투력을 사용하지 않아도 차단의 목적을 달성할 수가 있기 때문이다. 동맹군 측의 대책으로서는 1만 또는 1만 5000으로 이루어진, 특히 많은 기병을 합한 1개 군단을, 트리어[58]에서 랭스[59] 방면으로 파견하면 좋다. 그러면 이 군단은 적의 그 어떤 별동대도 충분히 구축할 수 있고, 또 본군의 전투력을 삭감하는 것이 아니므로 본군은 여전히 대군의 수준을 유지할 수 있다. 또 이 군단은 적의 요새를 포위할 필요도 없고 감시할 필요도 없다. 요컨대 이들 요새 사이를 통과, 행진만 하면 된다. 이러한 군단은 일정한 후방 기지와 결합할 필요가 없으므로, 우연히 우세한 적을 만나면 임의의 방향으로 대피만 하면 되는 것이다. 이러한 군단이라면 격파당할 염려도 없고 또 비록 격파되더라도 전군에게 큰 상처를 주는 일은 없을 것이다. 이와 같은 상황하에서라면 이런 종류의 군단은 두 방향의 공격에 대해서 중개점을 이룰 것이다.

4. 그런데 두 개의 지엽적인 행동, 즉 이탈리아에서의 오스트리아군과 영국의 프랑스 상륙군은, 각기 각자의 목적을 알맞은 방식으로 추구하면 된다. 즉, 이 양군은 무엇인가를 하고 있으면 그것으로 각자 목적은 달성되는 것이 된다. 그러나 어떠한 일이 있어도 이들 지엽적 행동이 그 어떤 방식으로, 프랑스에서의 두 방면으로부터의 대규모적인 공격에 불리한 영향을 주는 일이 있어서는 안 되는 것이다.

만약에 프랑스가 150년[60]의 긴 세월에 걸쳐 유럽을 위압한 교만을 다시 되풀이하려고 한다면, 우리는 그를 타도하여 응징할 준비가 되어 있다는 것을 확신한다. 요컨대 파리의 저쪽, 루아르 강변에서만 유럽의 안녕에 필요한 조건을 획득할 수가 있다. 이와 같이 해서만이 우리는, 프랑스의 3천만의 인구에 대한 동

---

58) 트리어(Trier). 모젤강변의 도시. 프랑스 국경에 가깝다.

59) 랭스(Reims). 파리 동북방의 도시. 파리 분지로 들어가는 주요 도로의 하나.

60) 프랑스의 루이 14세가 행한 제1차 침략 전쟁, 즉 네덜란드와의 전쟁(1667~68)에서 나폴레옹 전쟁의 종결(1815)까지의 약 150년을 가리킨다.

맹국측 7천 500만 인구의 자연적 비율의 효과를 신속하게 발휘할 수가 있는 것이다. 그러나 이제까지 150년 동안이나 헛되이 이루어진 것처럼 여러 나라의 군대를 당케르크[61]에서 제노바[62]까지, 말하자면 띠 모양으로 배치하여 이들 군에 50가지나 되는 작은 목적을 준다고 한다면, 또 이들 목적이 하나같이 동맹국측의 마찰이나 외부로부터의 영향을 극복할 만큼 강력하지 않다고 한다면, 프랑스에 대한 동맹국측의 우위 등은 도저히 기대할 수 없을 것이다. 한편 여기에 든 약간의 결점은 언제라도 또 어디에서도 발생하지만, 특히 동맹국측에서 자주 나타나고 또 한없이 되풀이된다.

현재의 독일 연방군의 잠정적 조직이, 위에서 말한 목적을 달성하는 데에 필요한 조직에 적합하지 않다는 것은 독자 스스로가 알아차렸으리라고 생각한다. 현재와 같은 연방군의 편성으로는 연방[63] 부분만이 독일군의 핵심을 이루고, 프로이센과 오스트리아는 이 부분에 압박되어 두 나라는 자연적 중요성을 잃고 있는 것이다. 대체로 연방 국가는 전쟁에서는 매우 취약한 핵심인 것이다. 거기에는 통일도 수행력도 없고, 장수를 합리적으로 선택할 여지도 없고 또 권위도 책임도 없다.

오스트리아와 프로이센은 독일국[64]에게는 외적을 공격할 때의 두 자연적 중심점이다. 이 두 나라는 전쟁 운동의 발기점이고, 이른바 예리한 칼이다. 오스트리아와 프로이센은 어느 나라나 전쟁에 익숙한 군주 국가이고, 따라서 또 독자적인 이해관계와 독립된 국군을 가지며, 이런 점에서 다른 독일 연방보다 앞서고 있다. 그러므로 독일군의 편성은 이러한 자연적인 조건에 따라야 하는 것으로, 쓸데없이 평면적인 통일을 주장하는 것은 그릇된 생각이라고 하지 않을 수 없다. 원래 평등한 통일이란, 전쟁의 경우에는 전혀 불가능하고, 이러한 불가능한 일에 열중하여 가능한 것을 소홀히 하는 것은 바로 어리석은 사람들이 할 일이다.

---

61) 당케르크(Dankerque). 도버해협에 면한 북프랑스의 항구.

62) 제노바(Genova). 리구리아해의 제노바만에 면한 이탈리아 항구.

63) 저자는 오스트리아와 프로이센을 제외하고 독일 연방을 생각하고 있다.

64) 여기서는 본래의 독일, 즉 프로이센과 오스트리아 두 나라를 포함하는 독일 연방의 총칭으로서 독일국이라는 말을 사용한 것이다.

클라우제비츠 생애와 작품과 그 영향

 '유럽 전체가 평화일 때는 드물고 또 그 밖의 세계 어디에서나 전쟁은 결코 그침이 없다'고 클라우제비츠는 150년 전에 확신을 가지고 썼다. 그런데 이 말은 오늘날에도 그 타당성을 잃지 않고 있다. 그러나 이 말이 포함하고 있는 본디의 의미는 변화해 가고 있다. 그 이유는 오늘날 전쟁을 세계 질서의 확고한 일부인 것처럼 파악하는 것은 더 이상 실체에 맞지 않게 되어 있기 때문이다. 이 말은 만일 인류가 생존할 기회를 허술하게 위험에 노출시키지 않으려 한다면, 폭력이 따르지 않는 분쟁 해결을 기초로 한 평화질서를 건설할 정력적 노력이 필요함을 의미한다.

 평화로운 질서를 확립한다는 목적을 이룩하기 위해 필요한 가장 중요한 조건의 하나는 전쟁에 따르는 여러 조건이나 결말에 연관된 기본적 문제에 관한 지식이다. 즉 전쟁에 내재하는 깊은 연관을 명확히 하지 않으면 전쟁의 극복을 기대할 수는 없다. 날카로운 통찰력이 있는 동시대 사람들에게 인정을 받은 클라우제비츠의 이 이론적 저작은 처음으로 '다른 학문과 함께 전쟁학에 시민권을 부여하게 된 것으로서 평가되고 있으며, 오늘날에도 아직 전쟁을 극복하는 노력에 불가결한 것으로 되어 있다.' 그럼에도 이 가장 유명하지만 가장 연구되고 있지 않은 군사이론가의 사상은 작은 범위의 관심 있는 전문가들에게 신뢰를 받고 있는 데 지나지 않는다. 마찬가지로 클라우제비츠의 생애나 업적, 그리고 그 영향은 이 《전쟁론》을 올바르게 이해하기 위해 중요한 역할을 맡는 것임에도 그다지 잘 알려져 있지 않다.

클라우제비츠의 생애
 클라우제비츠는 1780년 6월 1일 마그데부르크 근교인 부르크에서 검소한 생활을 하고 있는 퇴역 장교의 아들로 태어났다. 12세에 프로이센군에 소년병으

빌헬름 1세(1688~1740) 제2대 프로이센 국왕. 부국강
병책을 강행해 군인왕으로 불렸다.

로 입대해 1793년 일찌감치 전쟁의 냉혹함을 체험했다.

그의 군대 근무 초기의 몇 년에 대해서는 잘 알려져 있지 않으나 소년병 기수인 융케르로 근무를 시작했다. 1799년에 상관이 그에게 준 평가에는 '우수한 젊은이, 유능하고 근무에 열심, 모든 분야에 지식이 있고 의욕 왕성'이라고 되어 있다. 1801년에 그는 베를린의 '보병과 및 포병과 사관양성학교'에 입교했다. 그때까지의 불규칙한 독학의 결과로 처음에는 강의를 따라가지 못해 애를 먹었다.

이와 같은 실의 속에서 클라우제비츠는 샤른호르스트의 주목을 받게 되는 행운을 얻었다. 샤른호르스트는 그의 재능을 발전시키기 위해 필요한 지원을 했다. 이 천부적인 재능이 풍부한 젊은 장교에 대해서 샤른호르스트는 자신의 자식들 외에 클라우제비츠만큼 가까이에 있었던 사람은 없다고 훗날 말하고 있다. 한편 클라우제비츠는 샤른호르스트를 '마음의 아버지이자 벗이다'라고 회상하고 있다. 샤른호르스트는 사관양성학교를 우수한 성적으로 졸업한 클라우제비츠를 아우구스트 황태자의 부관으로 추천했다.

선두다툼을 하는 장교들의 실무 능력이 평가된 것에 따른다는 입장에서, 클라우제비츠는 이 보직에 대해 거의 말하지 않고 있으나, 실은 이 보직 덕분에 그는 시대의 정신적 조류에 접할 기회가 많아졌다. 그것은 그가 베를린에서 멀리 떨어진 변방에서 근무해서는 도저히 체험할 수 없는 소중한 것이었다.

그는 문학·철학·수학·교육학에 몰두했다. 이 사이에 가장 매력을 느끼고 있었던 역사와 군사의 연구를 소홀히 할 수 없었다. 또 사생활에서도 이 새로운 지위는 중대한 의의를 지니고 있었다. 그것은 이 지위 덕분에 베를린의 궁정 사회에 드나들 수 있게 되어 훗날 마리 부인 곧 브륄 백작의 큰딸을 알게 되었기 때문이다.

1806년 클라우제비츠는 아우구스트 황태자의 부대와 함께 예나 아우에르슈테트 전투에서 참패를 당하고 자랑스러운 전통을 지닌 프로이센군이 놀랄 정도로 빠르게, 더구나 괴멸적인 타격을 입는 것을 목격했다. 이 패배에 이른 상황은 그를 뼈아프게 실망시켰으며, 온 힘을 기울여 군대를 재건하기 위해 그는 프로이센 패배의 원인을 명확히 하는 데 몰두했다.

그러나 그가 우선 명령받은 것은 대기였다. 패전의 굴욕을 맛본 그 무렵, 프로이센 군주 정체의 중심지였던 쾨니히스베르크에 틸지트 강화조약 체결로 인해서 송환되기까지 아우구스트 황태자의 수행원으로서 그는 프랑스에 포로가 된 것이다. 쾨니히스베르크에서는 샤른호르스트를 중심으로 해서 은밀히 군사 개혁의 작업이 진행되고 있었다.

프로이센군의 개혁을 위하여

1808년 가을부터 그는 표면에 나서는 일은 없었으나 가장 효과적인 방법, 즉 개혁 운동의 중핵이었던 샤른호르스트의 사무총장으로서 활동하기 시작해 개혁 운동의 조직적·내정적 측면을 가까이에서 체험하게 되었다.

1810년 12월, 그는 소령으로 승진하고 죽음에 이르기까지 매우 행복한 부부였던 마리 폰 브륄을 아내로 맞았다. 직무면에서도 1810년에는 다양한 성공을 가져왔다. 승진과 함께 자신의 모교인 베를린사관학교의 교관이 되고, 게다가 황태자에게 군사에 대해서 가르치는 임무도 부여되었다.

그는 이와 같은 인간관계나 개인적 생활에는 모든 의미에서 만족하고 있었음에도, 패배의 속박에서 프로이센을 해방하는 것에 적극적으로 이바지할 수 있는 상태를 바란 나머지 초조한 나날을 보내고 있었다.

1809년에 오스트리아가 나폴레옹과 싸우기로 했을 때에 그는 이미 궐기할 때가 온 것으로 판단하고 있었다. 프로이센 정부가 우유부단한 자세를 계속 취하고 있었기 때문에 그는 오스트리아군으로 참전 준비를 했는데, 그것이 실행되기 전에 프랑스는 무력으로 오스트리아를 지배했다.

1811년부터 12년에 걸친 겨울, 나폴레옹이 러시아에 대해서 나폴레옹이 지배하는 유럽국가 구상을 내건 점에서 프로이센에서는 좀 더 위험성이 적은 길을 공식 정책으로서 우선시키려는 정치 정세가 조성되었다. 개혁파는 정부가 정식으로 프랑스와 군사 동맹을 체결하려는 움직임에 대해 적극적으로 반대하여 국왕의 의향을 바꾸게 하려고 힘썼다.

클라우제비츠는 벗들의 의뢰를 받아 정력적으로 저항해야 할 기회라고 주장하고 용기가 있는, 그리고 무엇보다도 명예로운 행동을 취해야 할 것을 정부에 권고하는 건의서를 기초했다. 그러나 정부는 이미 결단을 내리고 있었고 프로이센은 나폴레옹측의 지원 군단을 준비할 의무를 지게 되었다. 이와 같은 상황 속에서 클라우제비츠는 뜻을 같이 하는 사람들과 유일하고도 가능하다고 생각되는 구체적인 안을 숙고한 나머지, 국왕에 의한 구속이 미치지 않게 될 프로이센군으로부터의 이탈을 탄원한다는 결론에 이르렀다.

클라우제비츠는 이와 같은 행위가 군인으로서의 의무에 반하는 것이고, 국왕이나 지난날의 전우 대부분이 승인하지 않는, 이상한 행동으로 볼 것이기 때문에 냉혹한 비판을 받게 될 것을 각오하고 있었다. 그러나 그는 그렇게 함으로써만 그 자신과 그의 정치적 신념에 충실할 수 있다고 확신하고 있었다.

오래도록 강렬한 소망이면서도 이루지 못했던 장교로서의 실전 참가가 마침내 자신을 시험해 본다는 기회로 다가와 그는 당장 희망에 가득 찬 장래를 내다보고 있었다. 샤른호르스트 부하의 추천장과 이미 그보다 먼저 망명했던 프로이센군 장교들에 의해서 준비된 빌나의 러시아군 사령부에서의 근무는 즉시 러시아군 중령에 임명되어 그가 기대했던 것보다 좋았다.

그는 최초의 보람 있는 일로서 본디 러시아군의 작전 계획으로서 나폴레옹군의 돌진을 막기 위해 구축된 드리사의 진지를 검열했다. 클라우제비츠는 러시아 인의 전략구상을 잘 간파하고 있어, 이미 드리사의 진지에 대해서 불안감을 안고 있었던 황제에게 비록 드리사의 진지를 포기하더라도 러시아의 드넓은 지역을 유연한 방어로 활용할 수 있다고 보고해 납득시켰다.

전략적 판단력에서 뛰어남을 보인 클라우제비츠였으나 러시아어를 못하는 것이 독립사령부에 근무하는 데 극복할 수 없는 걸림돌이 되어, 하급부대에 근무하고 싶다는 소망은 충족할 수 없었다. 다만 독일어 또는 프랑스어를 이해하

나폴레옹(1769~1821)

는 것이 가능한 상급 사령부에서만 러시아어를 못하는 결함이 벌충되었다. 이 때문에 그는 차츰 다양한 분야에서 일반 참모로 근무하게 되었다. 이런 근무를 통한 활동 범위는 불만족스러운 것에 지나지 않았다. 이윽고 그는 이와 같은 운명에 순응해 오직 한결같이 '적어도 전쟁을 자신의 눈으로 확인하고 그것으로 자신의 인간을 연마하는' 것만을 바라게 되었다.

이와 같은 생활 속에서 그는 훗날 이론적인 저술에 결정적인 영향을 준 일종의 기법을 몸에 익혔다. 즉 그는 이 전역(戰役)에서 생긴 일들을 다양한 관점에서 보는 특권적인 관찰자로서 인식하게 되고, 만일 그가 그 소질에 따라서 보직되었더라면 전쟁 지도의 최고 의사 결정까지도 맡겨졌을 정도의 통찰력을 발휘했을 것이다.

그가 가장 감명을 받은 것은, 수동적이 아닌 방어의 강함도 그럴 만하지만 영토의 장점을 활용한 방어, 즉 나폴레옹의 대군을 러시아의 드넓은 지역에서 익숙하지 않은 냉혹한 기후와 전 국민의 끈질긴 저항 의지에 의해서 좌절시키는 전제 조건을 만들어 내는 것이었다.

승리의 체험에 의해서도 클라우제비츠의 사기는 오르지 않았다. 이 시기의 그의 편지 대부분은 하는 일 없음을 자책하는 그의 의향을 반영한 어조로 되어 있다. 게다가 고향으로부터의 소식에 따르면, 외국군에 투신한 것에 대해서 베를린에서 재판이 이루어진다는 것이었다.

국왕은 프랑스인을 배려해 망명자에게 냉정하게 대하지 않을 수 없는 것이고, 국왕도 개인적으로는 죄로 인식하고 있지 않을 것이라고 클라우제비츠는 이해하고 있었다. 그 이유는 그는 이기적인 이해에 따른 것이 아니고, 최선을 다해 봉사해야 할 프로이센 국가의 명예를 위해 외국의 위압에 대해서는 저항한다는 합리적 사고방식에 의거해 단호하게 입장을 달리하고 있기 때문이다. 그러나 그 무렵 대다수의 국민, 특히 국왕은 신하가 자신의 선조 전래의 연방 군주에 대한 충성을 의무로 하는 것은 바람직하다고 생각하고 있었다. 그런데 그것이 보다 상위의 국가라는 추상적 이념에 대한 충성 의무가 된다고는 실감으로서는 인식하고 있지 않았다. 국가와 결별한 장교들의 행동에 대한 형의 선고는 뿌리 깊은 것이어서 특히 클라우제비츠는 생애를 통해서 그 멍에를 지게 되었다.

1812년의 전황 추이가 클라우제비츠가 바라고 있던 대로가 아니었던 것은 확실하다. 그러나 러시아군이, 패주하는 나폴레옹 원정군을 추격해 나폴레옹 지휘하의, 손상됨이 없는 프로이센 지원군단이 어떻게 행동해야 할 것인가 하는 문제가 생겼다.

러시아측은 프로이센의 요르크 장군에게 지휘하의 부대를 최소한 중립에 머물도록 요청했다. 요르크는 사태에 대처할 효과적인 해결책을 갖지 않은 채 오직 신중하기만 했다. 최종적으로 그는 자제해 나중에 유명해진 타우로겐 협정을 승낙했는데, 실은 이 협정 성립의 대부분이 러시아군 장교로서 프로이센군과 교섭해 현실의 정책면에서 가장 중요하게 이바지한 클라우제비츠의 공적에 따른 것이었다.

여기에서도 클라우제비츠는 전통적으로 이해되고 있는 군인의 복종이란 개념을 넘어 다시 고도의 판단력을 보여 주었다. 프로이센 국왕은 분격해 클라우제비츠를 비난하고 '완전한 러시아인'이 되어 버렸다고 쓰고 있다.

프로이센이 반 나폴레옹 연합에 가맹하려는 조짐이 나타났을 때 클라우제비츠는 머지않아 다시 조국의 깃발 아래 근무할 수 있게 될 것이라고 생각했다. 샤른호르스트는 '머지않아 또 자네와 함께하기를 즐거움으로 삼고 기다리네. 자네의 진가를 잘못 본 적은 없었네. 해야 할 일이 너무나도 많은 요즈음 한결같이 우리의 이상을 일체화하고 또는 서로 편안한 마음으로 불변의 방침하에

뤼첸전투(1813) 나폴레옹의 러시아 원정이 시작되자, 클라우제비츠는 프랑스군에게 저항하기 위해 러시아군에 참가한다. 나폴레옹이 러시아 원정에 실패하자, 이를 목격한 프로이센을 중심으로 유럽 각국은 프랑스군에 대항하기 위한 동맹을 맺고 뤼첸에서 프랑스에 대한 공격을 준비한다. 이러한 정보에 접한 나폴레옹은 1813년 5월 2일 병력을 뤼첸에 집결시켜 프로이센–러시아 연합군을 측면 공격하여 승리한다. 클라우제비츠와 함께 이 전투에 참전한 샤른호르스트는 중상을 입고 죽었다. 샤른호르스트의 죽음은 클라우제비츠에게 크나큰 상처를 주었다.

매진할 수 있는 것은 자네뿐이란 생각을 새롭게 하고 있네'라고 클라우제비츠에게 써 보내고 있다.

　그러나 프리드리히 빌헬름 3세는, 클라우제비츠에 대한 분노를 삭이지 못해 몇 번이나 신원보장 신청까지도 계속 거부했기 때문에 프로이센군 복귀의 소망은 실현되지 못했다. 그래서 샤른호르스트는 한 계책을 내어 이 젊은 벗을 러시아군의 연락 장교로서 프로이센군 사령부에 배치함으로써, 조국 해방을 위한 개혁 운동의 중심 인물이 된 샤른호르스트와 손잡고 활동하는 것을 가능하게 했다.

　샤른호르스트가 뤼첸에서 부상당해 전사했을 때(1813. 6)부터 제1차 파리조약 체결(1814. 4)까지의 클라우제비츠는 조역일 뿐 공개적으로 공적이 인정된 적

그나이제나우(1760~1831) 프로이센의 장군. 클라우제비츠는 그나이제나우의 참모장을 지냈다.

은 없었다. 1814년(4. 1), 가까스로 그는 프로이센군으로의 복귀가 인정되고 프로이센 제3군단 참모장으로서 1815년 전역에 참가했다.

나폴레옹을 최종적으로 격파한 후, 클라우제비츠는 여러 가지 점에서 샤른호르스트와 똑같은 교우관계에 있었던 그나이제나우 밑에서 새롭게 코블렌츠에 편성된 프로이센 군단의 참모장이 되었다. 그러나 그나이제나우가 정치적 신조에 연관된 의혹이 깊어진 것으로 인해서 퇴임했기 때문에, 이 두 사람의 협력관계도 오래가지는 못했다. 그리고 클라우제비츠는 '끝없는 헛수고에 그친',

너무나도 마음에 안 드는 상사를 맞이하게 되었다. 그는 불만이 많은 근무 활동으로 되돌아가 《전쟁론》에 손을 대기 시작했다.

《전쟁론》 집필

1816년 베를린 일반사관학교 교장으로 임명되어 장래에 대한 전망이 열리는 것처럼 보였다. 클라우제비츠는 이때 소장으로 승진하고 베를린에 부임했다. 그러나 그는 그곳에서 크게 실망하게 된다. 그 이유는 그가 학교의 관리·운영에만 책임이 있고, 교육에는 전혀 관여할 수 없었기 때문이다. '이 직무는 장군에게는 명목상의 관리직에 지나지 않는다. 클라우제비츠 장군은 이와 같은 직무에 종사하고 있는 유일한 저명 인물이고 전혀 불가해한 일이다'라고 동시대의 어떤 사람은 쓰고 있다. 클라우제비츠의 개혁에 대한 제언은 모두 각하되어 이윽고 그는 개혁 운동에서 손을 떼고 외교관으로의 변신을 생각했다. 그러나 클라우제비츠는 이 노력이 그의 의지에 반하고 있는 것처럼 느껴져 이윽고 이것도 단념했다. 그는 '정부나 군대에는 참된 벗이 한 사람도 없다'고 편지에 쓰고 있다.

클라우제비츠는 깊은 실의 속에서 아내에게 다음과 같이 써 보내고 있다.

'이제 천천히 고갯길을 내려가 묘지로 향하는 길을 걷고 있소. 이것이 아직 멀었다고는 해도 그렇기 때문에 지금은 벗어나기 어렵게 되어 있는 이 일을 서두르지 않으면 안 되오.'

이와 같은 가운데서 그는 사직할 생각을 버리고 이제까지 이상으로 여겼던 이론적 저작에 노력을 기울였다. 이 일은 후세 사람들이 아는 바와 같이 조용한 베를린에서의 생활 속에서 결실을 맺기 시작했다. 클라우제비츠는 아내의 적극적인 내조에 의해서 저작을 진행했다. 그의 존재는 그나이제나우 등 서너 명의 친한 벗만이 알 뿐이었다. 그러나 이 저작을 완성시키는 일은 허용되지 않았다. 그 이유는 그가 1830년에 브레슬라우의 제2포병감으로 전출되고 이윽고 여기에 더해서 그나이제나우 사령관 지휘하의 프러시아 제4동방군단 참모장에 임명되었기 때문이다. 이 군단의 임무는 폴란드의 러시아 점령 지역에서 발생한 폭동에 대해 국경을 방위하는 것이었다.

이 임무를 마친 며칠 후인 1831년 11월 16일 클라우제비츠는 브레슬라우에서 갑자기 콜레라 증세를 보이며 세상을 떠났다.

그의 아내는 벗에게 보낸 편지에서 다음과 같이 쓰고 있다.

'그의 일생은 정말로 끊임없는 괴로움, 불행의 연속이었습니다. 그래도 그는 그가 상상하던 것 이상의 것을 이룩했습니다. 그렇기 때문에 그는 이를 매우 만족스럽게 여기고 감사하게 생각했던 것이 틀림없습니다. 하지만 그는 그가 바라던 최고의 지위에는 결코 오를 수 없었습니다. 그 대신 가시밭길을 택하고 그것을 즐거움으로 삼았습니다. (중략) 그가 그 마지막 순간 평온하게, 괴로워하지 않았던 것은 나에게 큰 위로였습니다. 그러나 그가 마지막 한숨과 함께 무거운 짐을 지고 걸어온 일생이었다고 내뱉은 한마디는 나의 가슴을 아프게 했습니다.'

클라우제비츠의 〈전쟁론〉

그의 유해는 브레슬라우의 육군 묘지에 안장되고 그곳에서 140년의 휴식을 거친 뒤, 1971년 당시 동독의 발의에 따라 탄생한 땅인 부르크에 이장되었다.

《전쟁론》

클라우제비츠의 사후 얼마 지나지 않아서 마리 폰 클라우제비츠는 1832년 이후에 '전쟁 및 전쟁 지도에 관한 클라우제비츠 장군의 유고'로서 공개된 방대한 원고를 전문가인 벗들의 도움으로 선별 작업을 시작했다. 최종적으로 10권으로 정리되어 마리 폰 클라우제비츠의 사후에 비로소 완결된 초판에는 《전쟁론》과 함께 방대한 전사에 관한 일련의 연구 성과가 있으나, 이것이 오늘날에는 완전히 잊혀지고 있다.

클라우제비츠가 '전략가나 정치가의 뇌수의 잘못된 주름을 펴주길' 바라고 생전에 사후의 명성 확립을 지향하고 있었던 《전쟁론》은 본격적인 이론서로서 짜여져 있다.

특히 오늘날에는 당연시되는 명제에 대한 상당한 반복이나 삽입된 많은 역사적 전례에서 볼 수 있는 명백한 교육적인 의도에도 그가 채용한 철학적·변증법적 고찰법, 다루어지고 있는 소재의 복잡성, 더 나아가 이 저서가 미완성인 것에 따른 불충분한 부분의 존재에 의해서 그의 인식에 대해서는 무엇보다도 본질적인 연구가 필요하게 되어 있다.

이와 같은 이유에서 《전쟁론》 전체를 만족할 만한 것이라고 하는 어떤 시도도 의문시된 채로 있다. 그래서 《전쟁론》의 구성과 주요 주장을 개관하면, 바로 개개의 논지에 여분의 것이 부가되어 있는 것은 아니고 독자가 소재를 보다 쉽게, 보다 깊게 이해하기 위한 보조로서 필요한 유보 조건이 부가되고 있음을 알 수 있다.

클라우제비츠는 연구 성과를 8편으로 나누고 있다.

1. 전쟁의 본질
2. 전쟁의 이론
3. 전략 일반
4. 전투
5. 전투력
6. 방어
7. 공격
8. 전쟁 계획

이들 각 편의 내용을 살펴보면 《전쟁론》은 몇 개의 추상적 개념의 레벨로 구분할 수 있다.

1. 방법론적·이론적 기초
2. 전쟁의 자리매김
3. 전쟁의 본질과 구조 및 전쟁에 영향을 주는 여러 힘
4. 현실의 전쟁 지도

1. 방법론적·이론적 기초

클라우제비츠가 그가 인식하는 사항에 대해서 초안을 시작했을 때 세간에는 이미 군사 이론에 대한 풍부한 저작이 있었다. 그러나 그 대부분은 그가 '지리멸렬한 개념의 수렁'이라고 대담하게 지적하고 있는 것처럼 이론적으로는 정체 상태에 빠진 것이고, 그가 부정적인 예로서 인용한 것이었다. 그는 선인들이 잘못된 주된 원인은, 선입관이 없는 연구에는 견딜 수 없음에도 개개의 관찰에서 얻은 결과를 너무나도 간단하게 일반화하고, 구속력이 있는 법칙으로 높인다는 유혹에 지고 있는 것에 있다고 보고 있었다.

이와 같은 곤란한 상태를 고치기 위해 그는 전쟁의 실태에 영향을 주는 여러 요소의 다양성을 연구의 중심에 두기로 했다. 그때 그 자신이 전쟁의 추이에서

의 드넓은 통찰을 매우 유리한 입장에서 몇 번이나 체험한 것이 도움이 되었다.

자기 체험의 보완과 수정을 위해 그는 다양한 시기의 약 130회나 되는 전역에 대해서 방대한 군사상의 연구를 하고, 그 연구 성과를 활용함으로써 그의 견식이 '의도적인 연구에 따른 것이 아니라 전쟁의 전체적인 현상에 대한 인상에 따른 것'이란 정당성을 주장할 수 있게 했다.

그는 또 이와 같은 방대한 연구 성과에 의해서 '전쟁 이론은 이론이란 용어의 가장 올바른 의미 속에, 즉 연구 속에' 머물러야 하고 그것은 행동의 지침은 아니지만 발상과 판단 기준을 부여해야 하는 것임을 배웠다.

이와 같은 의미에서 그는 이론의 사명은 '모든 현상에 명백한 논증이 되지 않으면 안 된다. (중략) 이와 같은 사물의 본질을 둘러싼 심각한 탐구에 의한 정신적인 획득물은 정신 속에 싹튼 한 줄기 빛이고 이것이야말로 이론이 가져오는 효용이다. 이론은 정신적인 문제 해결을 위한 방법을 주는 것은 아니다'라는 사고방식을 이끌어 냈다.

일반적으로 이론은 설정된 테두리와 그 테두리 속에서 실제적 결론을 추구하게 된다는 것에 한정되어야 하고, 그 결론은 그때그때 상황하에서의 중요한 영향의 전체적인 범위를, 그 사상을 다루는 자의 정신적 판단력 앞에 부각시킴으로써 도출된다. 클라우제비츠는 '다양한 문제를 모든 각도에서 가장 깊은 곳까지' 관찰할 수 있도록 특히 철학적·변증법적 기법을 중요시해 만족한 성과를 얻으려고 노력했다.

이와 같은 클라우제비츠의 철학적·방법론적 기반은 아무런 준비도 없이 그의 저서에 접하는 독자에게 때때로 곤란을 가져온다. 그러나 근거 없는 피상적인 오해, 클라우제비츠의 명제를 개별로 다루려고 하거나 또는 교조적인 것으로 하려는 시도, 더 나아가 단순한 '명언의 존중'에 머무는 것에서 벗어나기 위해서는 독자의 전문적인 지식이 더욱더 중요해진다. 더 정확하게 말하자면, 그의 저서는 전체로서 읽혀져 이해되어야 하고, 그때에 독자는 각 문장과 그것에 연관된 반대의 문장을 탐구하고 찾아내야 한다. 클라우제비츠의 개개의 주장은 모두 특히 대칭적인 개념, '정치—전쟁', '절대적 전쟁—현실의 전쟁', '공격—방어', '이론—실제' 등과 같은 대극(對極)의 사고방식을 포함해서 제각기 일반적 유효성이 지적되고 있거나 또는 다시 말해서 그것은 화폐의 다른 일면으로서 파악할 수 있는 것인가 하는 의문을 가지고 봄으로써 비로소 명확해진다.

2. 전쟁의 자리매김

클라우제비츠는 앞서 말한 방법론적·이론적 근거에 의해서 전쟁을 모든 사회관계의 포괄적인 영역 속에 자리매김하는 데 처음으로 성공했다. 이 사고방식에서 그의 중심적인 인식에 의하면 전쟁은 독립적인 것이 아니고, 또 고유한 법칙과 요청에만 따르는 것이 아니며 '지도적인 지혜' 즉 정치에 종속되어 있다.

'전쟁은 정치적 목적에서 발생한다는 것을 생각한다면 전쟁 지도에 임해서 전쟁에 생명을 불러일으킨 이 최초의 동기에 첫째의, 더구나 최고의 고려를 두는 것은 당연하다. 〔중략〕 따라서 전쟁은 정치적 행위일 뿐만 아니라 본디 정책을 위한 수단이고 다른 수단으로 하는 정치적 교섭의 수행이다.'

뒤에 때때로 오해를 받은 정치의 연속이란 개념은, 전쟁이 일어난 뒤에는 모든 책임과 결정권이 군사 지휘로 이전한다는 의미가 아니라, 비록 분쟁이 계속되고 있는 동안은 통상과 다른 수단이 사용된다고 해도 그것은 전쟁에 의해서 생긴 모든 권리와 의무를 지닌 '지도적 지혜'에 의해서이고 정치는 좀 더 넓은 분야에 계속 존재한다는 의미이다.

클라우제비츠는 '정치는 사회 전체의 이해를 대표하는 것'으로 정의하고 있고 그 결과로써 전쟁은 단순히 그때그때의 정치적 권력의 점유자뿐만이 아니라 '사회 상태나 여러 국가 간의 상태와 연관되어 있다'고 한다. '전쟁은 이와 같은 사회나 국가 간의 상태와 다양한 관계에서 발생하는데 그것들에 의해서 제약되고, 한정되고, 완화된다.'

클라우제비츠는 정치의 우월이란 원칙을 확정함과 동시에 현실에서의 정치 및 군사 지도의 관계가 어떻게 규정되어야 하는지에 대해서도 지적하고 있다. 그는 정치가에게 '군사에 대한 일정한 이해력' 즉 정치의 하부 조직인 군사를 전문적으로 올바르게 사용하는 것을 아는 것과 함께 수행할 수 없는 전쟁 지도를 요구하지 않는 이해력을 요구하고 있다.

'다만 정치가가 특정 전쟁 수단이나 방법에 대해서 잘못된, 그와 같은 본질에 적합하지 않은 효과를 요구할 경우에만 정치적인 결정이 전쟁에 해로운 영향을 미치는 수가 있다'고 말하고 있다.

'전쟁 전체 또는 전역으로 불리고 있는 최대 규모의 군사 행동에서 빛나는 목표를 이룩하기 위해서는 고도의 국가 정세에 대한 뛰어난 견식이 필요하다.' 전쟁 지도와 정치는 여기에서 일체화하고 장군이 동시에 정치가가 되는 것이므로 최고의 군사 지휘관인 장군은 정치가 제기하는 요청을 올바르게 이해하고 스스로 결단을 내릴 수 있게 하기 위해 정치의 본질에 대해서 고유의 견식을 지니고 있지 않으면 안 된다.

무력의 행사에 대한 결단에는 상황과 이룩하려는 목적에 대한 상세한 분석이 선행하지 않으면 안 된다. '전쟁에 의해서, 또 전쟁에서 무엇을 이룩하려는 것인지를 모르고 전쟁을 시작하는 자는 없다. 또 현명한 한 전쟁을 시작해서는 안 된다. 전자는 전쟁의 목적이고 후자는 전쟁의 목표이다. 이 기본적인 구상에 의해서 모든 방침이 정해지고 전쟁의 수단과 투입될 힘의 크기가 결정되며 이것은 작전의 가장 세부적인 것에 이르기까지 규제한다.'

목표·목적·수단의 상호관계의 객관적 분석이 필요하다는 클라우제비츠의 지적은 그의 새로운 핵심적 주장이다. 더구나 이 원칙은 역사의 가르침에 따르면 실로 자주 무시되고, 잘못이 되풀이되어 왔다.

3. 전쟁의 본질과 구조 그리고 전쟁에 영향을 주는 여러 힘

클라우제비츠는 저서의 첫머리에서 '전쟁이란 적에게 아군의 의사를 강요하기 위해 행하는 힘의 행사이다'라고 정의한다. 이 목적을 이룩하기 위해서는 '적을 무력화하는 것이 필요하고 앞의 정의에 따르면 이야말로 군사 행동 본래의 목표이다.'

'적에게 큰 손상을 주지 않고 인위적으로 무장을 해제하거나 적을 압도한다.' 상황에 따라서는 명백히 본래의 목적을 이룩할 수 없는 것이므로 '이 힘을 가차없이 유혈을 무릅쓰고 행사하는 자는 적이 그렇게 하지 않는 한 우세를 얻게 될 것이 틀림없다. 거기에 따라서 그는 규정을 정하고, 그리고 양자의 힘의 행사는 전쟁에 고유한 제한 요인 외에 제한이 없는 한 극한까지 이르게 된다.'

이와 같은 정식 논리에 따르면 작용과 반작용의 상호작용에 의해서 쌍방의 힘의 행사는 극한까지 이르지 않을 수 없어 '전쟁의 철학 자체에 완화의 원칙을 받아들이는 것은 완전히 불합리하다.'

나중에 때때로 논쟁이 된 이 절대적 전쟁의 주장은 사실 진상의 한 측면에 지나지 않는다. 전쟁에서 쌍방의 힘의 긴장은 극한에 이르는 경향이 있으므로 절대적 전쟁의 개념을 받아들이는 것은 정당한데 '추상의 세계에서 현실의 세계로' 이행하면 전쟁 그 자체는 현실로는 일련의 '완화의 원칙'에 의해서 '확실성의 계산'이 되어 역사적으로 검증이 되어 있는 군사적 분쟁 강도의 다양한 단계를 가져오게 된다.

'이론상의 전쟁에서 어디서나 볼 수 있는 현실의 전쟁'으로 이행하는 과정에서 전쟁의 현실에 대한 이론이 쓸모없는 것이 되거나 전쟁의 정확한 본질을 잘못 보게 될 위험성은 배제된다.

현실의 전쟁에는 '논리적 몽상'과 공통된 것은 아무것도 없다. 현실의 전쟁은 피아가 제각기 우월에 따라서 제각기 개별의 양상에 영향을 주는 변수에 의해서 결정된다.

우선 최초로 고려되는 것은 무력 행사에 대해서 기본적인 결단을 내리고 다가올 전쟁의 성격을 규정할 책임을 지닌 정치의 영향이다. 선택될 수 있는 두 종류의 전쟁은 다음과 같다.

'첫째는 적의 섬멸을 목적으로 하는 전쟁이다. 이 경우 적을 정치적으로 멸망시키거나 또는 완전히 무방비로 해 무조건 강화를 불가피하게 하거나 하는 것은 묻지 않는다. 둘째는 단순히 국경 부근에서 적국의 영토 일부를 침략하려고 하는 전쟁이다. 이 경우, 침략한 지역을 점령하기 위한 것인지, 또는 강화 때에 유리한 거래 자료로서 이용하기 위한 것인지는 묻지 않는다.'

다음으로 군사적 대립이 어떻게 확대될 것인지는 바로 전략에 따라서 규정되는데 클라우제비츠는 전략을 '전쟁의 목적을 위해 전투를 하는 것'으로 정의하고 있다. 이 전략에 대해서는 구속이 전혀 없는 것은 아니다.

우선 첫째로 전략은 이를 선도하는 정치적 지도의 통제하에 놓이는 것이고, 둘째로 전략은 정치적 지도에 의해서 동원되는 여러 힘의 기초에 있는 특성을 고려하지 않으면 안 된다. '전략은 본래 오직 전투에 관한 것으로, 그 이론은 본래 전투의 담당자인 전투력 자체만이 아니라 전투력에 관련된 주요한 특성도 아울러 연구하지 않으면 안 된다. 전투는 전투력에 의해서 낳게 되고 전투의 다양한 결과는 우선 전투력에 영향을 주기 때문이다.'

'전투를 사용하는 전제가 되는 여러 요인'은 '다양한 종류의 요소, 즉 정신적·물리적·수학적·지리적 및 통계적 요소로 나누어진다.'

이런 전략의 여러 요소는 제각기 목적에 따라서 분리해 분석될 수 있는데 '개개의 군사 행동 속에서는 그 대부분이 복잡하게 뒤엉켜 있는' 것을 간과해서는 안 된다.

클라우제비츠가 전략의 여러 요소 첫머리에 다룬 정신의 양에는 그가 주장하는 '전쟁에서 가장 중요한 사항'이 포함되어 있다. 그것은 '장군의 재능, 군의 무덕(武德)과 군대에서의 국민 정신'이다.

물리적 요소는 전투원의 수나 군사력의 구성에 구현된다. 수에 있어서 적에게 우월하기 위해 '결정적인 지점에 전력을 집중하는' 것은 중요한 지표이다. 그러나 동시에 '수의 우월은 전투에서 승리를 가져오는 한 요소에 지나지 않는' 것이므로 병력수의 비교를 지나치게 평가하는 것은 경계하지 않으면 안 된다.

전쟁 지도에서의 기하학적 요소의 연구에 임해서 클라우제비츠는 그 무렵 가장 유행하고 있던 교의(敎義)에 반대해 작전선과 이것이 형성하는 전략에서의 기하학적 형상은 '요새술에서처럼 결정적인 것은 아니고 전술에서처럼 이제 중요하지 않다'고 말하고 있다.

지리적 요소의 평가에 대해서 클라우제비츠는 '결국은 승리를 획득한 전투의 수와 그와 같은 전투의 중요성이 전쟁의 승리를 결정하는 것이다. 그 경우에 우선 고려되어야 할 것은 양군의 전력과 지휘관의 비교 우열이고, 지역의 영향 역할은 이에 비하면 종속적인 것에 지나지 않는 것이 명백하다'고 더욱 강하게 말해 '전쟁에 대해서 박식하다는 큰 성역'을 붕괴시켰다.

클라우제비츠는 군대에서의 보급 문제에 대해서는 '조건이란 관점에서만 연구되어야 하고 결코 목적으로 여겨서는 안 된다'고 해 비교적 간결하게 마치고 있다.

클라우제비츠는 전쟁에서의 행동에 영향을 주는 여러 요소를 이와 같이 연구함으로써 전쟁의 이론이 일면적으로 되는 위험을 배제하고 구체적인 결정 과정에 있어서는 영향을 주는 다양한 요소를 고려해야 함을 표시했다.

실은 이 일을 수행하는 것이 엄밀한 의미에서 전쟁 지도의 사명이다. 그것은 정치가 표시하는 임무에 의거해서 전쟁의 본질이나 그것에 영향을 주는 여러 힘을 인식하면서 결단을 내리는 것이다.

4. 현실의 전쟁 지도

전쟁 지도에 연관된 여러 규칙을 고정화하는 것에 대한 온갖 제한에도 클라우제비츠는 이 분야에서도 '대부분의 명제는 쉽게 실증될 수 있음'을 인정했다. 예를 들어 공격과 방어에 대해서 만일 방어를 수동적인 방어로 제한함이 없이 '공격적 요소로 교묘하게 짜맞춘 방패'임을 이해한다면 방어에는 일종의 특별한 강함이 인정된다고 말하고 있다.

'공격은 적극적인 목적을 지닌 보다 약한 전투 방식'인 데 대해서 '방어는 소극적인 목적을 지닌 좀 더 강한 전투 방식'이므로 방어는 자체에 부여된 모든 장점을 활용하게 된다. 클라우제비츠는 그의 이론이나 확실하게 인정되는 변증법적 연구에 걸맞게 이 두 전투 형식을 각각 한편으로 해 매우 정밀하게 논하고 있다.

공격에도 중요한 장점이 있는데 '공격의 한계점'을 넘으면 공격자는 전력을 소모해 후방과의 연락로가 지나치게 늘어나 전혀 움직일 수 없게 되는 바람직하지 않은 상태에 빠진다. 이것이 특히 전진에서 볼 수 있는 공격의 약점이고 위험성이며, 교묘한 방어자는 이 기회를 포착해 반격으로 전환하게 된다.

더욱이 클라우제비츠는 '전략적 효과는 특정적 중심으로 환원할 수 있다.' '전승은 단순히 전장을 점령할 뿐만 아니라 적의 물리적·정신적 전투력의 파괴에 의해서 얻게 된다. 대개의 경우 전장에서 격파한 적을 추격함으로써 비로소 이룩된다.' '전투에서의 승리의 성과를 다 활용하지 않으면 안 된다.' '우회 작전이 시인되는 것은 아군의 연락선 및 퇴각선이 적의 그것에 비해 뛰어난 경우로 한정된다'는 것을 강조하고 있다.

그러나 여기에서 애써 말하고 있는 틀을 깰지도 모르는 전쟁 지도에 대한 그의 고유한 일련의 다른 주장을 다룰 수도 있을 것이다. 다만 여기에서는 클라우제비츠의 사고가 추상화하고 조직화하는 그의 재능에도 언제나 현실에서 연구를 이끌어 내 더 나아가 현실에서 연구 성과의 결론을 낸다는, 언제나 현실을 직시하는 것이었음을 마음에 담아 두면 충분할 것이다.

《전쟁론》은 오늘날에도 여전히 '가장 기본적이고 가장 체계적이며, 더구나 전쟁과 전쟁 지도에 대한 종합적인 연구'로 평가되고 있으므로 '2년 또는 3년 후에는 잊히고 마는 것이 아닌 책을 쓰려고 한' 그의 자존심은 완전히 충족되고 있다.

《전쟁론》의 영향

클라우제비츠의 유고가 발표되었을 때 세간에서는 몇 가지 이유로 이를 소극적으로밖에 받아들이지 않았다. 하나는 눈에 띌 만한 저명인사에 의한 추천사가 없었다는 것과, 클라우제비츠가 그 무렵에는 평이 좋지 않았던 정치적 방향을 지향하는 개혁자 가운데 한 사람이었다는 것을 사람들이 상기했기 때문일 것이다. 또 그 무렵 프로이센군의 정신면은 매우 경직된 것이어서 드넓고 인내를 요하는, 게다가 새로운 전쟁 이론에 몰두하는 자세는 성가신 존재에 지나지 않았다는 점이 있다.

따라서 처음에는 독자가 적었다. 이들 독자의 대부분은 클라우제비츠의 축적된 견식이 놀랄 만한 것임을 간파하고 '지은이가 지적하는 전쟁 이론에서의 혁명은 필요하고 틀림없이 혁명에 이를 것이다'라는 감동적인 서평이 많았다.

그런 가운데 19세기도 중반을 지나면서부터 우선 프로이센군에서의 군사적 사고에 변화를 볼 수 있게 되었다. 클라우제비츠가 서서히 주목을 받기 시작한 것이다. 그것도 그의 견해에 대해서 아무런 논의도 없는 채 갑자기 《전쟁론》의 개선 행진이 시작된 것과 같은 것이다. 사실 《전쟁론》이 모두에게 조금씩 영향력을 갖게 된 것은, 특히 1857년부터 프로이센군의 참모총장이 되고 끈질기게 교육 활동에 노력해 클라우제비츠의 견식 대부분을 실무로 옮긴 몰트케의 공적에 따른 것이다.

《전쟁론》이 더욱 널리 알려지게 된 것은 명백히 독일 통일전쟁 승리 이후이고 이것은 몰트케의 전쟁 지도가 클라우제비츠의 기본 이론 그대로였음을 사람들이 발견했기 때문이다. 이윽고 《전쟁론》의 군사 문제에 대한 탁월성이 새삼 지적되어 자신의 사고에 의해 좀 더 높은 존엄을 주려고 할 경우에는 언제나 클라우제비츠가 그 권위자로서 인용되었다.

이런 가운데 때때로 되풀이되고 외국에서도 예외 없이 적절한 것으로 받아들인 그의 주장은 열심히 선입관 없이 클라우제비츠에 몰두하고, 이미 정착되고 있는 그의 사고를 숙고하는 것이 요구되는 경우일지라도 표면적으로밖에 이해되지 않았다.

그것에 더해서 1876년의 적절하고도 인상적인 평가에 의하면 많은 사람들에게 있어서 그는 입소문으로만 이해되는 존재였다. 즉 '독일에서 칸트의 철학이 그 이름밖에 모르는 사람에게 철학적 사고 그 자체를 가르친 것처럼 클라우제비츠는 최근 30년 동안 프로이센군의 군사학적인 사고방식을 지배해 왔다'는 평가를 받게 되었다.

실제 문제로서 19세기 후반 수십 년 간 군대에서의 복무규정·훈련 규정·교범·군사 이론에 관한 간행물, 특히 프로이센 참모본부에 관련한 분야에는 클라우제비츠의 사상의 영향을 많이 볼 수 있다. 그러나 《전쟁론》의 중요한 부분에 대해서는 고려되어 있지 않거나 완전히 거부되고 있는 것이 명백하다.

이 시대에 클라우제비츠를 가장 잘 이해하고 본격적인 독자의 한 사람이었던 몰트케조차도 이 일에 대해서는 예외가 아니었다. 즉 몰트케는 전략을 경직화한 기정의 여러 계획과는 연관되어 있지 않은 '응급 처치를 위한 체계'로 인식하고 있었다. 더구나 그는 전쟁의 전체상을 파악하고 있지 않았을 뿐만 아니라 스스로 순 군사전문적 관점으로 세분화된 연구 방법에 매몰되고 말았다. 몰트케뿐만 아니라 많은 몰트케의 모방자들은 클라우제비츠의 고도의 추상론을 놓쳐 버린 채로 있었다. '클라우제비츠의 기반에 서서 그것을 확충하는 자는 전혀 없었다.'

예를 들면 하우젠이나 골츠도 실무상 피할 수 없는 긴급한 여러 문제를 극복하기 위한 행동 지침을 단적으로 쓰기 위해서는 우선 특히 '현실의' 임무가 다루어져야 하고 그곳에서의 이론적인 작업이란 '현실의 명백한 관계에 바탕을 둔 적용의 교의'로 수렴되어 가면 매우 부분적이고 실무적인 가르침에 대해서만 언급이 되어 있다.

사람들은 《전쟁론》에 대해서 구체적인 처방전을 찾은 끝에 발견은 했다. 그러나 처방전을 다룬다는 과오를 범했다. 그 개개의 처방전은 클라우제비츠가 근본적인 연구에 의거해 개별적 유효성을 엄격하게 거부해 온 것이었다. 하워드는 '클라우제비츠의 형태가 없는(formless) 개개의 연구는 제각기 공식(formulas)으로서 번역되어 왔다'고 말하고 있다.

클라우제비츠의 연구를 적용할 경우에 가장 심한 오해에는 절대 전쟁과 적 전력의 섬멸에 대한 클라우제비츠의 주장이 그 뒤에 미친 영향에 있다. 이 시대의 대부분의 독자에게 있어서 이 중요한 주장은 그 말대로 받아들여져, 특히 제1차 세계대전 이전의 수십 년 간에 있어서는 어떻게 하면 적군을 가장 직접적이고 가장 확실한 방법으로 섬멸할 수 있을까 하는 논의가 군사적 사상을 지배해 왔다. 만일 클라우제비츠를 이와 같은 문맥에서 적용하면, 클라우제비츠가 섬멸이라는 것을 한정된 전제 조건의 흐름 속에서 파악하고 있으며, 섬멸이 언제 어느 상황에서도 유일하게 생각할 수 있는 행동은 결코 아니라고 말하고 있는 것을 간과하고 있다고 말할 수밖에 없다.

　똑같은 것을 절대 전쟁에 대해서도 말할 수 있다. 클라우제비츠는 전쟁에서의 사고와 행동을 인식론에 의거한 개념 구성에 의해서 우선 무조건 이론적으로 정리하고 연구하려고 한 것이다. 거기에서 클라우제비츠는 결코 전면 전쟁의 '예언'이나 '전제'에 대해서가 아니라 '현실의 전쟁'의 다양한 양상을 분석하는 것을 사명으로 정하고 그대로 현실 전쟁의 구체적인 양상을 검토한 것이 잊히고 있다.

　그럼에도 클라우제비츠는 절대 전쟁을 흔히 일어날 수 있는 전쟁으로 생각하고 있었던 것이 아닌가 하는 사람이 있는가 하면 이와 같은 오해의 근원은 그의 사고의 전체상을 파악하는 노력이 결여되어 있는, 특히 그의 철학적·변증법적 연구 방법에 대한 이해가 필요함을 지적하지 않을 수 없다. 슐리펜은 이와 같은 일반적 이해를 대변하듯이 클라우제비츠의 연구 방법은 '언제나 기분 좋은 것은 아니다'라고 말하고 있다. 이와 똑같은 이유에서 클라우제비츠의 공방의 이론을 스스로의 체험에 의해서 잘 이해하고 있는 의견은 매우 소수이다. 사람들은 '공세적 전쟁에 의해서만 영광을 얻을 수 있다'는 것에 동의하고 명백히 이것과는 반대의 입장을 취한 클라우제비츠를 부정했다.

　제1차 세계대전에 의해서 비로소 놀랄 만한 방어의 강함이 실증되었을 때 사람들은 '방어가 최강의 전투 형태라는 교의와 마찬가지로 고전적인 승리의 극한점을 지나면 공방의 교대로 인해서 패배에 이른다는 것도 확신하게 되었다.'

　클라우제비츠가 정치와 전쟁 지도에 대해서 말하고 있는 것은 이해할 수 없다, 또는 적어도 정당한 것이라고는 인정할 수 없다는 견해는 큰 잘못이고 또 그런 한편으로 현실의 문제가 된다. 사람들은 이 문제를 '가장 위대한 군사 사상가'의 권위를 나타내는 것으로 믿었다. 정치의 연속으로서의 전쟁에 관한 클라우제비츠의 문장을 정치에 의해서 방해받지 않고 가장 직접적으로 적을 타도하기 위해 전쟁 행위가 계속되고 있는 동안 군사적 지도는 '정치에서 완전히 독립해 있지 않으면 안 된다'고 생각했다. 우선 군사적 성공에 의해서(군사적인 비성공은 고려되지 않고 있다), 될 수 있는 대로 커다란 적의 전력을 격파해야 하고 그 뒤에 정치적 지도가 다시 등장한다는 사고방식이다.

무조건의 정치적 우월에 대한 클라우제비츠의 주장이 뒤집어진 결과로써 가장 명확한 예는 제1차 세계대전이다. 그러나 사실상 군사의 우월을 가져오게 된 경위에 대해서는 훨씬 전인 19세기로까지 거슬러 올라가지 않으면 안 된다.

샤른호르스트에 의해서 진행되고 있었던 개혁 운동에서는 전쟁 지도도 명확하게 정치의 기능으로서 자리매김되어 있었고, 그것에 따라서 싸운 단기간의 해방 전쟁을 제외하면 군사 분야 밑에 정치가 자리매김되는 것에는 한 번도 의문을 갖게 된 적이 없었다.

이와 같은 경향은 이를테면 몰트케가 프로이센 참모총장이 되기 전에 프리드리히 카를 황태자가 굴복하지 않을 수 없었던 1857년의 이른바 노이엔부르크 문제에 확실하게 나타나 있다. 카를 황태자가 클라우제비츠의 이념을 충분히 살려서 완성한 스위스에 대한 전쟁 계획은, 전쟁의 추이에 따라서 고비마다 군인들이 용인할 수 없을 정도로 정치적 지도를 짜 넣은 것이었기 때문에 군부의 냉혹한 거절로 와해되었다.

똑같은 정치적 요구와 군사적 요구의 충돌은 1864년과 1866년의 전쟁에서도 잇따라 발생해 이 다툼은 정치적 권력에 유리한 쪽으로 결말이 났는데, 군부는 결속해서 그와 같은 사고방식을 규범으로 하는 것에는 반대했다.

전체적으로 클라우제비츠의 사상은 1914년 이전의 전쟁관에서 구체적으로 도움이 되는 일은 거의 없었다. 특히 독일에서는 《전쟁론》 속의 군사 문제에 대한 주된 주장이 단편적으로 활용되었을 뿐이고 '가장 가치가 높은 사상'은 더욱더 무시하게 되었다.

이와 같은 결과가 된 이유는 복잡하다. 우선 대부분의 군인은 구체적인 '기술적·전술적 논점'에 주목해서 《전쟁론》 속에 해답을 찾고, 클라우제비츠가 모든 그의 연구의 출발점으로 삼은 커다란 정치와 전략의 관계로 다가가는 일은 거의 없었다. '전장을 군사 기술이 더욱더 지배하게 되어 거기에 따라서 《전쟁론》을 올바르게 이해하고 평가해 구체적인 유산을 계승하기 위한 다양한 전제 조건은 프로이센 독일에서 매우 한정된 범위밖에 충족되지 않았다.'

또 반면에 군인들은 전쟁 지도에 연관된 모든 문제에 대해서, 또 이들 문제에 대한 《전쟁론》의 해석에서도 군인으로서 고유한 권한을 가져야 한다는 관점을 지키려고 해 이것이 결함으로 작용했다. 극단적인 예로서 클라우제비츠는 섬멸 전략의 일방적인 옹호자이고, 그 밖의 모든 전쟁 지도의 형태를 저급한 것으로 평가하고 있다는 견해가 있었다. 이에 대해서 군사 사가인 델브뤼크는 비판하고 있다. 그런데 델브뤼크는 이와 같이 유행하는 클라우제비츠의 이론의 잘못을 수정하거나 전쟁에 대한 좁은 견해를 시정하는 것이 가능했을 것인데, 현실로는 그가 유명한 군인들에 의해서 반대로 냉혹하게 비판을 받고, 그다지 정보를 얻을 수 없는 일반 세론에 대해서 적어도 군인들이 이 전쟁 논쟁에는 우위를 차지했다. 그러나 독일에서 유일하게 뛰어난 문민의 군사 이론가였던 델브뤼크는 클라우제비츠의 올바른 이해자로서 독특한 이바지를 해 왔다.

군인과 마찬가지로 클라우제비츠가 대화를 나눈 정치가는 《전쟁론》을 전혀 모르고 있었다. 독일 통일전쟁에서 정치의 우위를 성공시킨 비스마르크조차도 예외는 아니었다. 비스마르크는 '부끄러운 일인데 클라우제비츠는 상찬을 받기에 걸맞은 장군이었음에도 나는 《전쟁론》에 대해서는 거의 아무것도 몰랐다'고 고백하고 있다.

그런데 마르크스와 엥겔스가 클라우제비츠의 정치적 관심사를 매우 높이 평가하고 있었던 것은 틀림없는 사실이다. 엥겔스는 클라우제비츠를 '빛나는 1등별'로 부르고 마르크스는 클라우제비츠를 '기지가 번뜩이는 양식 있는 사람'으로 평가하고 있다. 이 두 사람은 열심히 클라우제비츠의 사고방식을 연구하고 그 중요한 부분을 자신의 전쟁관 속에 받아들였다. 또 독일에서는 매우 드문 일인데, 행동적인 사회주의자였던 메일링은 클라우제비츠를 '가장 독창적인 전쟁 이론가'로 인정해 《전쟁론》에 몰두하고 있었다. 레닌의 《전쟁론》에 대한 연구는 매우 상세한 것으로 방대한 발췌를 만들어 마르크스주의자로서 어떤 관점에서 전쟁의 전체상을 파악했는지 그 구체적인 메모를 남기고 있다.

이와 같은 레닌이나 엥겔스, 그 밖의 사람들의 클라우제비츠에 대한 새로운 평가의 싹틈이 기는 했는데, 그 무렵의 군사 지도자에게 영향을 미치지 못했던 것은 명백하다.

제1차 세계대전이 일어나자 전쟁 지도에 임하는 모든 정당은 쾨니히그레츠 전투나 스당 전투 등에서의 전쟁 지도가 시대에 뒤떨어진 것이라는 놀랄 만한 문제에 직면하게 되었다. 그 이유는 이와 같은 수단이 단기간에 결정적인 승리를 가져올 것으로 기대한 것이 완전히 빗나갔기 때문이다. 이 전쟁은 어디에서나 클라우제비츠가 생각한 것처럼 수행되지 않았다. 그것과는 반대로

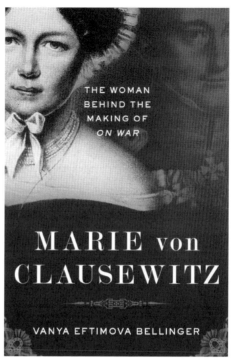

전쟁론을 뒤에서 만든 여인 : 《마리 폰 클라우제비츠》
바냐 에프티모바 벨링거, 옥스퍼드 대학교 출판부, 2015.

1914년부터 1918년까지의 사건은 '이 대전에서의 모든 독일 지도자들은 클라우제비츠의 제자가 아닌' 것을 명확히 해 그때까지 잘못된 클라우제비츠의 해석을 수정할 필요가 있다는 것을 보여 준 것에 지나지 않았다.

1918년 이후, 패전국으로서 패배의 원인을 탐구하는 토론이 빈번하게 이루어지고 이런 논의 가운데서 클라우제비츠의 주장의 핵심에 있는 것을 다루어 행동으로 옮기는 일이 제안되었다. 이와 같은 급격한 제안에 따라서 클라우제비츠에 대한 이해를 개선하게 되었다. 특히 중요한 것은 할베그가 지적하고 있는 것처럼 클라우제비츠가 불가결한 전제 조건으로서 제언하고 있는 정치의 우월이 올바르게 이해되고 1914년 이전의 오해가 백일하에 드러난 것이다.

새로운 독일 국방군은 클라우제비츠에 대한 수정된 견해를 명백히 전향적으로 받아들여 전쟁 전의 군대보다도 클라우제비츠의 이념을 폭넓게 적용했다.

그러나 클라우제비츠의 《전쟁론》이 마음에 든다고는 말하면서도 현실적으로는 다만 몇 개의 명언을 아는 데 지나지 않았던 히틀러는 정치의 우월로 일관하면서도 독일 국방군의 재무장을 설파했다. 그 정책은 목적·목표·수단의 일치의 필요성에 대한 클라우제비츠의 기본적인 요청을 무시하는 것이고 클라우제비츠의 척도로 보아 '현명'한 것은 아니었다. 대부분의 독일 장관(將官)들은 차츰 명백해진 히틀러의 과격함에 따른 위험을 의식하고 있었는데, 벡 장군과 같이 이 시대에서 소수의 뛰어난 군인인 '클라우제비츠 이해자'만이 나치스 조직에 대한 복종을 거부하게 되었다.

제2차 세계대전은 클라우제비츠 이론의 옳음을 현실로 입증하게 되었다. 클라우제비츠의 최고 이론이 적용된 예는 결코 많지는 않았다. 독일·미국과 일본이 추구한 순군사적인 구상은 전장에서의 눈부신 성공을 이르는 곳마다 가져왔다. 그러나 명백히 달성 가능한 정책적인 목적이 결여되어 있었기 때문에 거의 그 승리는 오래 지속되지 못하고 헛수고에 그쳤다.

전쟁이 정치의 계속이라는 것이 이해되고 거기에 따라서 수행되는 것이 더욱더 명백해졌다. 그런데 겨우 소련만이 마르크스주의의 교조로부터 이어받고 더욱 레닌에 의해서 정당화된 이 원칙에 충실했다.

더욱이 방어가 강력한 전투 수단인 것과 승리의 한계점을 벗어나는 것의 위험성에 대한 명제에 대해서는, 적어도 클라우제비츠의 관점에 서서 이론적으로 연구하면 당연히 피하지 않으면 안 될 큰 잘못도 제2차 세계대전의 경과에는 매우 많이 인정된다.

가장 중대한 클라우제비츠 이론에 대한 위반은 전쟁의 개시에 있고, 클라우제비츠가 '현명'하게도 전쟁에 대한 다양한 견해의 첫머리에서 말하고 있는 것을 충분히 검토만 해두면, 제2차 세계대전은 일어나지 않았을 것이다.

1945년 이후로는 세계정세가 변화하는 가운데 클라우제비츠에 대한 연구도 관점을 바꾼 새로운 단계로 접어들었다. 즉 《전쟁론》에 대한 토론은 제1의적으로 학문적인 것에서부터 일반적이고 국제적인 기반에서 토의를 벌이게 되어 명백히 《전쟁론》은 세계적으로 인지하게 되었다.

클라우제비츠에 대한 평가가 높아진 것에 대해서 주목해야 할 것은 《전쟁론》에 대한 의문이나 해석이 제각기 관점이나 연구자에 따라서 강조점이 다르게 되어 있어도 동서나 남북의 대립과는 무관한 것이다.

미국인·프랑스인·이스라엘인·러시아인이나 중국인은 한결같이 진지한 연구를 전개해 클라우제비츠에 대해 열심히 연구하고 있고, 그들은 오늘날에도 계속 변함없는 관심을 지속하고 있다.

클라우제비츠의 연구는 종전대로 독일이 중심이 되고 있으나 근년에는 국제적으로 크게 확산되고 있다. 또 동유럽 블록이 붕괴된 뒤부터 클라우제비츠가 정치적·군사적 사색을 계몽하는, 결실이 풍부한 기준점· 출발점으로 되고 있고 독일의 연구는 더욱더 국제적인 무게를 더해 가고 있다.

한국인의 《전쟁론》과 《손자병법》

병서(兵書)라면 우리는 먼저 《손자병법(孫子兵法)》을 생각하게 되고, 동양의 손자를 떠올릴 때면 서양의 클라우제비츠를 함께 떠올리게 된다. 말하자면 동양을 대표하는 병법가가 손자라면, 서양을 대표하는 병법가는 클라우제비츠인 것이다. 학자들은 흔히 두 저서를 비교하며 손자의 《손자병법》과 클라우제비츠의 《전쟁론》의 우열을 논하기도 한다. 그러나 여기서는 우열을 논하기에 앞서 그 대조적인 특색을 살펴보도록 한다. 한마디로 하나는 너무도 동양적이고, 하나는 너무도 서양적이다. 곧 손자병법 이론은 지나칠 만큼 연역적이고 집약적인 데 반해 클라우제비츠 이론은 귀납적이고 분석적이라 할 수 있다.

당나라의 시인 이백(李白)과 두보(杜甫)는 같은 시대를 산 친한 친구였지만, 이 두 사람의 시상과 시체(詩體)가 늘 연구가들의 대조적인 비교 대상이 되는 것은 참으로 재미있는 현상이다. 이백의 시가 닭이 달걀을 낳듯 자연발생적이고 완전무결한 것이라면, 두보의 시는 조각가가 조각을 하듯 다듬과 또 다듬어 불완전한 내부 세계까지도 나타내 보여 준다. 이백이 두보를 보고 지은 시에도 그런 내용이 담겨 있다. 곧 두보의 초췌한 모습을 가리켜 '시를 애써 생각하고 다듬고 또 다듬기 때문이리라' 말했던 것이다. 이 차이는 무엇보다 타고난 재질과 성격 때문이라고 풀이할 수도 있겠지만, 그에 못지않게 그들이 살아온 처지와 생활 환경이 작품 세계에 크게 작용했다고 보아야 할 것이다. 손자와 클라우제비츠도 또한 타고난 재질과 성격과 생활 환경을 통해 서로 비교된다. 이것이 클라우제비츠의 《전쟁론》을 이해하는 한 방법이 될 수 있을 것이다. 우리는 여기서 다산(茶山) 정약용의 역저 《목민심서》의 스타일을 상기해 보는 것도 참고가 될 듯하다. 이 책은 경문과 주석이 같은 저자의 손으로 이루어진 것이 특색이며 또 장점이다. 짤막한 경문은 얼른 듣기에 도학자의 훈계 같은 냄새를 풍기지만 주석에서 저자가 직접 보고 들은 구체적 사례들을 읽음으로써 경문의 참뜻과 참교훈을 깊이 깨닫게 되는 것이다. 《손자병법》이 경문적인 병서라면 《전쟁론》은 주석적인 병서라 할 수 있을 것이다. 그러므로 차원은 서로 다르게 볼수 있지만, 우열을 논하는 것은 옳지 못하다. 《목민심서》의 경문은 주석이 없으면 빛을 내지 못하고, 경문을 염두에 두고 주석을 읽음으로써 보다 절실한 느낌을 찾는 것이다. 다산의 실학이야말로 동양적인 원칙과 서양적인 분석이 하나로 통일된 것이라고 볼 수 있다.

현존하는 우리나라 병법서 가운데 가장 오래된 책으로는 정도전이 1492년에 편찬한 《진법(陣法)》이 있다. 그 밖에도 조선 세조가 만든 병법서에 신하들이 주석을 달아 1462년 간행한 《병장설(兵將說)》, 조선 중기 한효순이 1603년에 편찬한 《진설(陣說)》, 조선 문종 때 편찬되어 선조 때인 1608년 간행한 전쟁사 《동국병감(東國兵鑑)》, 조선 중기 김석수가 1679년에 편찬한 《행군수지(行軍須知)》 등을 들 수 있다. 그중 《동국병감》은 한무제가 고조선을 침범하여 한사군을 설치했을 때부터 고려 말 이성계가 여진족을 물리칠 때까지, 한국과 중국 사이에 일어난 30여 회에 걸친 전쟁사를 기록한 책이다. 이 책은 《진법》과 함께 조선시대 국방을 위한 기본적 병법서라 할 수 있으며, 한국과 이민족 사이의 전쟁사와 그 전술·전략을 연구하는 데 귀중한 사료로 전해진다.

생명을 걸고 행해지는 전쟁은 말할 것도 없이 인생의 가장 엄숙하고 긴장된 장면이기도 하다. 인류의 모든 사회생활도 선의의 협조와 더불어 유형무형의 치열한 경쟁으로 이루어져 있는만큼, 경쟁 또는 투쟁이라는 점에서 얼마쯤 전쟁과 공통된 성질을 가진 분야가 있다. 따라서 전쟁을 지배하는 법칙 가운데에는 이들 분야에도 적용시킬 수 있는 것들이 적지 않다고 하겠다.

정치가나 경영자들의 격렬한 경쟁, 사용자와 피고용자 사이의 관계, 현대를 사는 우리 모두는 치열한 경쟁 속에서 삶을 이끌어 가고 있다. 우리는 잠시도 방심할 수 없는 시대에 살고 있는 세대가 아닌가. 변화와 경쟁 속에서 살아남기 위해 우리는 실력을 갖춰야 하고 남보다 앞서는 기술을 끊임없이 연구개발

해야 한다. 국제 사회에서 무섭게 질주하는 이웃의 틈바구니에서 우리가 승리하기 위해서는 이웃 나라에 앞서 가는 기술과 전략이 함께 전제되어야 한다. 몇십만 부하의 생명을 맡아 총알이 빗발치는 싸움터에 나선 장군과 마찬가지로—예측하기 어려운 위험에 가득 찬 세계를 용기와 침착과 불굴의 정신과 예리한 판단력, 실력과 기술을 가지고 뚫고 나아가야 하리라.

클라우제비츠의 《전쟁론》은 군인의 필독서일 뿐만 아니라 정치가와 경영자와 모든 사회활동의 책임자들에게 좋은 교훈이 될 것이다. 《손자병법》이 순수한 경영자의 이론서로 재해석되어 나오고 있는 것도 이러한 뜻에서일 것이다.

나는 현역일 때 F.S.S.O.P. 제정에 참여하여 미국 은성무공훈장을 받는 계기로 이강화 장군의 권유와 격려에 힘입어 이 책을 번역하기 시작했다. 사회에 나와서는 장경순 장군의 지도를 받았다. 30여 년이 넘는 세월을 바쳐 이제 한국 최초 완역본을 출간케 되니 감개무량하다.

《전쟁론》 독일어 원전은 세 권으로 되어 있는데 1832년에 제1권, 1833년에 제2권, 1834년에 제3권을 마지막으로 완간되었다. 《전쟁론》 세 권의 서지 사항은 다음과 같다. 제1권 399쪽(머리말·차례 28, 본문 371), 제2권 462쪽(차례 6, 본문 456), 제3권 210쪽(머리말·차례 8, 본문 202), 그리고 부록 203~386쪽이다. 《전쟁론》은 총 1255쪽으로 부록을 제외하면 1071쪽에 이르는 방대한 분량으로 이루어져 있다.

이 책 번역 텍스트로는 아래 참고문헌 1번, 2번을 사용했다. 영역본은 아래 3번을 참고했고, 일어판은 아래 4번인 시노다 히데오(篠田英雄) 번역본을 참고했다.

참고문헌을 밝히면 다음과 같다.

1. Carl von Clausewitz, Vom Kriege, Ferd. Dümmlers, Bonn, 1991.

2. Carl von Clausewitz, Vom Kriege, Als Handbuch bearbeitet und mit einem Essay 'zum Verständnis des Werkes' herausgegeben von Wolfgang Pickert und Wilhelm Ritter von Schramm, Rowohlt, Reinbek bei Hamburg, 1992.

3. Carl von Clausewitz, On War, Edited and Translated by Micheal Howard and Peter Paret, Princeton University Press, Princeton, 1984.

4. 篠田英雄 譯, 《戰爭論》, 岩波書店, 1968.

5. Peter Paret, Understanding War, Essays on Clausewitz and the History of Military Power, Princeton University Press, Princeton, 1992.

6. Peter Paret, Makers of Modern Strategy from Machiavelli to the Nuclear Age, Clarendon Press, Oxford, 1986.

7. Raymond Aron, Clausewitz, Philosopher on War, translated by Christine Booker and Norman Stone, Simon & Schuster Inc., New York, 1985.

8. Donald Chipman, Clausewitz and the Concept of Command Leadership, Military Review, August, 1987.

클라우제비츠 연보

1780년   6월 1일, 프로이센 왕국 마그데부르크시에서 동북쪽으로 20
km 떨어진 부르크(Burg)에서 태어났다. 부르크는 이레(Ihre) 강변
에 위치한 작은 도시이다. 할아버지(Benediktus Gottlieb Clausswitz,
1693~1749)는 할레 대학교 신학교수, 아버지(Friedrich Gabriel
Clausewitz, 1740~1802)는 소위로 7년 전쟁에 참가했다가 중상을 입
고 퇴역, 부르크의 왕실 수세관(收稅官)이 되었다. 출신은 상부 슐
레지엔의 귀족이었으나 후에 귀족 칭호를 잃고 아버지 대에 다시
그 칭호를 얻었다. 또 종래의 성 클라우스비츠(Clausswitz, Clauswitz)
도 클라우제비츠(Clausewitz)로 바뀌었다. 'Clauswitz'는 클라우스
(Claus), 즉 니콜라우스(Nicolaus)의 아들이란 뜻이라고 한다. 클라우
제비츠가 태어난 해는 프리드리히 대왕(1712~1786)이 죽기 4년 전,
나폴레옹(1769~1821) 탄생보다 11년 늦게, 또 몰트케(Helmuth von
Moltke, 1800~1891)를 20년이나 앞선 해이다.

1792년(12세)   포츠담의 '페르디난트 친왕(Prinz Ferdinand)' 보병 연대에 융케르
(Junker)로서 입대했다. 이 경우의 '융케르'는 또한 '파넨융케르
(Fahnenjunker)'라고도 불리는데 중대 기수를 맡아보는 소년병을 말
한다. 여기서 '파네(Fahne)'는 군기(軍旗)를 의미한다. 융케르가 될
수 있는 자격은 귀족 또는 귀족 칭호를 갖는 가정의 자제, 또는 군
당국이 적당하다고 인정한 가정의 자제로 한정되었으며 보통은
14세~16세의 소년이었다. 클라우제비츠가 12세의 소년이었음에도
융케르로서 입대가 허용된 것은 집안이 가난해서 아버지가 특히
군 당국에 청원했기 때문이라고 한다. 소년병이라고는 하지만 융
케르는 하사관 계급에 속했으며, 소정의 시험에 합격하면 '펜리히

(Fähnrich)'로의 승진이 약속되어 있었다. 펜리히라는 말은 역시 '파네'에서 유래된 말로, 원래는 기수를 뜻했지만, 프리드리히 대왕(2세) 시대에는 이미 기수로서의 역할이 폐지되고, 중대의 최연소 장교에게 주어지는 칭호로 되어 있었다. 한편 융케르라는 칭호는 1808년 프로이센군에서 없어졌다. 이렇게 해서 클라우제비츠는 중대 기수를 맡아보게 되었는데, 군기는 매우 무거운 것으로 일반 행진 때에는 하사관이나 병사가 이를 맡고, 시내를 행진할 때에는 그에게 인도되는 것이 보통이었다고 한다. 뒷날 클라우제비츠는 아직 나이도 차지 않은 소년병으로서 무거운 깃발을 받들고 행진하는 것을 보고 길가 사람들이 탄성을 질렀다고 회고했다.

1793년(13세)　제1차 대프랑스 동맹 전쟁(1792~1795)에서 라인 전투에 종군(~1794). 7월, 펜리히로 승진.

1795년(15세)　3월, 보병 소위로 임관, 이윽고 프로이센과 프랑스 사이에 바젤(Basel) 강화조약이 체결되어(4. 5) 프로이센이 대프랑스 동맹에서 탈퇴했기 때문에 클라우제비츠는 부대와 함께 위수지인 브란덴부르크 주의 작은 도시 노이루핀(Neuruppin)으로 돌아왔다. 이 위수 근무는 1801년까지 계속되었다. 그 무렵, 사상 및 문학 영역의 교양이 모자람을 깨닫고 군무의 여가를 독서에 바쳤다. 같은 시대의 가장 뛰어난 철학자로는 칸트(1724~1804), 피히테(1762~1814), 헤겔(1770~1831), 셸링(1775~1854) 등이 있었고, 또 문학자로서는 레싱(1729~1781), 괴테(1749~1832), 실러(1755~1805)가 있었다.

1801년(21세)　가을, 베를린의 '보병과 및 포병과 사관양성학교'에 입학하여, 1803년에 소정의 과정을 끝마쳤다. 그해 봄, 샤른호르스트가 육군 중령으로서 이 학교의 교장 겸 교관으로 부임했다. 그는 프로이센 육군의 재편성에 본질적인 기여를 한 군인으로서 이미 명성을 날리고 있었다. 샤른호르스트는 클라우제비츠의 사람됨과 재능을 사랑하여 그에게 깊은 정신적인 영향을 주었다. 또 이 시기에 맺어진 두 사람의 정은 끝내 변하지가 않았다. 클라우제비츠는 베를린의 육군외과의학교(Collegium medico-chirurgium)에서 이 학교의 철학교수 키제베테르(Kiesewetter, Johann Gottfried, 1766~1819)의 철학강의를 청강했다. 키제베테르는 칸트의 제자로 독창적인 철학자는 아니었으나 칸트 철학의 충실한 조술자(祖述者)였다.

1803년(23세) 봄, 사관양성학교를 졸업함과 동시에 샤른흐르스트의 추천으로 아우구스트 친왕(Prinz August, 1779~1843)의 개인 부관이 됨으로써 노이루핀의 원대(原隊)로 돌아갈 필요가 없게 되었다. 아우구스트는 프리드리히 대왕의 동생 아우구스트 페르디난트의 아들, 즉 대왕의 조카로 군사적 재능이 높이 평가되고 있었다. 클라우제비츠는 아우구스트의 부관으로서 궁정에 출입하고 있는 동안, 5년 후에 그의 아내가 된 브륄 백작의 큰딸 마리와 알게 되었다. 당시 마리는 사망한 프로이센 국왕 프리드리히 빌헬름 2세의 왕비를 섬기는 관리였다.

1804년(24세) 6월, 아우구스트의 정식 부관이 되어 이후 6년 동안 이 자리에 머물렀다.

1805년(25세) 11월, 대위로 진급. 이해에 마리와 약혼했다.

1806년(26세) 브라운슈바이크 공 카를 빌헬름 페르디난트의 척탄병(擲彈兵) 대대장으로 임명된 아우구스트를 따라 프로이센―러시아 동맹군의 대(對)프랑스 전쟁(1806~1807)에 출전. 아우에르슈테트 전투(10. 14)에서 프랑스군에 패하여, 마그데부르크 및 프렌츨라우 방면으로 퇴각, 엘베강 동쪽에서 호엔로에 군단의 후방을 맡았으나, 이 군단의 투항에 의해(11. 28), 아우구스트와 함께 포로가 되었다. 아우구스트는 일단 베를린의 부모 곁에 머무르는 것이 허락되고, 클라우제비츠는 노이루핀의 원대로 돌아갔다. 12월 말, 포로로서 아우구스트와 함께 프랑스로 호송되었다.

1807년(27세) 아우구스트를 따라 낭시로부터 파리를 거쳐 수아송에 이르러 7월 내내 그곳에 억류되었으나, 프로이센과 나폴레옹 사이에 체결된 틸지트 강화조약(7. 9)에 의해 석방되어 8월 초에 그곳을 출발, 11월 초순 베를린으로 돌아왔다. 그동안, 그들은 스위스를 유람하고 당시 제네바 호숫가 작은 도시 코페(Coppet)에 숨어살던 스탈 부인(Madamme de Staël, 1766~1817)의 손님이 되었다. 부인은 자유주의 사상 때문에 나폴레옹에 의해 국외로 추방당하여(1802), 여러 나라에서 망명생활을 했고, 또 코페의 별장에서도 자주 머물렀다. 클라우제비츠는 스탈 부인에게 기숙하고 있던 오빠 슐레겔(August Wilhelm von Schlegel, 1767~1817)의 애국적인 마음과 성실한 인품에 감동되어 '그는 나의 유일한 위안이다'라고 말하고 있다. 이보다 앞서 슐레겔은 베를린에서 궁핍한 생활을 보내고 있었는데 때마침 스탈 부인의 호의적인 제의로 1804년 이래 그의 문학상의 고문이 되어 있었던 것이다. 또 스탈 부인의 집에서 페스탈로치(Johann Heinrich Pestalozzi, 1746~1827)와도 알게 되어 이 훌륭한 교육학자의 솔직하고 매우 자연적인 인품에 감동해 그 학원을 방문하기도 했다. 그의 작은 글(후반이 없어짐) 〈페스탈로치〉는 페스탈로치의 교육 방침의 본질을 잘 파악하여 이 청년장교의 교양이 보통이 아니라는 것을 나타내고 있다.

1808년(28세) 봄, 아우구스트를 따라 그의 주둔지인 쾨니히스베르크로 부임했으나 얼마 후 포병장관 겸 총감으로 전보된 친왕과 함께 베를린으로 돌아왔다.

1809년(29세) 2월, 아우구스트의 부관 직책에서 물러나 육군성에 배속되었으며 샤른호르스트 중장의 비서가 되었다.

1810년(30세) 7월, 샤른호르스트가 나폴레옹의 미움을 받아 육군성에서 추방됨과 동시에 클라우제비츠도 같이 그곳을 떠나 참모부 소속이 되었다. 8월, 소령으로 진급. 9월, 신설된 베를린 사관학교의 교관으로 임명되었고, 또 당시에 15세의 황태자(후에 프로이센 왕 프리드리히 빌헬름 4세)에 군사학을 강의했다. 12월, 마리와 결혼.

1811년(31세) 러시아와 프랑스 사이에 전쟁이 일어날 위기가 발생하자, 프로이센 왕 프리드리히 빌헬름 3세는 나폴레옹과 손잡고 러시아를 적으로 삼는 방침을 정했으나, 클라우제비츠는 샤른호르스트, 그나이제나우와 함께 러시아를 도와 나폴레옹에게 끝까지 저항할 결심을 새로이 했다.

1812년(32세) 〈황태자전하 군사학 강의록〉 완결. 이 책은 1810년, 1811년, 1812
년에 그가 황태자에게 강의한 군사학 개요서로, 그의 유작집 제
3권에 수록되어 있는데 전략에 관한 것보다도 오히려 전술에 관
한 강의가 중심이다. 3월, 프랑스—프로이센의 동맹조약이 비준
되어 프랑스군의 베를린 진주가 결정적인 것이 되었다. 이에 앞서
클라우제비츠는 샤른호르스트와 함께 베를린을 떠나 슐레지엔
으로 물러났다. 같은 달 하순 러시아군에 참가하기 위해 출발, 5
월 하순에 빌나의 러시아 본영에 도착하여 중령 자격으로 참모부
소속이 된다. 스몰렌스크 전투(8. 16~19)에서는 러시아의 제1서군
(西軍)에 배속되어 바클리군의 참모부장 톨 대령(Toll, Karl Friedrich,
1777~1842)의 보좌관이 되었다. 보로디노 전투(9. 7)에서는 우바로
프(Uwarow) 기병군단의 참모장이 된다. 러시아군의 모스크바 철수
(9. 9) 후에는 서군 제1군단장 비트겐슈타인의 본영으로 옮겨 페테
르스부르크의 엄호를 맡았다.

1813년(33세) 1월, 쾨니히스부르크로 돌아왔으나, 한때 러시아군에 몸 담은 일
이 국왕의 기분에 몹시 거슬려, 샤른호르스트는 그의 프로이센
군 복귀를 열심히 주선했지만 성공하지 못했다. 그래서 클라우제
비츠를 러시아군 정보장교 자격으로 블뤼허군사령부 소속으로 돌
렸다. 제4차 대프랑스 동맹전쟁(해방 전쟁)의 뤼첸 전투(5. 2)에 샤
른호르스트와 함께 참가. 샤른호르스트는 이 전투에서 중상을 입
고 프라하에서 죽었다(6. 28). 샤른호르스트의 죽음은 클라우제
비츠에게 깊은 충격을 주었다. 이어 블뤼허의 참모장 그나이제나
우 아래에서 근무하다가 오스트리아의 발모덴(Wallmoden, Ludwig
Georg Thedel von, 1769~1862) 기병 군단의 본영으로 들어갔다. 괴르
데(Göhrde) 삼림지 전투(9. 16)에서 마그데부르크로 향해서 행군하
는 동안, 페슈(Pecheux) 사단을 습격하여 대부분을 포로로 삼았다.

1814년(34세) 프로이센군으로의 복귀가 허락되었다. 4월, 대위로 진급.

1815년(35세) 나폴레옹이 엘바섬에서 탈출하여 파리로 돌아오자(3. 1) 대프랑스
동맹군은 새로운 전쟁의 시작이 강요되어, 클라우제비츠는 제3군

단 참모장으로서 출정했다. 이때 군단장은 티르만으로 블뤼허군에 속했다. 벨 알리앙스(워털루) 전투(6. 18)에 참가, 벨기에의 마을 리니와 바블에서 전투를 벌이고 마침내 파리에 입성했다. 전후 그나이제나우의 참모장으로서 코블렌츠에 신설된 군단사령부에 부임했다.

1816년(36세) 가을, 베를린의 일반사관학교(Die allgemeine Kriegsschule) 교장으로 취임, 1830년 8월까지 12년 동안 재직했다(일반사관학교는 1810년에 설치된 베를린사관학교가 1816년에 승격한 것으로, 1860년에 육군대학이 되었다). 그는 이 12년 동안에 현재의 《전쟁론》 및 대부분의 전사(戰史)를 저술했다. 이들 저술은 모두 그가 직접 참가한 5대 전쟁(1792~93년, 1806년, 1812년, 1815년)과 약 130회의 전쟁 및 전투에서 얻은 경험과, 이들 투쟁에 관한 통찰에 입각한 것이다. 9월, 소장으로 진급.

1830년(50세) 8월, 브레슬라우 제2포병감으로 전출. 11월 말, 폴란드인은 러시아에 대해서 계획적인 반란을 꾸몄다. 프로이센은 그 파급을 염려하여 그나이제나우를 새로 편성된 제4동방군단장으로, 또 클라우제비츠를 참모장으로 임명하여 폴란드 위기에 대비하려고 했다.

1831년(51세) 3월 초순, 그나이제나우를 따라 군단사령부 소재지 포젠에 부임했다. 그해에 유럽에 널리 퍼진 콜레라에 그나이제나우도 걸려서 그곳에서 병사했다(8. 24). 그의 죽음으로 20년 지기(知己)를 잃었다는 것은 클라우제비츠에게는 돌이킬 수 없는 타격이었다. 그 후 폴란드 반란은 러시아군에 의해 진압되었기 때문에 프로이센 동방군단은 동원이 해제되어 클라우제비츠도 또한 브레슬라우의 제2포병감으로 복귀(11. 7)하고 나서 아흐레 뒤인 11월 16일이었다. 오전 중에는 평상시대로 근무했으나 정오 무렵 갑자기 콜레라 증상을 나타내어 같은 날 밤 9시에 갑자기 사망했다. 질병 자체는 가벼웠으나 그나이제나우의 죽음에 의한 충격 때문에 건강이 매우 악화되어 있었던 것이다. 유해는 브레슬라우 육군 묘지에 묻혔다가 140년 뒤인 1971년 고향인 부르크로 옮겨졌다.

마리 폰 클라우제비츠 연보

1779년   6월 3일 바르샤바에서 카를 아돌프 폰 브륄(Carl Adolf von Brühl) 백작과 영국 외교관의 딸 소피 곰(Sophie Gomm) 사이에서 장녀(長女)로 태어났다.

1803년(24세)   11월, 장래 배우자가 되는 카를 폰 클라우제비츠와 첫 만남.

1810년(31세)   12월 17일, 클라우제비츠와 결혼.

1832년(53세)   빌헬름 친왕비의 여관장(女官長)에 임명되어 다시 궁정으로 들어가, 지난해 탄생한 빌헬름의 장자(뒤에 황태자 프리드리히 빌헬름, 독일의 황제로서는 프리드리히 3세)의 양육 담당도 겸했다. 이해부터 남편 클라우제비츠의 유작집 10권의 편찬·간행자가 되었다.

1835년(56세)   유작집 제8권까지 간행.

1836년(57세)   1월 28일, 신경성 발열로 드레스덴에서 죽었다. 남편의 무덤 옆에 묻혔다가 1971년 남편의 고향인 부르크로 남편과 함께 이장되었다.

허문순

춘천사범 졸업. 경남대학 불교학 수학. 1954년 공군장교 임관 공군 제1훈비 작전처 복무. FS S.O.P. 제정에 참여하여 미국 은성무공훈장을 받다. 월간 희망 편집인. 1962년 동아일보신춘문에 세 번째 사람 당선. 지은책 역사소설 《대신라기》 미스터리 《백설령》 《너를 노린다》 하드보일드 《번개탐정시리즈 총30권》, 옮긴책 세이어스 《나인 테일러스》, 데안드리아 《호그 연쇄살인》, 메클린 《여왕폐하 율리시즈호》, 하긴스 《독수리는 날개치며 내렸다》, 모리무라 세이치 《모래그릇》. 나카이 히데오 《허무에의 제물》 등이 있다.

세계사상전집029
Karl von Clausewitz
VOM KRIEGE
전쟁론II
클라우제비츠/허문순 옮김
동서문화사창업60주년특별출판
1판 1쇄 발행/2016. 9. 9
1판 2쇄 발행/2024. 4. 1
발행인 고윤주
발행처 동서문화사
창업 1956. 12. 12. 등록 16−3799
서울 중구 마른내로 144 동서빌딩 3층
☎ 546−0331~2 Fax. 545−0331
www.dongsuhbook.com
잘못된 책은 구입하신 곳에서 바꾸어드립니다.
✻
이 책의 출판권은 동서문화사가 소유합니다.
의장권 제호권 편집권은 저작권법에 의해 보호를 받는 출판물이므로
무단전재와 무단복제를 금합니다.
사업자등록번호 211−87−75330
ISBN 978−89−497−1437−0 04080
ISBN 978−89−497−1408−0 (세트)